KB078067

AutoCAD SketchUp Blender

디자이너's PRO
실무 건축 인테리어

김석훈
최인재
지음

디자이너's PRO 실무 건축 인테리어

Designer's PRO Practical Architecture Interior

초판 발행 · 2023년 2월 1일

지은이 · 김석훈, 최인재
발행인 · 이종원
발행처 · (주)도서출판 길벗
출판사 등록일 · 1990년 12월 24일
주소 · 서울시 마포구 월드컵로 10길 56(서교동)
대표전화 · 02)332-0931 | **팩스** · 02)323-0586
홈페이지 · www.gilbut.co.kr | **이메일** · gilbut@gilbut.co.kr

기획 및 책임 편집 · 최근혜(kookoo1223@gilbut.co.kr)
디자인 · 장기춘 | **제작** · 이준호, 손일순, 이진혁
영업 마케팅 · 전선하, 차명환, 박민영 | **영업관리** · 김명자 | **독자지원** · 윤정아, 최희창

편집 진행 · 앤미디어 | **전산 편집** · 앤미디어
CTP 출력 및 인쇄 · 교보피앤비 | **제본** · 경문제책

ISBN 979-11-407-0159-9 03000
(길벗 도서번호 007125)

정가 30,000원

저자 · 김석훈
직업 · 교수, 디자이너
이력 · 한양대학교 실내건축디자인학과 조교수
주식회사 스튜디오익센트릭 설립자
전) 스튜디오 가이아 아시아 지사장
전) 스튜디오 가이아 뉴욕 수석 디자인 매니저

iF 디자인 어워드
A' 디자인 어워드
IDEA 어워드 파이널리스트
아메리칸 건축상 은상

급속도로 변화하는 디지털 혁명 속에서 건축, 인테리어 디자인 분야는 기존의 한계를 넘어 여러 방식의 복합적인 접근을 통해 새로운 가능성을 만들어내며 점차 발전하고 있습니다. 이것은 놀랍게도 발전해온 기술 발전의 영향이 매우 크며, 모델링 및 렌더링 등 전반적으로 아우를 수 있는 개념의 디지털 컴퓨테이션(Digital Computation)이 다양한 표현을 추구할 수 있도록 이 분야에서 자리를 잡았기 때문입니다. 여러 3D 프로그램들이 가진 각각의 장점들을 적재적소에 활용하여 호환하거나, 특정 변숫값을 적용시켜 결과를 확인할 수 있는 파라메트릭 컴퓨테이션(Parametric Computation) 등 무궁무진한 디지털 표현을 통해 디자이너의 작업 효율성을 높이면서 본인만의 최적의 디자인 스타일을 찾을 수 있게 되었습니다.

우리나라 건축, 인테리어 디자인 시장에서는 디지털 표현에만 치우쳐 사실적인 묘사에 따른 획일화된 스타일과 본연의 디자인보다 투시도의 품질을 중요하게 여기는 주객적도 현상을 볼 수가 있습니다. 오히려 디자인 자체를 어떻게 더욱 적절하고 효율적으로 상대방에게 전달할 수 있을지에 대한 고민이 더 중요한 포인트입니다. 스스로 실현할 수 있는 디지털 툴 및 표현 방법들을 모두 익혀야 하는 것은 아니지만, 항상 열려있는 본인의 생각으로 다양한 가능성을 제시할 수 있도록 노력해야 합니다.

이 책은 위와 같은 시대 속에서도 건축, 인테리어 디자인 분야의 꿈을 키우고자 하는 신입 디자이너와 학생, 일반인에게 꼭 필요한 디지털 툴 간의 호환 방법, 그리고 이를 활용해 발전시킬 수 있는 다양한 디자인 표현 방법들을 제시합니다. 나아가 필자가 디자이너로 활동하며 다년간 작업했던 저의 실무 프로젝트들을 통해 저만의 디자인 방법론들을 제시하여 독자들의 디자인 작업에 힘을 실어 돕고자 합니다.

저자 김석훈

미리 보기

Preview

건축과 인테리어를 쉽게 배울 수 있도록 이론을 담았습니다.
이론을 익히고 작업을 시작하기 전 프로젝트를 살펴보세요.

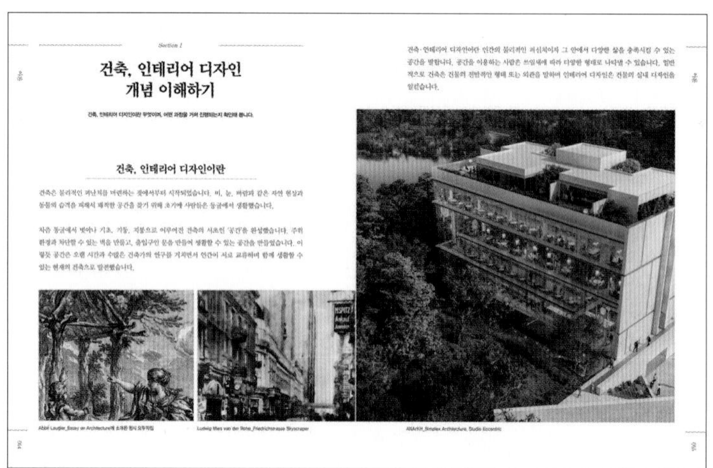

Section 1

건축, 인테리어 디자인 개념 이해하기

건축, 인테리어 디자인이란

이론

건축, 인테리어 디자인이란 무엇인지 살펴봅니다.
개성 있는 콘셉트나 아이디어를 떠올리는 방법을 살펴보고 기획에서 실무까지 최고의 디자인을 위한 기본기를 익힙니다.

공간에 브랜딩 나타내기

고급 브랜드 타운하우스

디자인 법칙

건축, 인테리어 디자인을 시작하기 전에 다양한 디자인 법칙을
프로젝트 예시로 쉽게 알아봅니다.

건축과 인테리어를 쉽게 배울 수 있도록 실습 예제와 TIP, 디자이너의 노하우를 담았습니다.
직접 따라하면서 AutoCAD, SketchUp, Blender를 실무자 레벨로 익혀보세요.

프로젝트

실무 디자인 프로젝트를 시작하기 전에 어떤 작업을 진행하는지 알아봅니다.
작업한 결과물을 한눈에 보기 쉽게 확인할 수 있습니다.

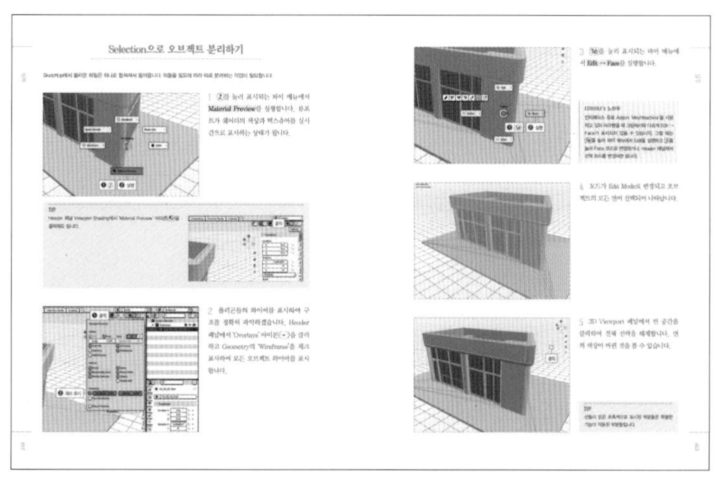

따라하기

실무 디자인 프로젝트를 직접 따라 하면서 만들어 봅니다.
실습 따라하기를 통해 작업물을 직접 완성할 수 있습니다.

Contents

Part 6 — 건축 3D 모델링을 위한 Blender 실무 프로젝트

예제 및 완성 파일 사용하기

이 책에서 사용된 예제 파일과 완성 파일은 길벗 홈페이지(http://www.gilbut.co.kr/)에서 다운로드할 수 있습니다. 홈페이지에 접속한 후 검색란에 해당 도서 이름을 입력하고 <검색> 버튼을 클릭합니다. 도서가 표시되면 [자료실] 탭을 선택하여 자료실 항목에서 예제 및 완성 파일을 다운로드한 다음 압축을 풀어 사용합니다.

Part 1

공간 디자인을 위한 건축, 인테리어

본격적인 공간 디자인을 시작하기에 앞서 건축 및 인테리어 디자인의 전반적인 이해를 돕기 위해 개념과 필수 요소들을 설명합니다.

Designer's PRO

Practical Architecture Interior

AutoCAD

SketchUp

Blender

이론

건축, 인테리어 디자인 개념 이해하기

건축, 인테리어 디자인이란 무엇이며, 어떤 과정을 거쳐 진행되는지 확인해 봅니다.

건축, 인테리어 디자인이란

건축은 물리적인 피난처를 마련하는 것에서부터 시작되었습니다. 비, 눈, 바람과 같은 자연 현상과 동물의 습격을 피해서 쾌적한 공간을 찾기 위해 초기에 사람들은 동굴에서 생활했습니다.

차츰 동굴에서 벗어나 기초, 기둥, 지붕으로 이루어진 건축의 시초인 '공간'을 완성했습니다. 주위 환경과 차단할 수 있는 벽을 만들고, 출입구인 문을 만들어 생활할 수 있는 공간을 만들었습니다. 이렇듯 공간은 오랜 시간과 수많은 건축가의 연구를 거치면서 인간이 서로 교류하며 함께 생활할 수 있는 현재의 건축으로 발전했습니다.

Abbé Laugier_Essay on Architecture에 소개된 원시 오두막집

Ludwig Mies van der Rohe_Friedrichstrasse Skyscraper

건축·인테리어 디자인이란 인간의 물리적인 피신처이자 그 안에서 다양한 삶을 충족시킬 수 있는 공간을 말합니다. 공간을 이용하는 사람은 쓰임새에 따라 다양한 형태로 나타낼 수 있습니다. 일반적으로 건축은 건물의 전반적인 형태 또는 외관을 말하며 인테리어 디자인은 건물의 실내 디자인을 일컫습니다.

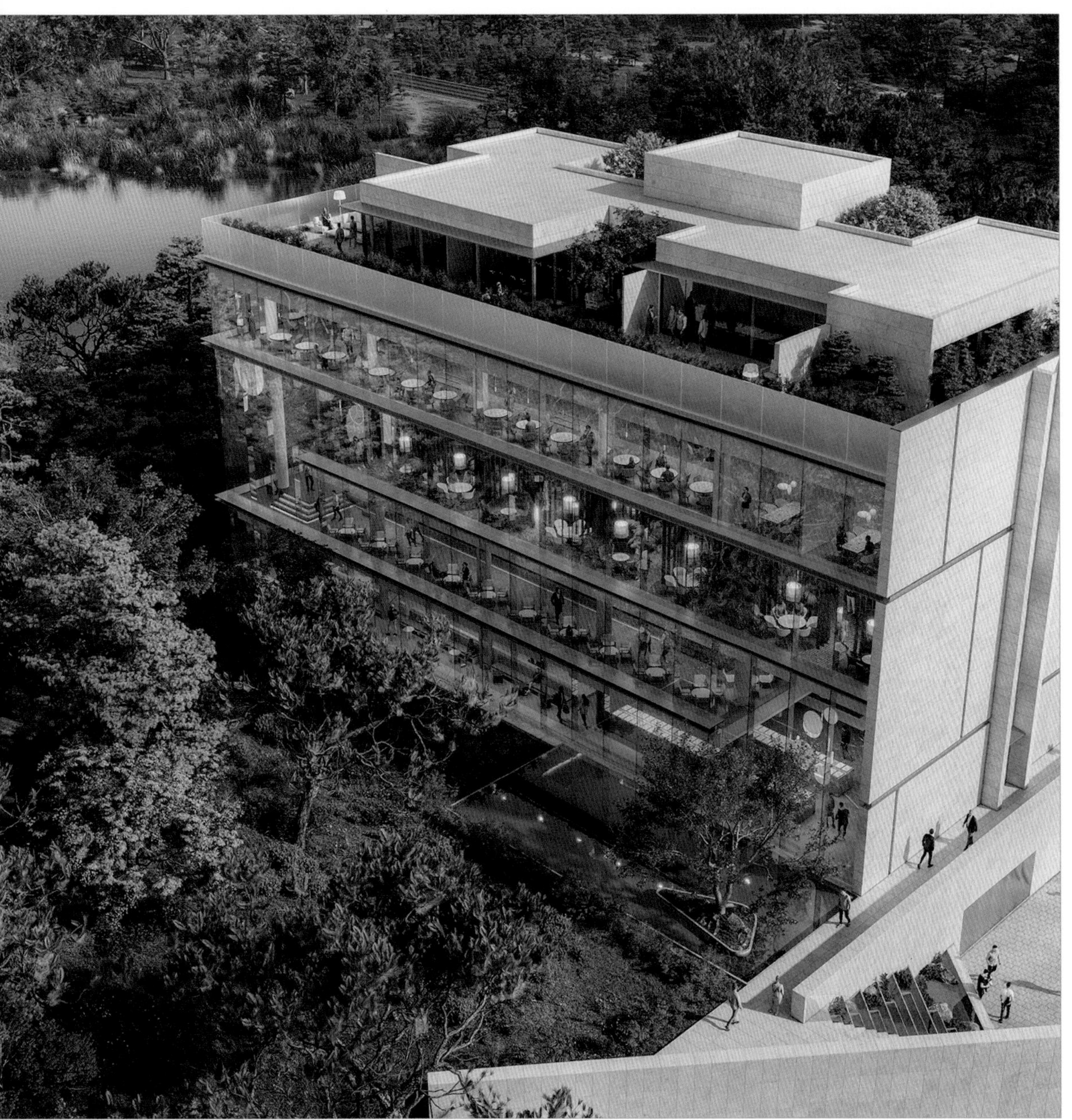

ANArKH_Simplex Architecture, Studio Eccentric

건축, 인테리어 디자인 관련 직업

건축·인테리어 디자인 분야에는 다양한 직업이 있으며, 이와 관련된 모든 전문가가 모여 하나의 최적화된 공간을 디자인합니다. 때로는 전문가가 다른 직업 영역에서도 능력을 발휘하여 좋은 디자인을 선보입니다.

건축가

의식주 생활에서 건축은 중요한 요소이며 건축가는 이를 만들어 사람들에게 제공합니다. 이와 같이 건축가는 단순히 비, 눈, 바람 등과 같은 자연 현상에서 벗어나기 위한 대피처가 아닌 공간을 누릴 수 있도록 삶을 반영합니다. 기능성뿐만 아니라 심미성[1] 또한 고려해 쾌적하고 안정적이면서 아름답고 풍요로운 공간을 디자인합니다.

실내 건축가, 인테리어 디자이너

건축 내부의 실내 공간을 디자인하는 전문가로 건축가와 비교하면 좀 더 인간적 척도[2] 디자인과 밀접합니다. 실내 건축은 사람의 생활 방식이 녹아들 수 있는 공간이어야 하는 만큼 인간적 척도를 반영한 디자인까지 섬세하게 신경 써야 하며, 문화와 사회의 소비 경향에도 관심을 가져야 합니다.

1 심미성은 아름다움을 식별하여 가늠할 수 있는 성질입니다.

2 인간적 척도(Human Scale)는 인간의 체격을 기준으로 한 척도를 말합니다.

Whitelier_Studio Eccentric

비주얼 머천다이저(VMD)

상업 공간에서 특정 제품이 두드러지고 효율적으로 판매되도록 시각적으로 연출하는 전문가로, 흔히 VMD라고 부르기도 합니다. 기획된 마케팅에 따라 제품에 맞게 전체 매장의 디자인 기획과 연출을 도맡아 진행합니다.

전시 디자이너

미술관, 박물관 등의 전시 공간을 기획에 맞게 디자인합니다. 상설 전시, 기획 전시에 따라 방문객이 전시물을 기획 의도에 맞게 감상할 수 있도록 디자인합니다.

무대, 세트 디자이너

공연, 행사 등의 무대, 세트 위에서 돋보이도록 디자인합니다. 공연, 행사 기획에 맞춰 연출하며 관람객으로 하여금 공간을 접할 때 연출 의도가 드러날 수 있도록 디자인합니다.

가구 디자이너

가구는 공간 디자인에서 전반적인 분위기를 좌우하는 요소로, 가구 디자이너는 공간 안의 사람과 가장 밀접한 관계를 갖는 부분을 디자인합니다. 대중적으로도 많은 관심을 받는 가구 디자인은 인체공학적인 설계뿐만 아니라 디자인적인 연구를 통해 발전하고 있으며 공간 디자인에서 중요한 역할을 담당합니다.

On Media Office_Heehoon D&G

조명 디자이너

건물 외관을 돋보이게 하며, 인테리어 디자인을 더욱 효과적으로 표현하는 중요한 역할을 합니다. 단지 공간에 빛을 밝히고 조절하는 역할이 아닌, 다양하고 아름다운 요소가 더해진 조명 디자인을 통해 공간을 풍요롭게 디자인합니다.

조경 디자이너

건축과 어울리는 야외 환경을 디자인합니다. 건축만으로는 삭막한 공간에 자연과의 조화를 기획해서 편안함을 제공합니다.

컴퓨터 그래픽(CG) 전문가/디자이너

공간 디자인을 효과적으로 전달하기 위해 디지털적인 표현을 제공합니다. 건축가, 인테리어 디자이너와의 협업을 통해 디자이너의 디자인 의도를 최대한 반영해서 그래픽 디자인으로 완성합니다. 다양한 그래픽 툴을 이용해 투시도, 애니메이션 등을 제작할 수 있습니다.

실내 코디네이터

클라이언트의 성향을 파악하고 공간의 심미성과 쾌적함을 고려하여 마감재, 가구, 조명, 소품 등의 요소들을 결정합니다.

Cut 'n' Paste Exhibition_MOMA(Museum of Modern Art), 뉴욕

Three-Legged Side Chair_Charles Eames, Ray Eames

건설사업관리 전문가

클라이언트를 대신하여 디자인 기획, 계약, 설계, 시공감리, 사후평가 등의 과정을 맡아서 진행합니다. 건설사업관리 전문가를 통해 클라이언트는 디자인 품질을 향상할 수 있는 동시에 공사기간 또한 효율적으로 조절할 수 있습니다.

프로젝트 작업 과정

프로젝트 의뢰에서부터 현장 시공까지 많은 과정을 거쳐 프로젝트가 진행됩니다. 디자인은 단계별로 클라이언트와의 미팅을 통해 구체화되며, 각 과정을 거치면서 공사에 알맞게 도면이 완성됩니다.

클라이언트 의뢰

건축·인테리어 디자인은 클라이언트 의뢰를 통해 프로젝트가 접수됩니다. 프로젝트는 클라이언트가 직접 의뢰하는 경우가 있으며, 설계 경기[3]와 같은 방법으로 여러 디자이너에게 제안서를 요구한 다음 프로젝트에 적합한 팀을 선별하여 의뢰하는 경우도 있습니다.

3 설계 경기는 클라이언트 주최로 디자이너 간의 경쟁을 제안하여 좋은 디자인을 선발하는 것에 목적을 두며, 현상 설계라고도 합니다.

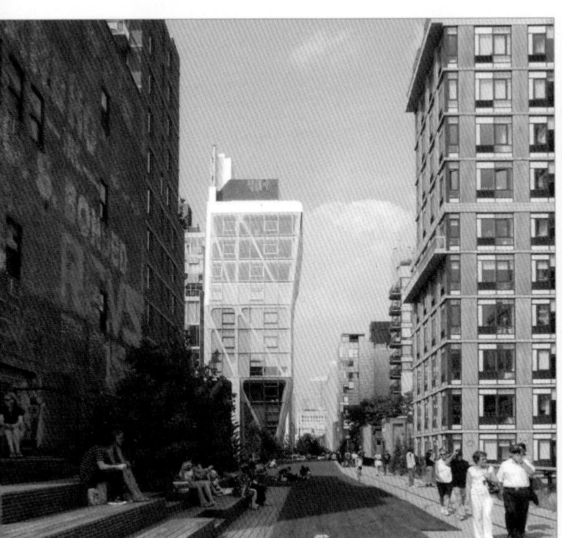

The High Line_James Corner Field Operations

Vietnam Habico Tower 투시도_Heehoon D&G

현장 답사, 실측

현장 상황을 정확하게 파악하기 위해 답사를 통해 현장을 실측하며, 사진을 촬영할 때 보편적으로 원거리에서 근거리로 이동하며 세부적으로 촬영합니다.

참고 자료 조사

콘셉트를 정하는 동시에 콘셉트에 맞춰 어울리는 이미지의 참고 자료를 찾습니다. 이미지들을 비교 및 분석하여 콘셉트를 구체화하면 새로운 아이디어를 이끌어 내는 것에 도움을 주지만 모방하면 문제가 되므로 주의합니다.

기획 설계

디자인 이후 처음으로 클라이언트와의 미팅에서 디자인 투시도와 콘셉트를 보여 주는 프레젠테이션 형식으로 선보이는 설계 단계입니다. 기준층의 평면도 또는 디자인을 전반적으로 보여 주는 주요 평면도 및 입면도를 설계합니다.

태극당333 현장 답사_ Studio Eccentric

기본 설계

디자인과 기획 설계를 보완하여 해당 설계 범위의 평면도, 천장도, 입면도가 포함된 하나의 도면 세트를 설계하는 단계입니다. 프로젝트에 따라 클라이언트에게 수정된 투시도와 패널을 제공할 수 있습니다.

디자인 기획 시 진행하는 SketchUp 작업, 골든베이 G&R 클럽하우스 현상 설계_Heehoon D&G

갤러리아 백화점 명품관 East 리노베이션 투시도_Heehoon D&G

PIAGET
PIAGET
PIAGET
Cartier
Cartier

실시 설계

현장 공사에서 직접 적용할 설계 단계입니다. 기본 설계에 필요한 평면도, 천장도, 입면도뿐만 아니라 상징과 가구 도면, 패턴 도면, 벽 마감 도면, 전기 도면, 부분 도면이 포함됩니다. 또한 도어 스케줄[4], 도어 디테일, 벽 스케줄, 벽 디테일[5], 바닥 디테일, 천장 디테일[6], 가구 도면이 포함됩니다. 실시 설계 도면은 시방서[7]와 스펙북[8]을 함께 제출합니다.

샵 드로잉

실시 설계 도면은 시공을 위해 그린 도면이지만, 현장 상황과 다른 경우 샵 드로잉을 통해 수정해야 하므로 현장에 직원이 머물며 작업하는 경우가 많습니다.

시공

기본적인 실시 설계 자료와 현장 상황에 맞춰 반영된 샵 드로잉 도면을 토대로 공사를 시작합니다. 공사는 가설공사 → 기초공사 → 구체공사 → 방수공사 → 창호공사 → 내부공사 순서로 진행합니다.

---

4 도어 스케줄은 설계에 포함되는 모든 문 디자인을 보기 쉽게 나열한 것을 말합니다. 도어 스케줄에서 확인한 다음 어울리는 도어 디테일을 찾아 알맞게 시공할 수 있습니다.

5 도어 스케줄, 도어 디테일과 같은 방식으로 사용합니다.

6 시공에 필요한 재료나 방식을 각 부분의 디테일을 통해 확인하여 공사할 수 있습니다.

7 시방서는 공사에서 일정 순서를 적은 문서를 말합니다.

8 스펙북은 시공에 사용하는 모든 마감재를 보기 쉽도록 나열한 카탈로그와 같습니다. 마감재 종류에 따라 구분하며, 가장 많이 사용하는 마감재가 우선적으로 나열됩니다.

G House 시공_김석훈

디자인 핵심 설계 요소로 표현하기

설계를 진행하기 위해 알아두어야 할 기본적인 필수 요소들을 익히고자 합니다.

설계의 기본 요소, 심미성

심미성은 제품을 디자인하기 위한 설계의 기본 요소 중 하나로, 색상이나 디자인, 미적 기능을 말합니다. 클라이언트의 개성과 취향에 따라 주관성이 강하고 시대나 국가에 따라 다양하며, 문화나 유행에 따라서 기준이 달라집니다.

1 | 다채로운 색

디자인 콘셉트에 맞게 색을 사용하기 위해서는 색에 관한 기본 지식이나 용어를 알아두어야 합니다.

❶ 무채색

색감이 없는 흰색, 검은색, 회색 계열의 색입니다. 명도에는 차이가 있지만, 채도에는 차이가 없습니다.

❷ 유채색

빨강, 주황, 노랑, 초록, 파랑, 남색, 보라 등의 색을 말합니다.

❸ 삼원색

'빛의 삼원색'은 빨강(Red), 초록(Green), 파랑(Blue)으로 구성되며, 이처럼 RGB 방식은 인쇄를 제외한 디지털 기기에 이용하는 색 구성입니다. 빛의 삼원색을 혼합하면 흰색이 되며, 채도가 높아지므로 '가산 혼합'이라고 합니다. '색의 삼원색'은 시안(Cyan), 마젠타(Magenta), 옐로(Yellow)로 구성되며, 이처럼 CMYK 방식은 인쇄에서 이용하는 색 구성입니다. 색의 삼원색을 혼합하면 검은색이 되며, 채도가 낮아지므로 '감산 혼합'이라고 합니다.

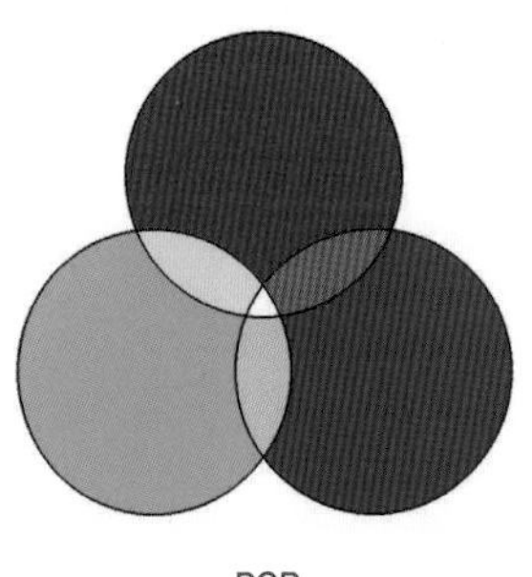

RGB

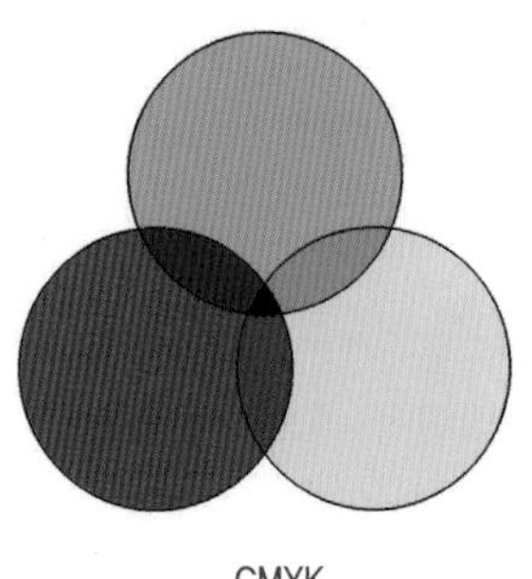

CMYK

❹ 색상, 명도, 채도

'색상(Hue)'은 빨강, 초록, 파랑과 같은 색을 나타내며, 유채색과 무채색으로 나뉩니다. '명도(Value)'는 색의 명암을 나타내며, 먼셀표색계에서 흰색의 명도는 10, 검은색의 명도는 0으로 흰색과 검은색을 10등분하여 구분합니다. '채도(Chroma, Saturation)'는 강도를 말하며, 색의 맑고 탁한 정도를 구분합니다. 먼셀표색계에서는 1~14 단계로 나타내며, 맑을수록 숫자가 높고 탁할수록 숫자가 낮습니다.

2 | 다양한 재료

재료라는 요소는 건축·인테리어를 현실화하는 데 없어서는 안 됩니다. 재료의 특성을 이해하여 디자인 기획 단계에서부터 어떤 재료를 사용할지 고려하여 진행합니다.

❶ 목재

목재는 마감재로써 재료뿐만 아니라 구조체로도 유용하며, 특유의 따뜻한 느낌 때문에 건축·인테리어에서 많이 이용합니다. 또한 목재가 가진 결을 이용해 다양한 패턴 연출과 마감재의 방향성을 제시할 수 있습니다. 목재 종류로는 메이플, 오크, 체리 등 여러 가지가 있습니다.

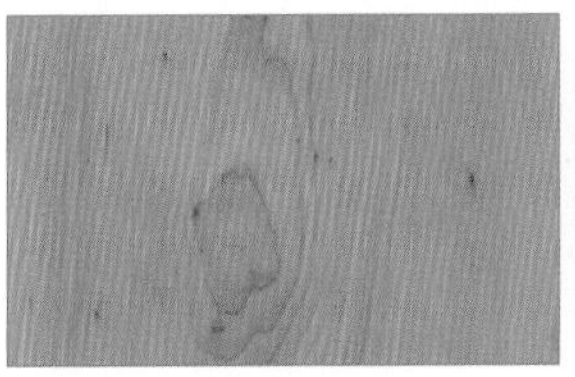

자작

오크

❷ 석재

크게 천연 석재와 인공 석재로 나뉩니다. 차갑지만 마감재로 이용했을 때 석재가 가진 고유의 아름다움이 나타나며, 종류에 따라 다양한 느낌으로 연출할 수 있습니다. 천연 석재는 종류가 많지만 인공 석재의 종류도 다양하게 개발되어 대중적으로 사용하고 있습니다.

포천석

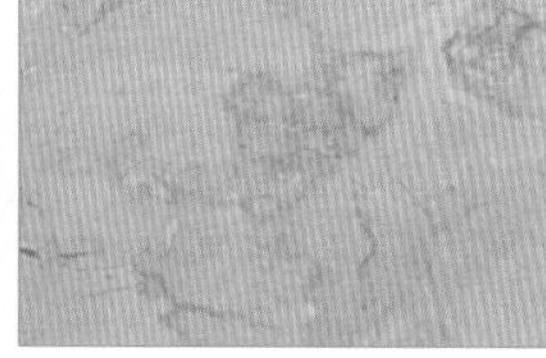
예루살렘 골드

❸ 금속

구조체로도 이용하지만 마감재로도 좋은 재료입니다. 금속의 차가운 느낌을 통해 건축·인테리어에 세련된 효과를 연출할 수 있습니다.

서스 헤어라인

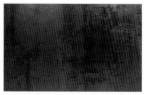

코르텐(산화 철판)

❹ 유리

재료 중에 투명도가 가장 높은 재료입니다. 투명해서 공간(Void) 연출에 적합하며, 빛의 투과율이 좋아 다양하게 연출할 수 있습니다. 다른 재료에 비해 약하지만 기술 발달로 인해 다양한 강도의 유리가 생산되고 있으며, 단열 등과 같은 기능적인 면에서도 발전하고 있습니다.

유리는 재료가 가지는 투명한 장점을 이용해 마치 그 부분이 뚫린듯 느껴지고, 굴절을 통한 빛 연출을 할 수 있습니다.

❺ 조적

돌, 벽돌 등을 쌓은 것으로, 최근에는 건물의 무게를 지탱하는 구조체가 아닌 조적이 가진 아름다움이 주목받고 있습니다. 다양한 형태의 돌뿐만 아니라 파벽돌, 고벽돌 등 치장 벽돌의 종류도 다양합니다.

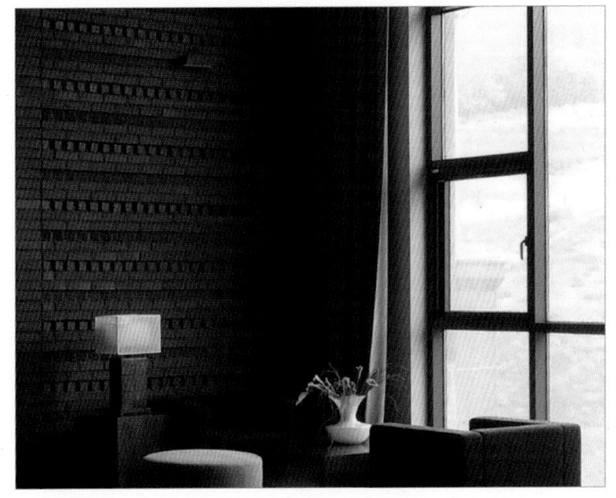

조적 : 알펜시아 리조트 컨벤션 센터_Ridge P&C

❻ 도장

다양한 종류의 페인트로 공간을 색다르게 연출할 수 있습니다. 페인트는 희석제에 따라 수성 페인트, 유성 페인트 등으로 구분되며, 광도에 따라서도 나뉩니다. 도장 방법에 따라 다양한 패턴과 질감을 표현할 수 있어 많이 이용하는 재료입니다.

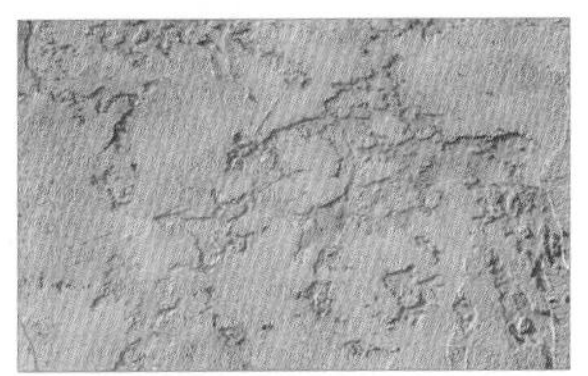

안티스타코(Stucco)

❼ 타일

재료에 따라 자기질, 도기질, 석기질 등으로 나뉩니다. 다양한 크기와 형태, 색상을 통해서 연출할 수 있습니다.

바닥 타일

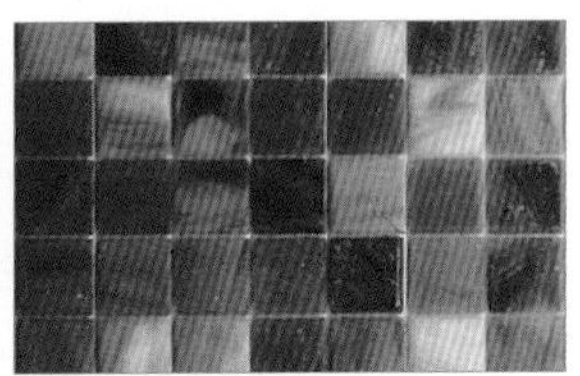

모자이크 타일

❽ 도배

벽지는 페인트만큼 자주 이용하는 실내 마감재로 저렴한 편이며 시공 또한 쉽습니다. 재료뿐만 아니라 색상과 질감 등 벽지 선택의 폭이 다양합니다.

실크 벽지

실용적인 공간 구성을 위한 기능성

건축·인테리어 디자인은 공간 안에서 직접 생활하는 사람이 효과적인 삶을 누릴 수 있도록 공간의 기능성을 중요하게 생각하고 작업에 임해야 합니다.

프로그램

건축·인테리어 디자인이 다른 디자인 분야와 다른 점은 자신을 둘러싼 공간을 느끼며, 생활하면서 상호작용한다는 점입니다. 사람이 생활할 수 있도록 하는 공간 디자인의 요소는 '프로그램'과도 같습니다. 공간마다 이용자의 필요 조건을 충족시킬 뿐만 아니라 다양한 경험을 제공합니다.
건축·인테리어 디자인에는 기본적으로 공간 특성에 맞춘 프로그램들이 있습니다. 주거 공간의 경우 휴식을 취할 수 있는 공간, 요리와 식사를 할 수 있는 공간, 씻고 배설할 수 있는 공간 등 인간의 기본적인 욕구를 위한 공간이 있습니다. 상업 공간의 경우 위치에 따라 배열된 상품의 진열대, 계산대 등 상품을 거래하기 위해 필수적인 공간이 있습니다. 이외에도 클라이언트의 요구에 따라 다양한 프로그램을 추가할 수 있으며, 설계 경기의 경우 디자인 기획에서 충족시켜야 할 프로그램 레이아웃이 제공되는 경우가 많습니다.

동선

공간에 적절히 배치된 프로그램 사이에는 이를 연결하는 동선이 계획되어야 합니다. 주 출입구와의 연결성, 프로그램 중요도에 따른 접근성, 방문객이 한 곳에 몰렸을 때 일어날 수 있는 만약의 사고를 대비하고 적절히 분산시킬 수 있는 안전성 등 다양한 사항들을 반영하여 디자인에 적절한 동선을 적용합니다.

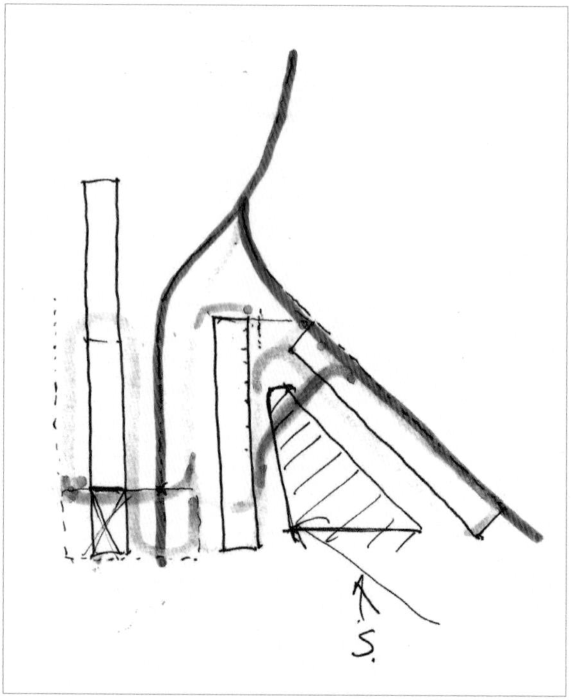

사이클 하우스 프로그램 설정_김석훈, 이명재
현장에 맞게 주거 공간의 중요 프로그램들이 배치되고, 효율적으로 연결할 수 있는 다양한 동선이 연결되어 프로그램끼리 서로 어울립니다. 이를 통틀어 하나의 건축물로 형상화시킬 수 있습니다.

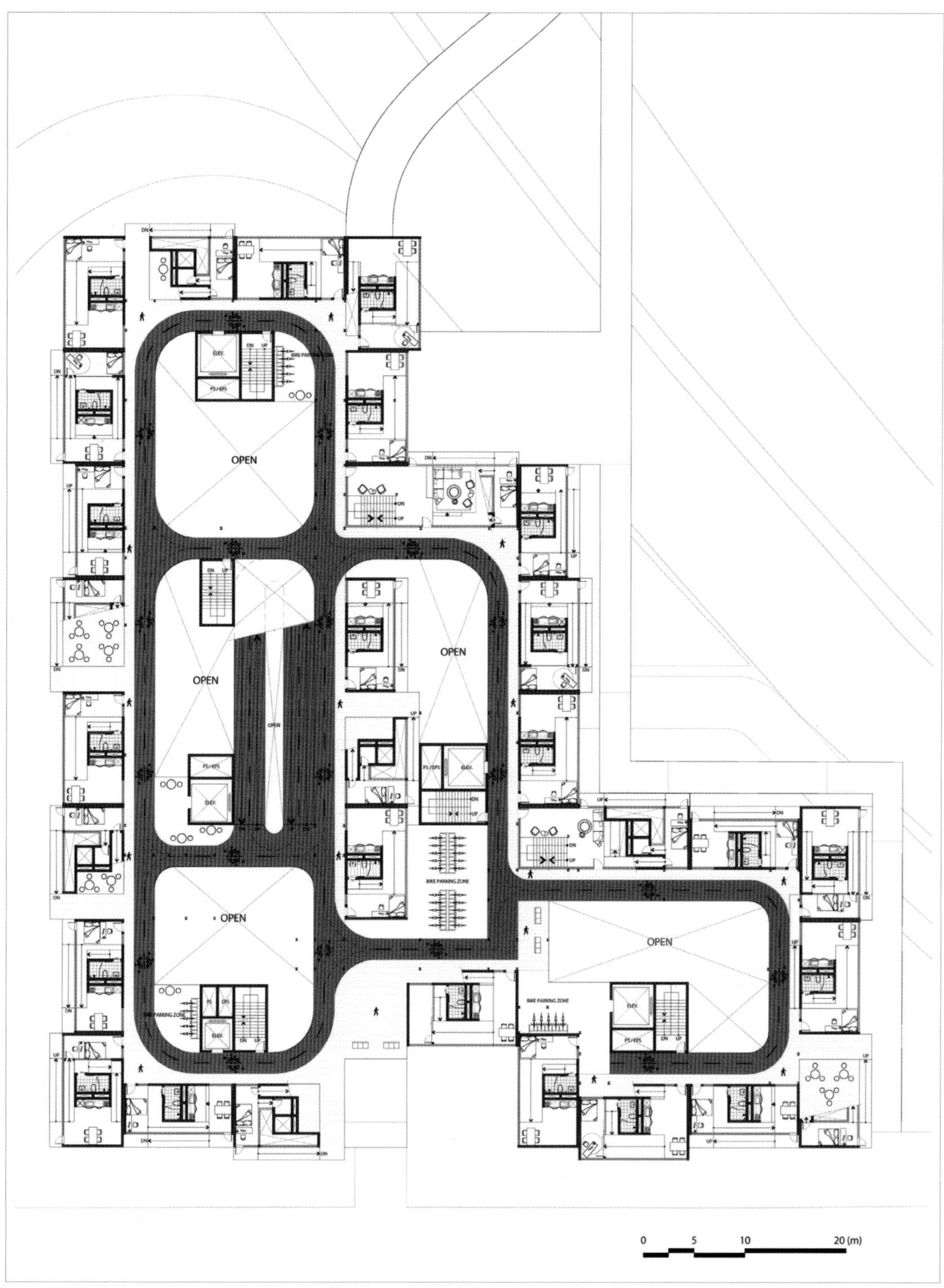

사이클 하우스 동선 설정_김석훈, 이명재

동선 설정을 핵심으로, 보행자뿐만 아니라 자전거 이용자의 동선이 서로 간섭하지 않도록 공간에 적절히 연결했습니다. 동선 자체가 전반적인 건축 디자인을 좌우할 뿐만 아니라 콘셉트를 한눈에 보여 주는 중요한 요소가 되었습니다.

프로젝트를 위한 그래픽 툴 살펴보기

설계 단계마다 알맞은 컴퓨터 그래픽 툴을 확인해 봅니다.

디자인 기획

다양한 조사와 분석을 토대로 클라이언트로부터 의뢰받은 프로젝트의 디자인 기획을 시작합니다. 조사와 분석을 토대로 한 이성적 판단과 디자이너의 감각을 토대로 한 감성을 조화시켜 프로젝트 디자인을 시작합니다.

기획

그래픽 툴을 이용해 디자인에 필요한 다양한 현장(Site)을 분석할 수 있습니다. Google Earth를 비롯한 다양한 GIS 프로그램[9]을 이용해 현장의 다양한 특징들을 분석합니다.

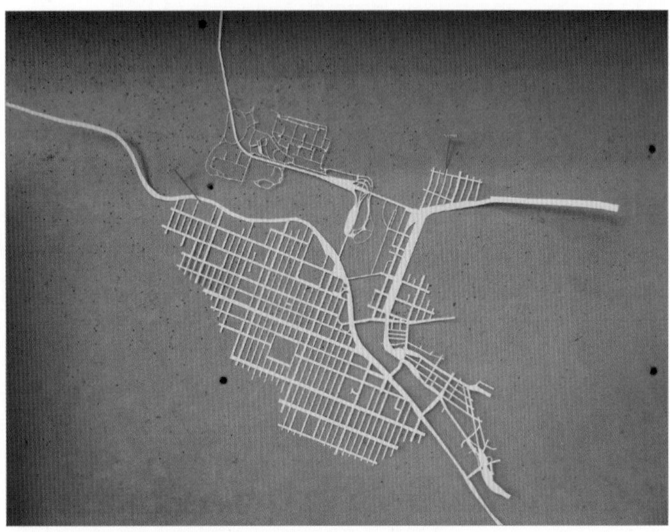

GIS 프로그램으로 분석한 지도를 레이저 커팅하여 이미지화한 모형

9 GIS(Geographic Information System)는 지리 공간 자료를 분석·가공하여 교통·통신 등과 같은 지형 관련 분야에 활용할 수 있는 시스템입니다.

발전

디자인 과정에서는 여러가지 이유로 계속해서 수정 작업이 진행됩니다. 이때 다양한 그래픽 툴을 이용해 파라메트릭(Parametric) 디자인 방식을 적용하여 효율적으로 발전시키기 위해 노력합니다.

예를 들어 건축을 구상할 때 Rhino 3D 플러그인 Grasshopper와 환경 분석 프로그램인 Ecotect를 이용하여 일사량[10]을 비교하면서 디자인을 발전시킬 수 있습니다. 또한 Rhino 3D와 Grass-hopper를 통해 구조 기술자와 구조적으로 디자인을 발전시킬 수 있습니다.

> • 파라메트릭 디자인
>
> 일반적으로는 비정형 건축으로 인식하지만, 더욱 포괄적인 개념을 가집니다. 파라메트릭(Parametric) 디자인이란, 정해진 수식 안에 계속해서 달라지는 변수를 디지털 계산에 대응하여 손쉽게 결과물로 만드는 것을 말합니다. 수정해야 할 부분들을 하나씩 바꾸는 것이 아닌 하나의 변수를 적용해서 한 번에 수정합니다.

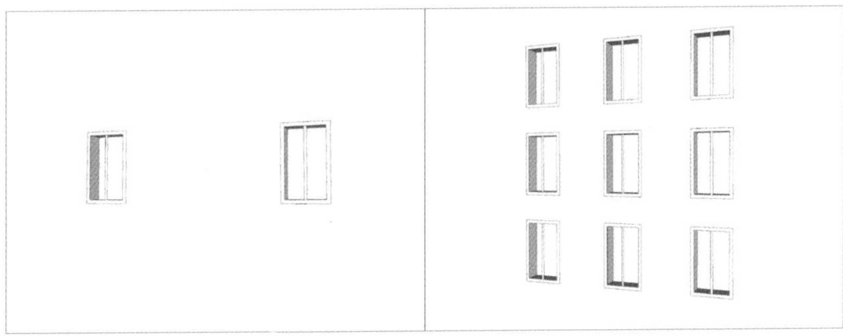

건물의 파사드[11]
파라메트릭 디자인을 통해 직사각형 창문 개수를 수정할 수 있습니다.

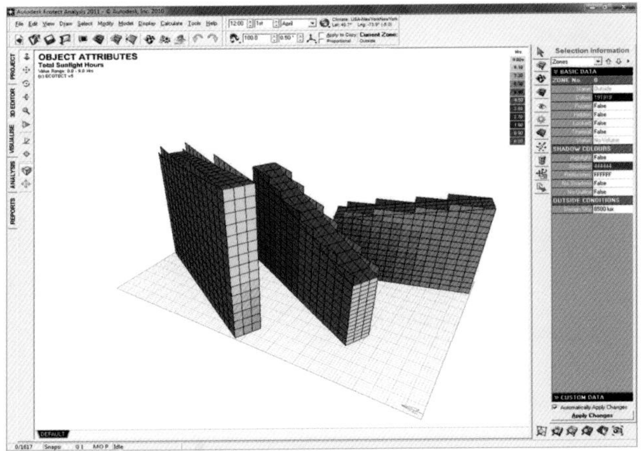

Rhino 3D 플러그인 Grasshopper와 Ecotect 호환

10 태양의 복사를 일사라 하며, 일사의 세기를 일사량이라고 합니다.

11 파사드(Facade)는 건물의 입면 또는 정면을 말합니다.

기본 설계와 실시 설계

클라이언트와의 계약 진행 후 기본 설계와 실시 설계를 준비합니다. 다양한 도면이 실제 공사로 이어지도록 도와주는 시방서, 스펙북을 통해 디자인을 진행할 수 있습니다.

디자인 도면화

디자인 기획 단계에서 진행한 3D 모델을 도면으로 만듭니다. SketchUp, Rhino 3D 등의 3D 프로그램을 이용해 만든 모델들을 단면화합니다. 만들어진 단면들을 호환할 수 있는 파일로 변환하여 AutoCAD에서 도면을 작업합니다.

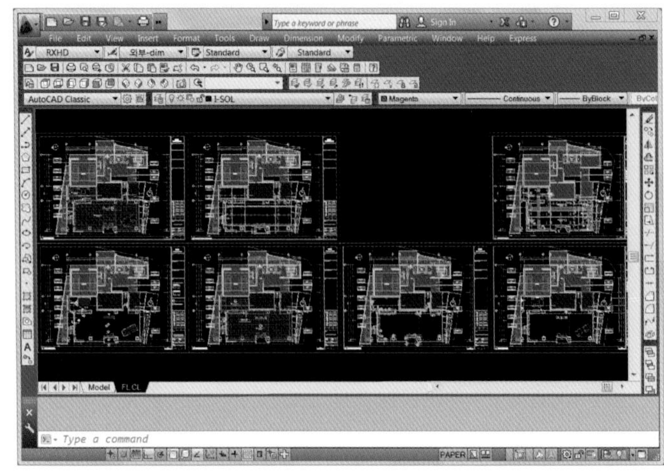

도면화 작업으로 만든 하나의 실시 설계 세트

디자인 적산

디자인 기획에서 진행한 3D 모델은 BIM(Building Information Modeling) 프로그램으로 호환할 수 있습니다. Revit과 같은 BIM 프로그램들을 이용해 물량 적산[12], 견적, 구조 등의 정보를 얻을 수 있습니다.

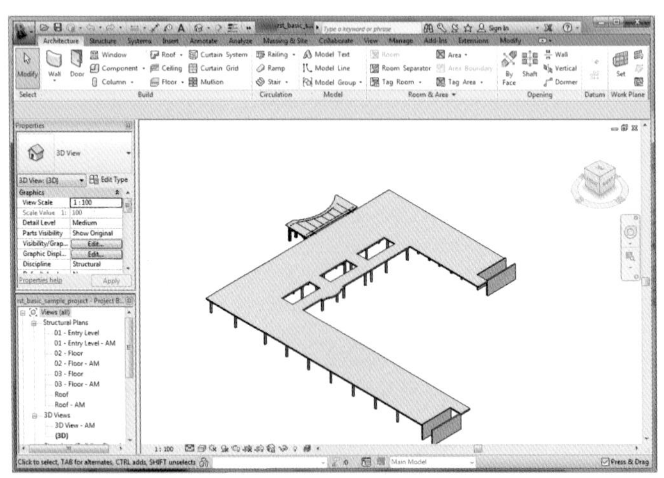

BIM 프로그램으로 활용하는 Revit

12 적산은 공사비를 산출하는 공사원가 계산 과정입니다.

다양한 모형 제작

디자인한 도면을 토대로 재료들을 이용해 모형을 제작합니다. 디자인 기획 과정에서 모형을 만들 수도 있지만, 최종적으로 어떠한 공간인지 설명하기 위해 만들기도 합니다.

1 | 모형 제작

다양한 3D 프로그램으로 만들어진 3D 모델은 여러 가지 방법으로 모형을 만들 수 있습니다. 모형 제작을 위해 만들어진 파일들은 기계로 생산되어 이후 손쉽게 수작업을 진행할 수 있습니다.

❶ 레이저 커팅

모형이 완전히 만들어지는 것이 아닌, 마지막 접착 단계에서 수작업으로 모형 조각들을 제작합니다. 3D 모델은 제작하기 쉽게 도면이 모형 조각으로 만들어지고, 이 도면은 AutoCAD와 호환되도록 파일을 변환할 수 있습니다.

❷ 3D 프린팅

레이저 커팅 제작과는 다르게 완전한 모형으로 제작합니다. 3D 모델은 3D 프린팅할 수 있는 파일로 변환하여 3D 프린터에서 출력할 수 있습니다.

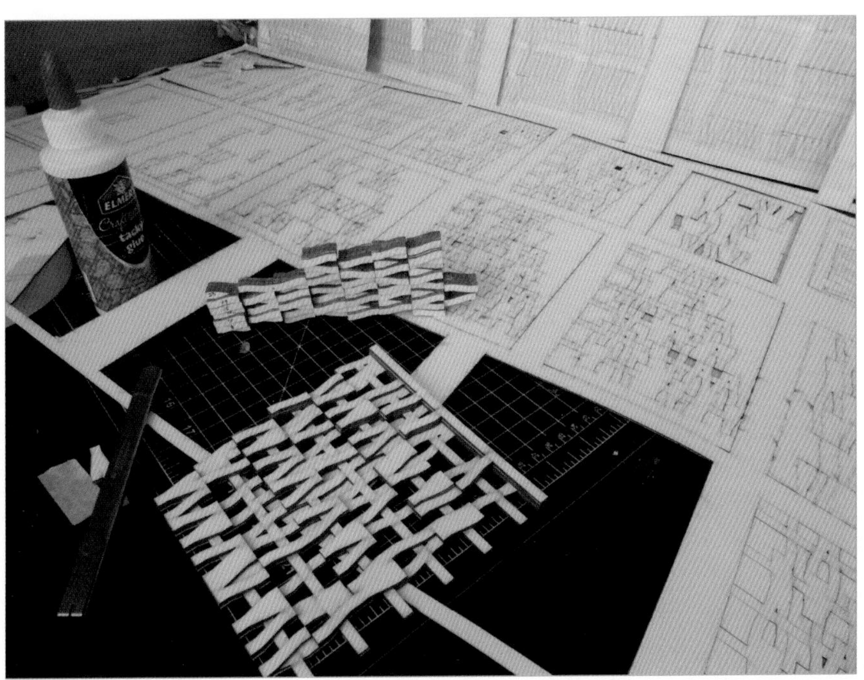

레이저 커팅을 이용해 만들어진 모형 조각과 완성되어가는 모형

2 | 선 제작 시공

공사가 진행될 때 주로 현장 제작으로 공정이 이루어지지만, 섬세한 디자인 제작이 요구되는 경우 공장 제작을 합니다. 선 제작(Pre-Fabrication)을 위해 파일을 변환한 다음 기계로 보내면 제작됩니다.

라우터의 밀링[13] 기법을 이용한 다양한 패턴

디자인 관련 그래픽 툴

건축·인테리어는 다른 디자인 분야에 비해 그래픽 툴이 많이 필요하지 않지만, 다양한 툴을 익혀야만 프로젝트를 진행할 수 있습니다. 디자이너는 여러 가지 그래픽 툴을 자유롭게 다뤄 적재적소에 맞게 사용해야 합니다.

1 | 2D 프로그램

다양한 2D 프로그램을 이용해 디자인에 알맞은 다이어그램을 만들거나 합성할 수 있습니다.

❶ Photoshop

비트맵 이미지를 기반으로 하는 2D 이미지 편집 및 수정 프로그램으로 투시도 및 패널 디자인을 위해 건축과 인테리어 분야에서 가장 많이 이용합니다.

13 밀링(Milling)은 밀링 기계로 밀링 커터를 이용하여 공작물을 자르거나 깎는 가공법을 말합니다.

❷ Illustrator

벡터 이미지를 기반으로 하는 2D 이미지 편집 및 수정 프로그램으로, 다이어그램과 같은 고해상도 그래픽 작업에 많이 이용합니다.

❸ Indesign

2D 그래픽 편집 프로그램으로 출판 편집 디자인에서 많이 이용하며 건축·인테리어 분야에서는 주로 PDF 제안서 작업에 이용합니다.

2 | 3D 프로그램

건축·인테리어에서 사용하는 3D 프로그램을 이용해 현실화되지 않은 공간을 가상으로 표현해서 간접적으로 경험할 수 있도록 도와줍니다.

❶ SketchUp

가장 접근하기 쉬운 3D 모델링 프로그램으로, 간편하게 콘셉트 디자인에서 많이 이용합니다.

❷ Rhino 3D

현재 가장 주목받고 있는 3D 모델링 프로그램으로 정확하게 모델링할 수 있으며, 다른 프로그램과의 호환이 쉬울 뿐만 아니라 Grasshopper나 Paneling Tools와 같은 플러그인을 이용해 파라메트릭 디자인을 할 수 있습니다.

❸ 3ds Max

3D 모델링 및 렌더링 프로그램으로, 다른 모델링 프로그램보다 정확성이 떨어지지만 렌더링에 특화되었습니다. 기존 옵션에 포함된 렌더링 엔진인 Scanline과 Mentalray 뿐만 아니라 플러그인을 설치하여 V-Ray도 이용할 수 있습니다. 렌더링과 함께 움직임에 따라 영상도 제작할 수 있습니다.

❹ Lumion

3D 편집 및 렌더링 프로그램으로, 빠른 시간 내에 사실적 이미지 및 동영상을 만들어 내는 것이 장점입니다. 기존 3D 프로그램인 SketchUp, ArchiCAD, Revit, Rhino 3D, Vectorworks와 연동이 가능합니다. 간단한 인터페이스로 건축 및 인테리어 디자인 관련 학생들과 사무실에서 선호하기 시작했습니다.

❺ Enscape

실시간 3D 렌더링 플러그인(Plug-in) 프로그램으로, 진행하는 모델링의 렌더링을 바로 확인하며 작업할 수 있다는 것이 장점입니다. 기존 3D 프로그램인 Revit, SketchUp, Rhino 3D, ArchiCAD, Vectorworks에 연동하여 플러그인으로 사용합니다.

Photoshop

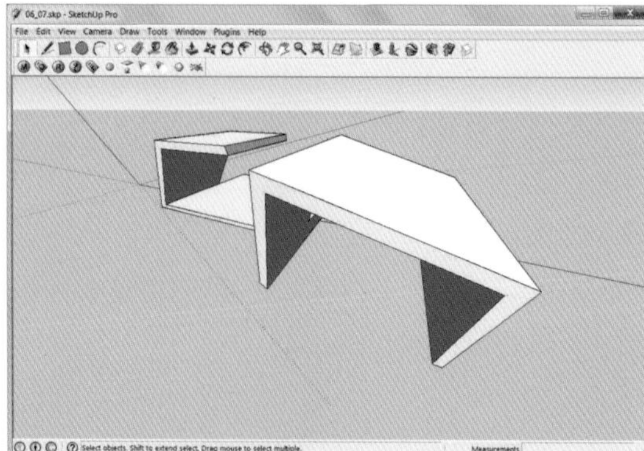

SketchUp

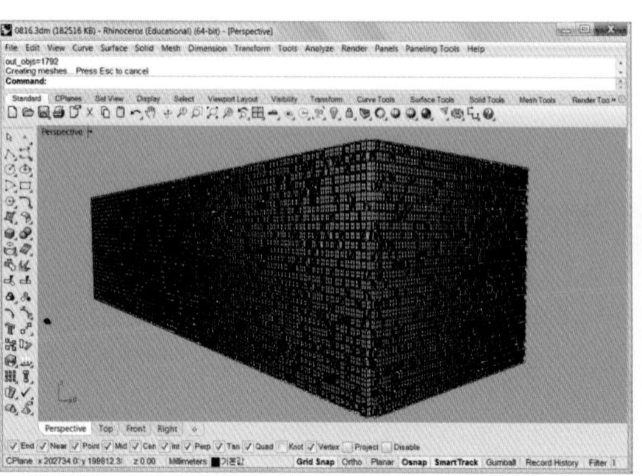

Rhino 3D

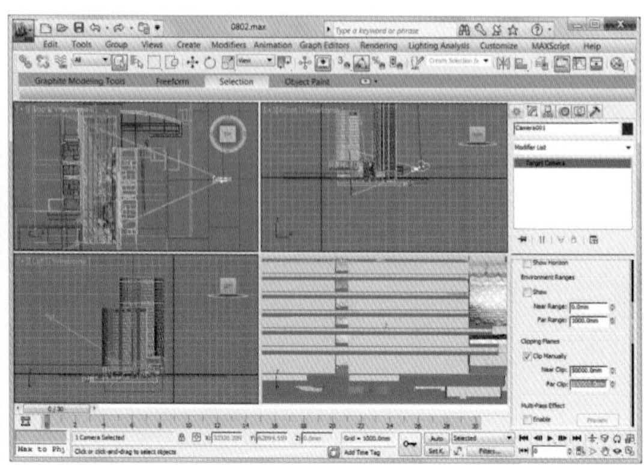

3ds Max

3 | 동영상 프로그램

건축·인테리어에서 동영상 프로그램은 불필요해 보일 수 있지만, 동영상을 통해 클라이언트에게 공간의 흐름에 맞게 순서대로 공간을 이해시킬 수 있어 효과적입니다.

❶ Premiere Pro

영상 제작 프로그램으로, 3ds Max에서 내보낸 동영상 파일을 이용해 음성이나 효과를 추가하여 완성도 있는 동영상을 만들 수 있습니다.

❷ Windows Live Movie Maker

윈도우 운영체제의 기본 프로그램으로 다른 영상 제작 프로그램보다 사양이 낮고 이용할 수 있는 설정 항목은 적지만, 간단한 영상을 만드는 데에는 문제 없습니다.

SketchUp으로 진행한 프로젝트 책누나 프로젝트_Studio Eccentric

Voco Seoul Gangnam_Studio Eccentric

자유롭게 프로그램 연동하기

건축, 인테리어 디자인 분야에서는 다양한 프로그램들이 존재하고, 사용됩니다. 여러 프로그램들을 다루는 것도 중요하지만, 무엇보다 이를 호환 및 활용하여 본인 디자인 작업의 최적화된 방식을 찾아야 합니다.

해체와 창조를 위한 프로그램 호환 및 활용

건축, 인테리어 디자인은 다른 디자인 분야와 다르게 다양한 프로그램을 활용하여 디자인 작업 과정 또는 표현에서 사용합니다. 다양한 2D 프로그램, 3D 모델링 프로그램을 이용해 작업한 파일로 이후 렌더링, 영상, 제작 프로그램 등을 거친 결과물을 만듭니다. 시중에는 건축, 인테리어 디자인을 위한 프로그램 관련 서적이 많지만, 이 서적들이 설명하는 각각의 프로그램을 어떻게 연결하여 활용할 것인지에 대한 설명이 부족합니다. 여기서는 다양한 프로그램을 호환하여 디자이너가 작업 과정에 어울리는 최상의 표현에 대해 소개합니다.

다음 이미지는 Rhino 3D에서 작업한 3D 모델링을 이용해 make-2D 명령으로 만든 2D 도면을 AutoCAD로 불러와 선을 수정했습니다. 이후 eps 파일로 변환한 다음 Photoshop으로 불러와 이미지 보정 작업을 통해 마무리했습니다.

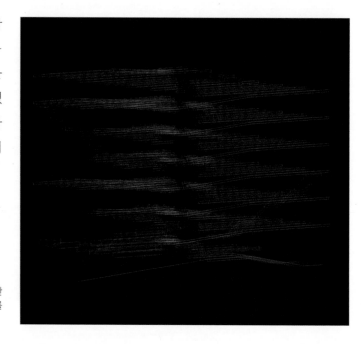

루프 은행_Contour 기법을 이용한 드로잉
Contour 기법은 같은 간격으로 단면을 나눠 나열한 방식으로, 연결되지 않았지만 건물의 전체적인 형태를 확인할 수 있습니다.

SketchUp

다른 디자인 프로그램보다 다루기 쉬워 2D 프로그램과 3D 모델링 프로그램 사이에서 호환하기 편리한 '다리' 역할을 합니다. AutoCAD에서 불러온 도면을 이용하여 3D 모델링 작업을 할 수 있고, 기본 기능만으로는 이 파일을 이용해 다른 3D 모델링 프로그램인 Rhino 3D로 내보내어 고급 모델링 작업이나 3ds Max와 같은 모델링 및 렌더링 프로그램을 통해 다양한 투시도 작업도 할 수 있습니다.

다음의 수영장 프로젝트에서는 복잡한 형태의 모델링 때문에 SketchUp으로 작업하는 것에 한계가 있었습니다. 이를 해결하고자 Rhino 3D에서 수영장 3D 모델링을 진행하여 3ds 파일로 변환한 다음 SketchUp에서 불러들여 작업했습니다.

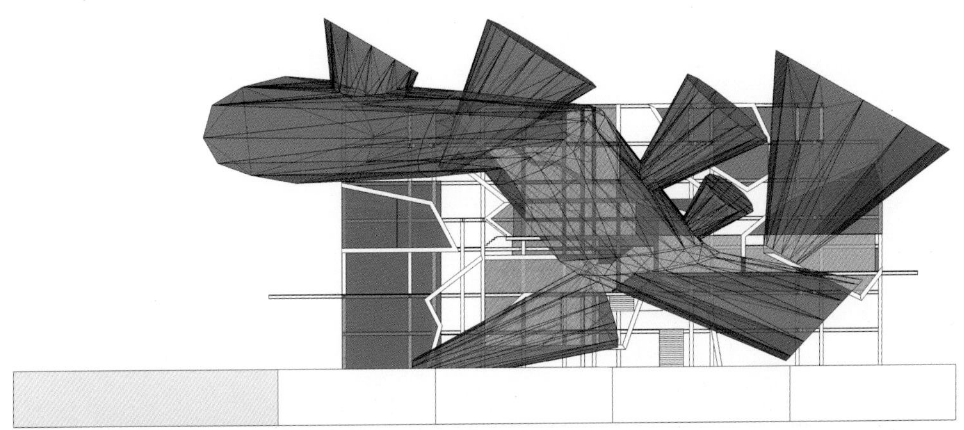

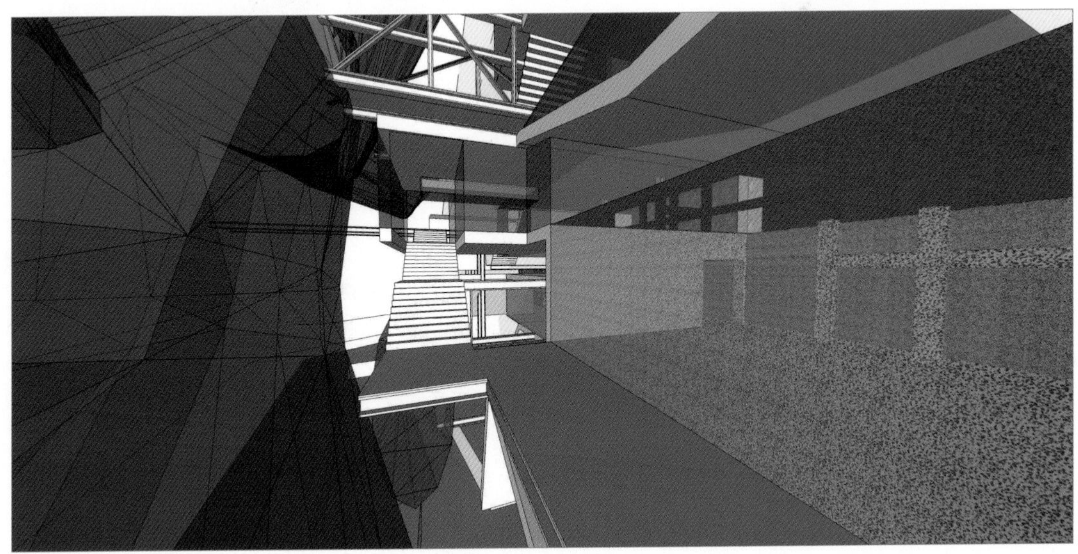

Vertical Natatorium _ 김석훈

Rhino 3D

SketchUp 다음으로 건축, 인테리어 디자인 분야에서 가장 많이 이용하는 3D 모델링 프로그램입니다. 간단한 모델링뿐만 아니라 복잡하면서도 섬세한 작업을 하기에도 유용합니다. 다른 2D 프로그램, 3D 모델링 프로그램 및 렌더링 작업을 위한 프로그램과의 호환이 편리하며, 다양한 플러그인을 통해 더 많은 가능성을 나타냅니다. 3DS, OBJ, DWG 등 다양한 파일 포맷으로 저장할 수 있습니다.
다음의 아이소메트릭 작업은 Rhino 3D에서 3D 모델링 작업을 진행한 다음 dwg 파일로 3D 모델링을 저장하고, 이를 3ds Max에 불러와 각도에 맞게 렌더링을 하였습니다. 그 후 3ds Max에서 고품질의 png 파일로 저장하여 Photoshop에서 불러왔습니다. 이 위에 AutoCAD에서 작업한 도면을 eps 파일로 저장하여 앞선 png 파일과 함께 합성하여 아이소메트릭 작업을 완성했습니다.

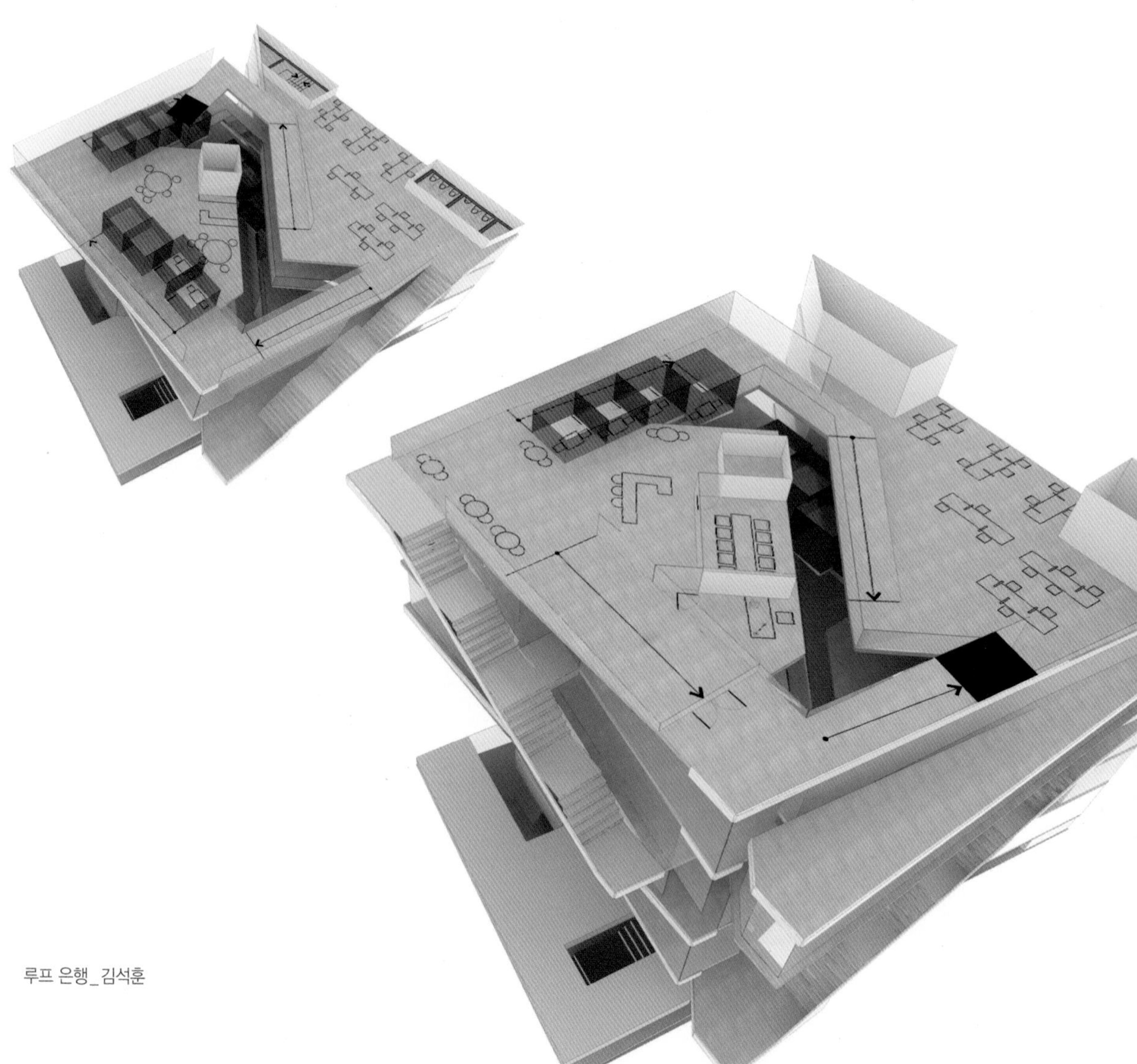

루프 은행_김석훈

3ds Max

3ds Max 프로그램을 통해 복잡한 모델링을 진행하기에도 좋지만, 완성된 3D 모델링 파일을 이용해 마지막 렌더링 작업할 때 더 유용하게 활용할 수 있는 프로그램입니다. 정교한 조명 및 재료 매핑 설정에서 렌더링에 최적화되어 있어 공간 투시도 및 애니메이션 렌더링 등에 많이 이용합니다.

건축, 인테리어 투시도의 경우 JPG 파일 또는 PNG 파일로 저장하여 이후 Photoshop이나 Illustrator의 보정 과정을 거칩니다. 특히 PNG 파일로 저장하여 배경 이미지와 합성을 하는 경우가 많습니다. 애니메이션의 경우 JPG 파일로 각 장면을 연속으로 저장하여 After Effects와 같은 영상 프로그램에서 AVI 파일 및 MOV 파일로 저장합니다.

사이클 하우스_김석훈, 이명재
Rhino 3D에서 만든 3D 모델링을 3ds 파일로 변환하여 저장한 다음 3ds Max에서 불러들여 렌더링했습니다.

Photoshop

다양한 디자인 분야에서 널리 사용하고 있는 2D 그래픽 프로그램입니다. 타 2D 프로그램의 이미지 작업을 이어서 하거나, 3D 프로그램에서 생성된 이미지 파일을 이용해 2D 작업을 진행할 수 있습니다. 건축, 인테리어 디자인 분야에서는 특히 도면 컬러링, 다이어그램, 투시도 보정 작업 등 다양하게 사용되며, 프레젠테이션 작업이나 패널 작업 시에도 유용하게 활용됩니다. AutoCAD와 같이 2D 작업 프로그램에서 작업한 도면을 이미지로 불러올 경우, eps 파일로 저장한 다음 Photoshop에 불러들여 바탕으로 준비한 후 그 위에 컬러링 작업을 진행합니다. 또한 SketchUp, Rhino 3D, 3ds Max 등과 같은 3D 프로그램으로부터 생산된 이미지를 불러들여 보정 작업을 거치기도 합니다.

AutoCAD

건축, 인테리어 디자인 분야에서 2D 도면 작업에 가장 많이 이용하는 프로그램임에도 불구하고 아직까지 3D 모델링으로 활용되는 경우는 적습니다. 공학 분야에서는 이 프로그램을 이용한 정교한 3D 모델링을 할 수 있어 3D 작업으로도 최적화되어 있습니다.

AutoCAD에서 3ds 파일로 저장하면 메시 형태로 저장되어 면이 분할되기 마련입니다. 3D Face 설정에서 dwg 파일로 저장하면 면 분할 없이 깔끔하게 다른 프로그램을 내보낼 수 있습니다.

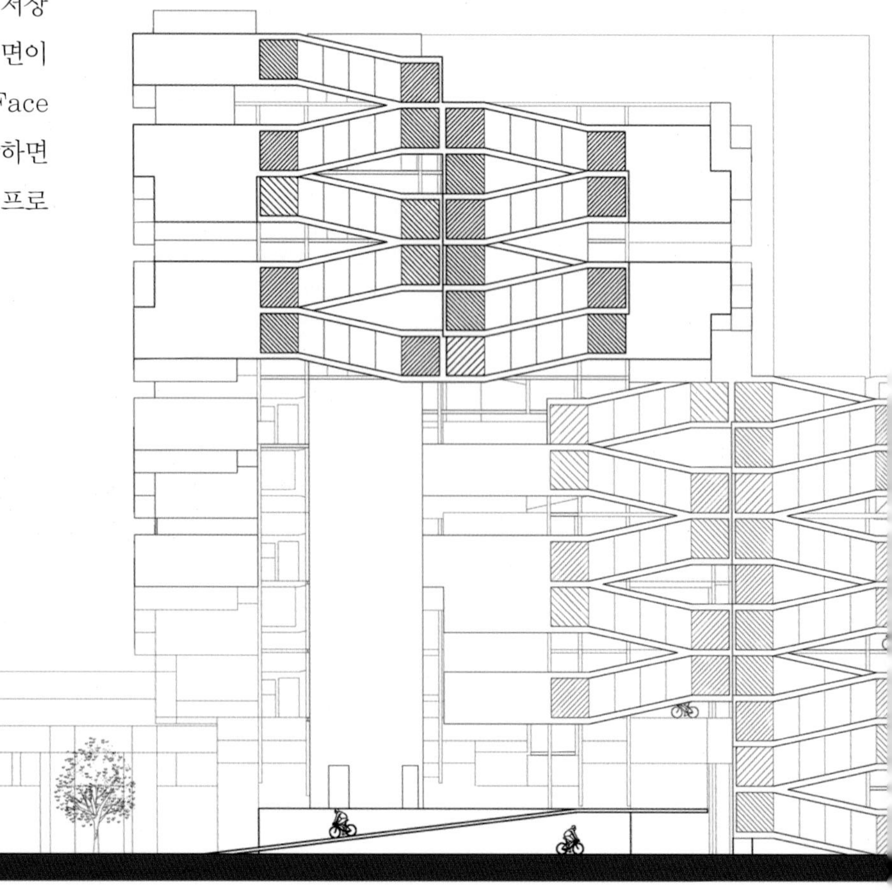

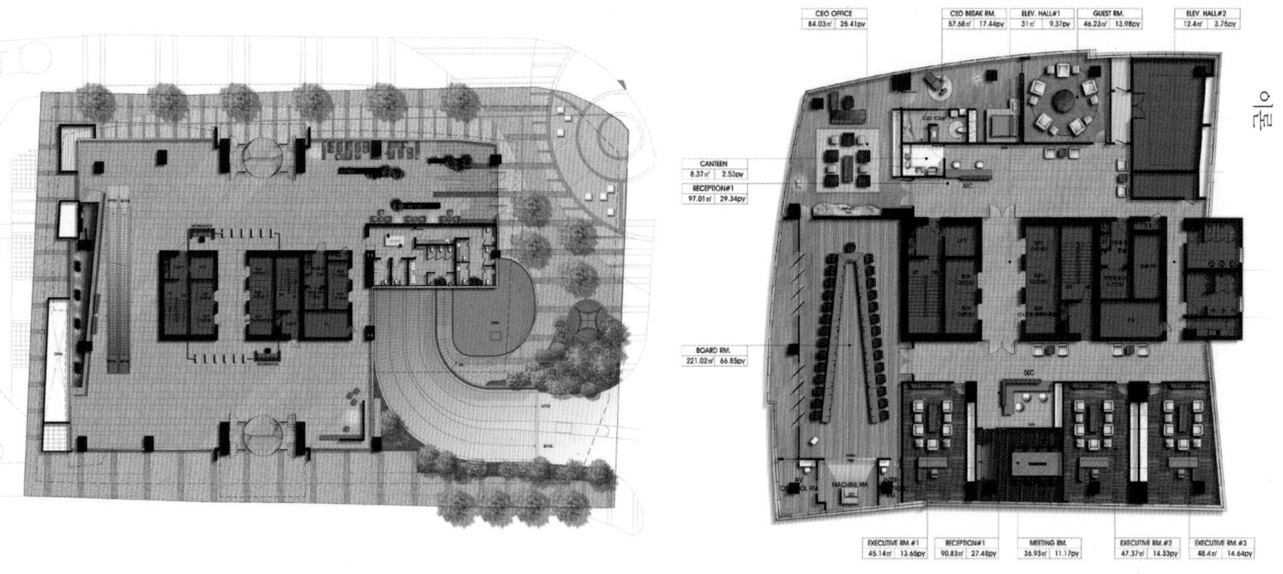

S 오피스 현상 설계_Ridge P&C

AutoCAD에서 작업한 도면을 eps 파일로 저장하여 Photoshop에서 불러들인 다음 컬러링하여 입체감을 살렸습니다.

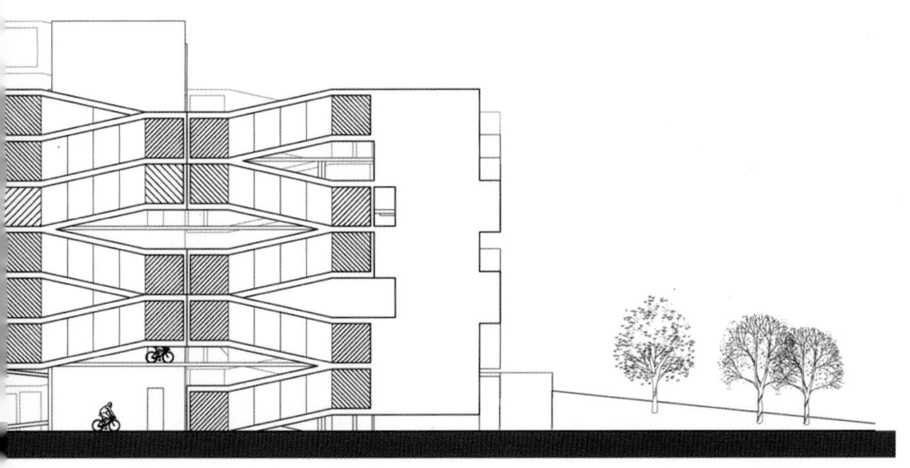

사이클 하우스_김석훈, 이명재

Rhino 3D에서 작업한 3D 모델링을 토대로 입면 뷰에 맞게 make2D 명령을 이용하여 만든 2D 도면을 AutoCAD에서 불러들여 나무 마감재 등으로 마무리했습니다.

Part 2

클라이언트를 사로잡는 기획 설계 & 기본 설계, 실시 설계

공간 설계는 크게 기획 설계, 기본 설계, 실시 설계 총 세 단계로 나뉘어 진행됩니다. 각 단계에 대해 자세히 들여다보고 이해해 봅시다.

Designer's PRO

Practical Architecture Interior

AutoCAD

SketchUp

Blender

이론

기획 설계로, 디자인 핵심 표현하기

디자인의 가장 첫 시작 단계인 기획 설계에 대해 알아봅니다.

기획 설계란

클라이언트(Client)의 설계 의뢰 후 현장 조사 및 다양한 참고 자료 분석을 통해 전체 프로젝트의 핵심이 될 수 있는 디자인의 컨셉(Concept)을 기획합니다. 그리고 이를 구체화하여 설계에 반영합니다. 디자인 컨셉의 의도가 클라이언트에게 잘 전달될 수 있게 입체화된 공간을 보여 주는 투시도, 혹은 설명에 도움될 수 있는 각종 시각물이 담긴 프레젠테이션을 선보입니다. 기획 설계(Schematic Design)를 구체화시킨 내용으로 주요 작업인 평면도와 입면도를 작업하여 정확한 의도를 전달합니다.

클라이언트와의 만남

다른 디자인 분야와는 다르게 건축, 인테리어 디자인은 클라이언트의 의뢰가 있은 후 프로젝트가 시작됩니다. 학생 작품을 제외한다면, 클라이언트와 디자인 특정 대상인 공간이 기본적으로 필요하기 때문에 모든 작업 과정은 클라이언트의 의뢰 후 진행된다 볼 수 있습니다. 학생 작품의 경우는 지도교수가 클라이언트라 가정하고 진행하거나, 교수가 현장을 임의로 지정해주어 가상으로 작업을 해나갈 수 있게 지도합니다. 클라이언트로부터의 의뢰는 다음과 같이 여러 방식들이 있습니다.

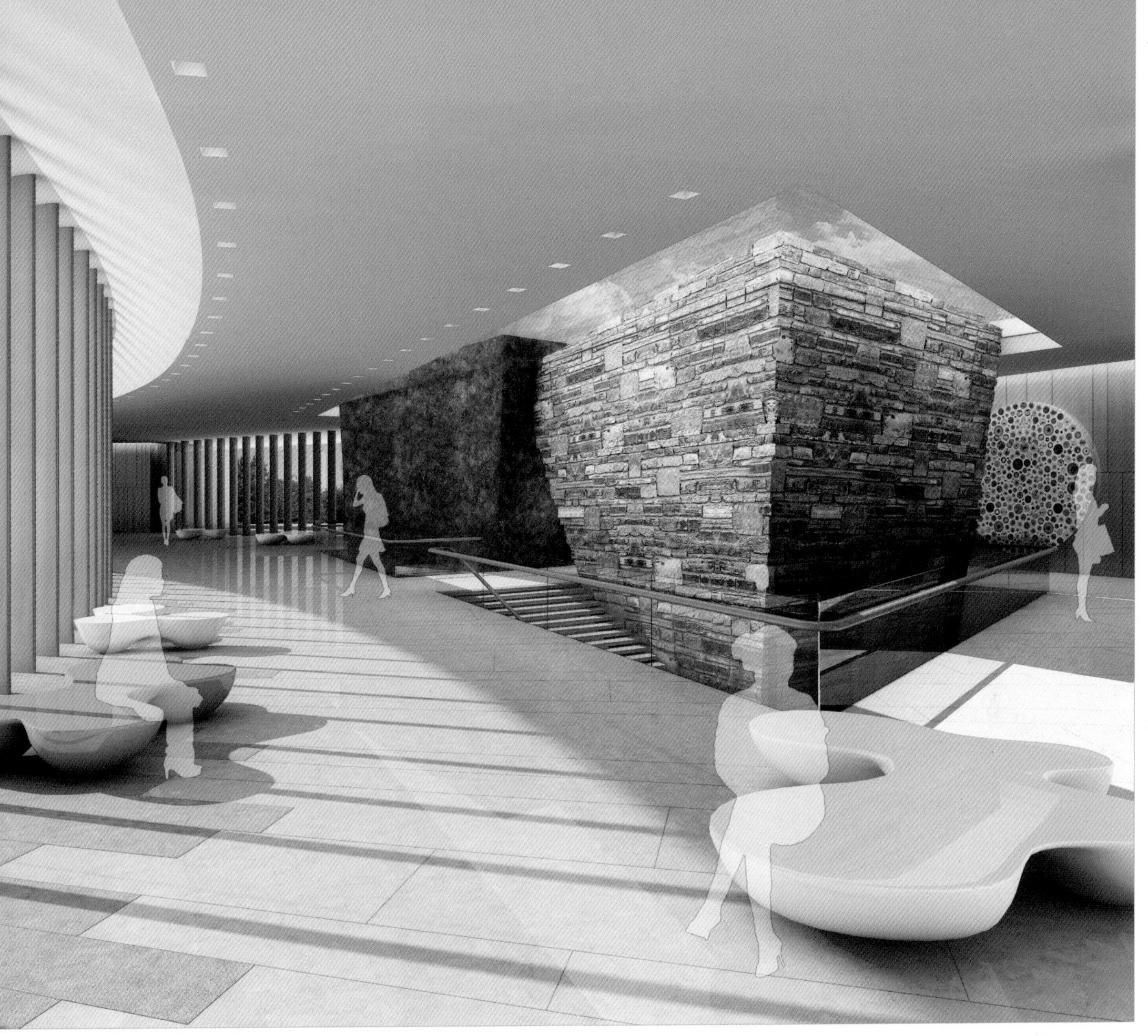

이천 어린이 마을 현상 설계_Heehoon D&G

❶ 클라이언트의 직접 의뢰

클라이언트로부터 직접 의뢰를 받는 경우 가까운 지인 혹은 지인의 소개, 또는 콜드 콜(Cold Call)로 진행됩니다. 평소 가깝게 지내던 지인이 새 공간의 의뢰를 하거나 또는 설계가 필요한 클라이언트를 지인의 소개로 만나게 됩니다. 후자의 경우 함께 프로젝트를 진행한 기존 클라이언트가 작업에 만족해서 다른 지인을 소개해주어 연결되는 경우가 많습니다. 때로는 전혀 관계가 없고 무관한 곳으로부터 연락 올 때도 있습니다. 이럴 때 콜드 콜(Cold Call)이라고 부릅니다. 설계사에 콜드 콜(Cold Call)을 하기 전 잠재 클라이언트는 디자이너의 작품을 접한 적이 있거나 디자이너의 사무실에 대해 인지하고 연락하는 경우가 대부분이기에, 디자이너는 콜드 콜이 활발해질 수 있도록 홍보하는 것에 신경을 써야 합니다.

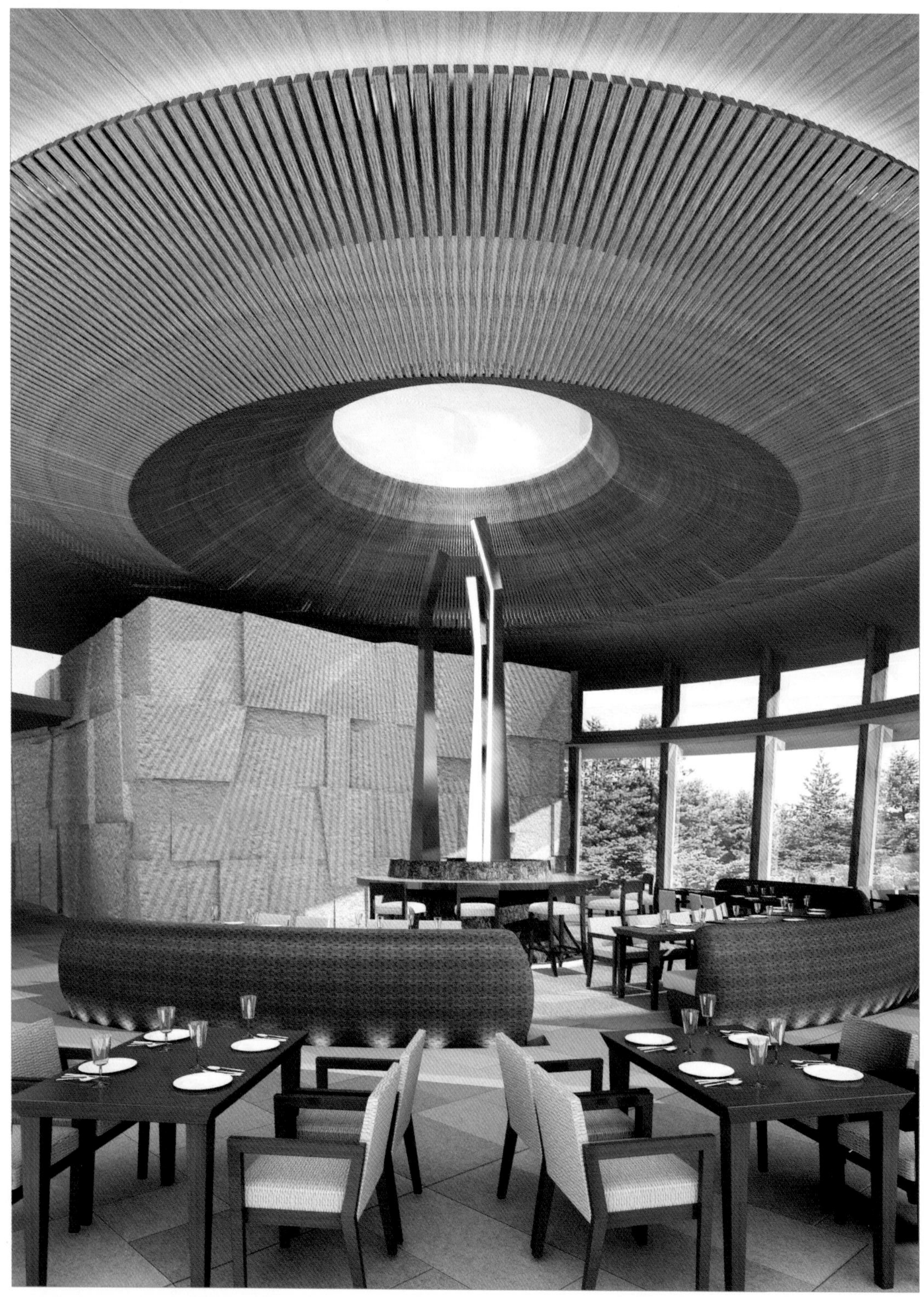

G House 프로젝트 진행 이전의 현장_김석훈

❷ 현상 설계

클라이언트 주최로 디자이너 간의 경쟁을 제안하여 고품질 디자인을 선발하는 것에 목적을 두는 것을 현상 설계(Competition)라고 합니다. 대부분 기업 혹은 공공 클라이언트가 설계 경기를 주최하는 경우가 많은데, 선별된 전문 심사위원들을 통해 적임자를 수상하며 상금과 설계권을 부여하는 것이 일반적입니다. 디자이너 자격 제한에 따라 공개 경기, 제한 경기, 지명 경기 등을 나뉠 수 있습니다.

현장 답사와 분석

공간 기획에 앞서, 디자인을 적용하고자 하는 현장에 대한 분석과 이해가 필요합니다. 그러기 위해서는 프로젝트 진행할 기존 현장 상태를 여러모로 파악해야 합니다.

신축 프로젝트

신축으로 진행하는 프로젝트의 경우 우선 지정 대지에 기존 건물의 유무를 확인해야 합니다. 기존 건물이 있을 때 이를 적절히 철거할 수 있는 계획을 우선적으로 세워야 합니다. 이때 현장 방문하여 기존 건물의 상태를 면밀히 살펴보는 것이 좋습니다. 대지에 건물이 없는 맨 땅이라 한다면, 이 곳에 맞게 바로 기획을 시작할 수 있습니다. 진행할 대지에 적용되어 있는 관련 법규 등을 파악 후 고려하여 이에 맞게 계획을 시작합니다.

태극당333 진행 이전의 현장_Studio Eccentric

증축 또는 리모델링 프로젝트

우선 기존 건물의 상태를 잘 파악하는 것이 증축 또는 리모델링 프로젝트에 있어서 가장 중요한 부분입니다. 만약 구조적으로 문제가 있다 판단될 경우, 이에 맞게 적절히 보강을 하는 등 기존 건물의 상태를 보완하는 것이 우선일 것입니다. 그 후 해당 대지의 법규에 맞춰 기존 건물과의 조화를 이룰 수 있게 설계 계획을 고민해야 합니다.

프로젝트의 목적 설정

본격적으로 디자인을 진행하기에 앞서 우선 디자이너는 프로젝트의 목적을 설정해야 합니다. 공간의 성격에 따라 추구하고자 하는 바가 다를 것이기 때문입니다. 상업 공간은 그 안에서 판매하고자 하는 제품을 더욱 돋보여 매출이 증가할 수 있도록 해야 하며, 업무 공간은 그 안에서 생활하는 근무자들이 업무에 집중할 수 있는 공간이 마련되어 근무의 능률이 높아질 수 있도록 해야 할 것입니다. 주거 공간은 사용자가 재충전할 수 있는 편안함과 동시에 그의 라이프 스타일이 반영되는 공간이 되도록 고민해야 합니다.

컨셉 기획

컨셉은 공간의 '개념'을 만들어 내는 것으로, 디자인을 진행할 때 핵심이 되는 부분이라 할 수 있습니다. 컨셉을 토대로 큰 그림이 정해진다면 이를 토대로 가지가 뻗어 나가듯 디자인이 다방면으로 구체화됩니다. 컨셉이라는 것은 거창할 필요 없습니다. 디자이너의 의도가 잘 나타내는 컨셉을 명쾌하게 잘 설명될 수 있도록 설정하는 것이 중요합니다.

효과적인 모형 만들기

모형은 클라이언트에게 프로젝트를 설명하고, 이에 대한 의도를 설명할 때 매우 효과적인 도구가 됩니다. 컴퓨터 투시도나 이미지가 갖는 평면적인 한계를 벗어나 직관적으로 입체적인 구상을 확인할 수 있어서 공간을 쉽게 이해할 수가 있습니다. 손으로 모형을 만드는 것은 매우 오래전부터 진행되어 왔던 방식이지만, 최근 들어 컴퓨터 기술의 발달로 더욱 손쉽게 모형 제작을 할 수 있게 되었습니다.

1 | 레이저 커팅

도면 작업만으로는 공간을 이해하는 데 어려움이 많습니다. 이를 해결하기 위해 도면을 이용해서 모형을 만듭니다. 실제 크기는 아니지만 줄여서 간접적으로 전반적인 공간을 이해할 수 있습니다.

학생뿐만 아니라 디자이너도 자주 이용하는 방법으로 레이저 커팅기 위에 재료를 두고 설정한 도면대로 레이저를 이용해 자릅니다. 재료는 종이, 골판지, 매트보드, 나무, 아크릴 등을 다양하게 이용합니다. 레이저 커팅을 이용해 다음과 같이 커팅 및 스코링할 수 있습니다.

❶ 커팅

레이저 커팅 설정에 작업 도면을 입력하면 그대로 자를 수 있어 짧은 시간 안에 곧바로 정교한 모형을 제작할 수 있도록 재료가 준비됩니다. 재료가 두꺼울수록 그만큼 오랫동안 레이저를 쏴야 하기 때문에 화재 위험이 있으므로 알맞은 두께의 재료만 이용합니다. 아크릴의 경우 레이저가 반사될 수 있으므로 한쪽 면에는 색상지를 적용하는 등 안전한 작업을 위해 위험 요소를 줄입니다.

다양한 레이저 커팅 기법으로 제작된 모형들

❷ 스코링

레이저 커팅기에 도면을 설정하는 것은 레이저 커팅과 같지만, 도면 레이어 색상에 따라 레이저 세기를 다르게 조절할 수 있습니다. 레이저로 재료를 완전히 뚫는 것이 아닌 홈을 파내어 스코링(Scoring)할 수 있습니다.

❸ 스코링 적용 사례

- 도면의 다양한 해치(Hatch)를 스코링을 이용해 모형 재료에 표현할 수 있습니다.
- 입면 패턴을 스코링으로 표현할 수 있습니다.
- 모형 조립이 간편해지도록 어울리는 부품들에 번호를 매긴다거나 설명할 수 있는 문장 및 단어들을 스코링으로 남길 수 있습니다.

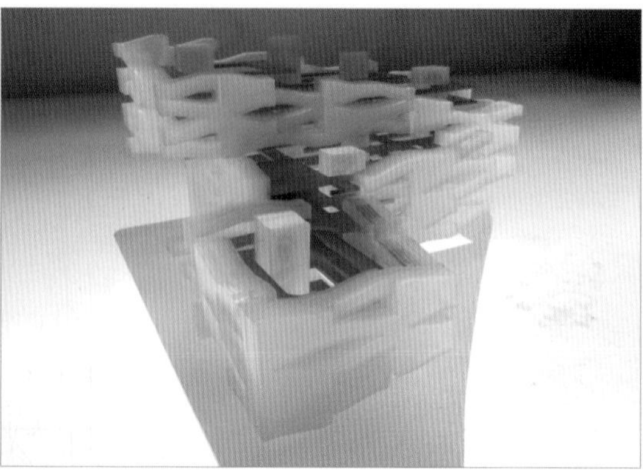

사이클 하우스_김석훈, 이명재
레이저 커팅으로 자른 아크릴을 쌓은 모형

레이저 커팅을 이용해 만든 오스카 니마이어(Oscar Niemeyer)의 코판(Copan) 모형

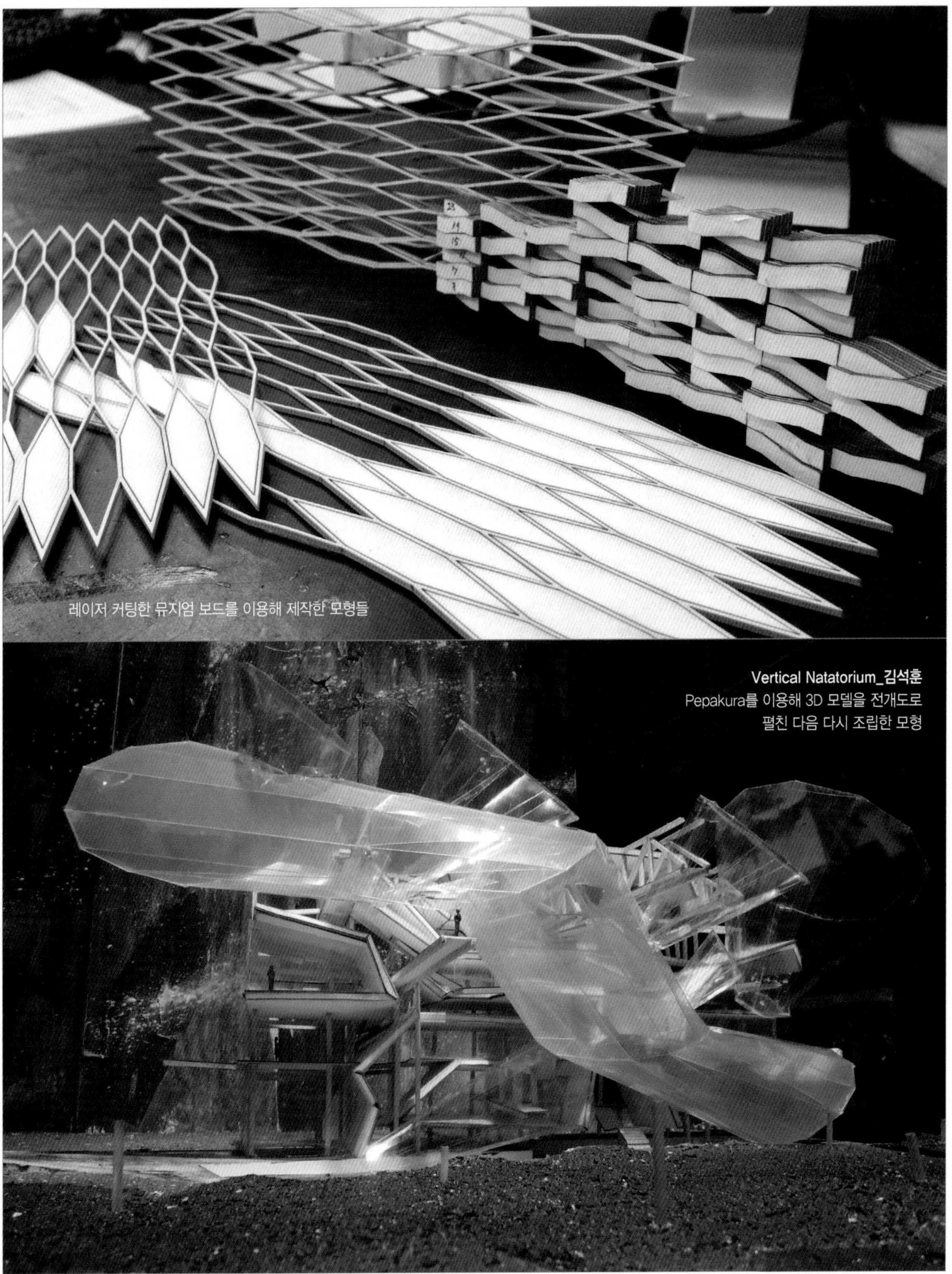

레이저 커팅한 뮤지엄 보드를 이용해 제작한 모형들

Vertical Natatorium_김석훈
Pepakura를 이용해 3D 모델을 전개도로 펼친 다음 다시 조립한 모형

2 | 레이저 커팅을 이용한 모형 제작

레이저 커팅 기법 중 쌓기 기법(Stacking)과 면 붙이기 기법(Face Attaching)을 이용한 효과적인 모형 제작 방법을 소개합니다.

❶ 쌓기

3D 모델을 등고선으로 나눠 재료의 두께만큼 레이저 커팅한 다음 다시 쌓습니다. 매우 정교하면서 효과적이지만, 재료의 두께만큼 쌓이므로 부드럽게 곡선화하는 것이 아닌 마치 픽셀화된 형태로 만들어집니다.

❷ 면 붙이기

3D 모델의 면들을 크기에 맞게 레이저 커팅한 다음 조립합니다. 이때 3D 모델을 전개도로 펼친 다음 이에 맞게 자른 재료를 다시 조립하는 순서를 거칩니다. 면을 붙일 때 유의해야 할 점은 모형의 두께를 고려해 두께만큼 면 안쪽으로 잘라야 합니다.

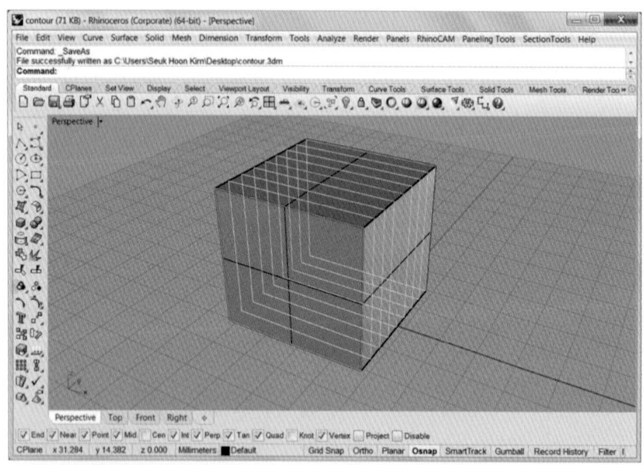

쌓기

Rhino 3D를 실행한 다음 명령어 창에 'Contour'를 입력하여 3D 모델에 등고선을 나눕니다. 나뉜 등고선을 이용해 도면화한 다음 재료를 레이저 커팅합니다.

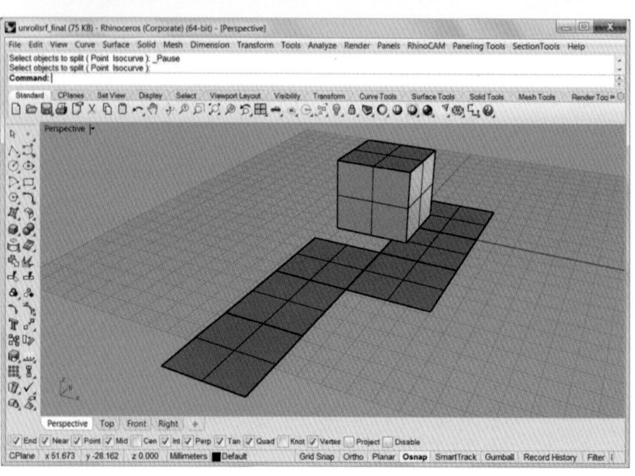

면 붙이기

Rhino 3D에서 'Unroll Developable Srf' 명령어를 입력해 전개도를 펼칩니다. 전개도대로 재료를 레이저 커팅한 다음 다시 조립합니다.

3 | 3D 프린팅

3D 프린팅은 3D 프린터에 3D 모델을 설정하면 입체적인 형태로 모형을 출력하는 것을 말합니다. 2D 기술의 한계를 넘어 3D 프린팅 기법이 널리 이용되고 있습니다. 이전에는 비싸서 널리 이용하지 않았지만, 점차 수요가 많아지고, 저가 3D 프린터가 등장하면서 인기를 얻고 있습니다.

3D 프린팅은 크게 ABS 플라스틱 프린팅과 파우드 프린팅으로 나뉩니다. ABS 플라스틱, 파우더와 같은 3D 프린팅 재료를 3D 프린터의 고온으로 녹여 3D 모델링에 맞게 층을 이뤄 켜켜이 쌓아 입체 형태를 완성합니다.

3D 프린터를 이용하기 위해서는 먼저 3D 모델링을 프린터에 적합한 파일로 변환하기 위해 대체로 Rhino 3D를 이용해 작업합니다. 먼저 3D 모델링에서 겹쳐진 부분이 있는지 확인한 다음 겹쳐진 부분이 있으면 삭제하여 하나의 모델링으로 만듭니다. 이후 메시(Mesh)로 변환한 다음 STL 파일로 저장하여 3D 프린터로 보냅니다.

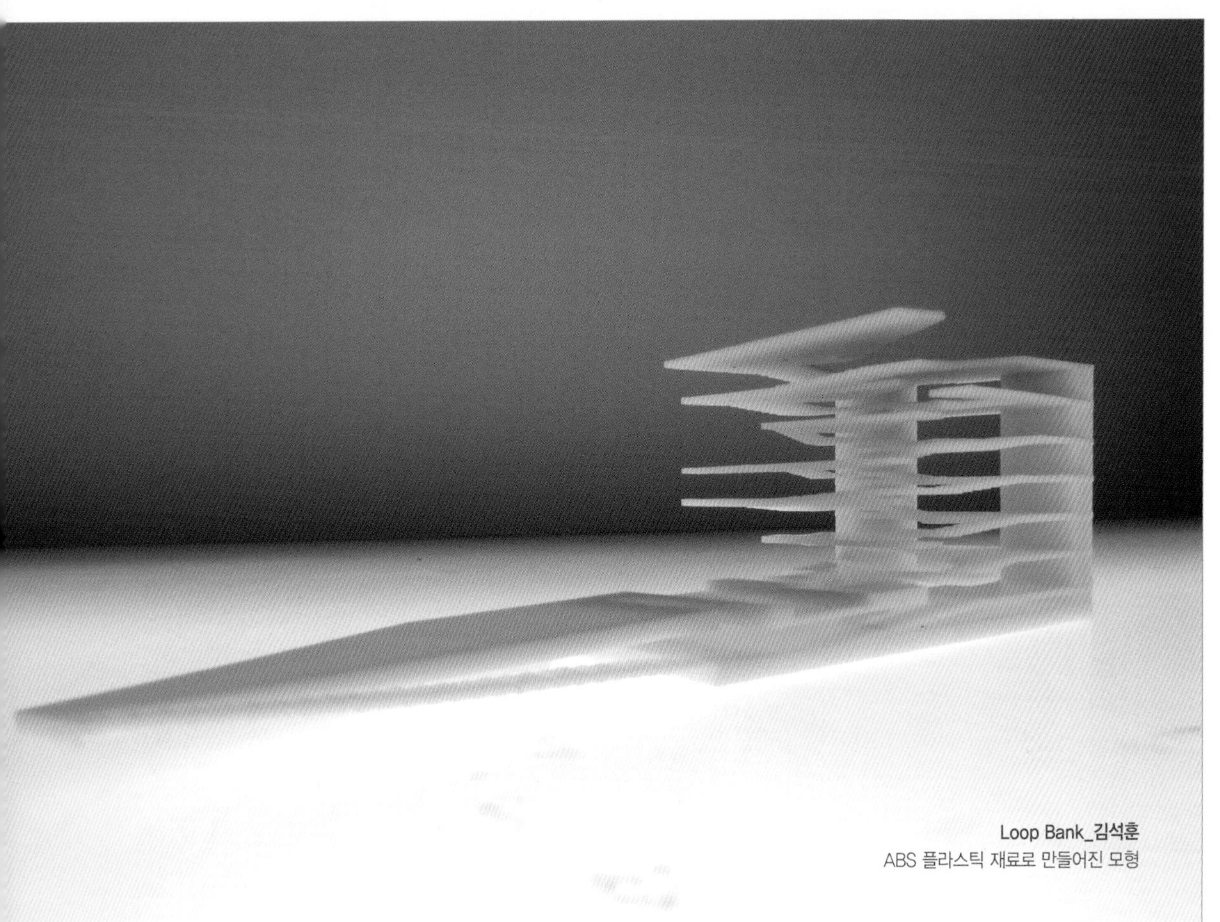

Loop Bank_김석훈
ABS 플라스틱 재료로 만들어진 모형

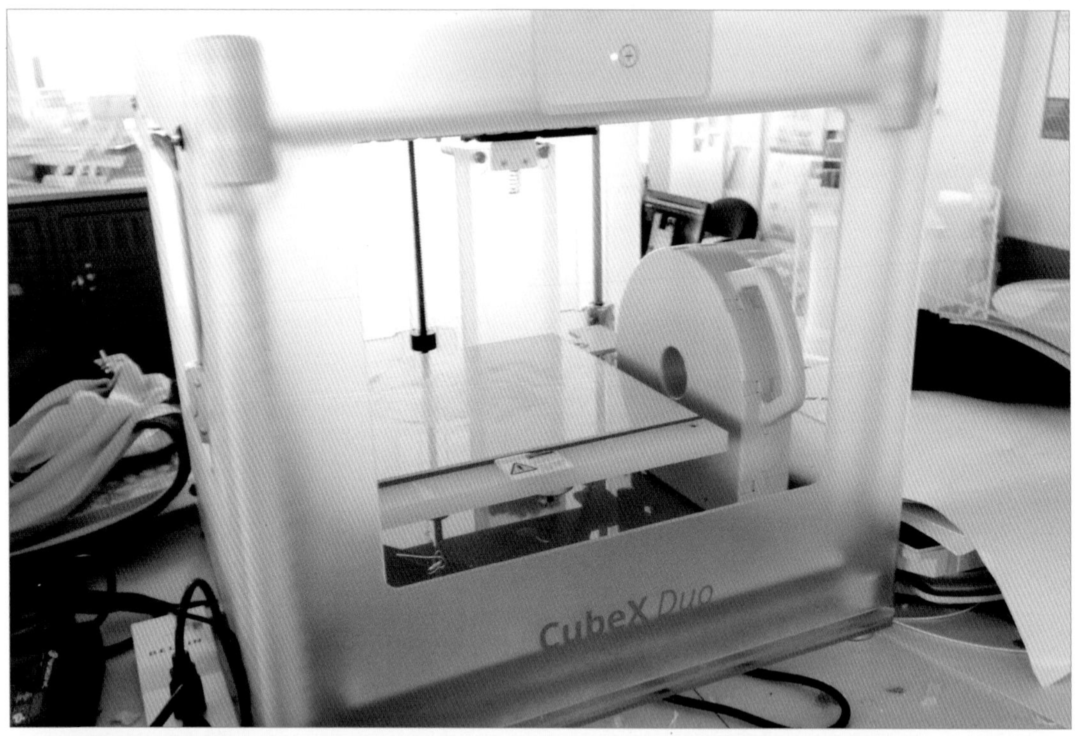

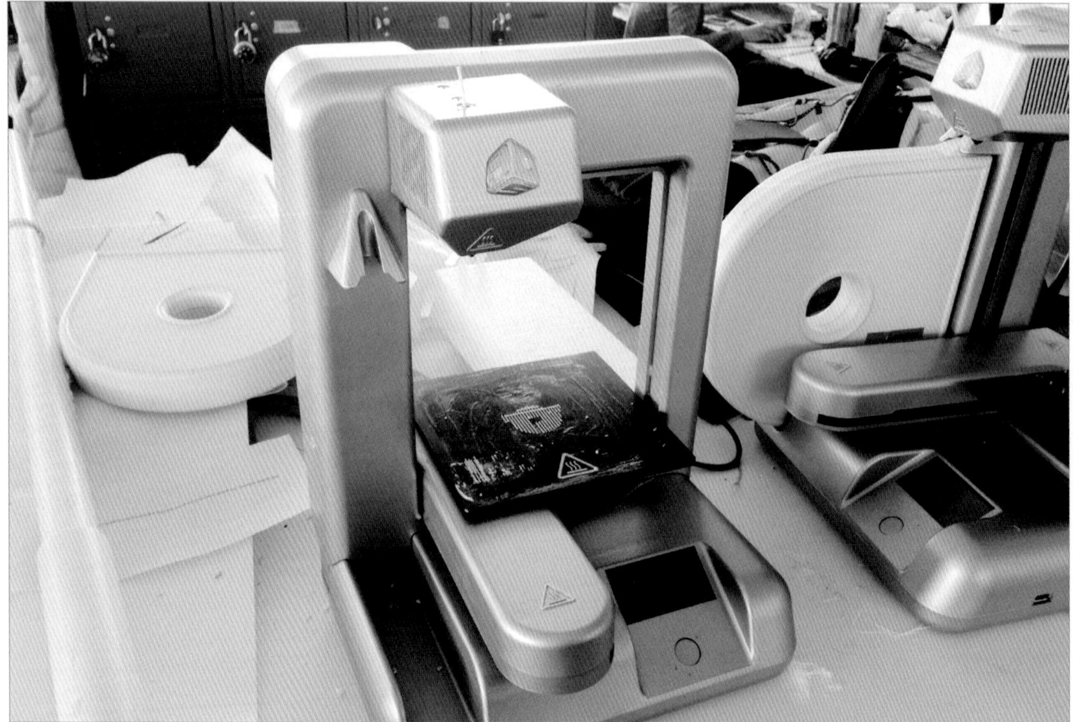

보급형 3D 프린터

C 사의 보급형 프린터로, 쉽게 이용할 수 있습니다.

Urban Fingers_이석원
3D 프린터를 이용한 모형과 레이저 커팅을 이용해 쌓은 모형을 합쳐 하나의 독특한 형태로 완성했습니다. 이처럼 다양한 기법을 이용하여 디자인을 효과적으로 알릴 수 있도록 프로젝트마다 고민해야 합니다.

4 | 라우터 밀링

다양한 CNC 라우터나 플라스마 커터 등을 이용해 설정한 도면에 맞게 재료를 재단합니다. 이러한 기계들을 통해 정교한 커팅과 스코링할 수 있습니다.

유기적인 곡면들도 3D 모델링에 맞게 깎아낼 수 있을 뿐만 아니라 구멍 내기, 외곽선 도려내기 등 앤드밀(End Mill)이라는 회전 커터를 이용해 작업할 수 있습니다.

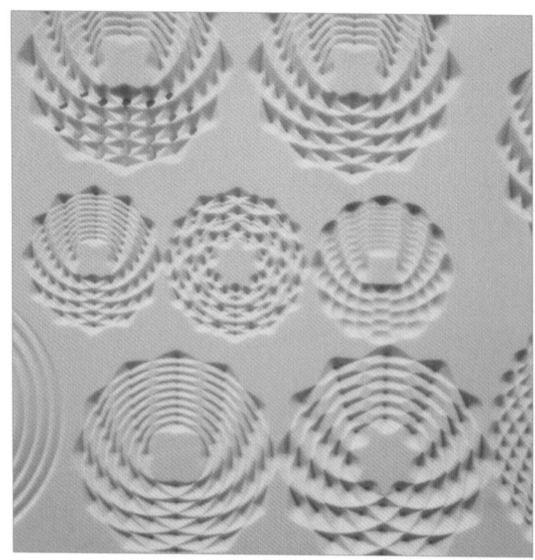

라우터를 이용해 플라스틱을 스코링한 모습

컴퓨터를 이용한 정교한 라우터 설정

핑크폼을 깎고 있는 4×8' Techno 3-axis CNC Router

금속을 깎고 있는 2×4' Techno 3-axis CNC Metal Router

시선을 사로잡는 프리젠테이션 진행하기

효과적인 프리젠테이션은 클라이언트의 마음을 사로잡을 수 있습니다.

1 | 전략적인 프레젠테이션

프레젠테이션은 클라이언트 또는 현상 설계에서 심사위원들에게 선보이는 디자인 발표입니다. 발전시켜온 디자인을 발표하기도 하지만, 프로젝트 수주의 당락을 결정짓는 중요한 요소로도 작용하므로 전략적인 접근이 필요합니다. 디자이너마다 프레젠테이션 진행 방식이 다르지만, 프로젝트마다 다른 전략을 세워 효과적으로 진행하기도 합니다. 다음의 서울신용보증재단 인테리어 디자인 현상 설계 프레젠테이션을 통해 구성의 흐름을 살펴봅니다.

2 | 흥미로운 프레젠테이션 구성

디자인 의도를 정확하게 전달하기 위해서는 전략적인 프레젠테이션 구성이 중요합니다.

❶ 제목과 목차

보통 프레젠테이션 첫 페이지는 프로젝트 제목을, 그 다음 페이지는 목차를 구성합니다. 제목 페이지는 프로젝트 제목과 프레젠테이션 번호 또는 날짜를 표기해 디자인 발전 단계를 보여 줍니다.
목차 페이지는 해당 프레젠테이션의 전체적인 구성을 나타냅니다. 클라이언트 또는 프레젠테이션 관람객에게 한눈에 해당 프레젠테이션 구성을 이해시키는 것이 중요합니다.

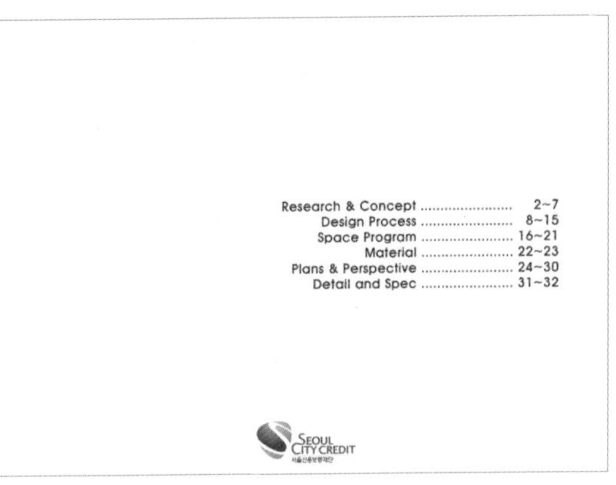

❷ 연구

디자인 발표에 앞서 진행했던 기업 연구를 선보입니다. 클라이언트 또는 심사위원이 미리 알고 있는 내용이지만, 이를 통해 디자인 의도를 명확히 하는 스토리텔링의 첫 단계라고 볼 수 있습니다.

❸ 디자인 의도

연구 결과와 연결하여 현재 이미지를 개선할 수 있는 디자인 의도를 발표합니다. 새로운 공간적인 요구를 클라이언트와 심사위원에게 보여 주어 새로운 디자인의 필요성을 부각합니다.

❹ 콘셉트

전반적인 디자인 과정을 설명하는 함축적인 콘셉트를 통해 디자인 의도를 보여 줍니다. 함축적인 설명은 한 줄의 문구가 될 수 있으며, 새로운 합성어를 만들어 흥미를 유발할 수 있고, 간단하면서도 의외의 단어를 이용하여 쉽게 기억할 수도 있습니다.

❺ 디자인 작업 과정

디자인이 형성된 과정을 보여 줍니다. 단계별 의도를 설명하여 좀 더 명확하면서도 논리적인 디자인 접근을 통해 이해도를 높일 뿐만 아니라 신뢰를 줍니다.

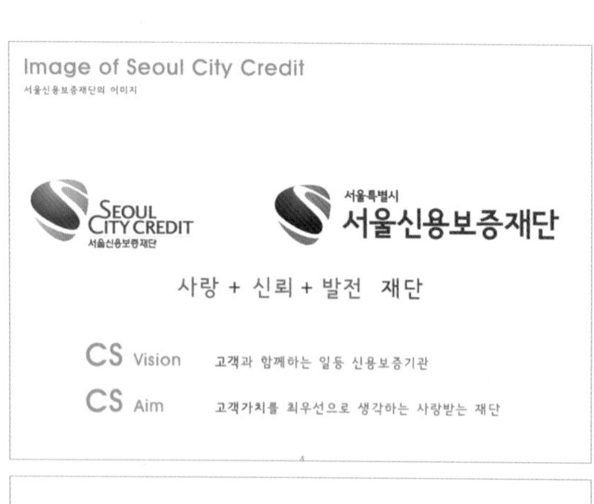

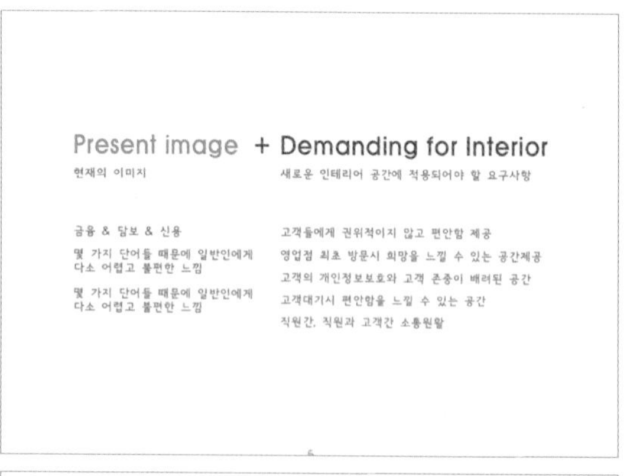

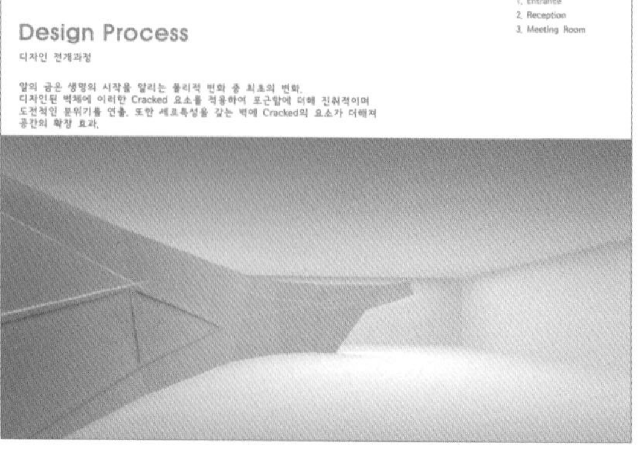

❻ 공간 구성

전체 평면을 보여 주는 투시도를 통해 공간 구성을 구체적으로 설명합니다. 전반적인 공간의 배치나 동선의 설명을 통해 기능적이면서도 효율적인 공간 디자인을 소개합니다.

❼ 참고 이미지

평면을 설명한 다음 입면 디자인에 대한 발표가 이어집니다. 평면에서 기능적이면서도 효율적인 요소들을 설명했다면 입면에서는 좀 더 감성적이면서도 흥미를 끌 수 있는 디자인들을 부각합니다. 디자인 의도와 유사한 참고 이미지들을 제공하여 비슷한 느낌을 제공하는 단계입니다.

❽ 디자인 요점 설명

공간만의 디자인 요점을 미리 설명해서 흥미를 유발하면서도 집중시키며 이후 투시도 이미지나 도면에서의 주안점을 미리 암시하는 단계입니다. 아래 프레젠테이션에서는 핵심적인 마감재인 '목모보드'를 설명했습니다.

❾ 평면도와 천장도

평면도와 천장도는 각 공간의 느낌을 마감재와 색상을 통해 보여 줍니다. 아래 프레젠테이션에서는 2도 컬러링으로 작업하여 구성했습니다.

❿ 투시도

공간 시뮬레이션을 통해 시공 후의 모습을 예상합니다. 디자인에서 주요 핵심 투시도를 페이지로 구성하여 디자인을 더욱 부각합니다.

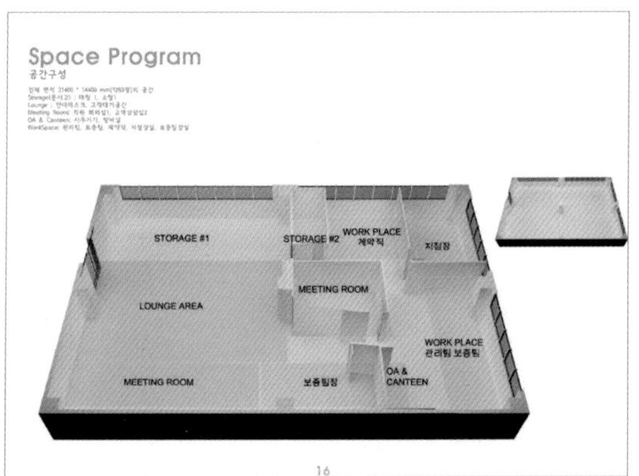

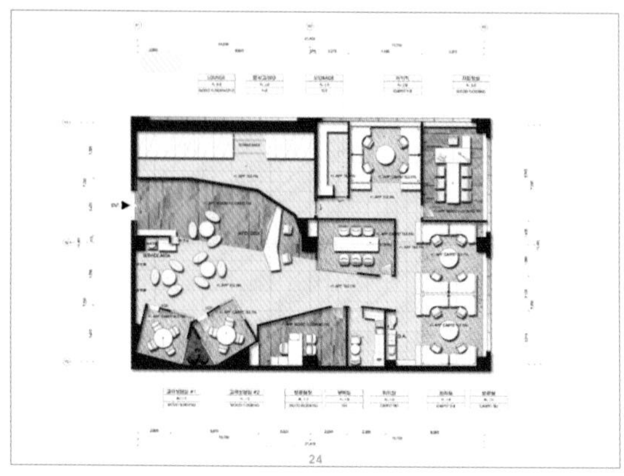

⑪ 세부 도면

디자인 기획에서 그치지 않고 시공으로까지의 가능성을 보여 주기 위해 세부 도면을 첨부하여 현실화 가능성을 뒷받침합니다. 천장, 벽체, 바닥 구조 재료를 시작으로 그 위의 재료, 마지막으로 눈에 보이는 마감재에 대해서 설명을 덧붙입니다. 가구는 이동식 가구가 아닌 고정식 제작 가구일 경우 어떠한 구조 재료로 만들어지고, 어떠한 순서로 마감재가 부착되는지 도면으로 설명하여 이해시킵니다.

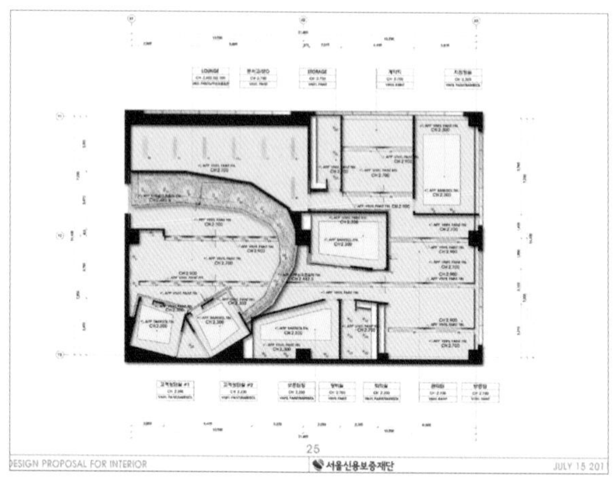

⑫ 아이소메트릭

이전의 공간 구성이나 평면도 페이지와 연결하여 다시 한 번 전체적인 공간을 3D 아이소메트릭으로 나타내어 공간 구성과 느낌을 경험할 수 있습니다.

⑬ 마감재 스펙보드

스펙보드 패널을 제공하지만, 프레젠테이션 슬라이드에도 마감재 스펙보드 내용을 구성하여 정보를 제공합니다. 일반적으로 프레젠테이션 뒷부분에 해당하는 페이지 중 하나이며, 발표에서는 스펙보드 패널과 함께 처음에 소개합니다. 패널 구성과 마찬가지로 마감재 중요도와 연관성에 따라 배치와 크기가 결정됩니다.

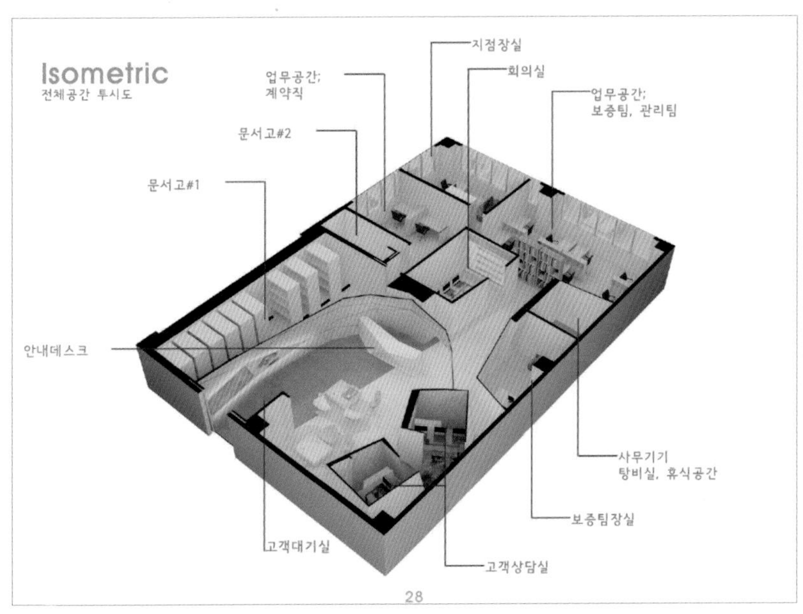

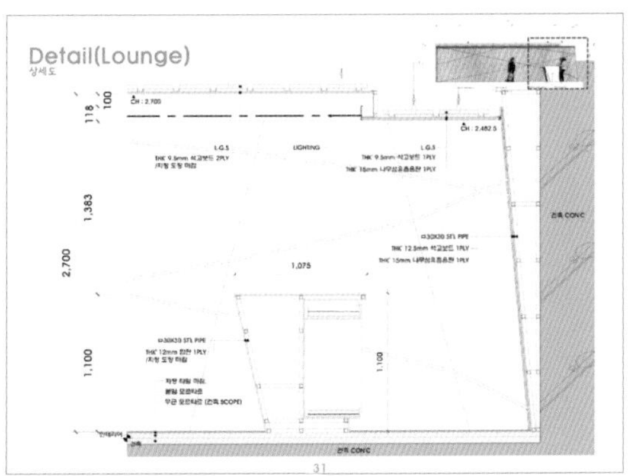

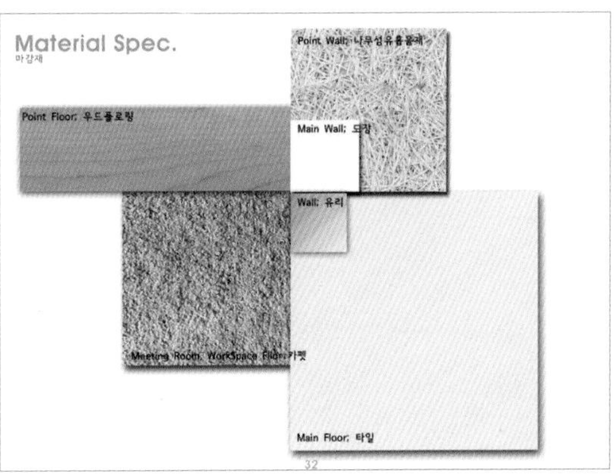

1 | 프레젠테이션의 핵심

프로젝트 기획 단계에서 프레젠테이션을 제작합니다. 콘셉트에서부터 도면, 컬러링 그리고 이전에 작업한 스펙보드까지 슬라이드에 포함하여 클라이언트 또는 심사위원에게 충분한 자료를 제공합니다. 실제 프로젝트를 기준으로 프레젠테이션의 중요 페이지를 통해 프레젠테이션의 핵심을 살펴봅니다.

❶ 콘셉트

공간 콘셉트인 자연적인, 다채로움, 투박함에 어울리는 이미지들을 찾아 조화롭게 배치합니다. 전반적인 계획을 보여 주는 이미지뿐만 아니라 부수적인 가구 이미지 등을 배치하여 분위기를 간접적으로 느낄 수 있도록 합니다.

❷ 평면도 컬러링

실제 마감재를 평면도 위에 적용하여 컬러링합니다. 컬러링에서도 최대한 공간감이 느껴지도록 표현하는 것이 중요합니다.

❸ 입면도

평면도와 같은 방식으로 입면도에 실제 마감재 이미지를 합성하여 컬러링합니다. 입면도 컬러링은 공간의 색상이나 마감재 계획을 이해할 수 있지만, 스케치를 첨부하여 공간감을 더욱 쉽게 이해시킵니다.

❹ 투시도

투시도를 통해 가장 중요한 공간의 뷰를 클라이언트 또는 심사위원에게 선보입니다. 아래 투시도에서는 파벽돌의 느낌과 따뜻한 나무 마감재의 조화가 느껴지도록 했습니다.

❺ 스펙보드

공간 마감재들을 조화롭게 배치하여 스펙보드를 제작합니다. 전반적으로 스펙보드를 감상했을 때 공간의 전체 계획을 확인할 수 있으며, 구체적으로는 공간별 특성과 세밀한 요소들을 접할 수 있도록 스펙보드를 제작합니다.

ALPENSIA
CONFERENCE
CONCEPT IMAGES
KEYWORD: Natural, Colorful, Rustic
By using lines from trees we can feel the materials' true originality of mother nature. Also harmonized natural material colors with colorful furniture for accent.

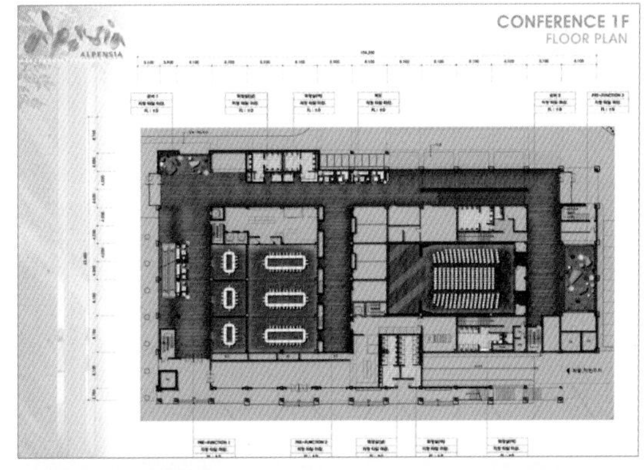
ALPENSIA
CONFERENCE 1F
FLOOR PLAN

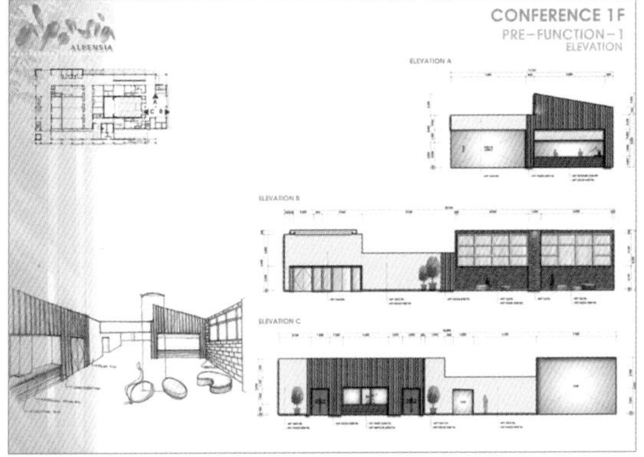
ALPENSIA
CONFERENCE 1F
PRE-FUNCTION-1
ELEVATION
ELEVATION A
ELEVATION B
ELEVATION C

PRE-FUNCTION
PERSPECTIVE

ALPENSIA
CONFERENCE 1F
MATERIAL
PRE-FUNCTION, LOBBY
WOOD SHEET
FABRIC
TILE CARPET
ARTIFICIAL STONE
WOOD LUMBER
ROLL CARPET
BRACKET

최종 발표를 위한 패널 디자인하기

설득력 있는 패널 디자인을 위한 구성을 함께 알아보고자 합니다.

1 | 시각적인 설명을 위한 패널

프레젠테이션은 건축·인테리어 디자인에서 클라이언트에게 효과적으로 디자인 의도를 전달하는 중요한 요소입니다.

패널(판넬)은 기획 설계에서 진행했던 디자인 결과물들을 출력하여 클라이언트에게 선보이는 프레젠테이션을 말합니다. 최종 발표는 대부분 프로젝터로 디지털 프레젠테이션을 진행하면서 패널을 배치하여 선보입니다. 패널의 지속적인 노출을 통해 클라이언트에게 디자인을 효과적으로 설명할 수 있습니다.

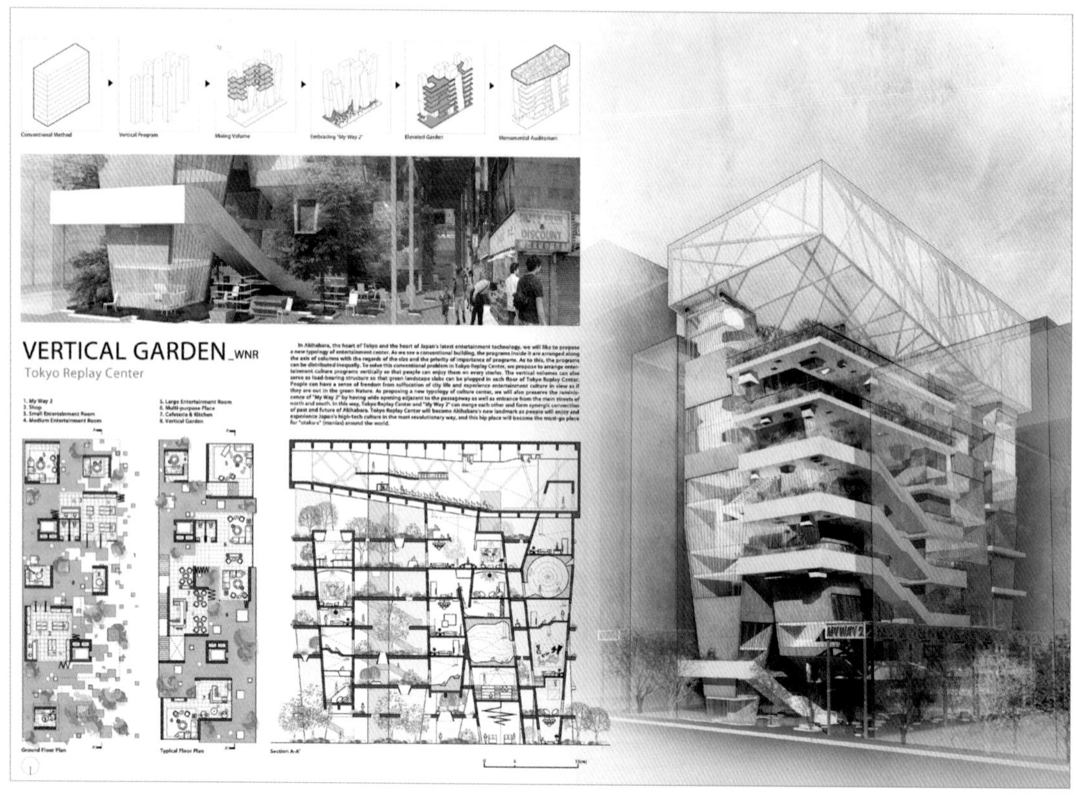

Vertical Garden_김석훈, 이석원
하나의 패널 안에 투시도, 평면도, 단면도, 작업 과정 등 다양한 내용을 구성했습니다.

2 | 효율적인 패널 제작 팁

❶ 머니 샷 활용

디자인을 가장 효과적으로 보여 주는 투시도를 '머니 샷(Money Shot)'이라고 합니다. 돈이 되도록 만드는 장면이라는 의미로, 이러한 투시도를 이용해 패널을 제작합니다.

❷ 패널 크기 고려

패널은 직접 건축주에게 보여 주기 위해 가지고 다녀야 하므로 운반이 편리한 크기로 제작하는 것이 중요합니다. A4 크기는 눈으로 확인하기 힘들기 때문에 주로 A3~A0 크기로 패널을 제작합니다.

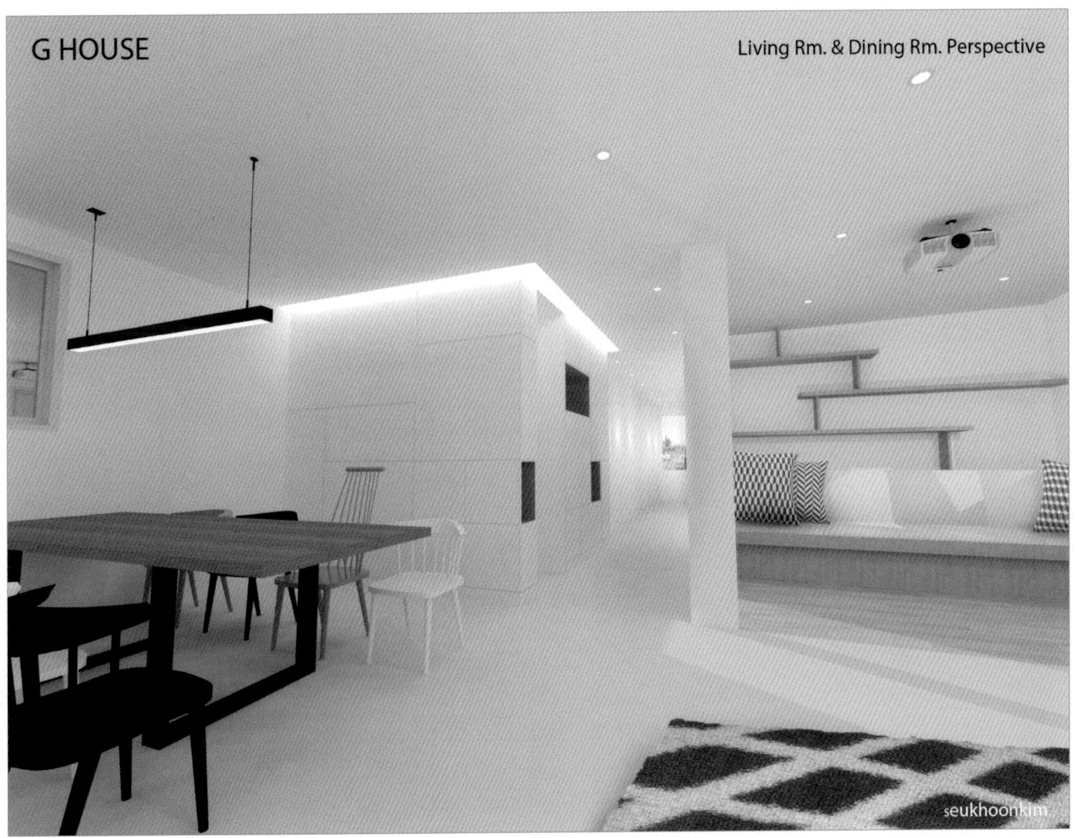

G House_김석훈
패널마다 투시도를 하나씩 출력하여 프레젠테이션에 배치했습니다.

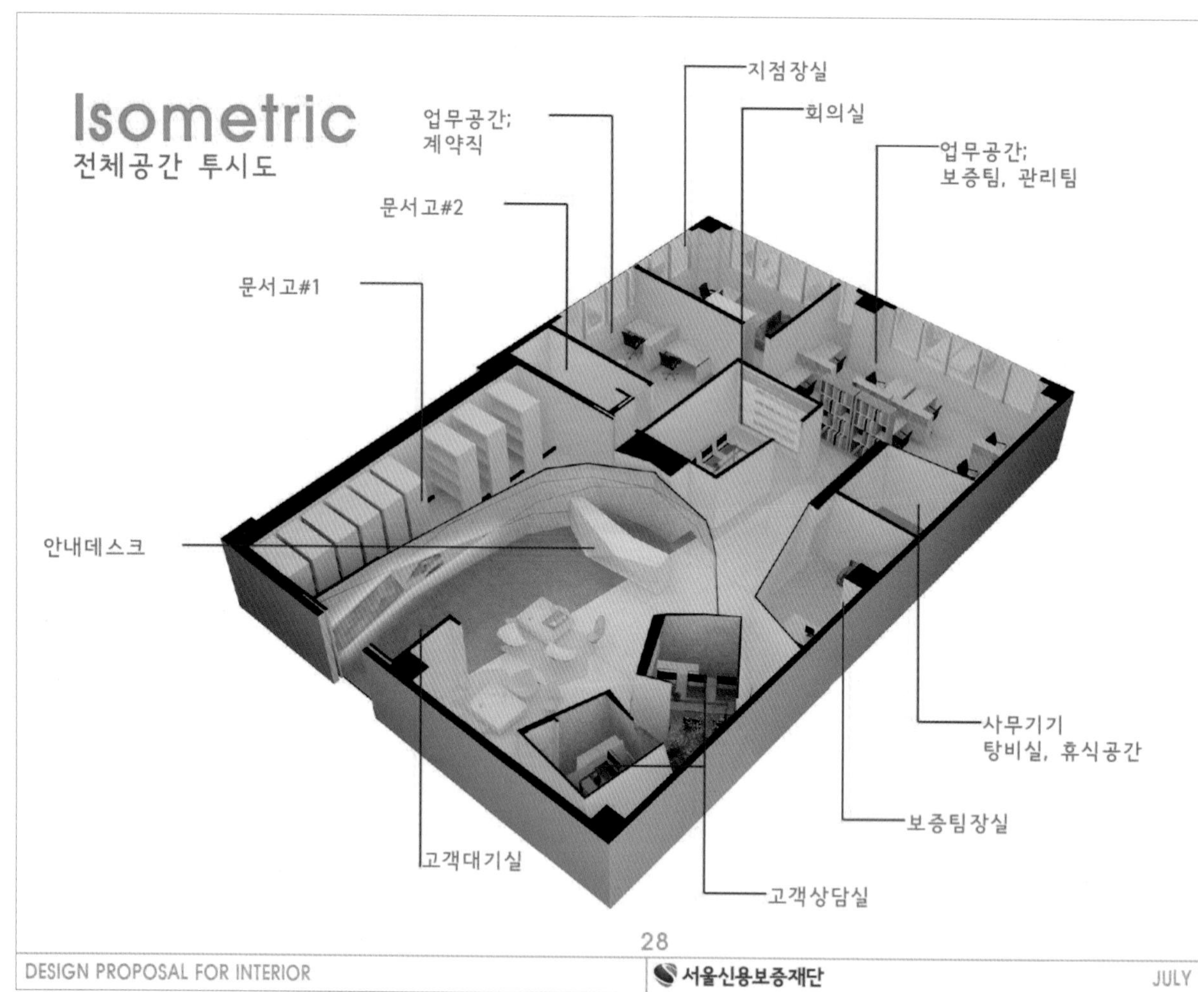

Isometric
전체공간 투시도
업무공간;
계약직
지점장실
회의실
업무공간;
보증팀, 관리팀
문서고#2
문서고#1
안내데스크
사무기기
탕비실, 휴식공간
보증팀장실
고객대기실
고객상담실
28
DESIGN PROPOSAL FOR INTERIOR
서울신용보증재단
JULY 1

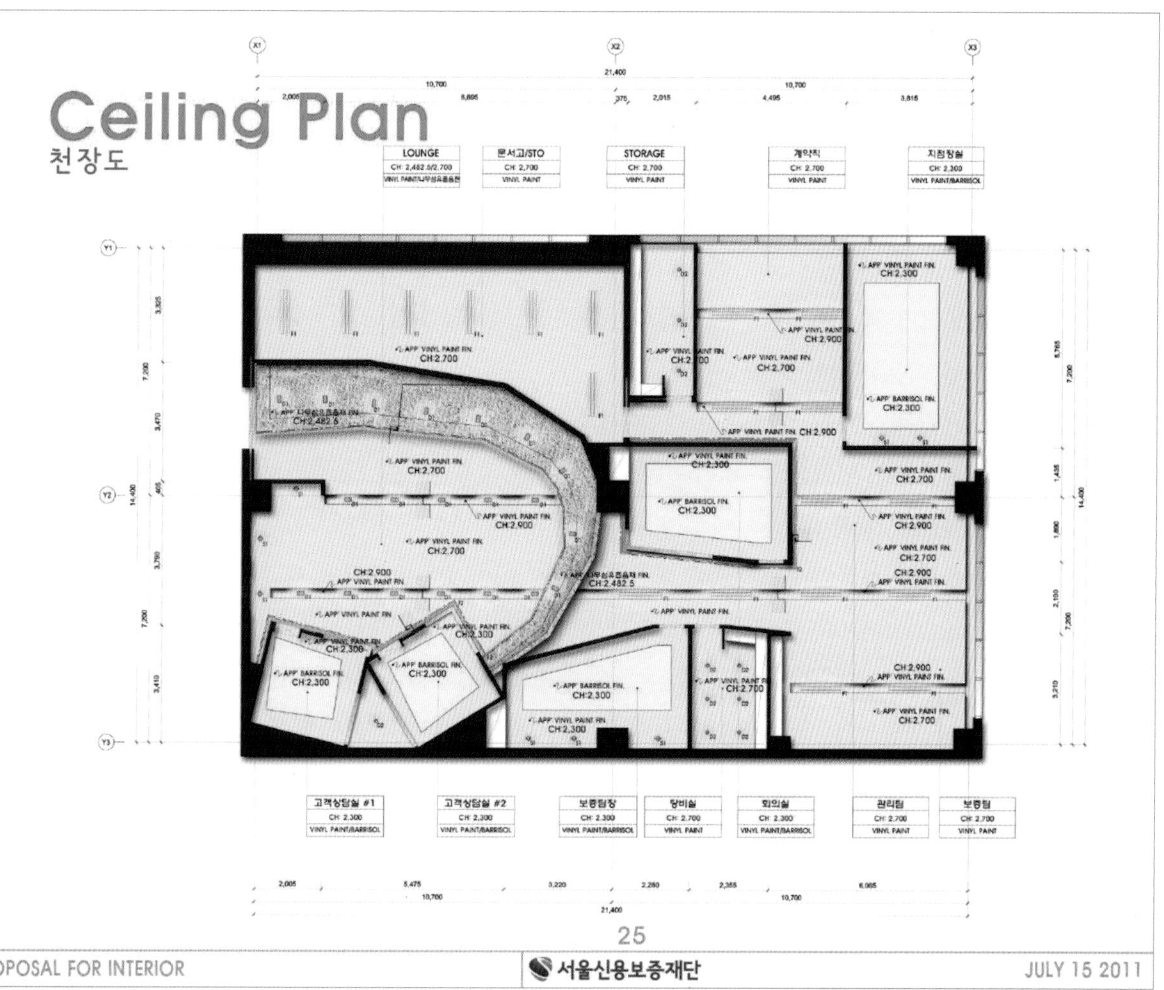

S 재단 인테리어 디자인 현상 설계_김석훈, 허남규

디지털 프레젠테이션을 진행하는 동시에 축측 투상법(Axonometric) 패널로 공간의 전반적인 느낌을 경험할 수 있습니다. 평면도와 천장도의 경우 실제 공사에서 이용하는 마감재들을 표현하여 사실적으로 나타낼 수 있습니다.

3 | 효과적인 패널 디자인

패널에서 효과적으로 디자인을 전달하는 몇 가지 방법을 소개합니다.

❶ 패널 스토리텔링

하나의 패널 안에 다양한 내용을 구성해야 하는 경우 패널 스토리텔링을 진행하는 것이 효과적입니다. 클라이언트 혹은 심사위원 시선의 흐름에 따라서 패널이 읽히는 순서를 예상한 다음 작업을 진행합니다. 현상 설계 또는 공모전에서 수많은 패널 중 심사위원의 시선을 사로잡기 위해서는 디자인 외에도 전략적으로 패널 레이아웃을 구성해야 합니다.

ⓐ 패널 방향 지정

패널 작업에 앞서 패널의 방향을 풍경 또는 사진 중에서 정합니다. 현상 설계 또는 공모전의 경우 방향을 지정해 주기도 하며, 투시도, 평면도, 다이어그램 등 패널 요소들의 크기와 방향에 따라 패널을 더욱 효과적으로 나타낼 수 있도록 방향을 설정합니다.

ⓑ '머니 샷' 투시도를 이용한 강약 조절

시선을 사로잡는 패널을 만들기 위해서는 레이아웃의 강약 조절이 필요합니다. 패널에서 쉽게 강약을 조절하는 '머니 샷(Money Shot)' 투시도를 크게 배치할 수 있습니다.

ⓒ 함축적이면서 흥미로운 제목

머니 샷 투시도에 향한 시선은 프로젝트에 대한 관심으로 이어져 자연스럽게 제목으로 향하므로 함축적이면서 흥미로운 제목을 설정합니다. 주로 긴 문장이나 문구가 아닌 쉽게 기억할 수 있도록 짧게 만듭니다. 또한 프로젝트를 전반적으로 이해시킬 수 있는 하나의 단어나 프로젝트 목적에 알맞은 의외의 단어를 이용하여 각인시킵니다.

ⓓ 세부 투시도를 통한 흥미 유지

다른 공간의 투시도를 제공하여 흥미를 유발합니다. 건축 혹은 인테리어의 전반적인 공간을 표현하는 투시도를 제공하기보다 세부 투시도를 제공하여 공간의 다양한 디자인을 보여 주는 것이 효과적입니다.

ⓔ 이성적이면서도 논리적인 다이어그램 이용

프로젝트에 충분히 흥미를 느끼게 했다면 이번에는 이성적이거나 논리적으로 봤을 때 충분히 타당성 있는지 살펴봅니다. 이때 프로젝트를 효과적으로 보여 줄 수 있는 다이어그램을 통해 설득력을 높입니다. 간단명료하게 표현하여 보는 사람으로 하여금 쉽게 이해할 수 있도록 디자인 작업 과정 등을 설명하는 다이어그램을 이용하는 것이 좋습니다.

ⓔ 공간 도면 제공

공간의 전반적인 형태를 이해시키기 위해서는 다양한 도면을 보여 줍니다. 투시도에서 디자인을 도면에 대입하여 좀 더 현실적으로 공간을 이해시킵니다.

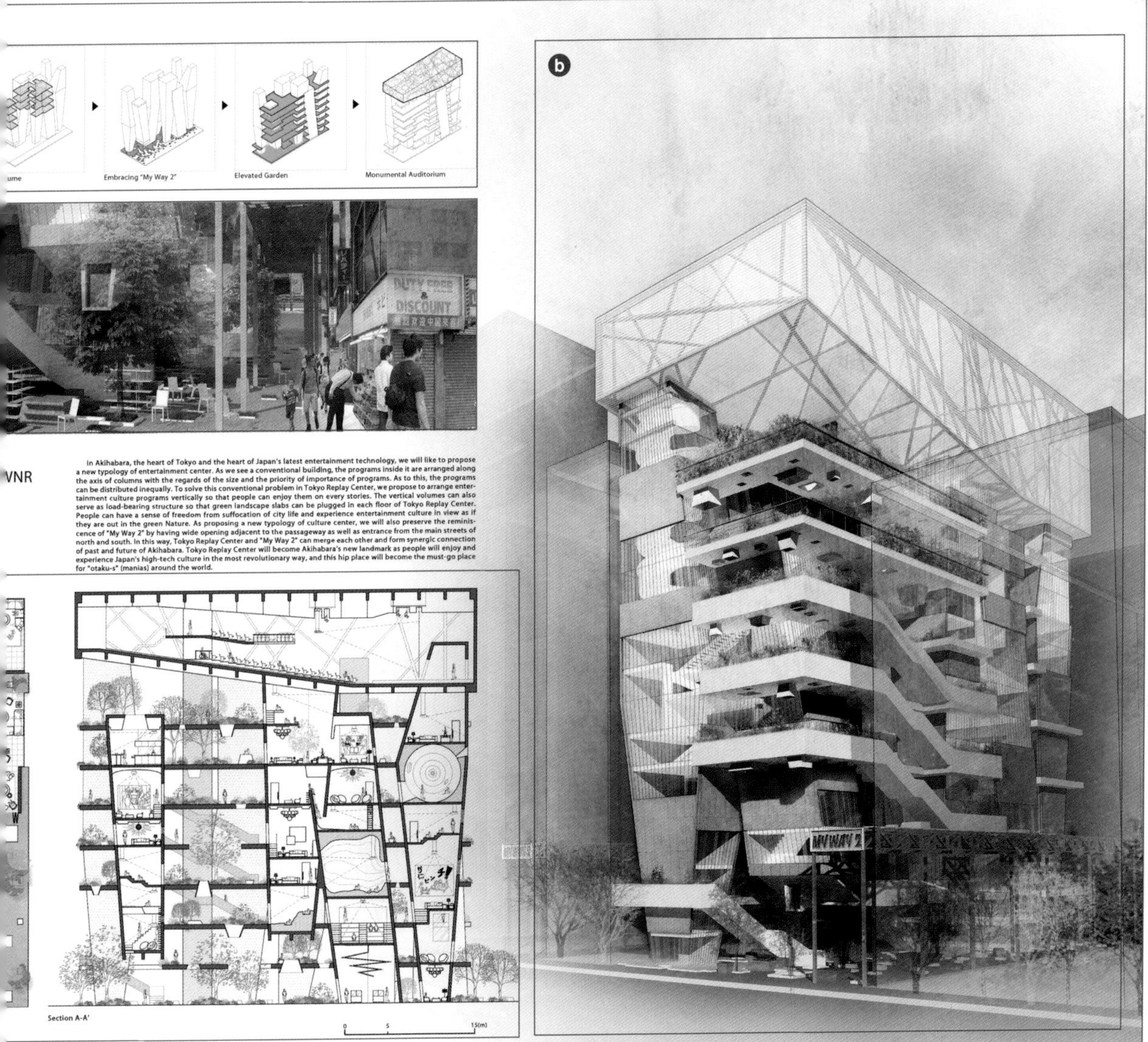

ume
Embracing "My Way 2"
Elevated Garden
Monumental Auditorium
DUTY FREE & DISCOUNT
VNR
In Akihabara, the heart of Tokyo and the heart of Japan's latest entertainment technology, we will like to propose a new typology of entertainment center. As we see a conventional building, the programs inside it are arranged along the axis of columns with the regards of the size and the priority of importance of programs. As to this, the programs can be distributed inequally. To solve this conventional problem in Tokyo Replay Center, we propose to arrange entertainment culture programs vertically so that people can enjoy them on every stories. The vertical volumes can also serve as load-bearing structure so that green landscape slabs can be plugged in each floor of Tokyo Replay Center. People can have a sense of freedom from suffocation of city life and experience entertainment culture in view as if they are out in the green Nature. As proposing a new typology of culture center, we will also preserve the reminiscence of "My Way 2" by having wide opening adjacent to the passageway as well as entrance from the main streets of north and south. In this way, Tokyo Replay Center and "My Way 2" can merge each other and form synergic connection of past and future of Akihabara. Tokyo Replay Center will become Akihabara's new landmark as people will enjoy and experience Japan's high-tech culture in the most revolutionary way, and this hip place will become the must-go place for "otaku-s" (manias) around the world.
Section A-A'
0 5 15(m)
ⓑ
MY WAY 2

❷ 투시도 패널

투시도 패널의 경우 디자이너 취향 또는 의도에 따라 레이아웃이 달라지지만, 간단한 정보만을 입력해서 온전히 부각시킬 수 있습니다. 프로젝트 이름과 업체, 공간 명칭 등을 직접 입력하여 한눈에 알아볼 수 있도록 합니다.

❸ 축측 투상법 패널

축측 투상법(Axonometric)이란, 물체를 평행 투영하여 나타내는 그림을 말합니다. 투영하는 각도에 따라서 아이소메트릭(Isometric), 디메트릭(Dimetric), 트리메트릭(Trimetric), 오블리크(Oblique)로 나뉩니다. 축측 투상법 패널을 통해 전체 공간을 한번에 나타내고 디지털 프레젠테이션을 곁들여 설명할 수 있습니다.

투시도 패널

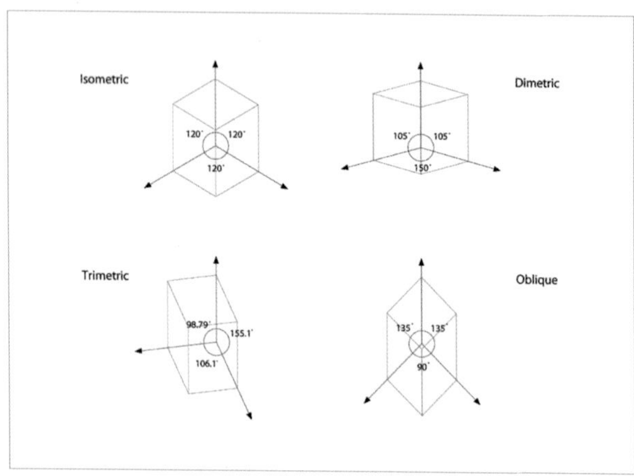

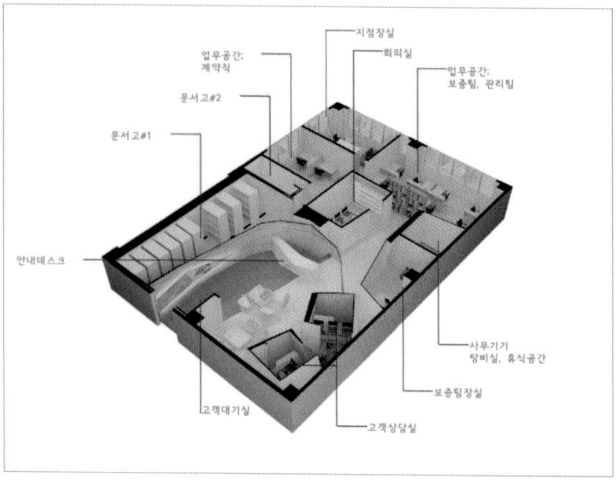

각도에 따른 다양한 축측 투상법

스펙보드에서 마감재 충분히 설명하기

실제의 마감재들을 효과적으로 선보이고, 설명할 수 있는 스펙보드를 제작합니다.

1 | 마감재의 이해도를 높이는 스펙보드

마감재는 생활 공간 구성의 중요한 요소입니다. 촉각, 시각, 후각 등 다양한 감각과 연관되므로 건축·인테리어 디자인에서 큰 부분을 차지합니다. 스펙보드는 시공에서 이용하는 마감재를 설명하기 위한 패널로 실제 마감재로 구성하고 레이아웃에 따라 배치하여 클라이언트에게 제공합니다. 이미지가 아닌 실제 마감재를 접해 공간을 쉽게 예상하며 이해도를 높입니다.

2 | 스펙보드의 구성

스펙보드는 몇 가지 순서를 통해 효과적으로 구성할 수 있습니다.

❶ 스펙보드 패널

스펙보드 제작에 앞서 크기를 결정해야 합니다. 다른 패널들과 마찬가지로 A1(841×594mm) 또는 A3(420×297mm) 중에서 선택하는 경우가 많습니다. 이때 유의할 점은 A1 크기의 경우 한 번에 많은 마감재 구성을 보여 줄 수 있지만, 그만큼 많이 붙여 넣어야 하므로 무거워져 운반할 때 어렵습니다. 무게를 생각하여 마감재를 적게 구성할 경우 그만큼 여백이 많아지므로 스펙보드 레이아웃이 허전해 보일 수 있습니다. A3 크기의 경우 A1 크기에 비해 작아서 운반하기 쉽지만, 그만큼 작은 크기의 패널 안에 다양한 마감재들을 구성해야 하므로 비율과 배치를 적절히 고려하여 레이아웃하기에는 A1 크기에 비해 어렵습니다.

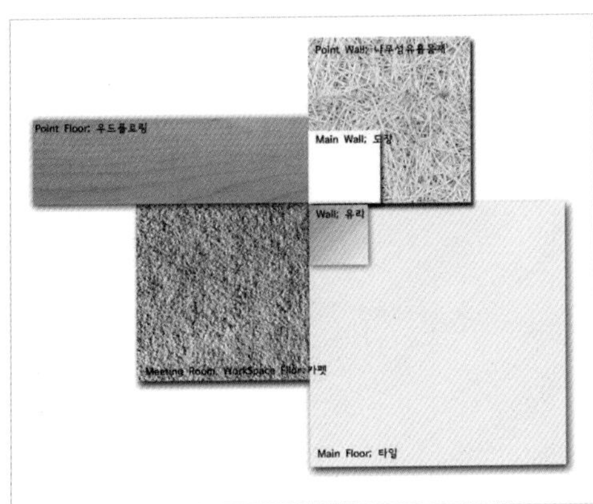

S 재단 인테리어 디자인 현상 설계_김석훈, 허남규

리조트 컨벤션 센터_Ridge P&C

❷ 마감재 섬네일 크기

스펙보드에 구성하는 마감재 섬네일을 패널에 배치합니다. 마감재 섬네일 크기가 작은 경우 그대로 배치하기도 하며, 큰 경우 적절히 잘라 붙입니다.

❸ 마감재 위치와 이름

마감재 섬네일 위에 위치와 이름을 출력하여 붙입니다. 클라이언트에게 어디에 어떠한 마감재가 이용될 것인지 바로 이해시킬 수 있으며, 이름을 붙여 이해도를 높입니다.

3 | 효율적인 스펙보드 제작 팁

다음의 세 가지만 고려하면 스펙보드 제작 시 무리 없이 진행할 수 있습니다.

❶ 마감재 크기 고려

마감재 섬네일 크기는 패널 레이아웃을 결정하는 요소로 크게 작용합니다. 중요한 마감재나 클라이언트가 주목했으면 하는 마감재 섬네일의 경우 크게 배치합니다.

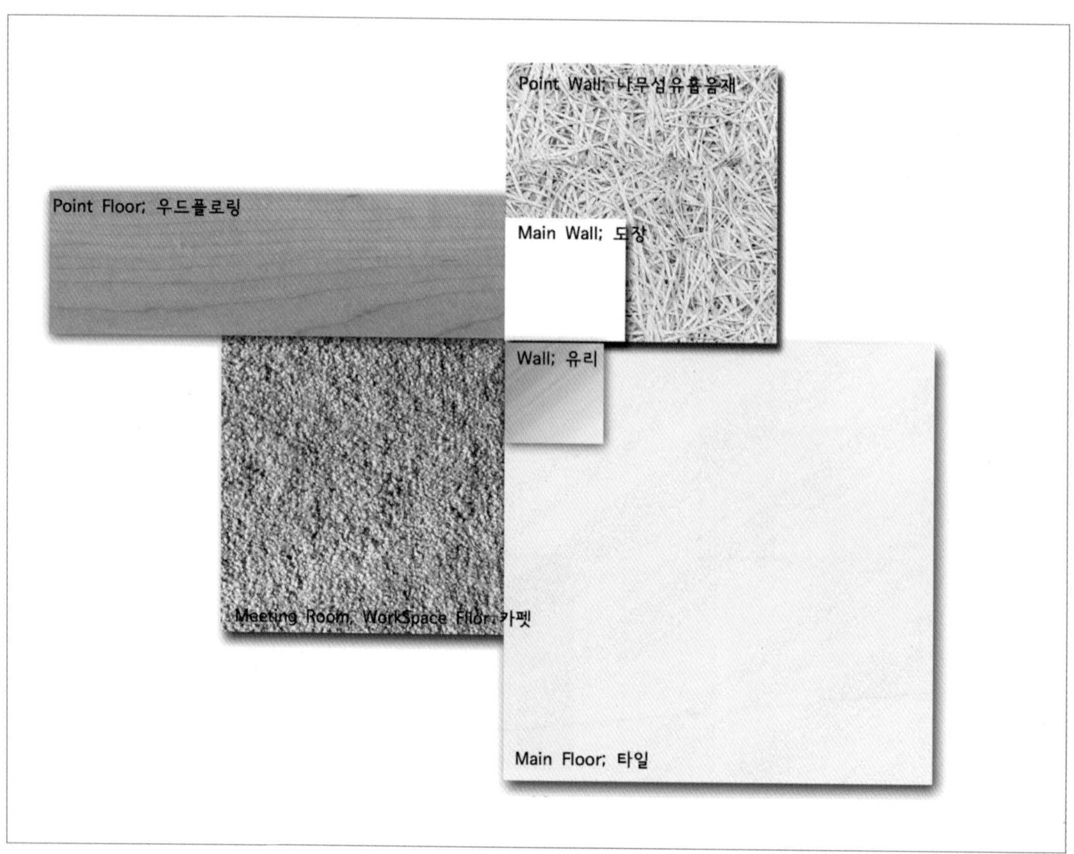

바닥 마감재를 시작으로 벽, 천장 마감재를 배치하여 패널에서 바닥 마감재에 큰 비중을 두어 배치하는 경우가 많습니다. 이후 비율에 맞게 조절하여 마감재들을 배치합니다.

❷ 겹쳐 표현하는 마감재

마감재 섬네일들을 겹쳐 바닥 마감재를 기준으로 벽체와 천장 마감재들을 배치합니다. 이때 바닥 마감재와 인접한 벽체 마감재들을 옆에 붙이며 벽체 마감재에 인접한 천장 마감재들을 나란히 붙입니다. 이 레이아웃을 통해 클라이언트는 공간 안에 어떠한 마감재를 이용하는지 쉽게 이해할 수 있으며, 현실적으로 공간을 느낄 수 있습니다.

❸ 마감재 출력

바로 구하기 힘든 마감재 섬네일 혹은 스펙보드에 붙이기 어려우면 마감재 이미지를 출력하여 붙입니다. Photoshop에서 보정하여 기존 마감재 섬네일과 어울리는 채도와 명도를 맞추며, 크기 또한 다른 마감재 레이아웃과 어울리도록 조절합니다.

기본 설계로 디자인 구체화하기

기본 설계 단계를 위한 기본 도면 세트를 준비합니다.

디자인 도면 세트, 기본 설계

기본 설계(Design Development) 단계에서는 대략적인 디자인을 확정하고 다음 단계 진행을 위해 가장 기본적인 도면 세트를 제출합니다. 여기에 포함되는 도면들은 평면도, 천장도, 입면도 등이 해당됩니다.

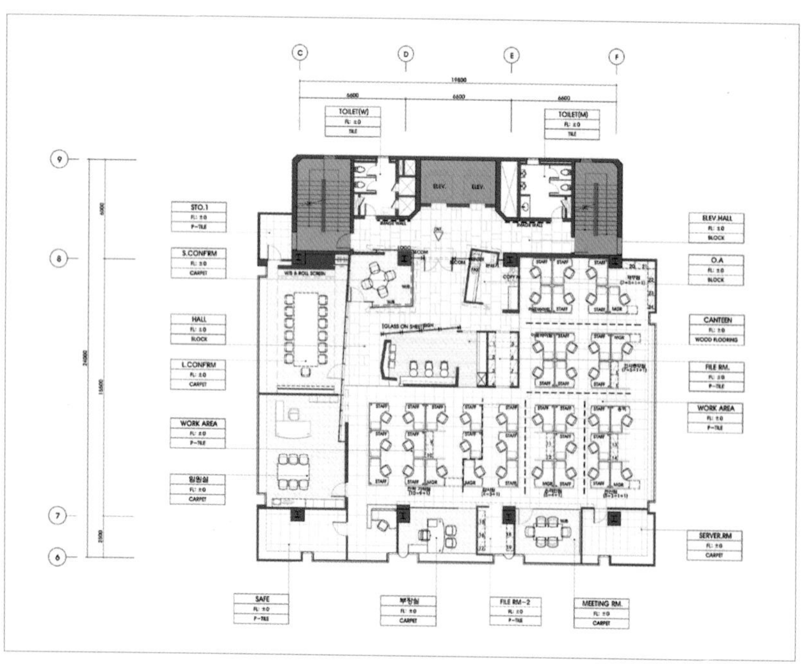

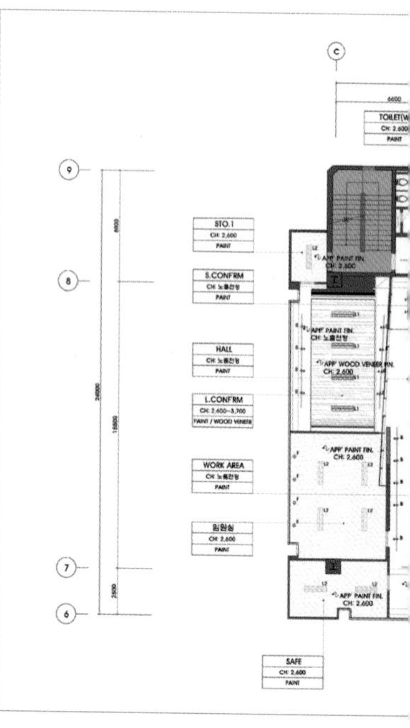

오피스 기획 설계(평면도, 천장도, 입면도)_Heehoon D&G

쉽고 빠른 도면의 이해

건축, 인테리어 디자인은 처음의 디자인 의도에 맞게 착오 없이 진행되어야 합니다. 예술 분야와는 다르게 모든 사람이 한 번에 이해할 수 있도록 전 세계적으로 같은 도면법과 도면 표기법을 이용하고 있으며, 복잡하지 않고 쉽게 이해할 수 있는 도면이 좋은 도면이라 할 수 있습니다. 건축, 인테리어 디자인에서 가장 기본적이고 중요한 평면도, 천장도, 입면도의 정확한 이해를 통해 디자인을 완성할 수 있도록 합니다.

평면도

평면도(Floor Plan)는 공간의 평면을 나타내는 도면으로, 평균 눈높이 150cm 아래로 단면을 끊어 내려다봤을 때의 모습을 나타냅니다. 도면의 선두께는 눈높이를 기준으로 단면 선으로부터 멀어질수록 흐리게 표현하게 됩니다. 쉽게 설명하자면 단면으로 완전하게 끊긴 벽은 가장 짙게 나타나며, 눈높이에서 가장 멀리 있는 바닥 마감재의 줄눈 또는 마감재 해치(Hatch)와 같은 요소들은 가장 옅게 나타납니다.

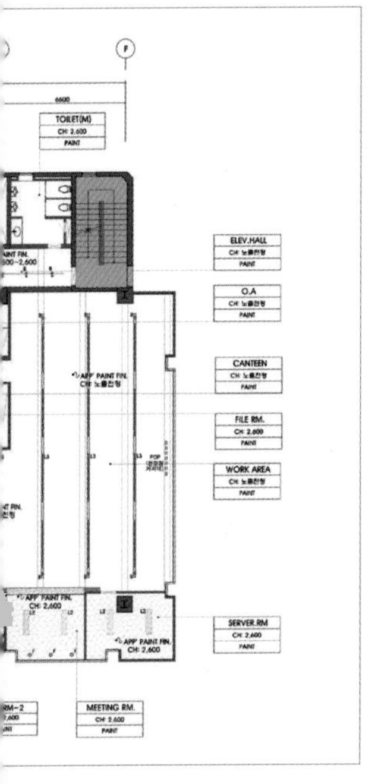

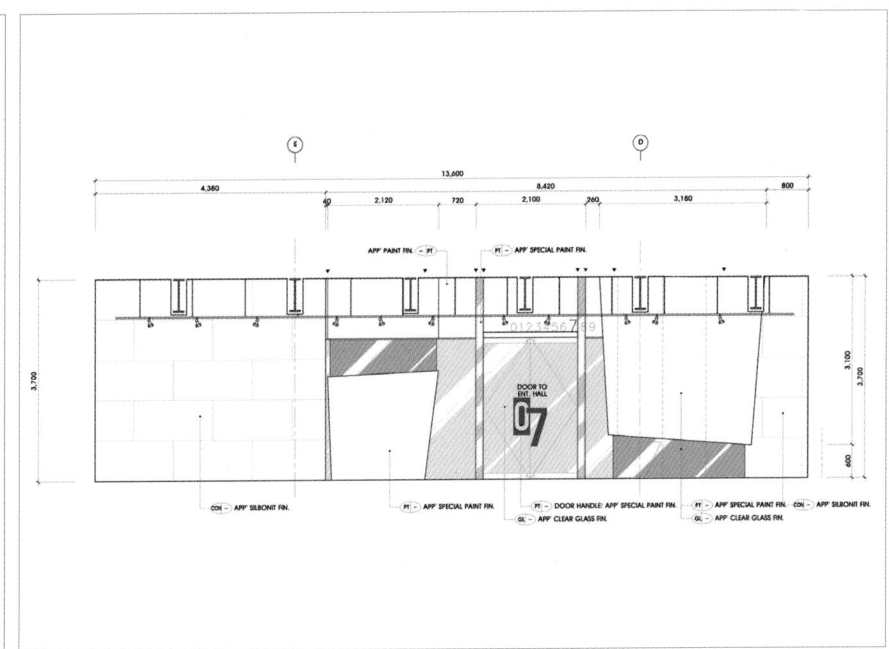

천장도

천장도(Reflected Ceiling Plan)는 공간의 천장을 표현하는 도면으로, 평균 눈높이인 150cm 위로 단면을 끊어 올려다봤을 때를 나타냅니다. 평면도와 마찬가지로 눈높이를 기준으로 단면에서 멀어질수록 흐리게 선두께를 조절합니다. 단면으로 끊긴 벽은 가장 짙게 나타나며, 눈높이에서 가장 멀리 있는 천장 마감재와 같은 요소들을 가장 옅게 나타납니다.

입면도

입면도(Elevation)는 공간의 옆 면을 보여 주는 도면으로, 벽의 폭과 높이, 벽 디자인, 문과 창의 위치 등을 확인할 수 있는 정보입니다. 다양한 선두께로 풍부한 입면도를 완성하는 것이 목표라 할 수 있습니다.

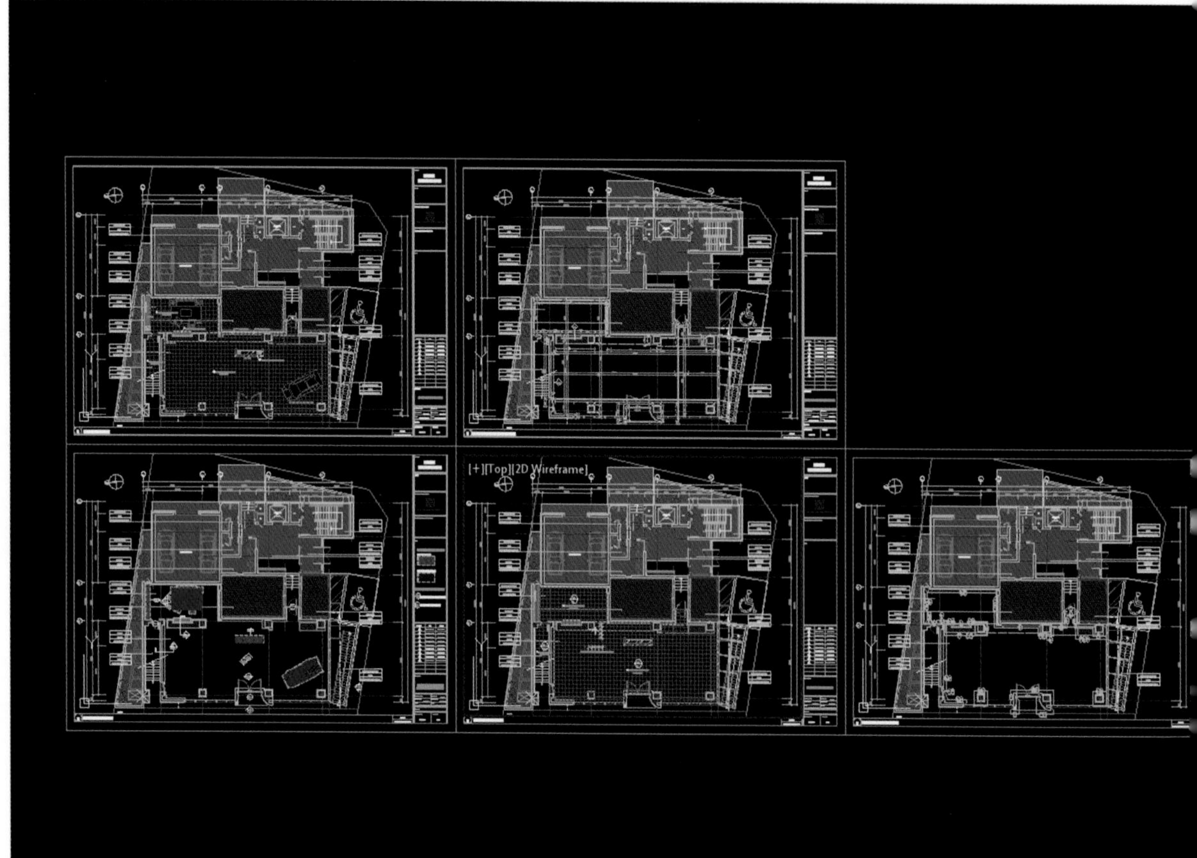

V 타운하우스 쇼룸_Heehoon D&G

실시 설계로 프로젝트 시공 준비하기

시공에 직접적으로 활용될 실시 설계 도서를 준비합니다.

실시 설계의 다양한 도면

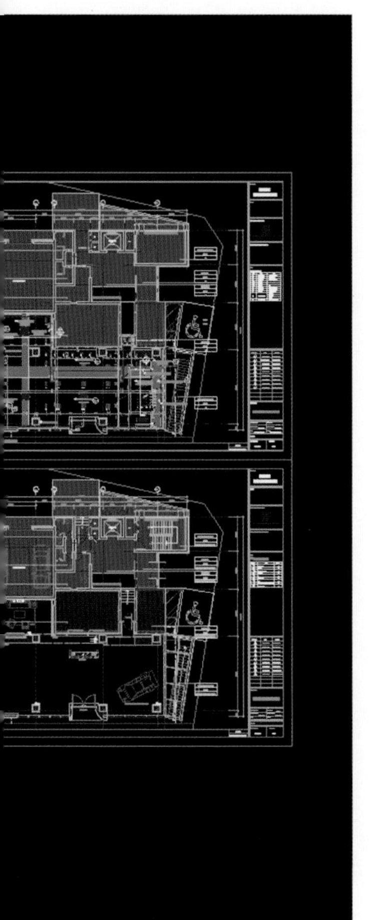

실시 설계(Construction Document)란 클라이언트의 승인된 기본 설계 도를 기반으로 시공 진행을 위해 제공하는 마지막 단계의 최종 도면 세트를 말합니다. 평면도, 천장도, 입면도 외에도 더욱 구체적인 구조 도면(먹 도면), 심볼 도면, 가구 도면, 패턴 도면, 벽체 마감 도면, 전기 도면 등이 포함됩니다. 또한 천장, 바닥, 벽체의 디테일 외에도 고정식 가구나 제작되는 가구 역시 세부 도면 리스트에 추가합니다.

다음의 도면 세트를 통해 실시설계에 포함되는 도면들을 살펴봅니다. 도면의 순서는 설계 업체, 프로젝트에 따라 상이할 수 있지만, 대체로 다음의 순서대로 진행하게 됩니다.

구조도

구조도 혹은 먹도면이라 불리는 이 도면은 시공 단계에서 벽체 공사 시작 전 벽체 위치를 지정함에 도움을 주는 도면입니다. 구조도를 확인한 다음 도면에 맞게 먹줄을 튕겨 바닥에 그려서 벽체 공사 시 정확한 위치에 맞게 진행할 수 있도록 합니다.

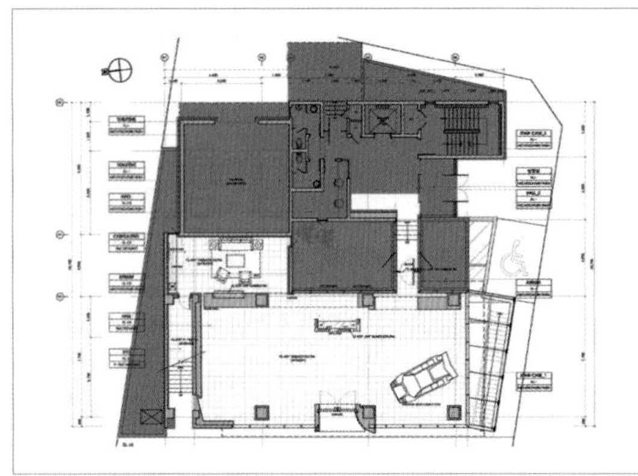

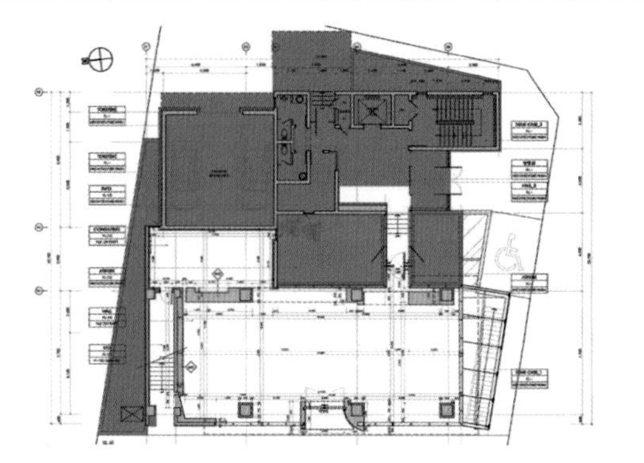

심볼 / 가구 도면

심볼(Symbol) 도면은 다양한 기호를 통해 필요한 도면을 쉽게 찾을 수 있도록 도와줍니다. 기호 안에 적혀 있는 숫자와 문자에 따라 해당되는 도면을 찾을 수 있으며, 평면 위에 배치된 기호에 맞게 입면도, 벽체 디테일 도면 등의 상세한 내용도 확인 가능합니다.

가구 도면은 공간에서 고정식 가구의 위치나 이에 해당하는 도면들을 연관되어 해당 세부 도면을 쉽게 찾을 수 있습니다.

패턴 도면

바닥의 마감 패턴(Pattern)을 한번에 이해할 수 있도록 도움을 주는 도면입니다. 공간 마감재로 어떤 것을 사용하는지 확인할 수 있을 뿐만 아니라, 타일과 같은 규격이 정해진 마감재의 경우에는 어디에서부터 시공이 되어야 하는지에 대한 시작점도 확인할 수 있습니다.

벽체 마감 도면

벽체 마감재로 어떤 것을 사용했는지 확인할 수 있습니다. 벽의 어느 지점부터 어디까지 어떠한 재료로 사용이 되었는지 명시됩니다.

전기 도면

전기와 관련된 소켓(Socket) 위치 등을 확인하면서 공사를 진행할 수 있습니다. 높이도 지정되어 있어 입면에서의 위치 또한 확인 가능합니다.

도어 스케줄과 도어 상세도

도어 스케줄(Schedule)은 공간의 모든 문들을 목록화한 도면입니다. 공사 진행 시 필요한 문의 개수와 위치를 파악하여 체계적인 관리를 도와줍니다.

1F ENT. PARTIAL FLOOR PLAN & ELEVATION

도어 상세도

도어 상세도는 도어 스케줄에 명시된 해당 문에 대한 세부 도면으로, 공간에 맞게 공장 제작 또는 현장 제작이 진행됩니다.

벽체 상세도

벽체 상세도는 공간에서의 벽체에 해당되는 세부 도면을 말하며, 시공자는 디자이너 의도에 맞게 공사를 할 수가 있습니다. 특정 프로젝트에 사용되는 특수 상세도와 기본적으로 일반적인 공통 상세도로 나눠 작성하는 경우도 있습니다.

바닥과 천장 상세도

바닥 상세도는 바닥 공사에 필요한 모든 정보가 담겨 있는 도면입니다. 어떤 마감재로 공사를 진행할지, 여러 마감재 사이의 재료 분리는 어떻게 시공할지 등의 내용을 파악할 수 있습니다.
천장 상세도는 천장 공사에 관련된 모든 세부 사항을 나타내는 도면으로, 천장에 대한 디자이너의 의도를 파악할 수가 있습니다.

가구 도면

프로젝트에 해당하는 고정식 가구 역시 실시 설계 세트에 포함됩니다. 프로젝트 공간에 맞게 제작된 고정식 가구의 의도를 충분히 반영하고자 함이며, 준비된 도면을 통해 좀 더 정확한 공장 제작이 진행되어 현장에 맞게 바로 설치가 가능해집니다.

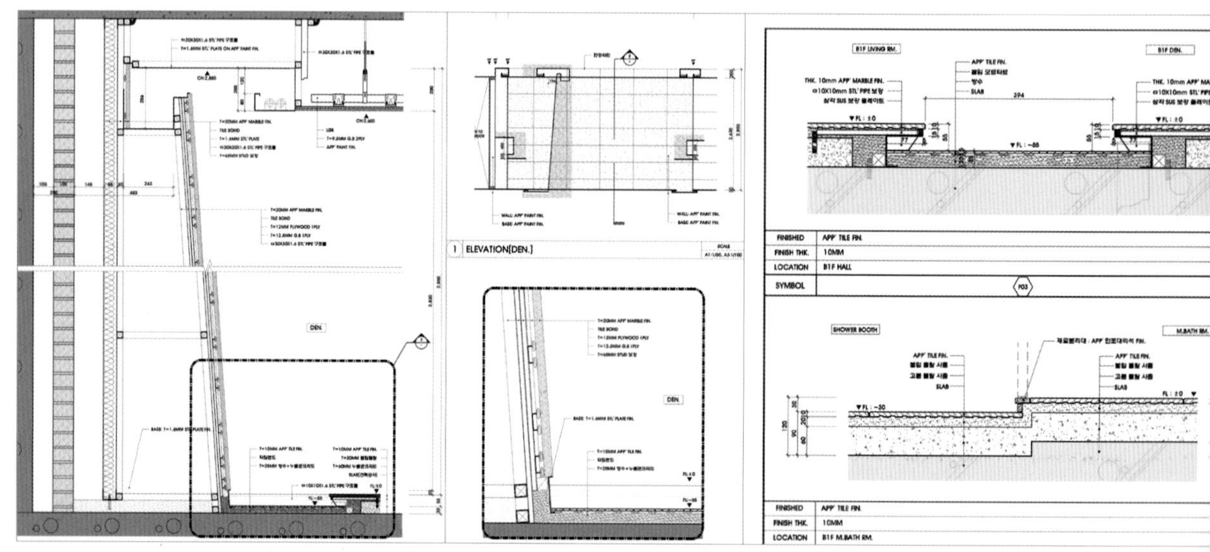

샵 드로잉

샵 드로잉(Shop drawing)이란, 시공사, 제조사, 공급 업자 등이 제공하는 시공상세도입니다. 시공 현장에 맞게 미리 발주가 되어야할 자재, 가구, 제품 등의 시공상세도가 제공되어야 하는 부분이고, 이를 토대로 검토되어 공사가 원활하게 진행될 수 있도록 진행되어야 합니다.

공사 감리

공간 디자인이 마무리가 되면, 이후 이를 현실화 시키기 위한 시공 단계가 기다리고 있습니다. 건축 분야의 경우 설계 회사와 시공사가 완벽하게 분리되어 있지만, 인테리어 디자인의 경우 국내에서는 디자인 회사가 직접 시공하는 경우가 대부분입니다. 최근에는 인테리어 디자인 또한 설계와 시공이 분리되어 각각의 회사가 진행하는 경우가 많아지고 있습니다. 이럴 때 공사 감리(Construction Administration)가 매우 중요한 역할이 됩니다. 공사 감리는 디자이너의 의도대로 시공이 잘 진행되고 있는지 검토하며, 시공 상황에 맞게 설계 도서의 수정이 불가피할 경우 이에 맞게 적절한 변경을 이루어 나가는 단계라 볼 수 있습니다.

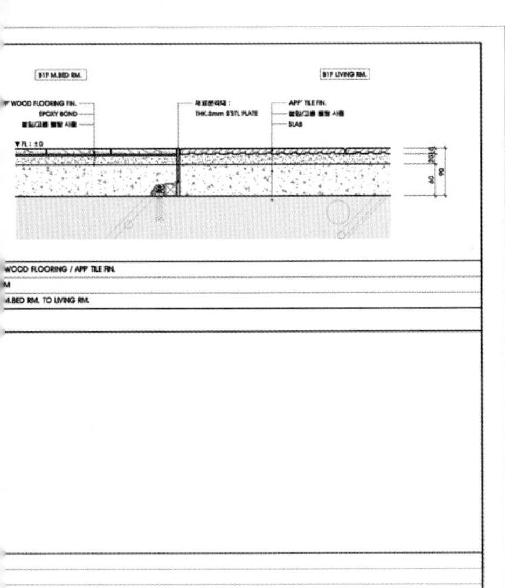

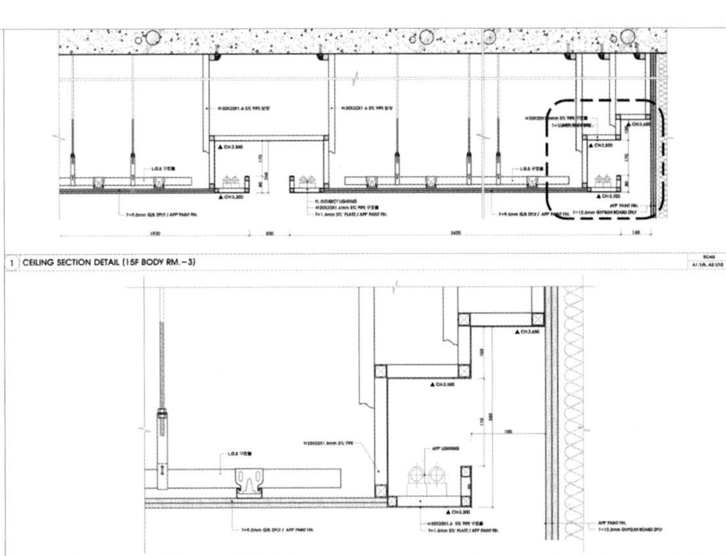

Part 3

건축, 인테리어 디자인을 위한 18가지 법칙

건축, 인테리어 디자인에서 자주 사용하는 18가지 법칙에 대해서 알아보고, 각각의 법칙마다 이해하기 좋은 프로젝트의 소개로 더욱 쉽게 살펴보겠습니다.

Designer's PRO

Practical Architecture Interior

AutoCAD

SketchUp

Blender

이론

옛것과 새것의 조화 이루기

**새로운 건물에 새로운 인테리어를 진행할 때도 있겠지만, 옛 건물에 해야 하는 경우가 많습니다.
그럴 경우 옛것과 새것의 조화를 찾는 것이 중요합니다.**

땅콩집 리모델링

인테리어 디자인에서는 공간을 좀 더 나은 환경으로 개선하는 리노베이션[1] 프로젝트가 많습니다. 건축에서도 신축이 아닌 증축 프로젝트에서 흥미로운 작품들을 많이 찾아볼 수 있습니다.

리노베이션 프로젝트에서 가장 중요한 것은 '어떻게 하면 옛것 속에 새것을 적절히 녹일 것인가'입니다. 옛것에서 보완할 문제점을 찾고, 어울리는 새것의 디자인을 연구하면 조화롭게 완성할 수 있습니다. 특히 기존의 '옛것'과 전혀 다른 성질을 나타내는 '새것'의 디자인은 공간을 더욱 특별하게 만들 수 있습니다.

우리나라의 주택 시장은 빠르게 변화하는 소비자의 생활 방식을 반영하고 있습니다. 소비사회의 빠른 변화에 따라 사람들은 개성 없고 비슷해진 도심의 아파트에서 벗어나 타운하우스에 관심을 두기 시작했고, 경제적 수요에 부합하는 듀플렉스 하우스(일명 '땅콩집')에서부터 효율성을 추구하는 패시브 하우스[2]의 수요가 늘어나고 있습니다.

오른쪽 이미지는 저예산으로 급변하는 소비사회에 알맞게 새롭게 변형할 수 있는 가능성을 제안하는 땅콩집 모델 하우스입니다. 지어진 지 23년, 방치된 지 8년이 넘은 이 땅콩집 리노베이션 프로젝트의 중요한 부분은 옛것과 새것이 서로 녹아드는 짜임을 통해 두 세대가 하나의 세대로 합쳐지는 공간을 구성하는 것이었습니다. 기존 공간에 이용자의 요구가 더해져 여러 조합의 평면 중에서 가장 알맞은 공간으로 구성되었습니다.

입면의 경우 기존 벽체 상태를 파악하여 세월을 머금은 옛 벽체를 유지한 채 새로운 디자인과 대비시켜 '옛것'과 '새것'이 녹아드는 공간을 만들었습니다. '새것'에 적용된 다양한 크기의 공간 분할을 통해 사람들은 인간적 척도가 반영된 디자인에 자연스럽게 어울려 생활할 것이며, 곧 그 삶은 고스란히 공간에 그려질 것입니다.

특히, 외관 파사드의 경우 각각의 공간에서 다양한 행동을 반영한 세 가지 형태의 루버[3]에 단위(Module)를 적용하여 파사드 모듈 시스템(Facade Module System)[4]에 도입했습니다.

---

1 리노베이션(Renovation)은 기존 건축물을 헐지 않고 개·보수해 이용하는 것입니다.

2 패시브 하우스(Passive House)는 첨단 단열공법을 이용하여 에너지 낭비를 최소화한 건축입니다.

3 루버(Louver)는 폭이 좁은 판을 비스듬히 일정 간격을 두고 수평 배열한 것으로, 밖에서는 실내가 들여다보이지 않고 실내에서는 밖을 내다보는 데 불편하지 않은 것이 특징이며, 채광·통풍·환기 등의 목적으로 이용합니다.

4 파사드 모듈 시스템은 건물의 정면을 분할한 단위로 시스템화하여 이뤄진 것을 말합니다.

프로젝트 : G House
마감 : 페인트, 타일, 무늬목, 화이트 에폭시, 강마루
디자인 : 김석훈
시공 : AZ S&B
코디네이터 : 유희선

G House 다이닝 룸과 복도_김석훈
최대한 덩어리감의 시선 흐름으로 공간을 이해할 수 있도록 디자인했습니다.

디자인 작업 과정

현장 분석과 기존 상태를 파악한 다음 프로젝트에 어울리는 디자인을 고민하고, 다양한 스케치와 자료를 통해 디자인을 풀어나갑니다. 다양한 파사드 모듈 시스템 자료를 통해 가장 적절한 그래픽으로 디자인할 수 있습니다.

파사드 모듈 시스템

그래픽 디자인을 통해 공간마다 행해지는 다양한 인간적 척도를 반영합니다.

파사드 단위의 다양한 공간 분할_G Composition #1~3, Digital Print, 12 in. x 12 in.,
디자인 작업 과정에서 학습할 수 있을 뿐만 아니라 이후 최종 아트웍으로도 충분히 활용할 수 있습니다.

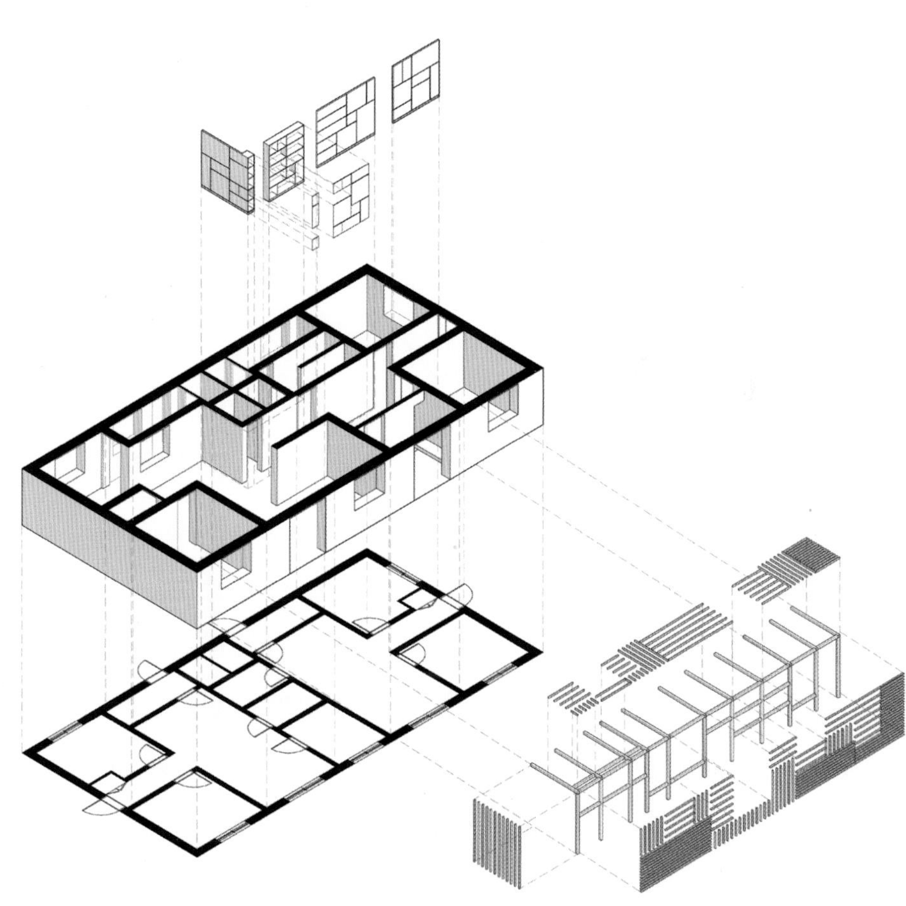

공간 아이소메트릭
기존 평면에 대입한 새로운 공간 구성과 분할을 나타냅니다.

공간 구성

땅콩집 리모델링 프로젝트에서 가장 흥미로웠던 부분은 기존 공간들을 새롭게 재배치하는 것이었습니다. 기존 방들은 부엌과 거실로 바꾸고 기존 화장실을 허물고 벽만 살려 만든 긴 복도를 핵심 디자인으로 부각했습니다.

거실
책장을 이용해 공간 분할의 의미를 연장합니다. '새것'의 공간 속에 기존 조적벽을 유지한 '옛것'과 조화를 이룹니다.

복도
'옛것'과 '새것'이 대립과 동시에 조화를 이룹니다.

공간 연출

다양한 공간 연출을 경험할 수 있도록 자연적인 요소, 즉 시간대별로 달라지는 햇빛을 공간적인 장치들을 통해 다양하게 표현했습니다. 특히 인테리어의 흰 공간은 햇빛의 다양한 색상 스펙트럼을 온전히 담습니다.

현관

세 가지 패턴의 단위를 불규칙하게 배치하여 하나의 입면으로 만듭니다.
옛 벽돌과 새로운 나무 마감재와의 대비를 살펴볼 수 있습니다.

복도
복도 끝의 건축적 프레임(Architectural Frame)을 통해 외부 환경이 공간에 새롭게 반영됩니다. 복도 오른쪽 현관이 복도로 연장되어 공간의 연속성을 나타냅니다. 외부가 보이는 복도 끝 창을 통해 스며드는 빛은 벽에 새로운 느낌을 연출합니다.

특별한 아이디어로 승부하기

남들이 쉽게 생각하지 못하는 특별한 아이디어로 승부를 봐야 합니다.

수직적인 볼륨의 새로운 문화 공간

너무 평범하거나 일반적인 디자인의 경우 클라이언트 또는 심사위원의 흥미를 끌기 어렵습니다. 주목 받는 건축 디자인을 완성하기 위해서는 쉽게 생각하지 못하는 획기적인 아이디어로 프로젝트를 성공시켜야 합니다. 이때 프로젝트의 핵심 아이디어를 설정하여 디자이너 의도를 쉽게 이해시키면서 디자인 방향성을 명확하게 설명합니다.

다음 프로젝트에서는 일본 도쿄의 심장이자 최신 엔터테인먼트 기술의 집결지인 아키하바라에 새로운 엔터테인먼트 센터를 제안했습니다. 주위에서 흔히 볼 수 있는 건물들은 공간의 크기와 중요도에 따라 수평적으로 각각 다른 층으로 쌓여 있습니다.

이러한 보편적인 '문제'를 해결하기 위해 엔터테인먼트 문화 공간의 형식을 깨고 공간을 수직적으로 배치해 모든 층에서 체험하도록 했습니다. 수직적인 볼륨은 건물의 무게를 감당하는 구조로 각 층에 조경 슬라브[5]를 받혀 도심의 답답함에서 잠시 벗어나 자연 속에서 즐겁게 엔터테인먼트 문화를 경험할 수 있도록 디자인했습니다.

새로운 문화 공간을 제안하는 동시에 기존 추억의 골목 'My Way 2'를 보존하며 골목과 인접한 면을 개방하여 아키하바라의 과거와 미래를 연결했습니다. 이로써 이 프로젝트는 아키하바라의 새로운 랜드마크이자 일본 엔터테인먼트 문화를 가장 혁명적으로 즐길 수 있는 고품격 문화 공간이 될 것이며, 전 세계 오타쿠[6]들이 꼭 가봐야 할 명소가 될 것입니다.

5 슬라브(Slab)는 구조물이 수평인 널판지 형태의 판상 부분입니다.

6 오타쿠는 한 분야에 열중하는 사람들을 일컫습니다.

Tokyo Replay Center 전경

디자인 작업 과정

수직적인 볼륨의 문화 공간 프로젝트를 처음 접하는 사람들이 디자인을 쉽게 이해할 수 있도록 작업 과정을 논리적으로 정리해야 합니다. 여기서는 이해하기 쉬운 순서뿐만 아니라 긴 설명 없이도 한눈에 알아볼 수 있는 다이어그램을 제공합니다.

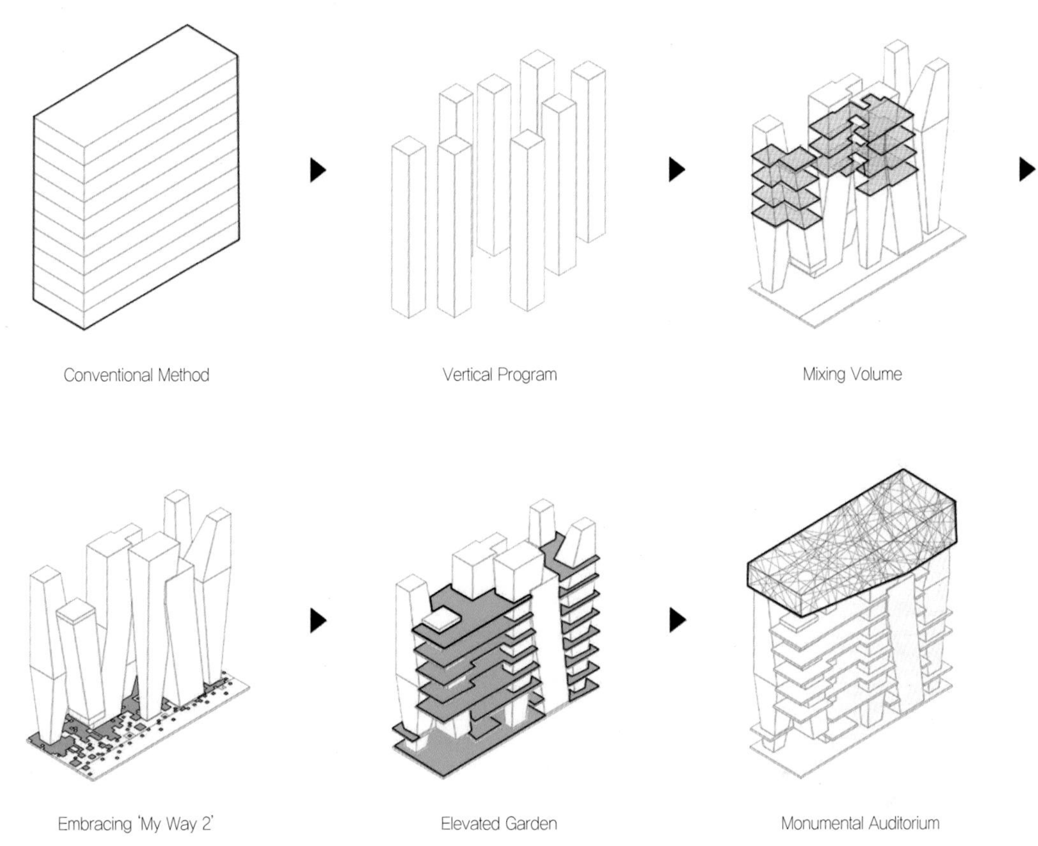

시각적인 이해를 돕는 디자인 과정 다이어그램

도면

도면은 작업자가 이성적으로 공간을 판단할 수 있는 도구입니다. 공간을 상대적으로 비교하거나 관계를 확인할 수 있으며, 다양한 표현 등으로 도면을 효과적으로 설명할 수도 있습니다.

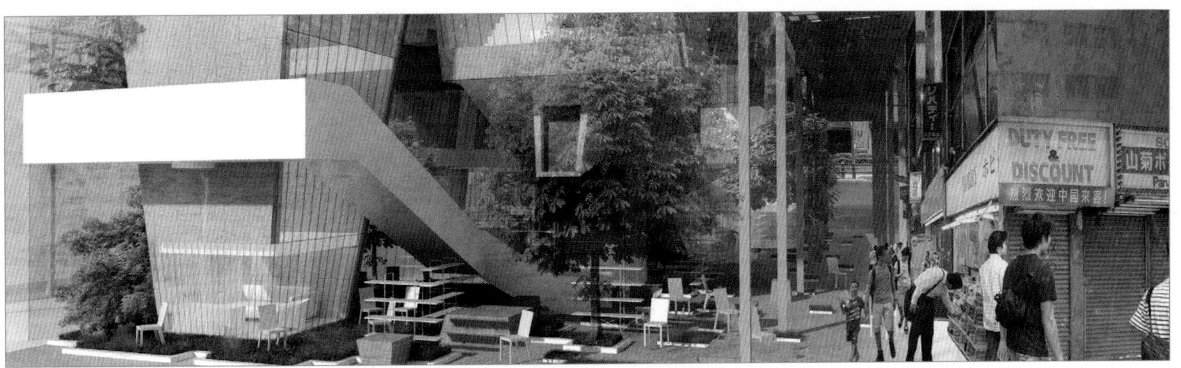

'My Way 2' 옆 Tokyo Replay Center

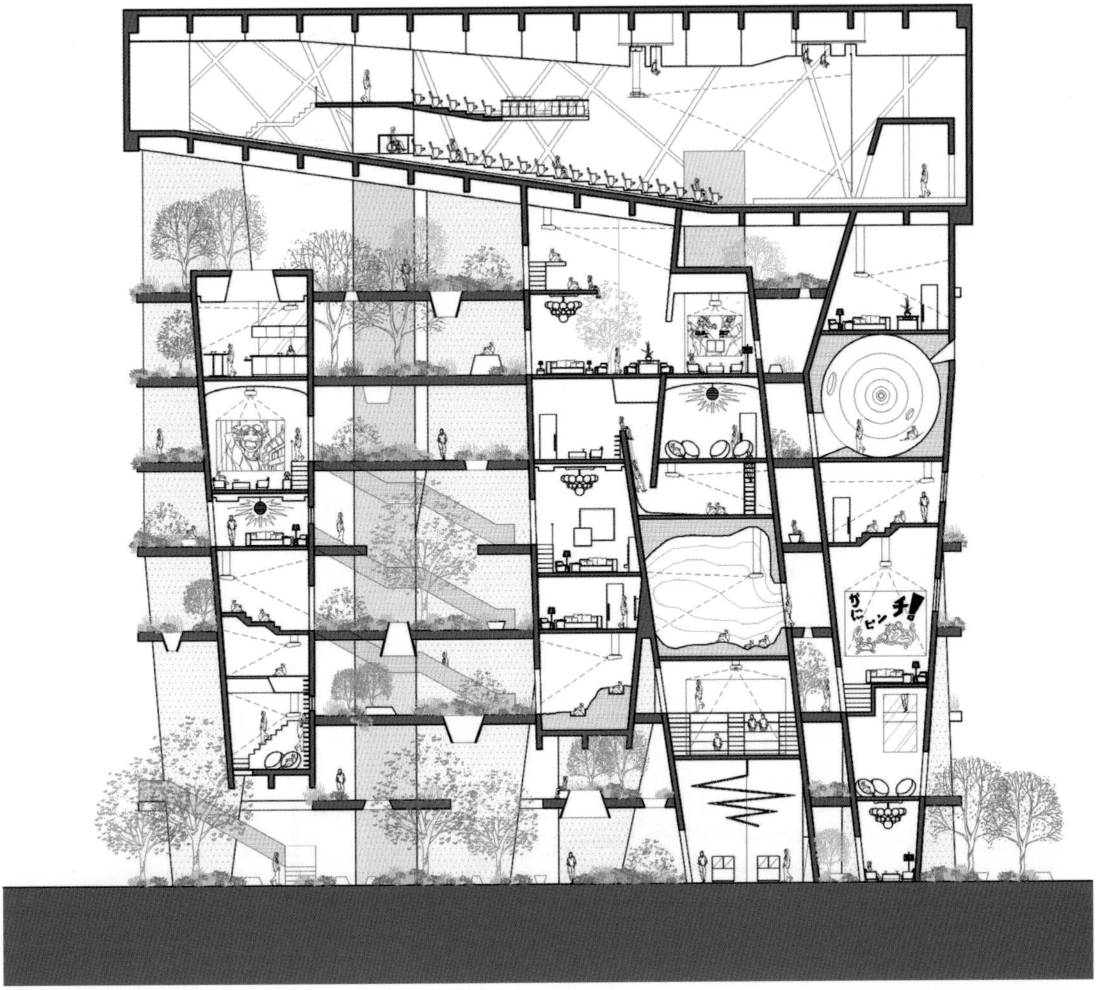

Tokyo Replay Center 단면도

1층과 중간층 평면도

1층 평면도에서는 'My Way 2'와 인접한 면을 개방하여 주위 환경과의 상호작용을 만듭니다.
중간층 평면도에서는 조경 안에 엔터테인먼트 공간들이 배치되어 자연 속에서 고품격 문화를 즐길 수 있습니다.

Section 3

일상적인 소재 활용하기

우리 주위에서 쉽게 아이디어를 얻을 수 있습니다. 우리의 일상에서 소재를 찾는 것입니다.

포장마차 감성의 재발견

좋은 아이디어 또는 콘셉트를 떠올리는 것은 여간 쉬운 일이 아닙니다. 이때 주위를 유심히 둘러보는 것은 어떨까요? 국내에서 활동하는 외국 디자이너들의 경우 일상적인 소재를 프로젝트에 응용하여 참신하면서도 흥미를 유발하는 디자인을 선보이고 있습니다.

프로젝트 : 포장마차 프로젝트
유형 : 설치, 전시 · 이벤트 디자인
디자인 : 김태호, 김태범
프로젝트 팀 : 엘로퀀스 매거진, 전우치, 이우도, 지오, 김석훈, 장순규

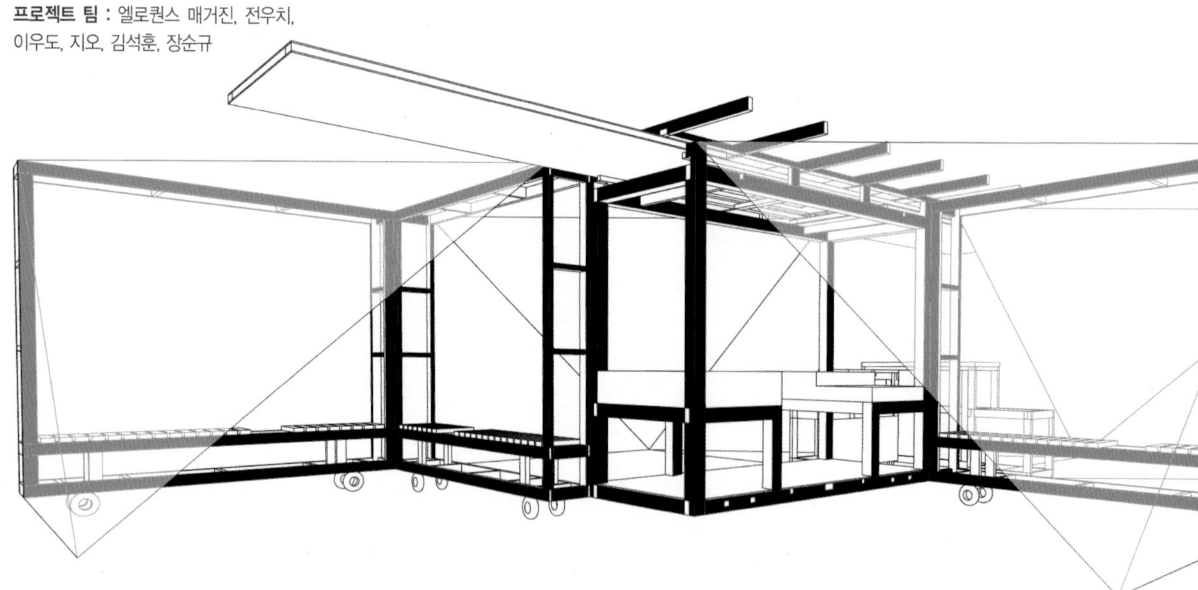

포장마차 모델
실제 제작에 앞서 고안한 디자인으로 도심에서 마이크로 건축으로써의 기능과 형태를 제안했습니다.

번화가에서 흔히 볼 수 있는 포장마차는 길거리에서 레스토랑과 바 사이의 독립적인 노점입니다. 다음 프로젝트는 도시에서 보이지 않는 구조이자 거리 문화의 대표 요소인 포장마차를 활용했습니다. 여기서 포장마차는 크게 두 가지로 나뉩니다. 주간 마차는 다양한 튀김과 전통 음식을 맛볼 수 있고, 야간 마차는 플라스틱 덮개와 위태로워 보이는 조명을 이용한 개성 있는 이동식 한국 주점입니다.

포장마차에서는 각박한 도시에서 술 한잔 기울이는 여유를 경험할 수 있지만, 현실에서는 더 크고 새로운 도심 프로젝트를 위해 사라져야만 하는 열악한 환경에 놓여 있습니다. 여기에서 포장마차의 '작업 방식'을 분석하여 도시에 어울리는 새로운 형태의 마이크로[7] 건축 아이디어를 제안했습니다. 이것은 '도심의 침술(도심 속 고통에 침을 찔러 고친다.)'과 같은 치유의 힘을 가지며, 도심 속 현대인의 스트레스를 해소하는 포장마차를 제거하는 것이 아닌 섬세한 감성을 더해 힐링하고자 합니다.

포장마차의 실용적이고 기능적인 건축 디자인은 아름답고 감성적인 구성으로 잃어버린 도시의 인간적 척도를 재조명하여 포장마차의 감성을 발견하고 분석하는 것에 의미를 가집니다.

7 마이크로(Micro)는 매우 작은 형태를 말합니다.

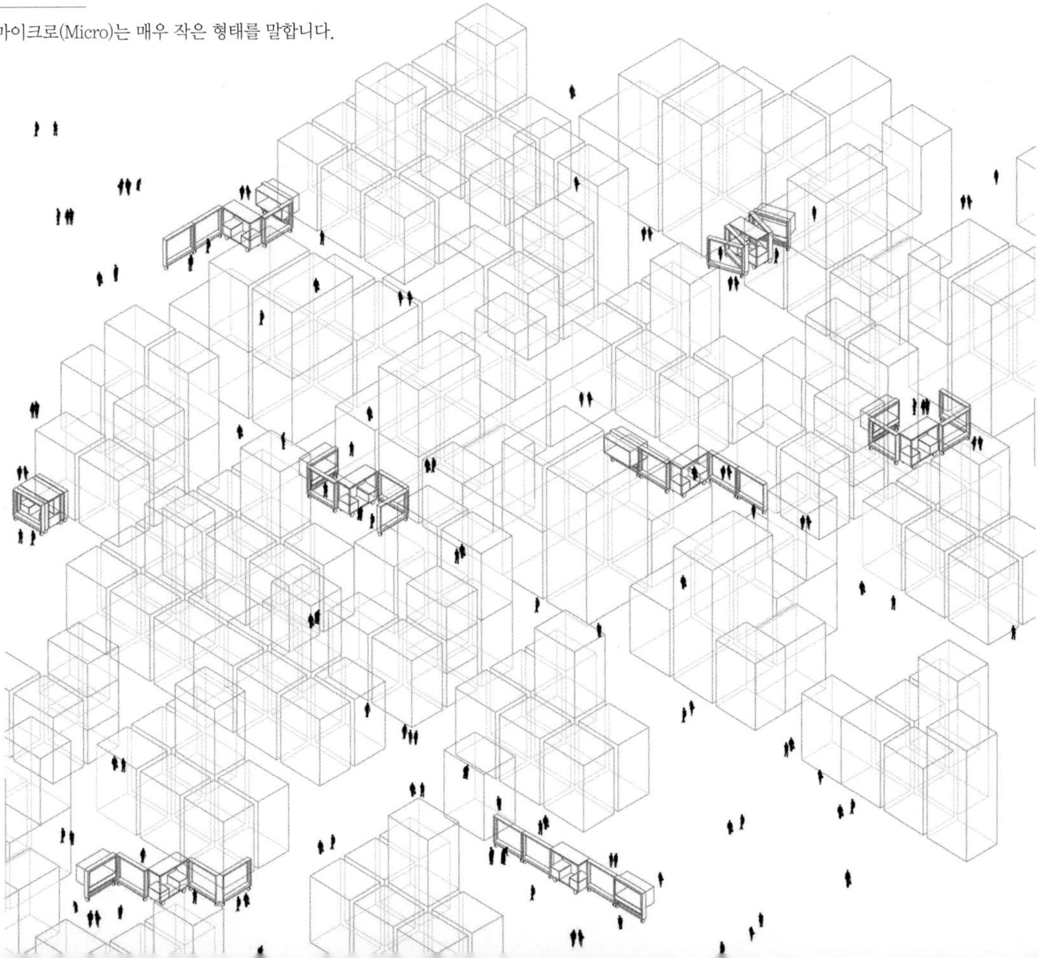

디자인 계획

설치 디자인인 포장마차 프로젝트는 다양한 디자인 연구를 통해 진행했습니다. Rhino 3D 등의 그래픽 툴을 이용해 디지털 작업으로 포장마차 모델을 디자인했고, 도심에서 마이크로 건축에 적용하는 형태를 계획했습니다.

포장마차 프로젝트 제작 후 설치 및 진행

모델을 제작한 다음 운반하여 현장에서 직접 설치했습니다.
행사 시작 후 새로운 포장마차를 즐기며 사람들은 포장마차의 의미를 되새깁니다.

제작 과정

포장마차 모델은 작업실에서 제작한 후 현장으로 운반하여 그곳에서 직접 설치했습니다. 공간 안에 동선을 고려하여 적절히 모델들을 배치했고, 이와 어울리게 전시 공간을 준비했습니다.

분석을 통해 감성 표현하기

철저한 분석을 통해 사람들의 공감을 이끌어 낼 수 있는 감성을 표현합니다.

새로운 형태의 주거 공간 제안

오른쪽 프로젝트는 뉴욕 이스트 할렘에 위치한 새로운 주거 환경을 제안했던 작품입니다. 디자인에 앞서 현장 분석을 통해 이스트 할렘의 자전거 도로 인프라[8]는 웨스트 할렘에 비해 부족하고 단절되었다는 것을 발견할 수 있었습니다.

자전거 도로 인프라와 결합한 새로운 형태의 주거 환경 프로젝트를 진행하여 자전거는 건물 안으로 들어오고, 건물은 끊어진 인프라를 연결하는 매개체 역할을 합니다. 인프라와 인접하는 공간으로 자전거 공원, 자전거 주차장, 공공시설 등을 제공하여 입주자뿐만 아니라 인근 주민과 자전거 이용자들도 이용할 수 있습니다. 건물 내부에서 인프라를 연장하여 입주자는 개인 공간까지 자전거로 이동할 수 있도록 발전시켰습니다.

또한 공간마다 경사로를 접목하여 새로운 형태를 만들었습니다. 경사를 가진 여러 공간이 결합하여 생기는 새로운 공간들을 통해 여러 입주자가 이용할 수 있는 공용 테라스, 혹은 비용을 들여서 공간을 사유화하여 개인 공간을 연장하는 등 다양하면서도 새로운 이용 방법을 제안할 수 있습니다. 공간마다의 경사는 복도 또는 이동 공간만이 아닌, 새로운 생활 방식을 제안했습니다. 경사에 맞는 주문 제작 가구와 책장을 디자인할 수 있으며, 거실처럼 경사로를 이용하여 새로운 공간으로 구성할 수도 있습니다.

건물 파사드의 경우 각 면의 일사량을 분석하여 루버 패널 디자인에 접목했습니다. 일사량 정보를 대입해 루버 패널의 밀도, 간격들을 시스템적이며 디자인적으로 조절해서 새롭게 표현할 수 있었습니다.

8 인프라(Infrastructure)는 생산이나 생활 기반을 형성하는 중요한 구조물입니다.

자전거 도로가 건물 안으로 진입하는 모습

건축 외관 투시도를 진행할 때 주의할 점은 합성하려는 하늘 이미지 건물을 향하는 빛과 그림자를 일치시켜 부자연스럽지 않아야 합니다.

프로젝트 : 사이클 하우스
East Harlem Housing Project – Columbia University GSAPP
M.Arch Core 3
디자인 : 김석훈, 이명재
유형 : 주거 공간(아파트)

평면도와 단면 투시도

평면도는 눈높이를 기준으로 일정하게 그리는 것이 일반적이지만, 이 프로젝트에서는 오른쪽 그림과 같이 다양한 높이의 평면들을 편집하여 하나의 평면도로 제작했습니다. 특히 공간별 배치를 한눈에 확인하는 것이 가장 효과적일 것이라 판단하여 공간과 동선의 관계를 보여 줄 수 있는 평면도를 진행했습니다.

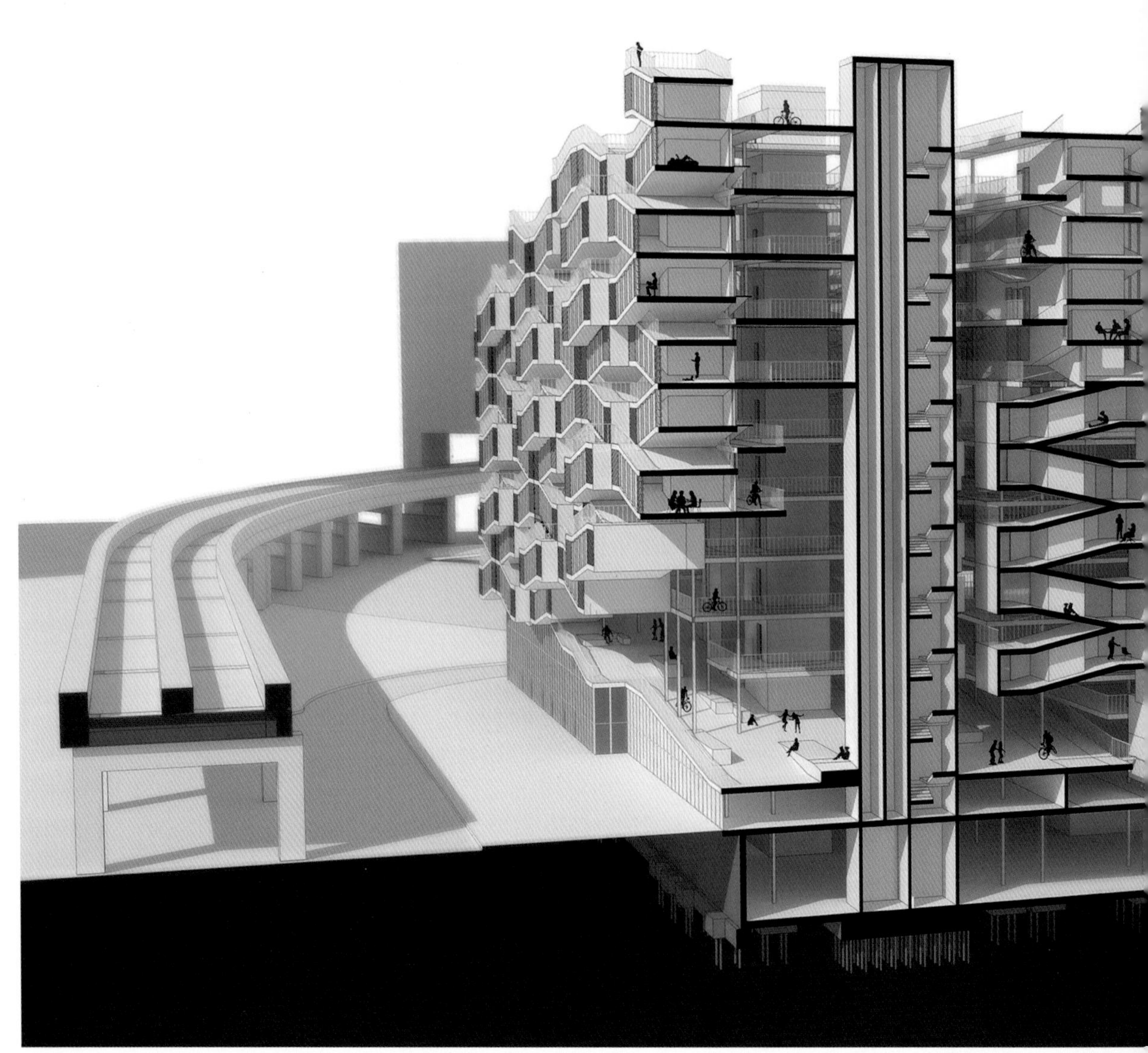

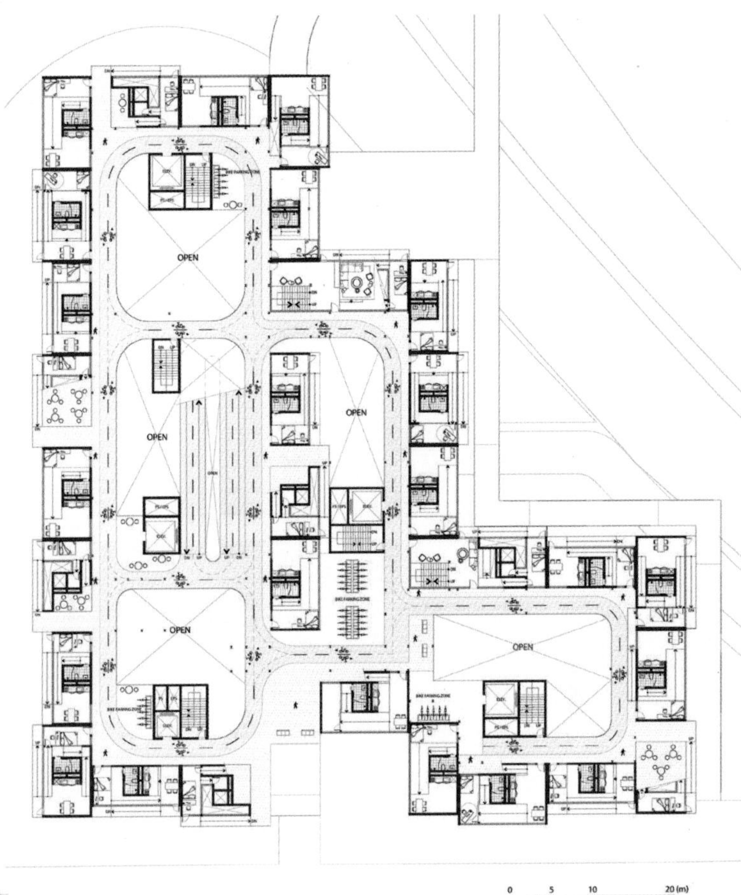

기준층 평면도

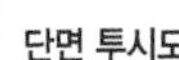

단면 투시도

인테리어

경사진 하나의 공간에 다양한 공간을 적용하여 변형할 수 있습니다. 경사에 따른 덩어리감의 연장을 나타내기 위해 단순한 마감재를 적용했습니다.

모형

모형은 투시도의 왜곡을 보완하고 정확한 공간감을 이해시킬 수 있습니다. 현장 모형과 부분 모형으로 진행했으며, 두 가지 모두 레이저 커팅 기법을 이용했습니다.

조감도

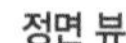

정면 뷰

내부 복도 뷰
자전거가 건물 안으로 유입되는 것을 확인할 수 있습니다.
다양한 높낮이의 자전거 공원에서 자전거 이용자들이 맘껏 즐길 수 있습니다.

건물 옥상 뷰
입주자들은 건물 옥상으로 연결된 갑판을 통해 즐길 수 있으며, 자전거 동선과도 연결되어 자전거 이용자 역시 공간을 누릴 수 있습니다.

투시도

투시도는 공간을 보여 주는 가장 효과적인 표현 방법입니다. 주목시키려는 공간에 카메라 뷰를 설정하며, 각 투시도에 어울리는 효과를 적절히 표현하는 것이 중요합니다.

공간 인테리어

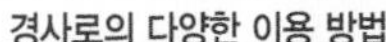

경사로의 다양한 이용 방법

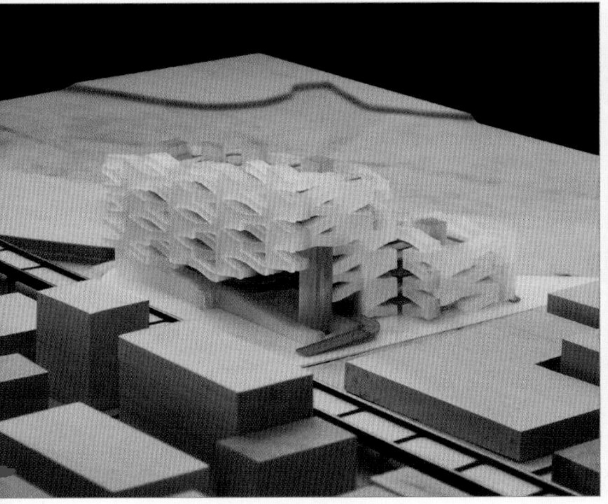

모형

현장에 플러그인하도록 제작된 모형입니다.
아크릴을 레이저 커팅한 다음 표면을 갈아내고, 겹겹이 쌓아 만들었습니다.

부분 모형

공간과의 관계, 공간 사이 공간들을 보여 주는 부분 확대 모형입니다.

초기 컨셉으로 돌아가기

어려워질수록 다시 처음으로 돌아가 보는 것도 방법입니다.

휴양지 같은 워터파크 컨셉 디자인

프로젝트 진행 중 디자인 콘셉트에 대한 고민으로 어려움을 겪을 때에는 다시 처음으로 돌아가 생각해 봅니다. 이 프로젝트의 용도는 무엇이며, 사람들이 기대하는 것이 무엇인지를 다시 한번 깊이 고민하는 것입니다.

조감도

다음의 프로젝트는 휴식과 물놀이를 즐길 수 있는 워터파크 콘셉트 디자인입니다. 휴양지에서 느껴지는 건강한 자연, 가족과의 소중한 시간, 사계절 내내 펼쳐지는 자연의 드라마, 평화로운 휴식 안에서 에너지를 채울 수 있는 리조트형 사계절 워터파크 현상 설계 프로젝트입니다. 휴식과 즐거움, 설렘 등의 콘셉트를 생각했을 때 가장 먼저 피서지와 휴양지가 떠올랐으며, 최근 휴양지로 각광받고 있는 폴리네시아 섬을 핵심 콘셉트로 디자인에 적용했습니다.

폴리네시아[9]의 환상적인 자연환경과 시설을 통해 '열대의 매력'을 연출했으며, 다양한 대규모 시설을 도입하여 지역 내 랜드마크와 같은 워터파크로 조성할 뿐만 아니라 스파, 사우나 등 건강 관리 프로그램 시설을 마련했습니다.

투시도

디자인 콘셉트가 공간에 잘 반영되어 돋보이도록 사람, 소품 이미지 등을 연출하여 효과적으로 투시도를 제작합니다.

실내 투시도

공간 안에서 사람들이 즐기는 모습을 표현하면 좀 더 사실적으로 완성됩니다.

9 폴리네시아(Polynesia) 섬은 오세아니아 동쪽 해역에 분포하는 수천 개 섬들의 총칭입니다.

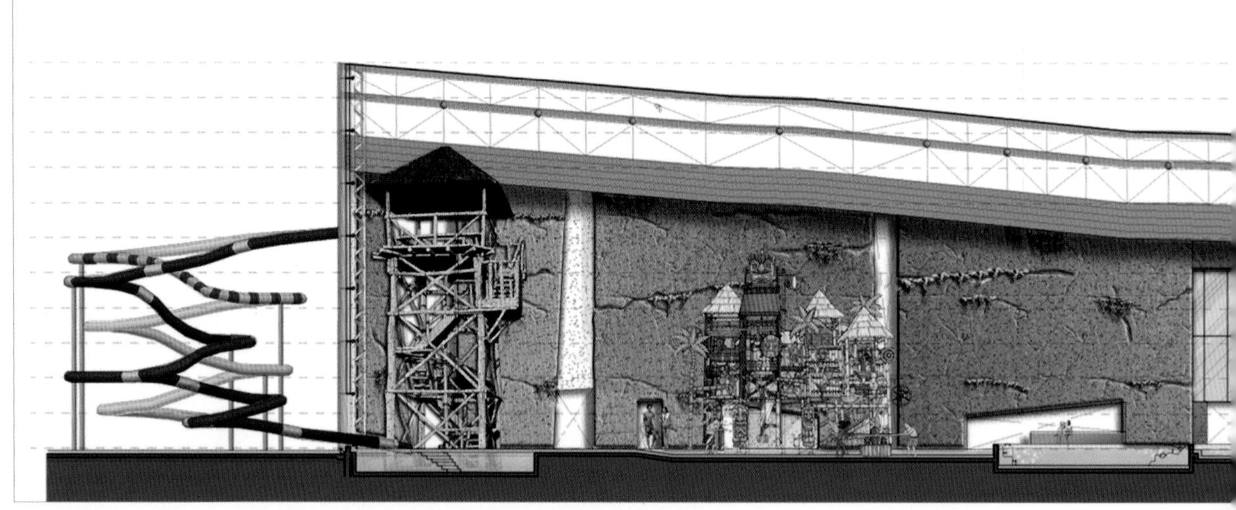

실내 입면도
실내 수영장의 높이 차이를 비교하며 감상할 수 있습니다.

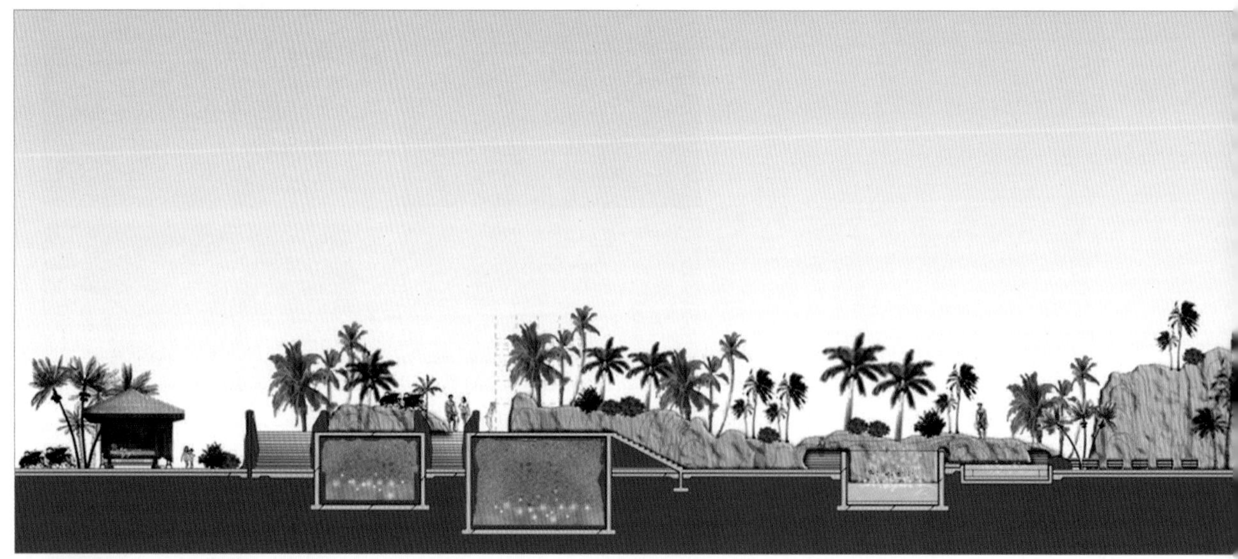

실외 입면도
실외의 다양한 놀이시설을 감상할 수 있습니다.

디자인으로 관심을 집중시키기

사람들의 눈에 띄고, 호기심을 자극할 수 있는 강한 디자인은 많은 이들의 관심을 충분히 집중시킬 수 있습니다.

모델하우스 파사드 디자인

건물 또는 공간에 많은 사람들을 유입시키기 위해서는 관심을 집중시킬 수 있는 디자인 요소가 필요합니다. 외부에서부터 사람들의 관심을 끌 수 있는 디자인을 적용하기 위해 건물의 파사드 디자인에서부터 효과적으로 접근하여 내부까지 디자인 통일성을 유지합니다.

야간/주간 파사드
틈새 사이 조명 효과를 통해 더욱 극적인 효과를 경험할 수 있습니다.

프로젝트 : L 하우징 파빌리온 현상 설계
디자인 콘셉트 : Flux_Influx
유형 : 모델하우스
디자인 : Ridge P&C

다음 프로젝트는 부산광역시 부산진구에 위치한 모델하우스 현상 설계입니다. 단단한 형태의 굽이치는 곡선에 틈새를 적용하여 지나가는 사람들로 하여금 관심을 끌 수 있도록 극적인 표현으로 인지도를 높였습니다. 시간별 빛의 각도에 따라 달라지는 환경에 특별한 생명력을 불어 넣는 콘셉트로 접근했습니다.

모델하우스 인테리어의 경우 공간 입구는 공간 안에 새로운 공간을 만들어 방문객의 시선과 관심을 자연스럽게 유도합니다. 또한 외부 조경을 내부로 유입하여 전반적인 풍경을 확인할 수 있도록 독특한 공간적 체험을 제공합니다. 휴식 공간의 경우 외부와의 소통으로 지역 공동체 시설로도 자연스럽게 이용할 수 있도록 디자인했습니다.

인테리어 디자인

모델하우스 브랜드가 공간에 적절히 나타나면서 매매를 위한 아파트를 충분히 설명할 수 있도록 디자인했습니다. 방문객의 편의를 제공할 수 있도록 공간이 배치되었으며, 이에 맞게 동선이 잘 짜였습니다.

모델하우스 입구
공간에 새로운 공간을 연출하여 방문객의 동선을 자연스럽게 유도합니다.

기업 이미지를 외관에 표현하기

기업의 이미지는 내부뿐만 아니라, 건물의 외관에도 표현할 수 있습니다.

스포츠 브랜드 플래그십 파사드 디자인

리테일 매장은 기업의 제품들을 선보이고 판매하고자 하는 상업 공간을 말합니다. 이 안에서 판매 매출을 더욱 끌어올리고자 하는 것이 상업 공간 기획의 전략이라 할 수 있습니다. 제품들이 손님들에게 더욱 눈길이 가도록 전시나 연출 방식들에 신경을 쓰게 됩니다. 이때 제품뿐만 아니라 기업의

플래그십 매장의 내부 예상 모습

이미지들 함께 경험으로 제공하고자 함께 공간 디자인을 고려하게 됩니다. 때로는 리테일 매장의 인테리어를 넘어서 건물의 외관 디자인에도 기업 이미지를 표현하려는 경우가 많습니다.

아디다스(Adidas)라는 전세계적으로 사랑을 받고 있는 독일의 스포츠 패션 기업은 대표적이라 할 수 있는 의류뿐만 아니라 스포츠 관련 용품들을 구비해, 보다 고성능(High Performance)적인 이미지를 추구하고 있습니다. 새롭게 제안한 미국 뉴욕 소호 지역의 아디다스 플래그십 매장은 기업의 이미지를 외관에 반영하고자 종이 접기처럼 접혀 있는 형태의 고성능 외관 시스템을 제안하였습니다. 이 시스템은 채광 조절뿐만 아니라 내부의 프로그램 기능에 따라 다채로운 상업 공간 경험을 외부에서부터 내부로까지 이어지도록 디자인되었습니다.

프로젝트 : 아디다스(Adidas) 뉴욕 소호 플래그십 매장
유형 : 리테일(Retail) 매장
디자인 : 김석훈, 권용원, 이창규, Timmie Tsang, Paul Chan, Mimi Ho

아디다스 플래그십 매장의 외관 제안

채광의 조절

뉴욕의 하늘과 숲의 나무 이미지들을 추출하여 외관 패널의 타공에 반영하였습니다. 이는 패널의 다양한 타공 무늬를 통해 채광을 자연스럽게 조절하고자 함이었습니다.

패널의 전개

효율적인 제작을 위해 스물네 가지의 패널이 반복적으로 사용될 수 있게끔 계산되어 제안이 되었습니다. 이 패널들은 공장에서 제작되어 바로 현장에서 조립 및 설치가 될 수 있도록 고안하였습니다.

추출 이미지 반영된 외관 패널

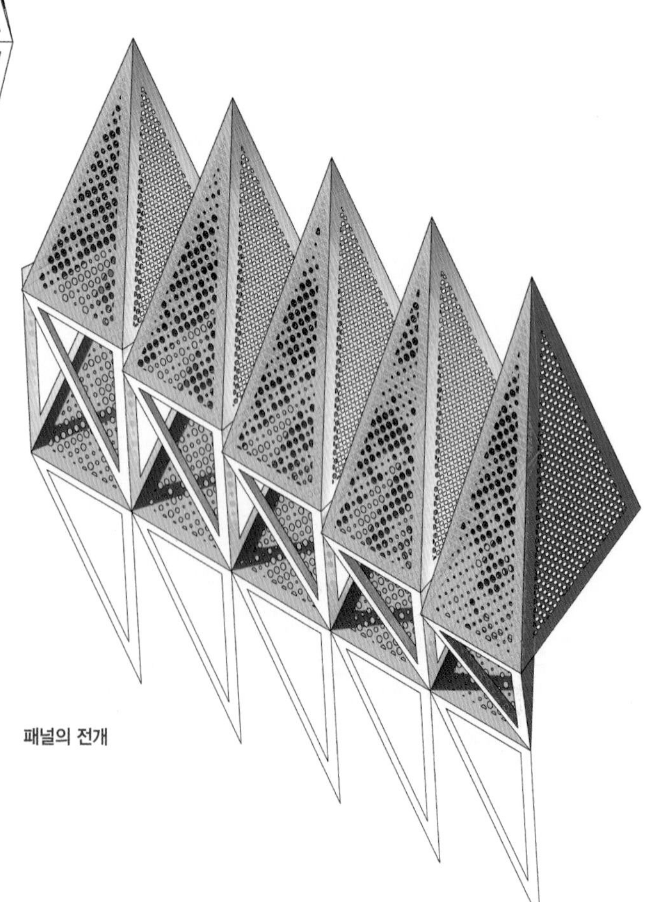

패널의 전개

외관 패널 모듈

자체적으로도 구조적인 특징을 나타내는 외관 패널 모듈은, 내외부적으로 구분이 안되면서도 이음매를 최소화한 설계를 특징으로 보입니다.

패널의 모듈 목업

외관 패널 모듈 시스템의 구조

가장 효율적인 구조 시스템을 만들어 내기 위해서 건물 외부와 연결되는 메인 연결 구조와 모듈 자체의 구조 빔을 통해 이중 구조를 고안해냈습니다.

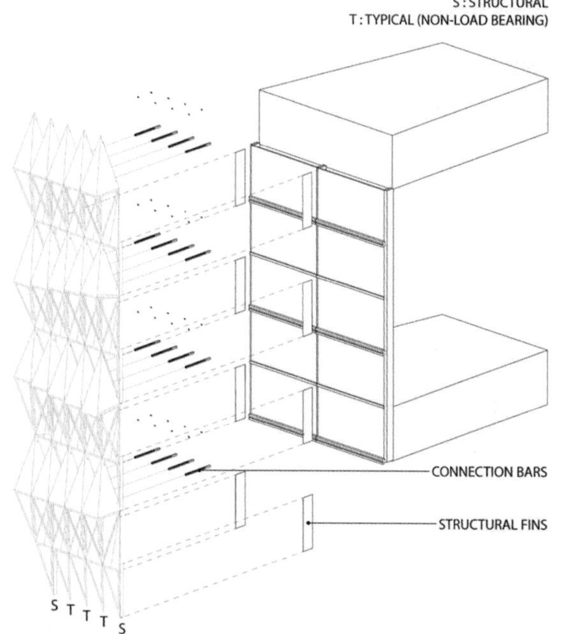

외관 패널 모듈 시스템의 구조

공간에 브랜딩 나타내기

공간 안에도 기업의 브랜드를 표현하여 이미지를 충분히 보여 줄 수 있는 방법을 모색합니다.

고급 브랜드 타운하우스

건축·인테리어 디자인에 정체성을 나타내기 위해서는 브랜딩을 접목해야 합니다. 브랜딩은 소품, 가구 등의 다양한 요소가 브랜드 이미지를 충분히 보여 주므로 이를 더욱 부각시킬 수 있도록 공간 디자인이 적절하게 뒷받침되어야 합니다.

오른쪽 프로젝트는 경기도 금곡동에 위치한 타운하우스 실시 설계입니다. 다른 타운하우스와는 다르게 건설사 브랜드 타운하우스와 세계적으로 유명한 명품 홈 브랜드인 베르사체(Versace)와의 공동 프로젝트로, 서로 다른 두 브랜드의 정체성을 공간에 적절히 녹이는 것이 주안점이었습니다. 브랜드 타운하우스 인테리어에 부티크 홈 브랜드의 마감재, 가구, 소품 등 디자인을 결합하여 고객에게 새로운 생활 방식을 제공하고자 하는 시도였습니다.

거실

침실

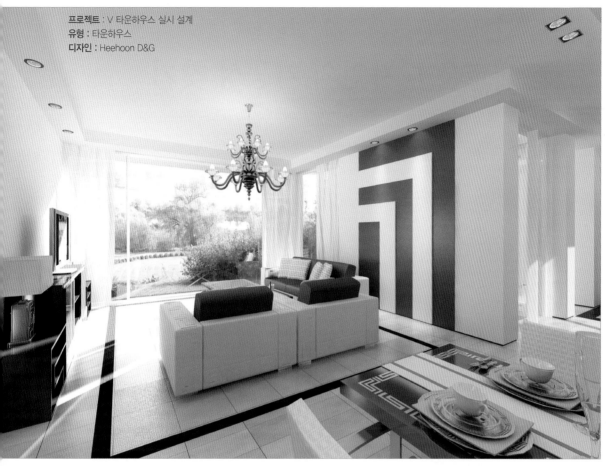

프로젝트 : V 타운하우스 실시 설계
유형 : 타운하우스
디자인 : Heehoon D&G

거실
포인트인 벽뿐만 아니라 가구, 소품 등 브랜드 정체성이 적절히 배치되었습니다.

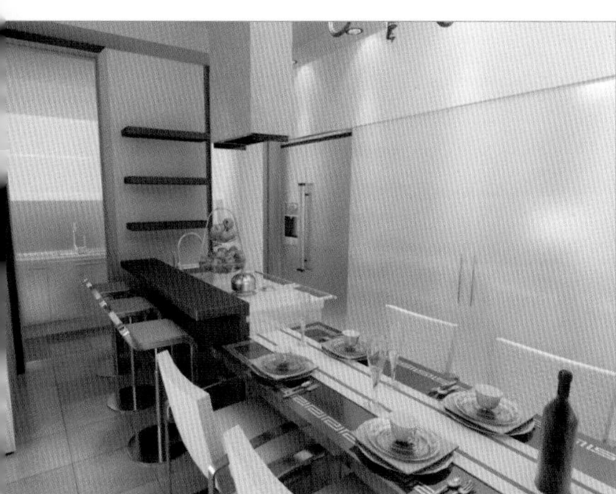

부엌

현관과 엘리베이터 홀
각 세대에 엘리베이터가 배치되어 지하부터 지상 2층까지의 동선을 연결합니다.

새로운 디자인의 가능성 찾기

파라메트릭 디자인 적용을 통해 새로운 디자인의 가능성을 찾습니다.

미래의 은행 컨셉 디자인

파라메트릭(Parametric)이란 계속해서 바뀌는 변수가 알고리즘에 대입되었을 때 이에 맞게 결과가 변하는 것을 말합니다. 이와 같이 계속해서 수정되고 변하는 디자인 작업 과정에 맞춰 '파라메트릭' 적인 사고로 디자인하여 새로운 디자인의 가능성을 찾을 수 있습니다.

디지털 시대라 불리는 요즘 일상 속에서 개인정보가 쉽게 노출되는 것은 물론, 본인도 모르게 수집되어 거래되고 있습니다. 온라인 서버는 개인정보의 저장소와 같은 역할을 하고 있다 해도 과언이 아닌데요. 뉴욕타임스에 의하면 자료 중개 회사들은 개인의 과거 거래 내역, 추정 연봉, 재산 내역, 가족 인원수, 취미 혹은 인종, 나이, 성별, 건강 정보, 온라인 검색 내역, 소셜 네트워크 등의 개인정보를 수집하여 취향에 맞게 마케팅에 이용한다고 합니다.[10] 이처럼 디지털이라는 공공 공간은 온라인 감시 장치로 가득 차 있으며, 공공과 개인의 경계가 모호해지고 있습니다.

개인정보는 기하급수적으로 증가하고 있으며, 계속해서 소비사회에 더해질 뿐만 아니라 자본주의 패러다임[11]의 결과를 초래할 것입니다. 개인정보가 실제 소비되는 상품이라면 어떨까요? 이러한 경향이 더 나아가 온라인 상에서 머무는 것이 아닌 뇌에 저장되면 어떨까요? 다가올 미래의 은행은 사람들의 무의식적인 욕망, 생각, 사건, 지식, 경험, 감정 등의 저장소로 상상할 수 있습니다. 기억은 수집되어 저장, 압축, 왜곡되지만, 동시에 경험 이상으로 소비될 것입니다. 이러한 상상을 토대로 기억은 생산되고 소비되는 상품으로써 우리 사회의 사생활 접근과 정책에 대한 현상을 비약적인 미래에 대입한 것이며, 이를 통해 비판적인 의문과 생각들을 일깨워 보고자 기획했습니다.

---

10 Natasha Singer, "F.T.C. Opens an Inquiry Into Data Brokers", December 18 2012, http://www.nytimes.com/

11 패러다임(Paradigm)은 하나의 시대에서 사람들의 견해나 사고를 근본적으로 규정하고 있는 테두리로서의 인식 체계를 말합니다.

환경 드로잉

프로젝트 : B.U. 은행 Columbia University GSAPP M.Arch Core 2
유형 : 은행
디자인 : Lorenzo Villaggi

모형

프로젝트 작업 과정에서는 동시다발적인 작업을 통해 새로운 가능성을 도출합니다. 깊이 있는 재료 연구를 통해 새로운 재료를 생각하고, 구조적이며 이성적인 시스템은 새로운 공간의 가능성을 발견합니다.

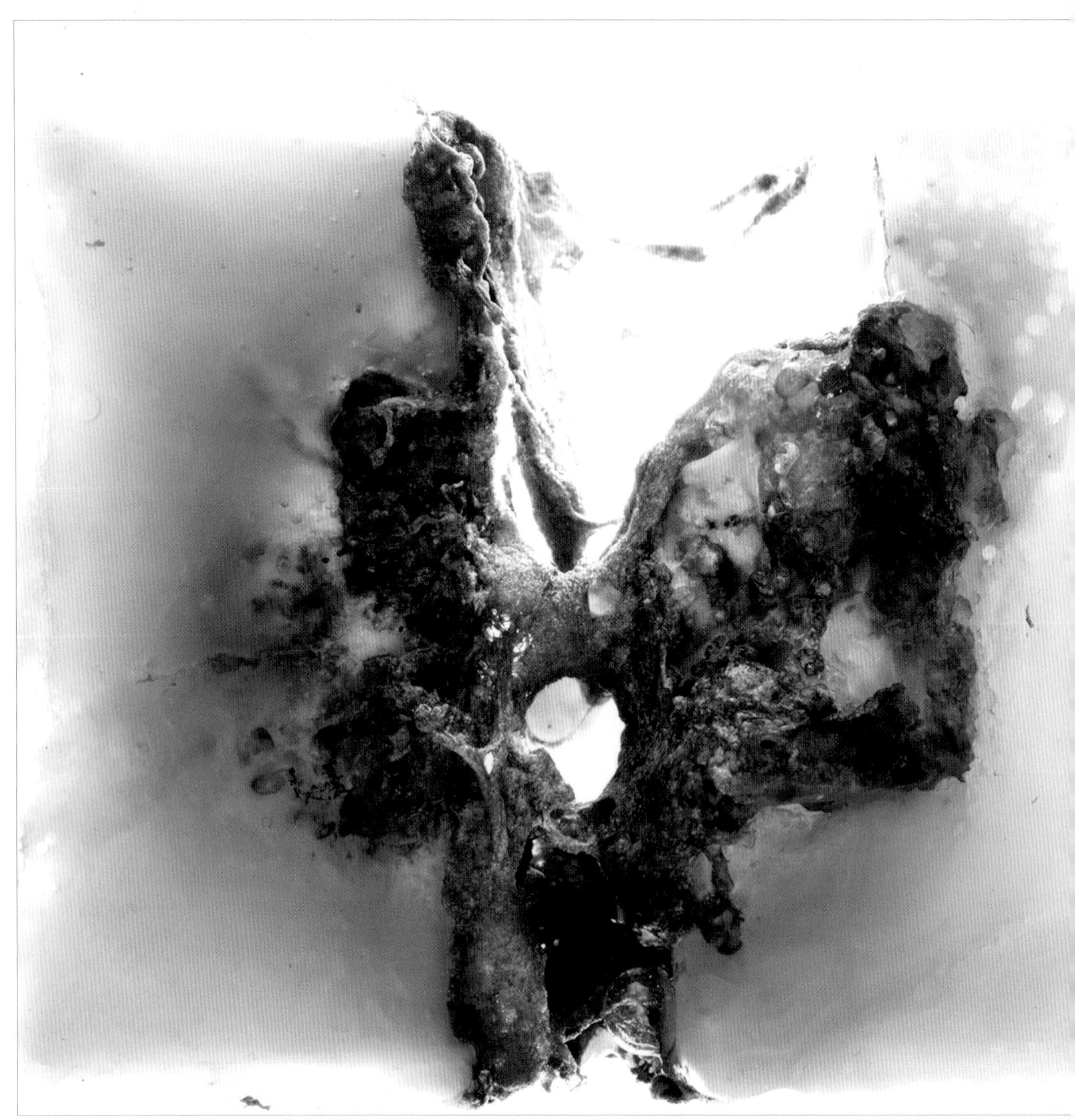

작업 과정 모형

디자인 작업 과정

분석 매핑은 실험적이며 심도 있게 진행해야 하는 것은 물론, 각각의 작업 과정에서 드로잉 자체보다 어떻게 연출 및 표현되는지를 중요하게 생각하여 진행해야 합니다.

이처럼 철저한 시스템적인 접근은 파라메트릭 사고[12]를 이끌어 내어 디자인의 다양성을 발견하는 계기를 만들고, 이러한 다양성이 서로 발전하면 더 좋은 결과물을 얻을 수 있습니다. 다양한 체험적인 방법은 공간의 영향을 넘어 좀 더 깊게 숨겨진 생각들을 찾을 수 있습니다. 또한 규모를 확대할 뿐만 아니라 환경적인 특성 연구에도 도움을 줍니다.

드로잉

다양한 작업 과정에서의 연구를 토대로 드로잉을 진행합니다. 프로젝트의 근본적인 분석은 여러 시리즈의 환경 몽타주와 재료 연구를 토대로 얻을 수 있습니다.

12 Farshid Moussavi, "Parametric software is no substitute for parametric thinking(파라메트릭 소프트웨어는 파라메트릭적인 사고를 대신할 수 없다.)", September 21 2011, http://www.architectural-review. com/

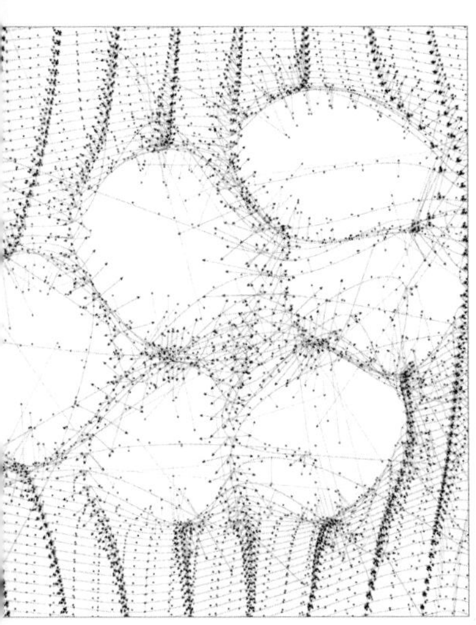

분석 드로잉

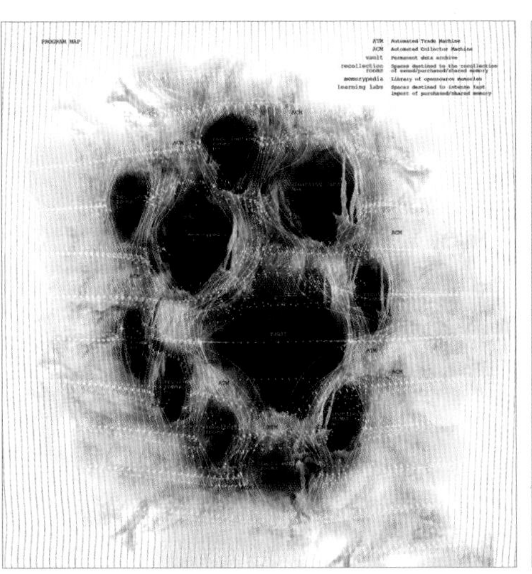

분석 과정 중의 공간 구성 다이어그램

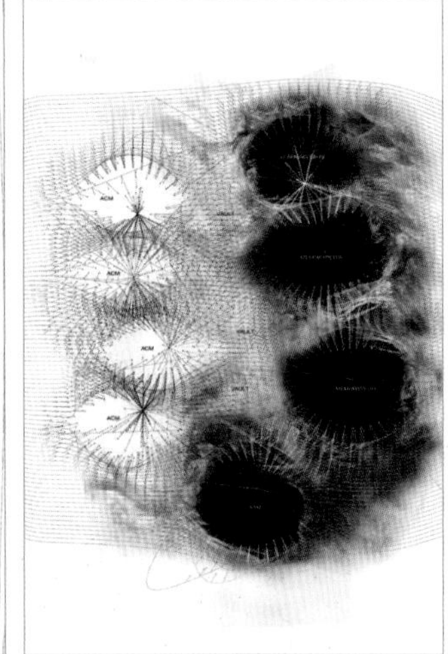

분석 마지막 과정의 공간 구성 다이어그램

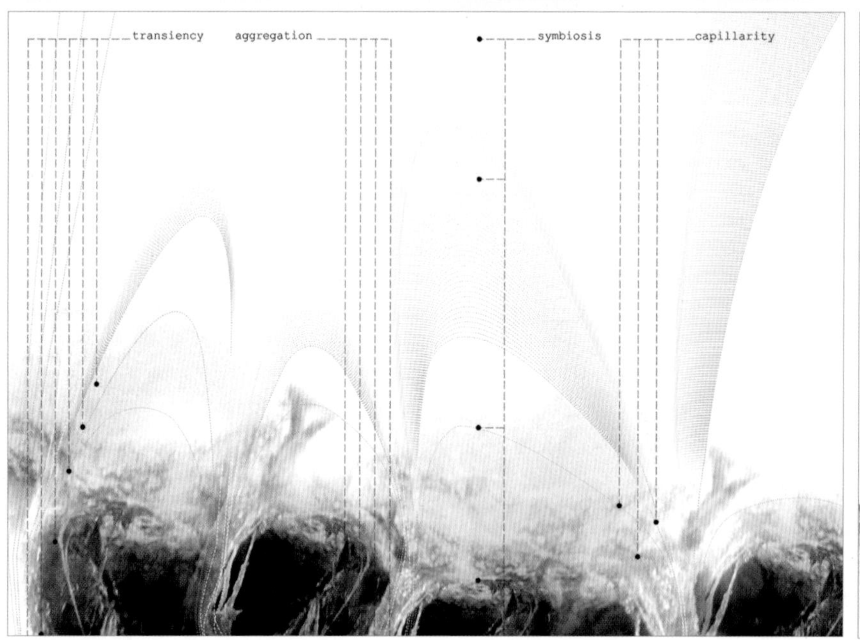

분석 드로잉

단면 드로잉

환경 드로잉

색다른 조합으로 신선한 충격 선사하기

다양한 프로그램들의 색다른 조합으로 신선한 공간을 고민해 볼 수가 있습니다.

복합 문화 공간의 새로운 제안

도시와 그 안에 담겨 있는 문화가 고밀도화 됨에 따라 복합적인 프로그램들이 담겨있는 공간의 수요가 높아지고 있습니다. 이런 수요와 더불어 지역마다 갖고 있는 특별한 문화를 함께 수용하며 공간을 기획해 나간다면 지속가능한 기반으로서 복합 공간의 발전을 꿈꿀 수 있을 것이라 생각합니다.

18세기와 19세기 사이 산업혁명의 시대 도래에 따라 사람들의 공동체는 산업화와 맞물린 노동 인구의 단위에 맞게 형성이 되어 있었습니다. 하지만 교통과 기술 및 자본주의가 더욱 발전하면서 공동체는 더욱 작은 규모로 나뉘며 가족 단위로 분산되었습니다. 이는 사람들의 밀집도가 낮아지는 결과로 이어졌습니다.

다시금 활발하면서도 상호작용하는 커뮤니티가 되기 위해서, 관련 산업 프로그램의 연계를 통한 부흥을 일으킬 수 있는 메가블록(mega-block) 플랫폼을 제안하였습니다. 하나의 개방된 커뮤니티로, 방문객, 투자자 및 지역민들의 관여로 기존 커뮤니티 구성원들이 산업에 대한 자부심을 느끼게 하고자 함입니다. 이 아이디어는 특정 산업이 아닌 전세계 어느 곳이든 그 지역의 산업과 연계될 수 있는 아이디어가 됩니다.

이 프로젝트는 특정 지역 적용을 위해, 중국 베이징(Beijing)과 톈진(Tianjin) 사이에 한 때 자전거 산업으로 유명하였던 우칭(Wuqing) 지역을 선정하여 새

롭게 발전시켰습니다. 중국이라는 나라 또한 1978년 개혁 개방 정책 이후 GDP 대비 전세계에서 두 번째로 큰 경제 시장을 자랑하는 곳이기에 이런 아이디어와 연계가 중요하게 작용할 수 있을 것이라 판단했습니다. 다시금 자전거 산업의 부흥을 위해, 그리고 활발한 커뮤니티를 위한 기폭제가 되고자 비렌딜 트러스(Vierendeel Truss) 구조를 활용하여 공간에 적용하고자 하였습니다. 이는 다양한 스케일로 확대하여 자전거와 관련된 프로그램들을 반영하며 독특한 공간들을 그 안에 구성하고자 하였습니다. 고속 철도 및 화물 정차역, 자전거 공장, 벨로드롬, 전시장, 쇼룸, 오피스, R&D 센터, 호텔, 주거 공간 등 다양한 프로그램이 함께 어우러져 하나의 복합 메가블록 건물을 형성하게 됩니다.

인더스트리얼 쓰허위안의 외관 모습

프로젝트 : 인더스트리얼 쓰허위안 (Industrial Siheyuan)
디자인 : 김석훈
유형 : 복합 공간 (Mix-Use Building)

복합적인 프로그램의 구성

인더스트리얼 쓰허위안의 목적은 자전거 산업과 연계되어 있는 다양한 프로그램을 한 곳에서 교차되어 경험할 수 있게 하는 것이었습니다. 의외의 장면을 통해 한 공간에서 여러 프로그램을 엿볼 수 있는 것이 특징입니다.

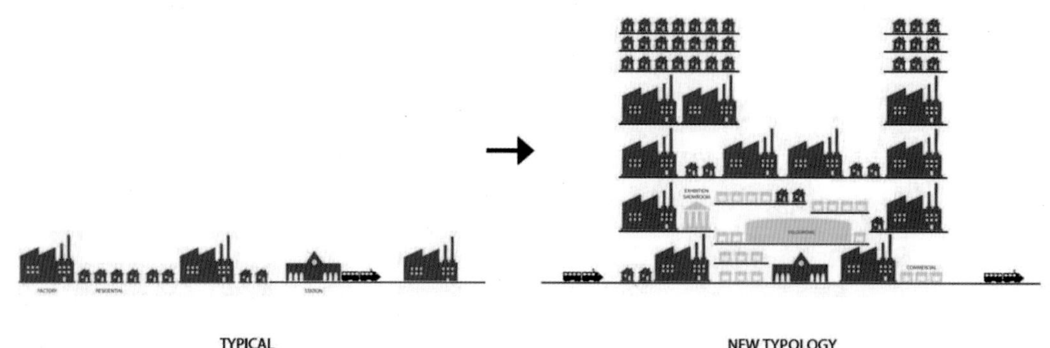

프로그램을 나타내는 다이어그램

고속 철도 플랫폼에서 나란히 볼 수 있는 화물 플랫폼

자전거 공장에서 바라보는 전시장

벨로드롬과 다양한 프로그램의 연계

공간 단면의 구성

공간의 단면을 짜임 있게 채워 나가며 프로그램의 구성을 연결시켜 나갑니다.

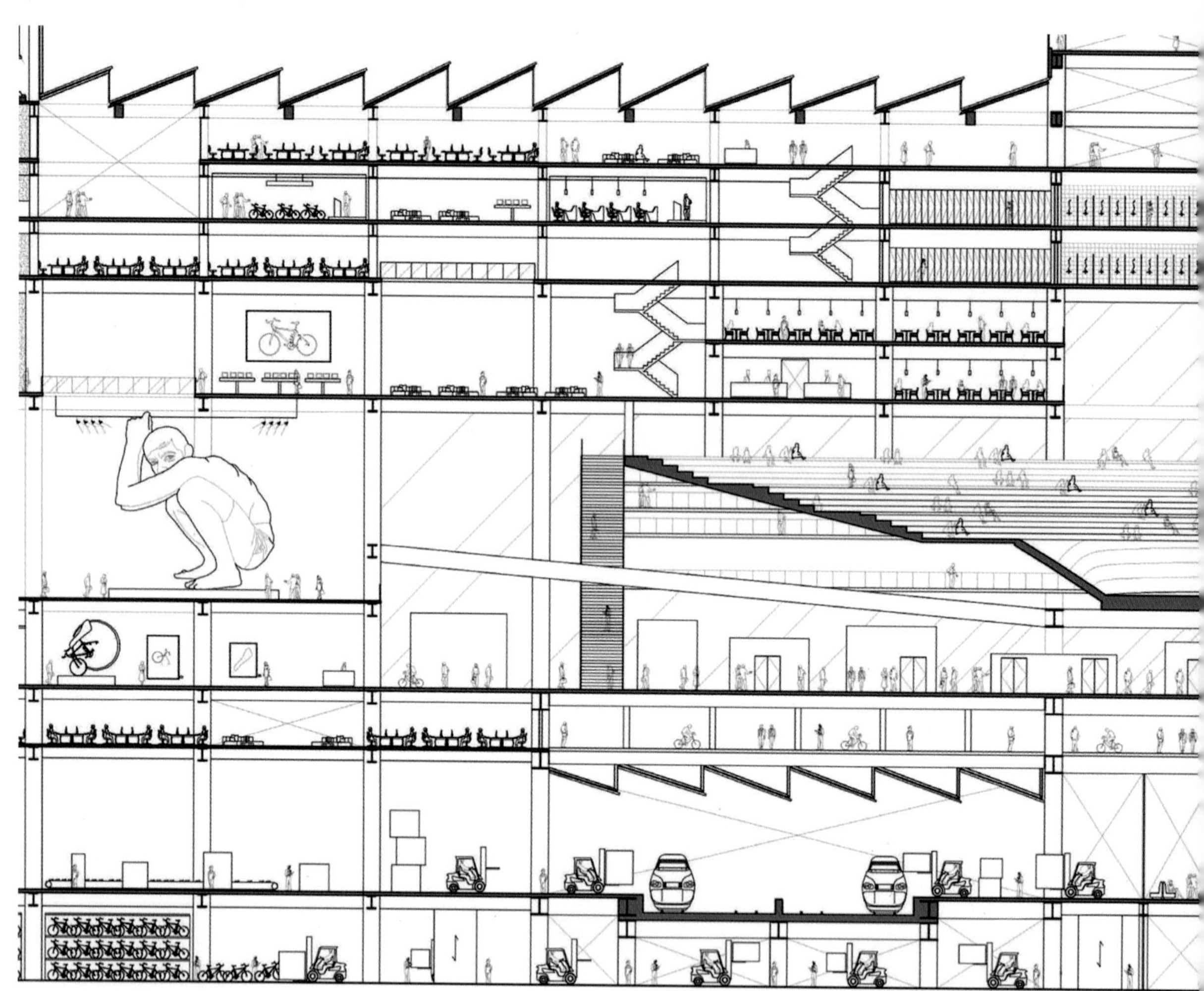

인더스트리얼 쓰허위안의 단면도

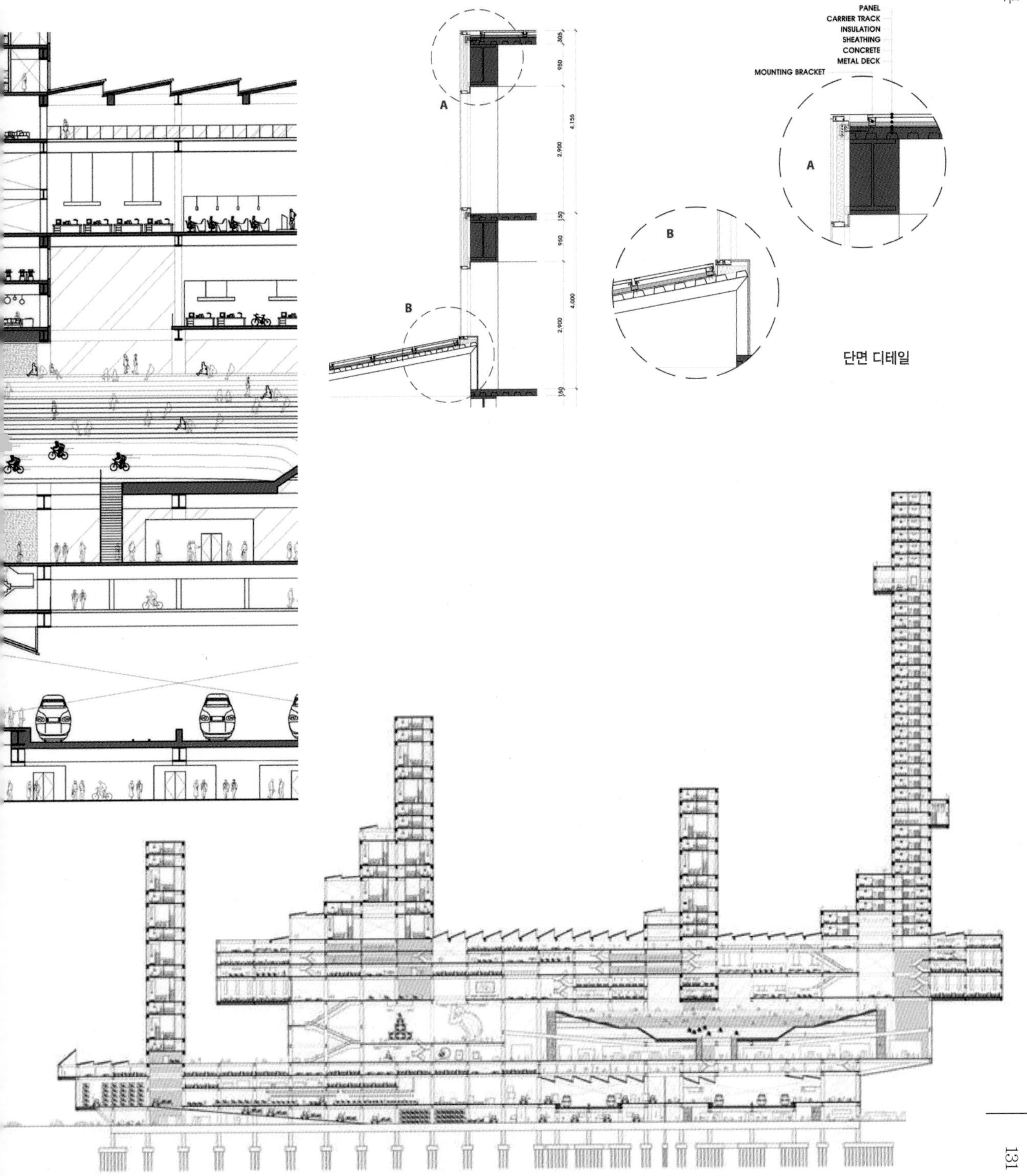
PANEL
CARRIER TRACK
INSULATION
SHEATHING
CONCRETE
METAL DECK
MOUNTING BRACKET
A
B
A
B
305
950
2,900
4,155
150
950
2,900
4,000
150
단면 디테일

모형

3D 프린팅을 통해 전체적인 구성을 입체적으로 이해할 수 있습니다.

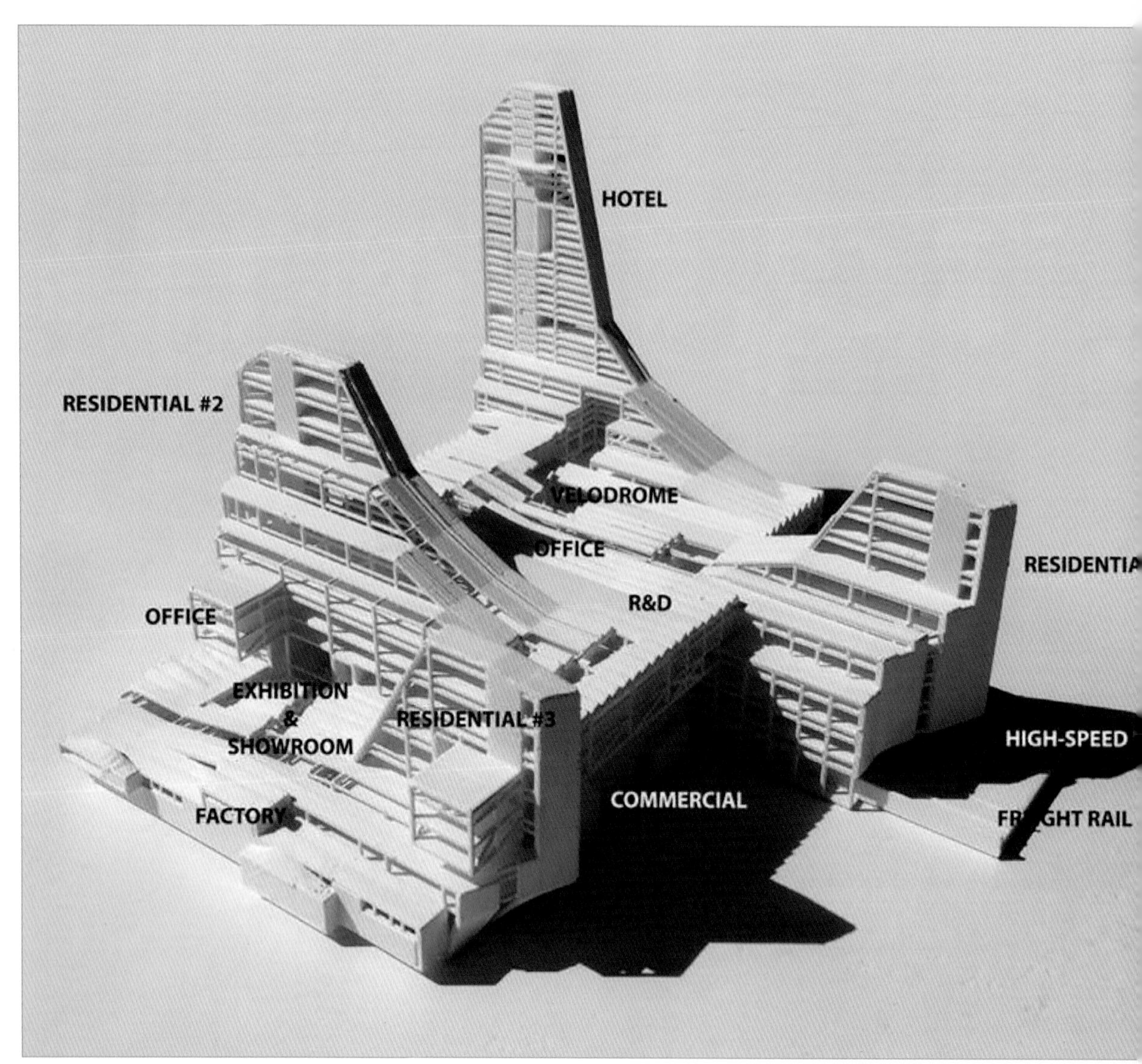

인더스트리얼 쓰허위안의 3D 프린팅 모형

관찰에서 시작하기

자세한 관찰은 구체적인 디자인 콘셉트를 발전하기에 가장 좋은 시작점입니다.

수공간 디자인

건축·인테리어 디자인 콘셉트를 정할 때 관찰 또는 습득한 것에서 시작하기도 합니다. 작은 관찰에서 시작한 아이디어로 획기적인 디자인으로 발전할 수 있습니다.

일반적으로 건축물은 고도가 높아짐에 따라 축력[13]에 대항하는 변형력[14]이 높아집니다. 수조는 담겨진 액체의 무게가 축 방향의 압력으로 일반 건축과는 반대의 구조를 보여 줍니다.

물을 담아야 하는 수영장은 지면쪽이 가장 큰 단면을 형성하며, 정상쪽이 가장 작은 단면을 형성합니다. 가장 큰 단면의 지면에서는 물이 엎질러진 형태로 두꺼운 단면이 주변으로 퍼지고 새로운 풍경(Landscape)을 만들어 냅니다.

다음 프로젝트는 새로운 공간 사이마다 얕은 수공간을 만들어 건물 내부로 점진적인 변화를 유도하거나 포켓파크[15]를 추가하여 시민을 위한 쉼터로써의 역할을 할 수 있게 진행하였습니다. 수공간과 대비되는 건조한 공간인 서비스, 동선들은 3차원 공간에 삽입되어 극렬한 대비를 보여 줍니다. 이러한 대비는 물을 담는 수조의 원형과 구조적인 변형을 상징합니다.

13 축력(Axial Force)은 일반적으로 하중(무게)의 힘을 말합니다.

14 변형력은 물체가 외부 힘에 저항하여 원형을 지키려는 힘입니다.

15 포켓파크(Pocket Park)는 도심 속 만남의 공간, 휴식처의 정비나 도시 경관의 향상을 목적으로 만드는 작은 공원을 말합니다.

디자인 작업 과정

다양한 연구와 분석을 통해 공간에 대한 실험을 진행합니다.

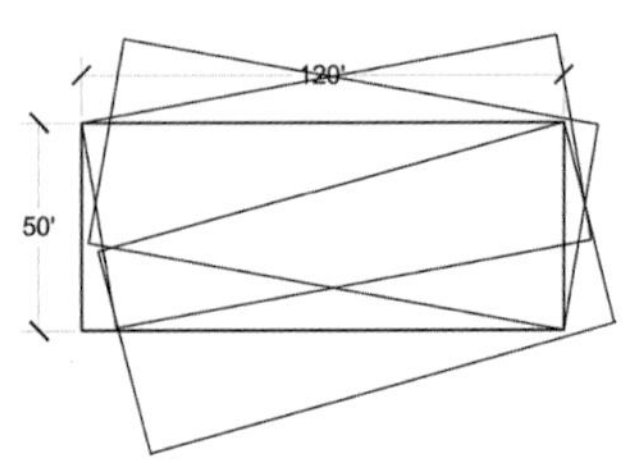

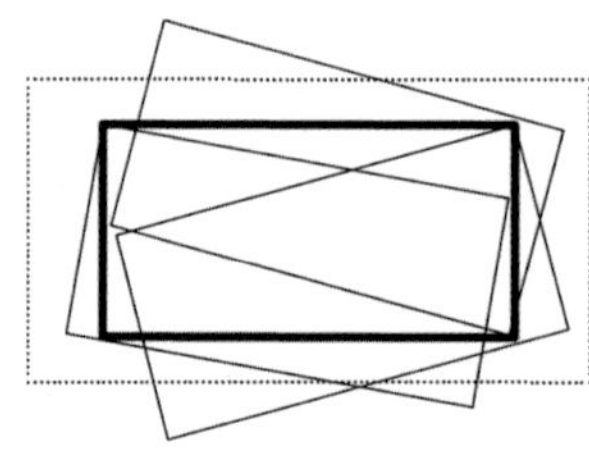

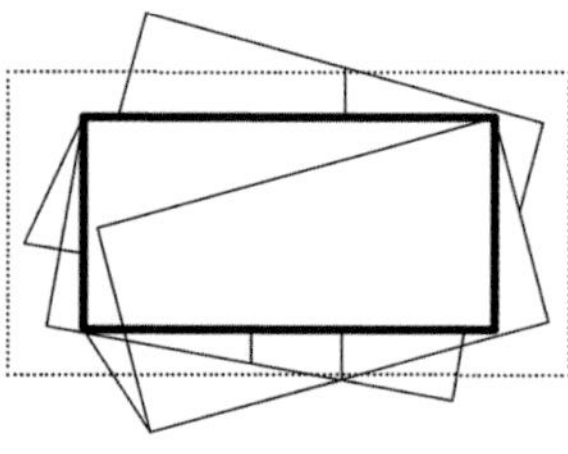

프로젝트 : Urban Fingers Academic Work Columbia University GSAPP M.Arch Core 1
유형 : 수영장
디자인 : 이석원

조감도

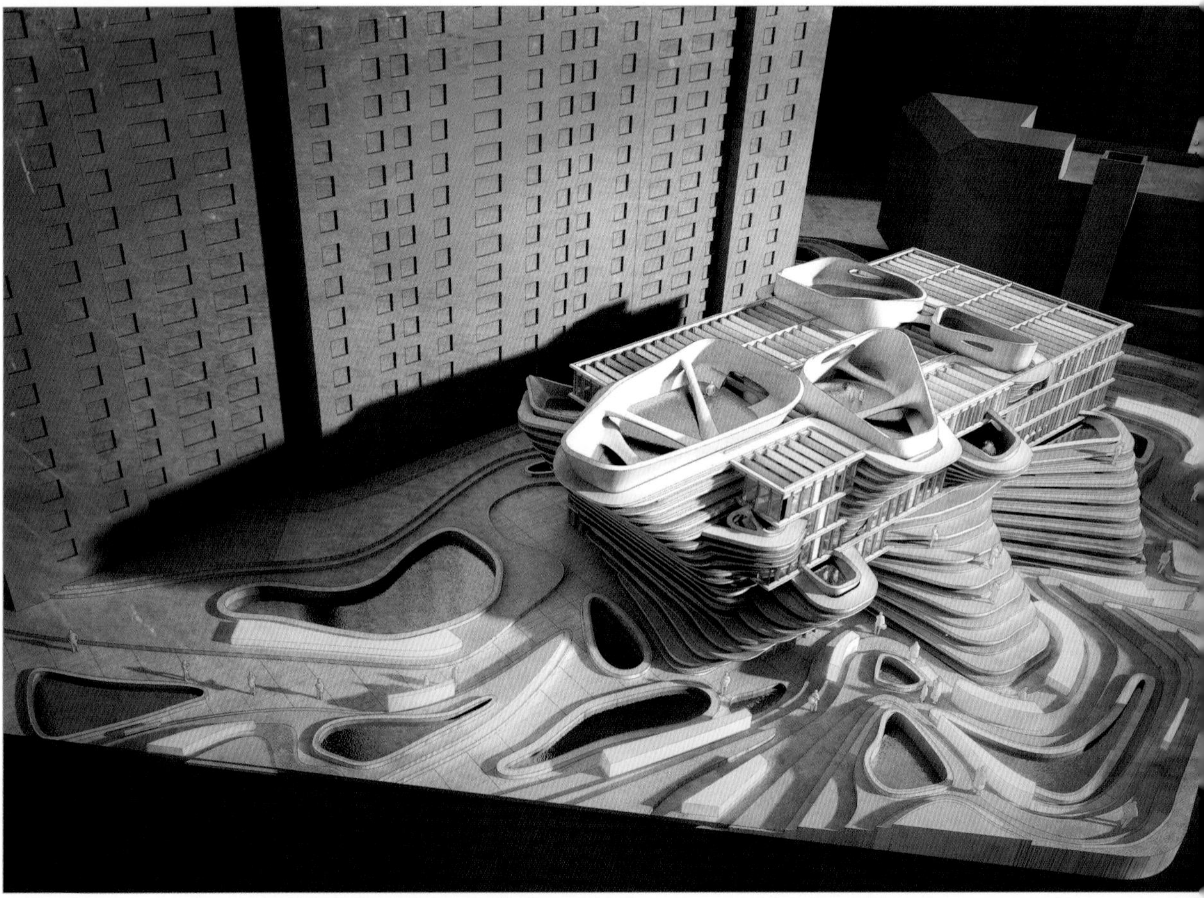

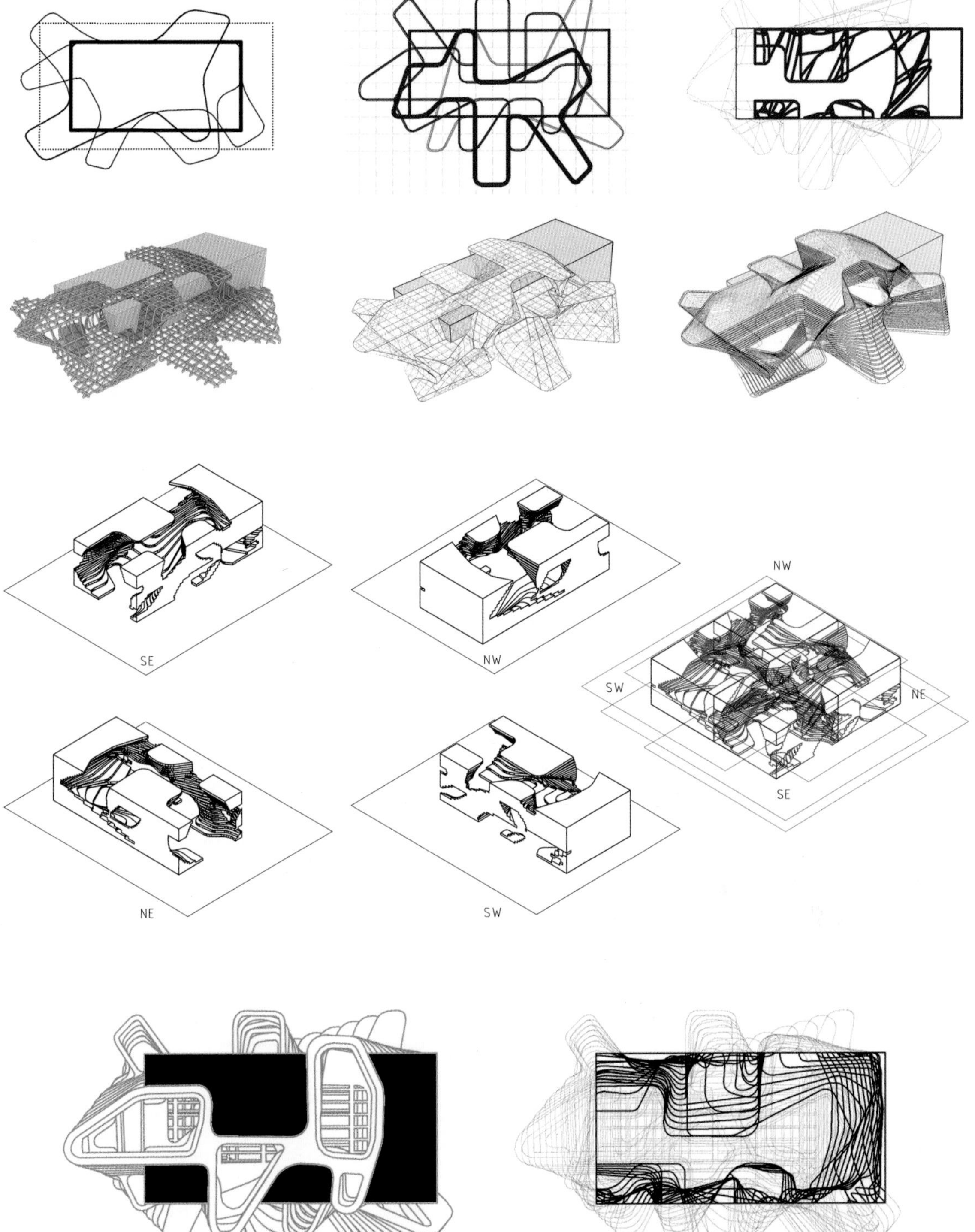
SE
NW
NW
SW
NE
SE
NE
SW

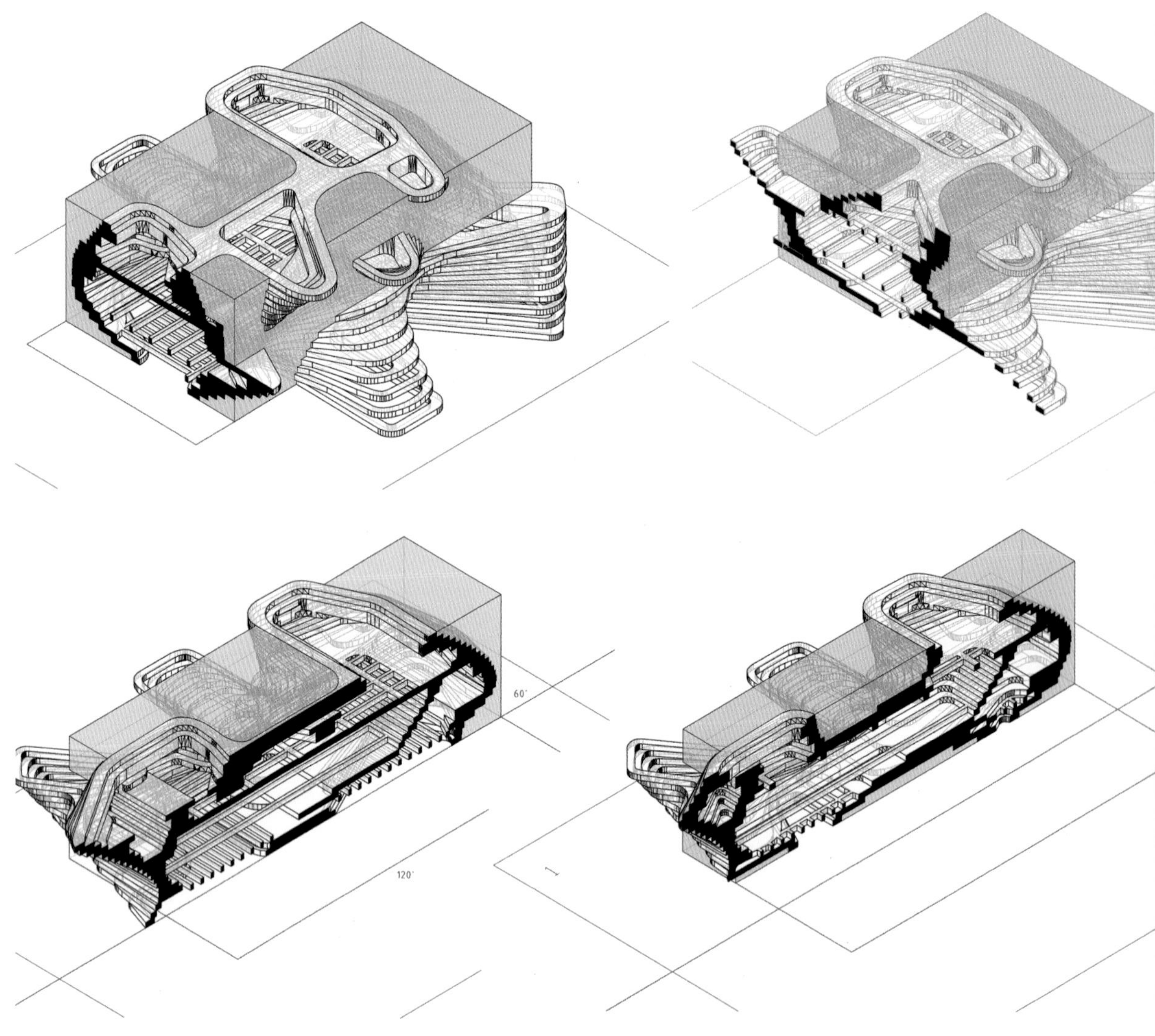

디자인 작업 과정
다양한 뷰와 단면을 통해 전반적으로 공간 구성을
이해할 수 있습니다.

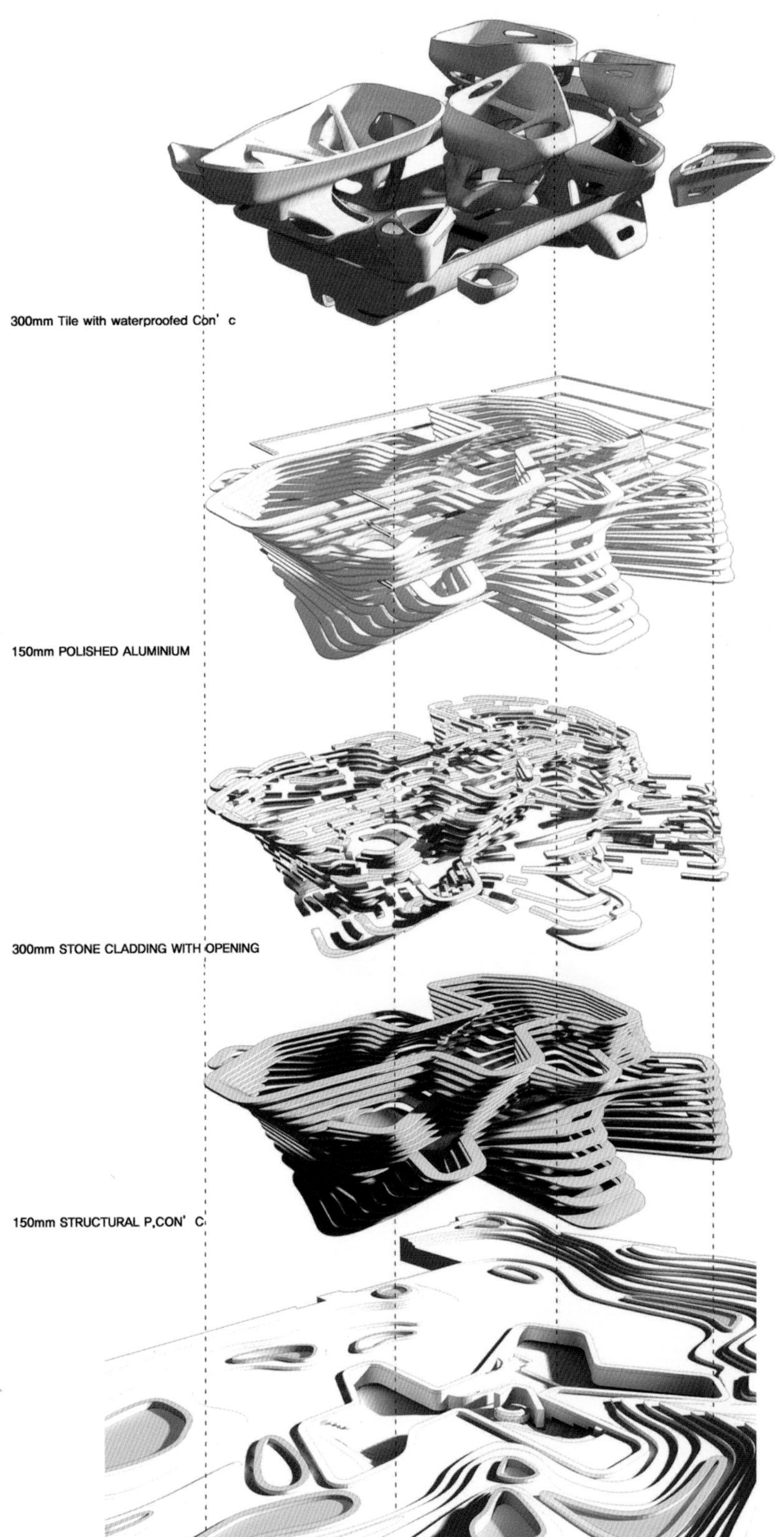
300mm Tile with waterproofed Con' c
150mm POLISHED ALUMINIUM
300mm STONE CLADDING WITH OPENING
150mm STRUCTURAL P,CON' C

마감재 레이어

평면도와 모형

평면도와 모형을 통해 공간을 더욱 확실하게 이해할 수 있습니다. 특히 모형의 경우 입체감으로 인해 좀 더 쉽게 공간을 이해할 수 있을 뿐만 아니라 왜곡되지 않아 가장 이성적으로 공간에 접근할 수 있습니다.

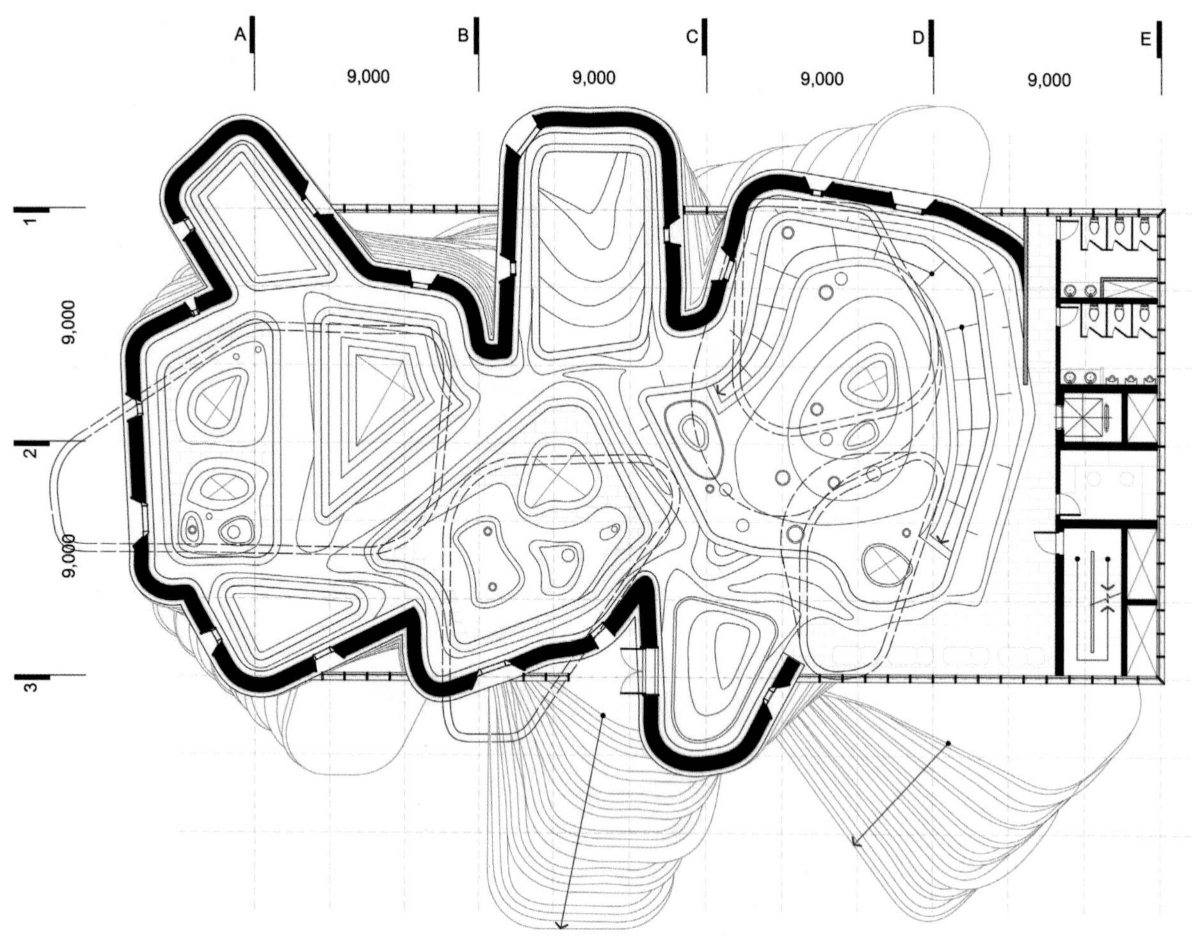

2층 평면도
평면도를 통해 실내의 다양한 공간 배치를 확인할 수 있습니다.

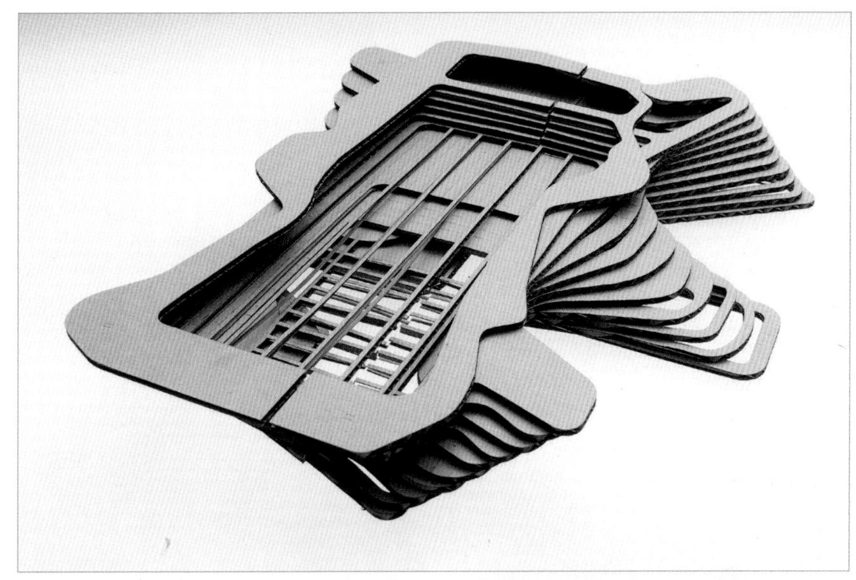

레이저 커팅을 이용한 모형
레이저 커터를 이용하여 잘라낸
단면들을 쌓아 모형을 제작합니다.

투시도

다양한 투시도를 통해 공간을 연출합니다. 공간이 갖는 공간감뿐만 아니라 공간에서 사람들이 어떠한 상호작용을 주고받을 수 있는지 예상할 수 있습니다.

정면 파사드

수영장 내부

주어진 상황을 디자인으로 장점화하기

디자인할 때 항상 좋은 상황만 갖춰져 있는 것은 아닙니다. 디자이너는 주어진 상황에 맞게 고민을 하고, 또한 주어진 상황을 디자인으로 장점화할 수 있는 방향을 찾아야 합니다.

해외 카페 디자인

카페 디자인은 브랜드가 가질 수 있는 이미지를 공간에 표출시켜 손님들로 하여금 관심 있게 찾아올 수 있도록 하는 것이 중요합니다.

오피스 빌딩의 제약을 장점화하기

2019년 여름, 미국 볼티모어 지역에 위치할 카페에 대한 공간 디자인 의뢰가 들어왔습니다. 카페가 위치할 곳은 한 오피스 빌딩의 1층이었는데, 매우 사무적인 외관을 갖고 있음에도 불구하고 법규상 커튼월(Curtain Wall) 건물의 외관에 카페가 가질 수 있는 이미지를 내세울 수 있는 방법이 부족하였습니다. 이 문제를 보완하고, 오히려 공간의 독특한 특색으로 전환시키고자 새로운 아이디어를 고안했습니다.

공간 속 아치의 배치

건물의 단점을 보완하고자 생각한 것은 바로 길게 이어진 커튼월 창 안쪽으로 여러 개의 아치(Arch)를 반복적으로 배치하는 것이었습니다. 두드러지는 곡선적 요소가 외부에서 바라보았을 때 계속 반복되는 모습을 보면서 카페의 특색을 이해하고 관심을 끌 수 있을 것이라 판단했습니다.

프로젝트 : 카페 콜롬비아나 (Café Columbiana)
디자인 : 스튜디오 익센트릭 (Studio Eccentric)
유형 : 식음 공간 / 카페

카페 콜롬비아나 외관 모습

카운터와 매대 공간

카운터와 매대 공간 뒤쪽 면에 아치가 배열되어, 진열대의 역할을 하면서 공간을 돋보입니다. 투과되어 보이는 작은 크기의 금속 아치가 분리 벽을 무수히 장식하여 나머지 공간을 채우며, 공간을 구획하되 답답하게 느껴지지는 않게 합니다.

커피 바 공간

아치에서 엿볼 수 있는 곡선의 요소가 커피 바(Bar) 공간으로 연결됩니다. 바 상판과 다리에 곡선이 가미되어 심미적 부분이 부각되어 보이며, 금속과 나무 재질의 대비가 고급스럽게 이루어집니다. 바와 함께 서비스 공간이 함께 맞물려 일체형 가구의 역할을 합니다.

카운터와 매대 공간

커피 바 공간

홀(Hall)

카운터 및 매대에서 보이던 아치가 다시금 홀 공간의 뒷벽에 규칙적으로 구성되었습니다. 앞서 아치들과는 다르게 거울로 마감처리하여, 공간을 더욱 확장되어 보이게 하였습니다. 편하게 배치되어 있는 식탁과 의자들 사이로, 규칙적으로 떠 있는 펜던트(Pendant) 조명은 공간을 더욱 깊이감 있게 표현해 줍니다.

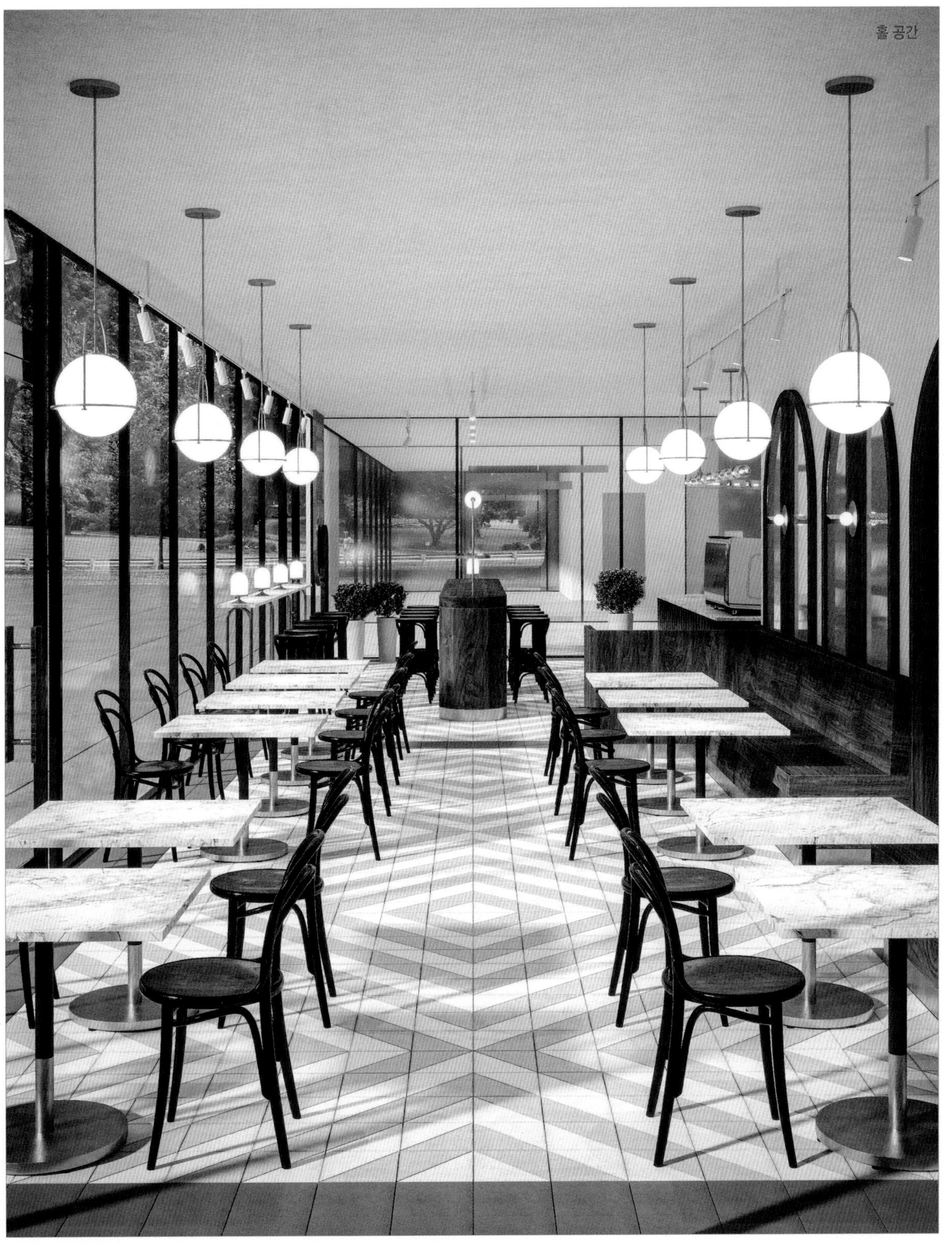

홀 공간

디자인 조합으로 신선한 충격 선사하기

특별한 재료, 특별한 프로그램과의 결합으로 새로운 디자인 조합을 만들어낼 때 더욱 신선한 충격을 선사할 수 있습니다.

복합 공간 은행

이목을 끄는 디자인을 위해서는 사람들에게 흥미를 제공하는 요소가 필요합니다. 이때 의외의 디자인을 조합하거나 전혀 새로운 마감재나 프로그램 조합 등 다양한 방법을 통해 디자인을 부각시킬 수 있습니다.

다음의 프로젝트는 위험 요소와 수입 사이의 균형에서 출발합니다. 보통의 조건에서 작은 위험 요소는 적은 수입을, 큰 위험 요소는 큰 수입을 서로 만족시킵니다. 여기서 전자는 전통적인 의미의 은행으로, 후자는 카지노로 가정할 수 있습니다.

카지노와 은행을 밀접하게 연결하여 균형을 이룹니다. 카지노 은행에는 ATM과 슬롯머신, 경마장과 은행창구, 카지노와 채권 상담이 공존합니다. 이를 통해 은행과 카지노는 서로 잠재적 고객을 공유하여 베팅을 위한 자금이 필요한 사람은 은행에서 대출을 받으며 도박의 승자는 은행에 예금하거나 금융상품에 투자할 수 있습니다. 동선과 공간을 특정 시점에서 적극적으로 통합하거나 분리하여 이용자들은 카지노와 은행의 서로 다른 공간이 사실은 같은 목적이었음을 잔고를 확인하며 깨닫게 됩니다.

프로젝트 : 카지노 은행
Columbia University GSAPP
M.Arch Core 2
유형 : 은행
디자인 : 이석원

16 박공은 보의 좌우에 두 개의 장방형(가로와 세로의 길이가 같지 않은 방형) 사면을 붙인 것과 같은 모양의 지붕으로, 책을 펼쳐서 엎어놓은 모양을 말합니다.

17 병치는 두 가지 이상의 것을 한 곳에 나란히 두거나 설치하는 것을 말합니다.

투시도

비대칭의 박공 지붕[16]은 서측 은행과의 적극적인 병치[17]를 보여 줍니다. 여기서는 Rhino 3D모델링 후 3ds Max에서 렌더링 작업을 진행하고 Photoshop에서 리터칭했습니다.

단면 투시도

일반 단면도의 부족한 입체감을 극복하기 위해 단면 투시도를 제작했습니다. 다양한 뷰의 단면 투시도를 통해 인테리어를 더욱 잘 이해할 수 있습니다.

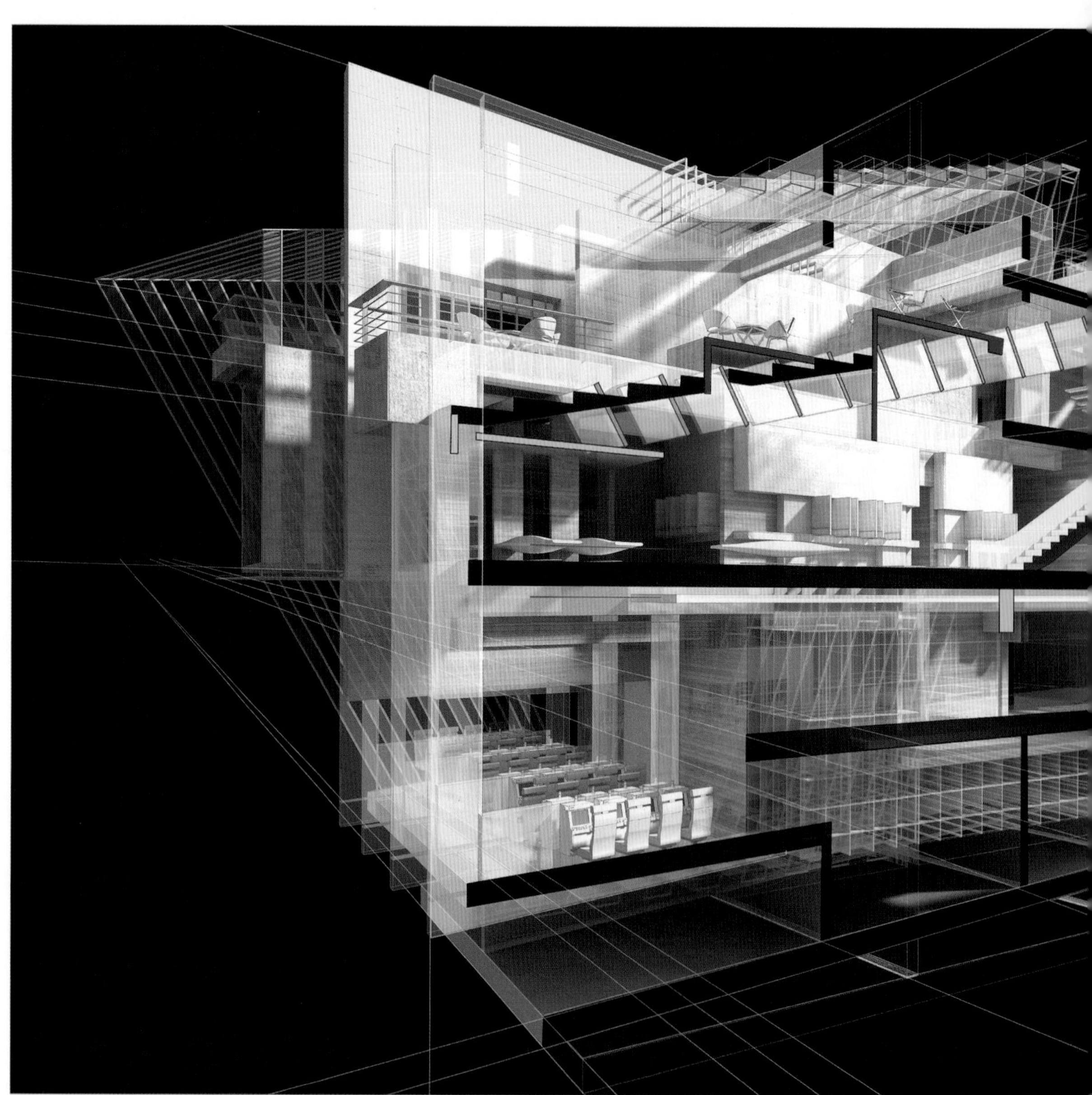

단면 투시도

단면을 통해 잘리는 면은 일반적으로 짙게 표현합니다.

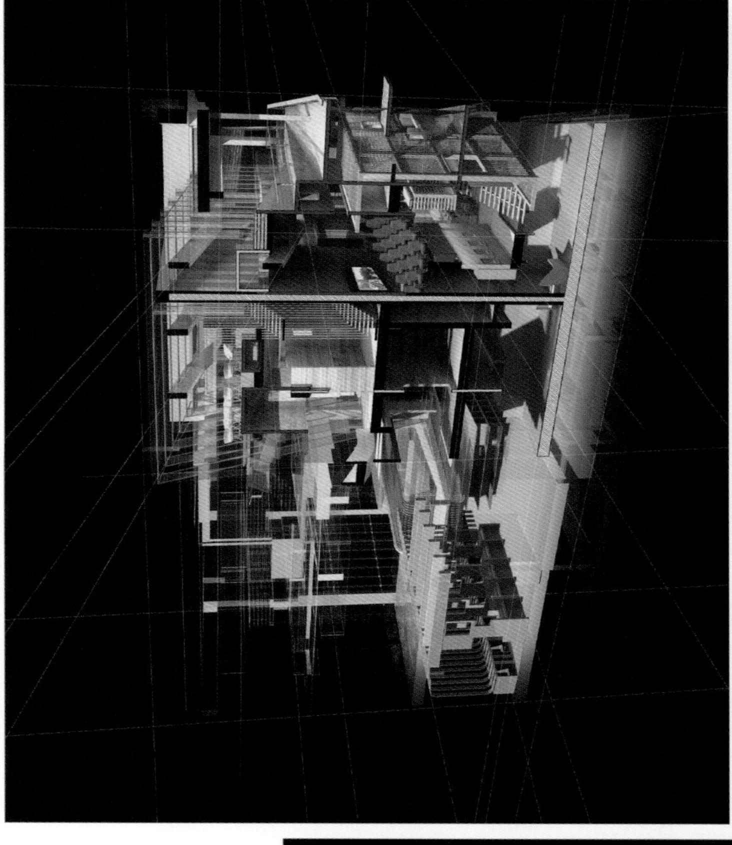

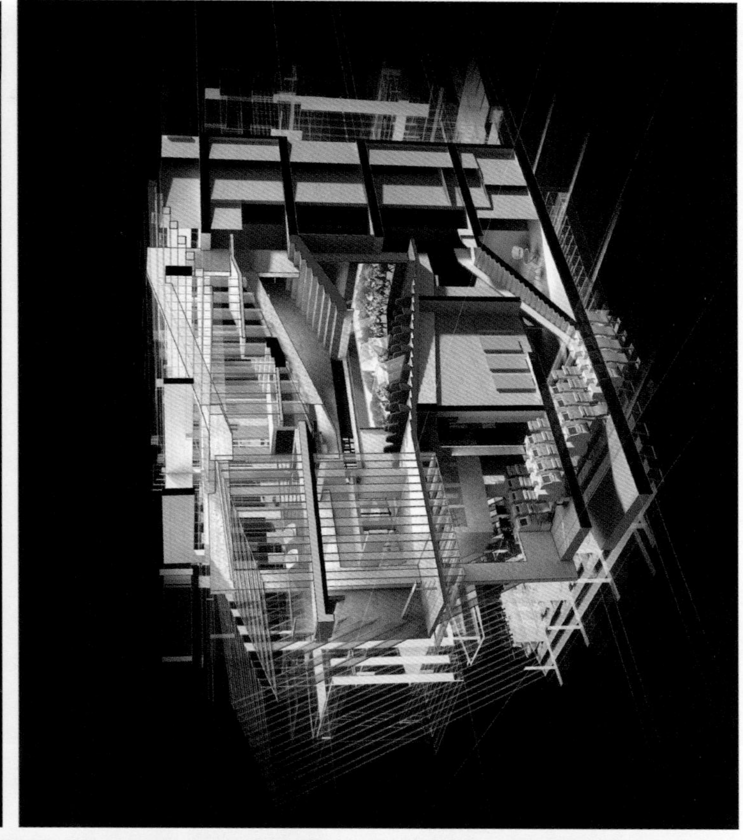

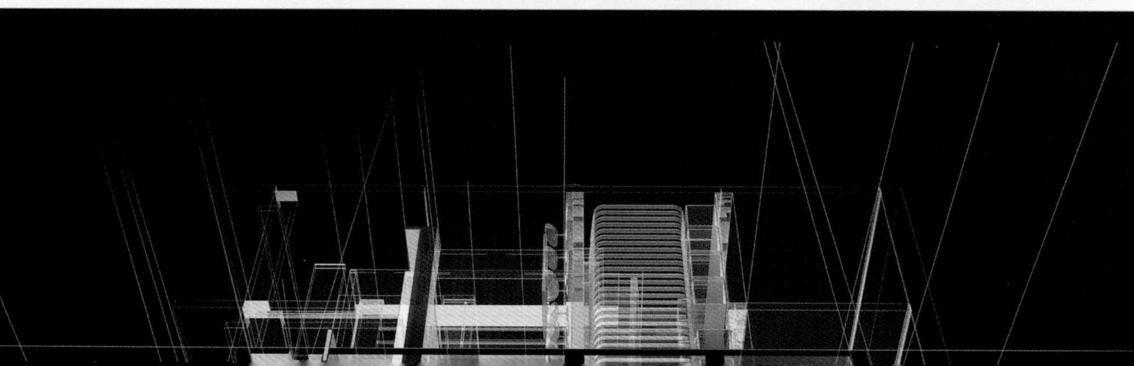

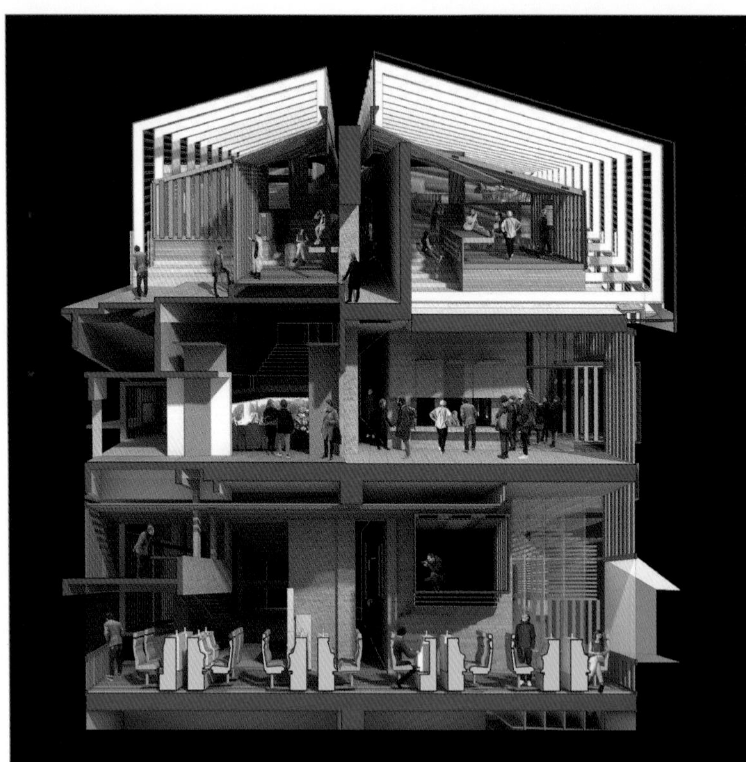

단면 투시도

다른 특성의 공간과 병치를 보여 줍니다. 여기서는 Rhino 3D 모델링 후 3ds Max에서 렌더링을 작업하고 Photoshop에서 리터칭했습니다.

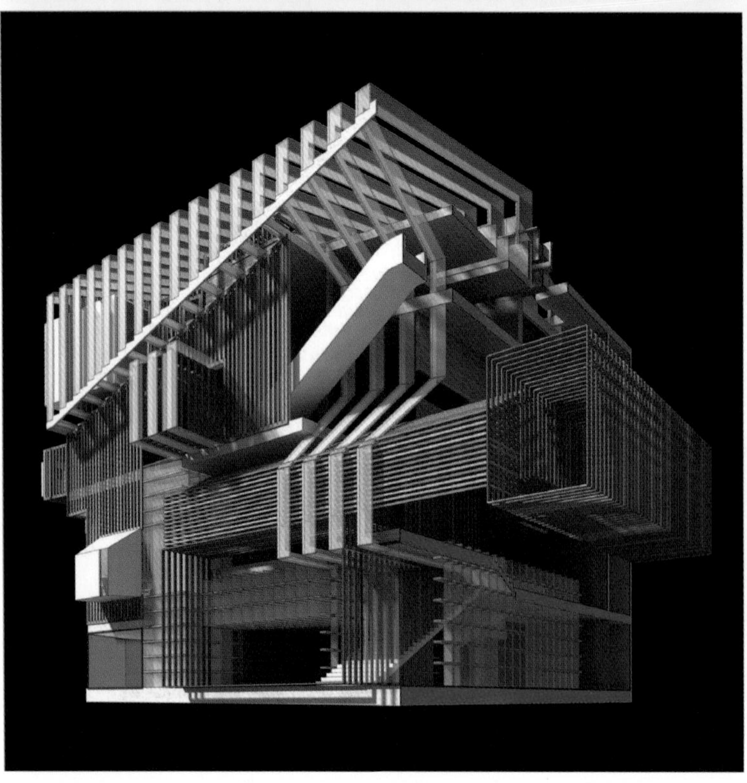

모형

프로젝트를 쉽게 이해할 수 있도록 모형을 만듭니다. 프로젝트의 다양한 마감재를 통해 공간의 대비와 덩어리감을 그대로 나타내도록 다양한 재료들을 레이저 커팅해 제작했습니다.

1:1/48" 크기 모형

모형 재료를 다르게 이용하여 공간감을 풍부하게 표현합니다.

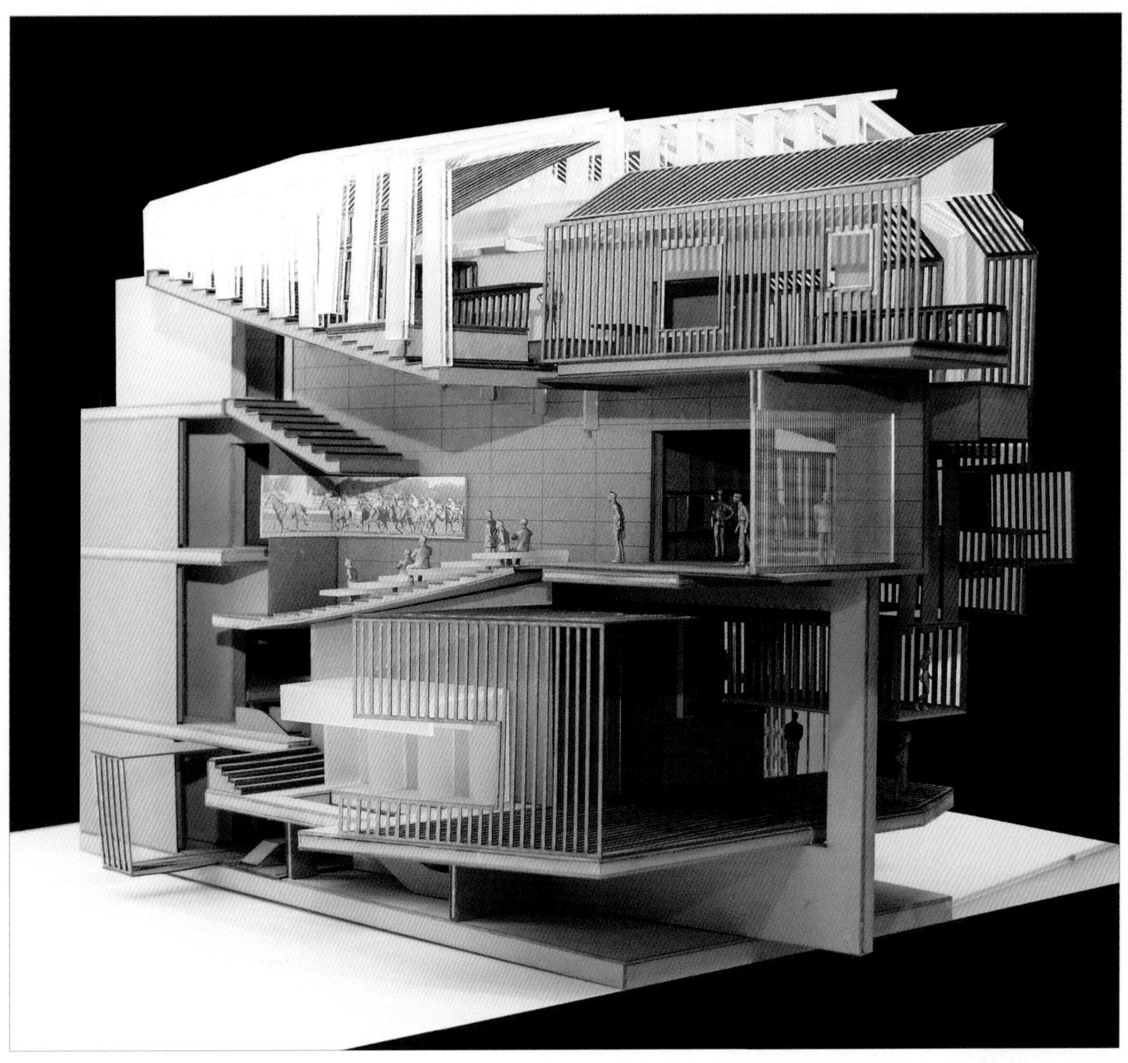

공간에 질서 부여하기

구축적이고, 더욱 통일감 있게 정돈되어 보이는 공간을 구성하기 위해서는 공간에 질서를 부여해야 합니다.

병원 인테리어 리모델링

병원 인테리어를 진행할 때, 공간에 통일된 질서를 부여하여 공간을 더욱 확장된 느낌을 주며 정돈된 편안한 분위기를 만들어야 합니다.

공간의 정리

서울 목동에 위치한 한 병원의 프로젝트입니다. 기존의 병원 공간은 다양한 마감재와 여러 스타일의 혼재에 따른 혼란스러움을 엿볼 수가 있었고, 이에 따른 공간의 여러 문제점들이 곳곳에 나타나고 있었습니다. 새롭게 리모델링한 병원은 우선적으로 그 곳에 질서를 부여하여 공간을 정리하는 것이 중요했습니다.
공간 안 어지럽게 혼재하고 있던 여러 스타일을 모던하면서도 일관되게 정리하였고, 여기에 깊은 느낌의 초록색을 병원의 포인트 색상으로 통일시켜 공간의 조화를 이루고자 하였습니다.

로비

기존의 복잡하게 정신 없었던 마감재와 여러 스타일의 혼재에서 벗어나, 일관된 한 가지의 분위기로 정리하였습니다. 병원의 포인트 색상으로 정한 짙은 초록색을 이용해 공간의 부각 및 확장을 표현하고, 전반적인 나무 톤의 사용으로 따뜻한 느낌을 공간에 겹치게 하고자 하였습니다. 막힌 공간과 열린 공간의 조화를 공간을 다채롭게 하는 동시에, 진료와 상담과 같이 기능적으로 가려져야 할 공간들은 반투명 유리를 사용하여 기능과 미의 요소로 고려하여 적용하였습니다.

프로젝트 : 목동 P 병원 (Mokdong P Hospital)
디자인 : 스튜디오 익센트릭 (Studio Eccentric)
유형 : 병원

병원 로비 공간

워크 스페이스

로비에서 강조하고자 했던 마감재와 색상이 병원 근무자들을 위한 워크 스페이스(Work Space)로까지 연장되어 공간의 확장과 연결됨을 이해시키고자 했습니다. 특히, 기존의 분산되어 있던 근무자들의 공간을 하나로 통합시키며 공간을 더욱 효율적으로 사용할 수 있게끔 고려했습니다.

근무자들을 위한 워크 스페이스

치료실

로비와 워크 스페이스에서의 공간 경험이 치료실까지 연결되고자 했습니다. 치료를 받아야 하는 공간으로써 충실함과 동시에 군더더기 없이 깔끔하면서도 일관된 디자인으로 치료 받는 사람들로 하여금 편안한 감정을 유지할 수 있도록 공간을 맞추려고 했습니다.

병원 치료실

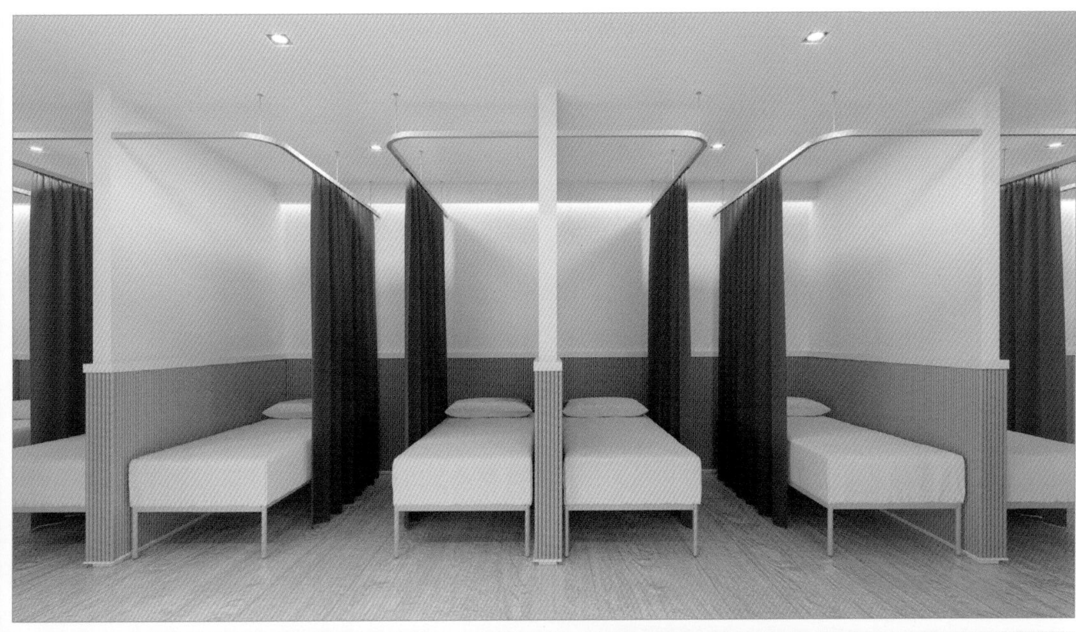

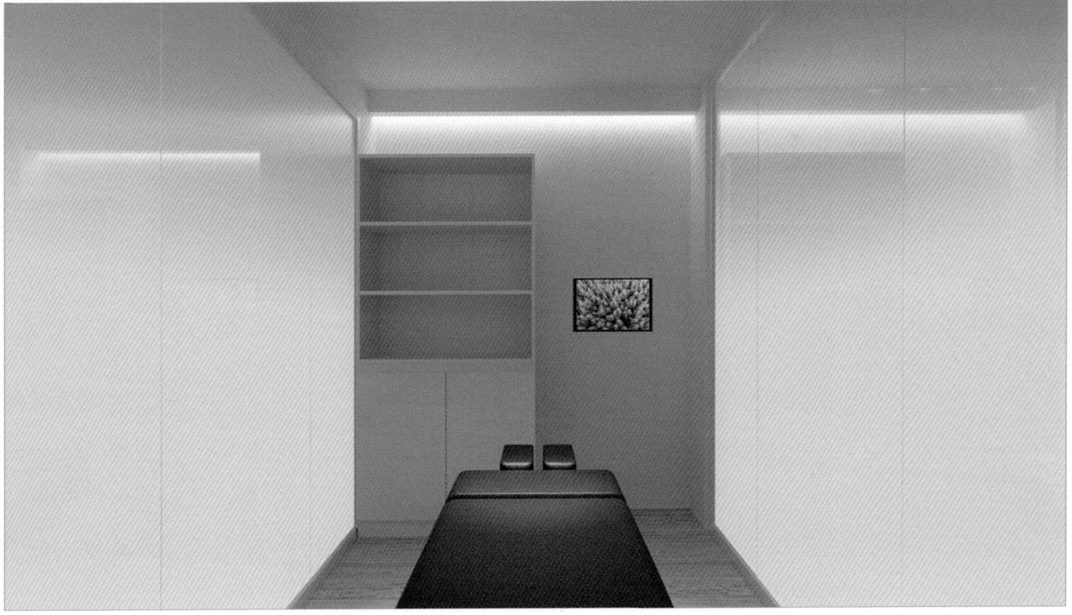

의미를 새롭게 재해석하기

기획할 때 아이디어를 만들어내는 방법들이 여러 가지가 있지만, 그중 기존에 갖고 있는 의미에서 아이디어를 찾고 이를 새롭게 재해석할 수도 있습니다.

박람회 기획관 디자인

어떤 행사 혹은 기업을 대표하는 기획관을 디자인하게 될 때, 그 전시를 통해 이루고자 하는 목표를 설정해야 합니다. 그 목표와 더불어 더 흥미롭고, 신선하게 의미를 전달할 수 있는 방법을 찾아야 합니다.

디자이너가 상상하는 본질의 공간

건축 이론가 로지에(Marc-Antoine Laugier)는 1775년 그의 저서, '건축론(Essai sur L' Architecture)'를 통해 주위에 넘쳐나는 기존의 고전 양식 건물들을 비판하며 가장 원초적인 상태의 건축으로 돌아가야 한다는 주장을 남겼습니다. 형태를 단순화하여 건축의 본질에 가까이하며, 건축의 기능성과 합리성을 추구해야 함을 강조하는 것이었습니다. 이런 그의 주장은 건축 역사에 있어서 건축적 지식을 과학적 및 철학적으로 이론화하고자 했던 첫 시도라 할 수 있습니다.

그의 주장은 표제 그림 '원시 오두막(The Primitive Hut)'에서도 엿볼 수 있습니다. 자연으로부터 비롯된 것들로부터 기둥, 엔타블라쳐(Entablature), 페디먼트(Pediment)의 본질적인 요소만 추구하고자 했고, 그가 바라보고자 했던 건축은 장식이 아닌 가장 본질적인, 근본의 것들만 담긴 이상적인 공간이었습니다.

그렇다면 약 260년이 지난 지금의 공간 디자이너는 시대의 변화, 기술의 변화에 따라 현 시점에서 바라보는 본질의 공간은 어떠할까 싶었습니다. 코리아빌드 2019 기획관에 초청된 네 명의 디자이너에게 가장 기본 틀이 될 수 있는 '집'을 제공, 각자가 바라보는 본질의 공간을 제안 요청을 하였습니다. 이 네 공간을 아우르는 기획관 파빌리온(Pavilion)은 하나의 큰 정원으로, 그 안의 산책로를 걸으면서 각각의 집을 구경할 수 있게 기획하였습니다.

본질의 집

네 개의 집이 정원 안에 자리 잡은 모습입니다. 흰색, 노란색의 파이프로 구성된 추상적인 정원은 나무 사이를 힐끔힐끔 쳐다보는 듯한 인상을 줄 수 있도록 했습니다.

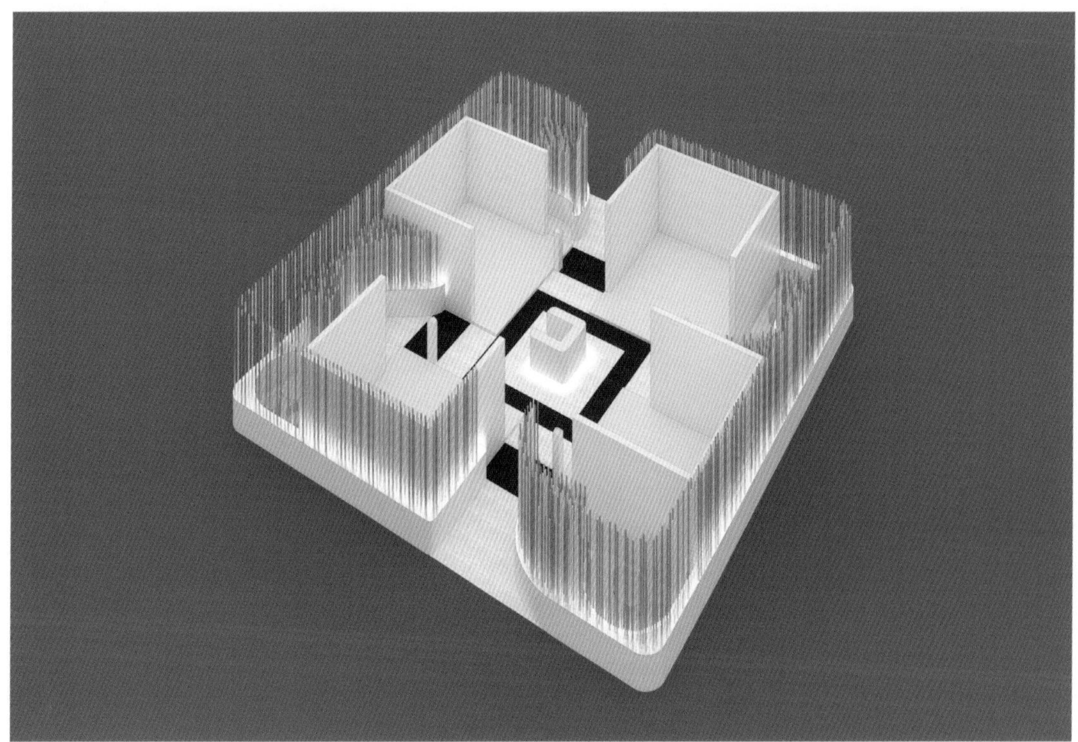

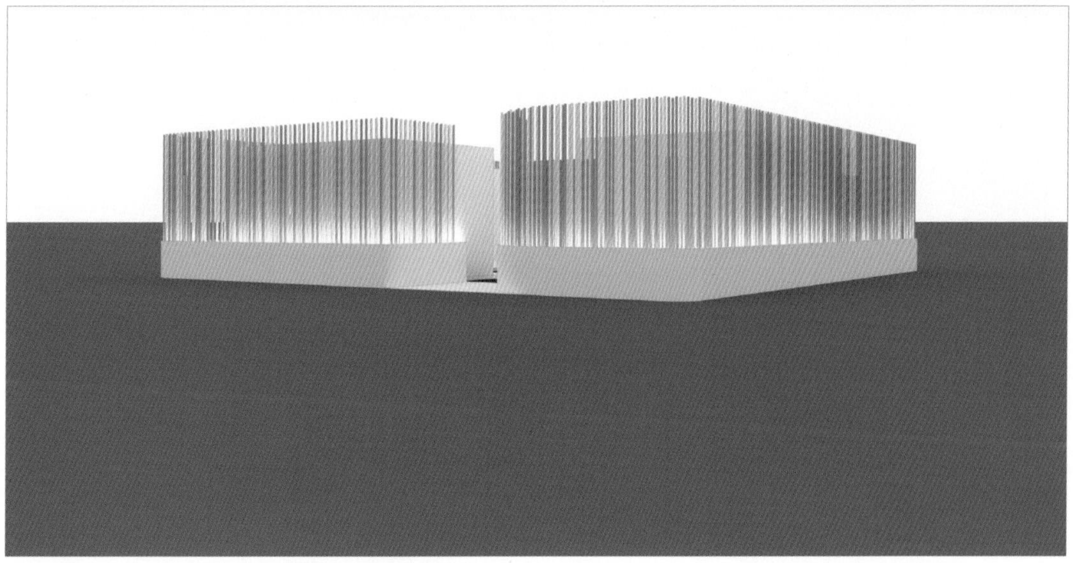

기획관 3D 전경

기획관 내부

중심에 위치한 안내 데스크를 기준으로 각각의 집을 대변할 수 있는 빈 공간들을 마련했고, 이 안에 네 명의 디자이너가 각자의 디자인으로 채울 수 있도록 했습니다. 관람객들은 자연스럽게 집들을 들어가 구경하면서 공간을 산책하듯 즐길 수 있게 마련했습니다.

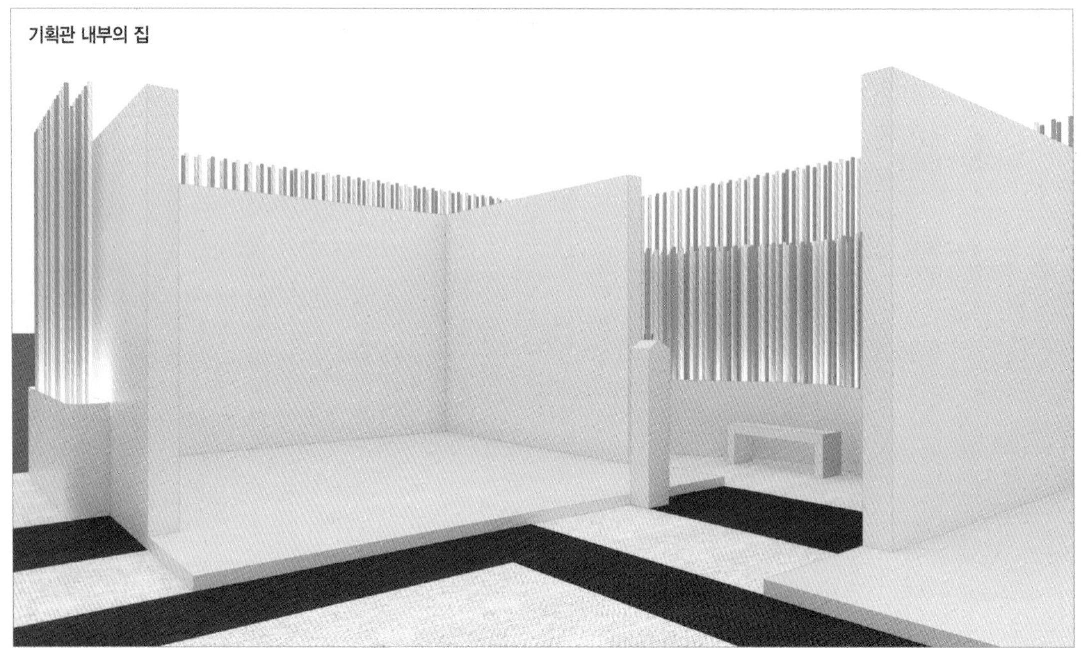

기획관 내부의 집

실제의 구현

박람회장에 실제 구현된 모습으로, 불규칙하게 배열되어 있는 흰색과 노랑색의 파이프는 의도된 바대로 추상적인 정원의 나무로 표현되었고, 그 안에 관람객들의 본질의 집들을 구경할 수 있었습니다.

박람회 기획관 완공 모습

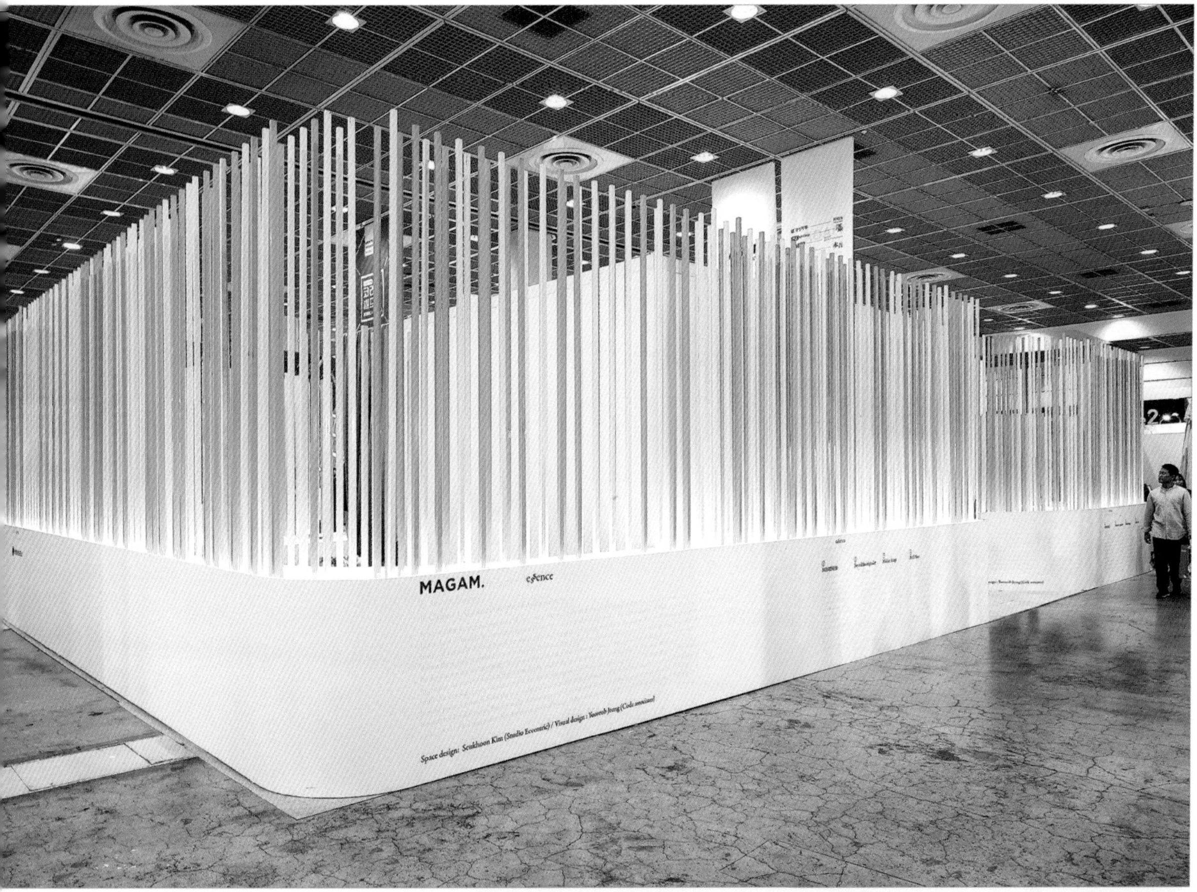

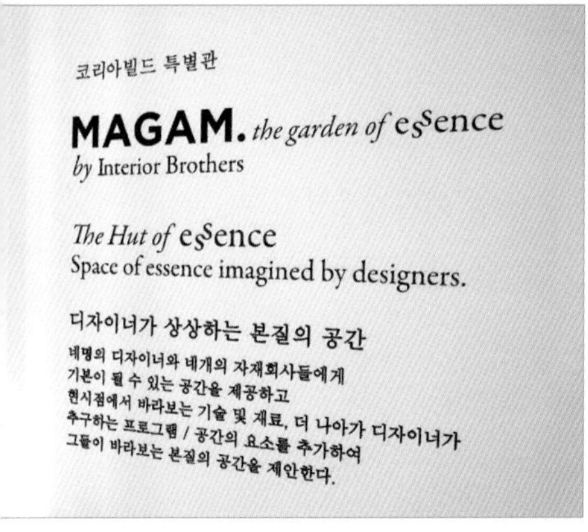

코리아빌드 특별관

MAGAM. *the garden of* essence
by Interior Brothers

The Hut of essence
Space of essence imagined by designers.

디자이너가 상상하는 본질의 공간
네명의 디자이너와 네개의 자재회사들에게
기본이 될 수 있는 공간을 제공하고
현시점에서 바라보는 기술 및 재료, 더 나아가 디자이너가
추구하는 프로그램 / 공간의 요소를 추가하여
그들이 바라보는 본질의 공간을 제안한다.

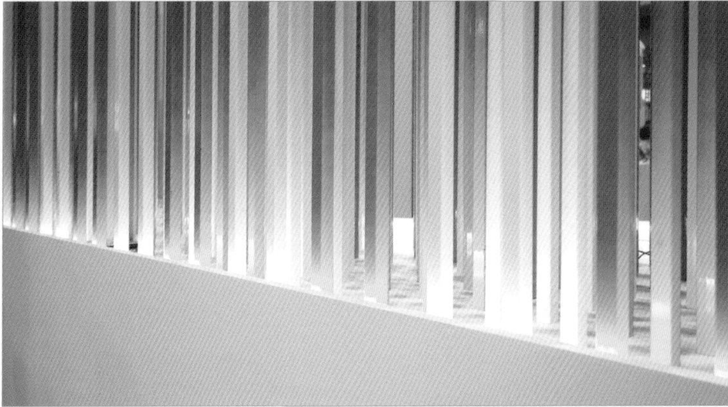

디자인 의도 형상화하기

디자인의 핵심적인 의도 자체를 건물에 형상화한다면, 바라보는 사람 입장에서 더욱 효과적으로 이해할 수 있습니다.

은행 리디자인

건축·인테리어 디자인에서는 디자인 의도를 사람들에게 잘 전달할 수 있도록 형상화하는 것이 중요합니다. 다양한 스케치와 재료들을 이용한 모형을 연구해서 최적의 형상화를 위해 디자인을 발전시켜야 합니다.

다음 프로젝트는 브루클린에 위치한 현장의 장점을 활용하는 방안으로 폐품들로부터 귀금속을 추출하여 스스로 자본을 창출하는 도시 광산 프로젝트 형태의 은행을 제안했습니다. 단순히 자원을 재활용하는 장소의 개념을 넘어 폐자재로부터 가치를 창출하는 새로운 방안을 끊임없이 연구하는 연구소의 성격을 띠고 있습니다.

이 은행에서는 광범위하고 대단위의 생산을 목표로 하기보다 도시에서 뛰어난 연구원을 공급받으며 소량의 학문적, 사회적 가치를 창출하는 것을 지향합니다.

이러한 전제를 바탕으로 공장과 연구소가 분리된 덩어리감을 두고, 서로 끊임없이 오가는 상호작용을 제공하는 공간 구성을 염두에 두었습니다. 여기서 상호작용은 제안된 동선을 통한 물리적인 이동을 포함하여 사회경제적 활동, 즉 창출된 귀금속 재화의 교류 및 저장과 공업 폐자재로부터 귀금속을 채취하는 생산 과정이 시각적으로 투명하게 연계되어 상관관계를 가지는 것을 목표로 했습니다.

전체를 두 개로 분리한 다음 광장과 맞닿은 부분에는 이용자와의 교류가 중요한 공간들을 배치하고, 다른 부분에는 차량 동선과 함께 생산 시설을 배치했습니다.

두 개의 덩어리는 가운데 원형 홀과 내부 조명을 통해 시각적, 물리적으로 연결되며 생산자와 소비자 간의 흥미로운 상호작용을 이끌어 냅니다.

프로젝트 : Urban Mining 은행
Columbia University GSAPP
M.Arch Core 2
유형 : 은행
디자인 : 이명재

건물 외관 투시도
주위 건물들과 대비되는 디자인으로 더욱 돋보입니다.

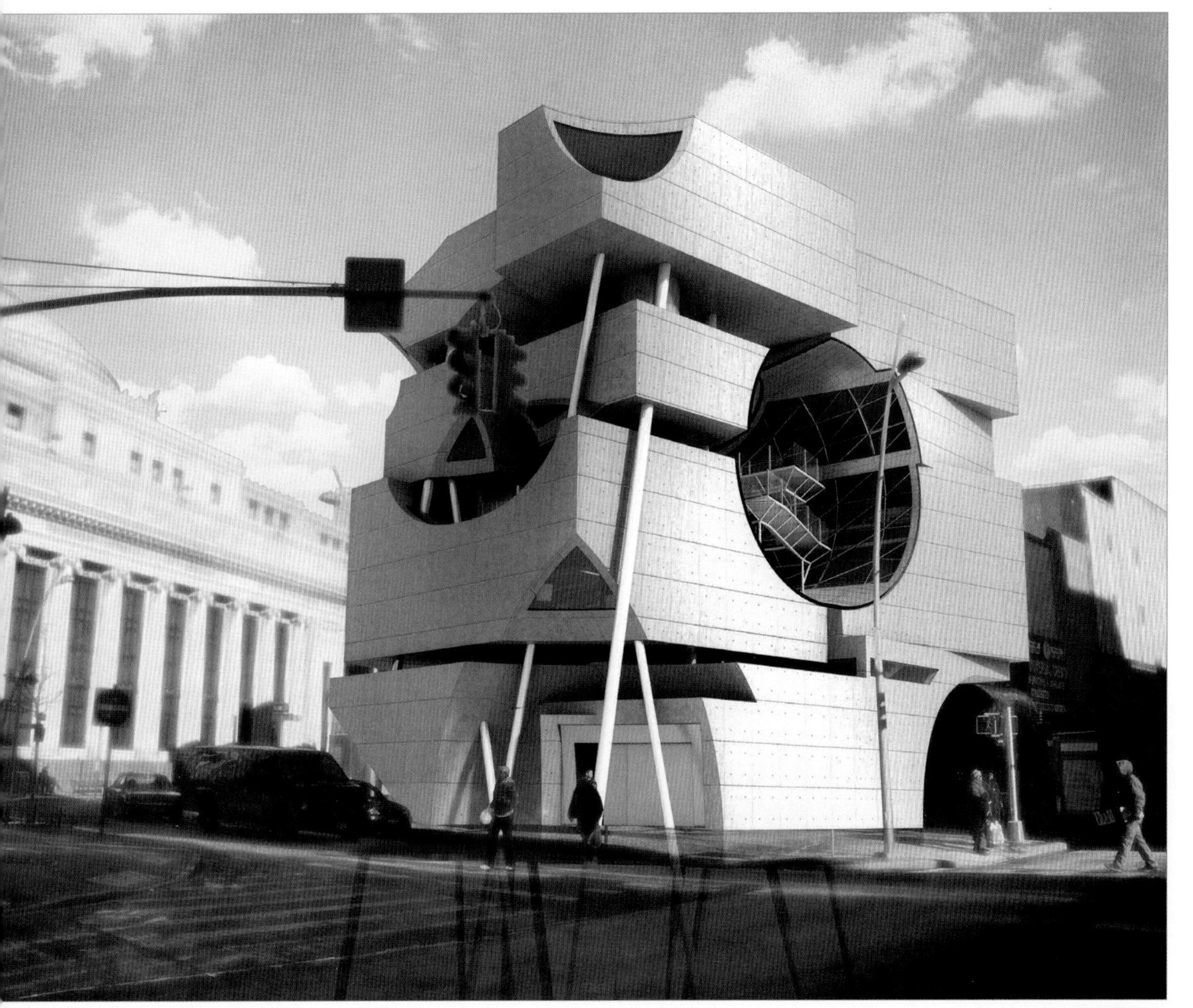

이 프로젝트는 도시 광산과 관련된 보다 직접적인 단어를 나타내고자 하는 의도를 바탕으로 시작했습니다. 건물 밖으로 드러난 표면은 노출 콘크리트를 이용하여 평범하고 단순한 '토양'의 느낌을 표현했으며, 내부의 파내어진 단면과 표면에는 빛의 방향과 세기에 따라서 색이 다르게 보이는 양극산화된 알루미늄 패널을 이용하여 보다 다양하고 흥미롭게 표현했습니다. 일반 광산에서의 단면적인 특징을 건축적으로 구현했으며, 단순한 외부와 다양한 내부의 양면성은 사람들이 도시에서 채광이라는 의미를 새롭게 느낄 수 있도록 했습니다.

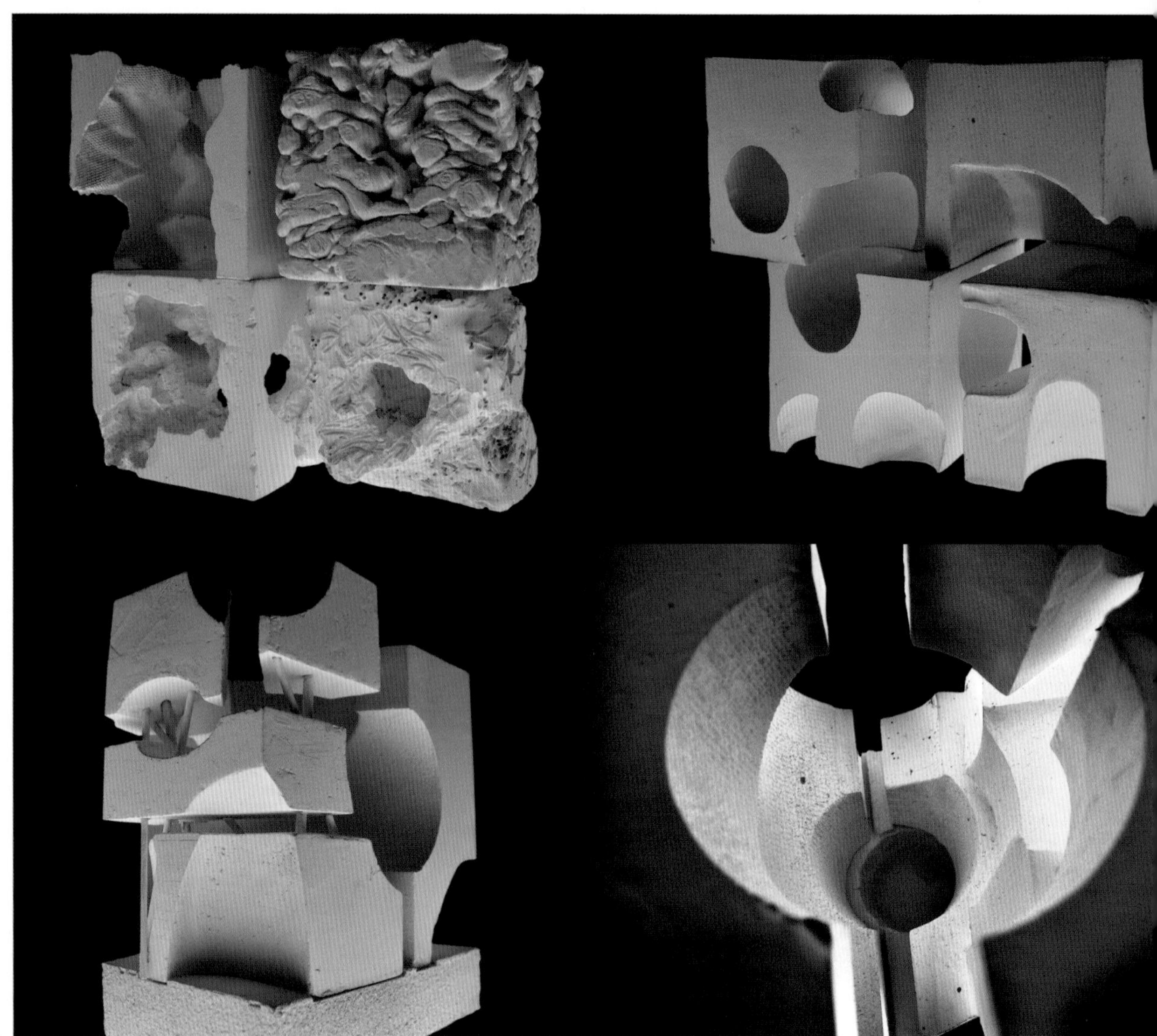

모델

초기 아이디어는 파내어진 덩어리감을 연구하기 위한 석고 모델에서부터 시작했습니다. 다양한 재료를 이용한 석고 주물과 파라메트릭(Parametric) 스케치를 이용하여 조형의 방향을 정하고 도면을 바탕으로 CNC[18] 밀링을 통해 블루폼[19]을 깎아 형틀을 만든 다음 석고를 부어 모델을 완성했습니다. 2차원 밀링의 한계로 인해 덩어리는 몇 조각으로 나뉘어 합쳤으며, 바깥 틀은 석고 무게를 지탱하기 위해 나무 합판으로 만들었습니다.

18 CNC(Computerized Numerical Control)는 컴퓨터에 의한 수치제어입니다.

19 블루폼은 부드러워 칼 및 열선을 이용해 자르기 쉽고 모형 제작에 간편한 파란색 폼(Foam)을 말합니다.

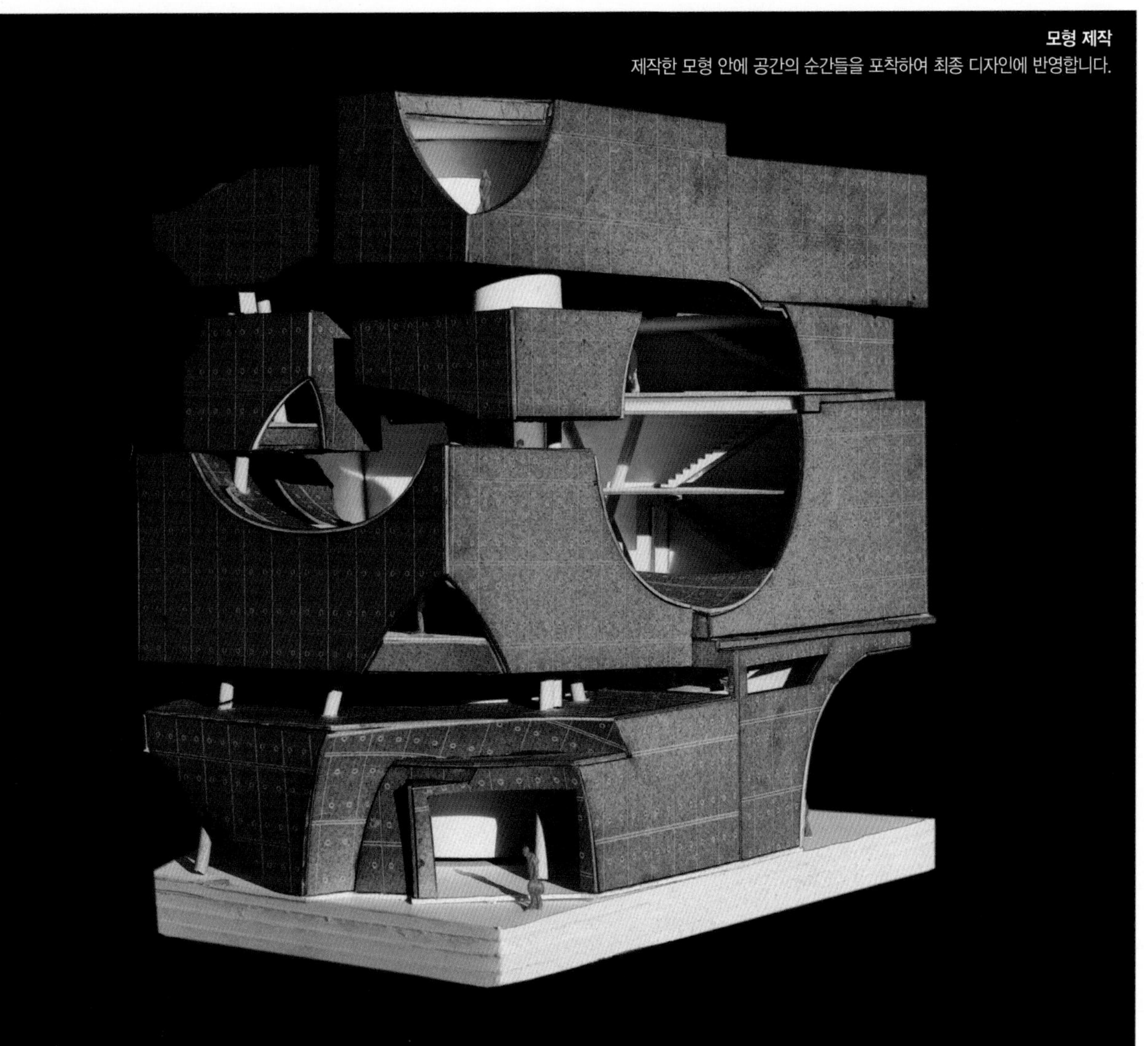

모형 제작
제작한 모형 안에 공간의 순간들을 포착하여 최종 디자인에 반영합니다.

파라메트릭 스케치

모형 연구와 함께 단단함과 공간감의 관계와 전체 덩어리의 분할을 연구하기 위해 Grasshopper[20] 스케치를 이용했습니다. 주어진 공간의 요구사항 및 제한과 관련하여 전체 덩어리 분할 수, 단단함과 공간감의 연결 방향 및 방법, 공간의 밀도 등을 알고리즘을 통해 연구했으며, 최적화된 구성을 찾기 위한 다양한 구성을 제안했습니다.

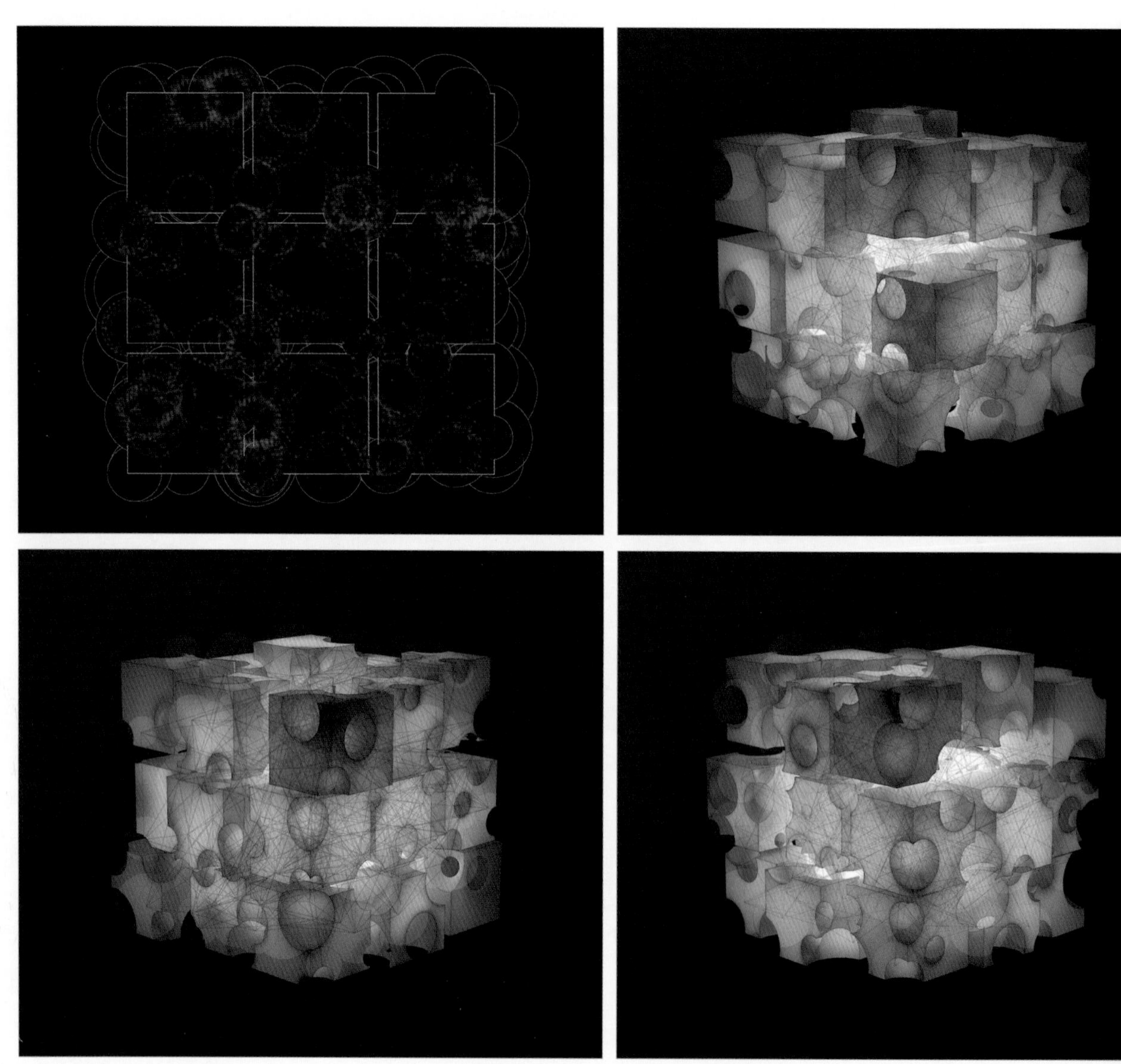

20 Grasshopper는 다양한 변수를 적용했을 때 바로 달라지는 결과를 확인할 수 있도록 합니다. 다양한 연구를 바로 적용하여 변화하는 결과물을 스케치할 수 있습니다.

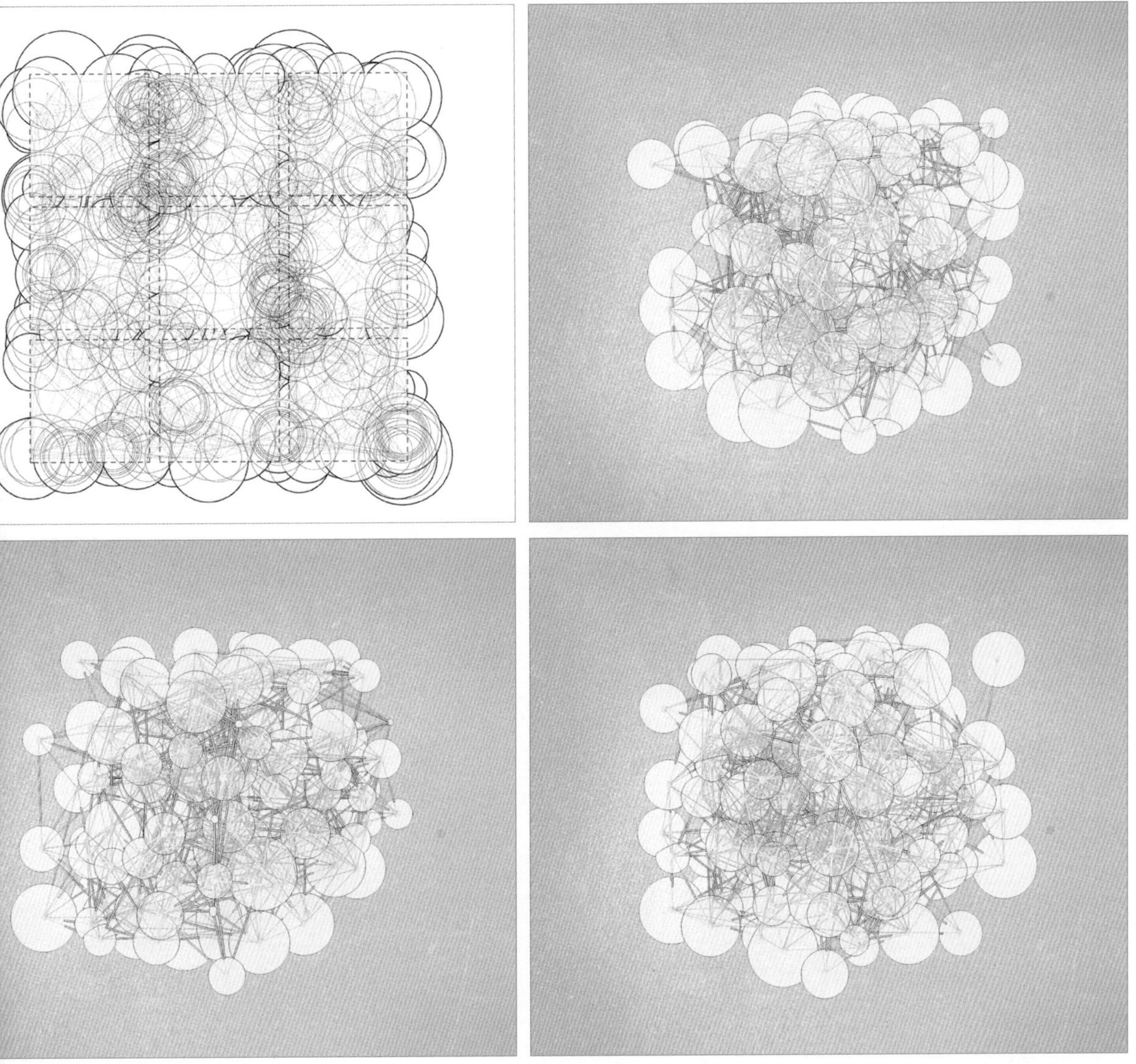

스케치 B

도면 작성 및 렌더

세부적인 3D 모델링은 Rhino 3D로 작업했으며, 다양한 곡면과 두께로 인해 대부분 표면 모델링으로 완성했습니다. 내부 알루미늄 패널 디자인은 Grasshopper를 이용하여 패널 분할 수, 크기 및 길이를 세부적으로 결정했습니다. 대략적인 모델링 완성 후 Rhino 3D 플러그인인 Section Tools로 선을 추출하고, 이를 바탕으로 Illustrator와 Photoshop으로 도면을 마무리했습니다. 렌더링은 Rhino 3D 모델링을 3ds Max로 가져온 다음 크기에 맞게 매핑했고, V-Ray와 Photoshop을 이용하여 렌더링하고 편집했습니다.

평면도

층마다 다양한 평면도로 독특한 형태의 은행을 만들었습니다.

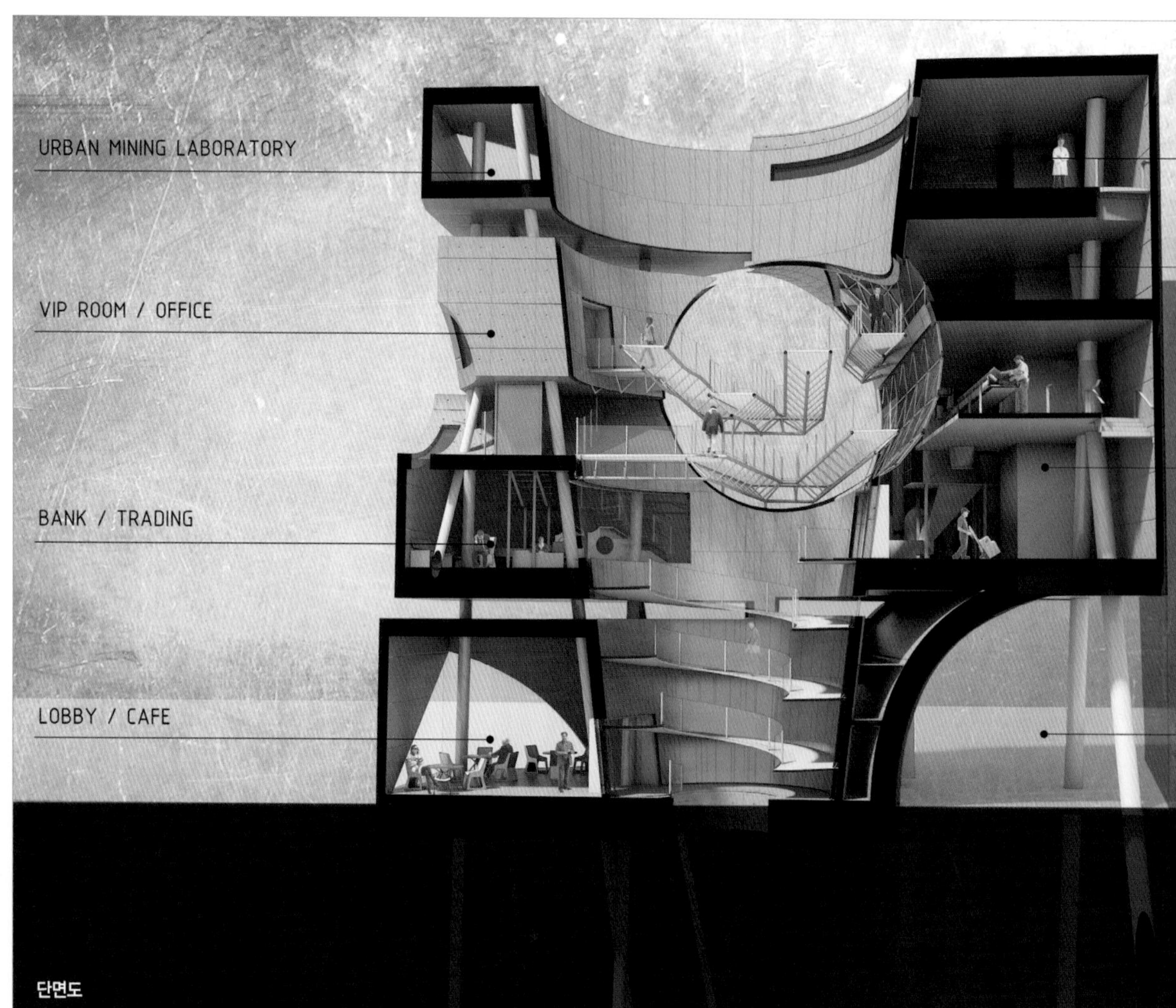

단면도

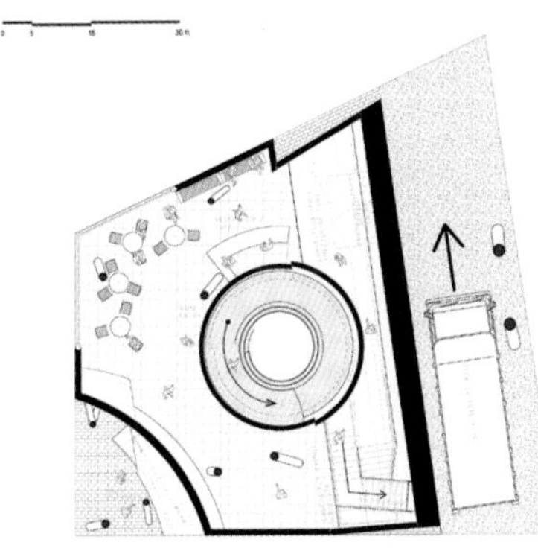

LOBBY FLOOR_ RECEPTIOIN + CAFE

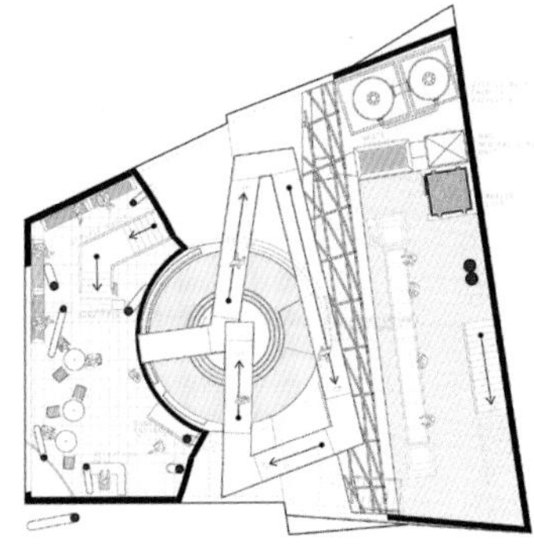

2ND FLOOR_ BANK + FACTORY

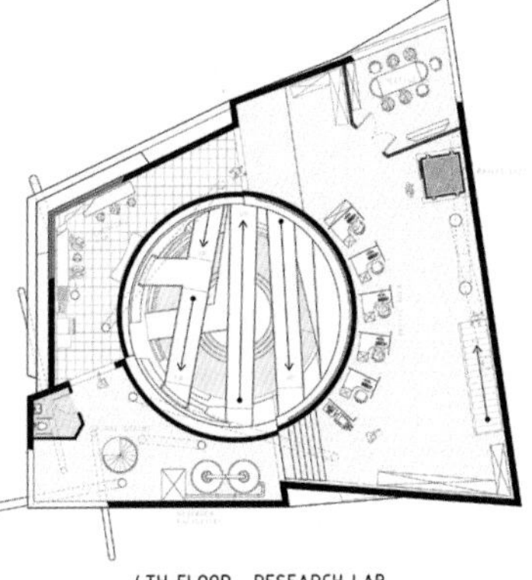

4TH FLOOR_ RESEARCH LAB

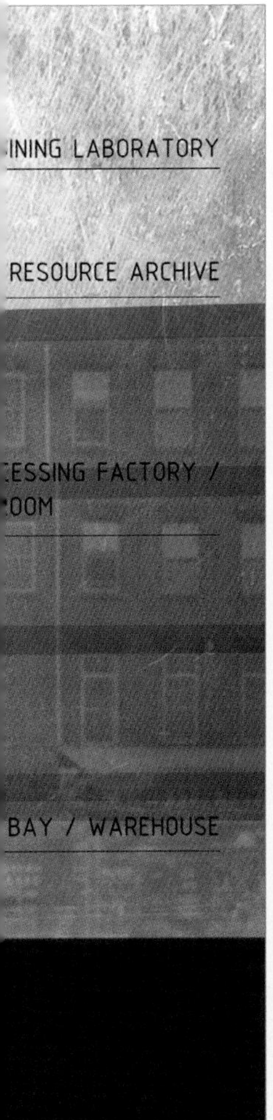

투시도

공간의 새로운 경험 유도하기

디자이너는 사람들에게 새로운 경험을 제공할 수 있도록 새로운 공간을 생각해야 합니다.

수영장 디자인

건축·인테리어 디자인은 사람들에게 공간에 대한 새로운 경험을 제공하는 것이 주된 목표이므로 공간의 특성을 살려 디자인하는 것이 중요합니다.

프로젝트 : Architectural Animal
Columbia University GSAPP
M.Arch Core 1
유형 : 수영장
디자인 : 권용원

공공 수영장에서 바라본 뷰

다음 프로젝트는 컬럼비아대학교 소속 수영장 및 커뮤니티 시설로 대학교 캠퍼스와는 다소 거리가 떨어진 할렘가 공동주택 인근에 위치합니다. 프로젝트 최초 구상에서 중요하게 다뤘던 아이디어는 수영장 이용자들의 지리적인 위치에서 시작했습니다.

컬럼비아대학교 소속 커뮤니티 시설임에도 불구하고 지리적인 특성 상 할렘가 공동주택 인근 주민들을 위한 공공시설물로서의 역할이 컸습니다. 즉, 수영장은 학생들과 저소득 주택단지의 주민들을 동시에 지원해야 하는 것입니다.

수영장을 이용하는 두 집단 사이에는 분명한 인종적, 사회적 차이가 존재합니다. 특히 수영장이라는 시설의 특성 상 물을 매개체로 수공간과 탈의실을 공유하는 점과 역사적으로도 인종 구분 및 차별 논점의 중심에 있었습니다. 현대사회에서 이것은 여전히 유효합니다. 오히려 과거에는 확연히 구분되는 인종, 사회적 지위와 같은 가치들을 통해 차별하고 분리했다면, 현재는 개인의 기호 혹은 신념을 통해 자발적으로 차별하고 분리합니다. 외모, 취향, 실력 등 개인적인 가치가 현대로 넘어오면서 자발적으로 세분화되고 분리된 것입니다.

여기서 수영장이라는 매개체를 통해 '건축이 어떻게 넓은 이용자층을 만족시킬 수 있을까?'라는 의문에 답하고자 했습니다. 과거의 건축이 끊임없이 반복되는 격자를 통해 공간에 무한한 자유를 제공했듯이 끊임없이 다른 공간을 재생산하는 공공의 독립적인 수영장 프로젝트를 상상했습니다.

이 프로젝트는 크게 긴 선형의 공공 수영장과 박스 유형의 개인 수영장, 두 개의 시스템으로 구성되었습니다. 개인 수영장은 공공 수영장 옆에서 기계적인 수직 운동을 통해 끊임없이 공간을 생산합니다. 이 기계적인 수직 운동은 이용자 요구에 맞춰 작동하여 이용자는 자신이 원하는 최적의 수심과 온도, 그리고 자유로운 활동을 제공받습니다. 개인 수영장은 출입문에서 시작해 탈의실을 지나 샤워부스 그리고 개인 수영장으로 들어가는 일련의 과정을 통해 공공 수영장과 분리하여 다른 이용자들을 외부와 완벽하게 차단합니다. 동시에 개인 수영장에서는 공공 수영장으로의 진입을 허용하여 외부와의 노출 정도를 개인 이용자 스스로 결정할 수 있습니다.

이러한 기계적인 움직임은 두 가지 자유를 제공하는데, 첫째는 외부와의 노출 정도, 둘째는 개인 수영장 자체의 공간적 특성입니다. 이용자는 공공 수영장과 개인 수영장, 그리고 개인 수영장 선택 시 공공 수영장으로의 진입 여부를 선택하여 스스로 외부와의 노출 여부를 결정합니다. 개인 수영장의 수직적인 높이와 온도를 조절하여 기호에 맞는 공간적인 특성을 결정하는 것입니다. 기계적인 움직임을 통해 끊임없이 변화하고 진화하여 기술에 대한 유토피아적인 상상력으로 건축과 사람의 능동적인 교류와 결합을 제시합니다.

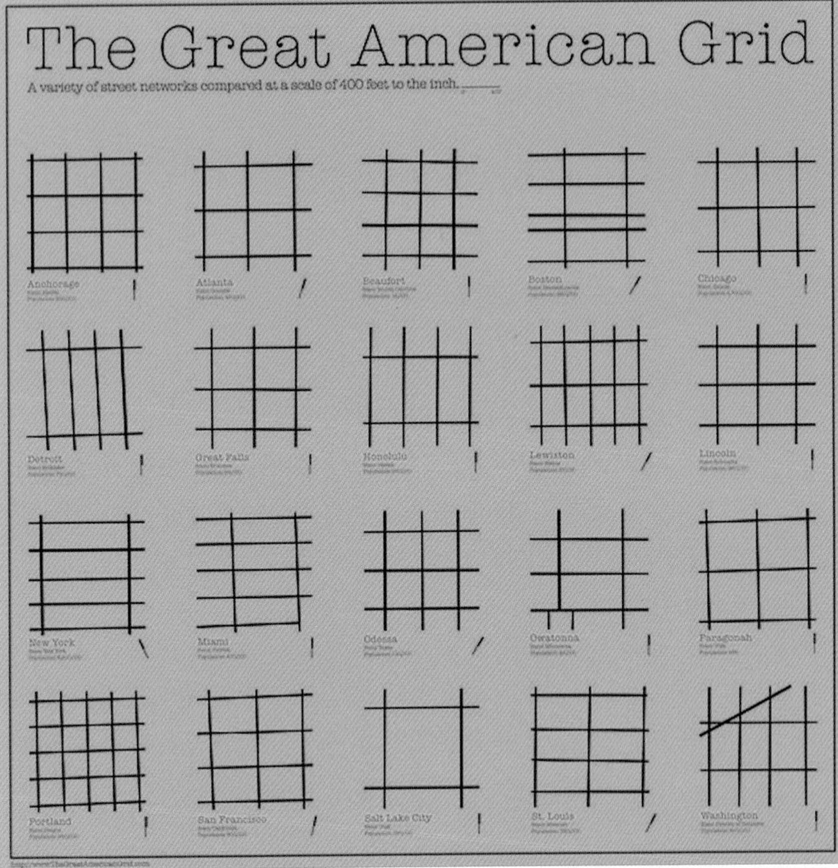

The Great American Grid와 레오나르도 다빈치(Leonardo da Vinci)의 스케치

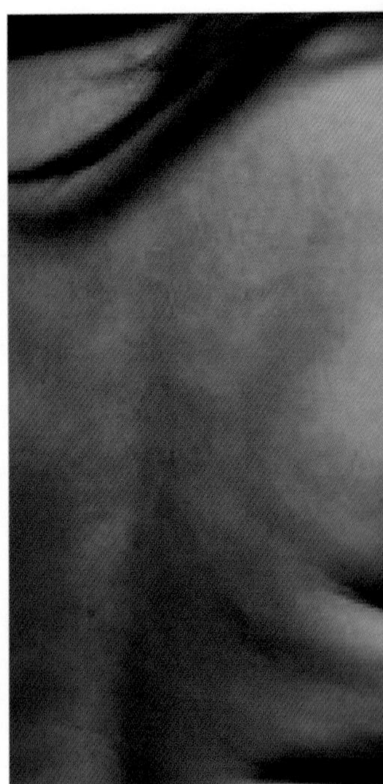

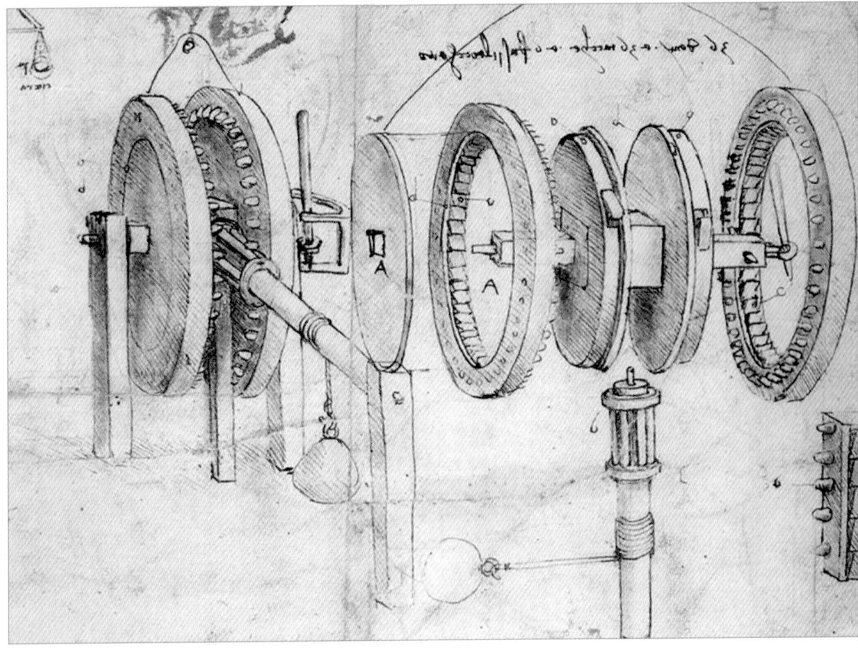

디자인 분석

주제에 맞는 다양한 조사를 통해 디자인을 분석해서 부각하려는 디자인 콘셉트를 굳히며 이를 설명하고 주장하는 공간적인 장치는 건축을 통해 풀어나갑니다.

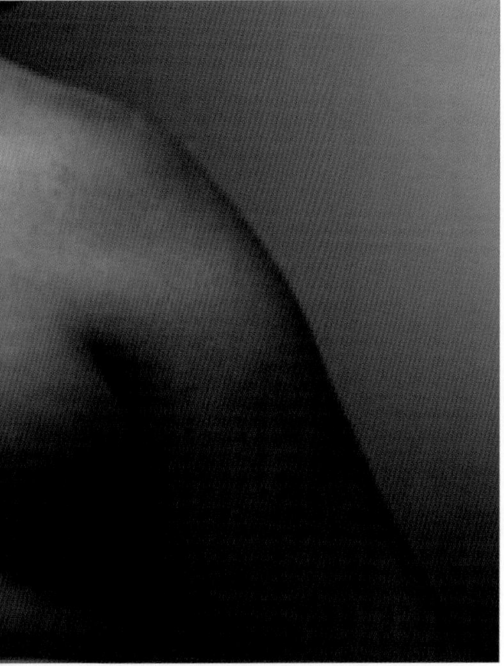

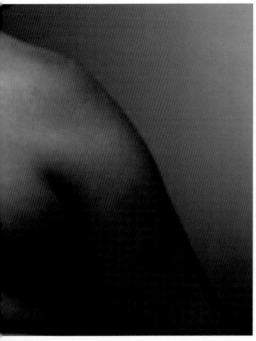

수영장에서의 인종차별
콘셉트의 키워드를 시각적으로 이해시킬 수 있는 적절한 이미지를 사용하는 것이 중요합니다.

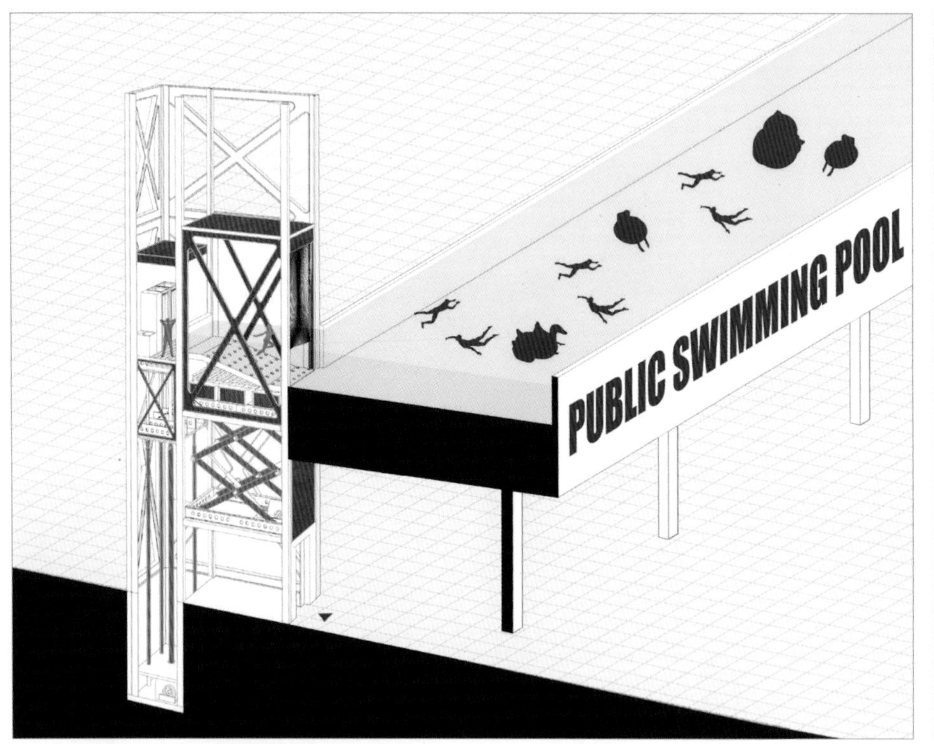
PUBLIC SWIMMING POOL

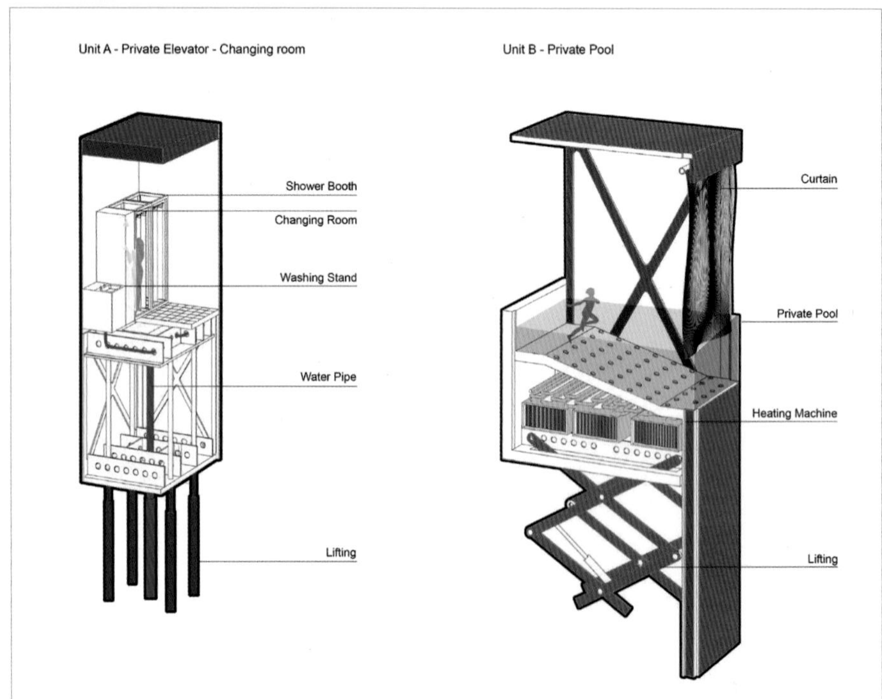
Unit A - Private Elevator - Changing room
Shower Booth
Changing Room
Washing Stand
Water Pipe
Lifting
Unit B - Private Pool
Curtain
Private Pool
Heating Machine
Lifting

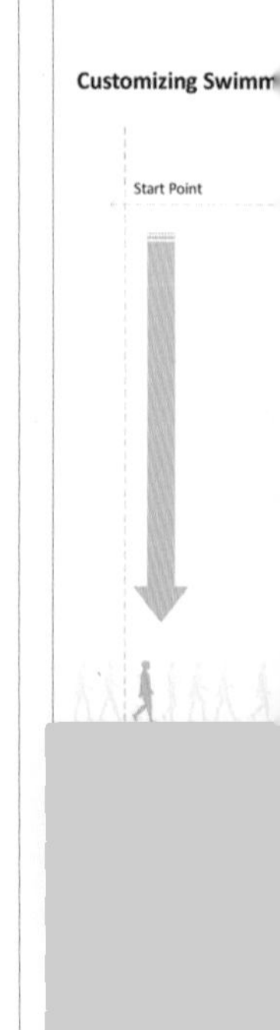
Start Point

개인 수영장 공간 유형

다이어그램

디자인 분석을 통해 생각해 낸 콘셉트를 공간적인 장치로 표현하기 위해 다양한 다이어그램을 제작합니다. 다이어그램을 통한 공간적 장치의 분석을 연구할 수 있으며, 효과적인 표현 기법도 고려하여 사람들의 이해와 설명을 돕습니다.

다이어그램
공간 변화에 따라 다양한 순간들을 포착하여 표현합니다.

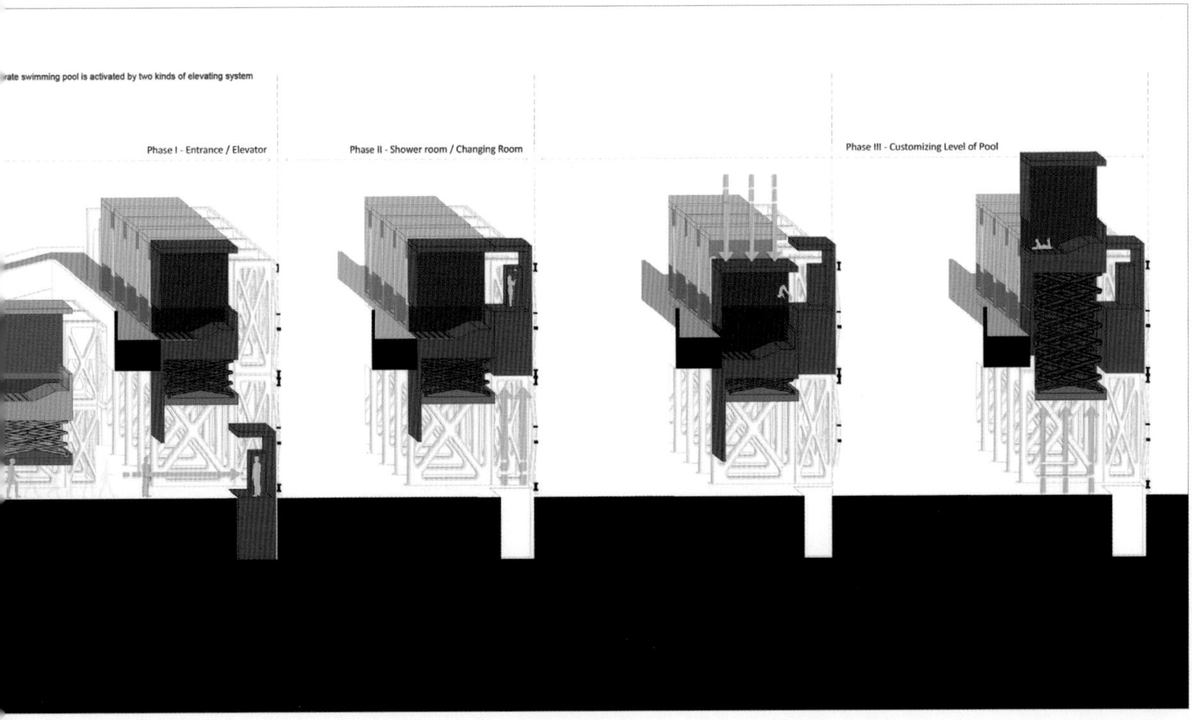

개인 수영장 작동 과정

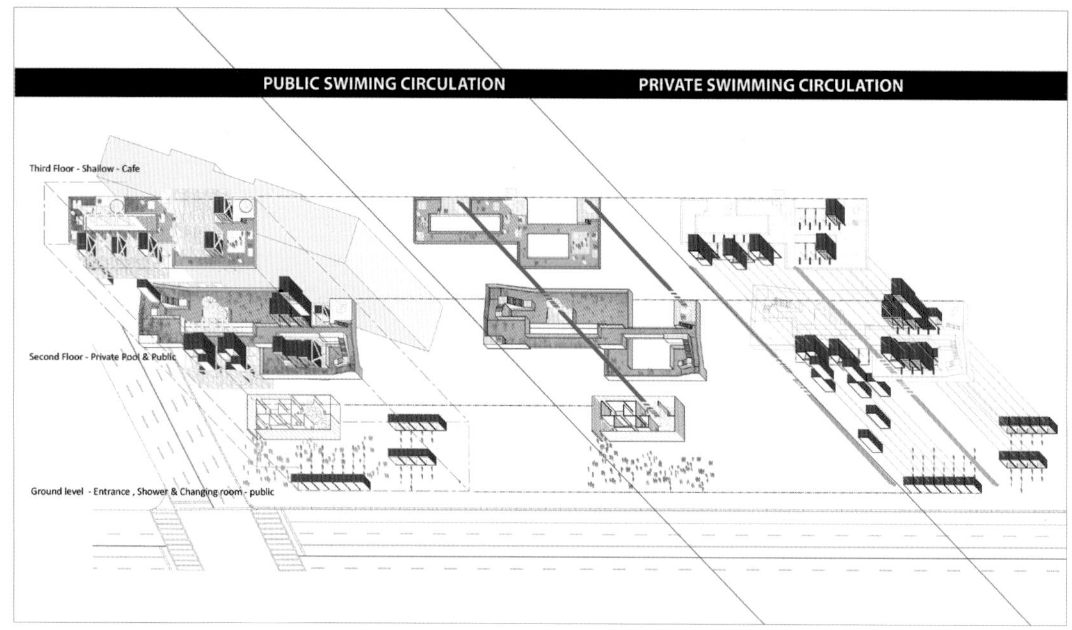

동선 다이어그램

투시도와 모형

외부 투시도를 통해 현장과 건물 간의 관계성을 나타내어 커뮤니티, 교통, 조경 등 다양한 현장의 맥락과 건물이 보여 주는 상호작용을 기대할 수 있습니다. 동적인 모형을 제작하여 움직임이 필요한 공간적 장치를 더욱 효과적으로 표현할 수 있습니다.

모형 제작

외부 파사드

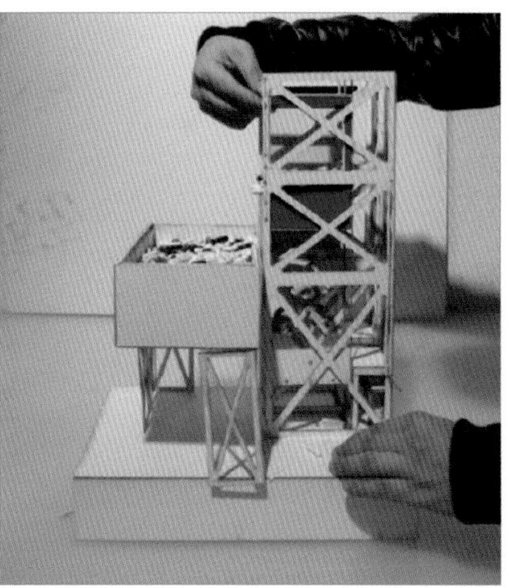

간결하게 공간 풀어내기

복잡해 보이기만 하는 공간은 자칫 조잡해 보일 수 있습니다. 간결한 디자인을 통해 명쾌한 공간을 제공합니다.

주거공간 디자인

직접 생활하게 되는 주거공간의 경우, 기능과 미적 요소를 모두 골고루 갖춰야 하는 요건이 있습니다. 자칫 복잡해질 수 있는 공간을 최대한 간결하게 푸는 것이 핵심입니다.

공간의 효율적 분리

서울 청담동에 위치한 근린생활시설 건물 꼭대기층에 위치한 공간에 주거 공간으로의 활용을 고민하였던 펜트하우스 프로젝트였습니다. 어떠한 벽체도 없이 넓게 비워져 있던 약 30평의 주거생활에 맞는 기능 공간들로 구성하며 벽체를 구성해야 했습니다. 공적 영역과 사적 영역으로 묶어 분리하면서, 넓고 쾌적한 분위기의 거실과 다이닝(Dining) 공간과 닫혀 있는 공간이 자아내는 안정적이면서도 아늑한 분위기의 침실을 구분하여 표현할 수 있었습니다.

복도

엘리베이터에서 내리자마자 마주하게 되는 펜트하우스의 복도는 하나의 전이공간의 역할로 집의 궁금증을 자아내게 하는 요소로 작용합니다. 다양한 책과 소품 컬렉션으로 꾸며져 있는 복도의 장식장을 통해 집과 공간의 주인을 더 자세히 이해할 수 있게 합니다.

프로젝트 : 청담 펜트하우스(Penthouse)
디자인 : 스튜디오 익센트릭 (Studio Eccentric)
유형 : 주거공간

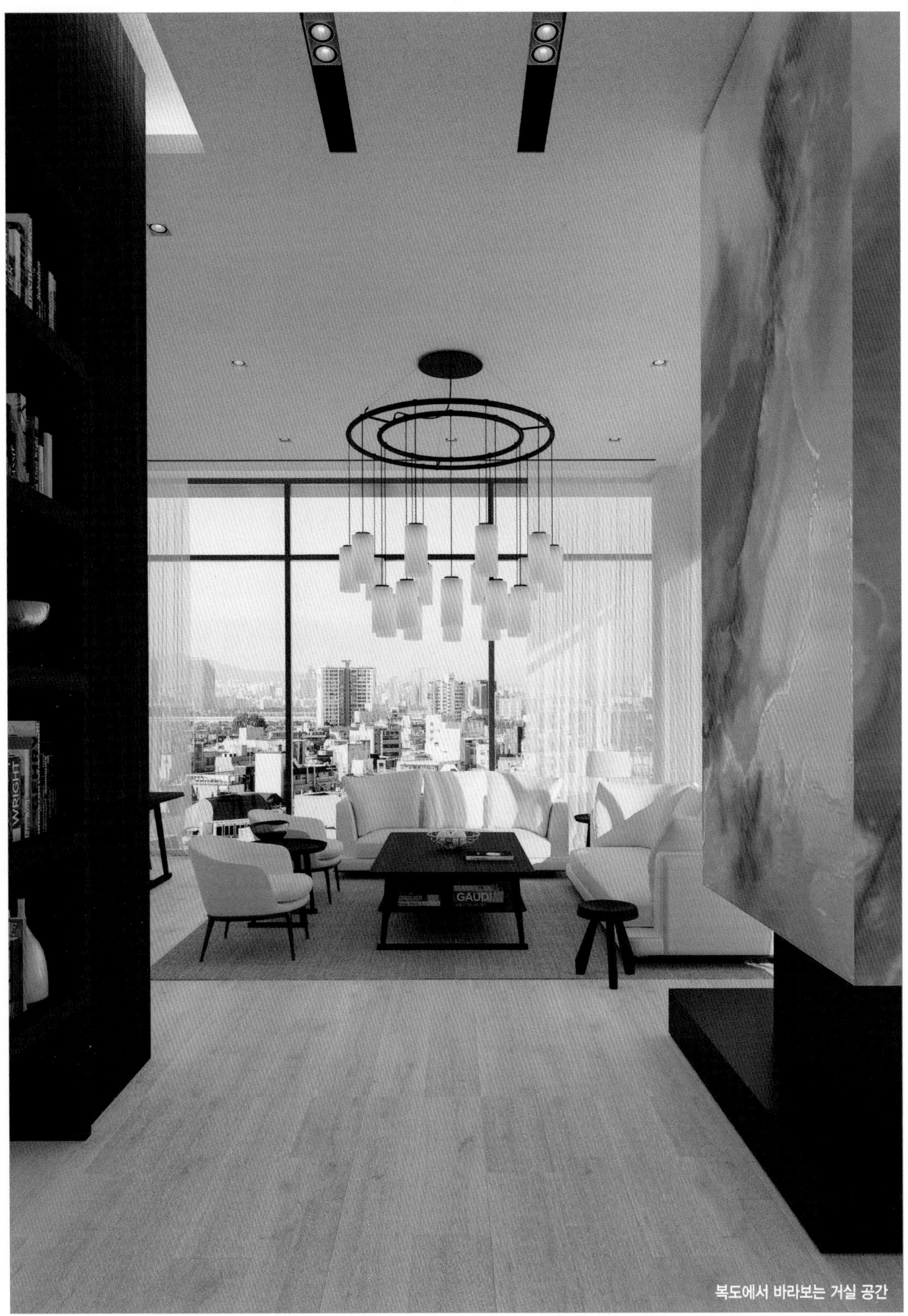

복도에서 바라보는 거실 공간

거실과 다이닝 공간

복도를 지나면 넓고도 쾌적한 거실과 다이닝 공간을 마주하게 됩니다. 높은 층고와 창을 통해 공간의 개방감을 느낄 수 있으며, 별도의 분리 없이 하나의 공간으로도 인지할 수 있는 거실과 다이닝 공간은 여러 손님을 초대하기를 즐기는 주인의 성향에 맞게 다양한 활용을 담아낼 수 있도록 설계했습니다.

거실과 다이닝 공간

침실

복도 사이에 숨겨져 있는 문을 열면 집의 사적 영역이 드러나게 됩니다. 이 안에 침실과 화장실이 구성되어 있습니다. 기능적인 면을 충실히 이행하면서, 낮은 조도와 정돈된 공간의 연출은 아늑하면서도 편안한 개인 공간의 분위기를 자아냅니다.

아늑한 개인의 침실 공간

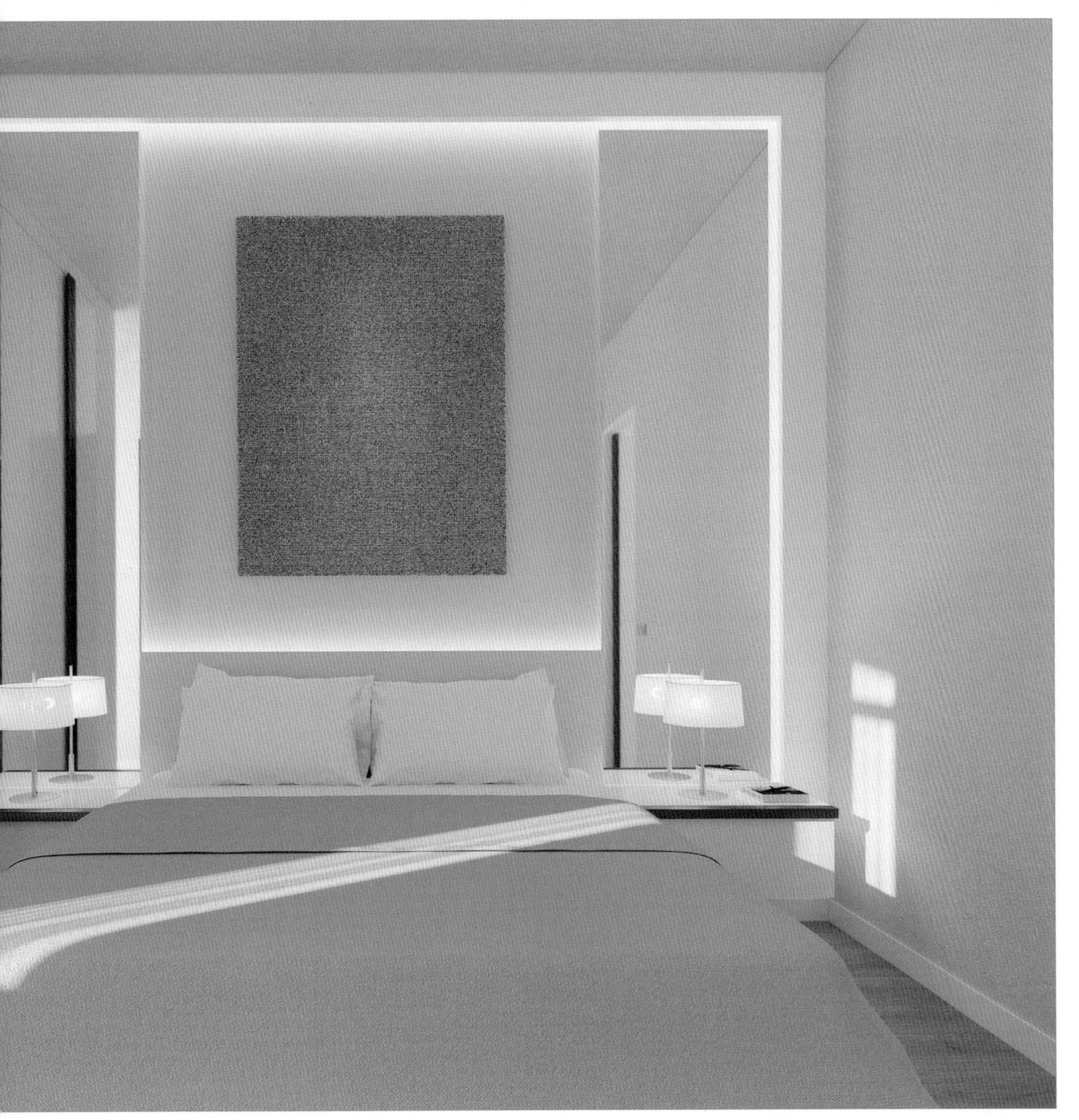

Part 4

도면 설계를 위한 Auto CAD 실무 프로젝트

건축, 인테리어 디자인 분야에서 도면 작성할 때 가장 널리, 그리고 가장 많이 사용되는 프로그램은 바로 AutoCAD입니다.

AutoCAD의 올바른 사용법을 토대로 제대로 갖춰진 도면 도서를 완성할 수 있습니다.

Designer's PRO

Practical Architecture Interior

AutoCAD

SketchUp

Blender

프로젝트

AutoCAD로 설계 도면 작성하기

AutoCAD는 설계 도면을 작성하기에 가장 최적화되어 있는 2D 프로그램입니다.

2D/3D 도면 작성을 위한 AutoCAD

건축 및 인테리어 디자인 분야에서 가장 널리, 그리고 오랫동안 사용되는 설계 프로그램은 바로 AutoCAD입니다. 기획 설계에서부터 실시 설계 단계까지의 2D 도면 작성을 위해서 보편적으로 사용될 뿐만 아니라, 공학 분야에서의 세밀한 설계를 위한 3D 툴로써도 활용이 되고 있습니다.

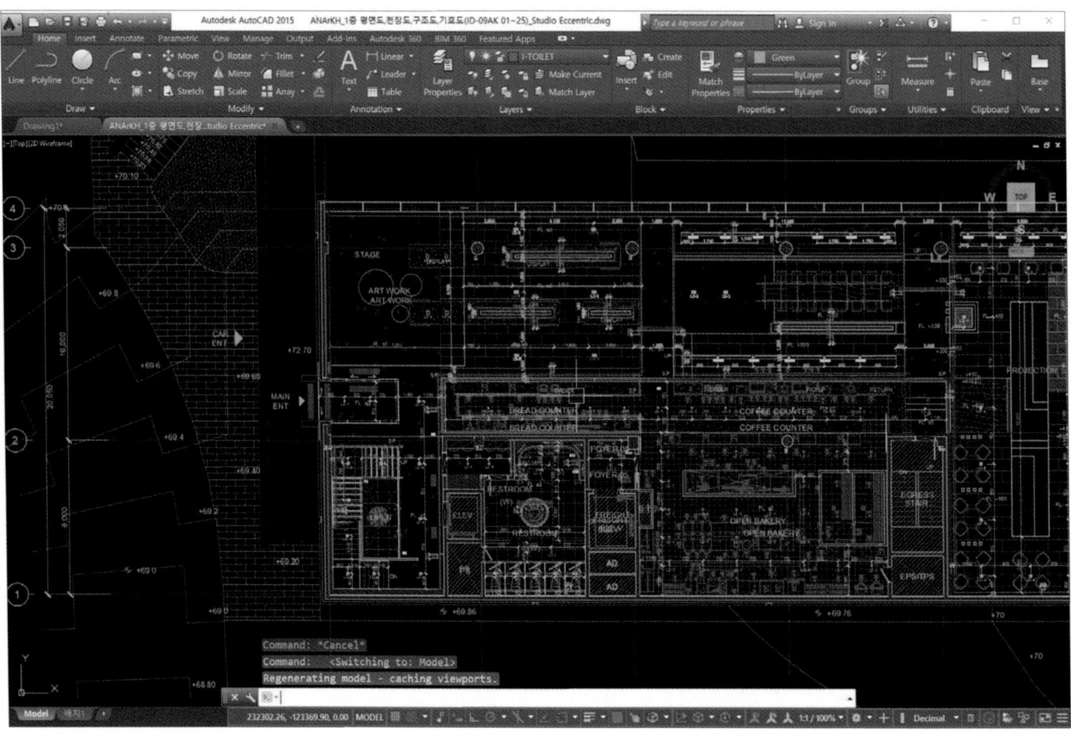

주요 기능

AutoCAD의 주요 기능들을 토대로 정확하면서도 완벽한 도면 구성을 만들어낼 수 있습니다.

정확한 그리기

AutoCAD의 Osnap 및 Ortho 기능을 활용한 스냅을 통해, 더욱 정확하면서도 세밀한 도면 작성을 이루어 나갈 수가 있습니다.

MVIEW 페이퍼 작업

복잡한 도면을 작성하게 될 때 MVIEW 페이퍼 작업을 활용하게 되면 더욱 편리하게 진행할 수가 있습니다. 평면도, 천장도 등의 도면을 각각 나열하여 작성하는 것이 아닌, 하나의 도면을 겹치어 페이퍼 탭에서 필요에 따라 레이어를 구분하여 다양한 도면을 구성하게 됩니다. 이때 MVIEW라는 기능을 이용해 작업합니다.

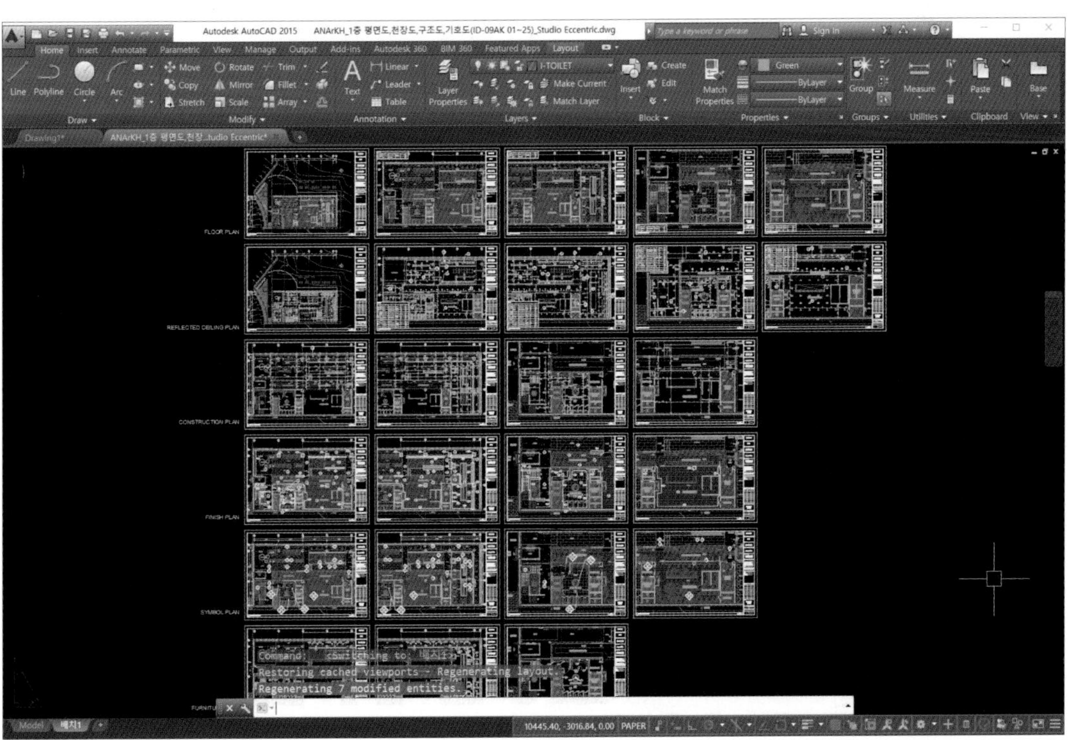

플롯

작업한 도면을 출력 및 다른 프로그램으로의 호환을 위해 내보낼 수 있는 기능을 나타냅니다. 다양한 종이 사이즈에 맞춰 지금까지의 작업한 도면을 출력할 수 있으며, 여러 ctb 스타일에 따라 선 굵기를 조절한 도면집을 완성할 수 있습니다. 종이로의 출력뿐만 아니라 디지털 파일로의 내보내기를 통해 후작업에 필요한 도면 파일을 추출할 수 있습니다.

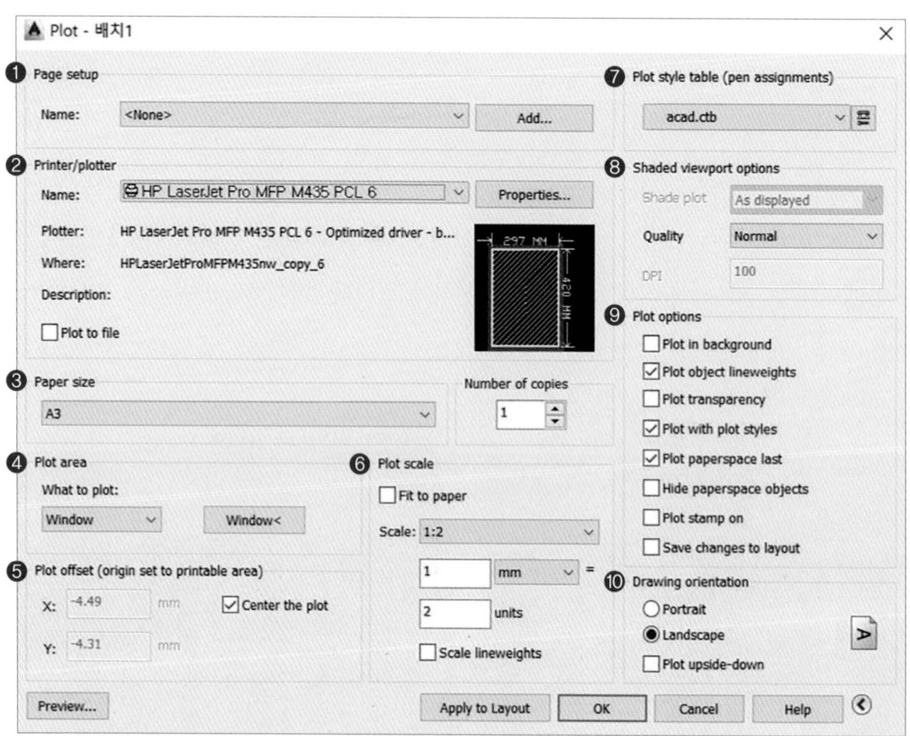

❶ Page setup : 플롯하려는 부분의 페이지 이름 설정할 수 있습니다.

❷ Printer/plotter : 플롯할 프린터 및 플로터 설정합니다.

❸ Paper size : 플롯할 종이 사이즈를 선택합니다.

❹ Plot area : 플롯할 영역을 선택합니다.

❺ Plot offset : 플롯할 위치를 선택합니다.

❻ Plot scale : 도면의 스케일 설정을 합니다.

❼ Plot style table : 플롯할 때의 스타일 설정을 선택합니다.

❽ Shaded viewport options : 다양한 옵션들 토대로 viewport들을 플롯할 수 있습니다.

❾ Plot options : 여러 옵션을 선택하여 플롯할 수 있습니다.

❿ Drawing orientation : 도면의 방향을 설정합니다.

화면 구성

AutoCAD 프로그램의 화면 구성은 다음과 같습니다.

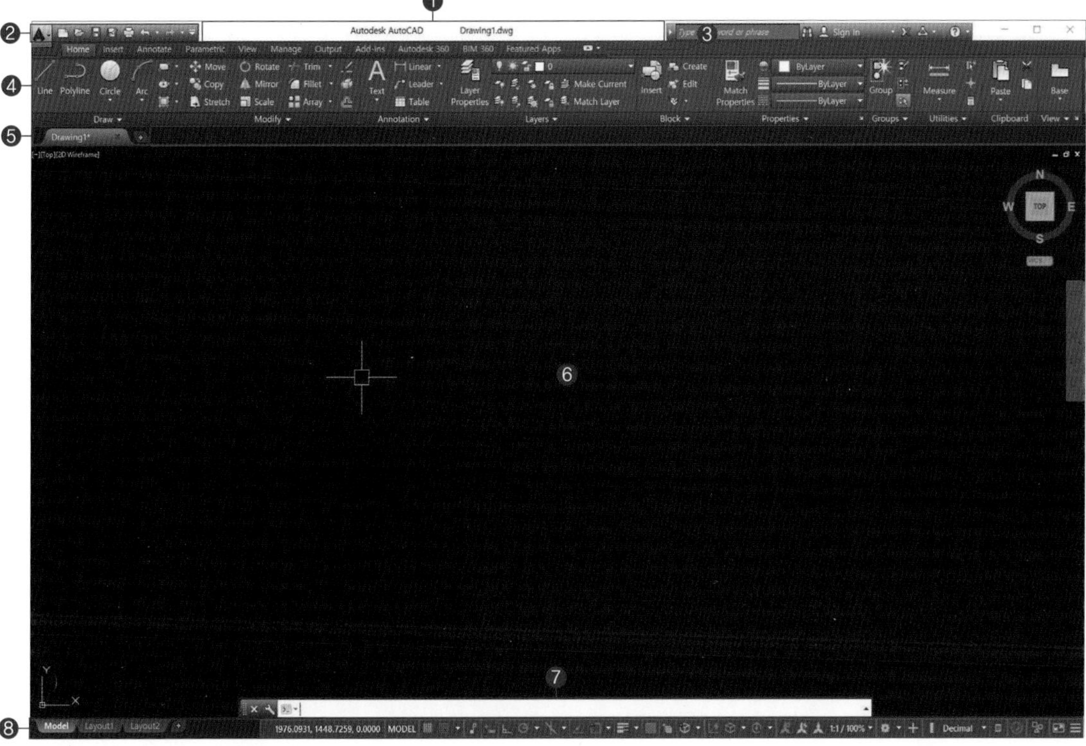

❶ **제목 표시줄** : 파일 제목이 표시되며 제목을 설정하지 않은 상태에서는 'Drawing1.dwg'로 표시됩니다.

❷ **응용 프로그램 아이콘** : 응용 프로그램 메뉴에서는 새로운 도면을 여는 New, 기존 도면을 여는 Open, 저장하는 Save As, 출력하는 Print 등의 명령을 클릭할 수가 있습니다.

❸ **메뉴** : AutoCAD의 다양한 명령들을 확인할 수 있습니다.

❹ **도구 모음** : 메뉴에서의 선택에 따라 변하는 도구 모음으로, 다양한 명령들이 아이콘화되어 있습니다.

❺ **파일 탭** : 현재 AutoCAD에 열려 있는 파일들이 나열되어 있습니다.

❻ **작업 영역** : 현재의 작업을 보여 주는 화면입니다.

❼ **명령 표시줄** : 입력 완료한 명령 또는 현재의 명령 상태를 확인할 수 있는 표시줄입니다.

❽ **상태 표시줄** : 현재 작업중인 도면의 설정 상태를 보여 줍니다. 각각의 아이콘을 클릭하여 설정을 변경할 수 있습니다.

종이 사이즈에 맞게 도면을 정리하여 호텔 공간 디자인하기

호텔 공간은 여행자들 및 휴식을 취하고자 하는 사람들을 위한 숙박 복합 공간으로, 편히 쉴 수 있는 객실 공간과 더불어 숙박객들을 위한 부대시설들이 마련되어 있습니다. 숙박하며 먹고, 마시고, 즐길 수 있는 카페, 레스토랑, 바 뿐만 아니라 수영장, 스파 등의 레저 공간도 함께 있어 휴양을 위한 안성맞춤 공간입니다.

이 호텔 공간 프로젝트는 서울 명동에 위치한 구축 건물을 철거 후 숙박 공간을 신축을 준비하고자 하는 작업이었습니다. 한정적인 사이트의 면적으로, 각각의 객실의 크기에 크게 할애할 수가 없어 비즈니스 호텔의 방향에 맞춰 나가고자 했습니다.

작업하는 도면을 종이에 출력할 때 이에 맞게 사이즈를 조절하는 것이 매우 중요합니다. 이때 사이즈의 조절은 상황에 맞게 1:100, 1:200 등 읽기 적절한 스케일을 고려하여 도면 작성을 합니다.

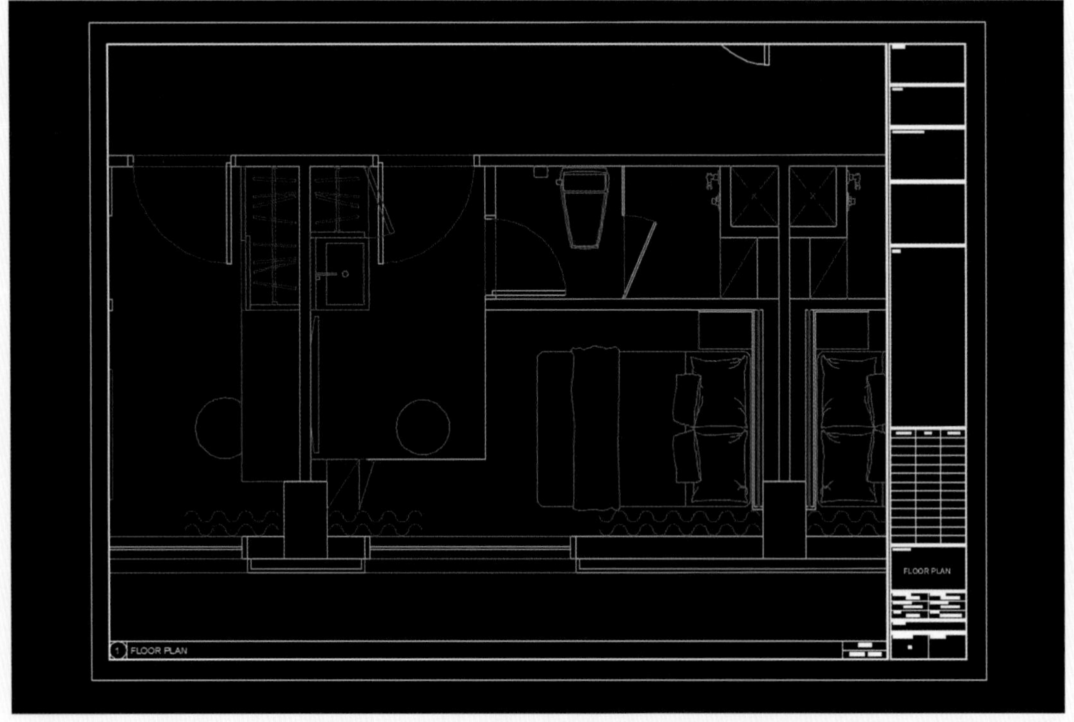

프로젝트 명동 B 호텔 **디자인** 스튜디오익센트릭 **제작 기간** 2020년 1월 (기획설계) **프로그램** AutoCAD

프로젝트 도심의 여행자들을 위한 효율적인 숙박 공간으로, 작지만 효율적인 공간 구성을 통한 쾌적함과 모던함을 나타내고자 하였습니다.

예제 파일 프로젝트\04\04_01_01.dwg, 04_01_02.dwg **완성 파일** 프로젝트\04\04_01_final.dwg

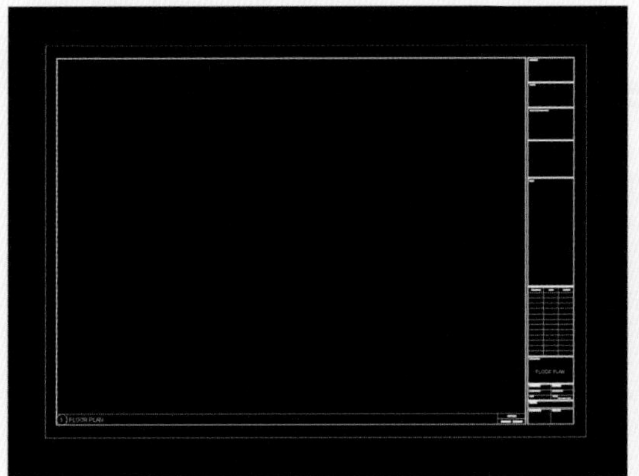

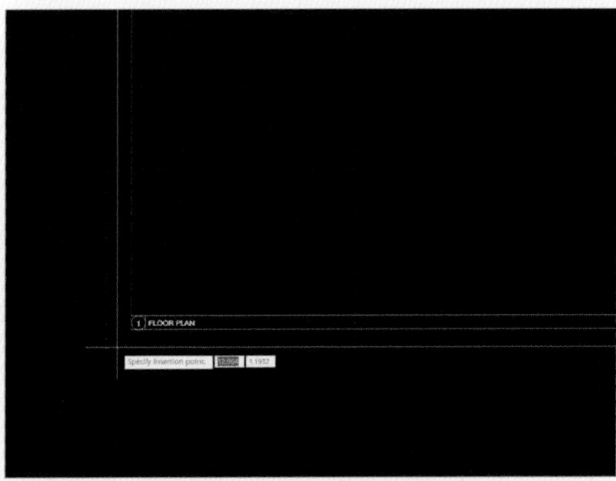

도면 템플릿 준비하기

도면 작업 시작에 앞서서, 추후 플롯 작업의 용이함을 위해 템플릿 작업을 준비하겠습니다.

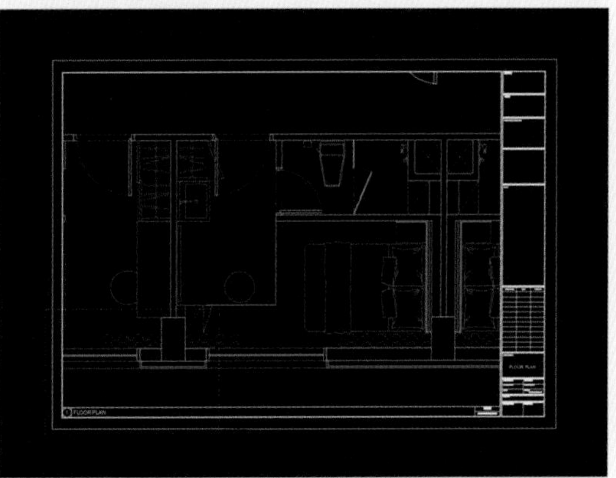

도면의 MVIEW 작업 설정하기

도면을 스케일에 맞게 플롯 하기 위해, 이에 맞는 MVIEW 작업을 설정하겠습니다.

도면 템플릿 준비하기

프로젝트 설계 중인 도면을 작성하면서 이를 출력하기 위해 맞는 템플릿을 준비해야 합니다. 출력 종이 사이즈에 맞게 템플릿을 준비하고, 출력하고자 하는 스케일에 맞게 작성 중인 도면을 조절합니다.

1 AutoCAD를 실행한 다음 프로젝트 → 04 폴더에서 '04_01_01.dwg' 파일을 불러옵니다. 호텔의 한 층이 작업된 도면을 확인합니다.

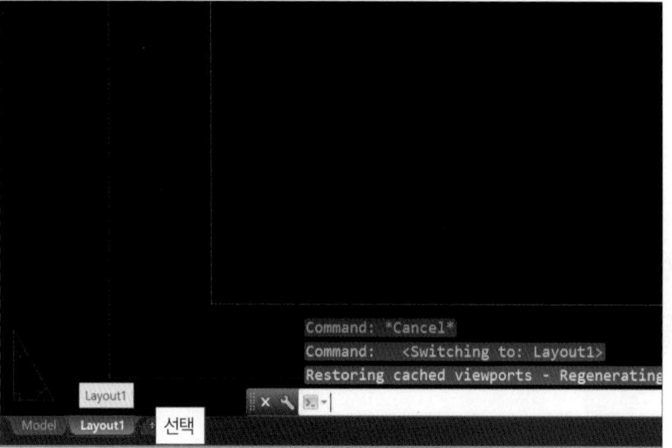

2 왼쪽 하단에서 〔Layout1〕 탭을 선택하여 화면을 전환합니다.

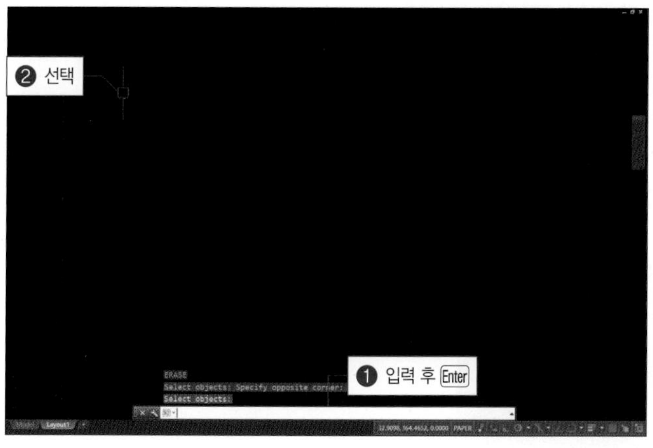

3 화면에 있는 MVIEW 창을 삭제하겠습니다. 명령어 창에 'Erase'를 입력하고 Enter를 누른 다음 창을 선택하여 삭제합니다.

4 다음은 템플릿을 준비합니다. 프로젝트 → 04 폴더에서 '04_01_02.dwg' 파일을 불러와 템플릿을 표시하고 Ctrl+C를 눌러 템플릿을 복사합니다.

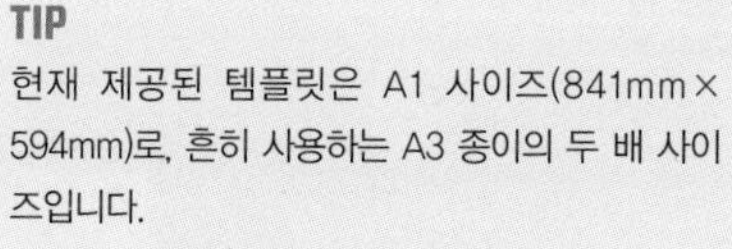

TIP

현재 제공된 템플릿은 A1 사이즈(841mm × 594mm)로, 흔히 사용하는 A3 종이의 두 배 사이즈입니다.

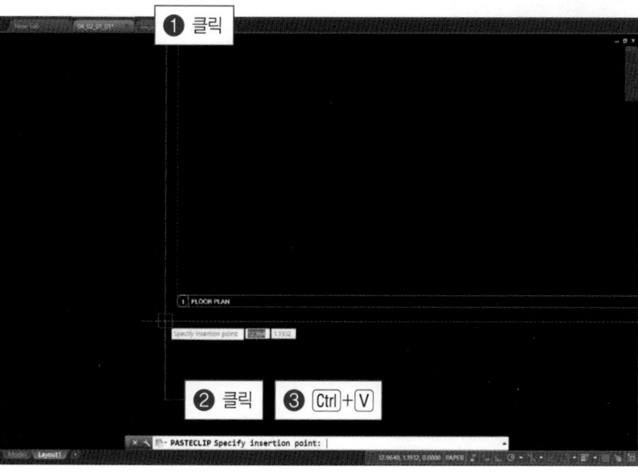

5 다시 '04_01_01.dwg' 파일을 화면에 표시하고 클릭한 다음 Ctrl+V를 눌러 템플릿을 붙여 넣습니다.

MVIEW 작업하기

템플릿에 맞게 MVIEW 작업을 진행하겠습니다. 정해져 있는 종이의 사이즈 맞게 템플릿이 준비되어 있다면, 이에 맞게 작업한 도면을 설정하는 과정을 거치게 됩니다.

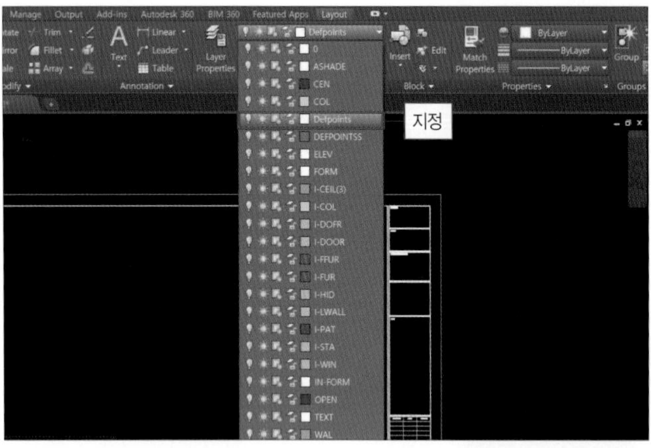

1 레이어 스크롤을 'Defpoints'로 지정하여 'Defpoints' 레이어로 전환합니다.

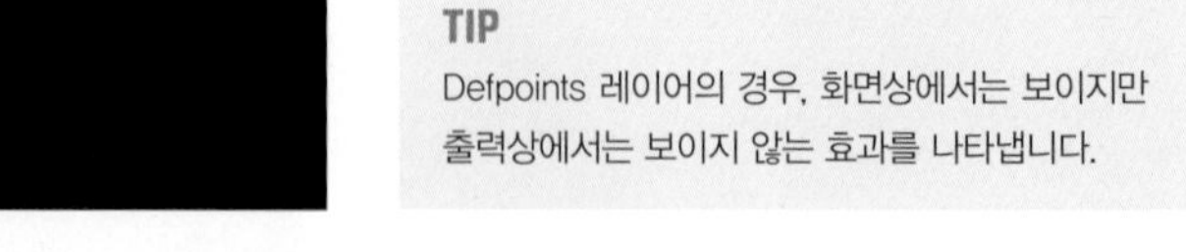
TIP
Defpoints 레이어의 경우, 화면상에서는 보이지만 출력상에서는 보이지 않는 효과를 나타냅니다.

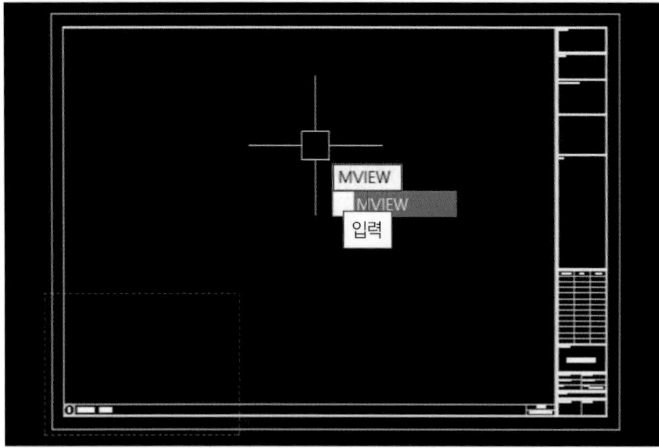

2 명령어 창에 'MVIEW'를 입력합니다.

3 명령어 창에 MVIEW Specify corner of viewport가 표시되면 도면이 작성될 템플릿 안쪽의 한쪽 모서리를 클릭하고 대각선 반대편 모서리를 클릭합니다.

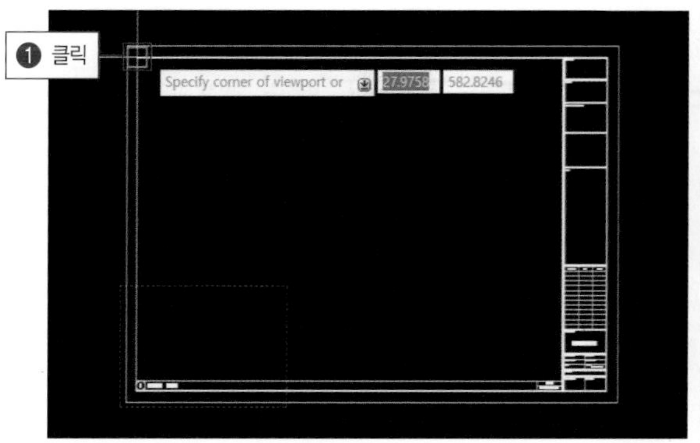

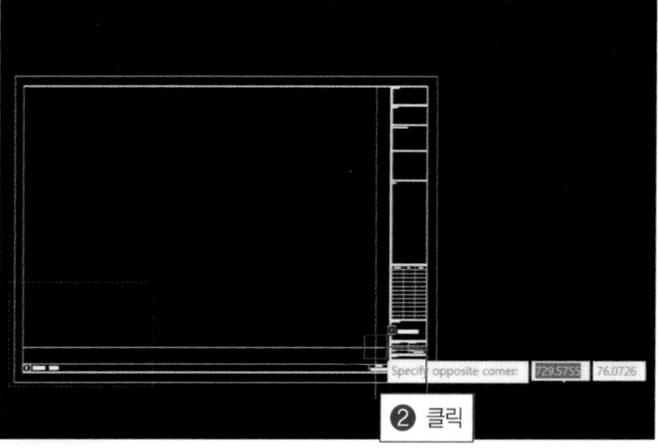

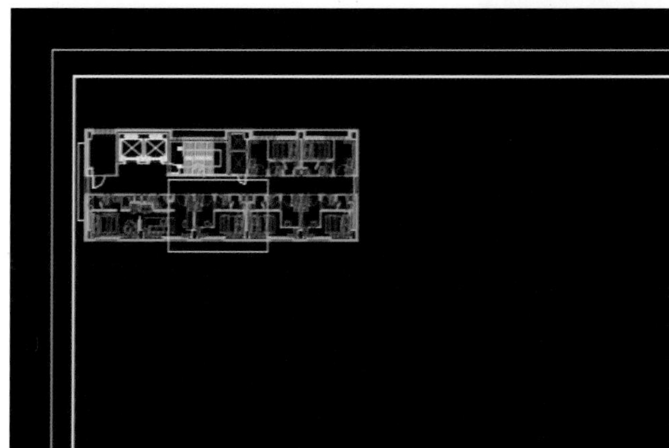

4 템플릿 안쪽 MVIEW 창에 〔Model〕 탭에서 봤던 호텔 도면 작업이 표시됩니다.

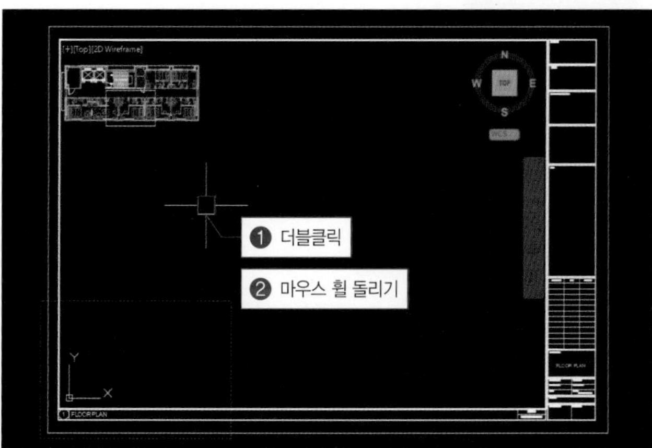

5 MVIEW 창 안쪽에 마우스 포인터를 위치하고 더블클릭하면 창 가장자리가 굵어집니다. 마우스 휠을 돌려 내리다 보면 Model 창이 확대되고 축소되는 것을 확인할 수 있습니다.

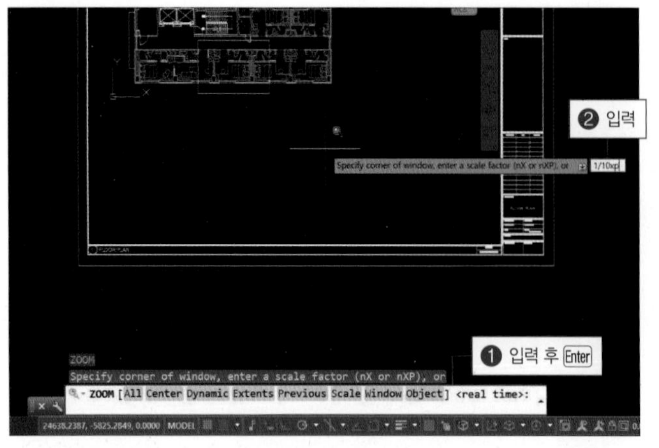

6 원하는 도면 크기에 맞게 조절하겠습니다. 명령어 창에 'ZOOM'을 입력하고 Enter를 눌러 Specify corner of window, enter a scale factor (nX or nXP), or이 표시되면 '1/10xp'를 입력하여 A1 사이즈로 설정합니다.

TIP

예제에서는 A1 사이즈는 1:10, A3 사이즈는 1:30가 적당하여 이에 맞게 진행했습니다.

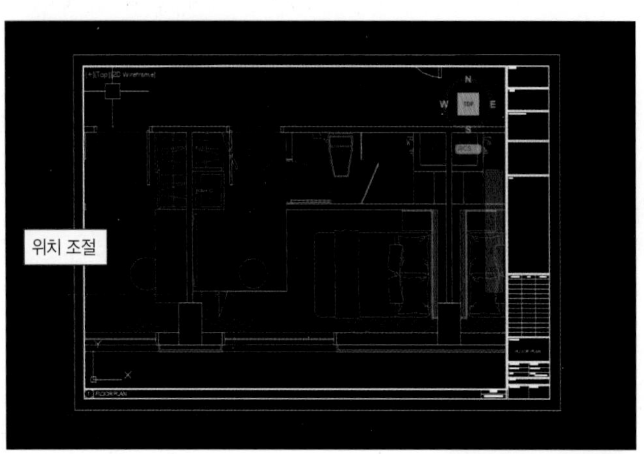

7 스케일에 맞게 도면 작업이 확대됩니다. 마우스 휠을 클릭한 상태로 드래그하여 템플릿 창에 보여 주고자 하는 화면 위치로 조절합니다.

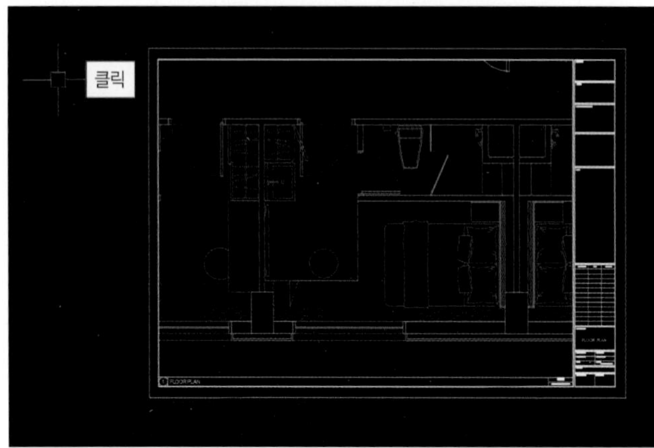

8 MVIEW 창 바깥을 클릭하면 창 가장자리가 열어집니다.

9 MVIEW 창을 선택하고 Properties 패널에서 Misc의 Display locked를 'Yes'로 지정합니다.

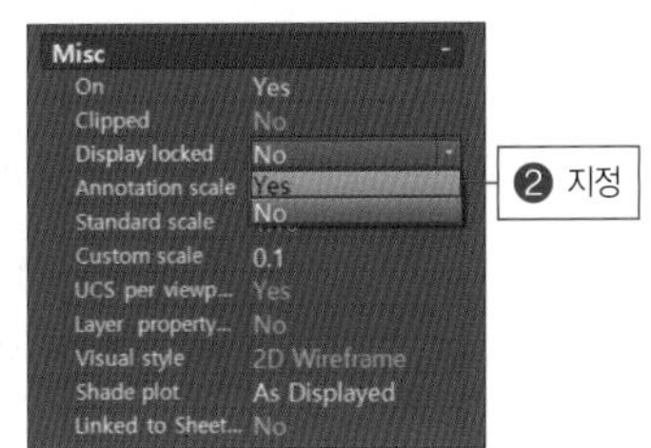

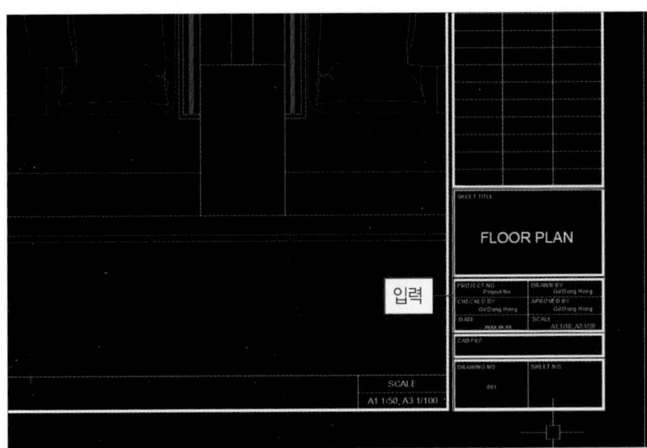

10 템플릿 하단 오른쪽에 해당 도면에 대한 정보를 기입합니다. 일반적으로 템플릿 정보에는 도면 작성한 디자이너의 이름, 검토하고 확인한 상급 디자이너의 이름, 작성 날짜, 스케일, 도면 번호 등의 내용이 적힙니다.

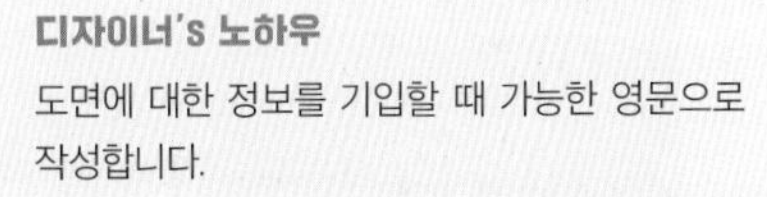

디자이너's 노하우

도면에 대한 정보를 기입할 때 가능한 영문으로 작성합니다.

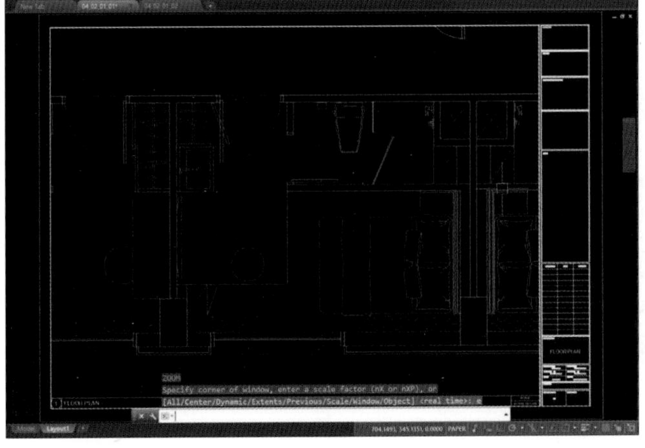

11 템플릿에 맞게 도면이 완성됩니다.

Project 2

도면 속성에 맞게 한 도면에서 식음 공간 디자인 작업하기

식음 공간 인테리어 디자인이란, 사람들이 모여 음료와 식사를 즐기는 공간의 디자인하는 것을 말합니다. 레스토랑, 카페, 바와 같은 공간을 디자인하게 될 때 손님한테 제공되는 음식과의 조화 및 공간의 분위기를 이해하며 기획을 하게 됩니다.

이 프로젝트는 모 기업 카페 및 레스토랑 건물의 인테리어 디자인을 도맡아 진행하였던 작업이었습니다. 지하 1층과 지상 1층의 카페 그리고 지상 2층과 3층 및 옥상을 포함한 레스토랑 프로그램으로 구성하고자 했습니다. 각 층마다 표현되는 다양한 공간의 분위기 그리고 연출을 공간에 담고자 했습니다.

층마다 다르게 구성되는 공간이었기 때문에 도면을 알아보기 쉽게 정리하는 것이 중요했습니다. 도면이 다양할수록 별도로 작업하는 것이 아닌, 도면 속성에 맞게 하나의 도면으로 작업하여 필요에 맞는 도면을 추출하는 것이 핵심이었습니다. 이번 단계에서는 식음 공간의 한 층을 토대로 함께 도면 작업을 진행하겠습니다.

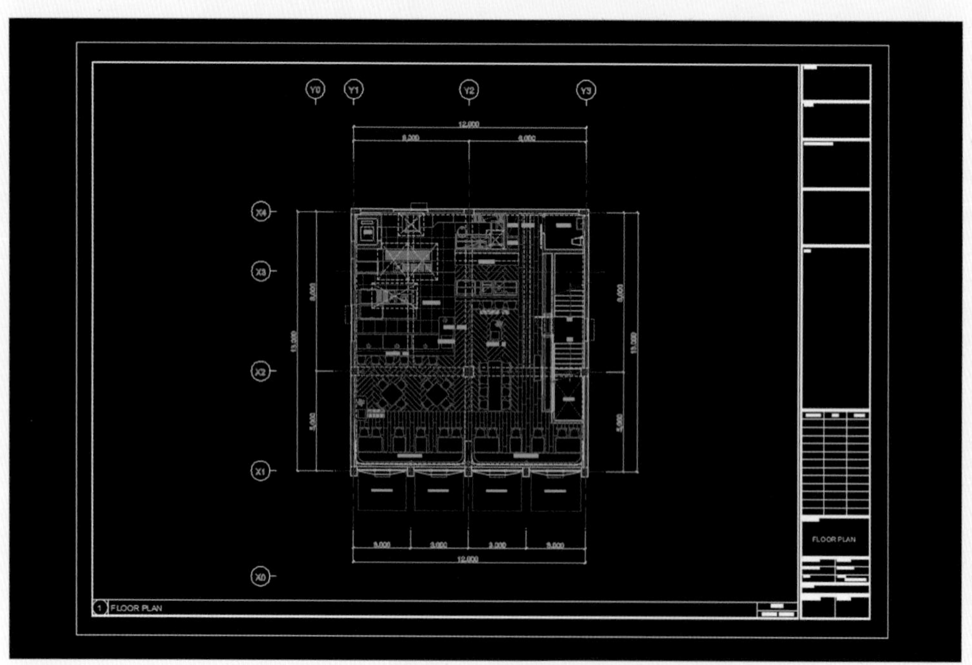

프로젝트 태극당 333 식음공간 **디자인** 스튜디오익센트릭 **제작 기간** 2018년 12월 (기획 설계/기본 설계) **프로그램** AutoCAD

제작 컨셉 뉴욕에서 경험해 볼 법한 느낌의 캐쥬얼한 카페와 레스토랑의 이미지를 담고자 했습니다.

예제 파일 프로젝트\04\04_02_01.dwg, 04_02_02.dwg, 04_02_03.dwg, 04_02_04.dwg **예제 파일** 프로젝트\04\04_02_final.dwg

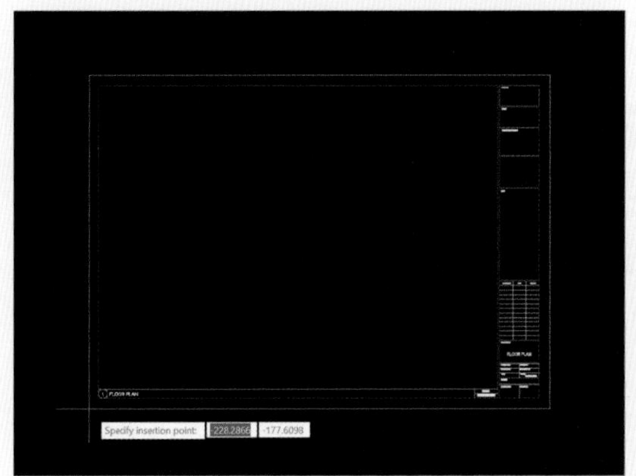

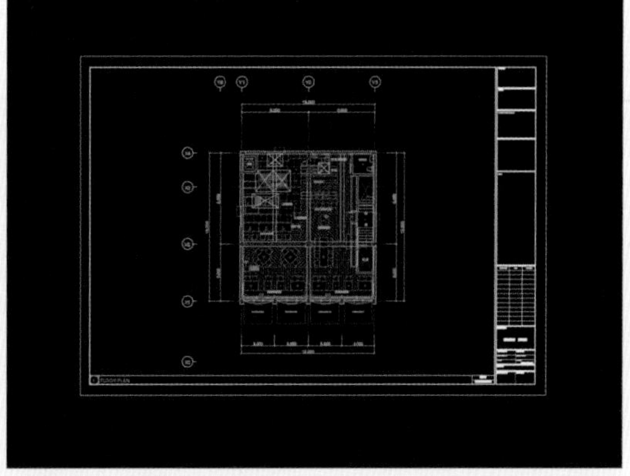

평면도 설정하기

템플릿에 맞게 도면을 준비하여 평면도를 설정하겠습니다.

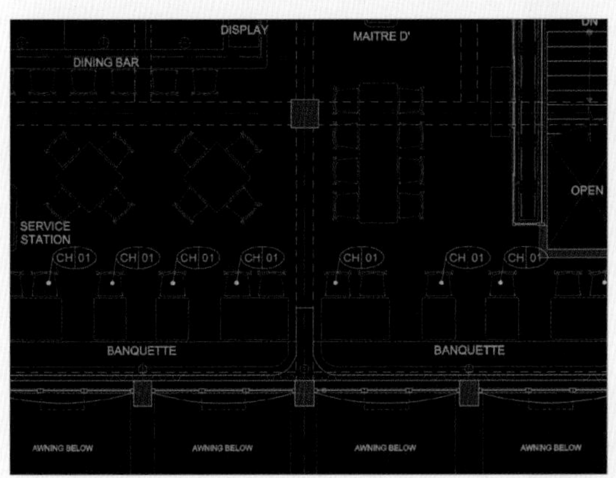

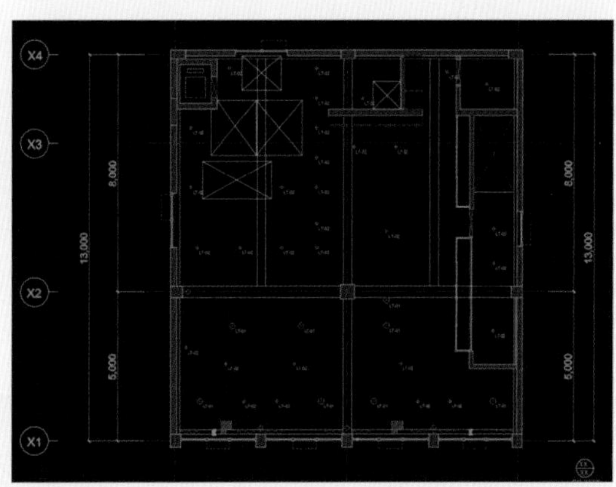

레이어 정리하기

평면도, 가구도, 천장도 각각의 도면에 맞게 레이어를 정리하겠습니다.

평면도 설정하기

우선 템플릿에 맞게 그려진 도면을 준비하고, 이와 더불어 가장 중요한 평면도를 완성하겠습니다.

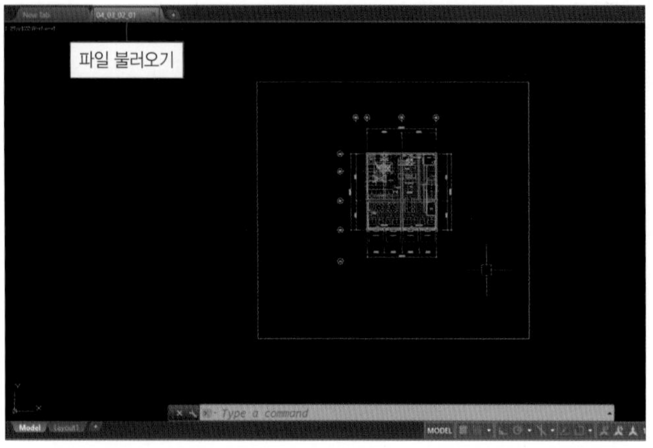

1 AutoCAD를 실행한 다음 프로젝트 → 04 폴더에서 '04_02_01.dwg' 파일을 불러옵니다. 이 파일에 작업되어 있는 도면에는 레스토랑의 평면이 구성되어 있음을 알 수 있습니다.

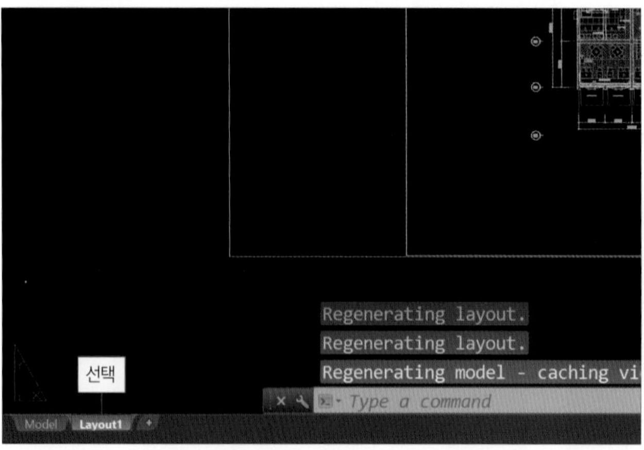

2 왼쪽 하단에서 〔Layout1〕 탭을 선택하여 화면을 전환합니다.

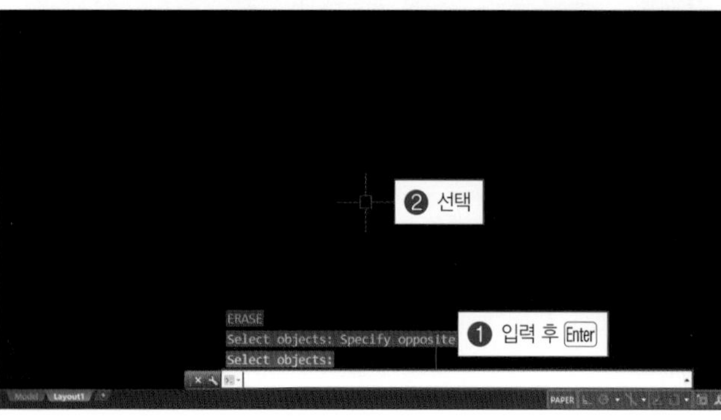

3 화면에 있는 MVIEW 창을 삭제하겠습니다. 명령어 창에 'Erase'를 입력하고 Enter를 누른 다음 선택하여 삭제합니다.

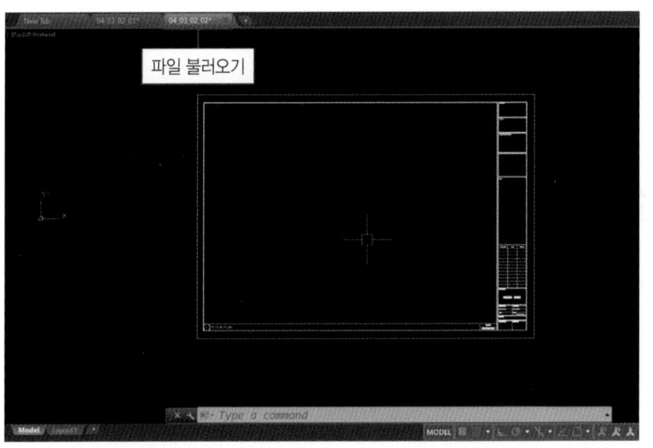

4 다음은 템플릿을 준비합니다. 프로젝트 → 04 폴더에서 '04_02_02.dwg' 파일을 불러와 템플릿을 표시합니다.

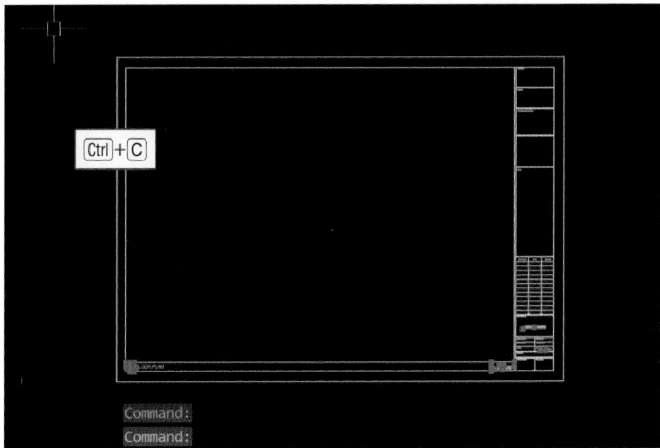

5 현재 제공된 템플릿은 A1 사이즈(841mm×594mm)입니다. Ctrl+C를 눌러 템플릿을 복사합니다.

6 다시 '04_02_01.dwg' 파일을 화면에 표시하고 클릭한 다음 Ctrl+V를 눌러 템플릿을 붙여 넣습니다.

7 왼쪽 하단 [Layout] 탭에서 마우스 오른쪽 버튼을 클릭하여 Rename을 실행하고, 'Floor Plan'을 입력하여 탭 이름을 변경합니다.

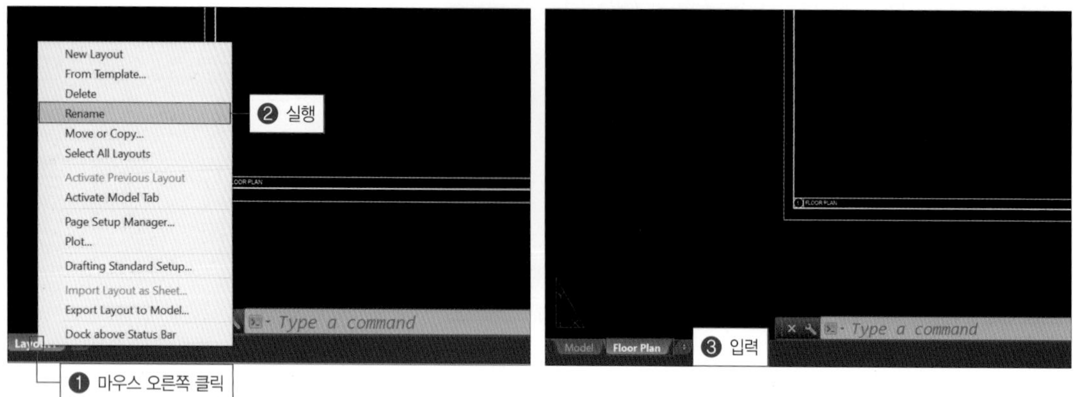

8 레이어 스크롤을 'Defpoints'로 지정하여 'Defpoints' 레이어로 전환합니다.

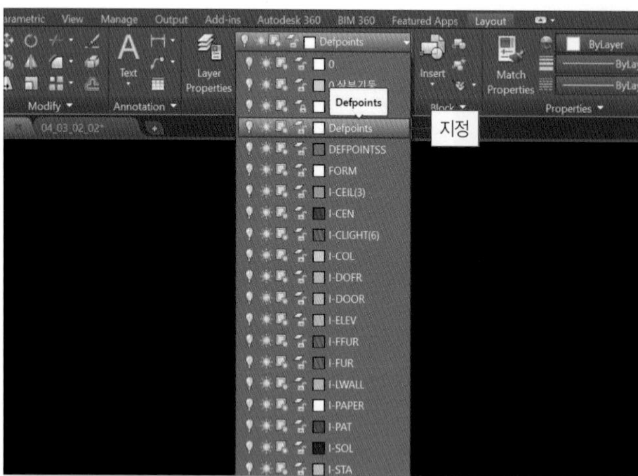

9 명령어 창에 'MVIEW'를 입력합니다.

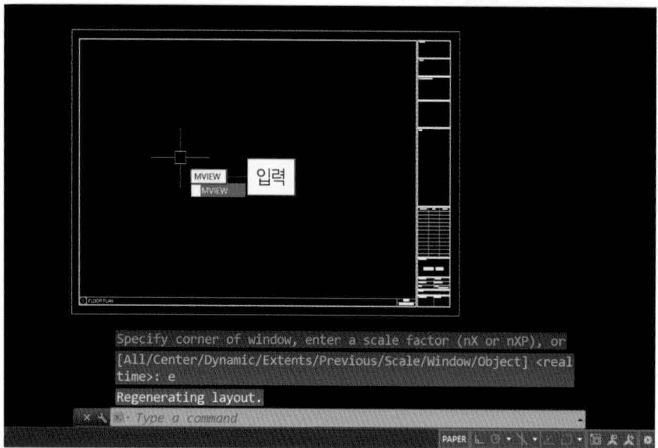

10 명령어 창에 MVIEW Specify corner of viewport가 표시되면 도면이 작성될 템플릿 안쪽의 한쪽 모서리를 클릭하고 대각선 반대편 모서리를 클릭합니다.

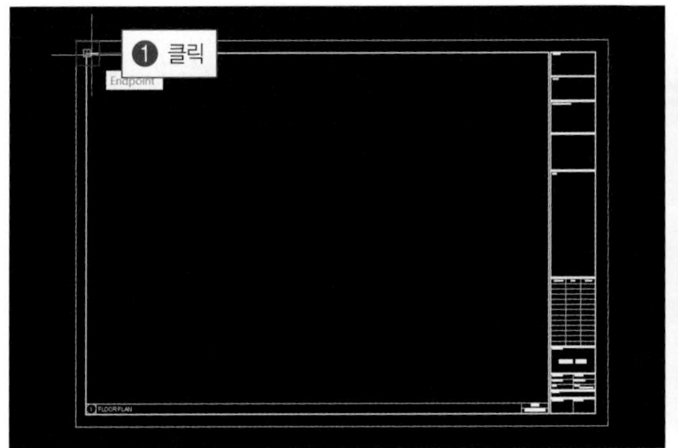

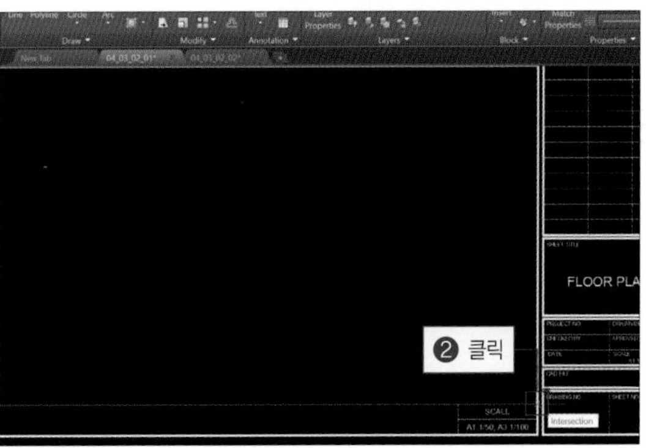

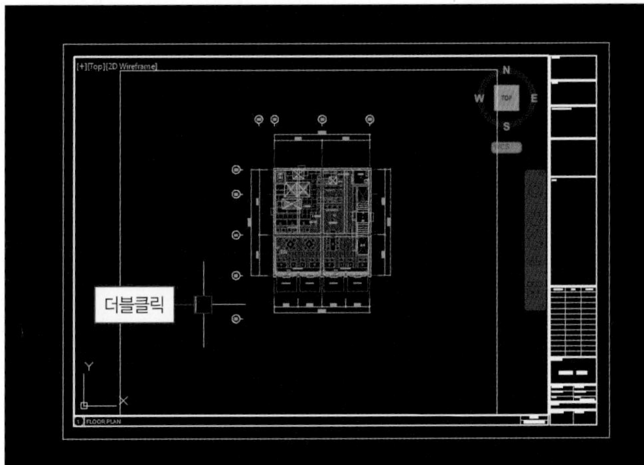

11 템플릿의 안쪽 MVIEW 창에서 〔Model〕 탭의 도면 작업이 표시됩니다. MVEW 창 안쪽을 더블클릭하여 작업 창으로 이동합니다.

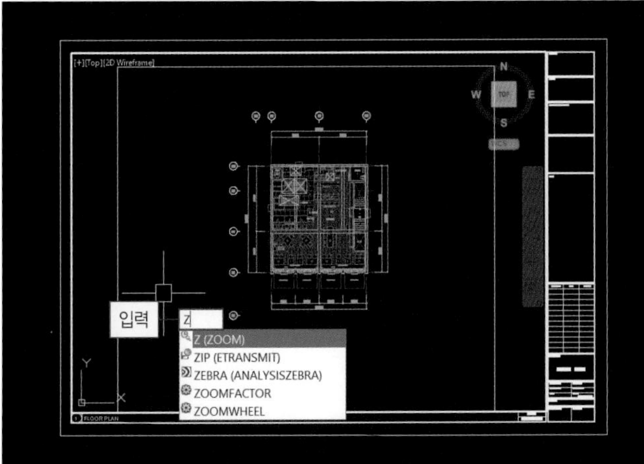

12 원하는 도면 크기에 맞게 조절하겠습니다. 명령어 창에 'ZOOM'을 입력합니다.

TIP

예제에서는 A1 사이즈는 1:10, A3 사이즈는 1:30가 적당하여 이에 맞게 진행했습니다.

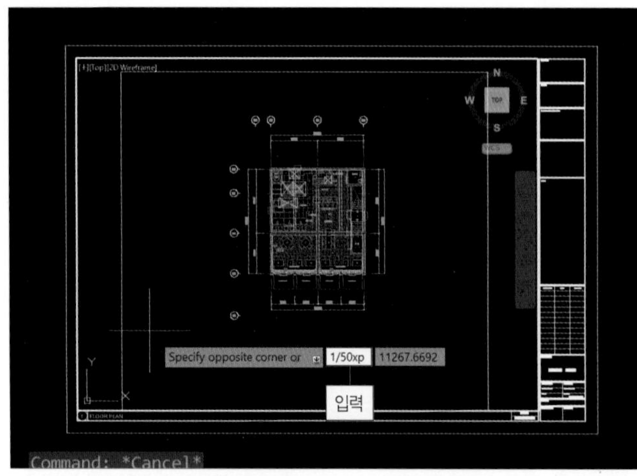

13 Specify corner of window, enter a scale factor (nX or nXP), or이 표시되면 '1/50xp'를 입력하여 A1 사이즈로 설정합니다.

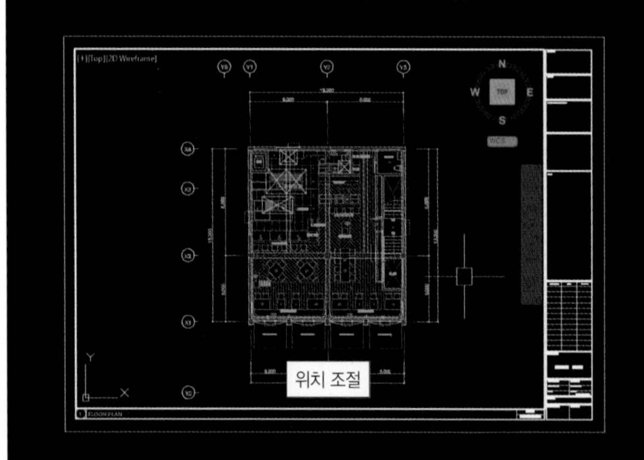

14 스케일에 맞게 도면 작업이 확대됩니다. 마우스 휠을 클릭한 상태로 템플릿 창에 보여 주고자 하는 화면 위치로 조절합니다.

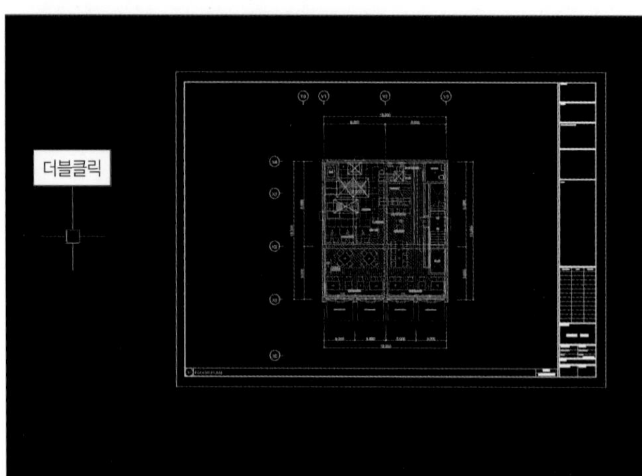

15 MVIEW 창 바깥을 더블클릭하여 설정을 마무리합니다.

16 템플릿 왼쪽 하단을 더블클릭하여 'FLOOR PLAN'을 입력하여 변경하고, 오른쪽의 SHEET TITLE도 'FLOOR PLAN'을 입력하여 변경합니다.

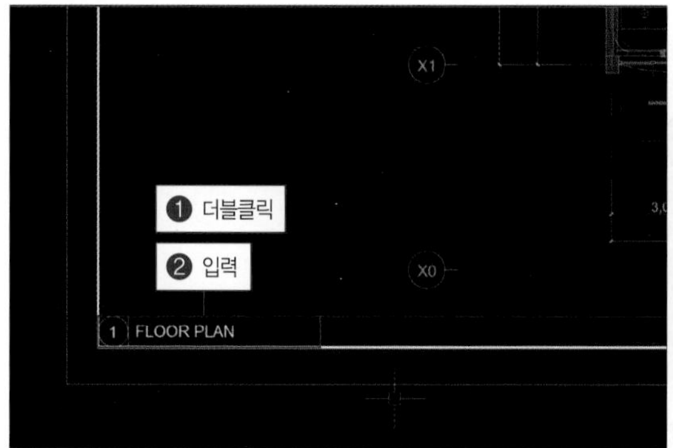

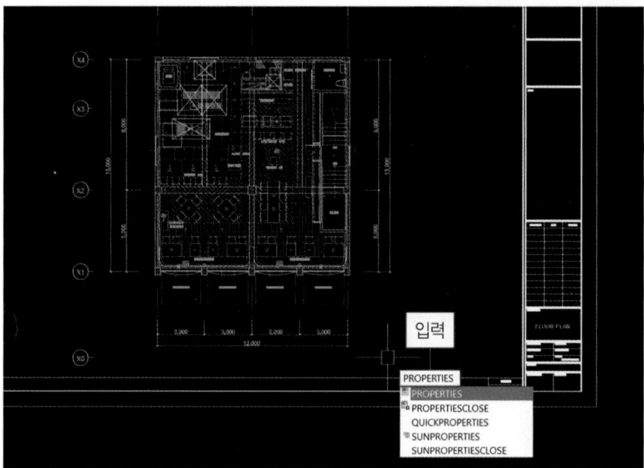

17 명령어 창에 'PROPERTIES'를 입력합니다.

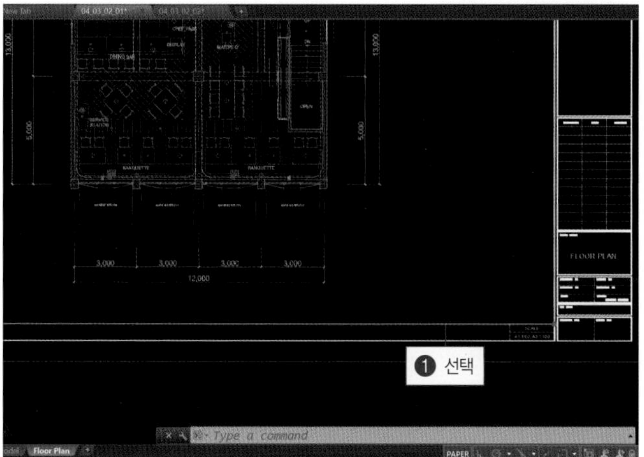

18 Properties 패널이 표시되면 MVIEW 창을 선택하고 Properties 패널에서 Misc의 Display locked를 'Yes'로 지정하여 마무리합니다.

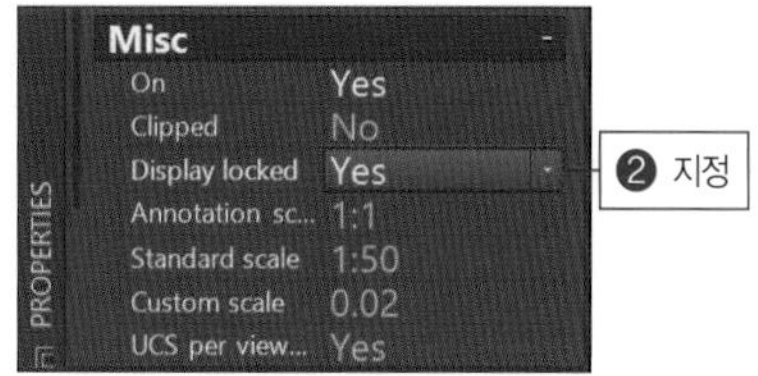

평면도 레이어 정리하기

평면도에 맞게 도면에 표기되어야 할 레이어만 남기고 정리를 합니다.

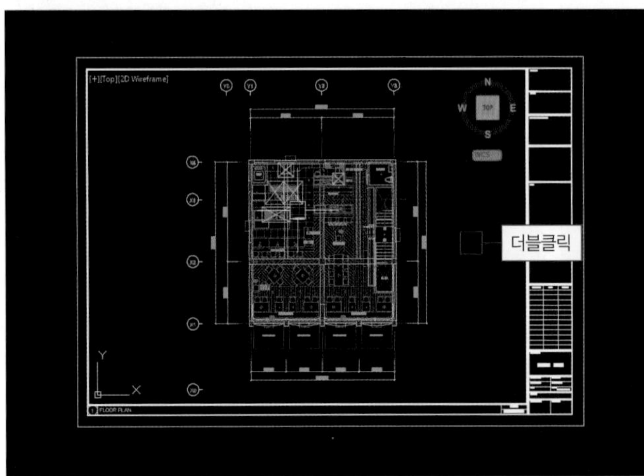

1 MVIEW 창 안을 더블클릭하여 이동합니다.

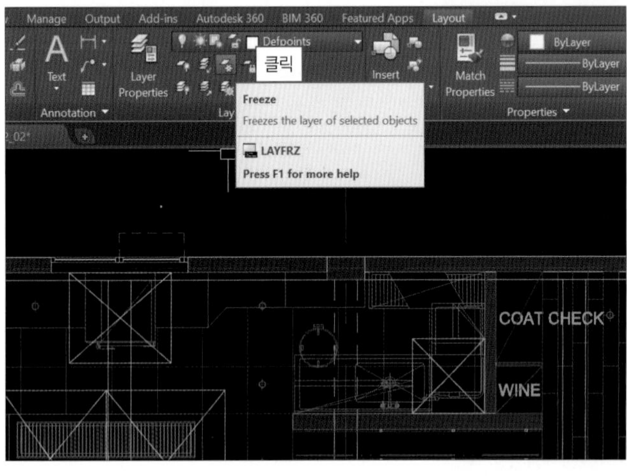

2 Home 메뉴에서 'Freeze' 아이콘( ) 클릭합니다.

TIP

명령어 창에 'LAYFRZ'를 입력해도 동일합니다.

3 평면 외에 천장도에 해당되는 'I-CEIL'(Ceiling)과 'I-CLIGHT'(Ceiling Light)가 포함된 모든 레이어를 클릭하여 숨깁니다.

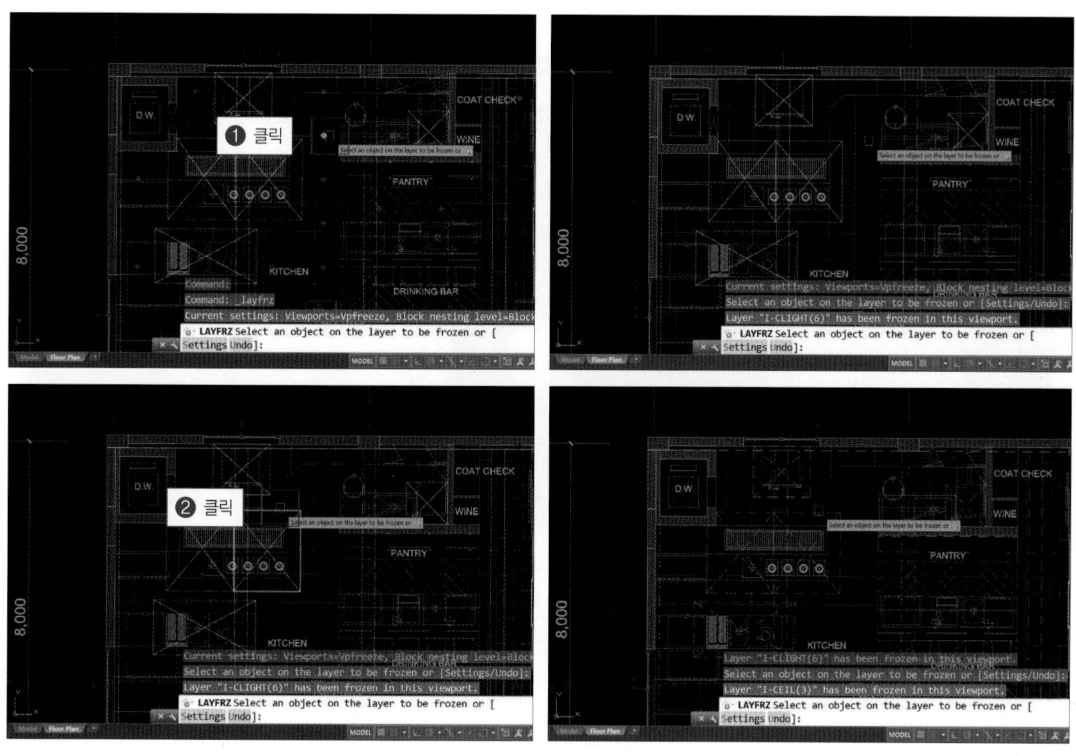

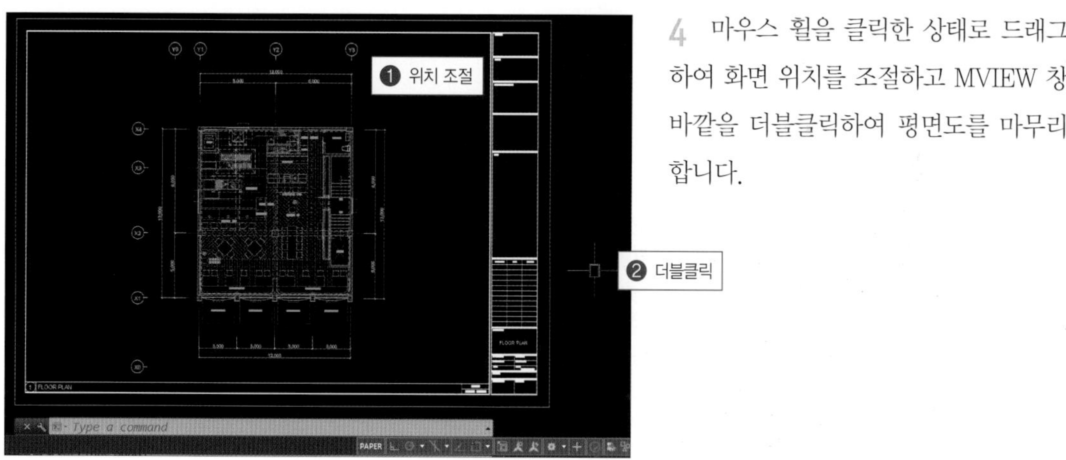

4 마우스 휠을 클릭한 상태로 드래그하여 화면 위치를 조절하고 MVIEW 창 바깥을 더블클릭하여 평면도를 마무리합니다.

가구도 레이어 정리하기

가구도에 맞게 도면에 표기되어야 할 레이어만 남기고 정리를 합니다.

1 왼쪽 하단 [Layout] 탭에서 마우스 오른쪽 버튼을 클릭하여 Move or Copy를 실행합니다.

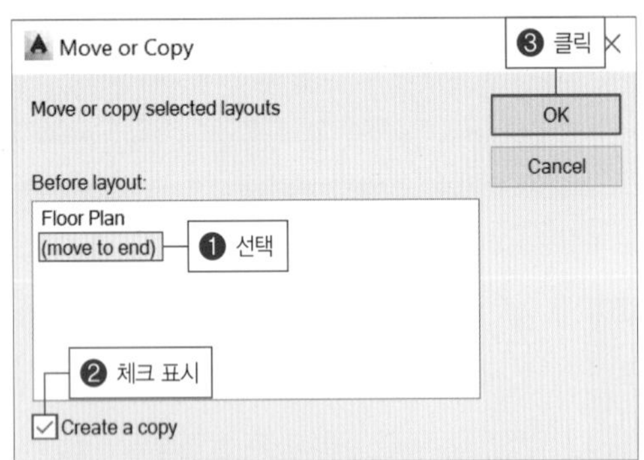

2 Move or copy 대화상자가 표시되면 Before layout의 '(move to end)'를 선택하고 'Create a copy'를 체크 표시한 다음 〈OK〉 버튼을 클릭합니다.

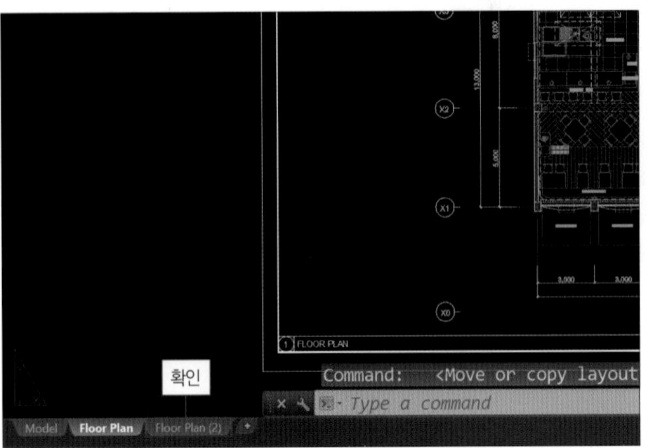

3 왼쪽 하단에서 [Floor Plan] 탭 옆에 [Floor Plan (2)] 탭이 생성된 것을 확인할 수 있습니다.

4 왼쪽 하단 〔Floor Plan (2)〕 탭에서 마우스 오른쪽 버튼을 클릭하여 Rename을 실행합니다.

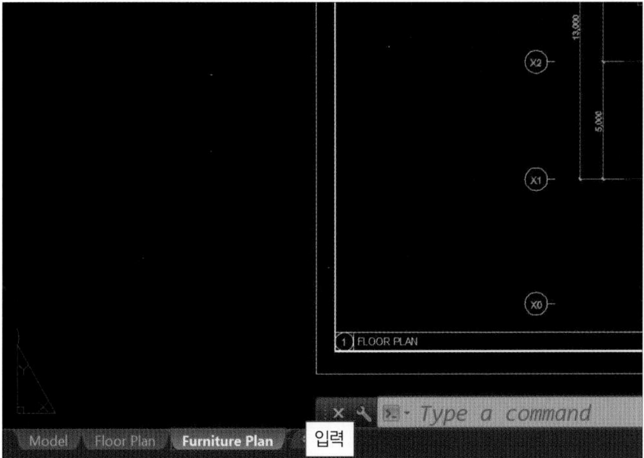

5 'Furniture Plan'을 입력하여 탭 이름을 변경합니다.

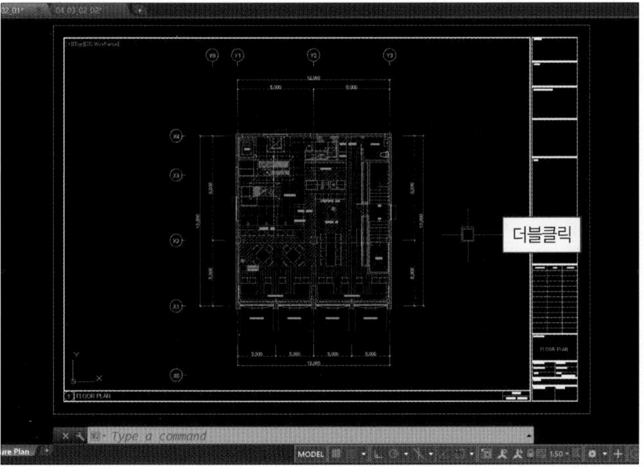

6 MVIEW 창 안을 더블클릭하여 MVIEW 창으로 이동합니다.

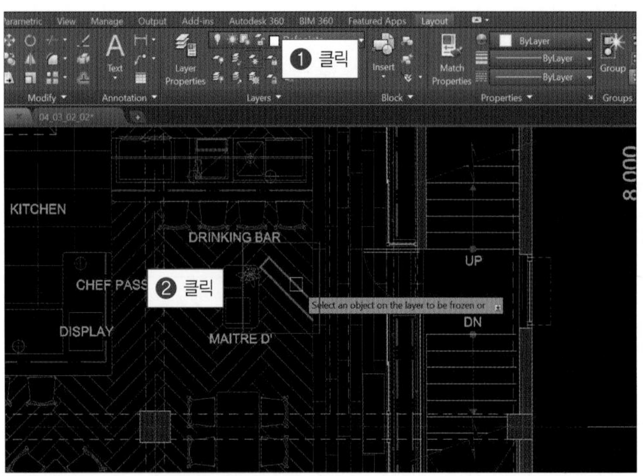

7 Home 메뉴에서 'Freeze' 아이콘( ) 클릭하고 가구도 가구들이 더 눈에 띌 수 있게 바닥 마감에 해당되는 'I-PAT' 레이어와 천장도에 사용될 'I-CEIL'과 'I-CLIGHT'에 해당되는 레이어를 모두 클릭합니다.

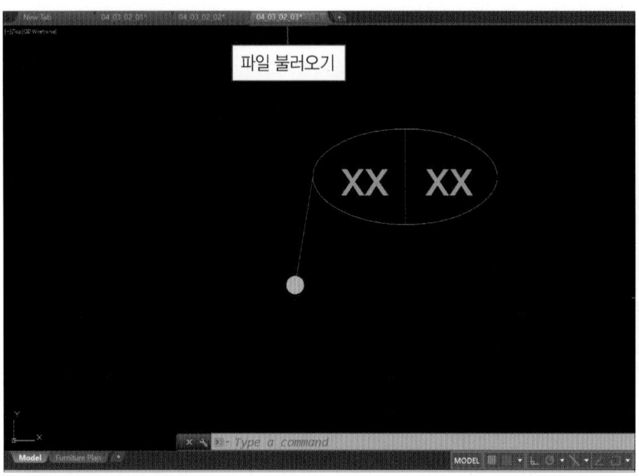

8 프로젝트 → 04 폴더에서 '04_02_03.dwg' 파일을 불러옵니다. 가구도에 필요한 가구 심볼(Symbol)이 표시됩니다.

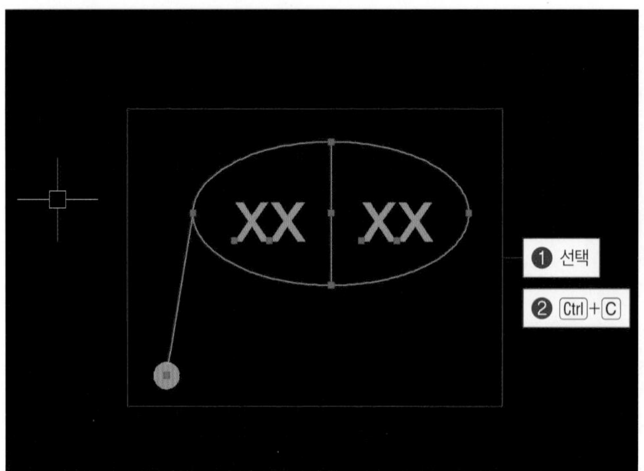

9 심볼을 선택하고 Ctrl+C를 눌러 가구 심볼을 복사합니다.

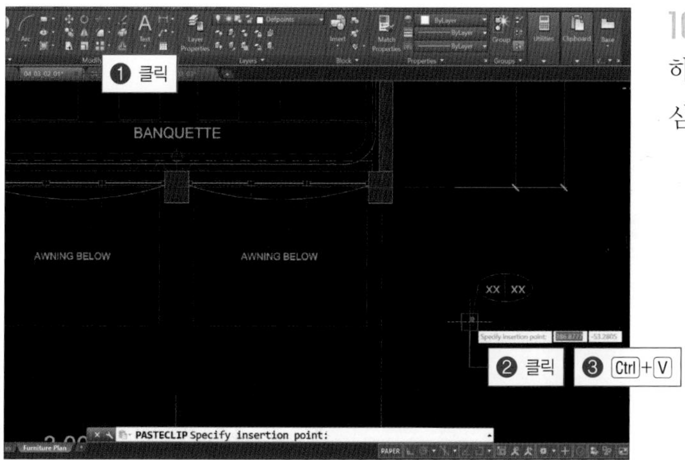

10 다시 '04_02_01.dwg' 파일을 표시하고 클릭한 다음 Ctrl+V를 눌러 가구 심볼을 붙여 넣습니다.

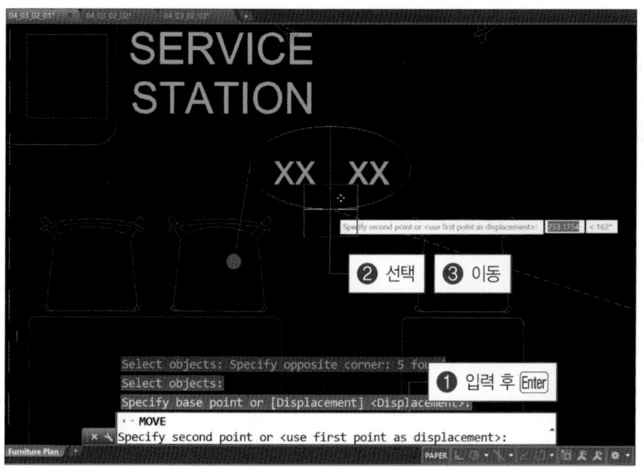

11 명령어 창에 'MOVE'를 입력하고 Enter를 누른 다음 가구 심볼을 선택하여 홀 Banquette의 의자 위에 위치합니다.

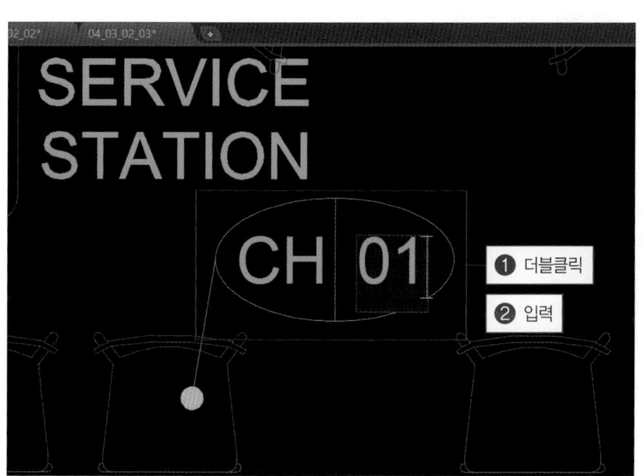

12 가구 심볼 위 XX를 더블클릭하여 'CH'와 '01'을 입력합니다. 앞의 부분의 XX는 가구의 종류를 명시하게 되고, 뒤의 XX는 그 종류의 일렬번호를 말합니다. 'CH'는 'Chair(의자)'의 앞 두 글자, 뒤의 숫자 '01'은 첫 번째 일렬번호의 가구를 뜻합니다.

13 같은 방법으로 명령어 창에 'COPY'를 입력하고 Enter를 눌러 홀에 배치된 모든 의자에 복사하여 심볼을 추가합니다.

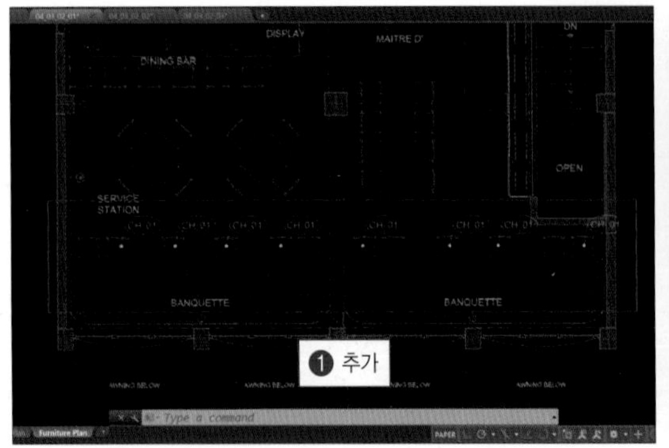

14 다시 가구 심볼을 복사하고 'CH-02'를 입력합니다.

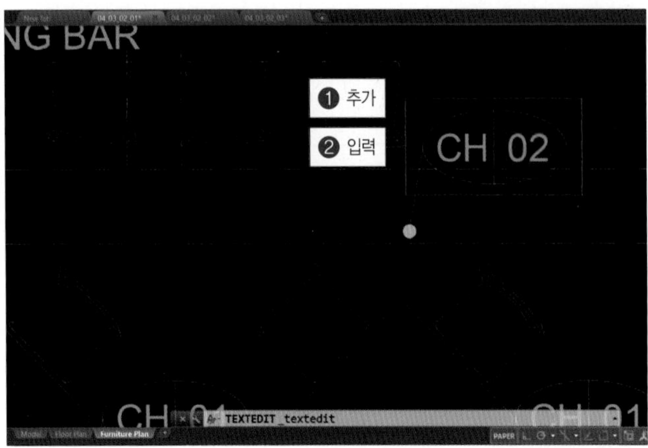

15 명령어 창에 'STRETCH'를 입력하고 Enter를 누른 다음 지시선 끝을 선택합니다.

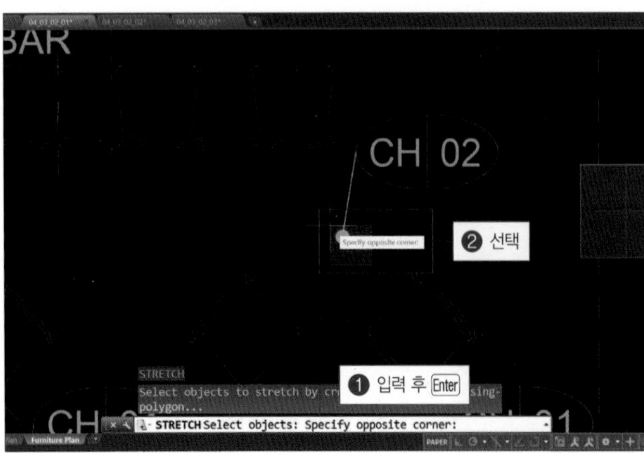

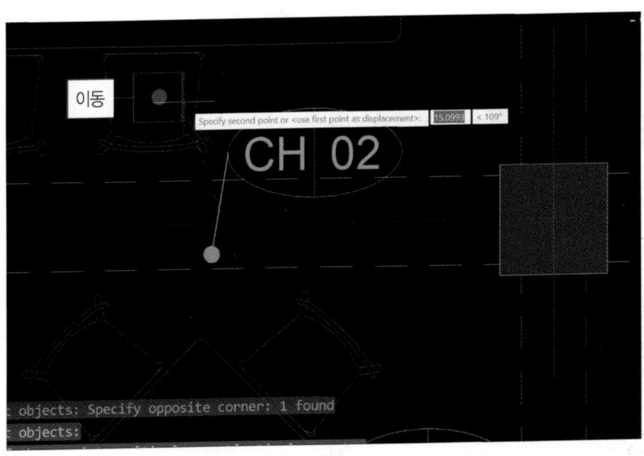

16 선택한 지시선 끝을 다이닝 바의 의자로 이동하여 위치합니다.

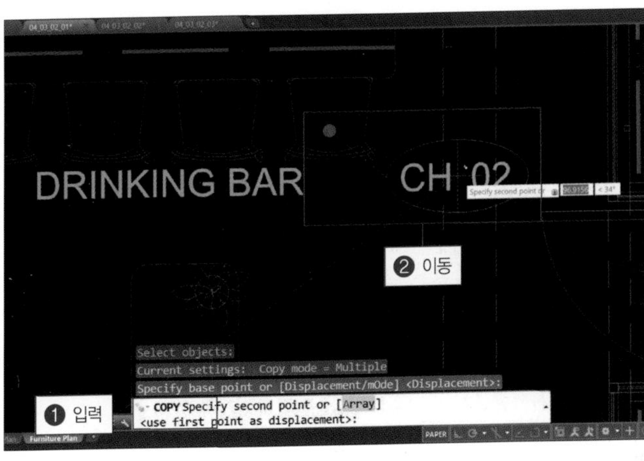

17 명령어 창에서 'COPY'를 입력하여 드링킹 바 의자에도 가구 심볼을 복사하고 이동합니다.

18 다시 'CH-01'의 가구 심볼을 복사한 다음 명령어 창에 'MIRROR'를 입력하여 지시선을 반전 시킵니다.

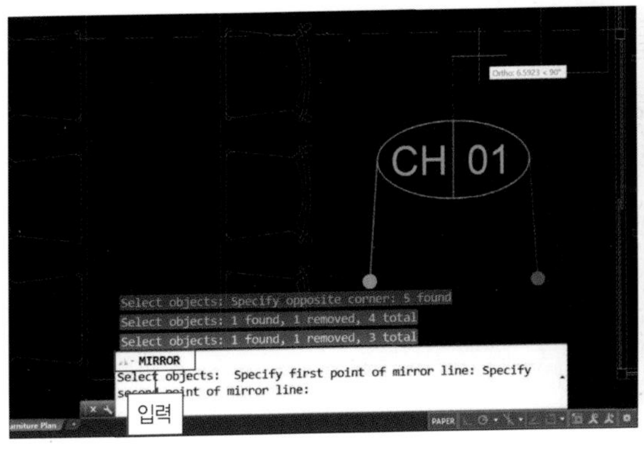

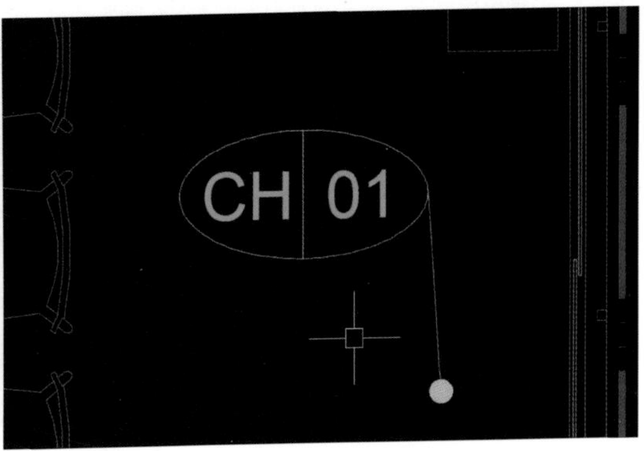

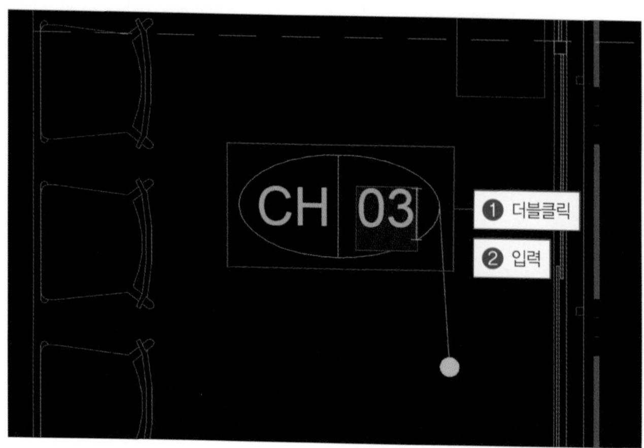

19 지시선을 반전시킨 심볼의 '01'을 더블클릭하고 '03'을 입력하여 변경합니다.

20 명령어 창에 'STRETCH'를 입력하고 Enter를 누릅니다. 지시선 끝을 선택하고 벤치 위로 위치합니다.

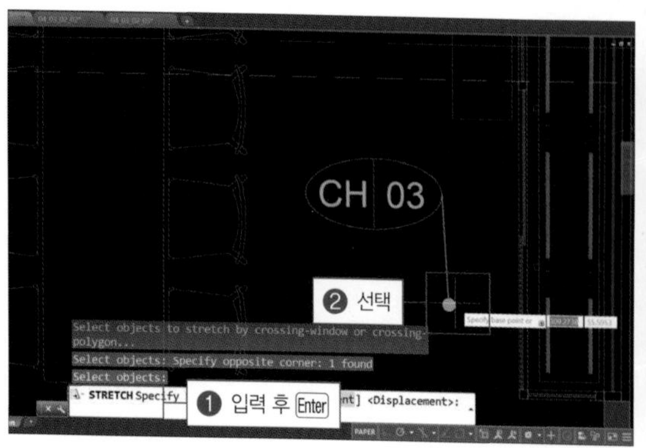

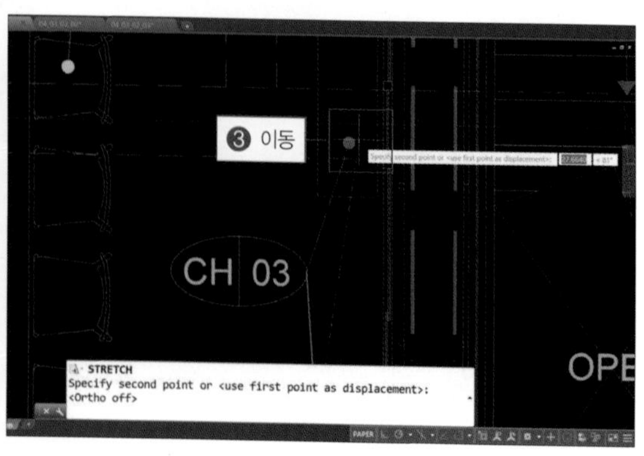

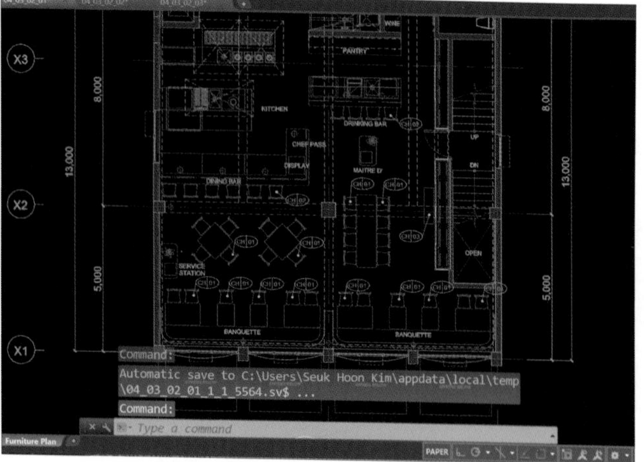

21 의자에 관한 표기를 완료합니다.

22 같은 방법으로 테이블에 대한 표기도 마무리합니다.

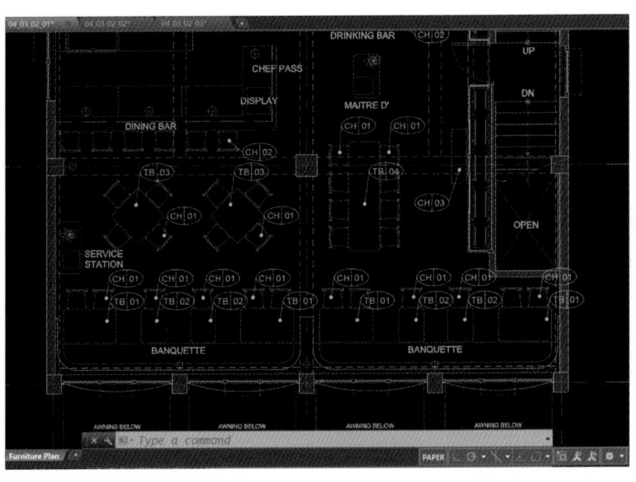

23 템플릿 왼쪽 하단을 더블클릭하여 'FURNITURE PLAN'을 입력하여 변경하고, 오른쪽의 SHEET TITLE에도 'FURNITURE PLAN'을 입력하여 변경합니다.

24 가구도 레이어 정리를 마무리합니다.

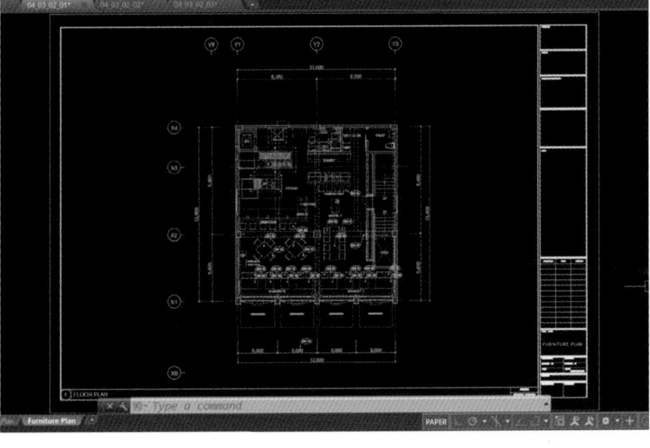

천장도 레이어 정리하기

천장도에 맞게 도면에 표기되어야 할 레이어만 남기고 정리를 합니다.

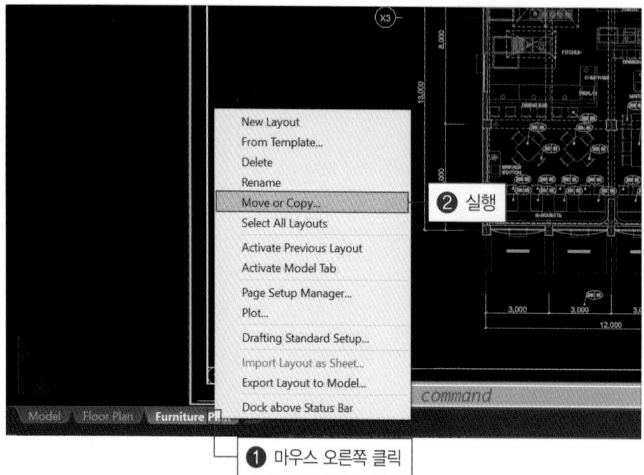

1 왼쪽 하단 [Furniture Plan] 탭에서 마우스 오른쪽 버튼을 클릭하여 **Move or Copy**를 실행합니다.

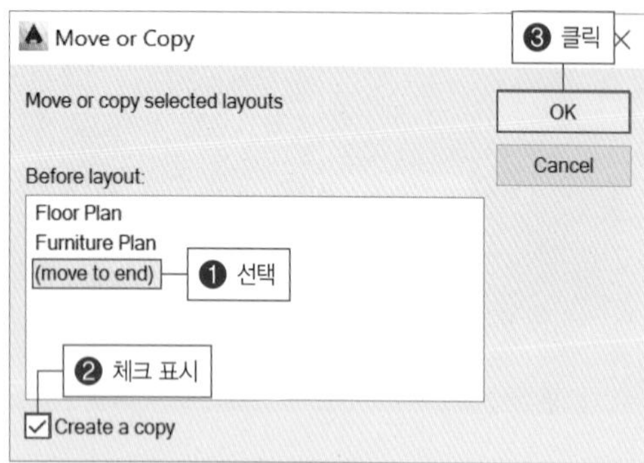

2 Move or copy 대화상자가 표시되면 Before layout의 '(move to end)'를 선택하고 'Create a copy'를 체크 표시한 다음 <OK> 버튼을 클릭합니다.

3 왼쪽 하단에서 [Furniture Plan (2)] 탭이 생성된 것을 확인하고 마우스 오른쪽 버튼을 클릭하여 **Rename**을 실행합니다.

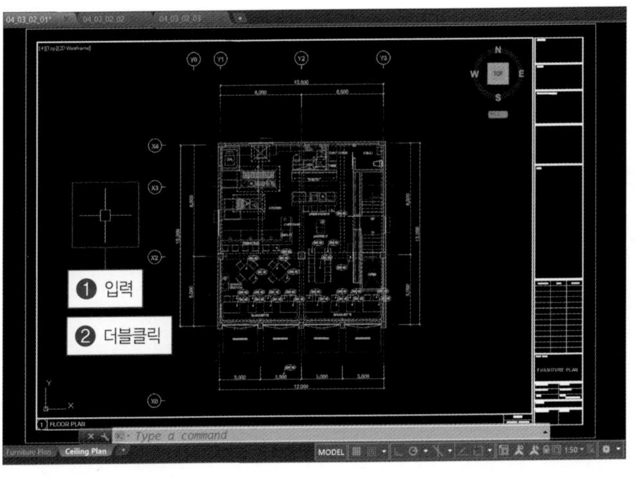

4 'Ceiling Plan'을 입력하여 탭 이름을 변경하고 MVIEW 창 안을 더블클릭하여 MVIEW 창으로 이동합니다.

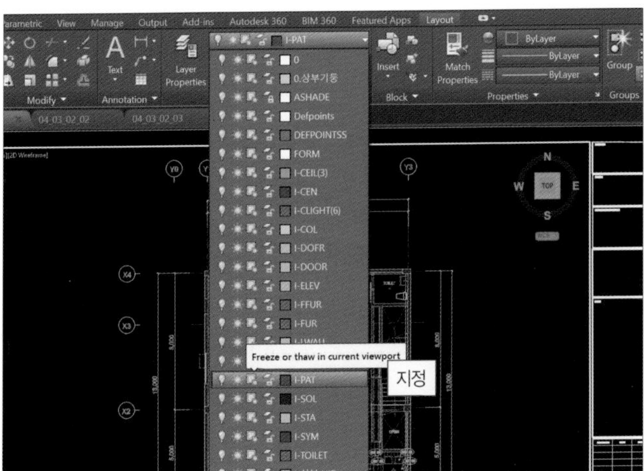

5 레이어 스크롤에서 기존의 Freeze 되어 있는 모든 레이어를 지정하여 다시 활성화합니다.

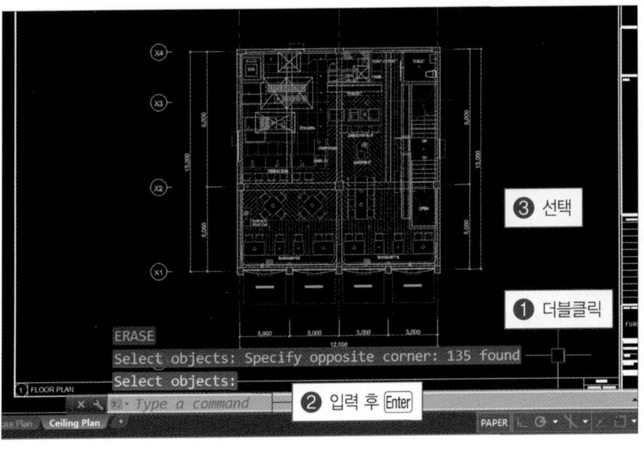

6 MVIEW 창 바깥을 더블클릭하여 작업 창으로 이동합니다. 명령어 창에 'ERASE'를 입력하고 Enter를 누른 다음 기존 가구도에 표기한 가구 심볼들을 선택하여 삭제합니다.

7 다시 MVIEW 창 안을 더블클릭하여 작업 창으로 이동하고 Home 메뉴에서 'Freeze' 아이콘( )을 클릭합니다. 천장도에 해당될 도면 레이어를 제외하고 평면도와 가구도에 해당하는 레이어들을 클릭하여 숨깁니다. 'I-CEIL'과 'I-CLIGHT' 레이어를 남겨두는 것이 핵심입니다.

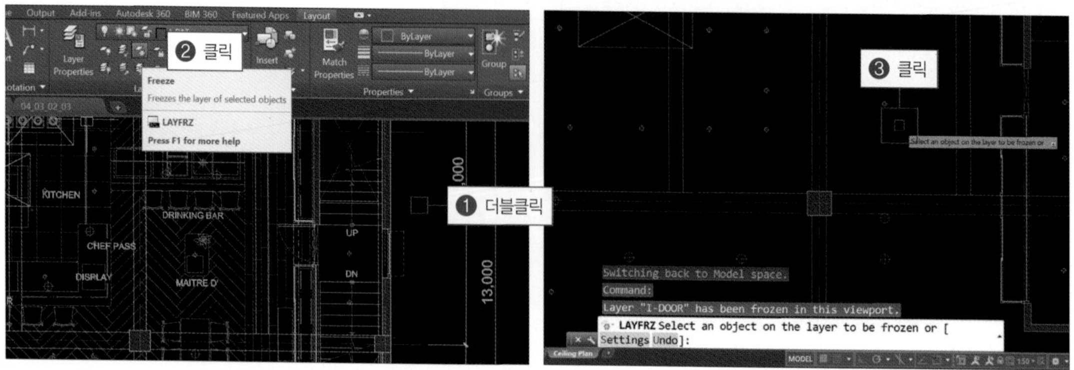

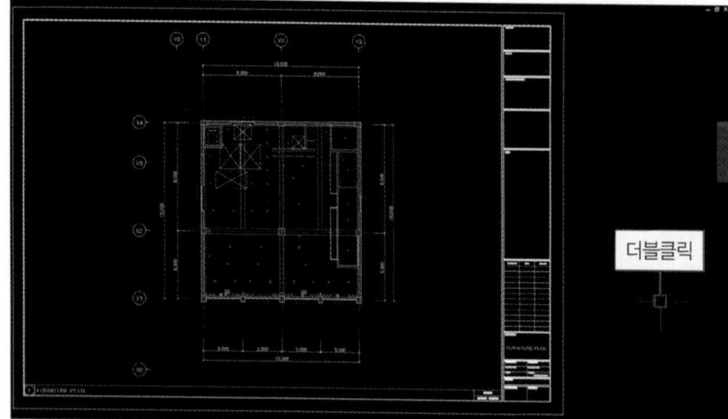

8 MVIEW 창 바깥을 다시 더블클릭합니다.

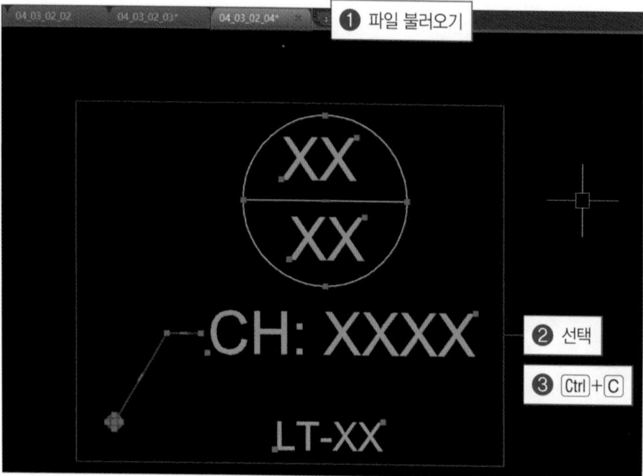

9 프로젝트 → 04 폴더에서 '04_02_04.dwg' 파일을 불러옵니다. 천장도 작성에 필요한 심볼과 표기입니다. 심볼과 표기를 선택하고 Ctrl+C를 눌러 모두 복사합니다.

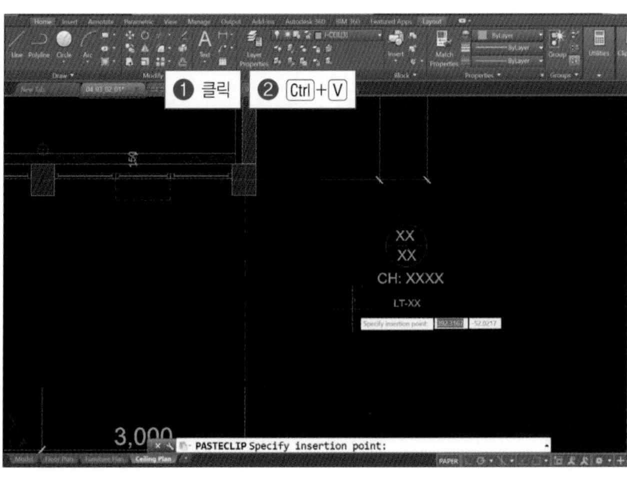

10 다시 '04_02_01.dwg' 파일을 표시하고 Ctrl+V를 눌러 심볼과 표기를 붙여 넣습니다.

11 명령어 창에 'MOVE'를 입력하고 Enter를 누른 다음 'LT-XX'('LT'는 'Lighting(조명)'의 약어, 'XX'는 일련번호를 의미)를 클릭하여 Banquette 테이블 위치에 펜던트 조명 가까이 배치합니다.

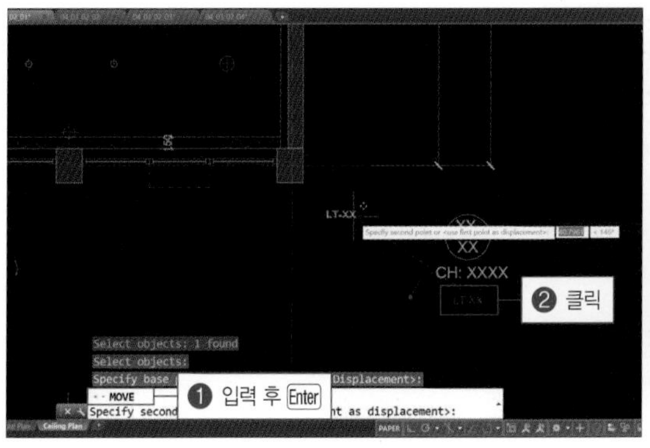

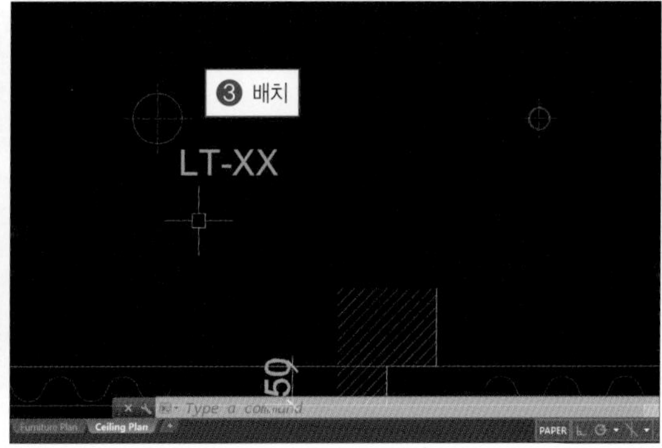

12 XX를 더블클릭하여 '01'을 입력하여 'LT-01'로 변경합니다. 명령어 창에 'COPY'를 입력하고 Enter를 눌러 동일한 펜던트 조명에 복사합니다.

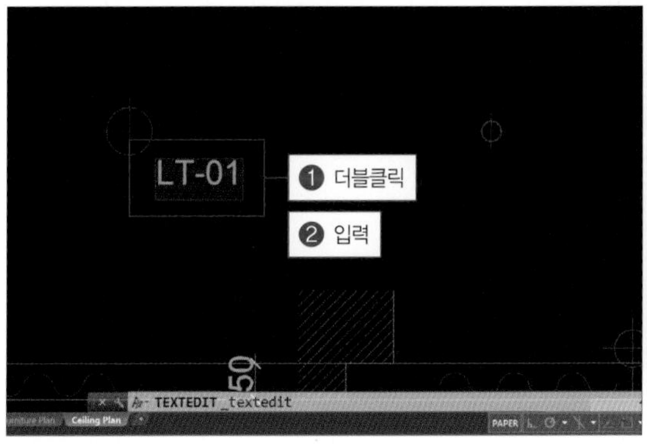

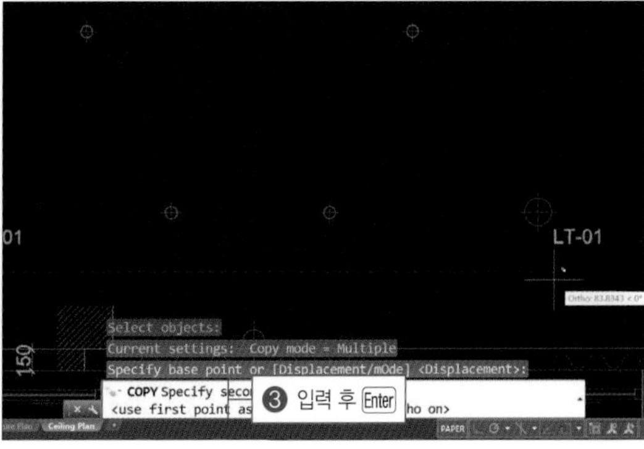

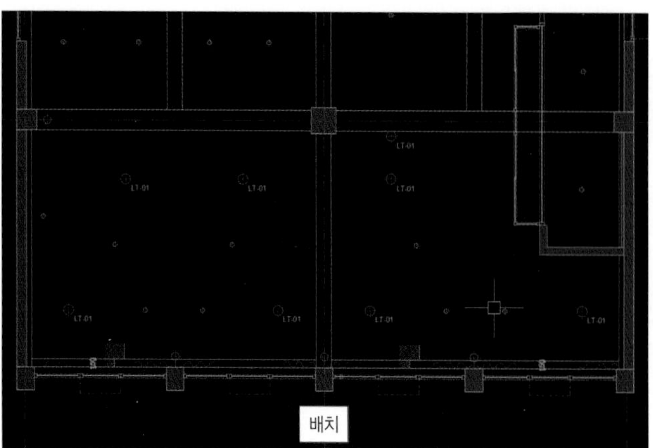

13 같은 방법으로 각 테이블 위의 나머지 펜던트 조명에도 복사하여 배치합니다.

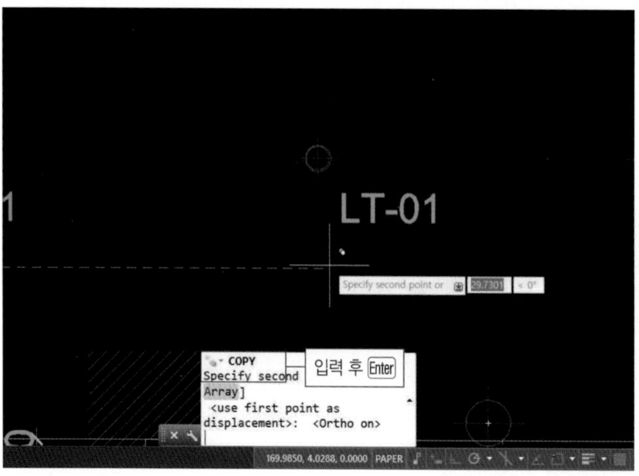

14 이번에는 직부등입니다. 명령어 창에 'COPY'를 입력하고 Enter를 눌러 'LT-01'을 복사합니다.

15 복사한 표기를 더블클릭하고 'LT-02'를 입력하여 표기를 변경합니다.

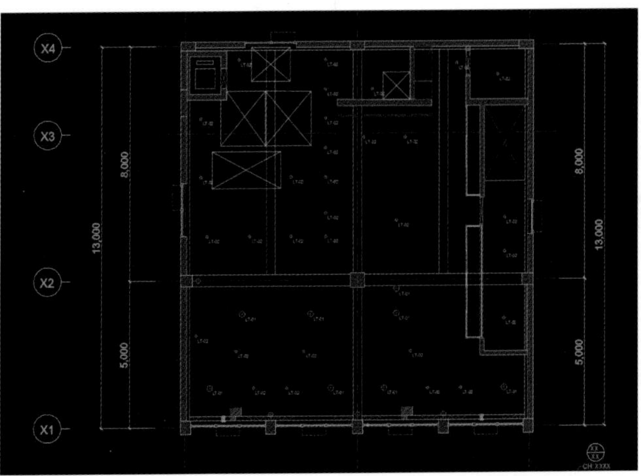

16 같은 방법으로 공간의 나머지 직부등에도 복사하여 동일하게 진행합니다.

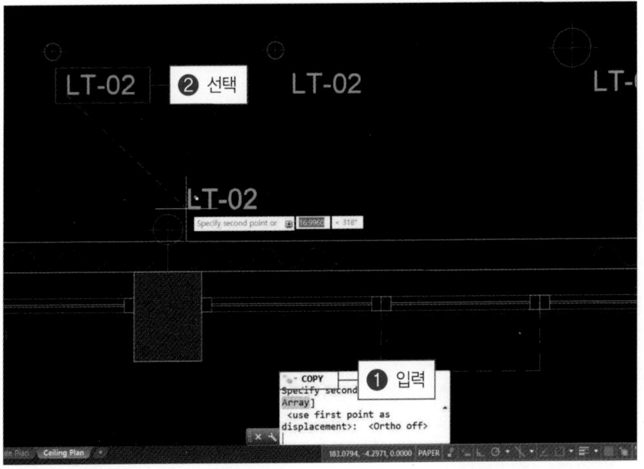

17 이번에는 벽부등입니다. 명령어 창에 'COPY'를 입력하고 'LT-02' 표기 중 하나를 선택하여 복사합니다.

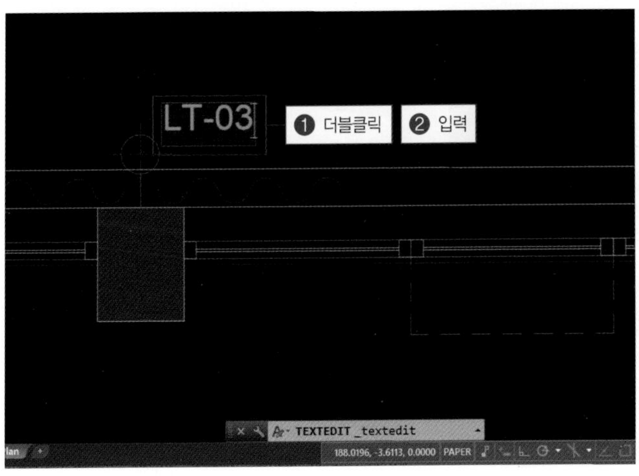

18 복사한 표기를 더블클릭하고 'LT-03'으로 입력하여 'LT-03'으로 변경합니다.

19 같은 방법으로 공간의 나머지 벽부등에 복사하여 동일하게 진행합니다.

20 이번에는 각각의 천장 높이를 표기하려고 합니다. 명령어 창에 'MOVE'를 입력하고 Enter를 누른 다음 지시선과 'CH: XXXX'를 선택하여 보들 사이의 넓은 면으로 이동합니다. 여기서 'CH'는 천장 높이를 의미하는 'Ceiling Height'를 말합니다.

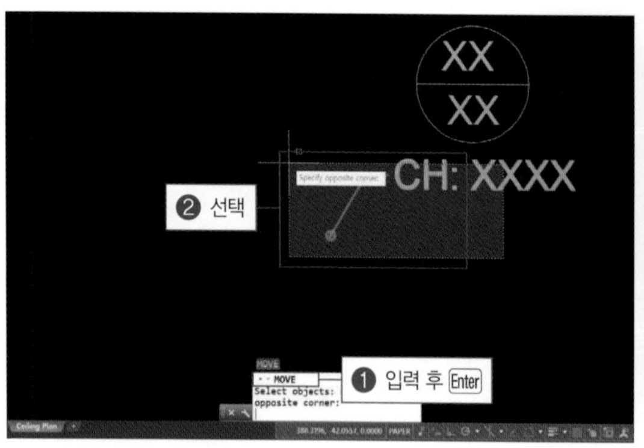

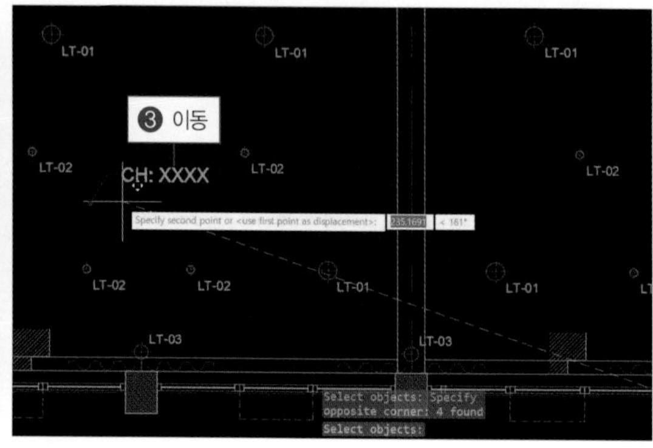

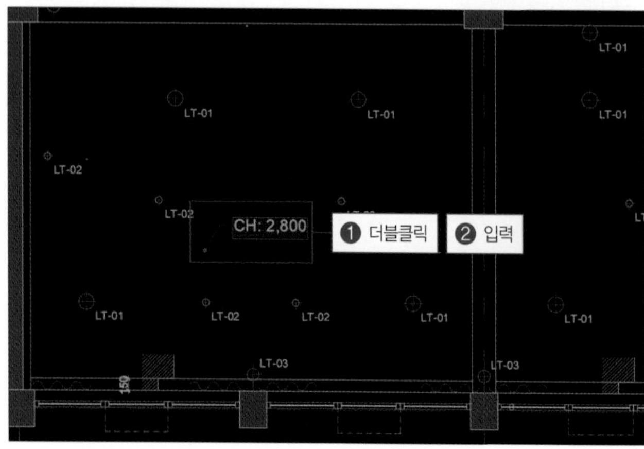

21 CC와 XXXX를 더블클릭하고 'CH'와 '2,800'를 입력하여 'CH: 2,800'으로 변경합니다. 여기가 이 공간에서 천장 높이가 가장 높은 곳입니다.

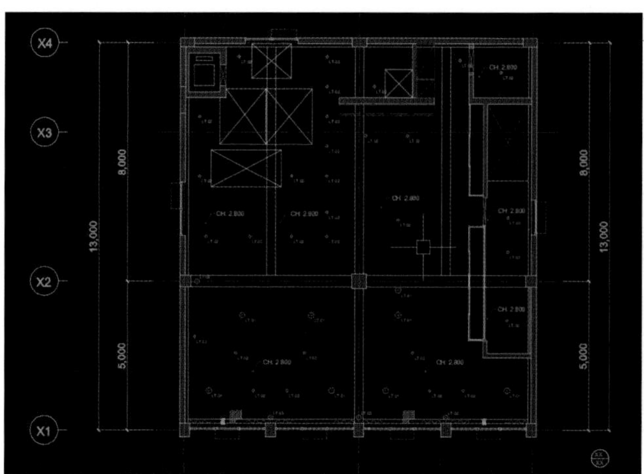

22 같은 방법으로 천장 높이가 2,800 mm인 곳에 동일하게 적용합니다.

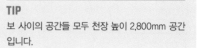

TIP
보 사이의 공간들 모두 천장 높이 2,800mm 공간입니다.

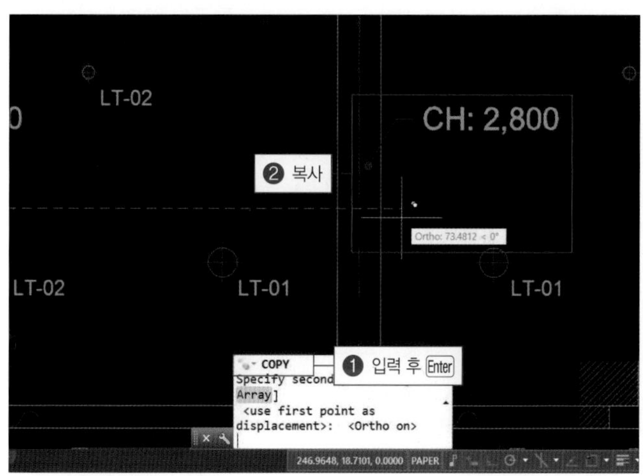

23 명령어 창에 'COPY'를 입력하고 Enter를 눌러 다시 'CH: 2,800'과 지시선을 복사하고, 보 밑의 위치로 복사합니다.

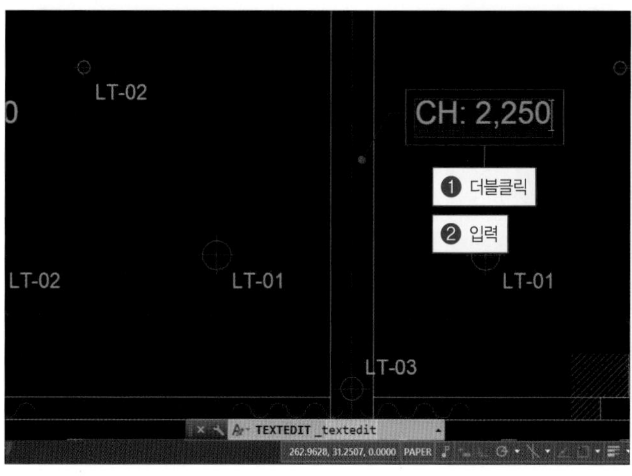

24 복사한 표기를 더블클릭하고 'CH: 2,250'으로 입력하여 변경합니다.

25 같은 방법으로 공간의 보 밑 부분마다 '2,250'으로 동일하게 적용합니다. 모든 보 밑까지의 높이는 2,250mm입니다.

26 이번에는 천장 마감 심볼(Symbol)을 표기하겠습니다. 심볼을 선택하고 명령어 창에 'Copy'를 입력하여 배치합니다. 이때 가능하다면 천장 높이 표기 가까이 이동하여 도면이 정돈되어 보이게 합니다.

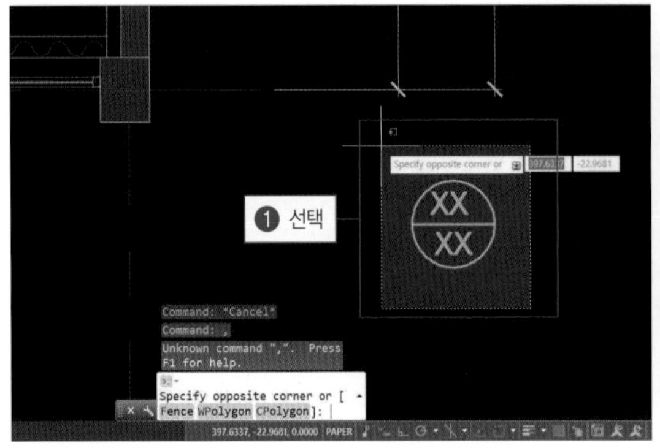

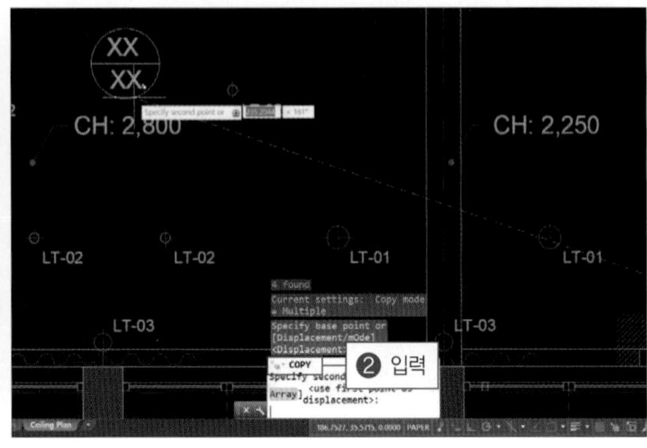

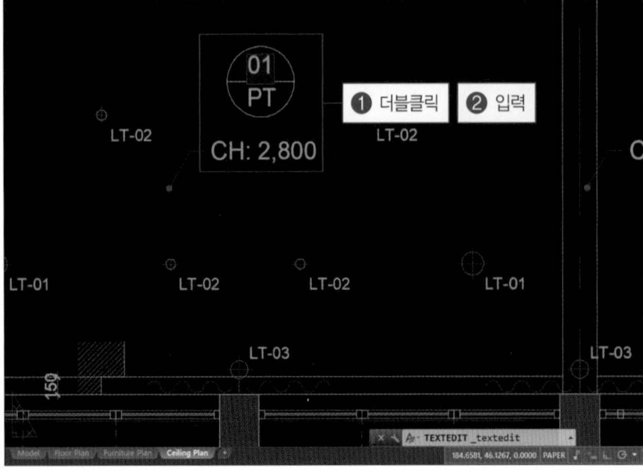

27 XX를 더블클릭하여 심볼에 아래는 'PT', 위에는 '01'을 입력합니다. 여기서 'PT'는 페인트의 'Paint', 위의 '01'은 일련번호를 의미합니다.

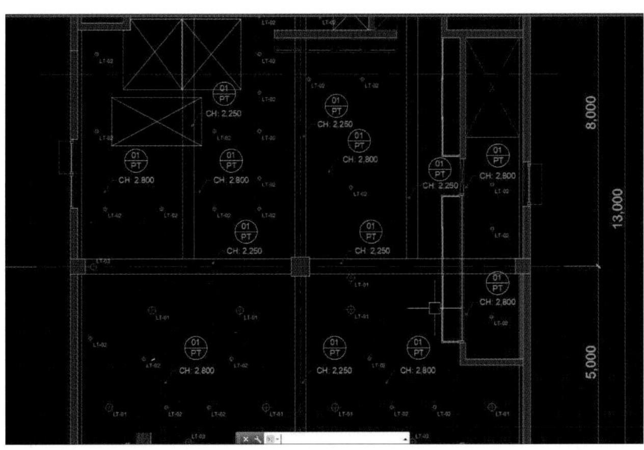

28 이 공간의 모든 천장 마감을 페인트인 'PT-01'로 복사하고 배치하여 마무리합니다. 이때도 천장 높이 표기마다 배치하면 좋습니다.

29 템플릿 왼쪽 하단을 더블클릭하여 'CEILING PLAN'을 입력하여 변경합니다. 같은 방법으로 오른쪽의 SHEET TITLE에도 'CEILING PLAN'을 입력하여 변경합니다.

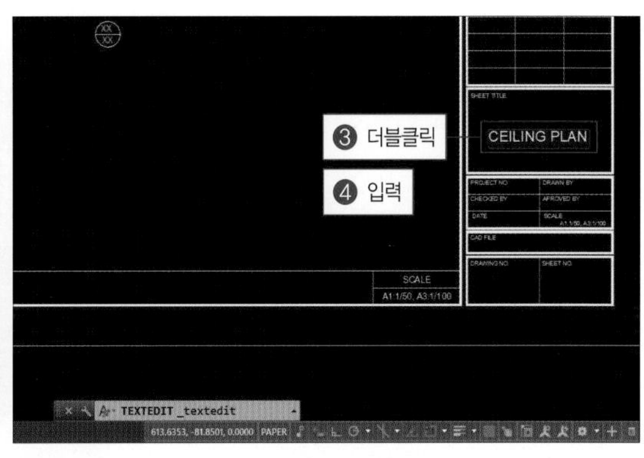

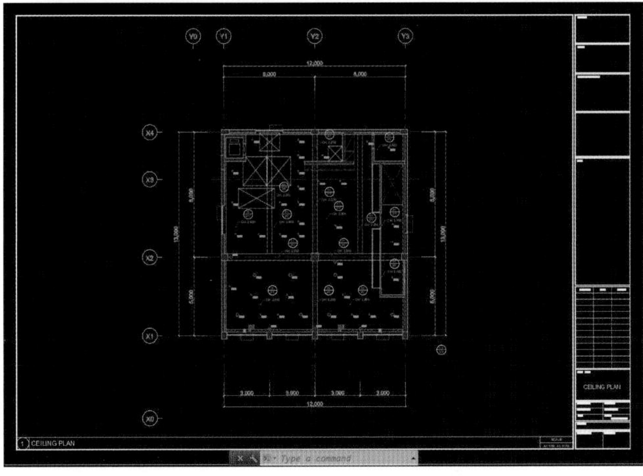

30 천장도를 마무리합니다.

Project 3

입체적인 도면으로 숙박 공간 디자인 표현하기

숙박 공간 인테리어 디자인이란, 호텔, 리조트, 모텔 등과 같이 사람들이 숙박하며 휴식을 취하는 공간을 디자인하는 것을 말합니다. 이런 공간을 맡아 디자인을 하게 될 때 충분한 휴식을 위한 편안한 공간도 고민해야 하지만, 이와 더불어 즐기는 부대시설에 대한 서비스 경험 또한 함께 고려되어야 합니다.

이 프로젝트는 베드라디오라는 국내 호스텔 스타트업의 첫 번째 숙박 지점으로, 제주도 제주시 동문에 위치한 기존의 건물을 리모델링하는 공간이었습니다. 기존에 쓸모가 크게 없었던 1층과 주차장 부분은 호스텔의 리셉션 겸 낮에는 카페, 밤에는 바로써의 역할을 담고자 공간을 기획했습니다. 이에 맞게 공간의 좌석 및 동선을 고려했고, 시간대의 상황에 맞게 공간의 디자인과 조도를 조절했습니다.

도면 또한 하나의 그림입니다. 도면을 작성하게 될 때 최대한 이해하기 쉽고, 한눈에 쉽게 파악될 수 있게 하는 것이 관건입니다. 이때 도면을 입체적으로 표현할 수 있으면 좋습니다. 다양한 선굵기(Lineweight) 조절을 통해 이번 베드라디오 동문 작업의 평면을 진행하겠습니다.

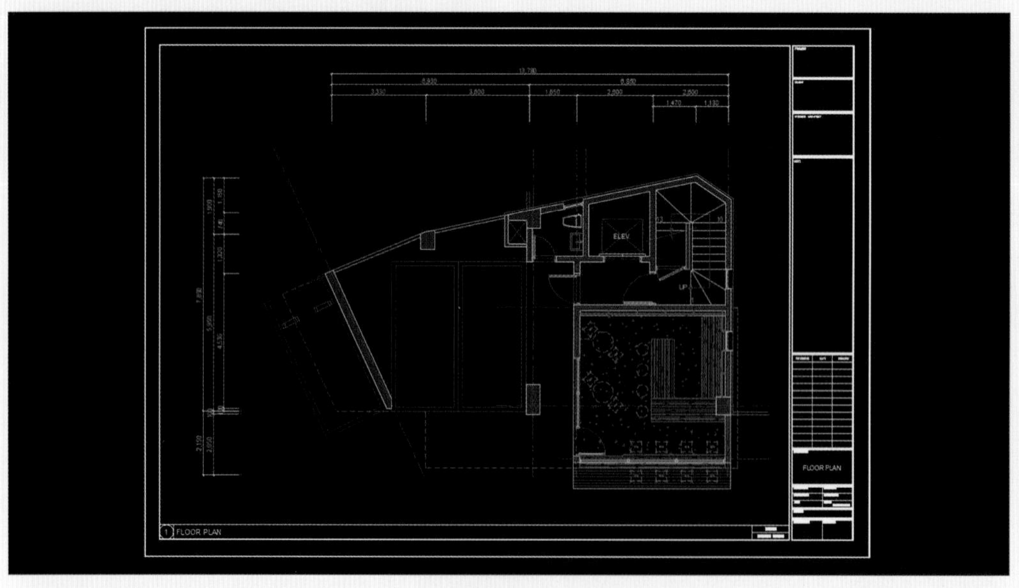

프로젝트 베드라디오 동문 **디자인** 스튜디오익센트릭 **제작 기간** 2019년 1월 ~ 2월 (기획 설계/기본 설계) **프로그램** AutoCAD

제작 컨셉 제주에서만 접할 수 있는 이국적이면서도 편안함을 경험할 수 있는 요소들을 공간에 녹이고자 했습니다.

예제 파일 프로젝트\04\04_03_01.dwg, 04_03_02.dwg, 04_03_03.dwg **완성 파일** 프로젝트\04\04_03_final.dwg

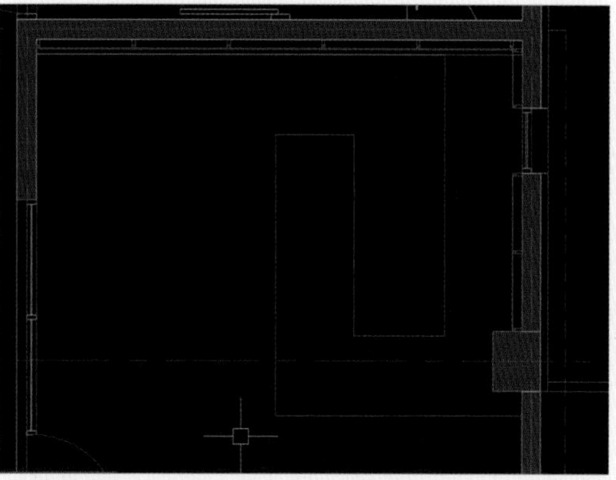

내부 공간 그리기

호스텔의 내부 공간을 그립니다.

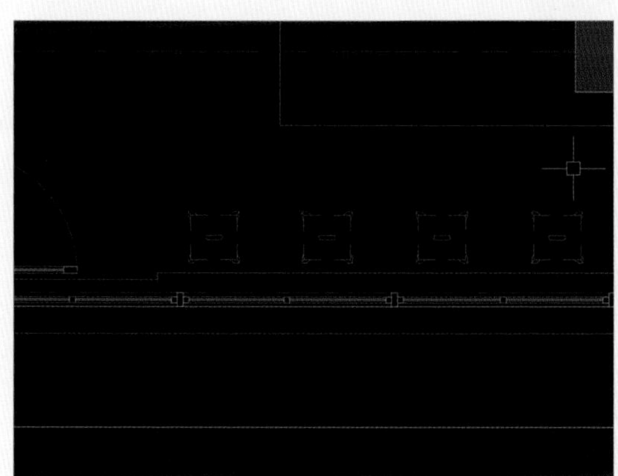

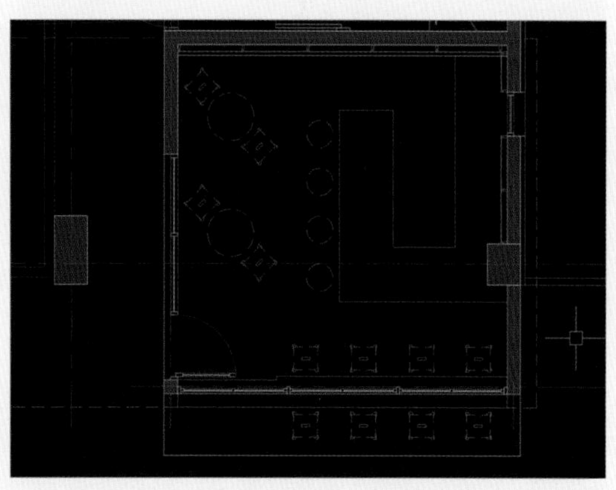

호스텔 가구 그리기

호스텔 내부 공간에 적절한 가구들을 그리고 배치하겠습니다.

도면 준비하기

숙박 공간의 리셉션 겸 카페의 공간을 도면 그리기에 앞서서, 이를 그리기 위한 평면도를 미리 준비합니다.

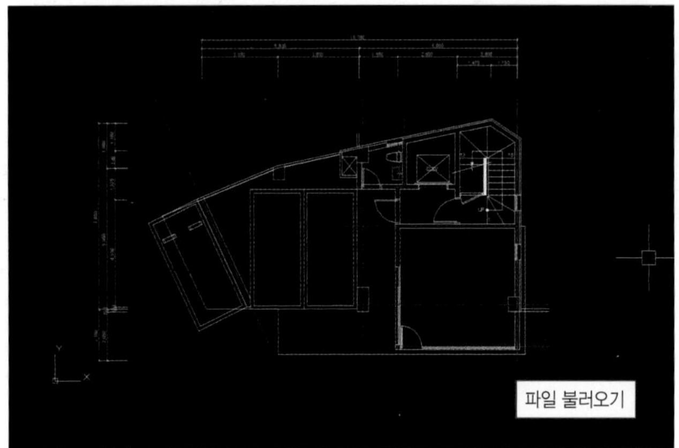

1 AutoCAD를 실행한 다음 프로젝트 → 04 폴더에서 '04_03_01.dwg' 파일을 불러옵니다. 도면의 레이어가 정리되어 있지 않고 모두 흰색의 선으로 그려져 있는 것을 확인할 수 있습니다.

디자이너's 노하우

프로젝트를 시작할 때 간혹 이렇게 레이어 정리가 되어 있지 않은 채 전달 받는 경우가 있습니다.

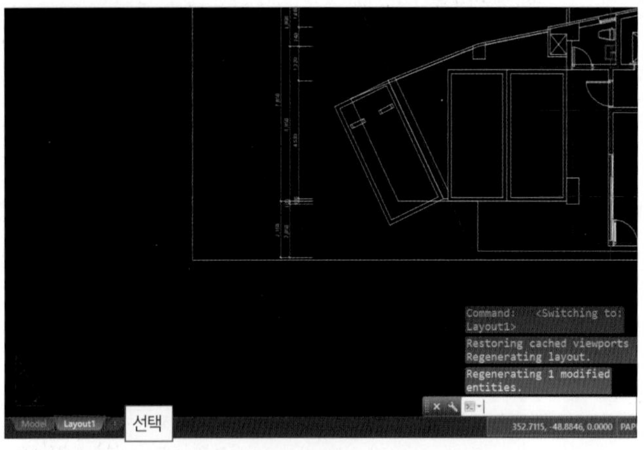

2 왼쪽 하단에서 [Layout1] 탭을 선택하여 화면을 전환합니다.

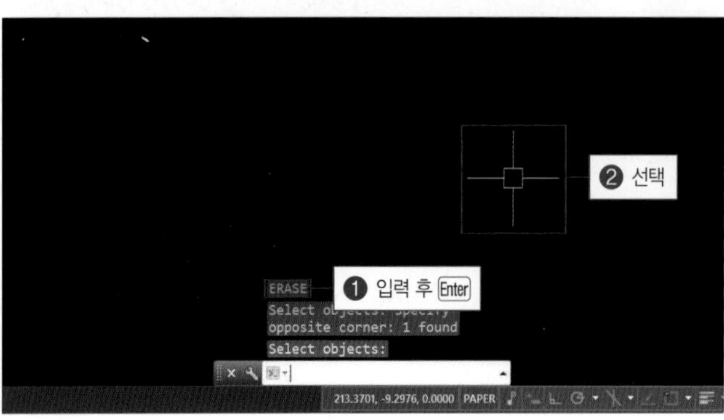

3 화면에 있는 MVIEW 창을 삭제하겠습니다. 명령어 창에 'Erase'를 입력하고 Enter를 누른 다음 선택하여 삭제합니다.

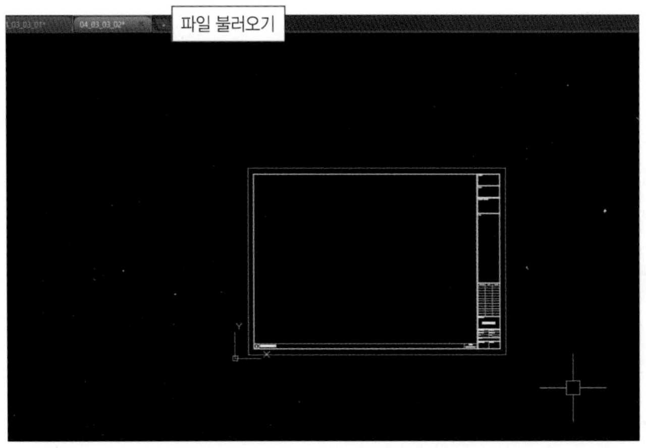

4 다음은 템플릿을 준비합니다. 프로젝트 → 04 폴더에서 '04_03_02.dwg' 파일을 불러와 템플릿을 표시합니다.

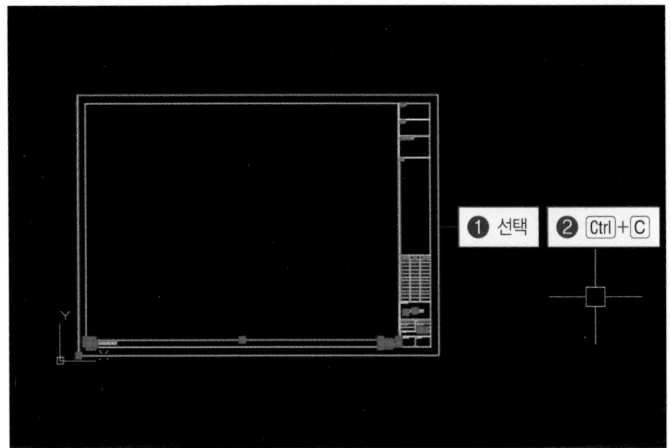

5 현재 제공된 템플릿은 A1 사이즈(841mm×594mm)입니다. 템플릿을 선택하고 Ctrl+C를 눌러 복사합니다.

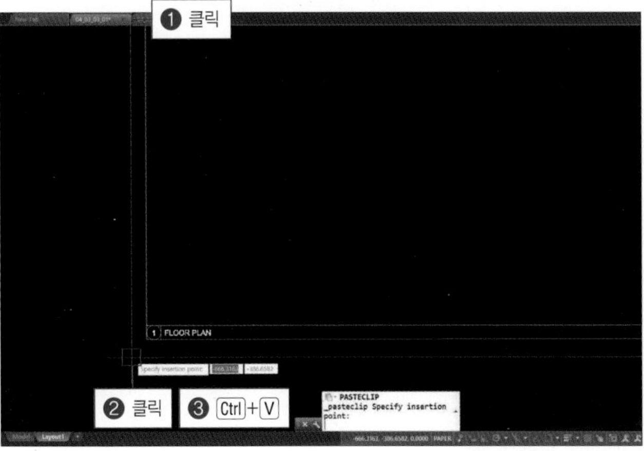

6 다시 '04_03_01.dwg' 파일을 화면에 표시하고 클릭한 다음 Ctrl+V를 눌러 템플릿을 붙여 넣습니다.

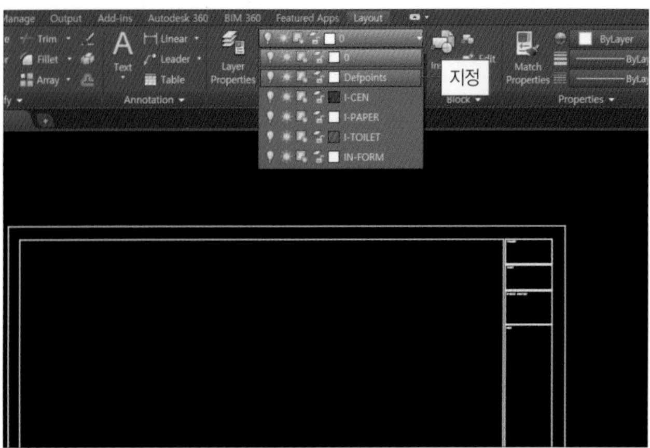

7 레이어 스크롤을 'Defpoints'로 지정하여 'Defpoints' 레이어로 전환합니다.

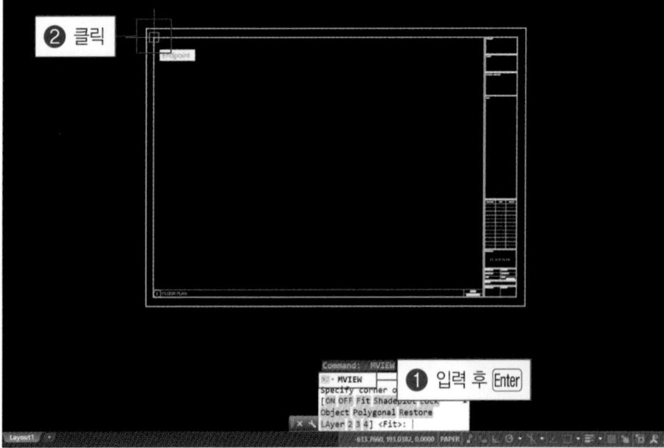

8 명령어 창에 'MVIEW'를 입력하고 Enter를 눌러 MVIEW Specify corner of viewport가 표시되면 도면이 작성될 템플릿 안쪽의 한쪽 모서리를 클릭합니다.

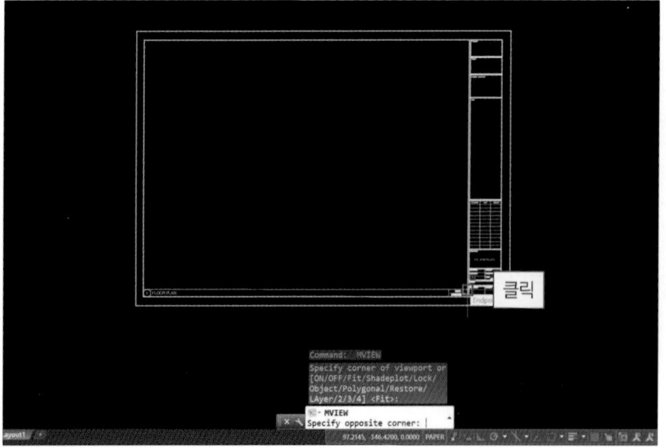

9 대각선 반대편 모서리를 클릭합니다.

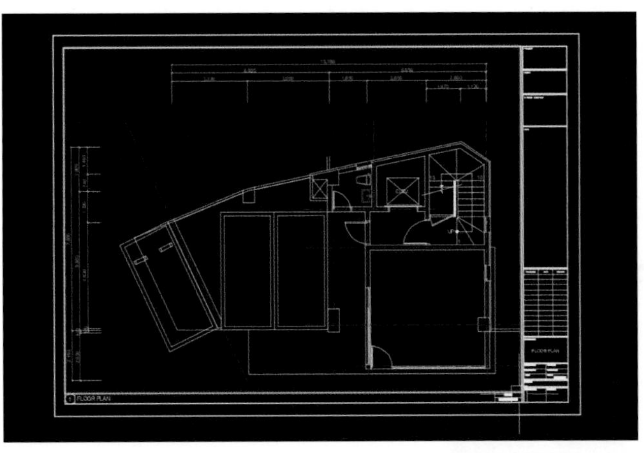

10 템플릿 안쪽 MVIEW 창에 〔Model〕 탭의 도면 작업이 나타납니다.

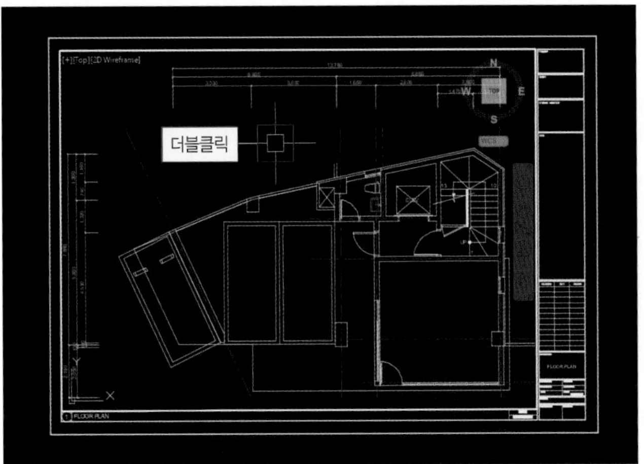

11 MVIEW 창 안을 더블클릭하여 MVIEW 창으로 이동합니다.

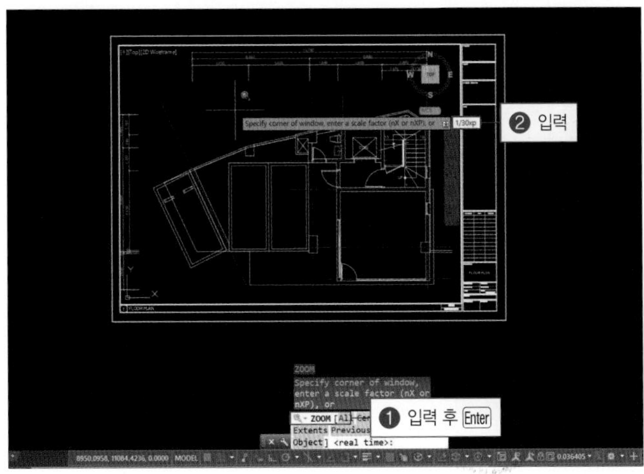

12 원하는 도면 스케일에 맞게 조절하겠습니다. 명령어 창에 'ZOOM'을 입력하고 Enter를 눌러 Specify corner of window, enter a scale factor (nX or nXP), or이 표시되면 '1/30xp'를 입력하여 A1 사이즈로 설정합니다.

TIP

예제에서는 A1 사이즈는 1:30, A3 사이즈는 1:60이 적당하여 이에 맞게 진행하겠습니다.

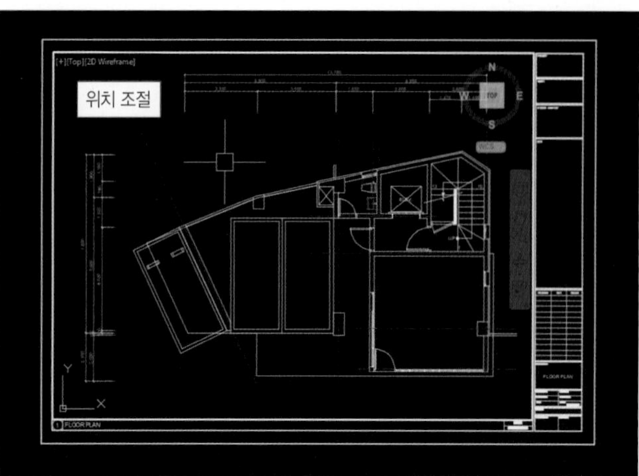

13 스케일에 맞게 도면 작업이 확대됩니다. 마우스 휠을 클릭한 상태로 드래그하여 템플릿 창에 보여 주고자 하는 화면 위치로 조절합니다.

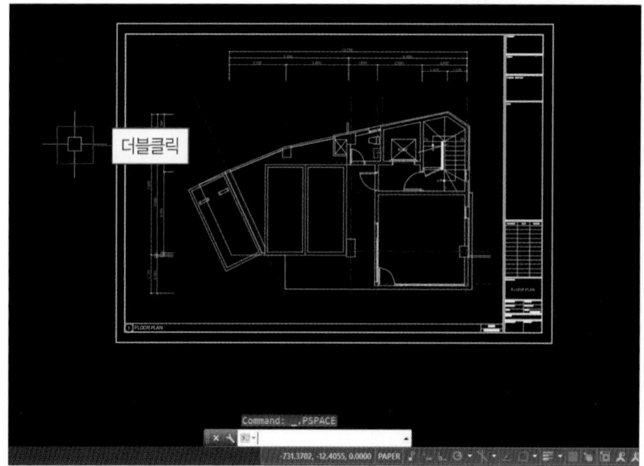

14 MVIEW 창 바깥을 더블클릭하여 설정을 마무리합니다.

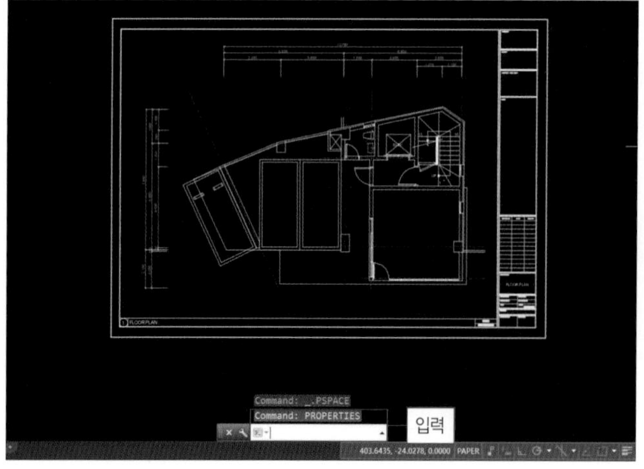

15 명령어 창에 'PROPERTIES'를 입력합니다. 새롭게 Properties 패널이 표시됩니다.

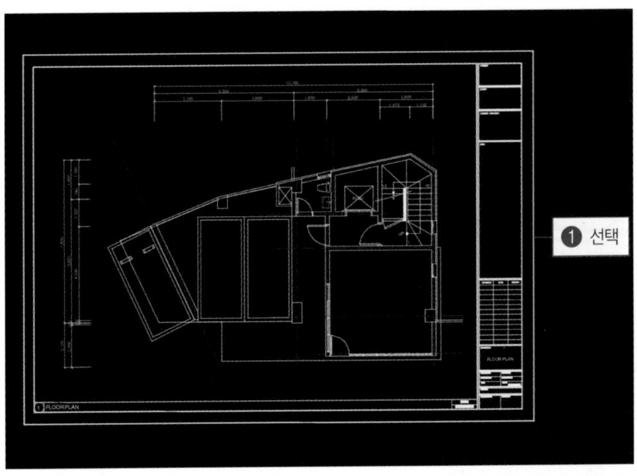

16 MVIEW 창을 선택하고 Properties 패널에서 Misc의 Display locked를 'Yes'로 지정합니다.

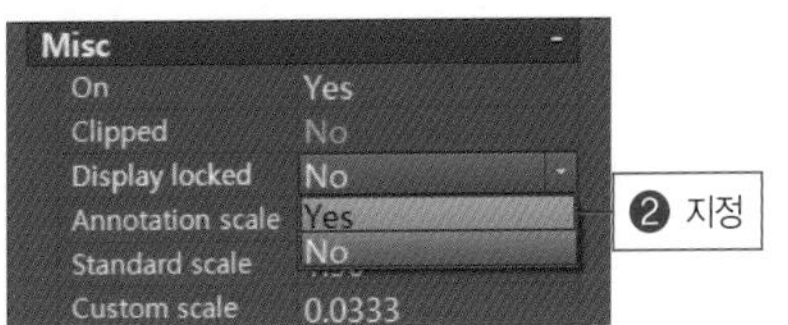

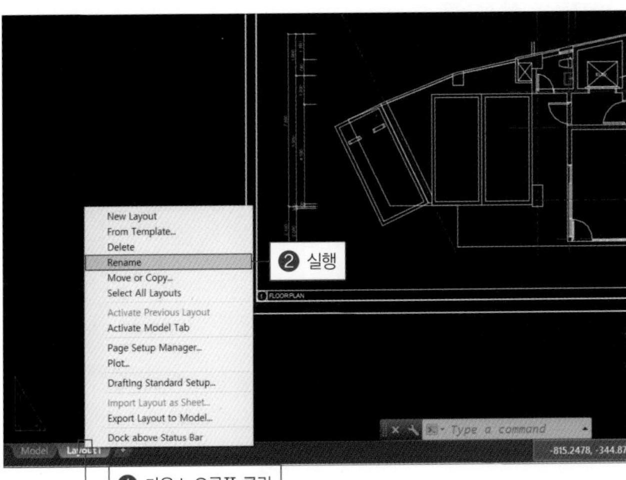

17 왼쪽 하단 〔Layout1〕 탭에서 마우스 오른쪽 버튼을 클릭하여 Rename을 실행합니다.

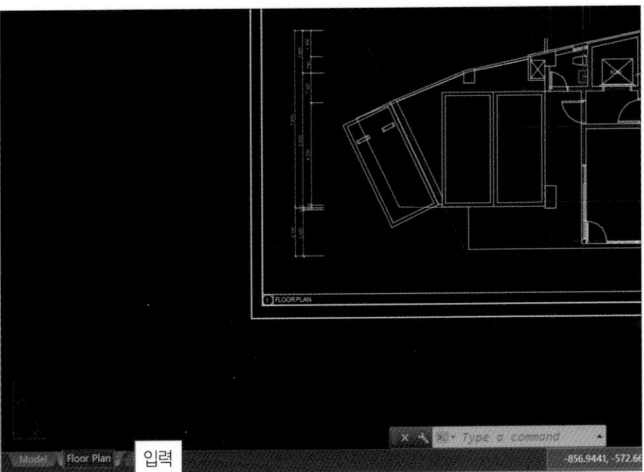

18 'Floor Plan'을 입력하여 탭 이름을 변경합니다.

도면 레이어 설정하기

도면 정리와 각각의 레이어에 맞는 색상을 설정하기 위해 준비하는 과정입니다.

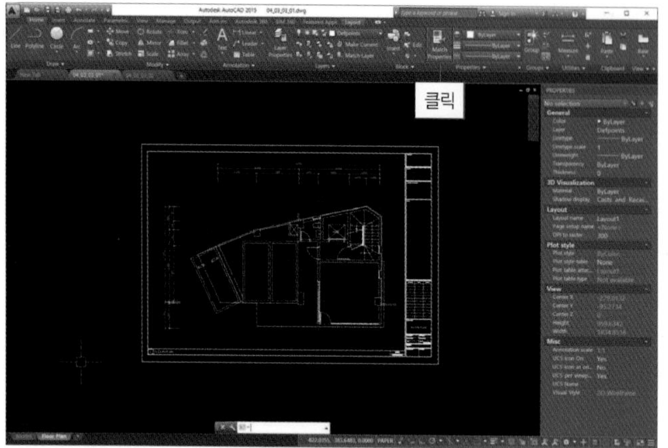

1 Home 메뉴에서 'Layer Properties'를 클릭하여 Current layer를 표시합니다.

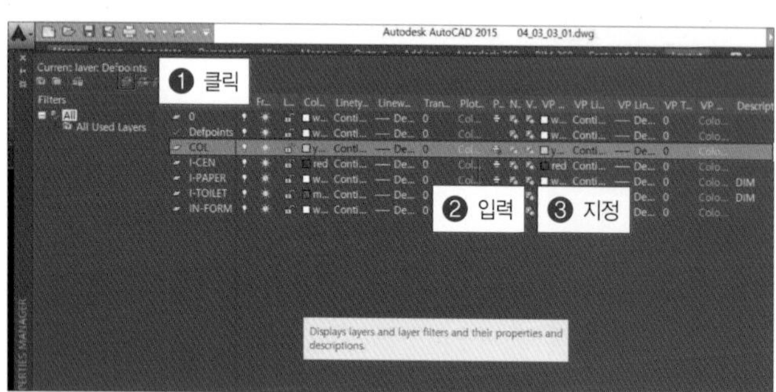

2 왼쪽 상단의 'New Layer' 아이콘( )을 클릭하여 새로운 'Layer1' 레이어를 생성하고 Name을 'COL'(Column)로 입력하고 Color를 'yellow'로 지정합니다.

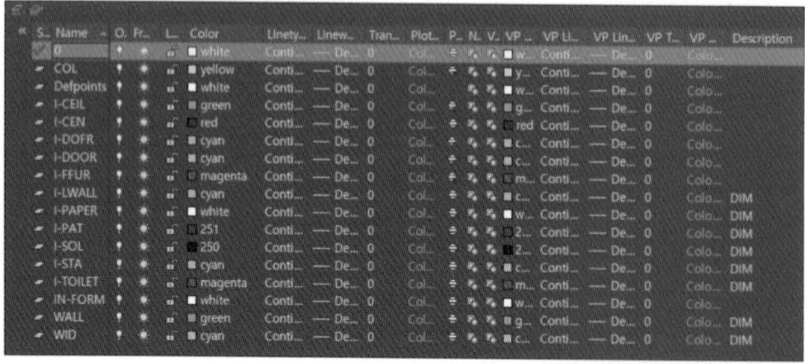

3 같은 방법으로 레이어의 이름과 색상을 0(white), COL(yellow), I-CEIL(green), I-CEN(red), I-DOFR(cyan), I-DOOR(cyan), I-FFUR(magenta), I-FUR(magenta), I-LWALL(cyan), I-PAPER(white), I-PAT(251), I-SOL(250), I-STA(cyan), I-SYM(red), I-TOILET(magenta), I-HIDDEN(8), WALL(green), WID(cyan)로 입력하고 지정합니다.

TIP

이런 설정 방식을 통해 도면 선을 정리하는 이유이기도 하지만, 무엇보다 마지막에 출력할 때 색상 차이에 따라 선 굵기(Line Weight)를 달리하여 더욱 입체감 있는 표현을 하기 위함입니다.

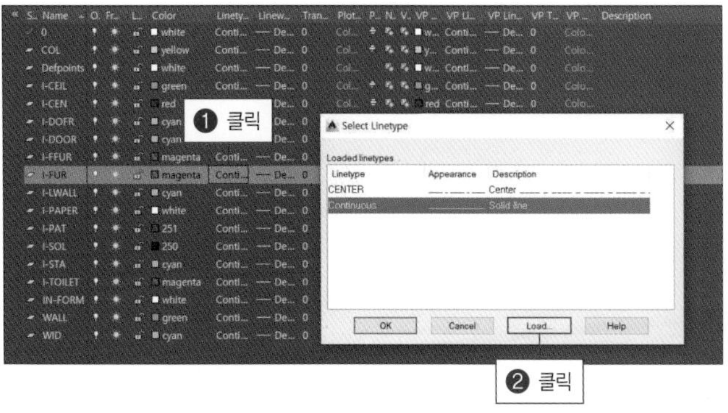

4 I-FUR(Furniture)과 I-HIDDEN의 Linetype을 HIDDEN으로 변경하겠습니다. 먼저 I-FUR의 Linetype을 클릭하여 Select Linetype 대화상자가 표시되면 〈Load〉 버튼을 클릭합니다.

5 Load or Reload Linetypes 대화상자가 표시되면 스크롤을 아래로 드래그하여 'HIDDEN'을 선택하고 〈OK〉 버튼을 클릭합니다. 다시 Select Linetype 대화상자가 표시되면 'HIDDEN'을 선택하고 〈OK〉 버튼을 클릭하여 Linetype을 변경합니다.

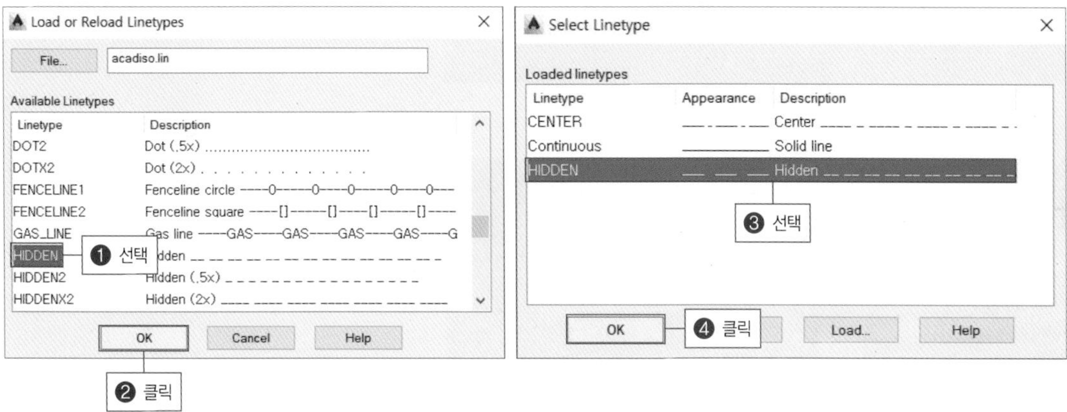

6 4번~5번과 같은 방법으로 I-HIDDEN도 동일하게 진행합니다.

도면 레이어에 맞게 변경하기

설정된 각각의 레이어의 맞게 도면의 선들을 변경하여 구분합니다.

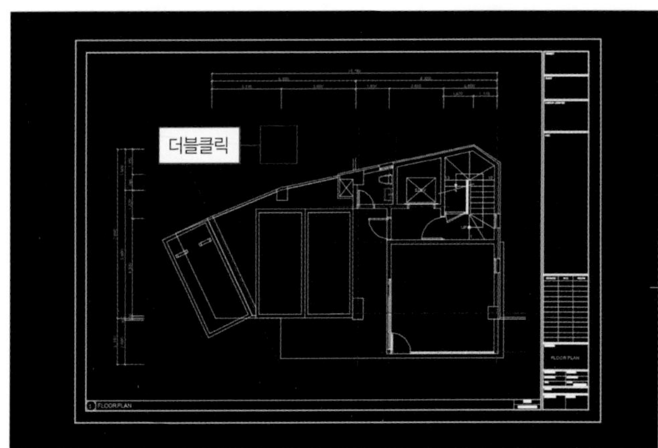

1 MVIEW 창 안을 더블클릭하여 MVIEW 창으로 이동하고 확대합니다.

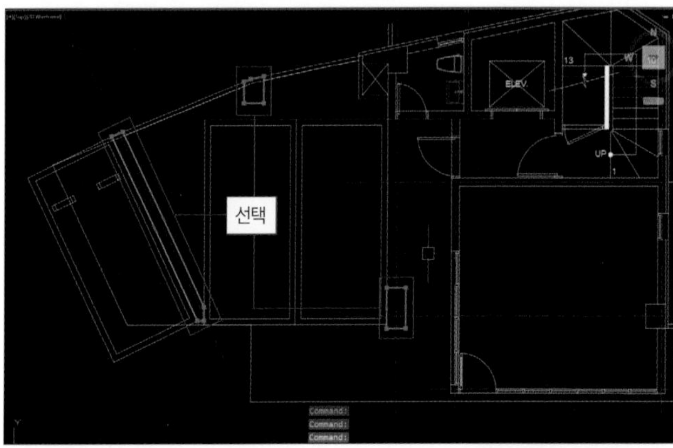

2 도면 위에서 해당 기둥과 벽을 선택합니다.

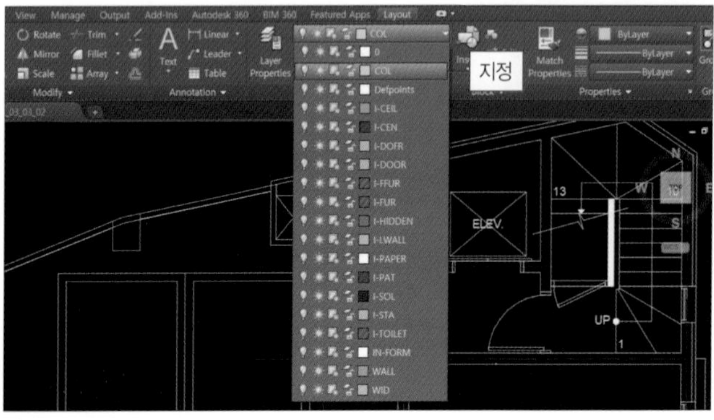

3 레이어 스크롤을 'COL'로 지정하여 'COL' 레이어로 전환합니다.

4 명령어 창에 'MATCHPROP'을 입력하고 Enter를 눌러 기둥 하나를 선택합니다. 같은 방법으로 그림과 같이 레이어 나머지에 해당될 벽들을 선택하여 색을 입힙니다.

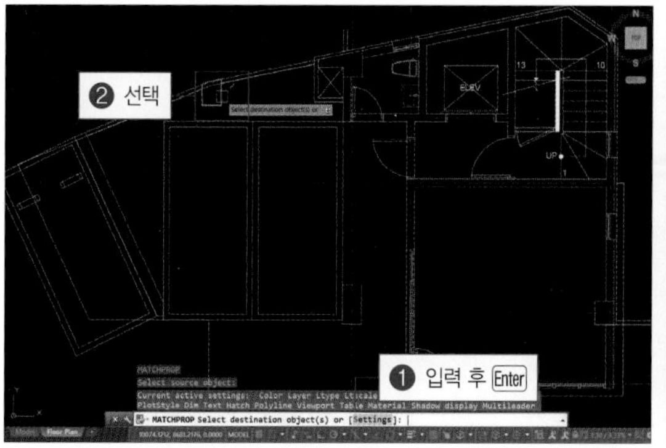

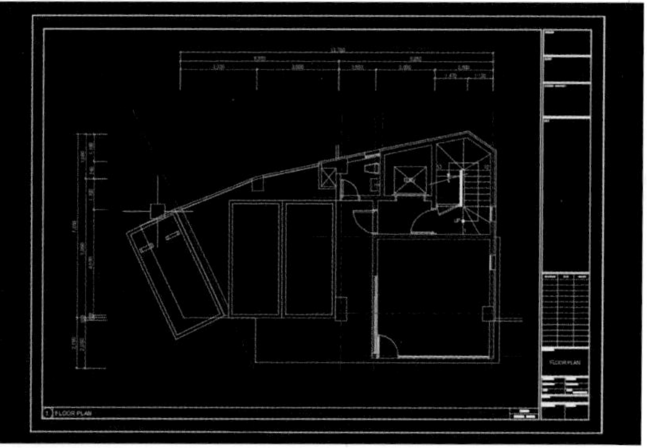

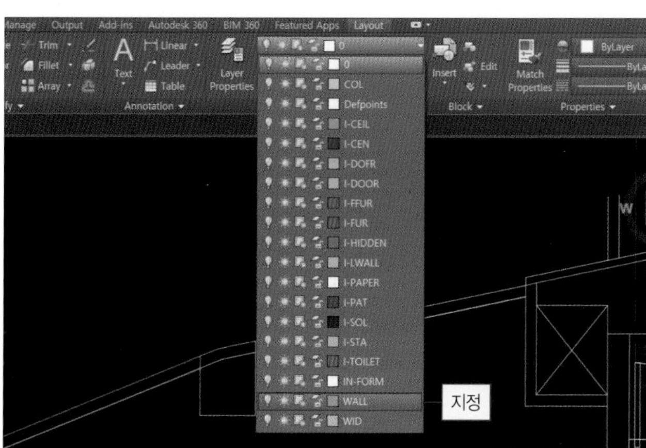

5 이번에는 벽의 선을 선택하고 레이어 스크롤을 'WALL'로 지정하여 'WALL' 레이어로 전환합니다.

6 명령어 창에 'MATCHPROP'을 입력하고 벽을 하나를 선택합니다. 같은 방법으로 그림과 같이 레이어 나머지에 해당될 벽들을 선택하여 색을 입힙니다.

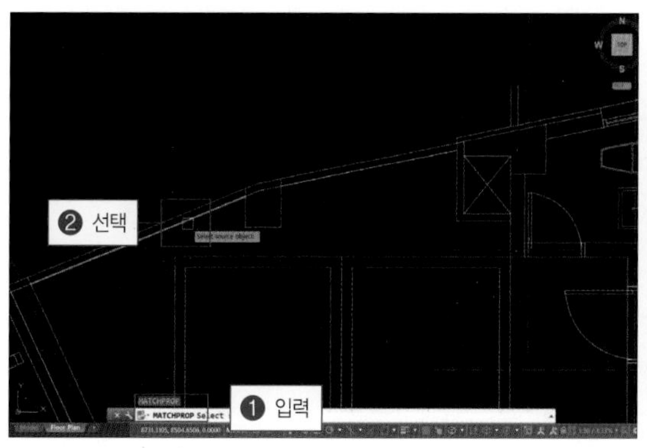

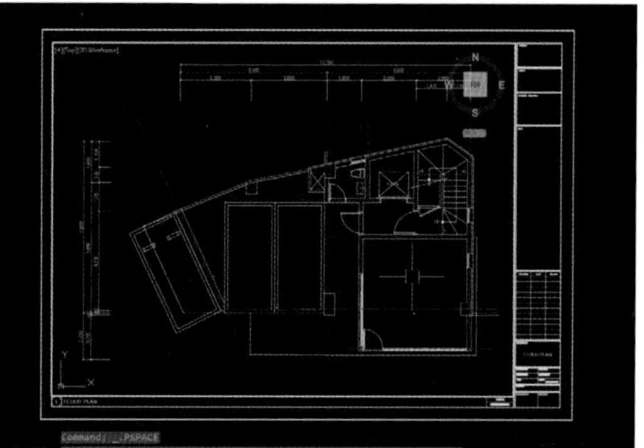

7 이번에는 문입니다. 도면 위의 문들을 선택하고 레이어 스크롤을 'I-DOOR'로 지정하여 'I-DOOR' 레이어로 전환합니다.

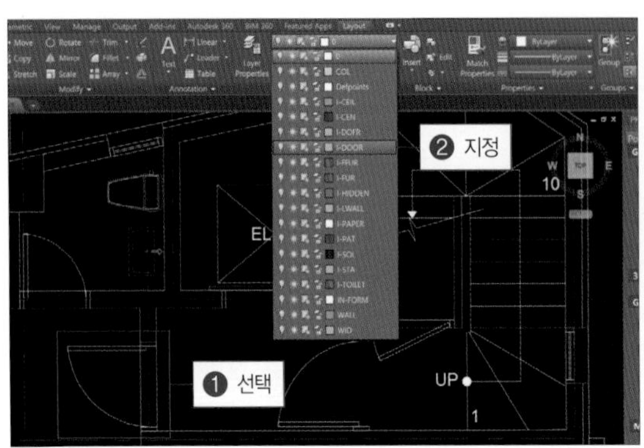

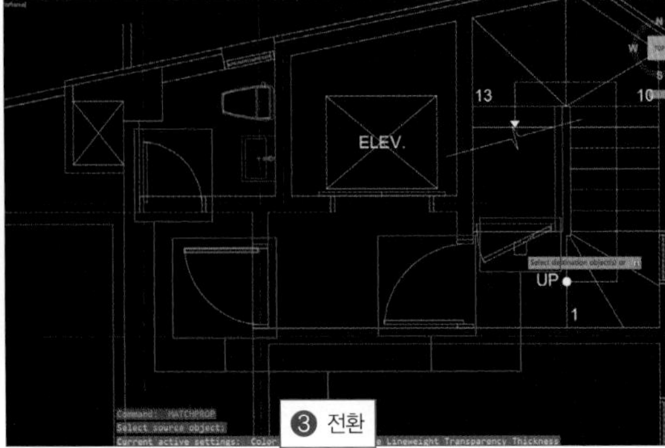

8 같은 방법으로 문이 회전하는 반경도 'I-DOOR' 레이어로 전환하고 색상을 'Red'로 지정합니다.

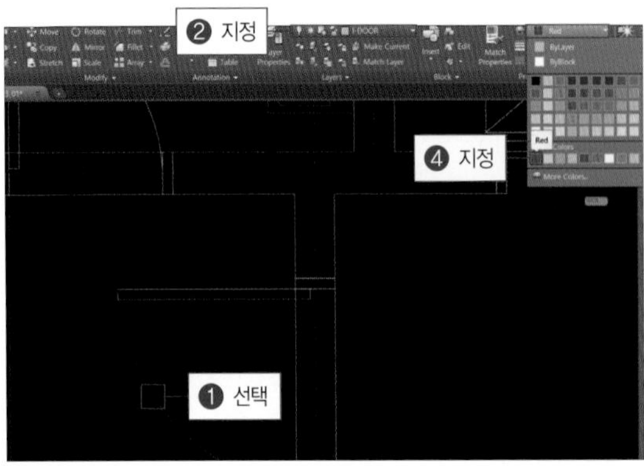

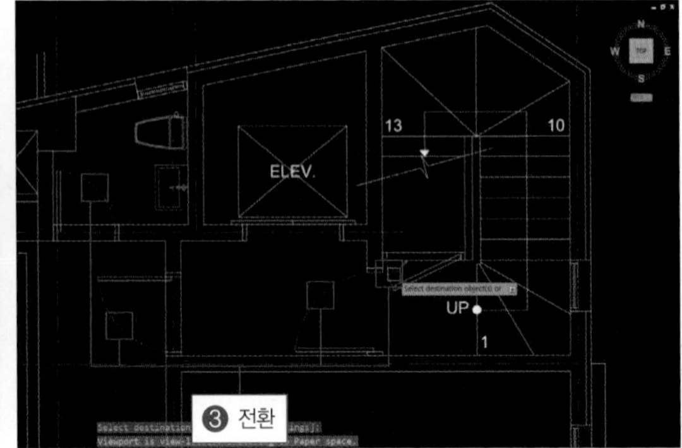

9 문 프레임에 해당하는 부분들을 선택하고 레이어 스크롤을 'I-DOFR'로 지정하여 'I-DOFR' 레이어로 전환합니다.

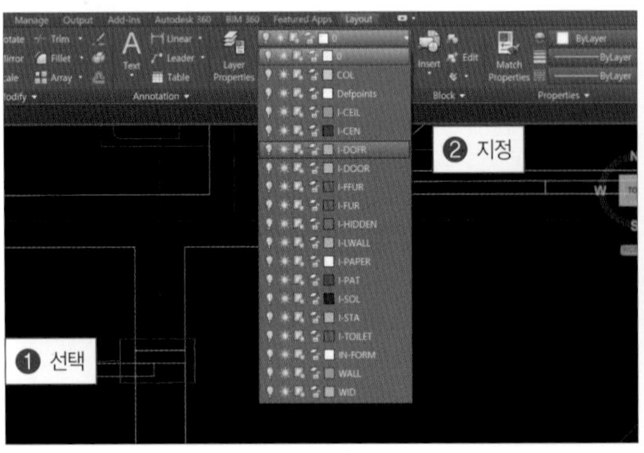

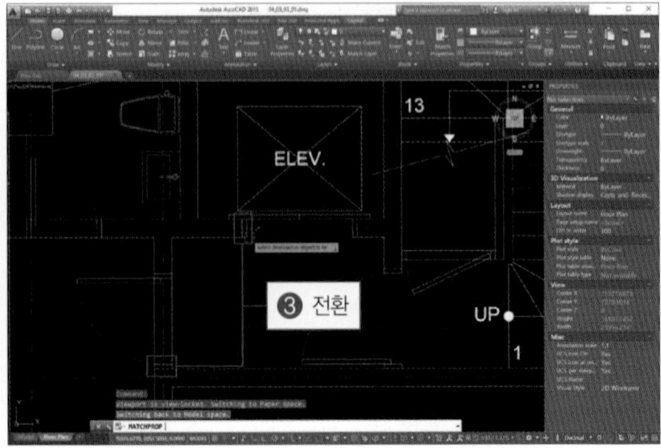

10 이번에는 계단입니다. 계단 발판을 나타내는 선들을 선택하고 레이어 스크롤을 'I-STA'(Stair)로 지정하여 'I-STA' 레이어로 전환합니다.

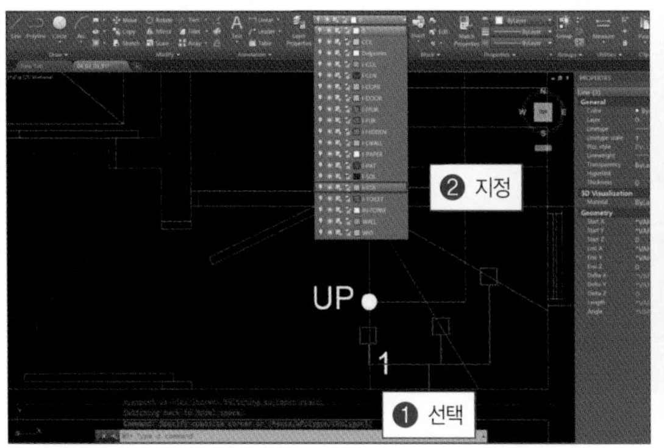

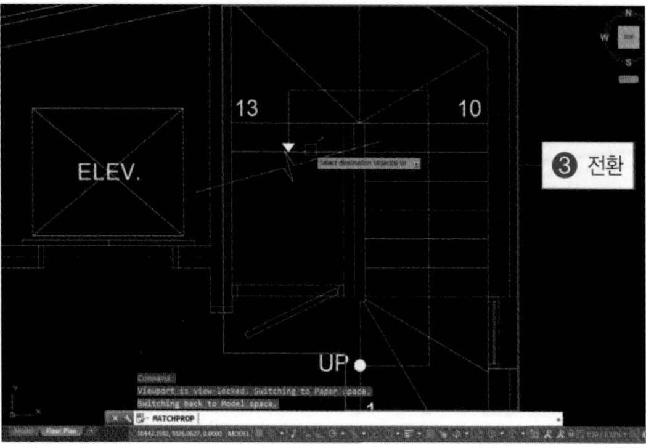

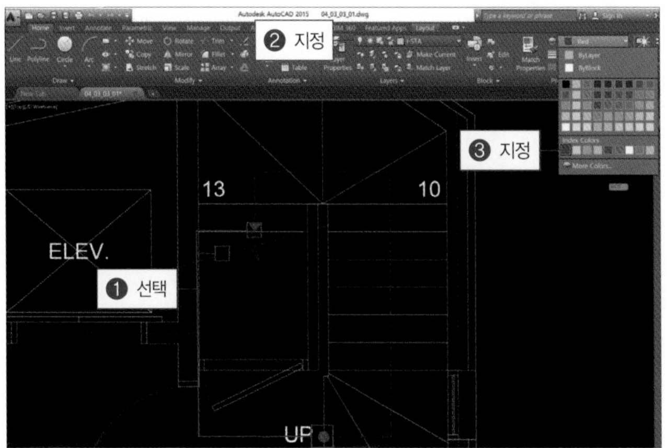

11 같은 방법으로 계단 표시에 해당하는 방향선을 선택합니다. 레이어 스크롤을 'I-STA'로 지정하여 'I-STA' 레이어로 전환하고 색상을 'Red'로 지정합니다.

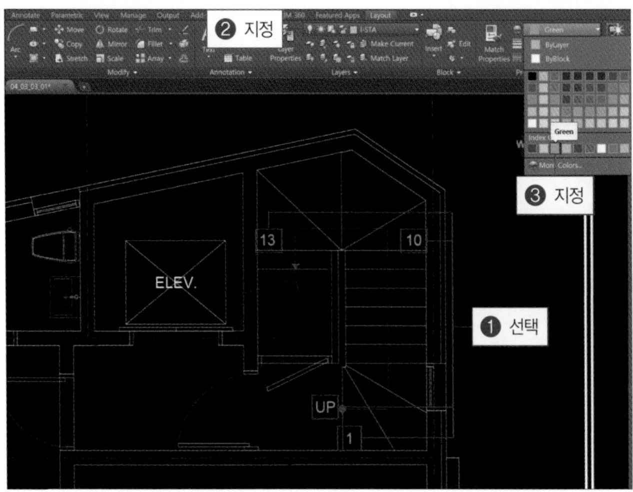

12 계단 방향을 나타내는 UP 표시와 계단 발판 수를 나타내는 숫자를 선택합니다. 레이어 스크롤을 'I-STA'로 지정하여 'I-STA' 레이어로 전환하고 색상을 'Green'으로 지정합니다.

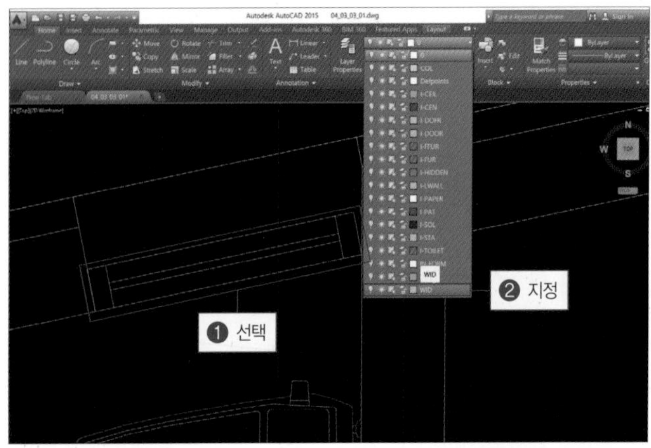

13 이번에는 창문을 선택하고 레이어 스크롤을 'WID'(Window)로 지정하여 'WID' 레이어로 전환합니다.

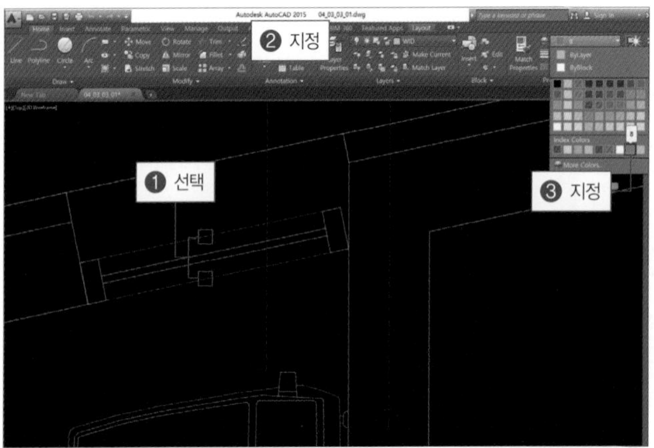

14 같은 방법으로 창문 밑 틀에 해당하는 선을 선택하고 레이어 스크롤을 'WID'로 지정하여 'WID' 레이어로 전환하고 색상을 '8'로 지정하여 다른 창문 선보다 옅게 설정합니다.

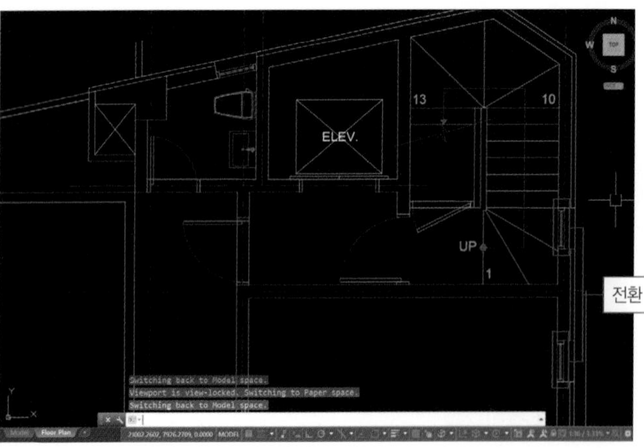

15 같은 방법으로 다른 위치의 창문들도 동일한 방식으로 지정하여 레이어를 전환합니다.

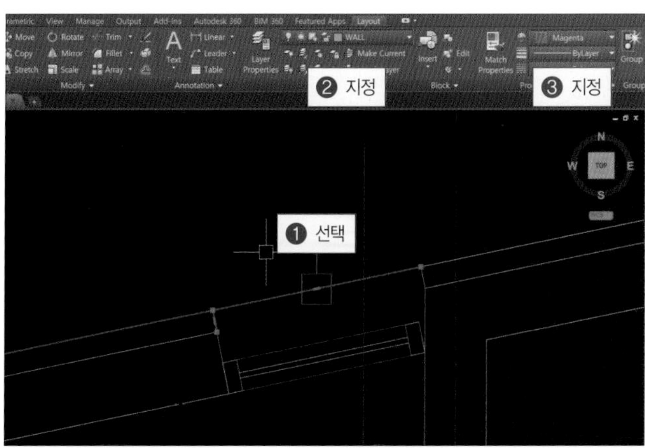

16 이번에는 건물 외관선 일부를 선택하고 레이어 스크롤을 'WALL'로 지정하여 'WALL' 레이어로 전환한 다음 색상을 'Magenta'로 지정하여 벽보다 옅게 표현합니다.

17 같은 방법으로 나머지 건물 외관선도 동일하게 진행합니다.

18 바닥에 그려지는 주차선을 선택하고 레이어 스크롤을 'I-PAT'(Pattern)로 지정하여 'I-PAT' 레이어로 전환합니다.

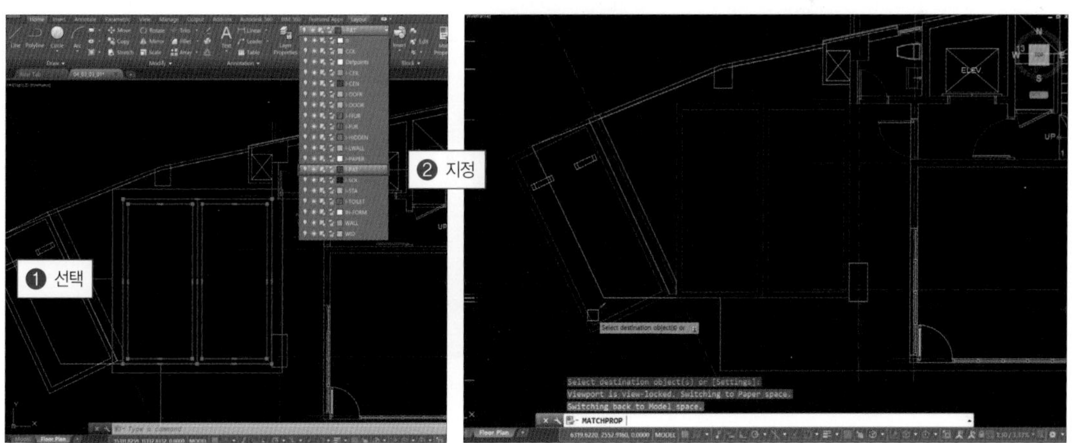

19 명령어 창에 'MATCHPROP'를 입력하고 문턱을 클릭하여 같은 레이어로 전환합니다.

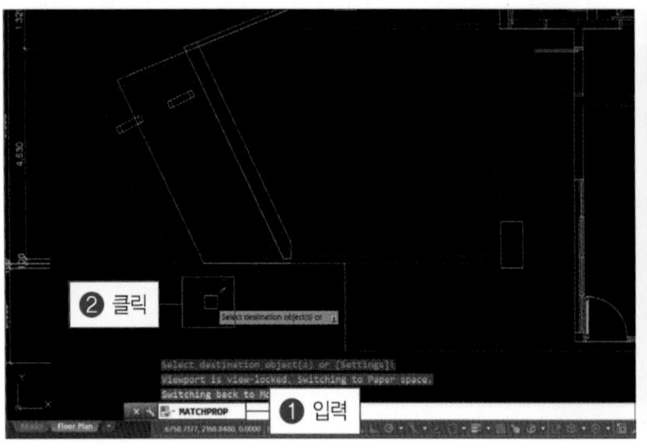

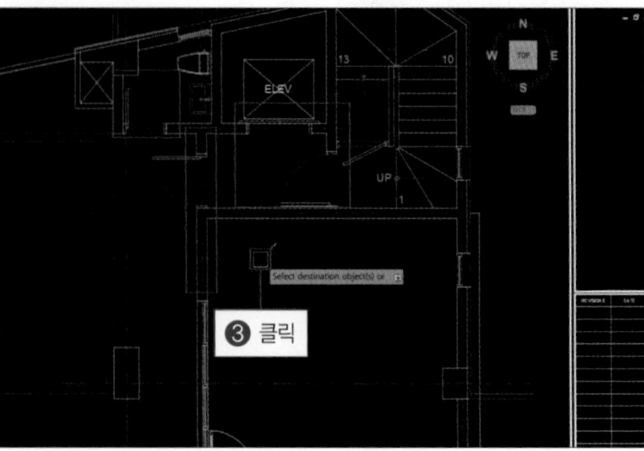

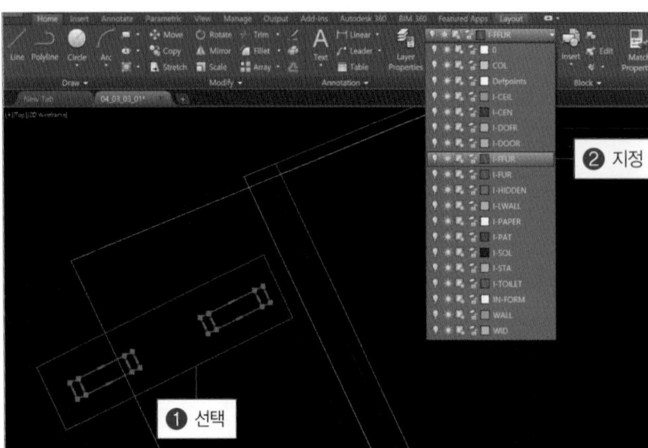

20 주차턱을 선택하고 레이어 스크롤을 'I-FFUR'(Fixed Furniture)로 지정하여 'I-FFUR' 레이어로 전환합니다.

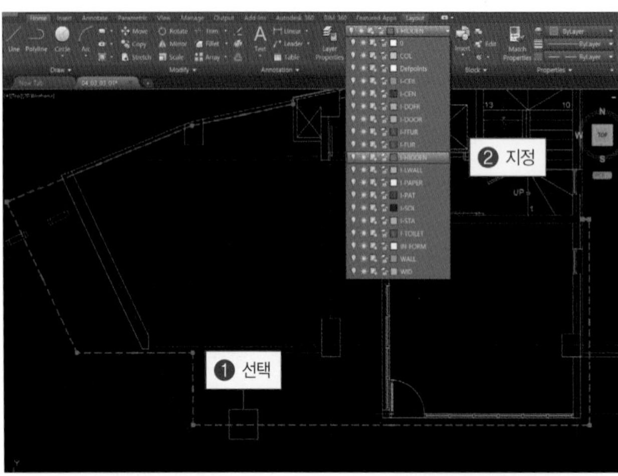

21 천장 선은 평면 위가 아닌 선이기 때문에 HIDDEN 점선으로 표현하겠습니다. 천장의 끝 선을 선택하고 레이어 스크롤을 'I-HIDDEN'로 지정하여 'I-HIDDEN' 레이어로 전환합니다.

22 엘리베이터와 Pit 공간의 X선을 선택하고 레이어 스크롤을 '0'으로 지정하여 '0' 레이어로 전환한 다음 색상을 'Red'로 지정합니다.

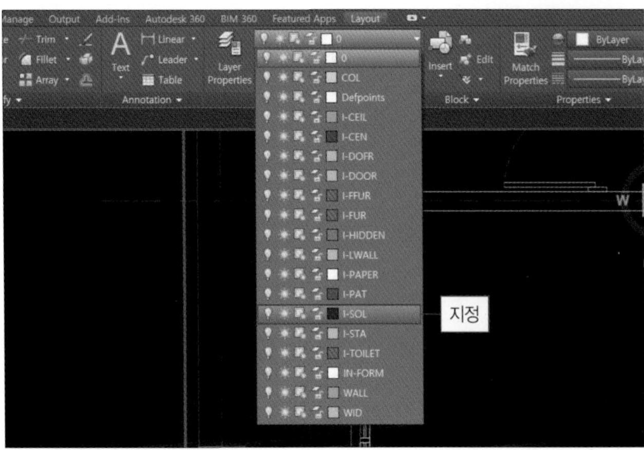

23 이번에는 벽체 안에 솔리드 해치를 입혀 출력했을 때 더욱 도드라지게 하겠습니다. 레이어 스크롤을 'I-SOL'(Solid)로 지정하여 'I-SOL' 레이어로 전환합니다.

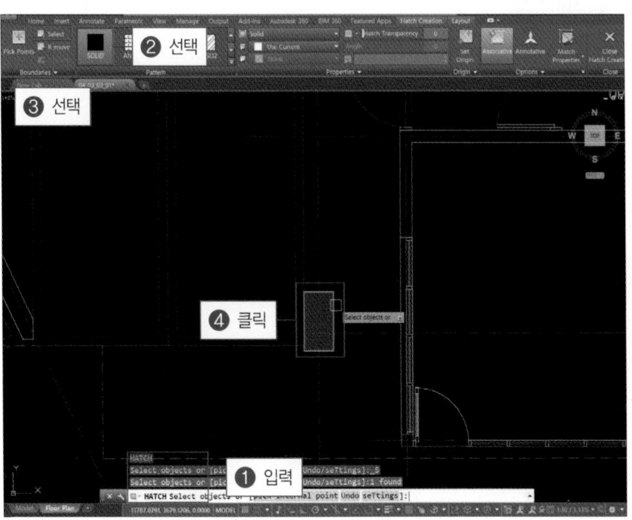

24 명령어 창에 'HATCH'를 입력합니다. 'SOLID'를 선택하여 해치 종류를 설정하고 이미 하나의 선으로 경계가 정해진 벽체는 'Select'를 선택하여 벽체를 클릭합니다. 벽체 안에 솔리드 해치가 입혀집니다.

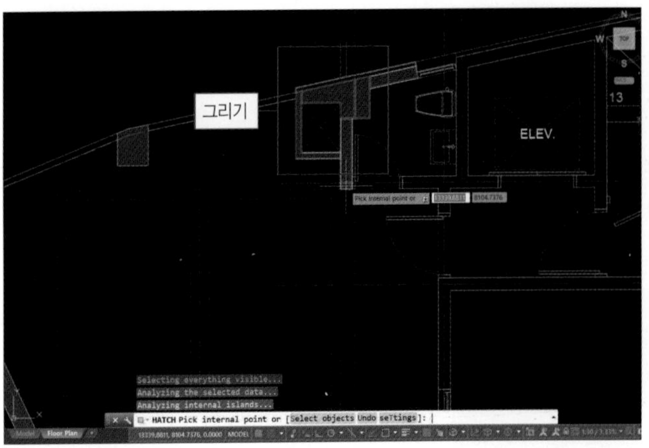

25 나머지 벽체들도 벽체 상태에 따라 'Select'와 'Pick Points'를 선택하고 솔리드 해치를 그려 입힙니다.

26 같은 방법으로 그림과 같이 솔리드 해치를 입혀 벽체를 마무리합니다.

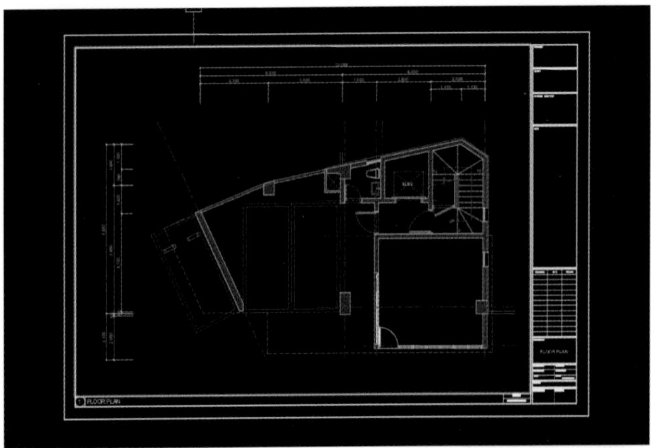

27 그림과 같이 도면 레이어 변경을 마무리합니다.

데크와 외부창 그리기

호텔 내부에 공용공간 역할을 하는 카페 겸 바의 공간을 그립니다. 여기서는 둘러앉아서 먹고 마실 수 있는 바 공간과 테이블 공간, 그리고 손님들에게 제공될 식음료를 준비할 카운터 공간을 계획하고자 합니다. 우선 공간 내외부의 경계를 짓는 데크와 외부창을 그립니다.

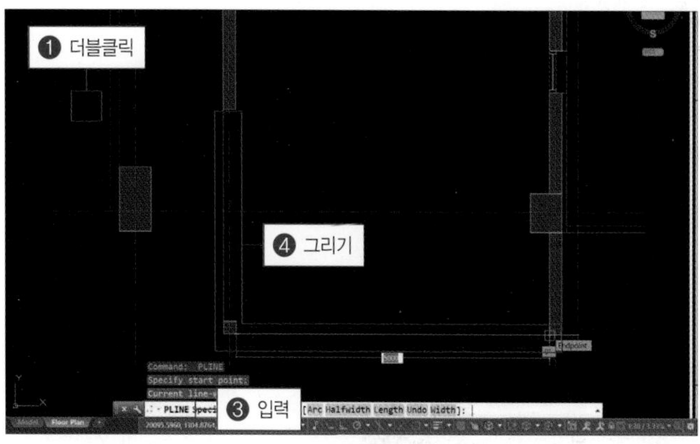

1 MVIEW 창 안을 더블클릭하여 MVIEW 창으로 이동합니다. 레이어 스크롤을 'I-STA'로 지정하고 명령어 창에 'PLINE'을 입력한 다음 바닥이 단이 지는 경계를 벽 끝을 따라 그립니다.

I-STA ❷ 지정

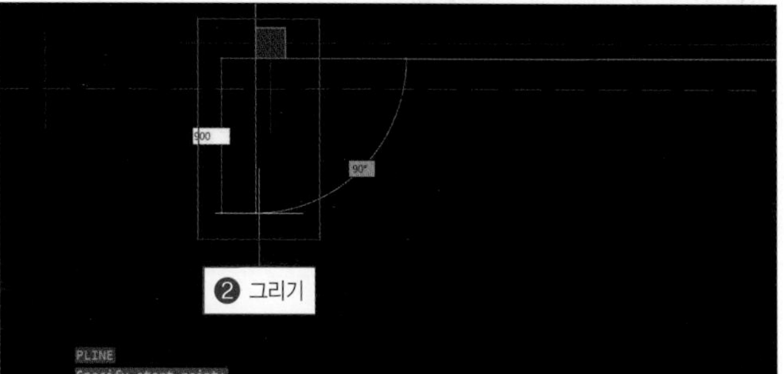

2 다시 명령어 창에 'PLINE'을 입력하고 Enter를 눌러 벽 끝점을 기준으로 아래로 '900mm'만큼 그립니다.

TIP
PLINE 대신에 LINE으로 선을 그려도 무방하지만, PLINE으로 선을 이어지도록 그리는 것이 더욱 좋습니다.

3 이어서 오른쪽으로 '5400mm'만큼 선을 그리고, 다시 위로 '900mm'만큼 외부 데크를 그립니다.

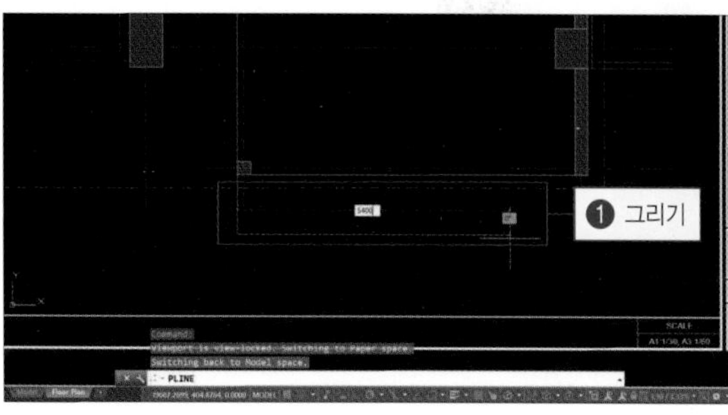

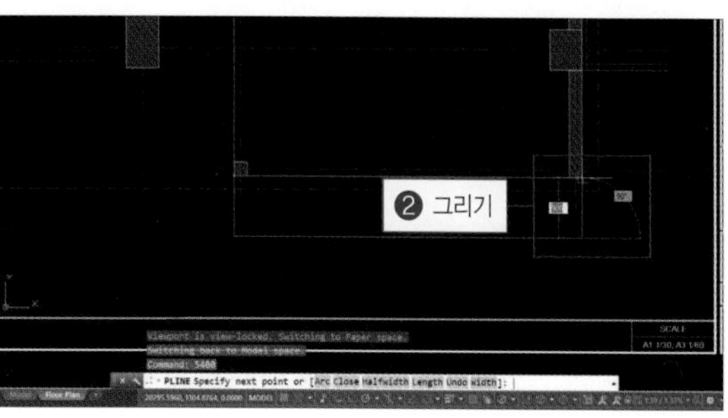

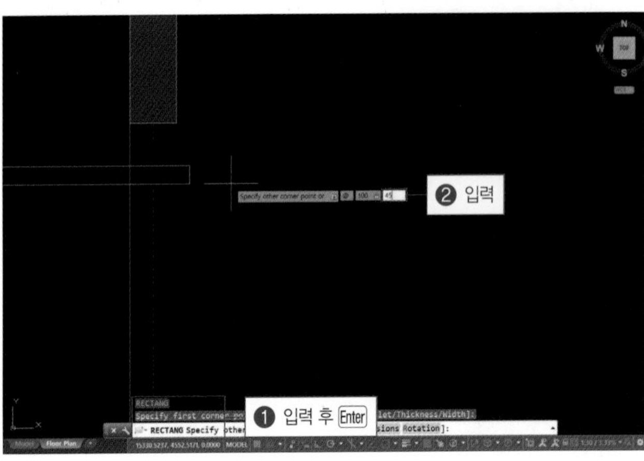

4 창문을 그리겠습니다. 명령어 창에 'RECTANG'을 입력하고 Enter를 눌러 Specify other corner point or이 표시되면 '@100, 45'를 입력합니다. 창문 프레임이 그려집니다.

5 명령어 창에 'MOVE'를 입력하고 Enter를 눌러 프레임의 오른쪽 상단 끝 점을 선택한 다음 벽 끝으로 이동합니다. 다시 명령어 창에 'COPY'를 입력하고 Enter를 눌러 맞은편 끝으로 복사합니다.

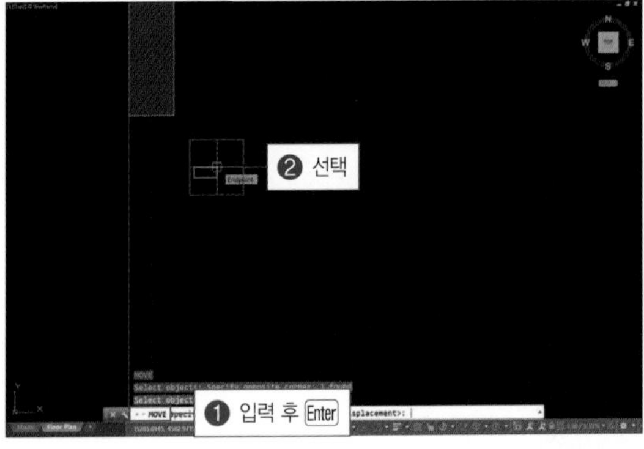

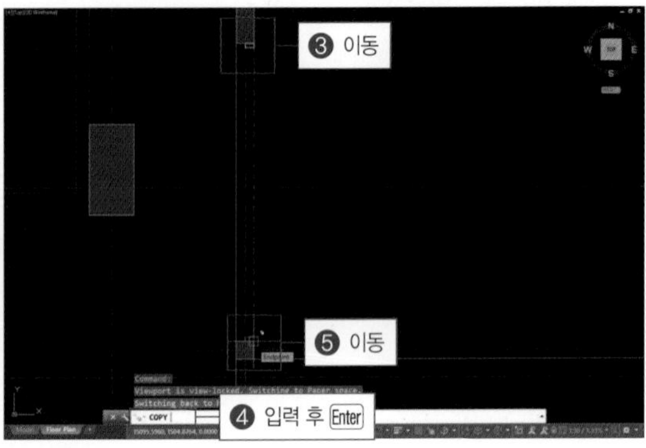

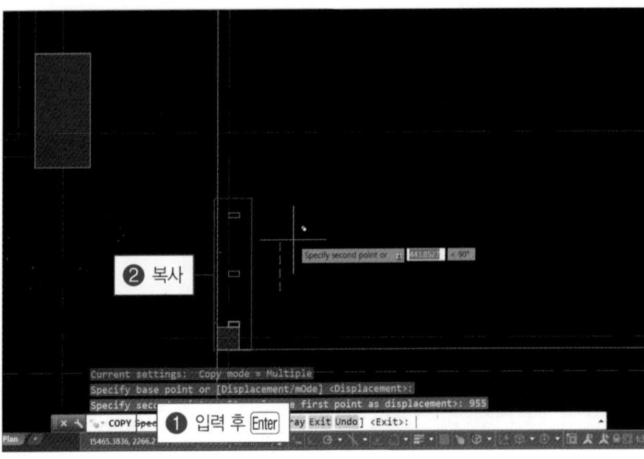

6 명령어 창에 'COPY'를 입력하고 Enter를 눌러 프레임을 위로 '955mm'만큼 새로 띄어 복사해 유리문이 들어갈 폭을 만듭니다.

7 명령어 창에 'PLINE'을 입력하고 Enter를 눌러 안쪽 끝 점에서 맞은편 프레임의 안쪽 끝 점을 그려 연결합니다. 명령어 창에 'COPY'을 입력하고 Enter를 눌러 프레임 하나를 이동하여 중심 위치에 복사합니다.

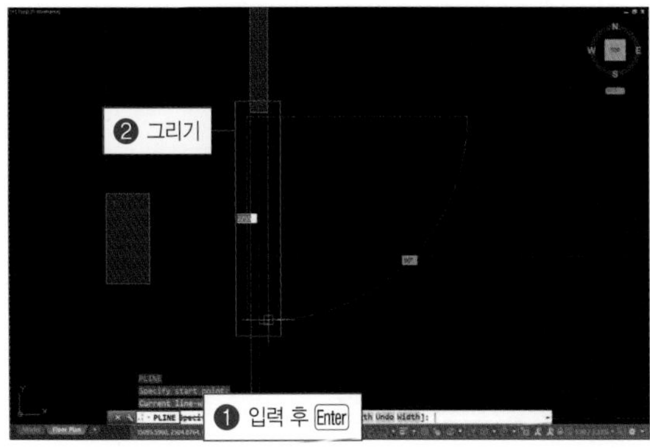

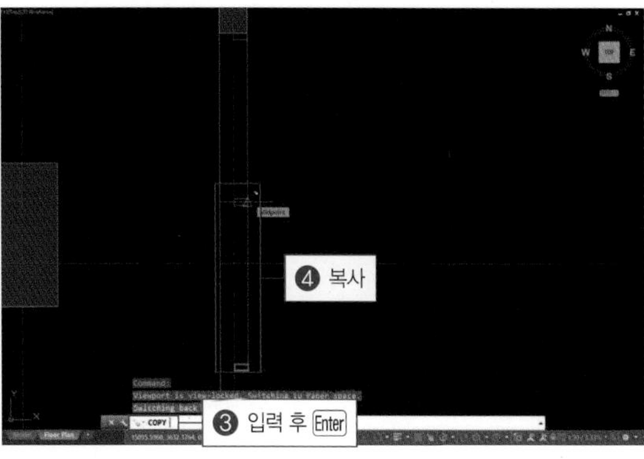

8 선을 선택하고 명령어 창에 'ERASE'를 입력하여 선을 삭제합니다.

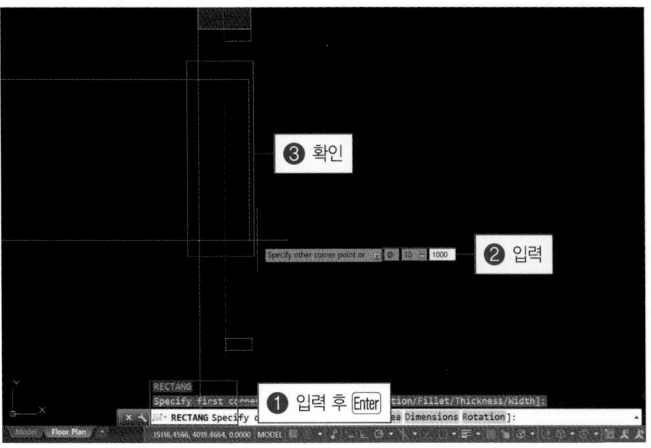

9 프레임 사이의 유리를 그리겠습니다. 명령어 창에 RECTANG를 입력하고 Enter를 눌러 Specify other corner point or이 표시되면 '@10, 1000'을 입력합니다. 유리가 그려진 것을 확인합니다.

TIP

여기서 '1000'은 임의의 유리 길이를 입력하기 위한 것입니다.

10 'Move'를 입력하고 Enter를 눌러 중심점을 기준으로 유리를 프레임 중심에 위치합니다. 명령어 창에 'STRETCH'를 입력하고 Enter를 눌러 끝 모서리를 선택한 다음 맞은편 프레임까지 위로 드래그합니다.

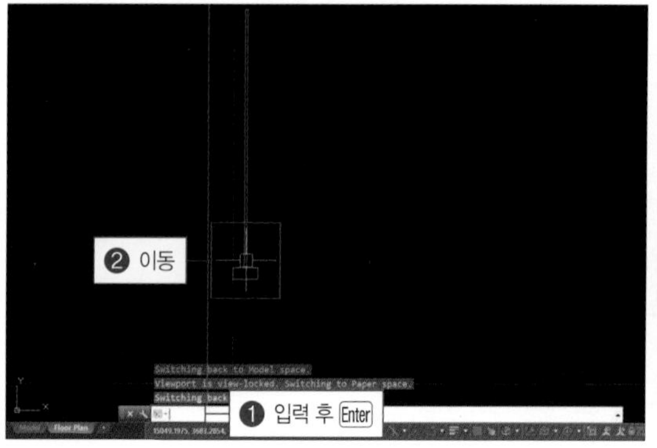

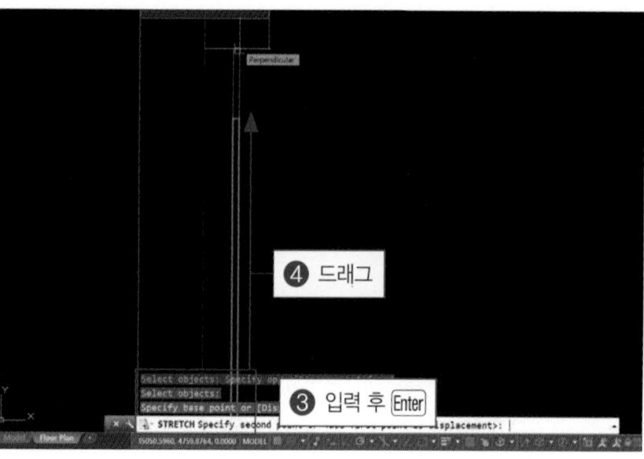

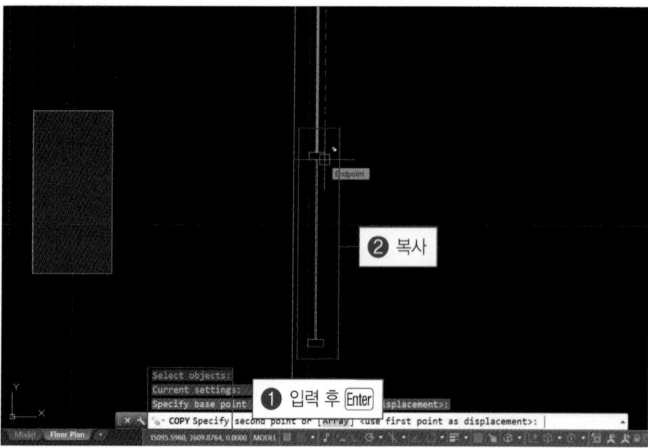

11 같은 방법으로 명령어 창 'COPY'를 입력하고 Enter를 눌러 아래에도 복사합니다.

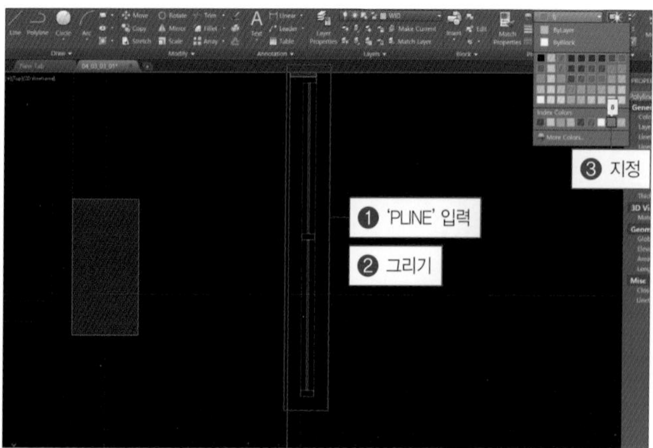

12 창문 프레임 틀은 명령어 창에 'PLINE'을 입력하여 선을 그리고 색상을 '8'로 지정합니다.

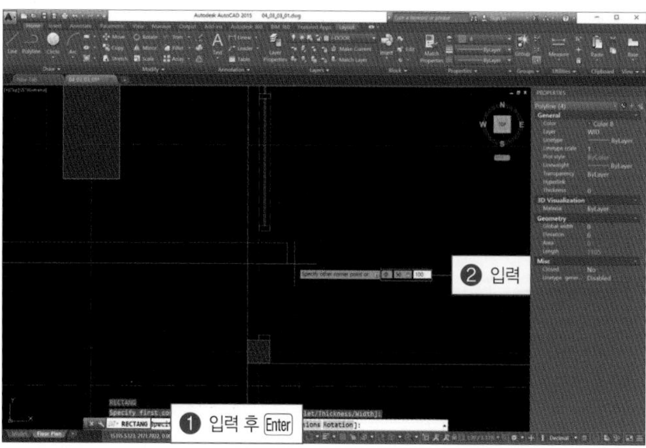

13 유리문을 완성하겠습니다. 먼저 유리문의 프레임을 그리기 위해 명령어 창에 'RECTANG'을 입력하고 Enter를 눌러 Specify other corner point or이 표시되면 '@50, 100'을 입력합니다.

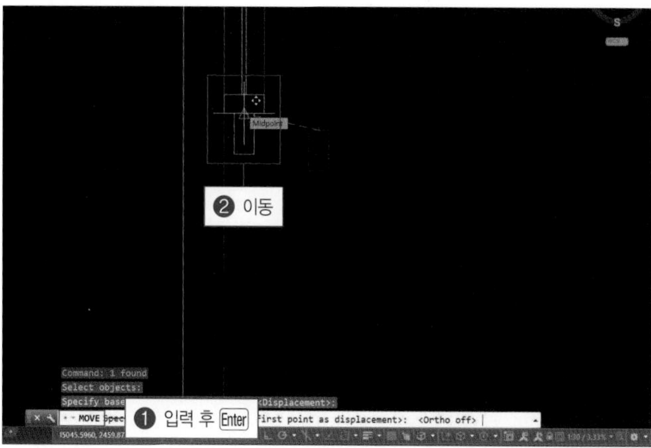

14 명령어 창에 'MOVE'를 입력하고 Enter를 눌러 중심점을 기준으로 이동합니다.

15 명령어 창에 'COPY' 입력하고 Enter를 눌러 맞은편으로 복사합니다.

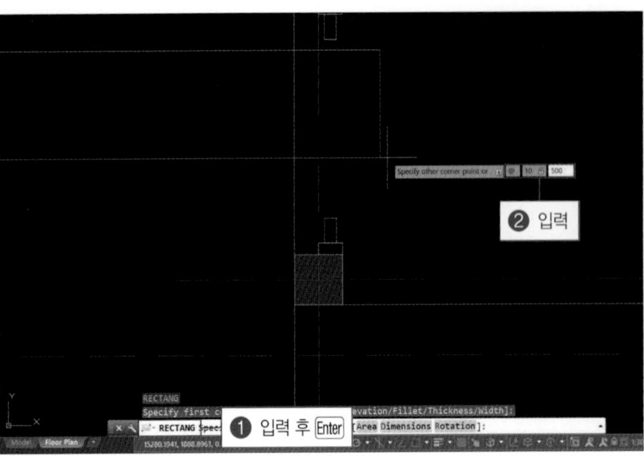

16 13번과 같은 방법으로 명령어 창에 'RECTANG'를 입력하고 Enter를 눌러 Specify other corner point or이 표시되면 '@10, 500'을 입력하여 10mm×500mm의 사각형을 그립니다.

17 명령어 창에 'MOVE'를 입력하고 Enter를 눌러 중심점 기준으로 이동합니다. 다시 명령어 창에 'STRETCH'를 입력하고 Enter를 누른 다음 길이를 프레임까지 드래그하여 늘립니다.

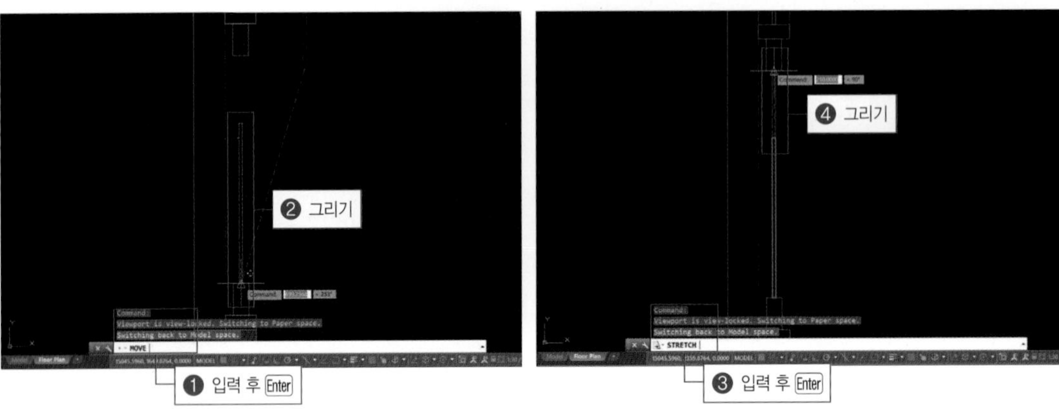

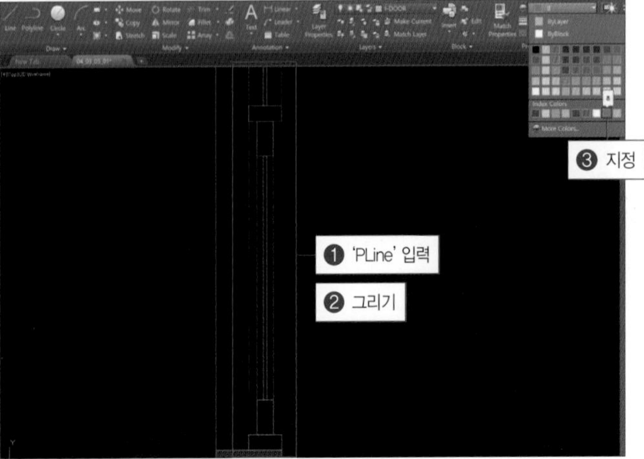

18 프레임 틀은 명령어 창에 'PLINE'을 입력하여 그리고 색상을 '8'로 지정합니다.

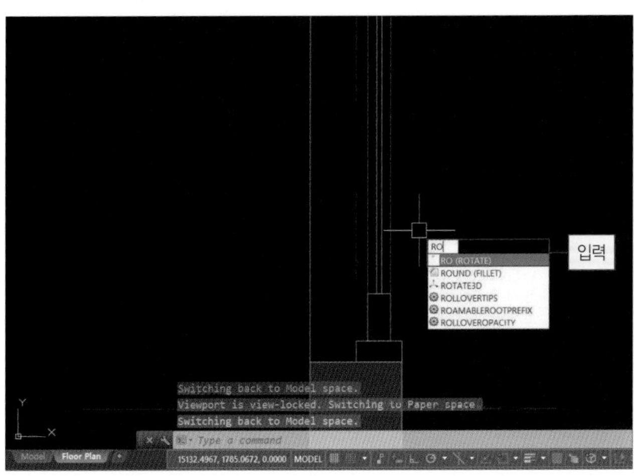

19 명령어 창에 'ROTATE'를 입력합니다.

20 유리문에 해당하는 모든 선을 선택하고 오른쪽 하단 끝 점을 기준으로 90° 회전시킵니다.

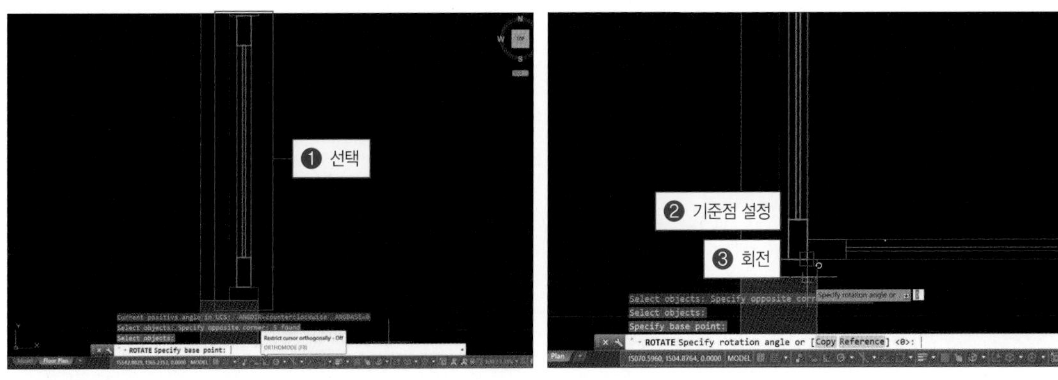

21 문의 회전 반경을 그리기 위해 명령어 창에 'ARC'를 입력합니다.

22 Specify start point of arc or이 표시되면 'C' 또는 'Center'를 입력하고 Enter를 눌러 회전의 기준이 되었던 점을 클릭합니다.

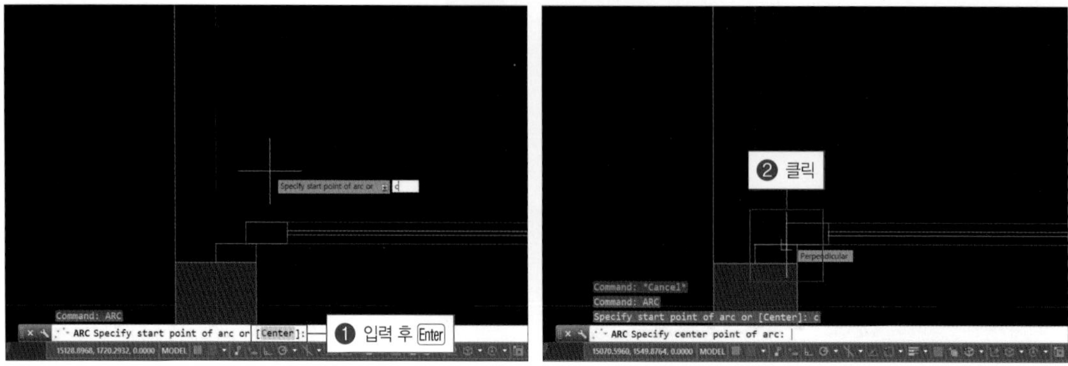

23 Specify start point of arc가 표시되면 회전의 반경이 시작하는 문의 끝 점을 클릭하고, Specify end point of arc가 표시되면 회전의 반경이 끝나는 점을 클릭합니다.

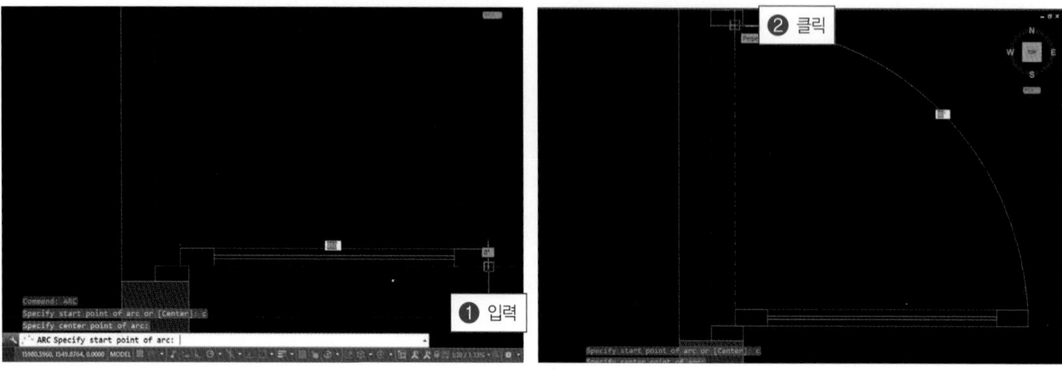

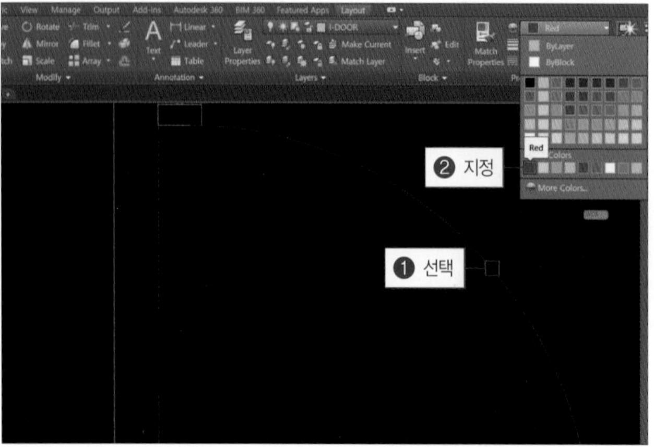

24 반경의 곡선을 선택하고 색상을 'Red'로 지정하여 변경합니다.

들창 그리기

공간의 내부와 외부의 경계를 흐려주는 들창을 그리고자 합니다. 들창을 열어 하단의 바 테이블에서 내 · 외부 좌석들을 손님들이 즐길 수 있게 합니다.

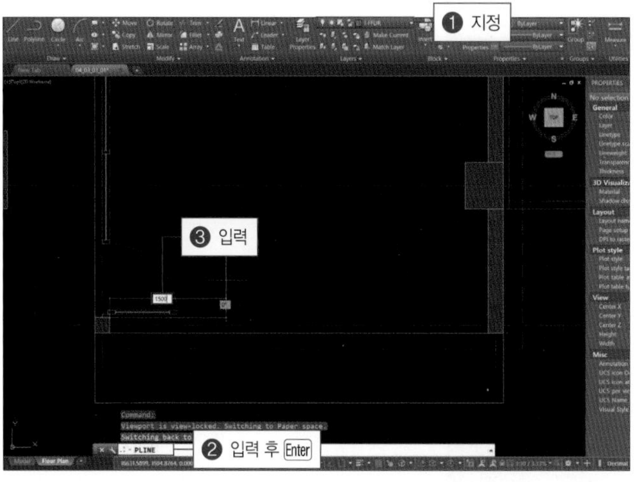

1 이번에는 외부와 면하는 쪽에 바 테이블을 그리겠습니다. 레이어 스크롤을 'I-FFUR'로 지정하여 'I-FFUR' 레이어로 전환합니다. 명령어 창에 'PLINE'을 입력하고 Enter를 눌러 유리문 벽체 한쪽 끝을 클릭하고 '1500'를 입력합니다.

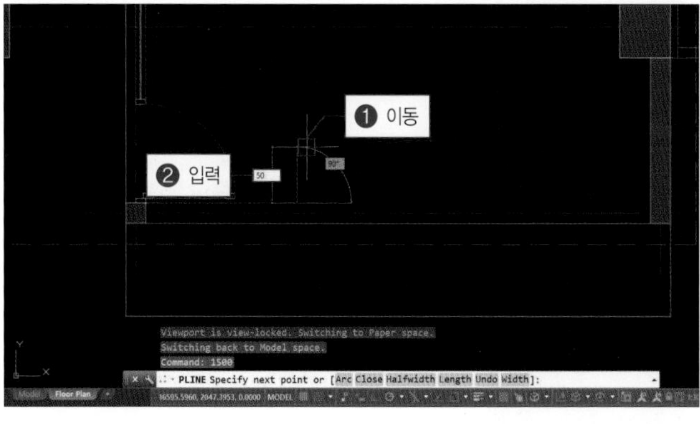

2 마우스 포인터를 위로 이동하고 명령어 창에 '50'을 입력합니다.

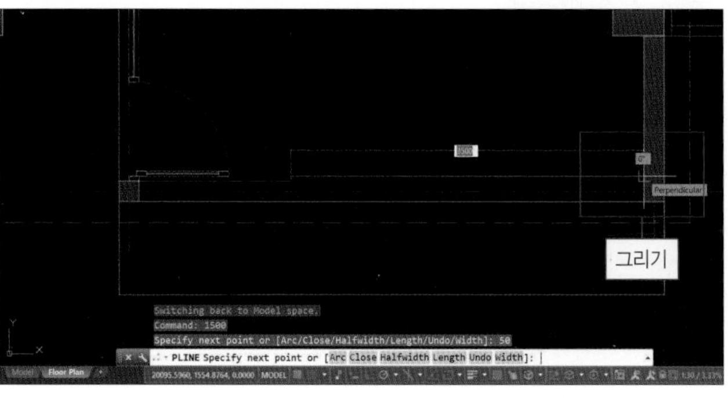

3 벽체에 닿을 때까지 오른쪽으로 연장하여 그립니다.

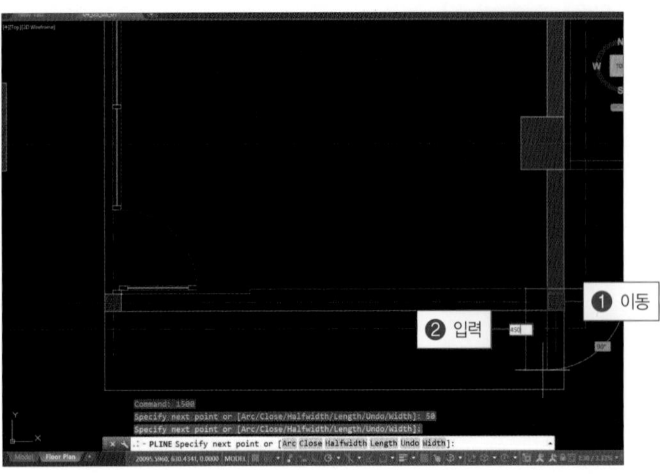

4 폭 450mm의 바 테이블을 그리기 위해 마우스 포인터를 아래로 이동하고 명령어 창에 '450'을 입력합니다.

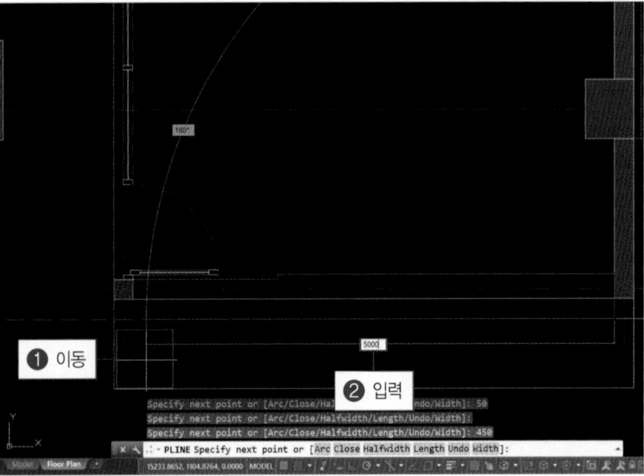

5 마우스 포인터를 왼쪽으로 이동하고 명령어 창에 '5000'을 입력합니다.

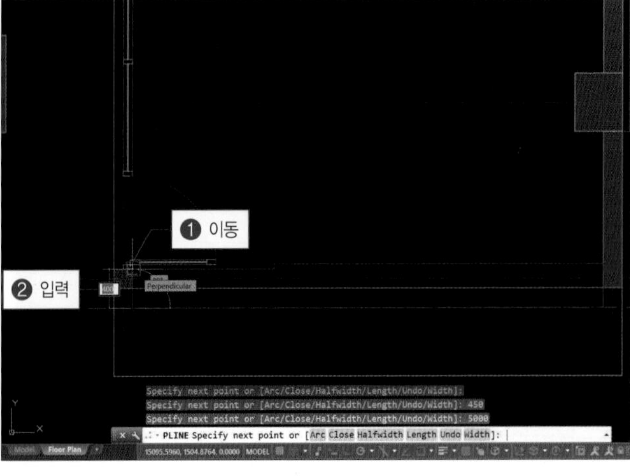

6 마우스 포인터를 위로 이동하고 명령어 창에 '400'을 입력하여 테이블 그리기를 마무리합니다.

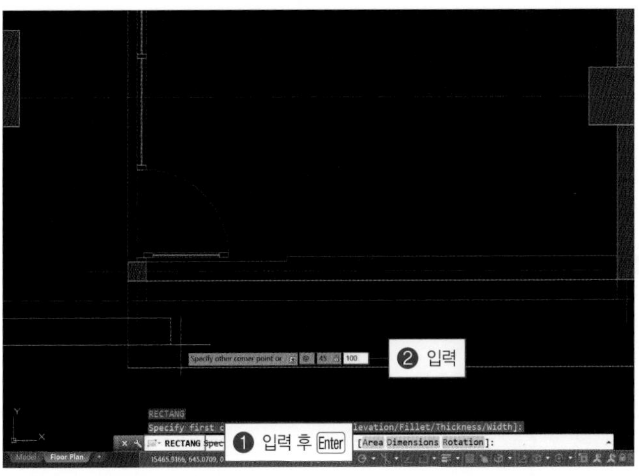

7 바 테이블 위로 열릴 들창을 그리겠습니다. 우선 들창의 프레임을 표현하기 위해 명령어 창에 'RECTANG'을 입력하고 Enter를 눌러 Specify other corner point or이 표시되면 '@45, 100'을 입력합니다.

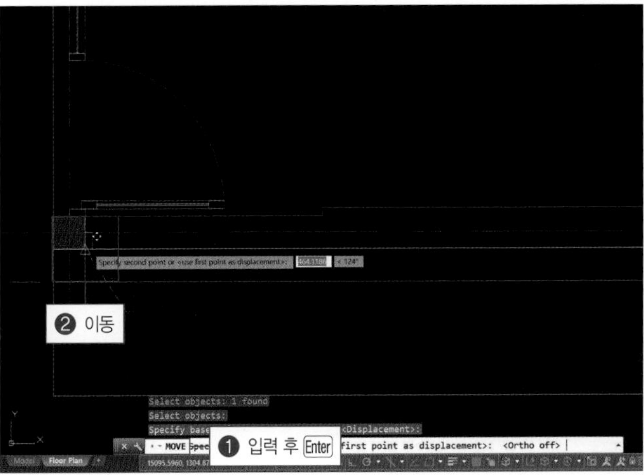

8 명령어 창에 'MOVE'를 입력하고 Enter를 눌러 왼쪽 하단 끝점을 기준으로 벽체에 맞물리게 이동합니다.

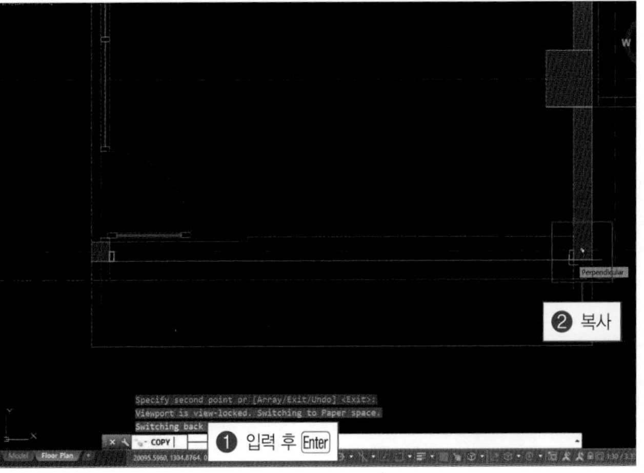

9 명령어 창에 'COPY'를 입력하고 Enter를 눌러 맞은편 벽으로 복사합니다.

10 명령어 창에 'PLINE'을 입력하고 Enter를 누릅니다. 마우스 포인터를 왼쪽에 위치한 창 프레임의 오른쪽 하단 기준점에 위치하고, 맞은편 프레임의 오른쪽 하단 끝 점을 클릭하여 선을 그립니다.

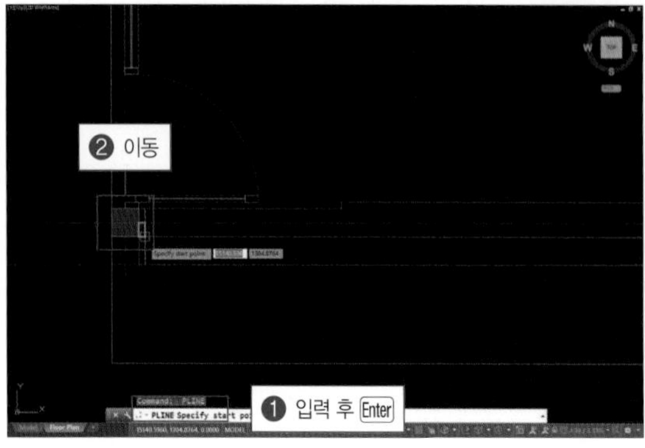

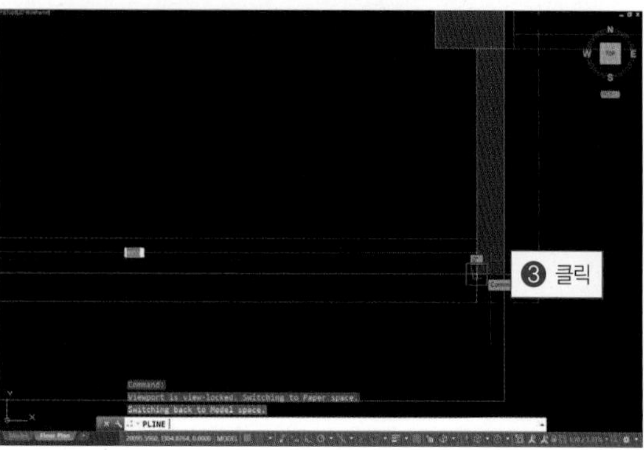

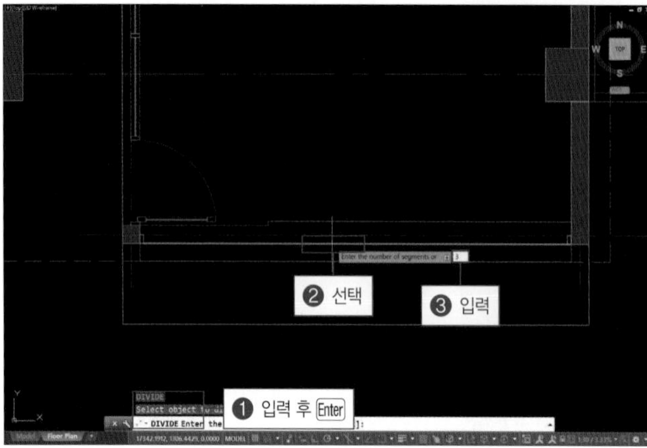

11 명령어 창에 'DIVIDE'를 입력하고 Enter를 누른 다음 선을 선택하여 Enter the number of segments or이 표시되면 '3'을 입력하여 세등분의 Node를 만듭니다.

12 명령어 창에 'COPY'를 입력하고 Enter를 눌러 왼쪽에 위치한 창 프레임의 오른쪽 하단 끝 점부터 선택하여 Node 복사합니다.

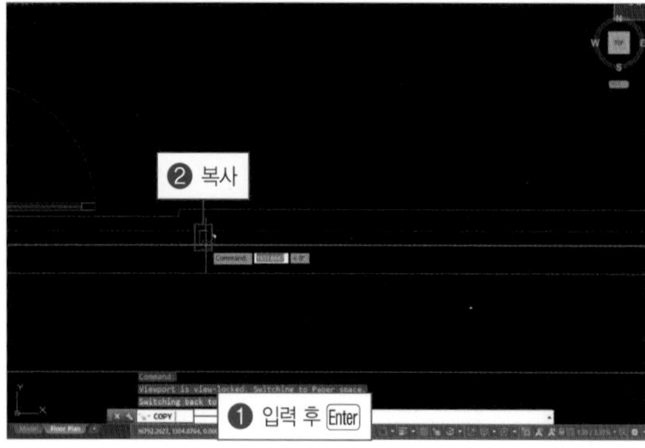

13 명령어 창에 'ERASE'를 입력하고 Enter를 눌러 임의로 그린 선과 등분 Node를 삭제합니다.

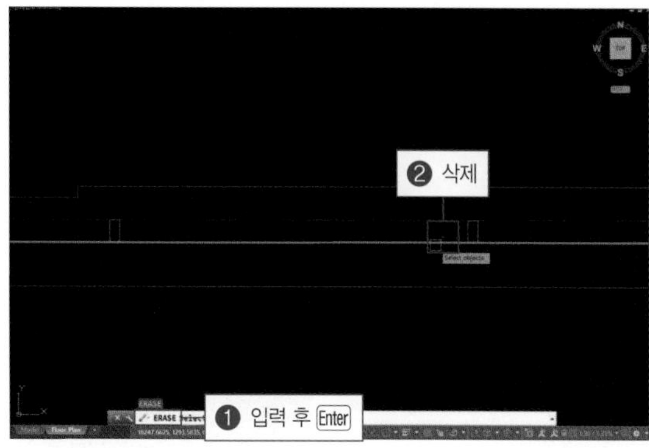

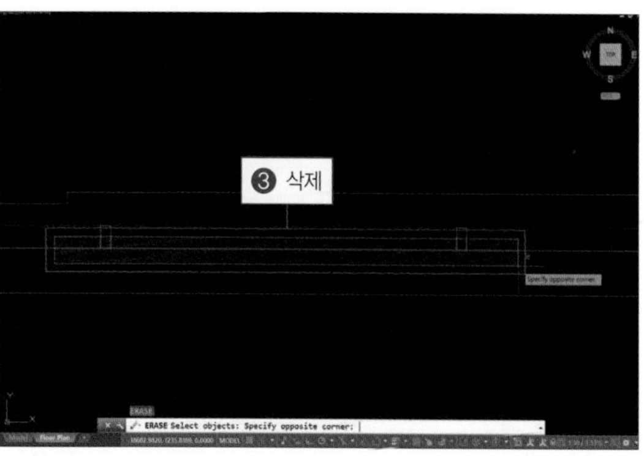

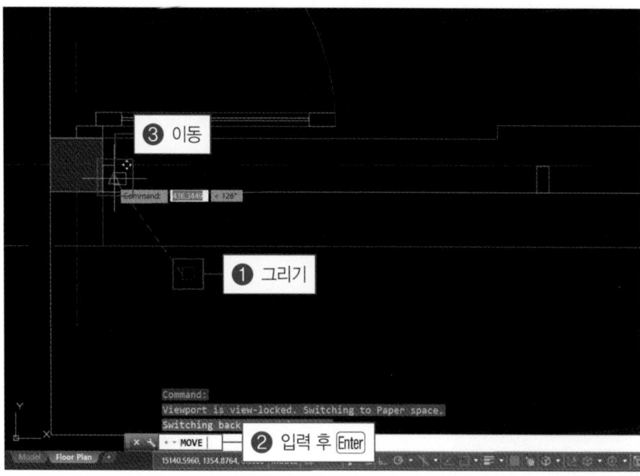

14 들려 올려질 창의 프레임을 위해 45mm×45mm 정사각형을 그리고 명령어 창에 'MOVE'를 입력한 다음 Enter를 눌러 중심점을 기준으로 프레임 중심으로 이동합니다.

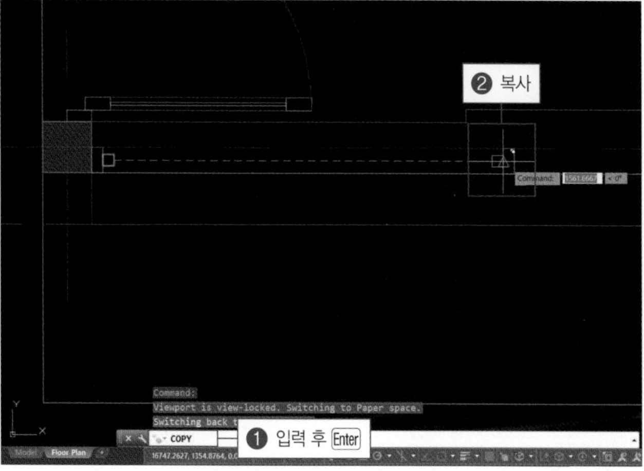

15 명령어 창에 'COPY'를 입력하고 Enter를 눌러 중심점을 기준으로 복사합니다.

16 명령어 창에 'PLINE'을 입력하고 Enter를 눌러 임의의 선을 그립니다. 다시 명령어 창에 'COPY'를 입력하고 Enter를 눌러 중간 프레임을 복사하여 추가합니다.

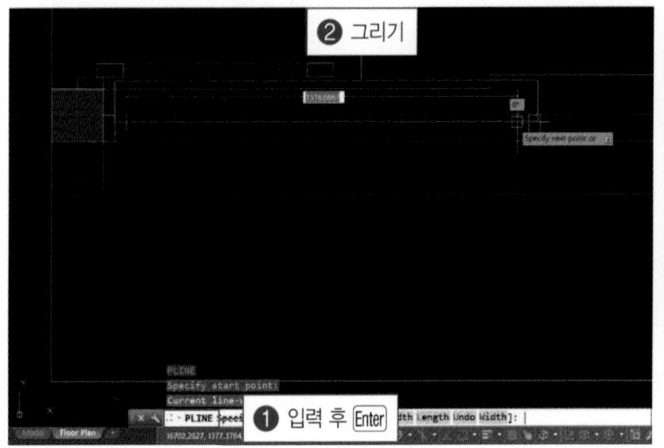

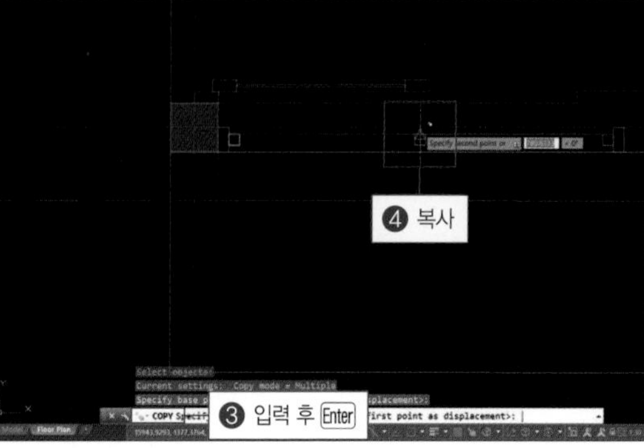

17 명령어 창에 'ERASE'를 입력하여 삭제합니다. 임의의 선을 창 유리를 만들기 위해 'Rectang'을 입력하고 Enter를 눌러 500mm×10mm 직사각형을 그립니다.

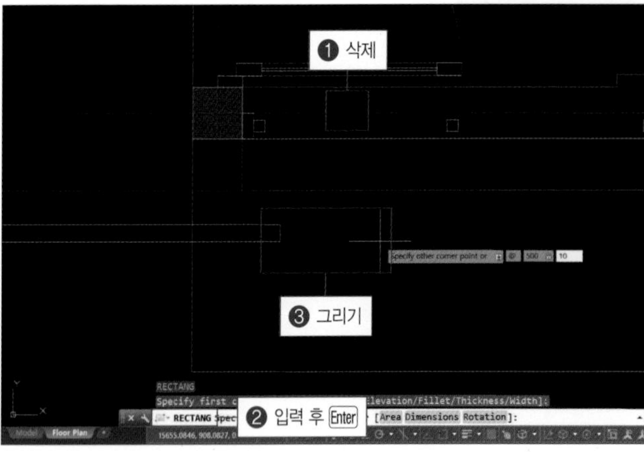

18 명령어 창에 'MOVE'를 입력하고 Enter를 눌러 유리 사각형을 프레임 중심으로 이동합니다.

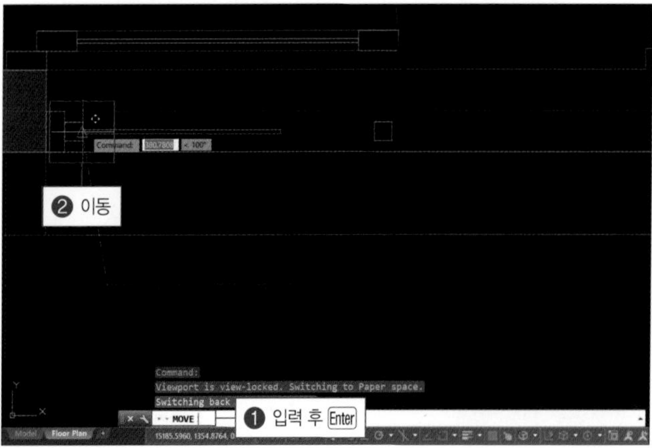

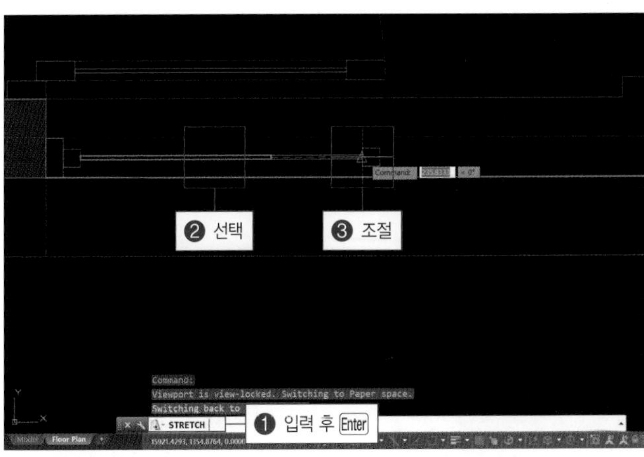

19 명령어 창에 'STRETCH'를 입력하고 Enter를 눌러 객체를 선택한 다음 길이를 조절합니다.

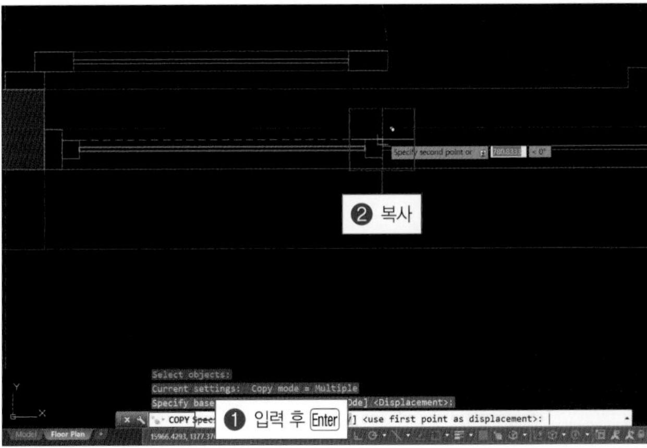

20 명령어 창에 'COPY'를 입력하고 Enter를 눌러 오른쪽에 유리를 복사합니다.

21 프레임 틀을 위해 명령어 창에 'PLINE'을 입력하고 Enter를 눌러 선을 그린 다음 색상을 '8'로 지정하여 변경합니다.

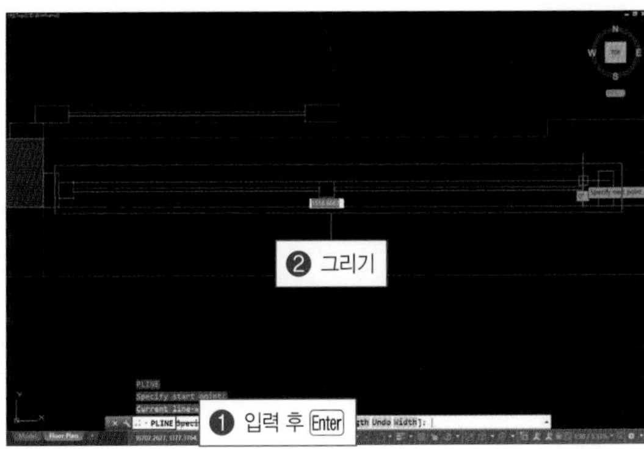

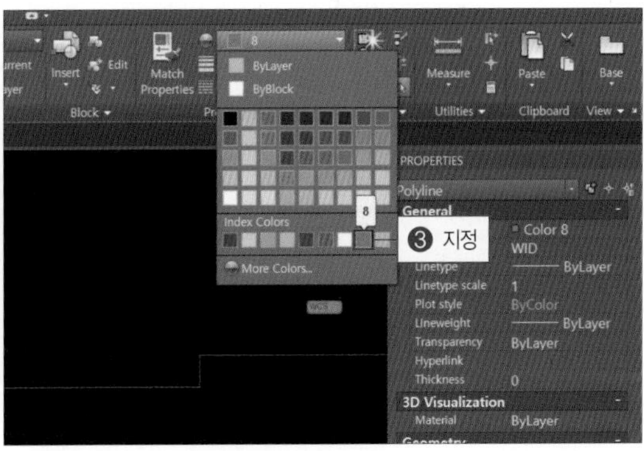

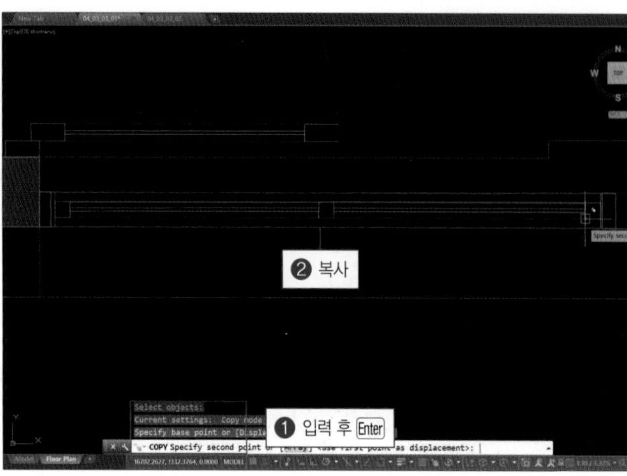

22 명령어 창에 'COPY'를 입력하고 Enter를 눌러 프레임 틀을 마저 복사합니다.

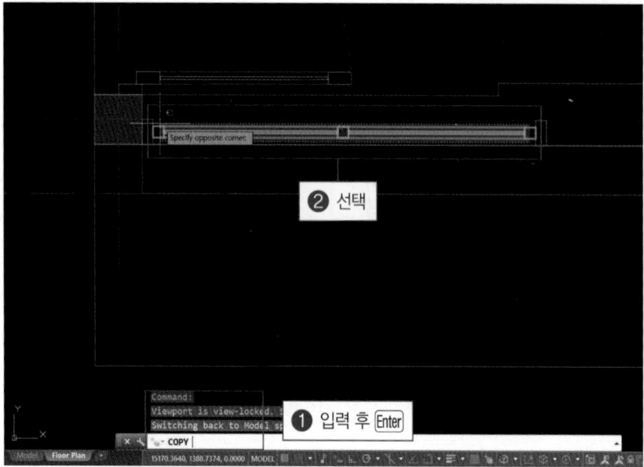

23 명령어 창에 'COPY'를 입력하고 Enter를 눌러 새롭게 그린 들창을 모두 선택합니다.

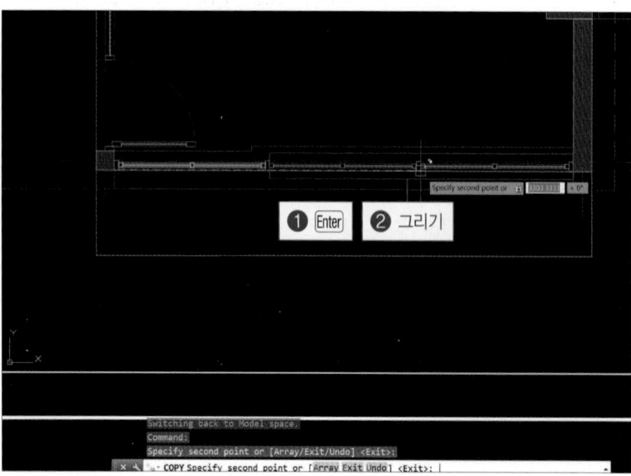

24 같은 방법으로 복사하고 두 개 더 그립니다.

내부 마감과 카운터 바 그리기

이 공간의 포인트가 되는 철망 벽면 마감과 사람들을 반기고 서비스를 준비하는 카운터 바를 그립니다.

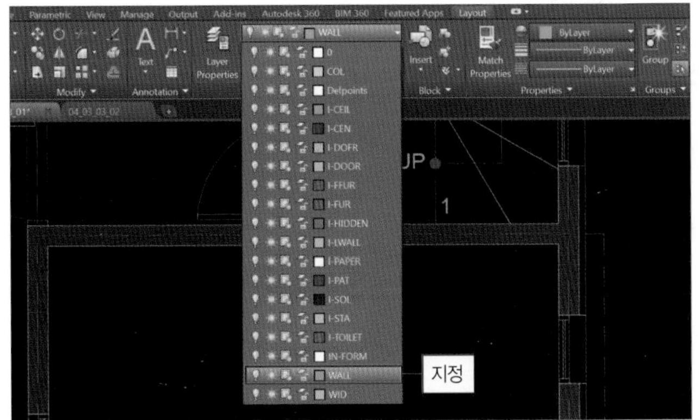

1 레이어 스크롤을 'WALL'로 지정하여 'WALL' 레이어로 전환합니다.

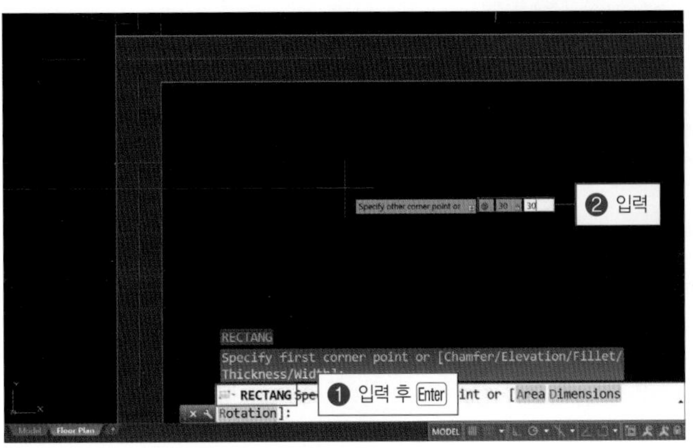

2 카페/바 벽면의 철망을 설치하기 위한 구조틀을 그리겠습니다. 명령어 창에 'RECTANG'를 입력하고 Enter를 눌러 Specify other corner point or이 표시되면 '@30, 30'을 입력합니다.

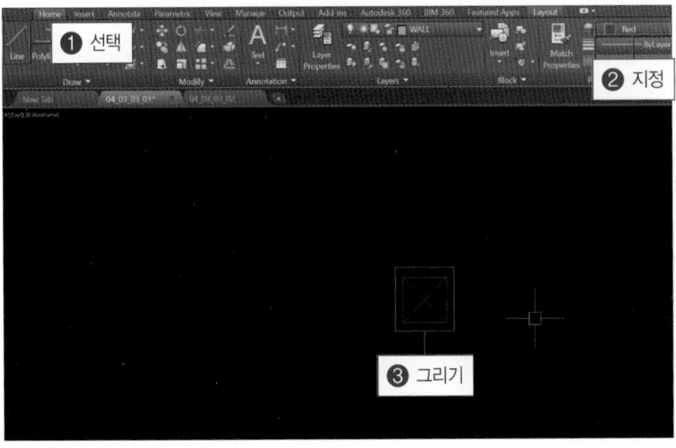

3 'Line'을 선택하고 색상을 'Red'로 지정한 다음 선을 X자로 그려 각파이프를 표현합니다.

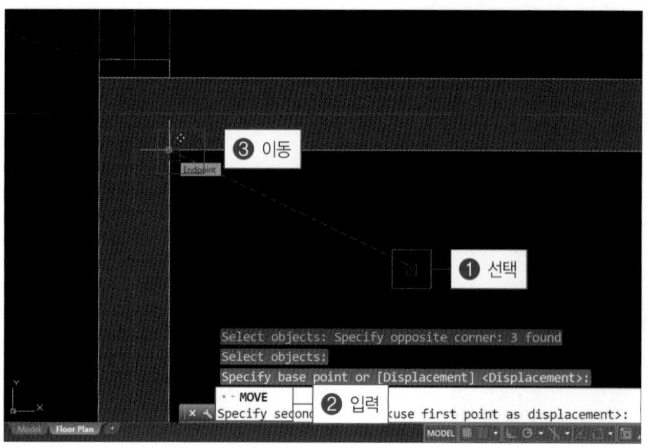

4 모두 선택하고 명령어 창에 'MOVE'를 입력한 다음 왼쪽 상단 끝 점을 기준으로 벽체 모서리로 이동합니다.

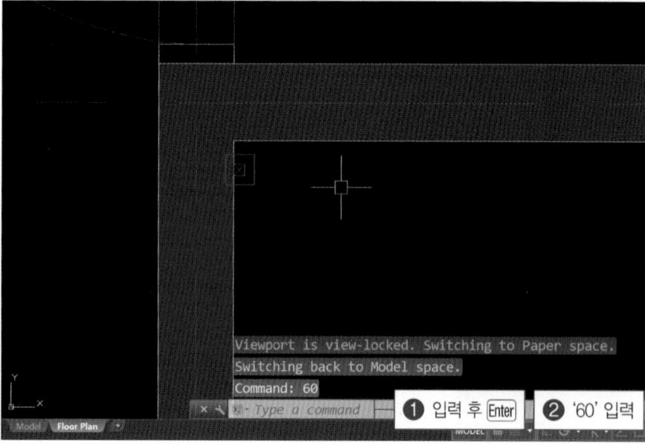

5 명령어 창에 'MOVE'를 입력하고 Enter를 누른 다음 '60'을 입력하여 아래로 60mm만큼 이동시킵니다.

6 명령어 창에 'COPY'를 입력하고 Enter를 눌러 맞은편으로 복사합니다. 다시 명령어 창에 'MOVE'를 입력하고 Enter를 누른 다음 '90'을 입력하여 왼쪽 90mm만큼 이동합니다.

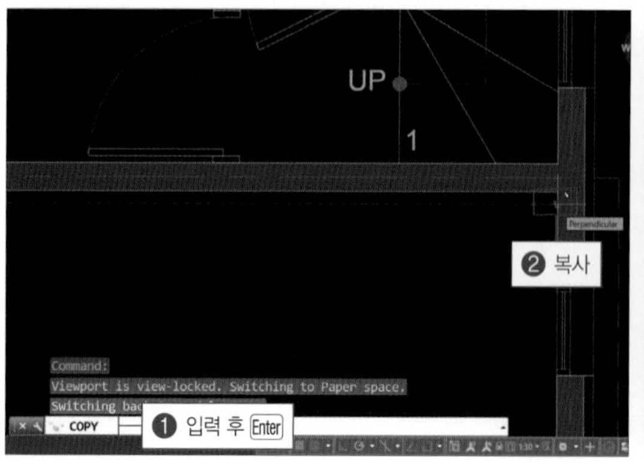

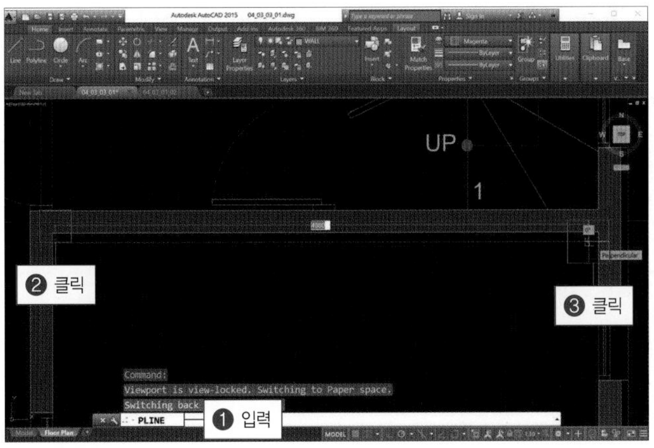

7 명령어 창에 'PLAIN'을 입력하고 두 각파이프의 오른쪽 하단을 기준으로 클릭하여 임의의 선을 그립니다.

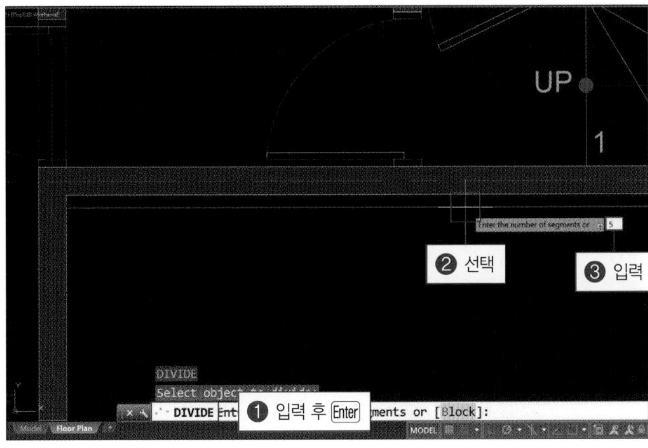

8 명령어 창에 'DIVIDE'를 입력하고 Enter를 누른 다음 선택하여 Enter the number of segments or 명령이 표시되면 '5'를 입력합니다.

9 명령어 창에 'COPY'를 입력하고 Enter를 눌러 각파이프를 복사하여 오른쪽 하단을 기준으로 Node마다 각파이프를 위치합니다.

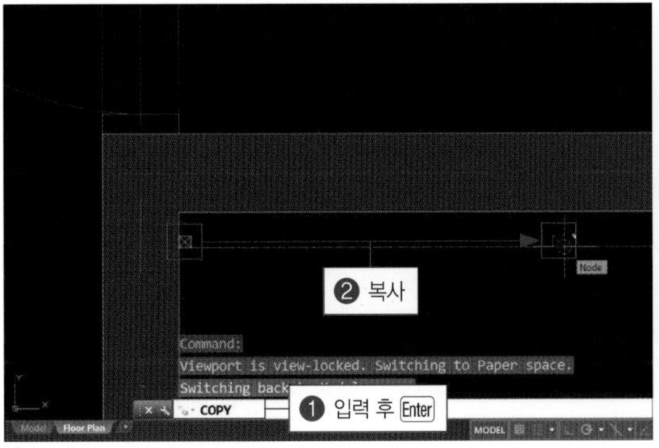

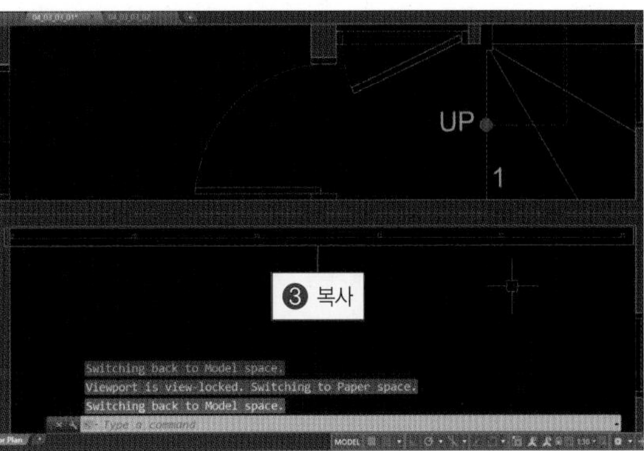

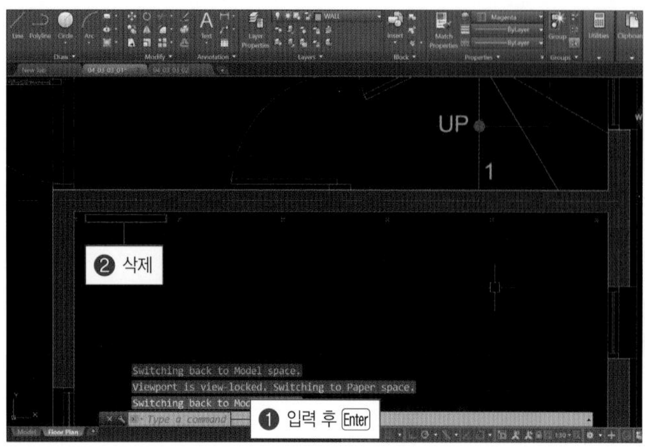

10 명령어 창에 'ERASE'를 입력하고 Enter를 눌러 임의의 선과 모든 Node를 삭제합니다.

11 명령어 창에 'PLINE'을 입력하고 Enter를 눌러 각파이프마다 벽을 이어주는 선을 그립니다.

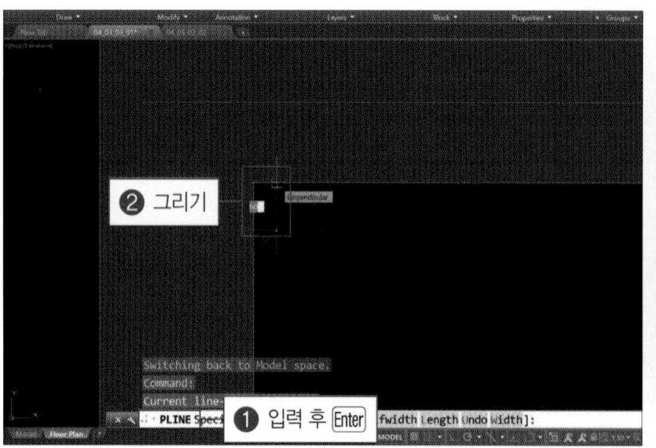

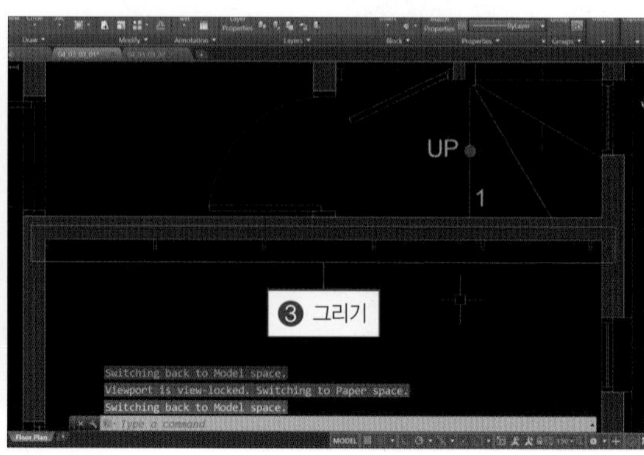

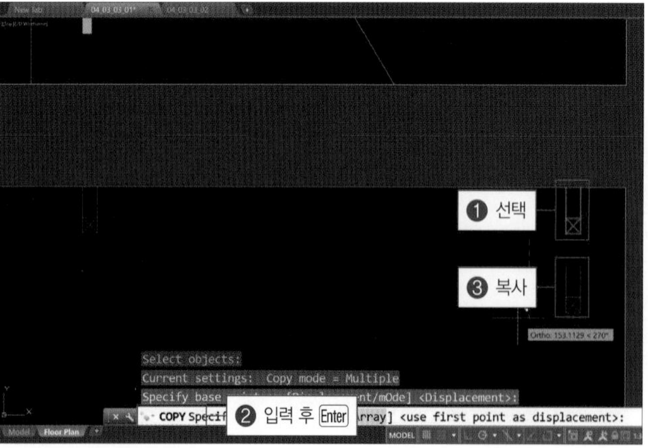

12 가장 오른쪽 각파이프 부분을 선택하고 명령어 창에 'COPY'를 입력하여 복사합니다.

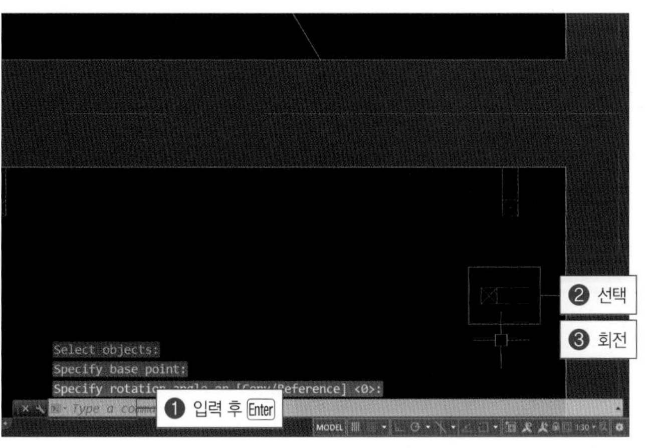

13 명령어 창에 'ROTATE'를 입력하고 Enter를 누른 다음 복사한 각파이프를 선택 후 90° 회전시킵니다.

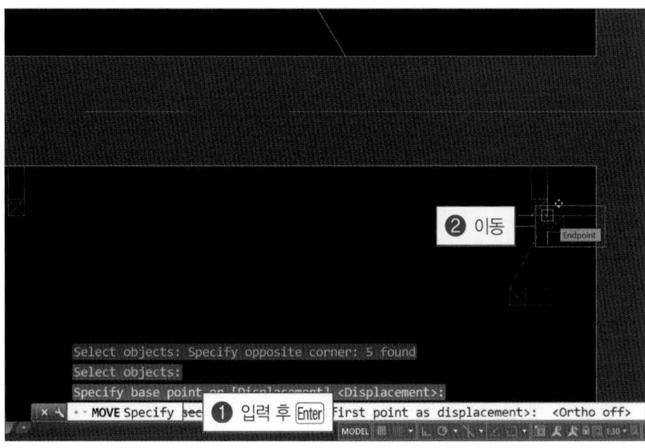

14 명령어 창에 'MOVE'를 입력하고 Enter를 누른 다음 그림과 같이 위치에 맞게 이동합니다.

15 명령어 창에 'COPY'를 입력하고 Enter를 눌러 그림과 같이 이어서 복사합니다.

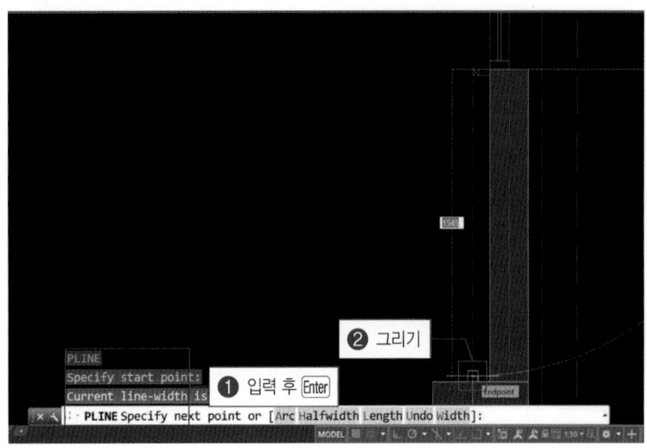

16 명령어 창에 'PLINE'을 입력하고 Enter를 눌러 임의의 선을 그립니다.

17 명령어 창에 'COPY'를 입력하고 Enter를 눌러 중간에 하나 더 복사합니다. 명령어 창에 'ERASE'를 입력하고 Enter를 눌러 임의의 선을 삭제합니다.

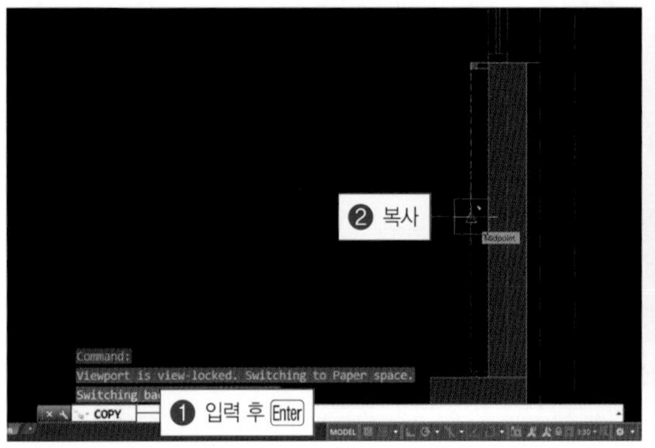

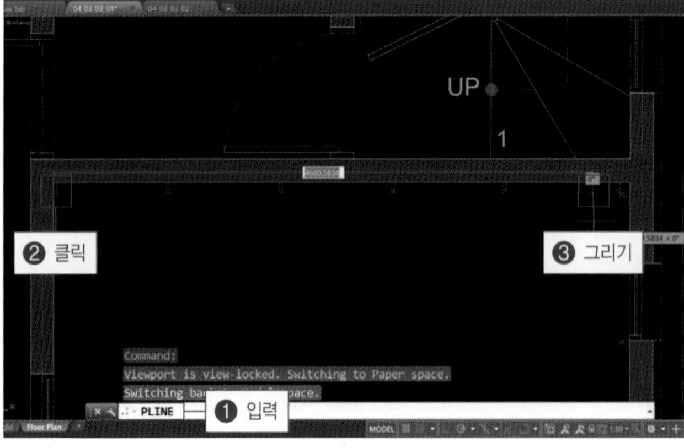

18 명령어 창에 'PLINE'을 입력합니다. 다음과 같이 첫 점을 찍고 그리기 시작합니다.

19 각파이프 경계를 따라 철망 역할을 할 선을 그립니다.

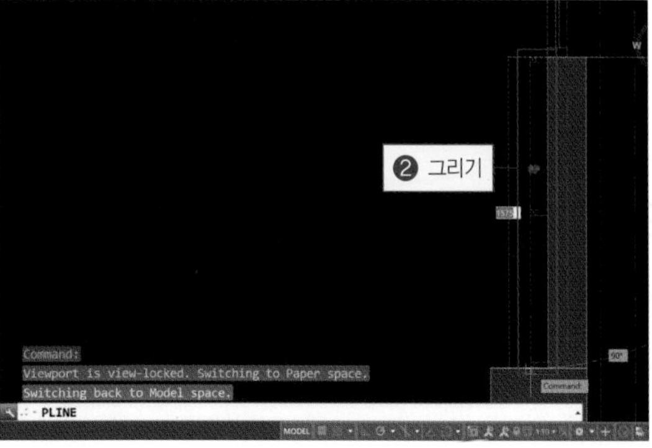

20 명령어 창에 'OFFSET'를 입력하고 Enter를 눌러 Specify offset distance or이 표시되면 '10'을 입력하여 10mm의 두께를 만듭니다.

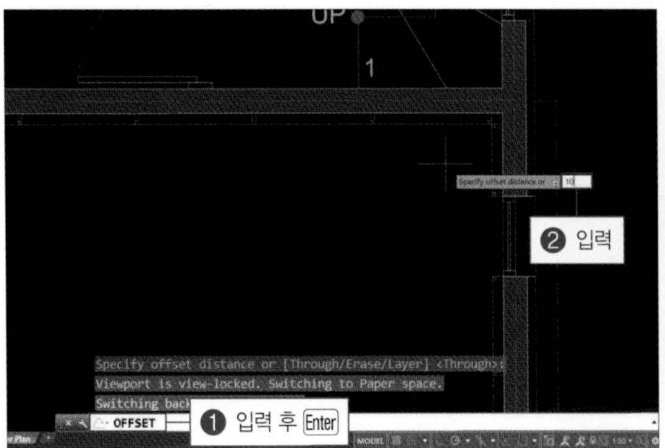

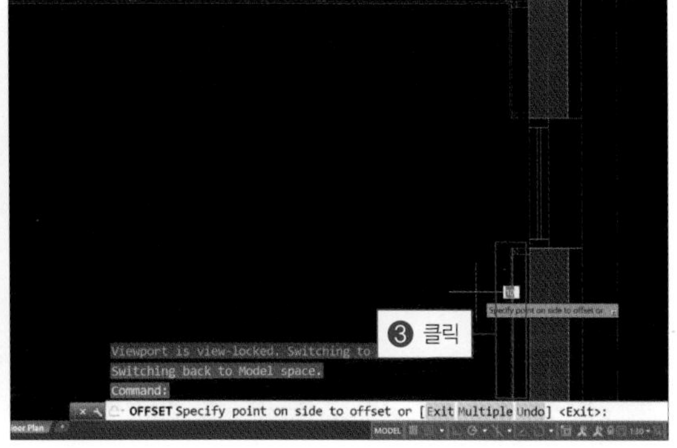

21 명령어 창에 'PLINE'을 입력하고 Enter를 눌러 '10'을 입력하여 10mm만큼의 간격을 선으로 이어줍니다.

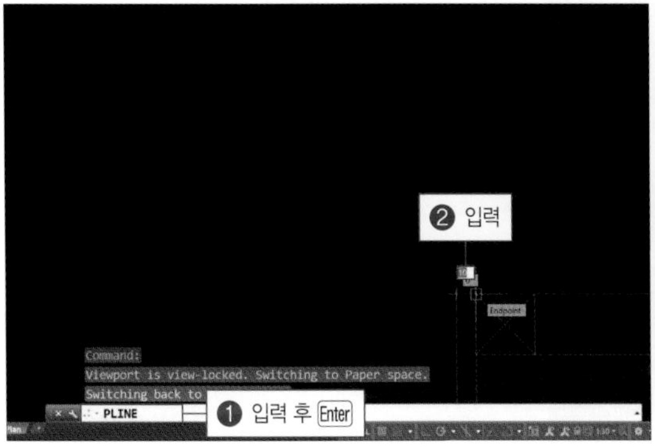

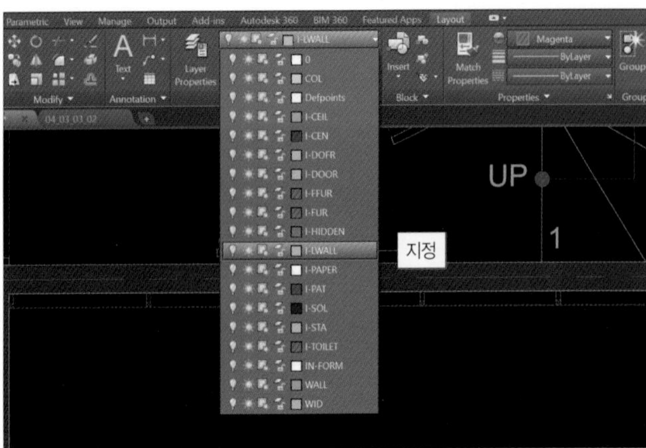

22 레이어 스크롤을 'I-LWALL'(Low Wall)로 지정하여 'I-LWALL' 레이어로 전환합니다.

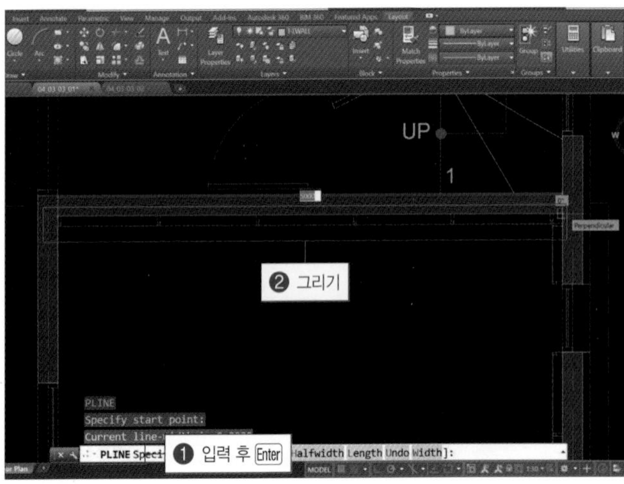

23 명령어 창에 'PLINE'을 입력하고 Enter를 누른 다음 벽 선을 따라 선을 하나 그려 각파이프를 받쳐주는 낮은 벽을 만듭니다.

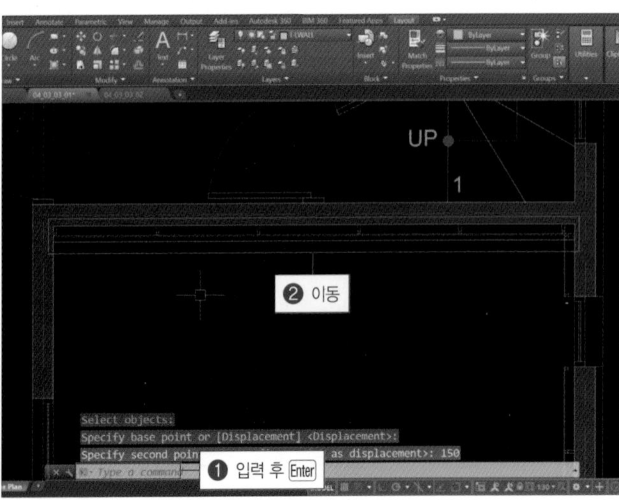

24 명령어 창에 'MOVE'를 입력하고 Enter를 누른 다음 '150'을 입력하여 아래로 150mm만큼 이동합니다.

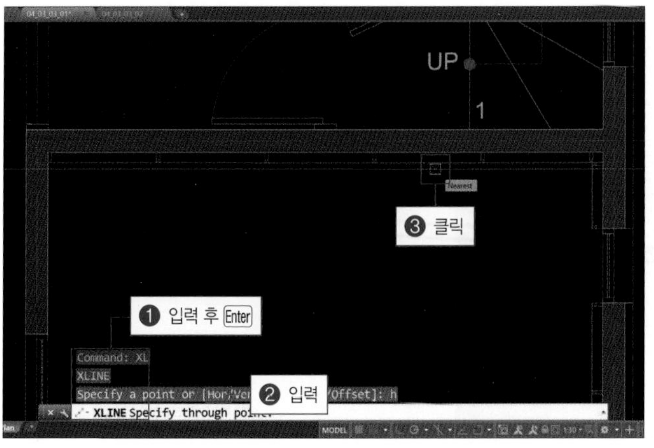

25 명령어 창에 'XLINE'을 명령어 창에 입력하고 Enter를 눌러 Specify a point or이 표시되면 'Hor'를 입력한 다음 낮은 벽 선 위를 클릭합니다.

26 같은 방법으로 이번에는 창가 쪽 바 테이블 안쪽 끝 선 위를 클릭하고 그립니다.

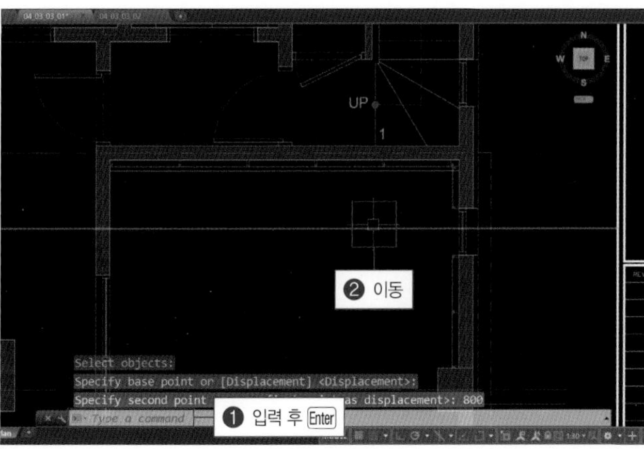

27 앞서 그린 Xline 가상의 수평선을 선택한 상태로 명령어 창에 'MOVE'를 입력하고 Enter를 누른 다음 '800'을 입력하여 800mm를 내립니다. 스테프 이동 동선을 확보하기 위한 폭입니다.

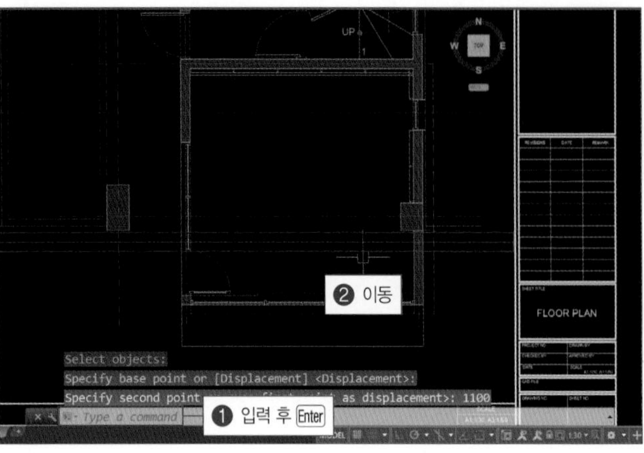

28 창가 쪽에 그린 Xline 가상의 수평선을 선택한 상태로 명령어 창에 'MOVE'를 입력하고 Enter를 누른 다음 '1100'을 입력하여 1100mm를 올립니다. 손님 이동 동선을 확보하기 위한 폭입니다.

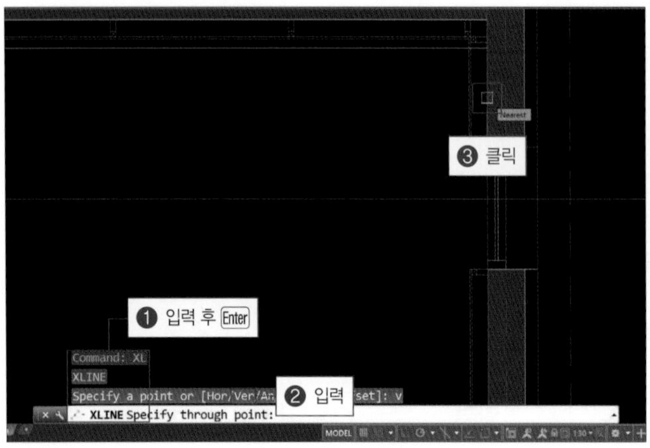

29 이번에는 명령어 창에 'XLINE'을 입력하고 Enter를 눌러 Specify a point or이 표시되면 'Ver'을 입력한 다음 오른쪽 작은 창가 쪽 벽선 위를 클릭합니다.

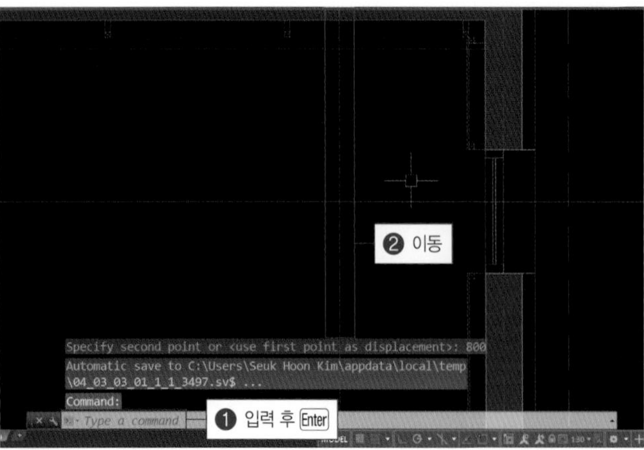

30 명령어 창에 'MOVE'를 입력하고 Enter를 누른 다음 '800'을 입력하여 왼쪽으로 800mm 이동합니다. 뒷 카운터만큼의 깊이입니다.

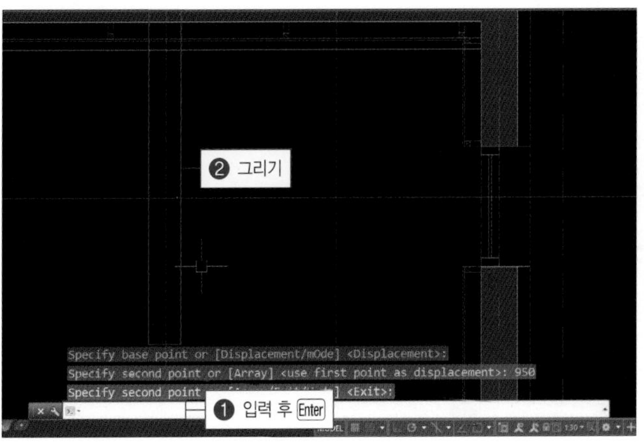

31 명령어 창에 'COPY' 또는 'OFF-SET'을 입력하고 Enter를 눌러 왼쪽으로 950mm만큼 선 하나를 추가로 그립니다. 스태프들이 작업할 수 있는 공간의 폭입니다.

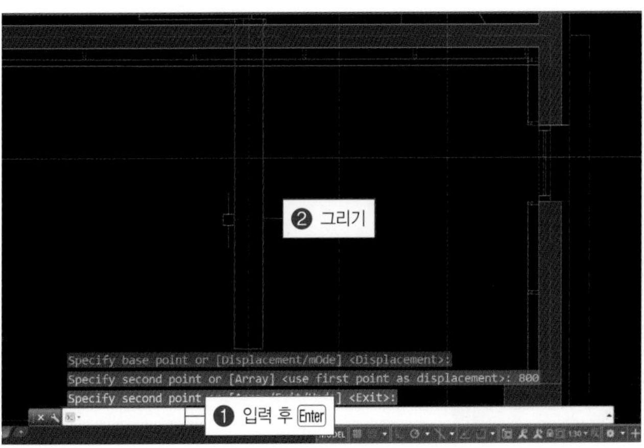

32 명령어 창에 'COPY' 또는 'OFFSET'을 입력하고 Enter를 눌러 800mm만큼 선 하나를 왼쪽으로 추가로 그립니다. 앞 카운터의 깊이입니다.

33 같은 방법으로 아래쪽 가상의 수평선을 위로 800mm만큼 복사하여 추가합니다. 이 또한 앞 카운터 폭 만큼의 깊이입니다.

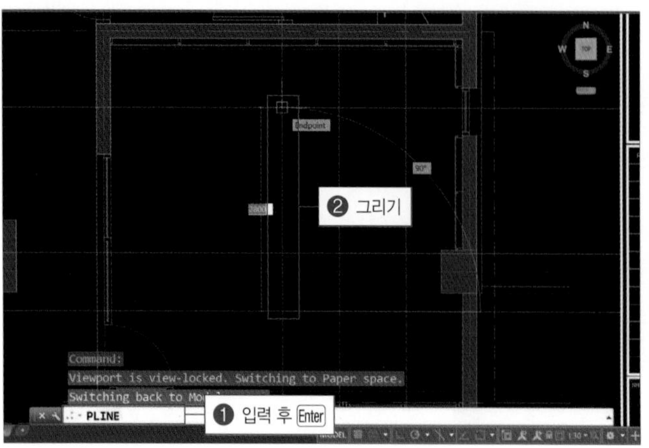

34 명령어 창에 'PLINE'을 입력하고 Enter를 눌러 가상선의 경계를 따라 카운터의 선을 그립니다.

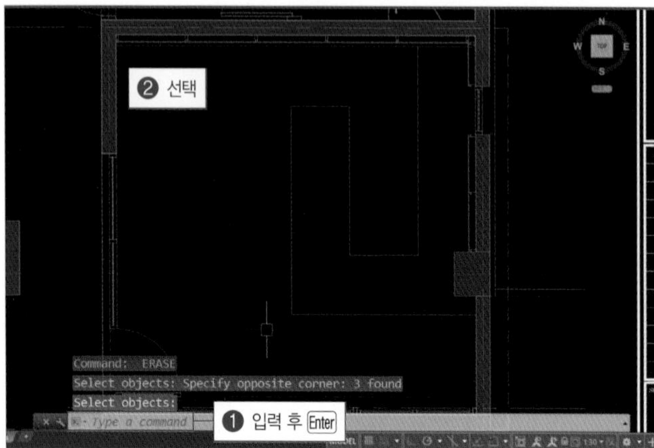

35 명령어 창에 'ERASE'를 입력하고 Enter를 누른 다음 가상의 선들을 선택하여 삭제합니다.

호스텔 가구 그리기

이 카페/바 공간을 채워줄 가구들을 그려 넣습니다.

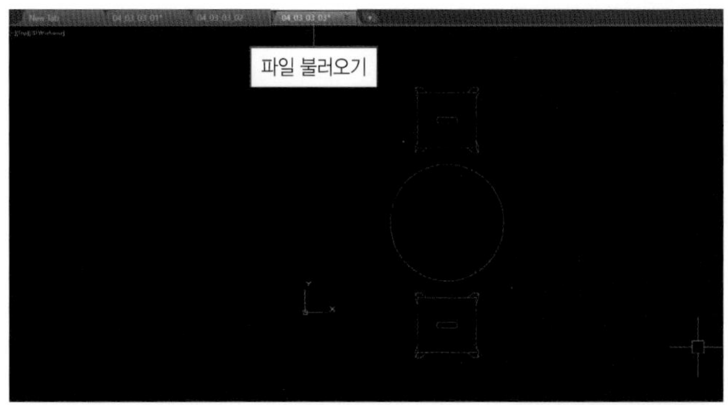

1 프로젝트 → 04 폴더에서 '04_03_03.dwg' 파일을 불러옵니다. 하나의 테이블과 두개의 스툴이 있습니다. 모두 I-FUR 레이어로 작업되어 있습니다.

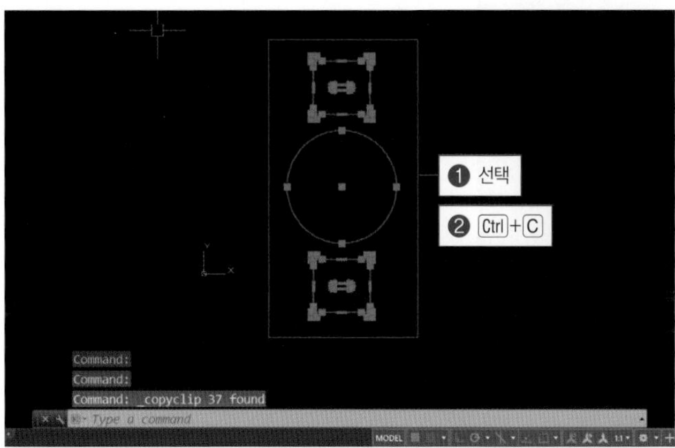

2 모두 선택하고 Ctrl+C를 눌러 복사합니다.

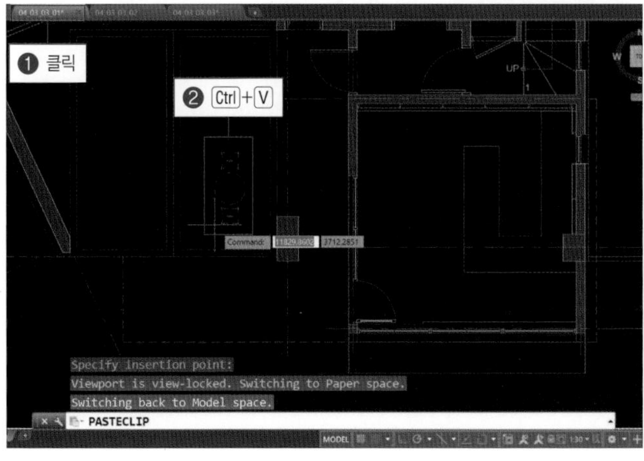

3 '04_03_01.dwg' 파일을 화면에 표시하고 Ctrl+V를 눌러 붙여 넣습니다.

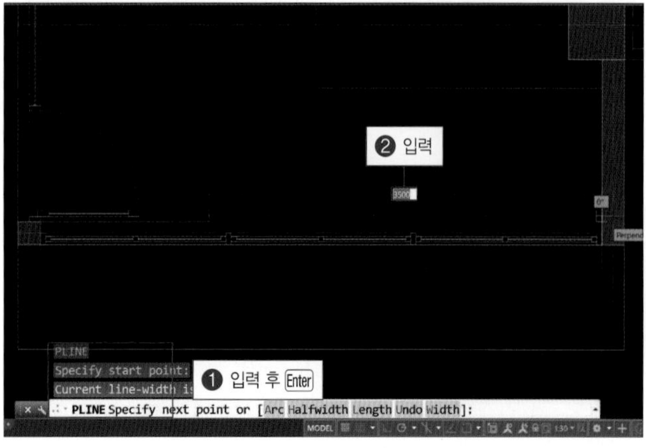

4 우선 창가 쪽 바 테이블에 스툴을 배치하겠습니다. 명령어 창에 'PLINE'을 입력하고 Enter를 누른 다음 '3500'을 입력하여 스툴이 위치할 3500mm만큼 임의의 선을 그립니다.

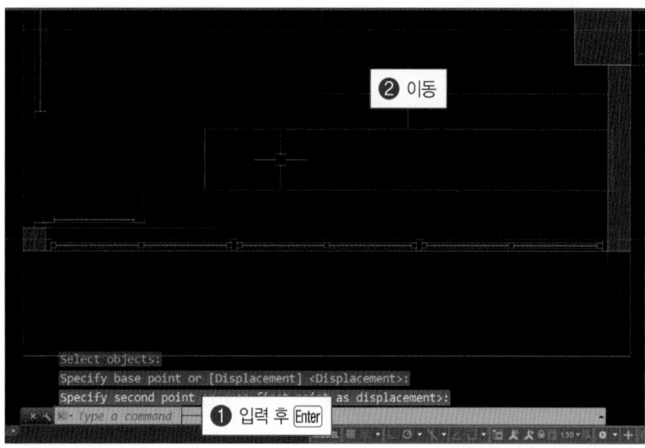

5 명령어 창에 'MOVE'를 입력하고 Enter를 눌러 바 테이블로부터 임의로 거리를 띄워 위치합니다.

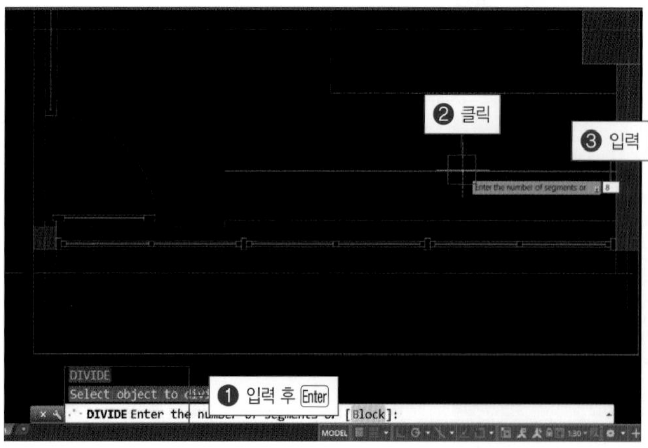

6 테이블 한쪽에 4개의 스툴을 배치하겠습니다. 4개의 스툴을 배치하기 위해 명령어 창에 'DIVIDE'를 입력하고 Enter를 누른 다음 클릭하여 Enter the number of segments or이 표시되면 '8'을 입력합니다.

TIP

스툴이 위치할 기준 중심선을 그릴 때 등분에 따른 간격을 2개면 4등분, 3개면 6등분, 4개면 8등분 등 위치할 수의 2배를 대입합니다.

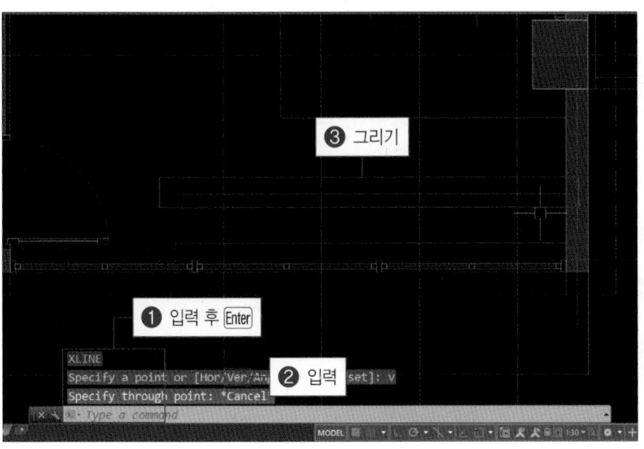

7 명령어 창에 'XLINE'을 입력하고 Enter를 눌러 Specify a point or이 표시되면 'Ver'을 입력합니다. 수직선이 나타나면 원하는 곳을 시작으로 첫 번째 Node 위를 클릭하여 그리고 하나 건너뛰어 Node를 클릭하여 선을 그립니다. 4개의 수직선을 그리면서 4개의 교차점이 형성됩니다.

8 명령어 창에 'COPY'를 입력하고 Enter를 눌러 3번에서 붙여 넣은 스툴 하나를 선택하여 가장 왼쪽 수직선과 바 테이블의 교차하는 점에 복사합니다.

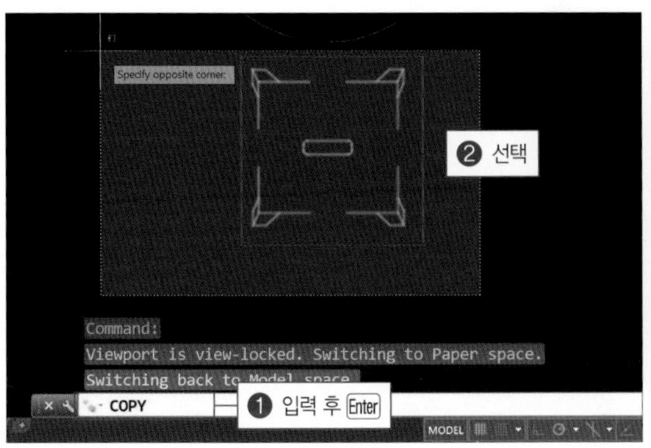

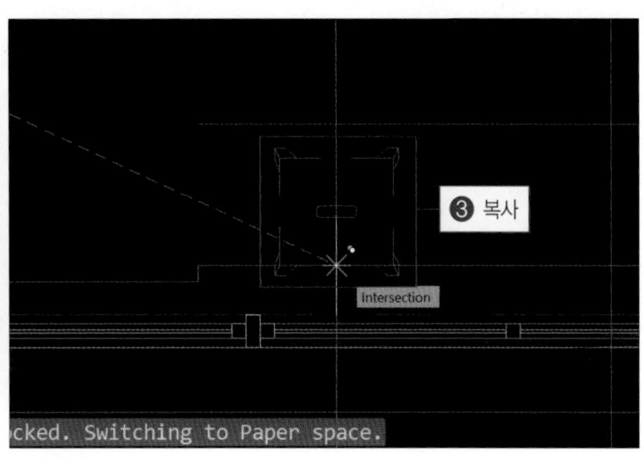

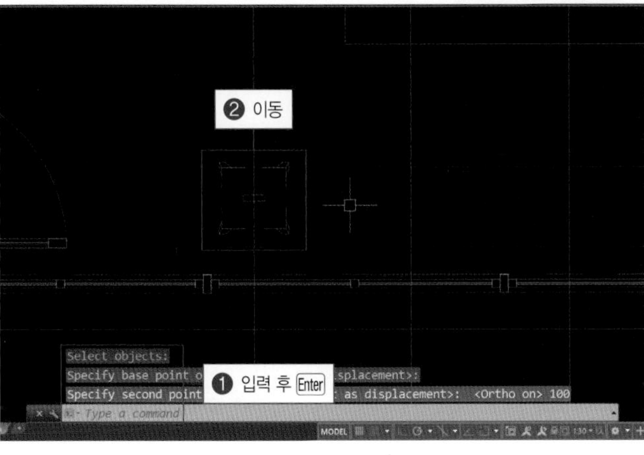

9 이를 바 테이블과의 간격을 두기 위해 명령어 창에 'MOVE'를 입력하고 Enter를 눌러 위로 100mm만큼 띄웁니다.

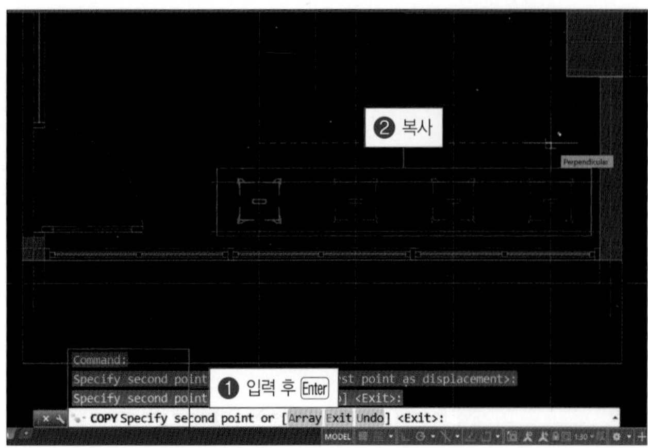

10 명령어 창에 'COPY'를 입력하고 Enter를 눌러 스툴을 수직선 위치마다 복사하며 배치합니다.

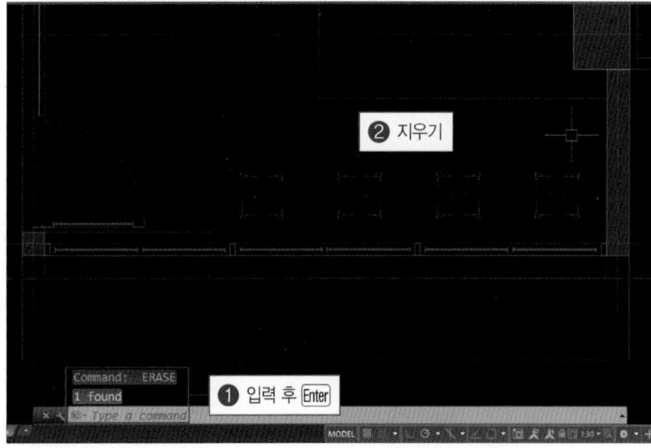

11 명령어 창에 'ERASE'를 입력하고 Enter를 눌러 임의의 선들과 모든 Node를 삭제합니다.

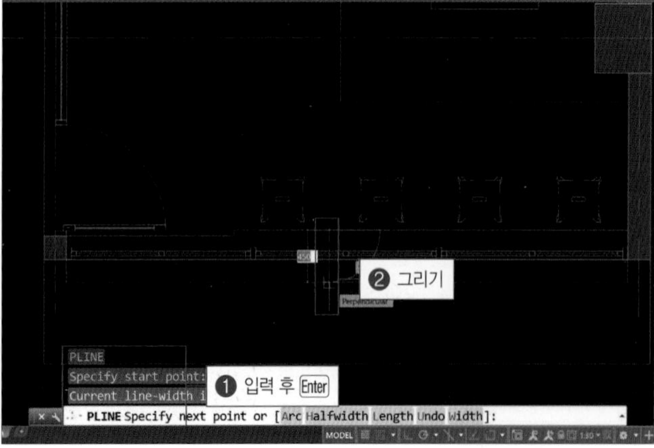

12 명령어 창에 'PLINE'를 입력하고 Enter를 눌러 바 테이블을 가로지르는 선 하나를 그립니다.

13 명령어 창에 'MIRROR'를 입력하고 Enter를 눌러 4개의 스툴을 선택합니다. 그리고 가로지르는 선의 중점을 클릭하여 반전 복사시킵니다.

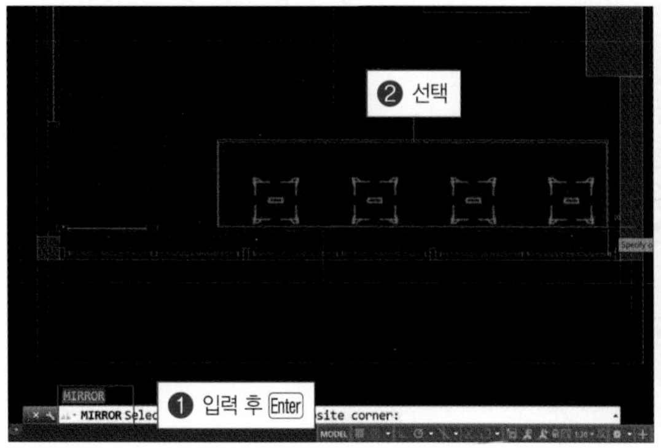

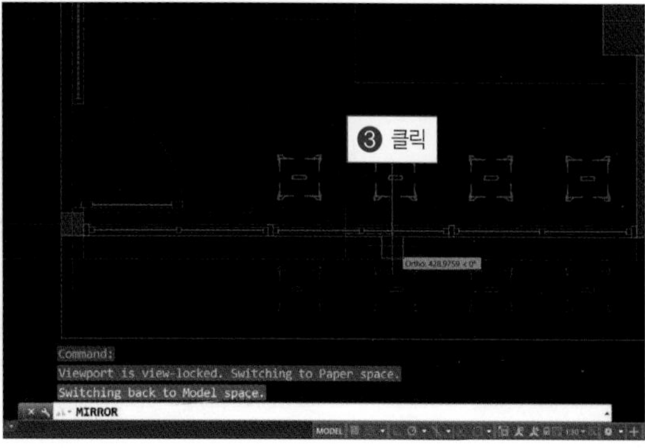

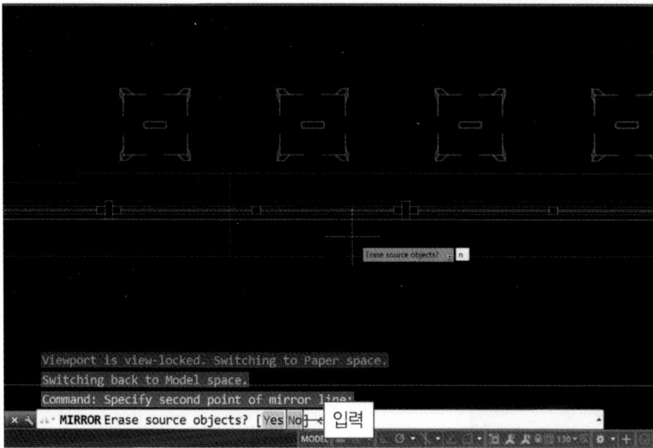

14 Erase source objects이 표시되면 'No'를 입력합니다.

15 명령어 창에 'ERASE'를 입력하고 Enter를 눌러 반전 복사를 위해 임의로 그린 가로지르는 선을 삭제합니다.

16 앞서 복사해둔 테이블과 스툴 세트를 명령어 창에 'MOVE' 입력하고 Enter를 눌러 공간 안으로 이동합니다.

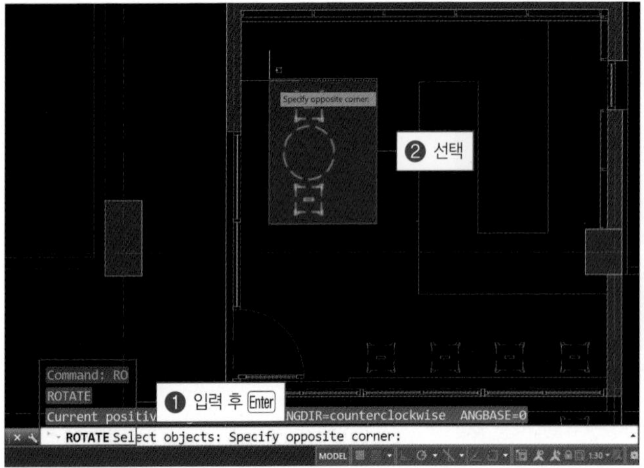

17 명령어 창에 'ROTATE'를 입력하고 Enter를 눌러 Select objects:가 표시되면 테이블 스툴 세트를 선택합니다.

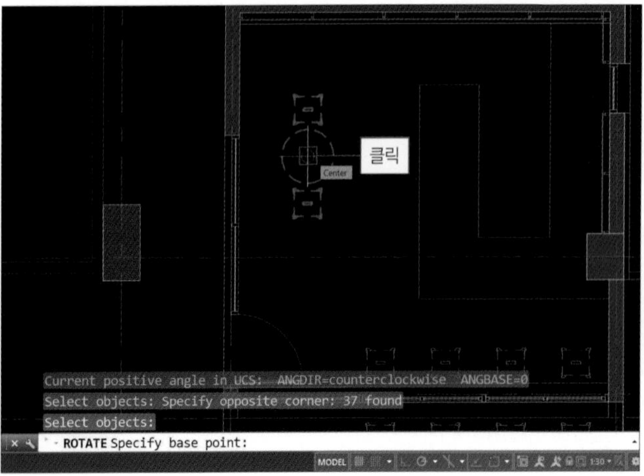

18 Specify base point가 표시되면 테이블의 중심 점을 클릭합니다.

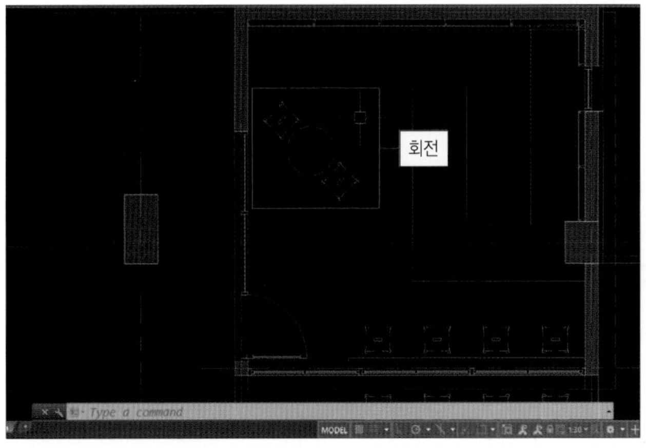

19 '45'를 입력하여 45°를 회전합니다.

20 이 세트를 위치할 곳을 잡기 위해 명령어 창에 'XLINE'을 입력하고 Enter를 눌러 수직선을 형성한 다음 벽체 선 위를 클릭하여 그립니다. 명령어 창에 'MOVE'를 입력하고 Enter를 눌러 공간 안쪽인 오른쪽으로 800mm만큼 이동합니다.

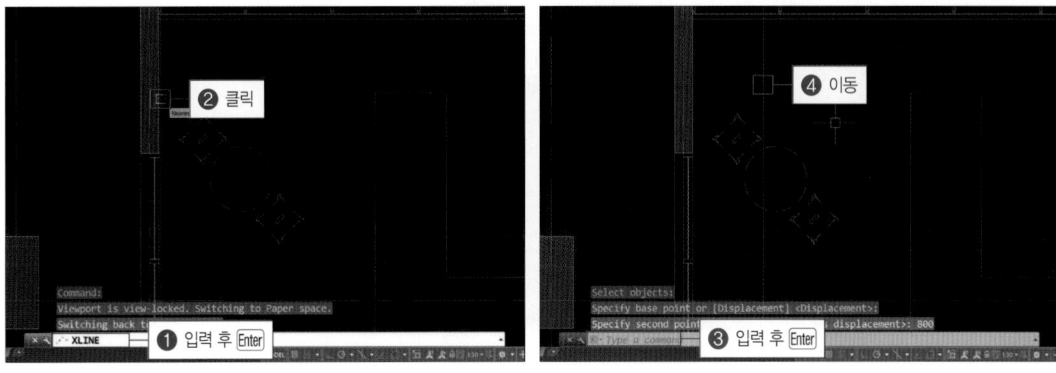

21 이번에는 명령어 창에 'XLINE'을 입력하고 Enter를 눌러 수평선을 형성해 낮은 벽 선 위를 클릭하여 그린 다음 공간 안쪽인 아래로 900mm만큼 이동합니다.

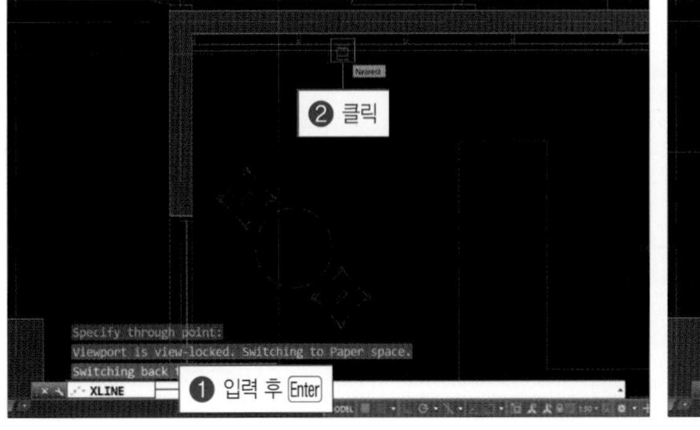

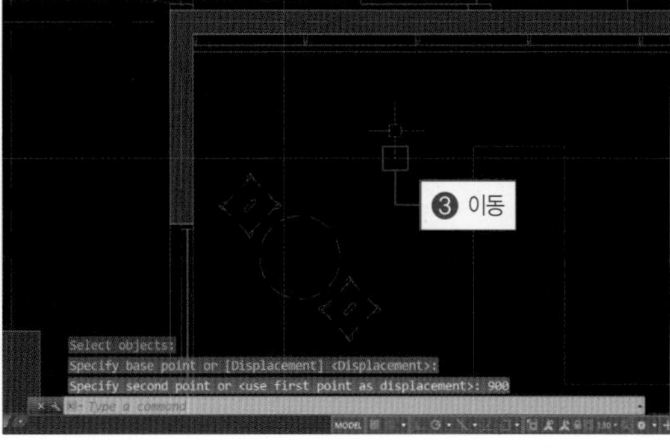

22 수직선과 수평선이 교차하는 점에 테이블 중심 점이 이동하겠습니다. 명령어 창에 'MOVE'를 입력하고 Enter를 누른 다음 테이블과 스툴 세트를 선택하여 테이블의 중심 점을 기준으로 교차하는 점으로 이동합니다.

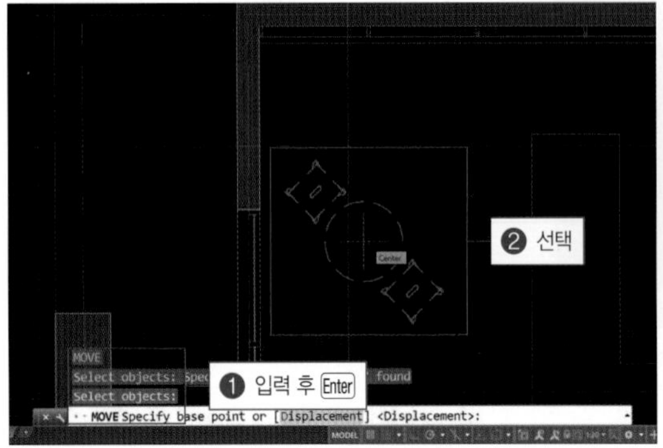

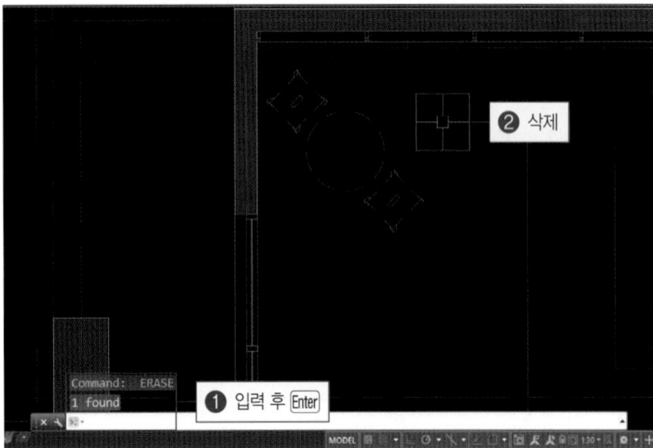

23 명령어에 'ERASE'를 입력하고 Enter를 눌러 XLINE의 수직선과 수평선을 삭제합니다.

24 명령어 창에 'COPY'를 입력하고 Enter를 누른 다음 테이블과 스툴 세트를 선택하여 아래로 1,700mm 만큼 복사합니다.

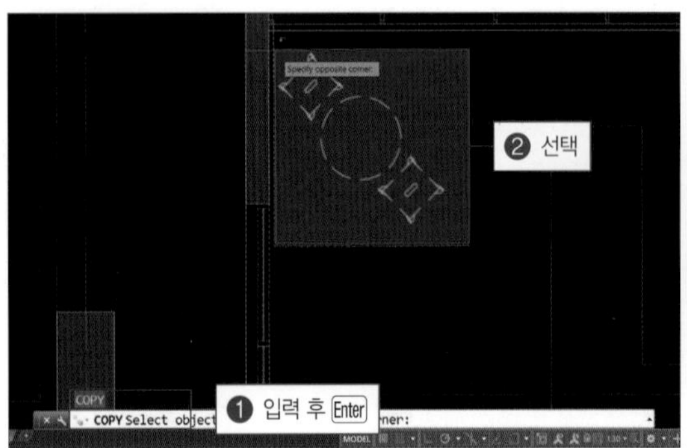

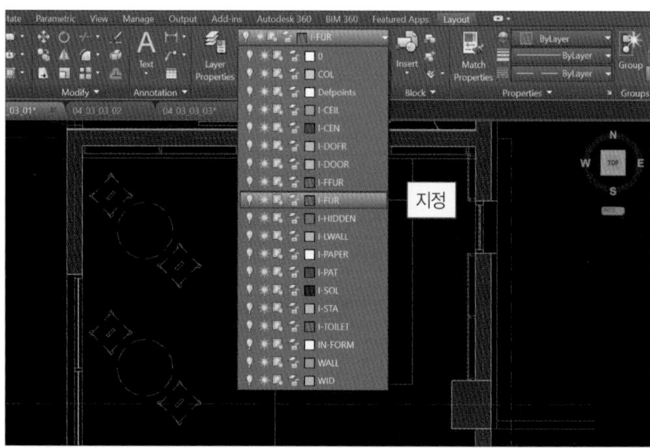

25 이번에는 카운터 쪽 원형 스툴을 그리겠습니다. 레이어 스크롤을 'I-FUR'로 지정하여 'I_FUR' 레이어로 전환합니다.

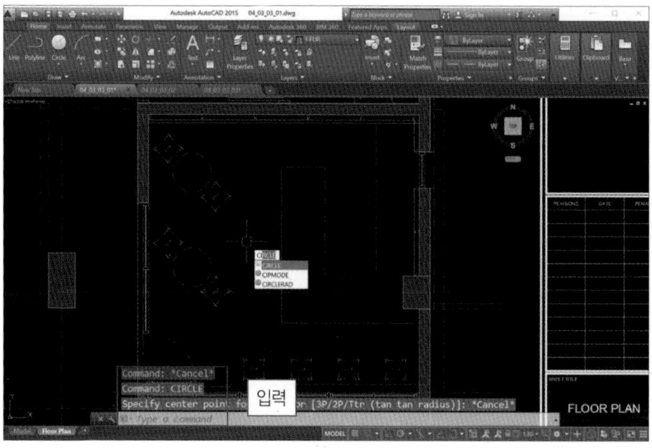

26 원을 그리기 위해 명령어 창에 'CIRCLE'을 입력합니다.

27 Specify radius of circle or이 표시되면 'Diameter'를 입력하고 '400'을 입력하여 지름 400m를 만듭니다.

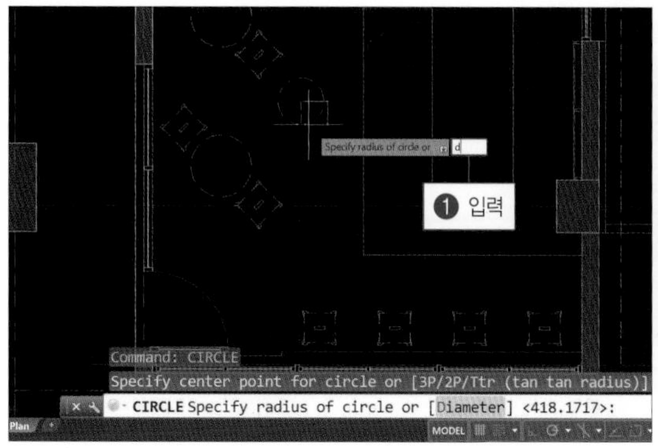

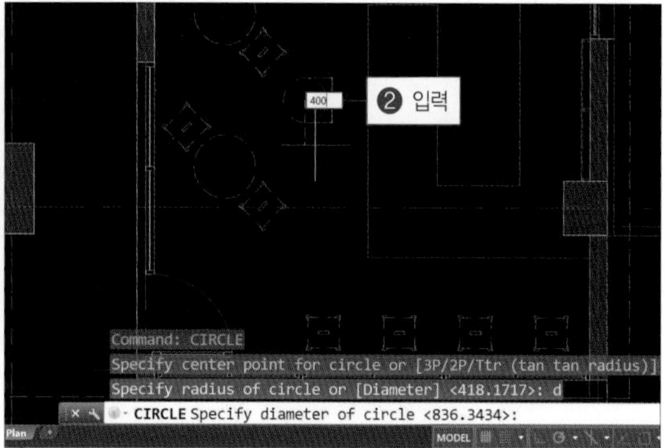

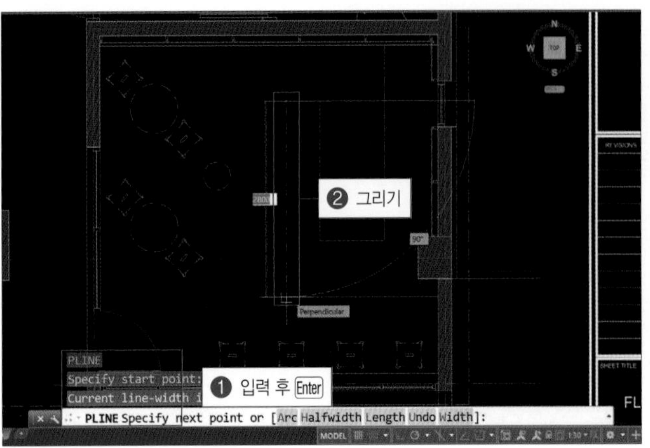

28 명령어 창에 'PLINE'을 입력하고 Enter를 눌러 카운터를 가로지르는 임의의 선을 그립니다.

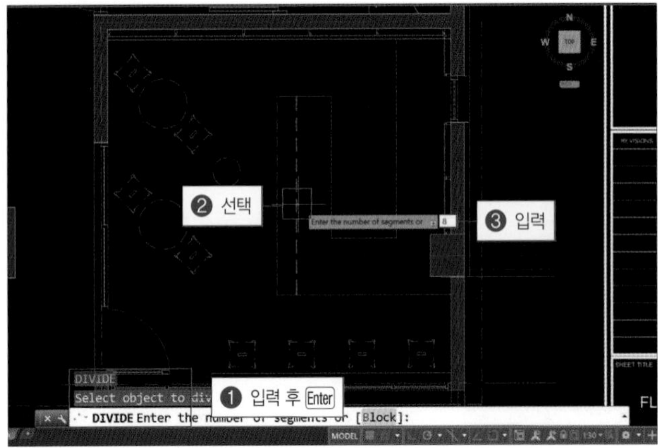

29 명령어 창에 'DIVIDE'를 입력하고 Enter를 눌러 Select object to divide가 표시되면 임의의 선을 선택한 다음 Enter the number of segments or이 표시되면 4개의 원형 스툴을 위해 '8'을 입력합니다.

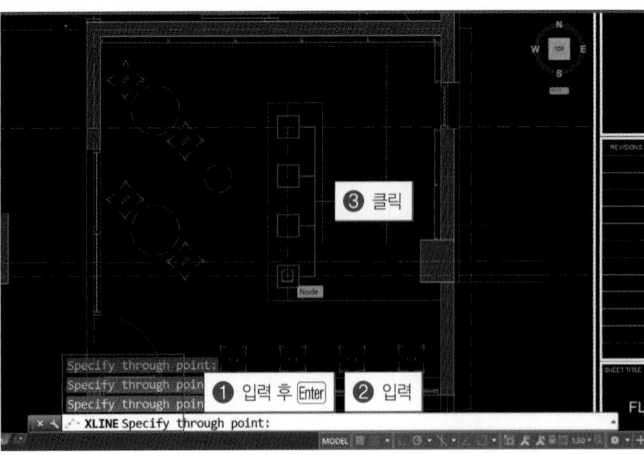

30 명령어 창에 'XLINE'를 입력하고 Enter를 눌러 첫 번째 Node에 수평선을 그린 다음 하나씩 건너며 찍어 4개의 수평선을 그립니다.

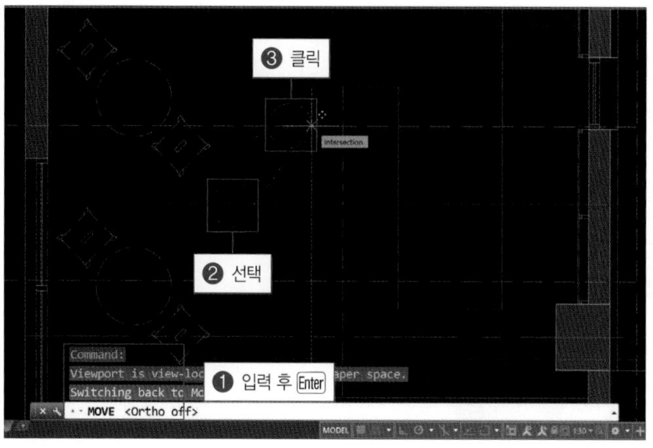

31 명령어 창에 'MOVE'를 입력하고 Enter를 누른 다음 앞서 그린 원형 스툴을 선택하여 수평선과 카운터 앞이 교차하는 점에 맞게 이동합니다.

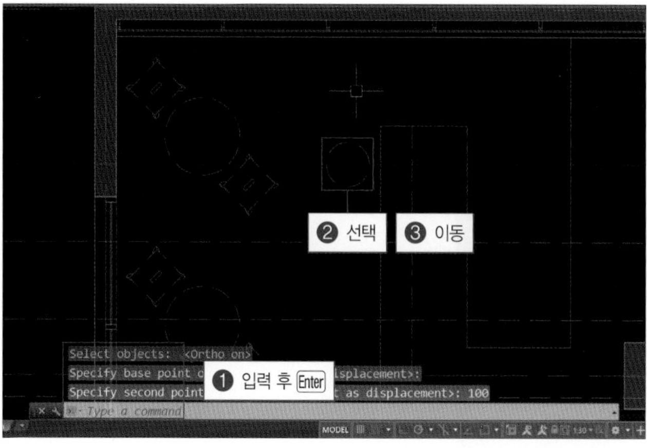

32 명령어 창에 'MOVE'를 입력하고 Enter를 누른 다음 스툴을 다시 선택하여 왼쪽으로 100mm만큼 이동합니다.

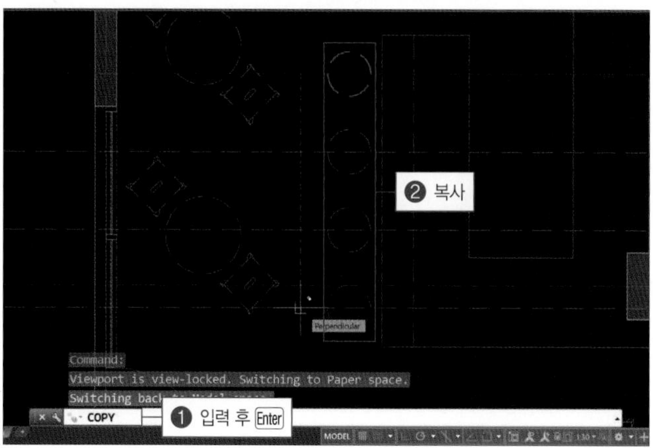

33 명령어 창에 'COPY'를 입력하고 Enter를 눌러 수평선 위치마다 스툴을 복사해 나갑니다.

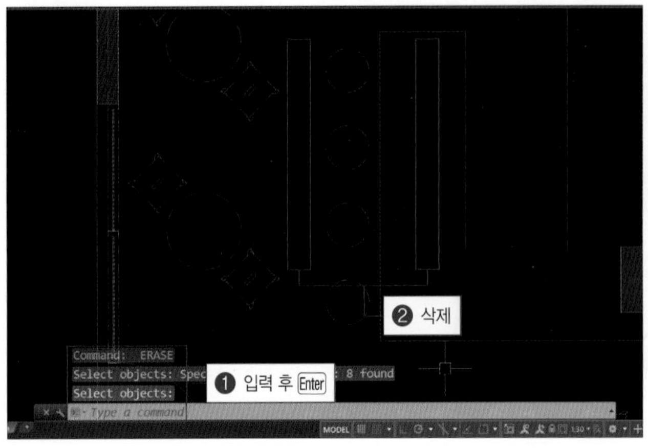

34 명령어 창에 'ERASE'를 입력하고 Enter를 눌러 카운터를 가로지르는 임의의 선과 XLINE 수평선들을 모두 삭제합니다.

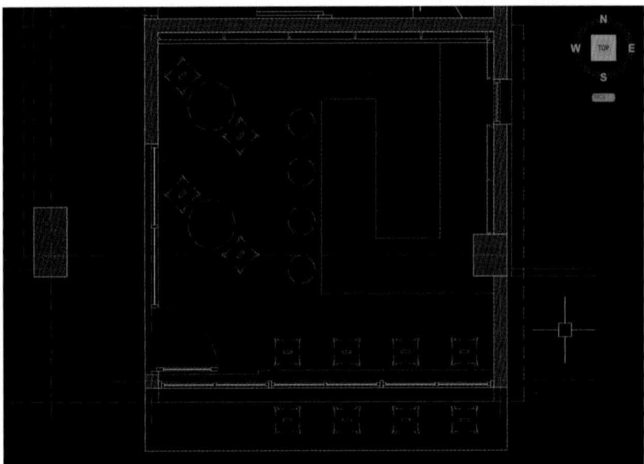

35 호스텔 카페/바 안의 가구 배치를 마무리합니다.

호스텔 바닥 해치 그리기

이 카페/바 공간의 도면을 마무리할 바닥 마감재의 해치(Hatch)를 그리겠습니다.

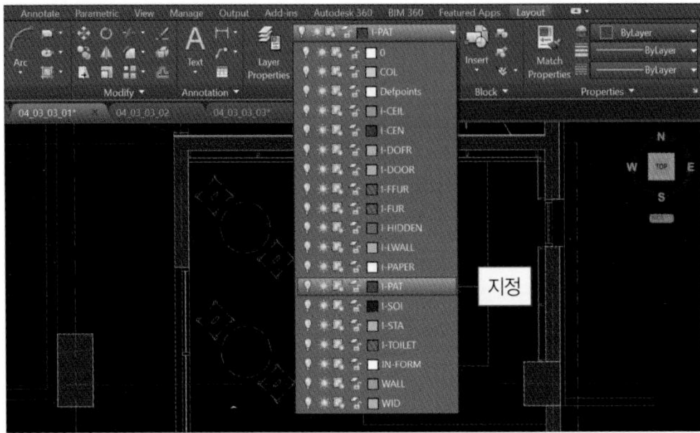

1 레이어 스크롤을 'I-PAT'로 지정하여 'I-PAT' 레이어로 전환합니다.

2 명령어 창에 'PLINE'을 입력하고 Enter를 눌러 카운터 위에 그림과 같이 같이 선을 그립니다.

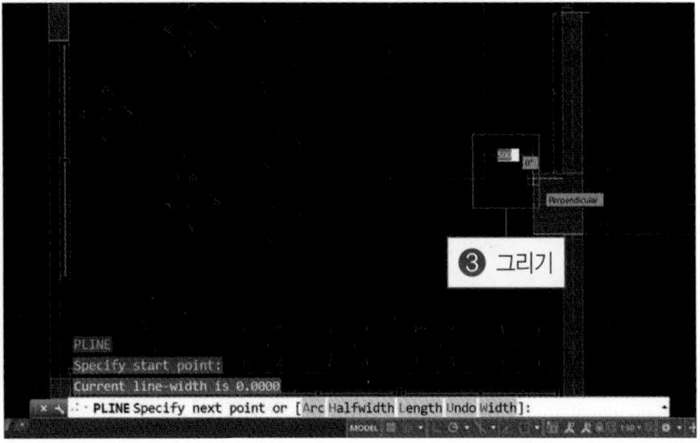

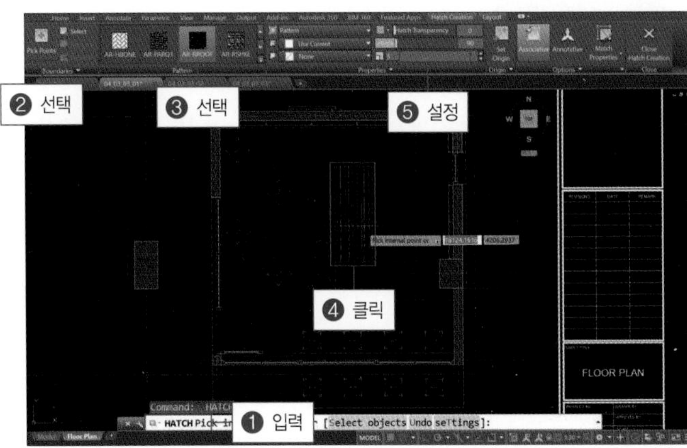

3 카운터의 나무 재질을 표현하겠습니다. 명령어 창에 'HATCH'를 입력하고 [Boundaries] 탭의 'Pick Points'와 해치 종류 중 'AR-RROOF'를 선택한 다음 카운터 선 안을 클릭합니다. 이때 Angle을 '90', Scale을 '5'로 설정하여 해치 선 방향이 수직으로 그려지는 것을 확인합니다.

4 같은 방법으로 뒷 카운터도 동일하게 진행하고 창가 쪽 바 테이블을 바라보는 카운터는 Angle을 '0'으로 설정하여 동일하게 해치를 그립니다.

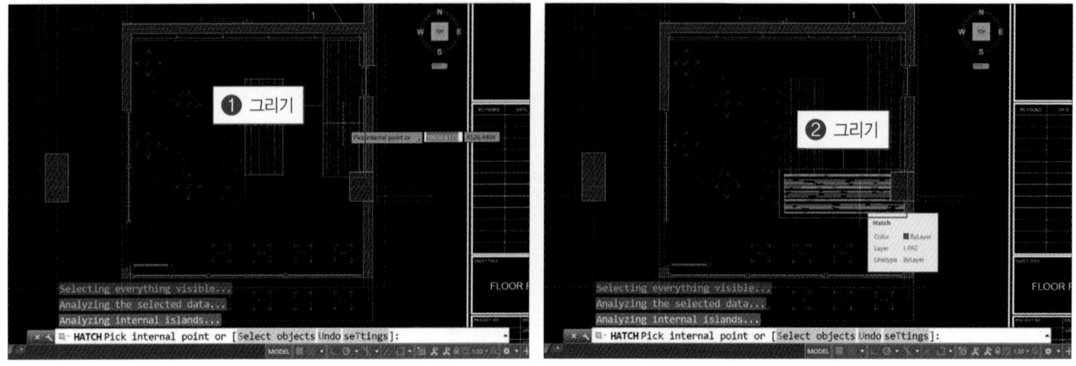

5 이번에는 창가 쪽 바 테이블 위 동일한 해치를 적용하겠습니다. 명령어 창에 'HATCH'를 입력하고 이번에는 〔Boundaries〕 탭의 'Select'를 선택한 다음 바 테이블 선을 클릭하여 동일하게 해치를 입힙니다.

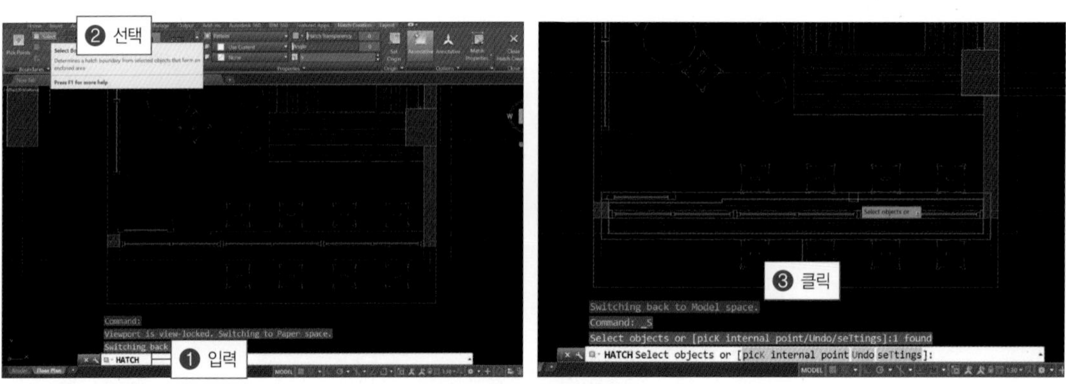

6 콘크리트 바닥으로 고려할 공간의 바닥을 표현하겠습니다. 명령어 창에 'PLINE'을 입력하고 Enter를 눌러 공간의 경계를 따라 선을 그립니다.

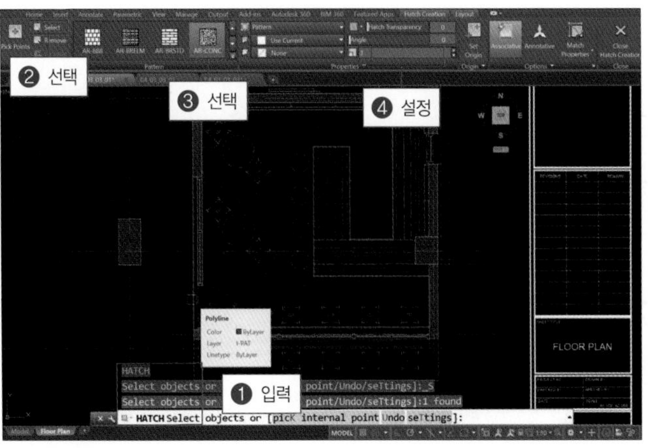

7 명령어 창에 'HATCH'를 입력합니다. 〔Boundaries〕 탭의 'Select'와 'AR-CONC'를 선택하고 앞서 그린 선을 클릭합니다. 이때 Angle을 '0', Scale을 '3'으로 지정하여 바닥에 세모 모양과 점으로 이루어진 'AR-CONC' 해치가 입혀진 것을 확인합니다.

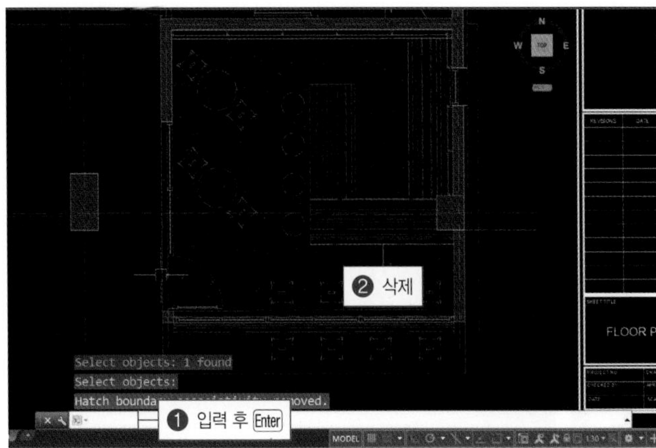

8 명령어 창에 'ERASE'를 입력하고 Enter를 눌러 공간의 경계를 따라 그린 선을 삭제합니다.

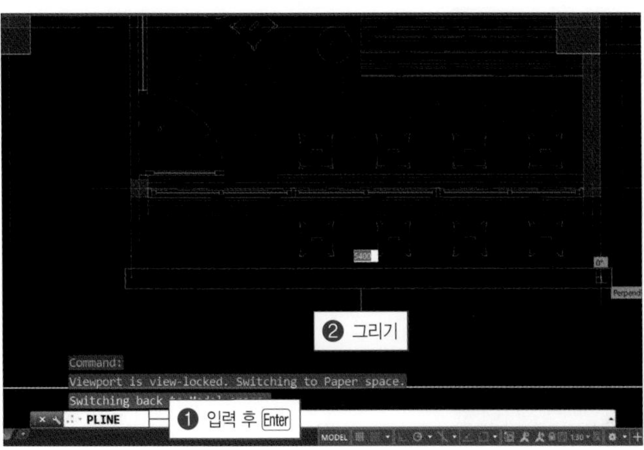

9 이번에는 바깥 데크입니다. 데크의 경우 길게 이어지는 나무 판재로 이루어진 마감이라 볼 수 있습니다. 길이에 따라 명령어 창에 'PLINE'을 입력하고 Enter를 눌러 선을 그립니다.

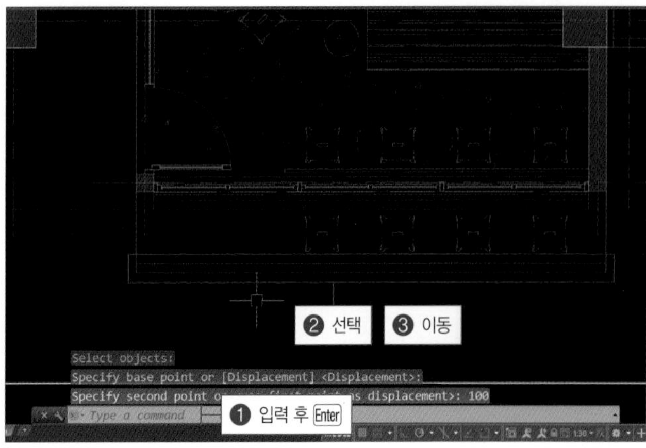

10 명령어 창에 'MOVE'를 입력하고 Enter를 누른 다음 선을 선택하여 위로 100mm만큼 이동합니다. 이 선을 100mm 폭의 나무 마감이라 표현합니다.

11 명령어 창에 'COPY'를 입력하고 100mm만큼의 간격을 유지한 채 복사를 이어 나갑니다.

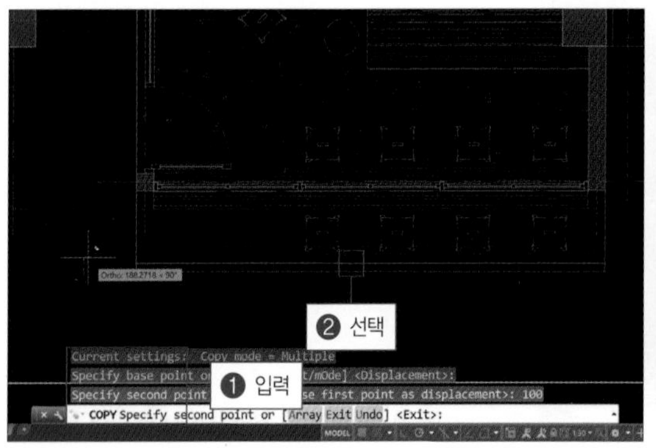

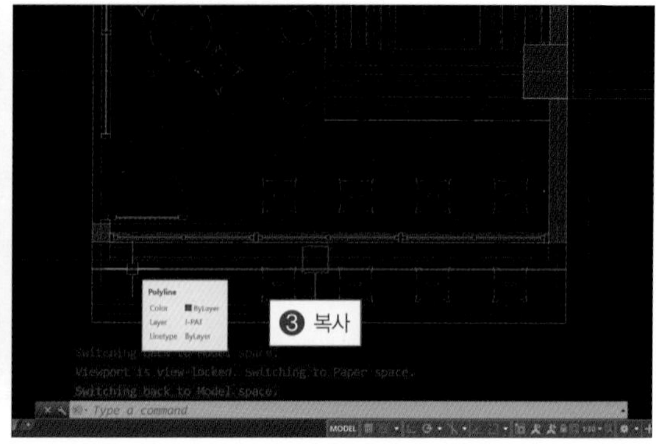

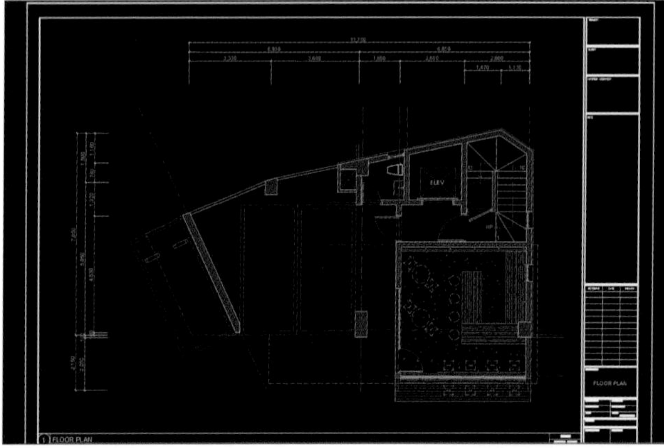

12 이렇게 호스텔의 1층 평면도가 완성되었습니다.

도면 출력하기

앞서 선 색상 설정에 맞게 선 굵기(Line Weight)를 조절하여 입체감 있는 도면을 출력하겠습니다.

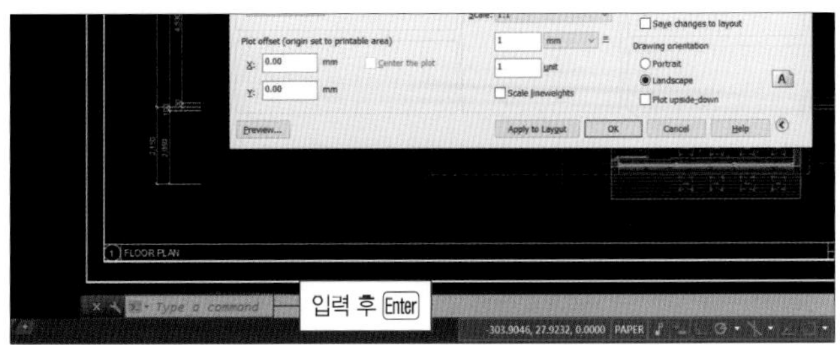

1 명령어 창에 'PLOT'을 입력하고 Enter를 눌러 Plot 대화상자를 표시합니다.

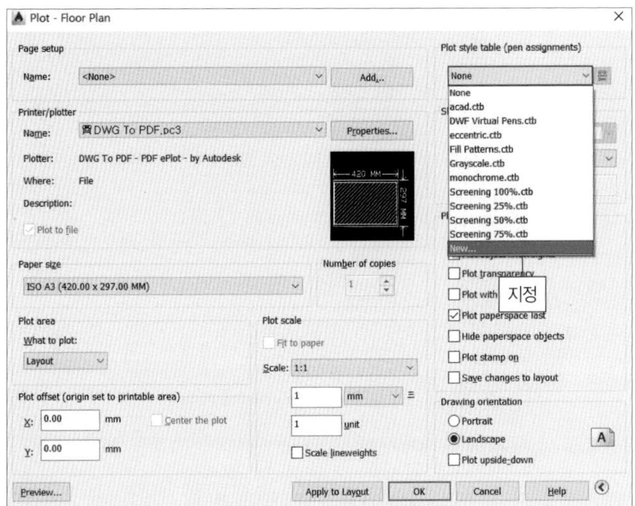

2 먼저 플롯스타일(Plotstyle)을 새롭게 만들겠습니다. Plot style table을 'New...'로 지정합니다.

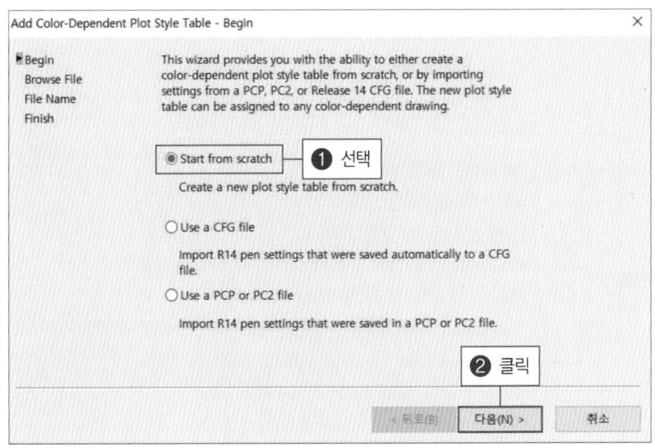

3 Add Color-Dependent Plot Style Table 대화상자가 새롭게 표시되면 'Start from scratch'를 선택하고 〈다음〉 버튼을 클릭합니다.

4 다시 대화상자가 표시되면 File name을 'Plot'으로 입력하고 〈다음〉 버튼을 클릭합니다.

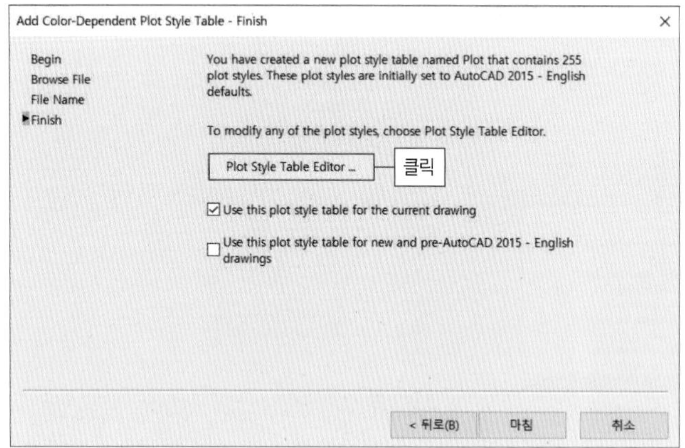

5 Add Color-Dependent Plot Style Table 대화상자가 표시되면 〈Plot Style Table Editor〉 버튼을 클릭합니다.

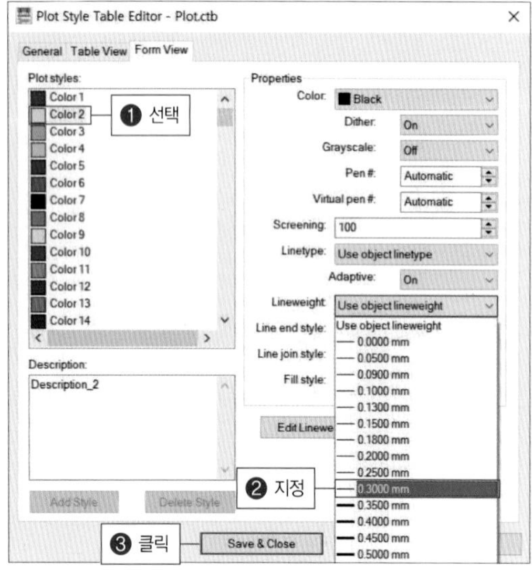

6 새롭게 Plot Style Table Editor 대화상자가 표시됩니다. 여기서 Yellow 색상인 'Color 2'를 선택하고 Properties에서 Lineweight를 '0.3000 mm'로 지정합니다. 같은 방법으로 다른 색상들도 선 굵기를 조절합니다. 모두 색상에 맞게 설정이 완료되면 〈Save & Close〉 버튼을 클릭합니다.

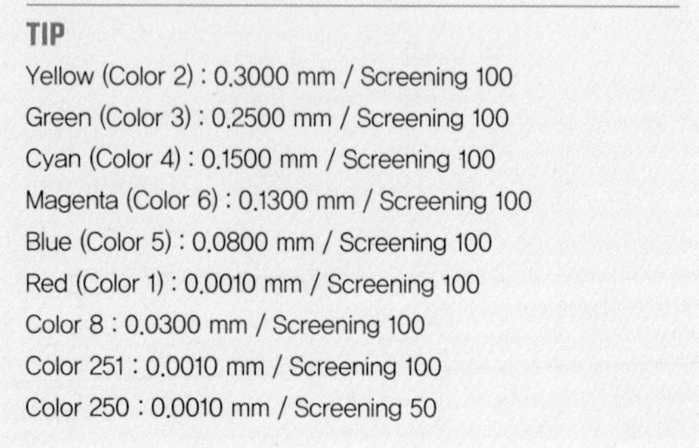

TIP

Yellow (Color 2) : 0.3000 mm / Screening 100
Green (Color 3) : 0.2500 mm / Screening 100
Cyan (Color 4) : 0.1500 mm / Screening 100
Magenta (Color 6) : 0.1300 mm / Screening 100
Blue (Color 5) : 0.0800 mm / Screening 100
Red (Color 1) : 0.0010 mm / Screening 100
Color 8 : 0.0300 mm / Screening 100
Color 251 : 0.0010 mm / Screening 100
Color 250 : 0.0010 mm / Screening 50

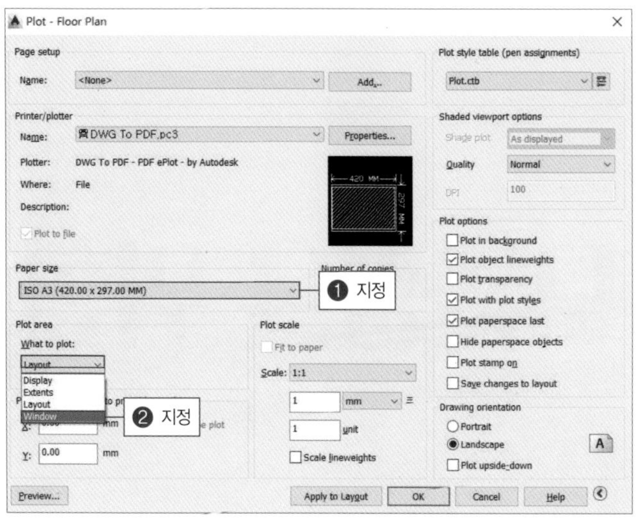

7 다시 Plot 대화상자가 표시되면 Printer/plotter와 Paper size를 원하는 설정으로 설정합니다. Plot area의 What to plot을 'Window'로 지정하고 잠시 기다리면 대화상자가 사라지며 도면이 다시 표시됩니다.

8 도면 템플릿의 왼쪽 상단의 끝 점을 클릭하고 대각선 방향으로 오른쪽 하단의 끝 점을 클릭합니다.

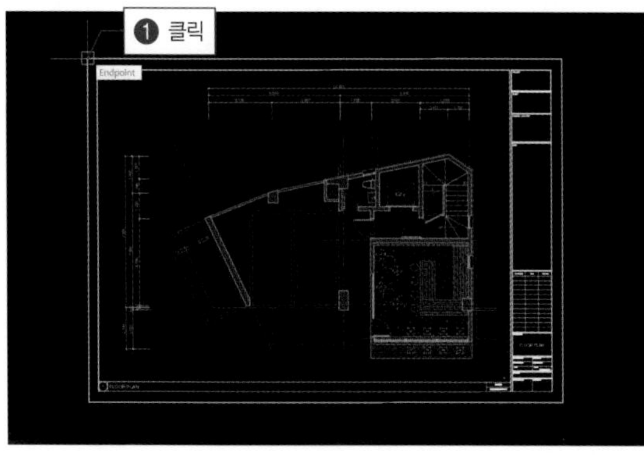

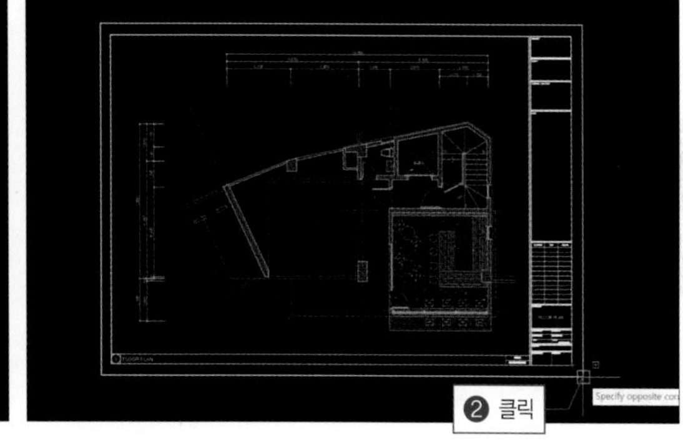

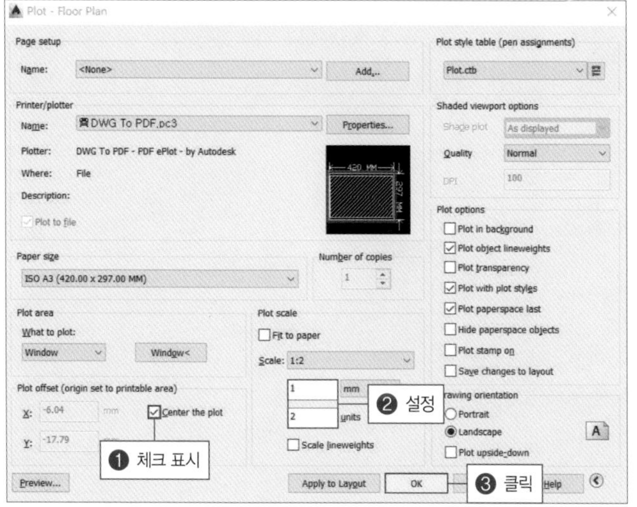

9 다시 Plot 대화상자가 표시되면 Plot offset의 'Center the plot'을 체크 표시하고 Plot scale을 '1 mm = 2 units'로 설정하면 출력을 위한 모든 설정이 완료됩니다. 〈OK〉 버튼을 클릭하여 출력을 합니다.

Part 5

공간 기획 모델링을 위한 SketchUp 실무 프로젝트

건축, 인테리어 디자인 분야의 기획 단계 진행할 때 많이 사용되고 있는 3D 프로그램 중 하나가 바로 SketchUp입니다. 타 프로그램보다 접근성이 쉽고, 자유도가 높아 많은 디자이너와 디자인 회사들이 찾습니다. SketchUp의 사용법을 익혀 디자인의 기획 단계를 진행해 보겠습니다.

Designer's PRO

Practical Architecture Interior

AutoCAD

SketchUp

Blender

프로젝트

SketchUp으로 간편하게 기획 설계 완성하기

가장 널리 사용되는 3D 프로그램인 SketchUp에 대해 면밀히 살펴봅니다.

가장 쉬운 3D 모델링/매핑 툴, SketchUp

3D 모델링 프로그램인 SketchUp은 건축, 인테리어, 조경, 무대예술, 제품디자인 등 각종 설계 및 디자인 등 관련 분야 학생들뿐만 아니라 실무에서도 널리 이용됩니다. SketchUp으로 작업한 결과물은 복잡한 건축, 인테리어 공간을 클라이언트 입장에서도 쉽게 이해할 수 있어 해당 분야의 많은 디자이너가 이 프로그램을 활용합니다. 간편하면서도 따라하기 편리한 화면 구성을 통해 프로그램을 쉽게 배울 수 있으며, 모델링 작업도 쉬워 디자인 수정이 반복되는 기획 단계에서 자주 사용하게 됩니다. SketchUp의 기본 스타일, 애니메이션 등의 효과를 활용한 결과물을 생산할 수 있으며, VRay나 Enscape와 같은 2차 플러그인과의 연동을 통해 고품질의 공간 투시도 이미지를 만들어 내어 클라이언트에게 효과적인 발표를 제시할 수 있습니다.

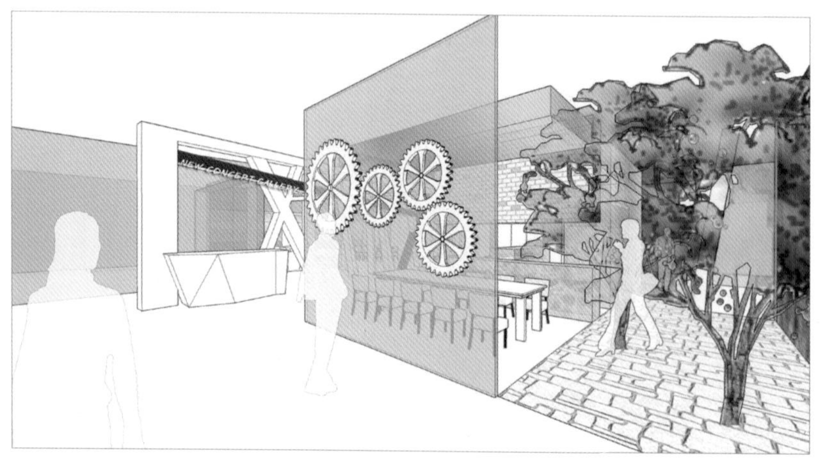

한남동 H_Heehoon D&G
아이소메트릭 뷰를 이용해 인테리어의 공간감을 효과적으로 나타냈습니다. 공간에 어울리는 재료 매핑과 가구 소스들을 이용해 더욱 고급스러운 느낌으로 표현했습니다.

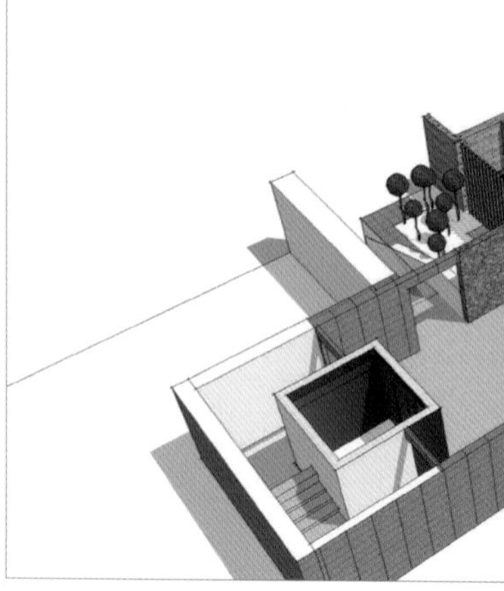

S 오피스_Heehoon D&G
다양한 소스와 재료 매핑, 간결하게 선을 살리는 스타일을 이용해 공간을 최소화 하면서도 효과적으로 표현했습니다.

주요 기능

건축, 인테리어 공사 전 가상으로 3D 모델을 확인하기 위해 모델링 툴인 SketchUp을 사용하여 공간에 다양한 요소를 적용할 수 있는 다양한 기능을 확인합니다.

정확하면서도 빠른 모델링

다른 3D 프로그램에 비해 화면 구성이 간편하며, 정확한 수치를 설정하면서 모델링 작업을 할 수 있습니다. 원하는 수치를 입력하면서 단계별로 모델링을 할 수 있으며, Tape Measure 툴을 이용해 측정하며 작업을 이어 나갈 수 있습니다.

Match Photo

사진에서 특정 건물이나 공간에 맞춰 3D 모델을 제작할 수 있습니다. 빠르게 모델링해서 시간을 절약하며 효율성을 높일 수 있는 Match Photo는 여러 각도의 이미지 파일을 이용해 좀 더 정교하게 모델링을 할 수가 있습니다.

Shadow

3D 모델의 위치, 시간, 날짜를 입력하여 이에 맞게끔 정확하게 그림자를 만들어낼 수 있습니다. Geo-Location에서 위치를 검색하여 자동으로 정보를 입력하고, 효과적으로 그림자 애니메이션을 제작할 수 있습니다.

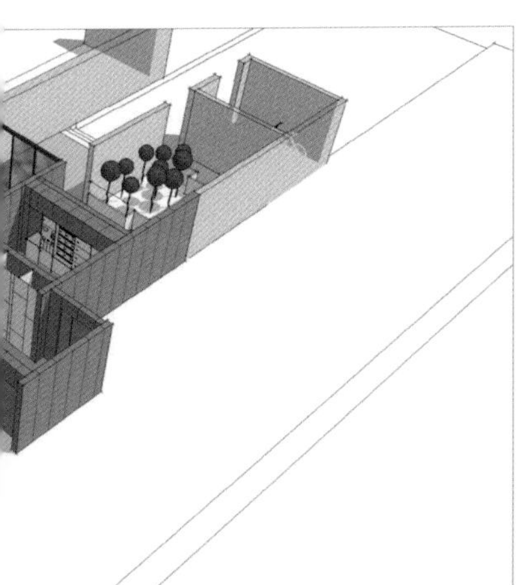

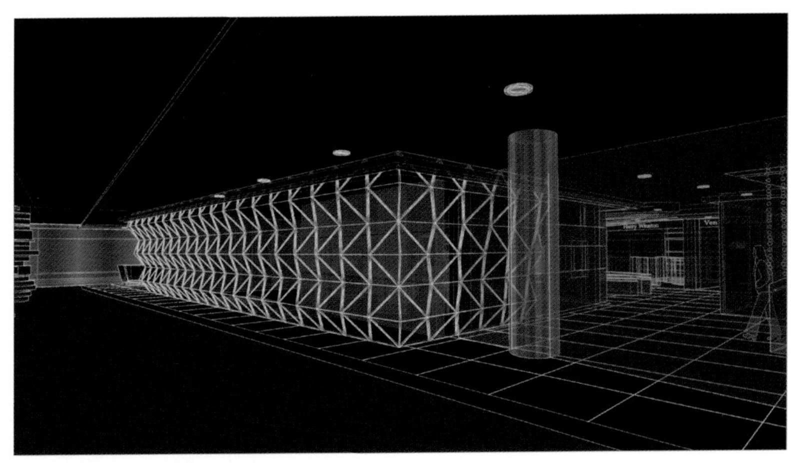

G 백화점 리노베이션_Heehoon D&G
X-Ray, 반전 스타일을 이용해 효과적인 투시도를 만들고 애니메이션을 제작해 공간감을 표현했습니다.

Sandbox

Sandbox를 활용해 3D 지형을 제작할 수 있습니다. Smoove 툴을 이용해 곡면의 지형을 만들 수 있고, Stamp 툴을 이용해 지형 위에 원하는 형태의 평지를 만들 수 있으며, Drape 툴을 이용해 지형 위에 원하는 형태의 경계선을 표시할 수 있습니다. 3D 모델 건축물과 어울리는 지형을 간편하게 만들 수도 있습니다.

3D Warehouse

전 세계의 SketchUp 이용자가 직접 제작한 다양한 3D 모델이 3D Warehouse에 업로드 되어 있습니다. 3D 모델을 불러와 사용할 수 있고, 직접 만든 3D 모델을 업로드하여 전 세계 이용자와 공유할 수도 있습니다.

다양한 스타일

3D 모델을 다양하게 연출할 수 있고, 직접 스타일을 변형해 만들어 적용할 수도 있습니다.

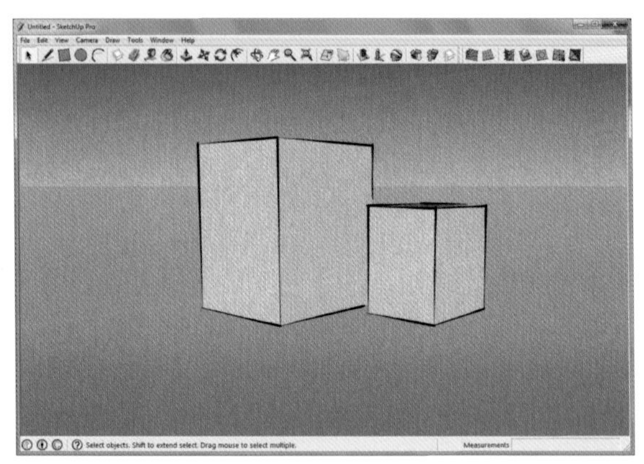

애니메이션

장면(Scene)을 추가한 다음 장면들을 이어 붙여 애니메이션을 제작할 수 있습니다. SketchUp의 다양한 스타일을 적용하여 각 장면에 저장된 효과적인 애니메이션을 클라이언트에게 선보일 수 있습니다.

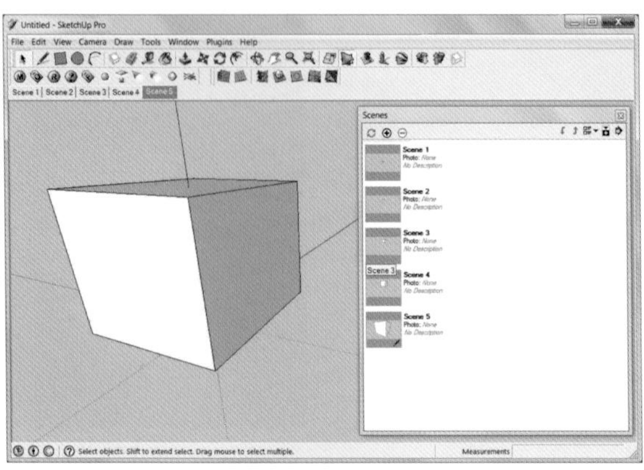

화면 구성

SketchUp을 실행한 다음 원하는 템플릿을 선택하면 다음과 같은 화면이 나타납니다.

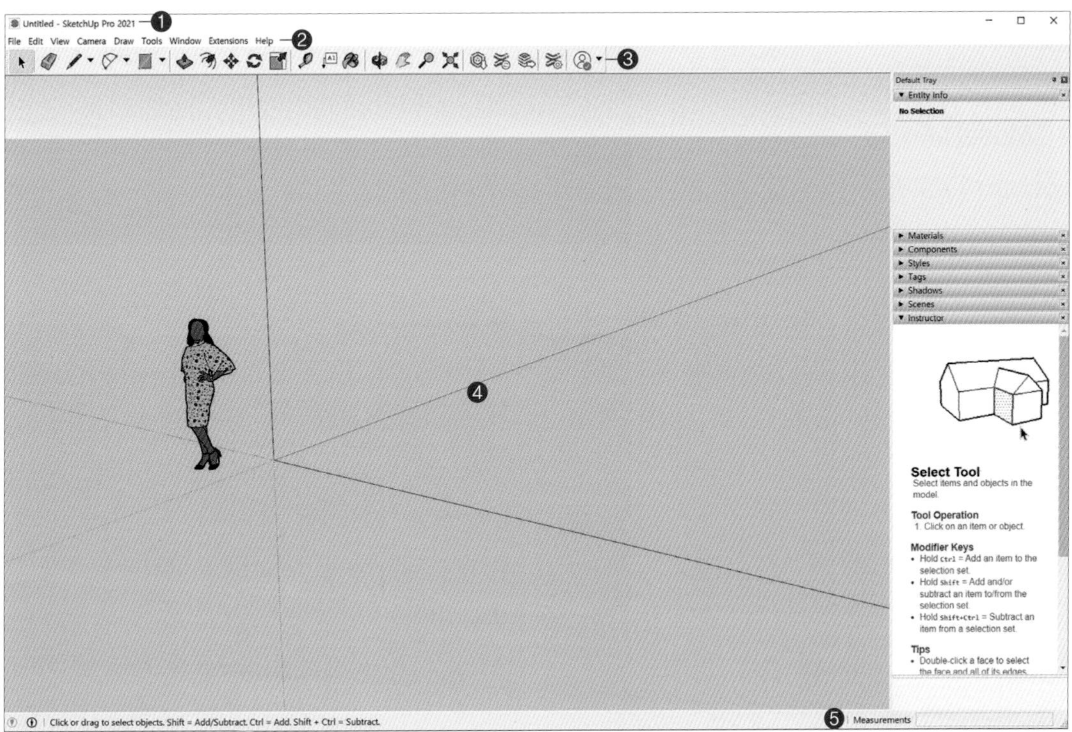

❶ **제목 표시줄** : 파일 제목이 표시되며 제목을 설정하지 않은 상태에서는 'Untitled'로 표시됩니다.

❷ **메뉴** : File, Edit, View, Camera 등의 메뉴로 구성되며, 다양한 명령과 SketchUp 설정들이 정리되어 있습니다. V-Ray와 같은 플러그인을 설치할 경우 메뉴에 Plugins가 추가됩니다.

❸ **툴바** : 자주 사용하는 기능을 아이콘 형태로 표시되어 있습니다. Select, Line, Rectangle, Circle, Arc, Eraser, Tape 툴 등이 나열되어 있습니다.

❹ **작업 화면** : 작업을 진행하는 창으로, 기본 화면은 작업 화면 왼쪽 위에 표시됩니다.

❺ **수치 입력 상자** : 3D 모델링에서 수치를 입력하면 숫자가 나타납니다. 3D 모델의 수치를 확인하기 위해 Tape Measure 툴을 사용해도 수치 입력 상자에 해당 수치가 나타나게 됩니다.

기본 설정

Model Info는 모델 정보를 나타내며 Model Info 대화상자에서 치수, 글자, 단위 등을 설정할 수 있습니다. Preferences는 각종 환경을 설정할 수 있는 System Preferences 대화상자를 표시합니다.

1 | Model Info

메뉴에서 〔Window〕 → Model Info를 실행하면 Model Info 대화상자가 표시됩니다. 기능을 선택한 다음 모델링 작업을 위한 세부 항목을 설정할 수 있습니다.

❶ Rendering

'Use Anti-Aliased Textures'에 체크 표시하면 화면에 표시된 3D 모델이 좀 더 부드럽게 표현됩니다.

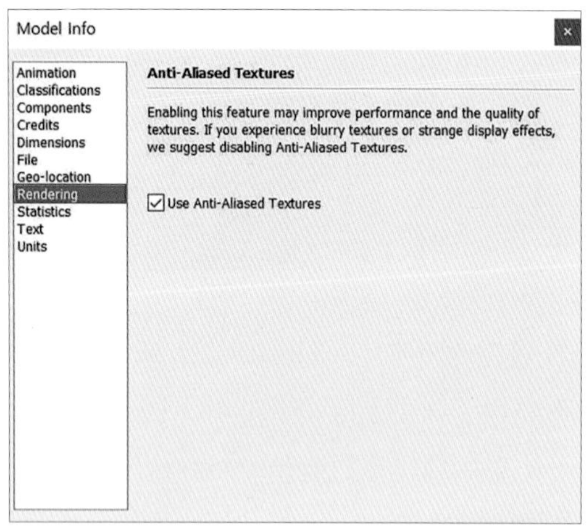

❷ Units

Measurement units 항목에서 작업에 알맞은 Format을 설정합니다. 인테리어 디자인에서는 'Decimal / Millimeters', 건축 디자인에서는 'Decimal / Meter'로 대체로 지정하는 편입니다. 이외에도 Area와 Volume의 단위를 설정할 수 있습니다.

Angle Units에서는 'Enable angle snapping' 체크 표시 여부에 따라 각도마다 스냅을 설정할 수 있습니다.

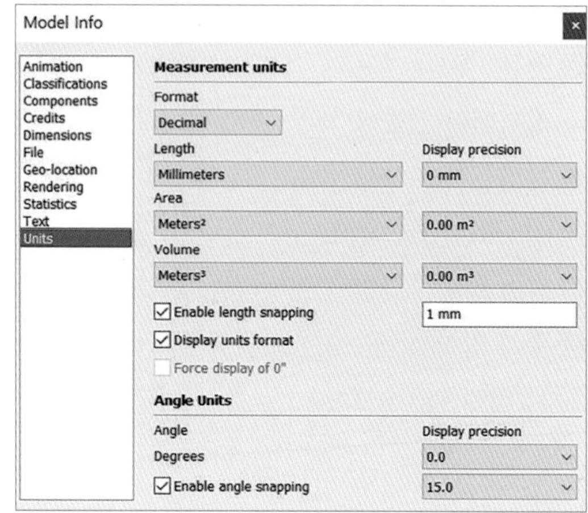

2 | Preferences

메뉴에서 〔Window〕 → Preferences를 실행하면 다양한 환경을 설정할 수 있는 SketchUp Preferences 대화상자가 표시됩니다.

❶ General

Saving 항목에서 'Create backup'과 'Auto-save'에 체크 표시한 다음 Every에 분 단위 시간을 입력합니다. Check for Problems의 항목을 설정하여 작업 도중 일어날 수 있는 문제들을 해결하고자 하며, Software Updates 항목을 클릭하여 정기적인 프로그램 업데이트를 합니다.

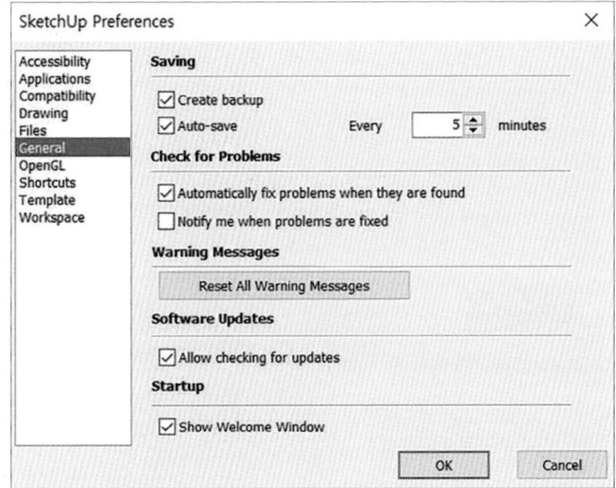

❷ OpenGL

OpenGL Settings에서 Multisample anti-aliasing의 설정을 통해 Anti-Aliasing을 조절할 수 있습니다.

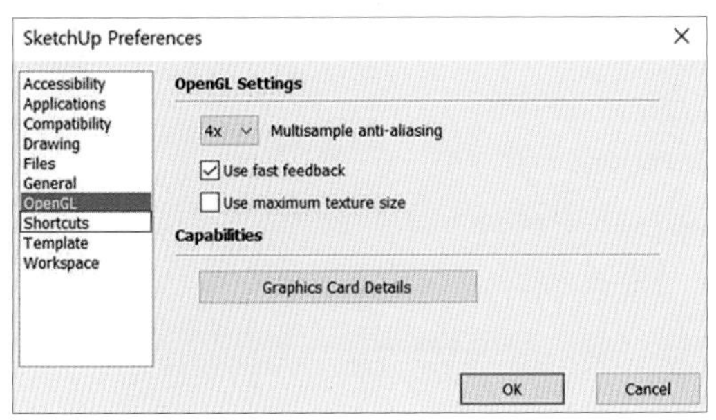

❸ Shortcuts

자주 사용하는 명령어에 대한 단축 글쇠를 설정할 수 있습니다. 명령어를 선택한 다음 만들고자 하는 단축키를 선택하고 〈+〉 버튼을 클릭합니다. 모든 단축키를 원래대로 재설정하려면 〈Reset All〉 버튼을 클릭합니다.

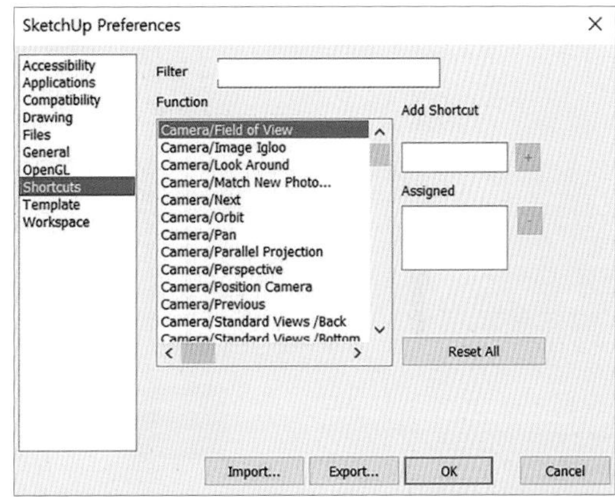

❹ Template

프로젝트에 알맞은 템플릿 및 단위를 설정할 수 있습니다.

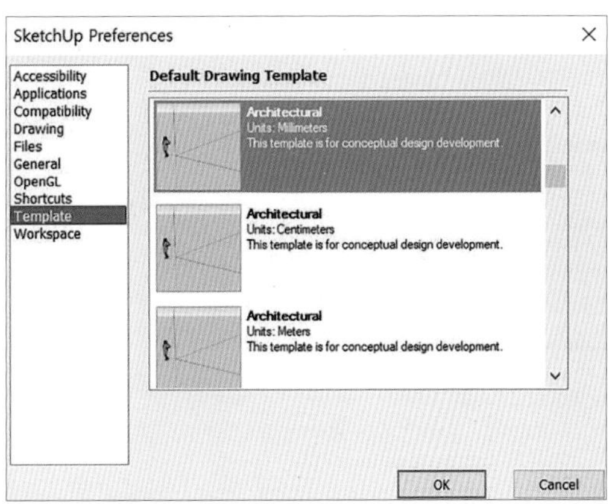

기획 의도를 쉽게 표현하여 박람회 기획관 디자인하기

박람회라는 장소는 어떤 주제를 하나로 다양한 기업들과 단체들이 모여 홍보하고 전시를 하는 만남과 정보의 장이라 할 수 있습니다. 많게는 몇백 개가 되는 회사 부스들 중에서 특별히 박람회장의 기획관은 한 해를 대표하는 주제에 대해 선보이는 자리입니다.

이 기획관은 국내 공간 디자인을 대표하는 네 명의 디자이너와 자재 회사와의 협업을 선보이는 공간으로, 각각 다른 네 디자이너의 공간이 빛을 발하면서도 하나의 기획관으로 이해할 수 있도록 공간을 기획하는 것이 중요했습니다.

쉽고 빠른 SketchUp의 모델링을 통해 기획관의 공간 의도를 빠르게 전달하고, 한눈에 쉽게 이해할 수 있도록 했습니다.

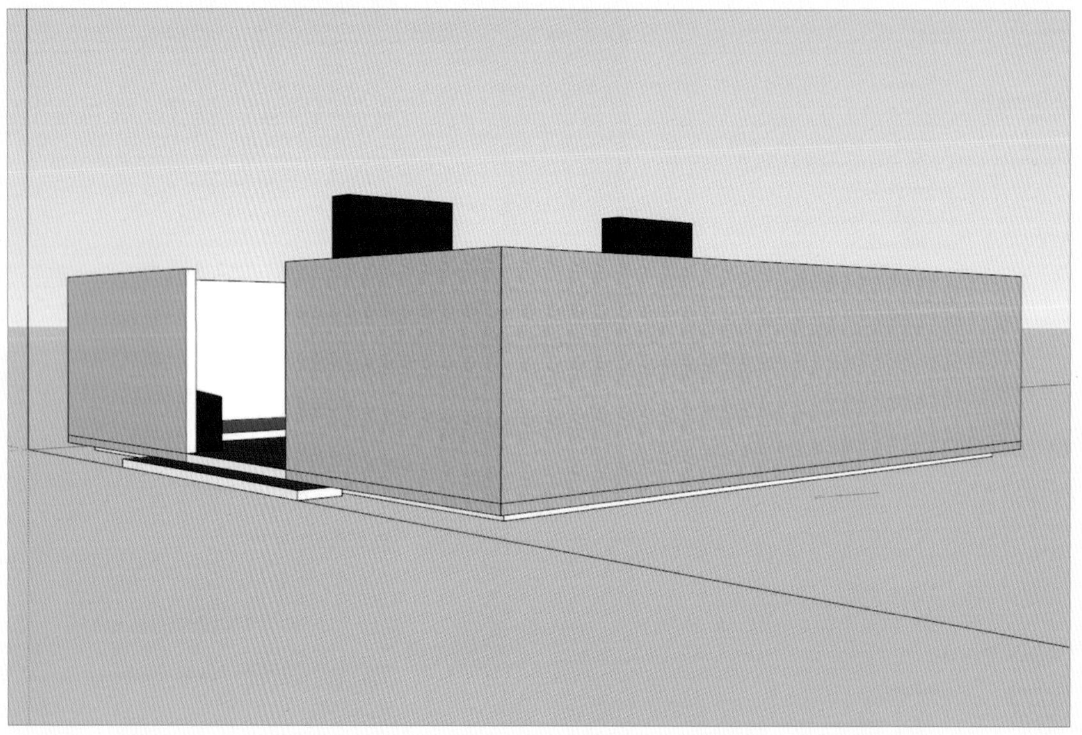

프로젝트 인테리어디자인코리아 2019 기획관 **디자인** 스튜디오익센트릭 **제작 기간** 2019년 2월 (기획 설계/기본 설계)

프로그램 SketchUp **프로젝트** 네 명의 디자이너 공간을 돋보이게 하면서 하나의 공간으로 아우를 수 있는 기획관 디자인을 진행했습니다.

예제 파일 프로젝트\05\05_01.dwg **완성 파일** 프로젝트\05\05_01_final.skp

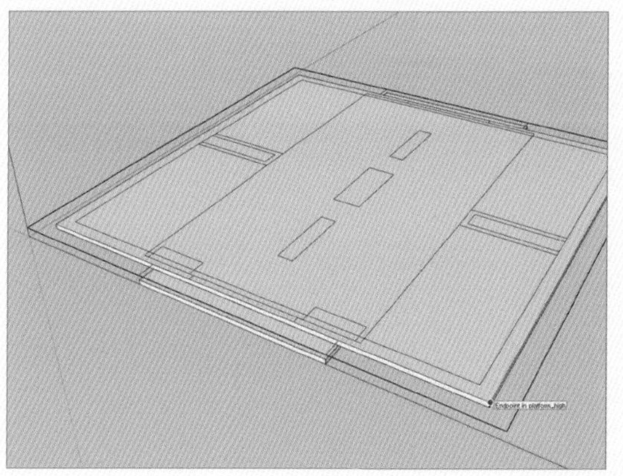

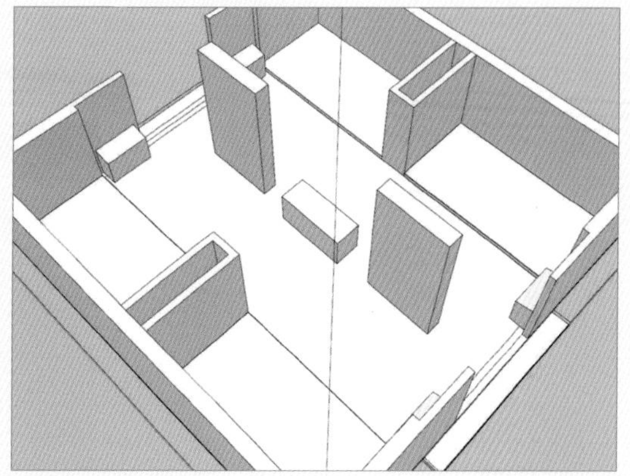

기획관 모델링하기

기획관의 바닥, 벽, 가구들을 모델링하겠습니다.

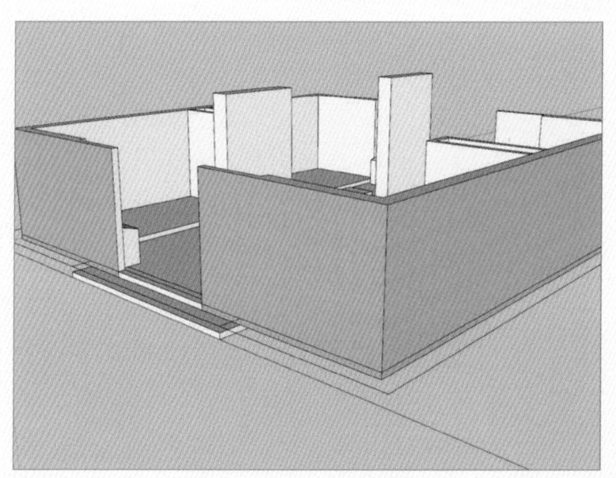

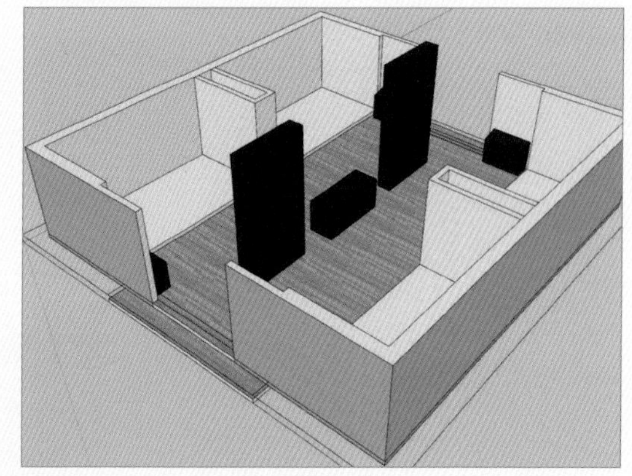

마감재 입히기

완성된 박람회 기획관 모델링 위에 마감재를 입혀봅니다.

기획관 플랫폼 바닥 모델링하기

기획관의 플랫폼을 모델링합니다. 살짝 높여진 플랫폼을 통해 방문객으로 하여금 공간의 전이를 경험하게 합니다.

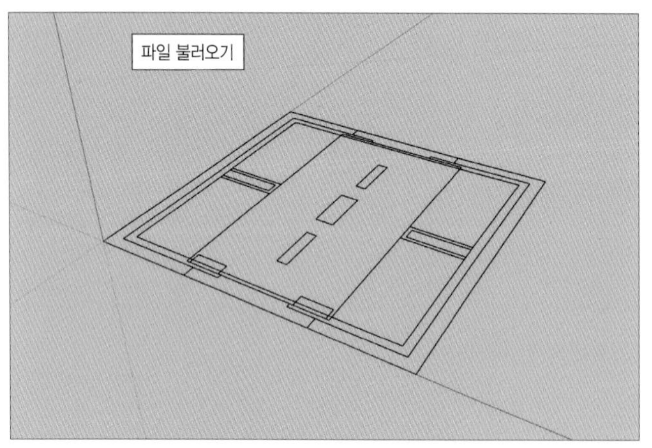

1 SketchUp을 실행한 다음 프로젝트 → 05 폴더에서 '05_01.dwg' 파일을 불러옵니다.

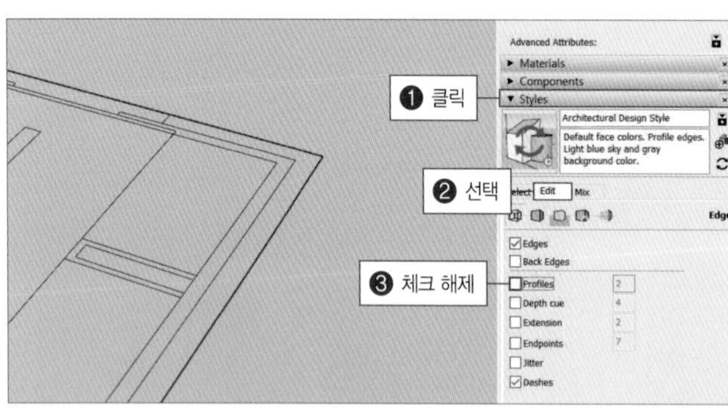

2 현재 선이 매우 굵어 보이기 때문에 선을 얇게 변경하겠습니다. Styles 창에서 [Edit] 탭을 선택하고 'Profiles'를 체크 표시 해제하여 비활성화합니다.

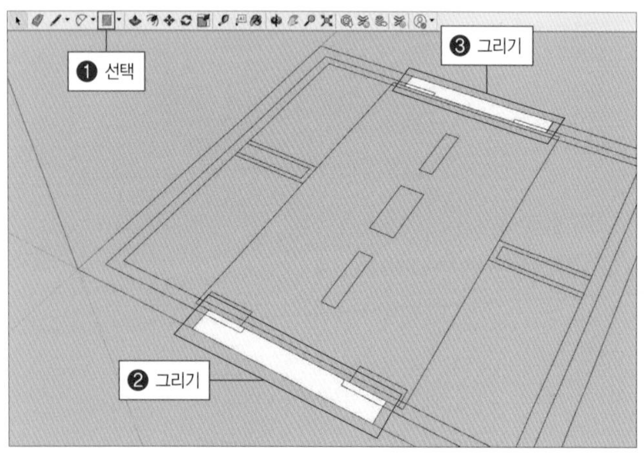

3 Shapes 도구 중 Rectangle 도구(▣)를 선택하고 디딤판을 위한 사각형을 그립니다. 같은 방법으로 기획관 반대편의 디딤판 또한 동일하게 그립니다.

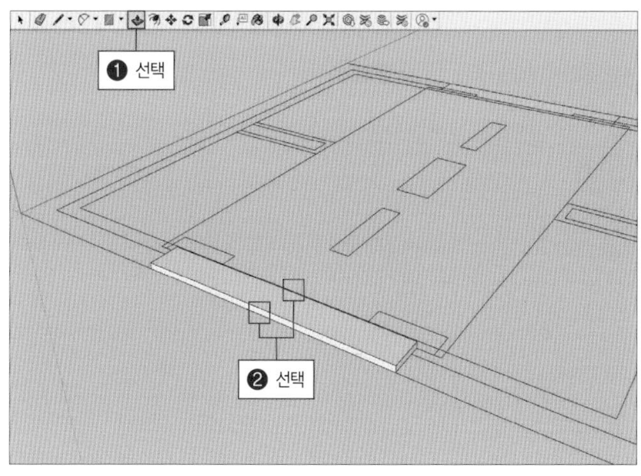

4 Push/Pull 도구( )를 선택하고 디딤판을 선택하여 위로 올린 다음 오른쪽 수치 입력 상자에 '150mm'를 입력합니다.

Distance 150 mm ❸ 입력

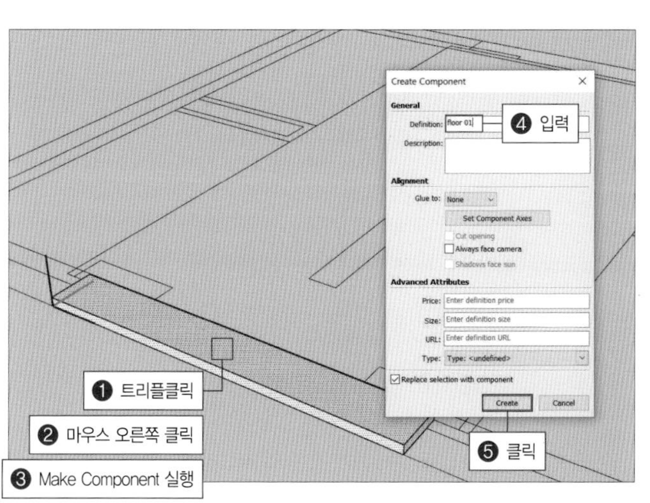

5 디딤판을 트리플클릭하여 선택한 다음 마우스 오른쪽 버튼을 클릭하고 Make Component를 실행합니다.
Create Component 대화상자가 표시되면 Definition에 'floor 01'을 입력한 다음 〈Create〉 버튼을 클릭합니다.

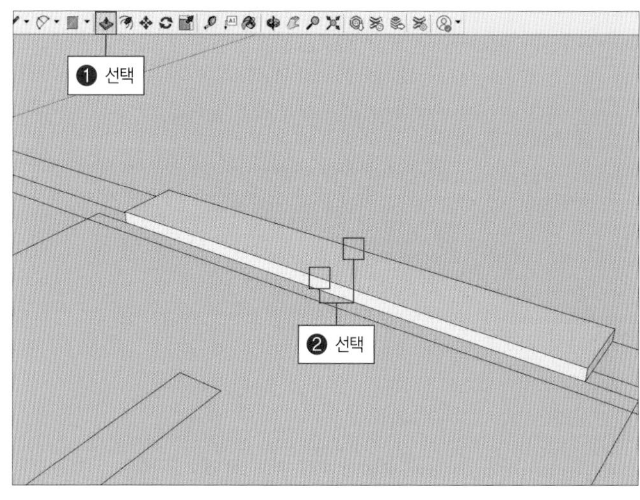

6 같은 방법으로 Push/Pull 도구( )를 선택하고 반대편 디딤판도 '150mm'를 입력하여 높이를 이동합니다.

Distance 150 mm ❸ 입력

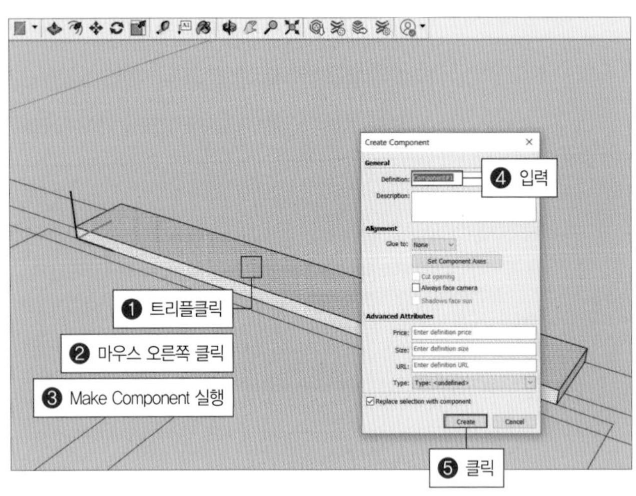

7 5번과 같은 방법으로 Make Component를 실행하고 설정합니다.

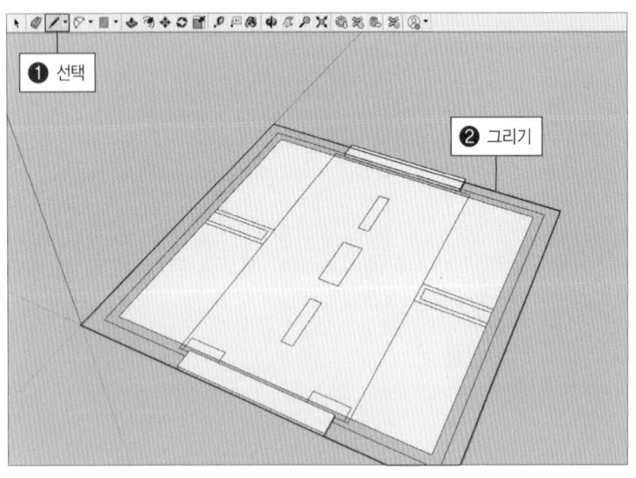

8 이제는 메인 플랫폼을 모델링하겠습니다. Line 도구( )를 선택하고 플랫폼 밑판을 그립니다.

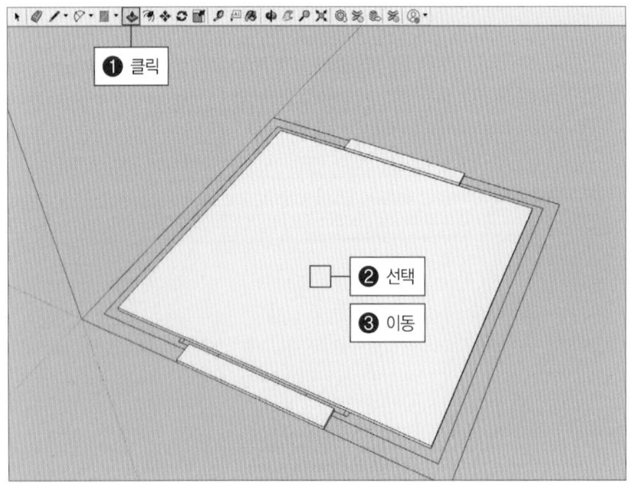

9 Push/Pull 도구( )를 선택하고 밑판을 선택하여 위로 이동한 다음 오른쪽 수치 입력 상자에 '150mm'를 입력합니다.

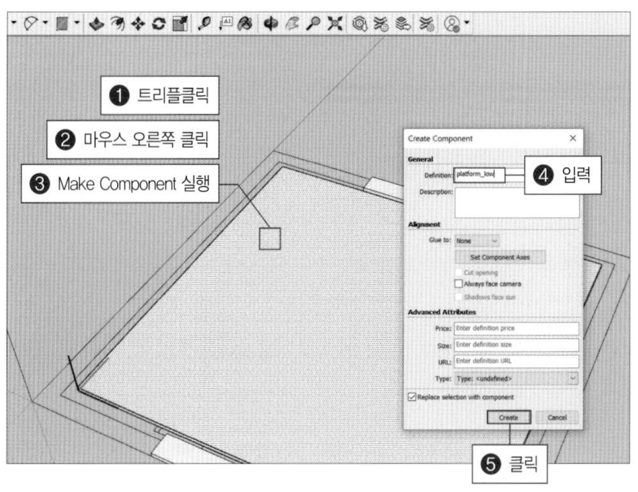

10 밑판을 트리플클릭하여 선택한 다음 마우스 오른쪽 버튼을 클릭하여 **Make Component**를 실행합니다. Create Component 대화상자가 표시되면 Definition에 'platform_low'를 입력한 다음 〈Create〉 버튼을 클릭합니다.

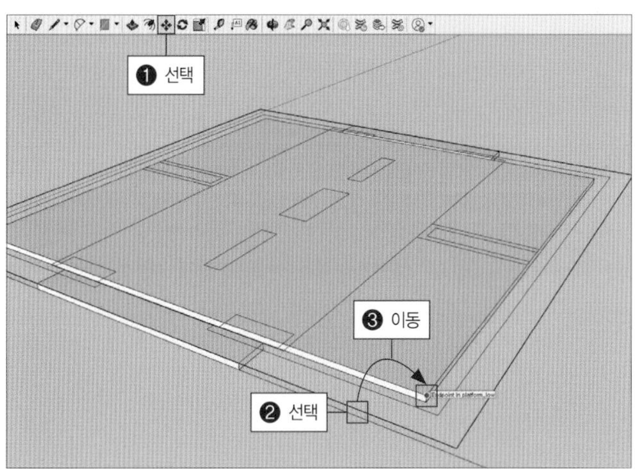

11 Move 도구( )를 선택하고 도면을 선택하여 Z축(파랑) 위로 '150mm'만큼 이동합니다.

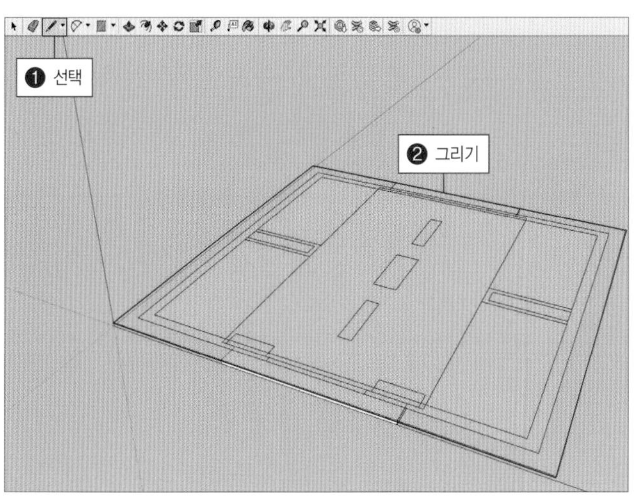

12 Lines 도구( )를 선택하고 플랫폼 윗판을 그립니다.

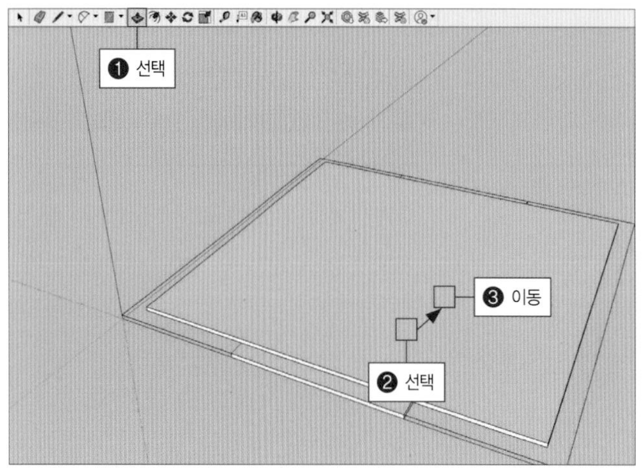

13 Push/Pull 도구( )를 선택하고 윗판을 선택하여 위로 이동한 다음 오른쪽 수치 입력 상자에 '150mm'를 입력합니다.

Distance 150 mm ❹ 입력

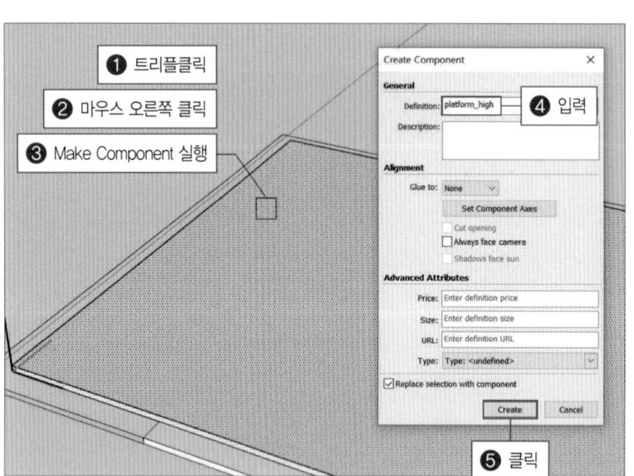

14 윗판을 트리플클릭하여 선택한 다음 마우스 오른쪽 버튼을 클릭하여 **Make Component**를 실행합니다. Create Component 대화상자가 표시되면 Definition에 'platform_high'를 입력한 다음 〈Create〉 버튼을 클릭합니다.

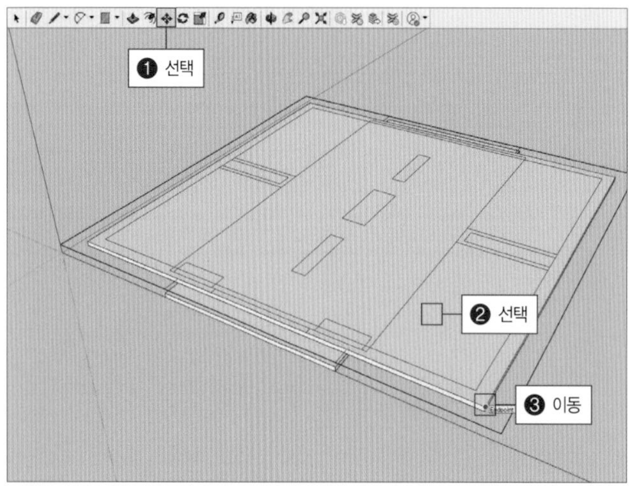

15 Move 도구( )를 선택하고 'platform_high' 컴포넌트를 선택하여 Z축(파랑) 위로 '150mm'만큼 이동합니다.

기획관 벽 모델링하기

각각의 디자이너 공간을 구획하기 위한 기획관 벽을 모델링합니다.

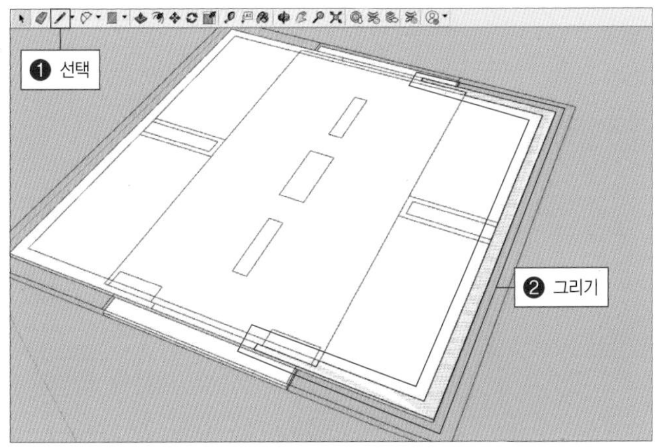

1 외벽 구성을 위해 Lines 도구()를 선택하고 외벽을 그립니다.

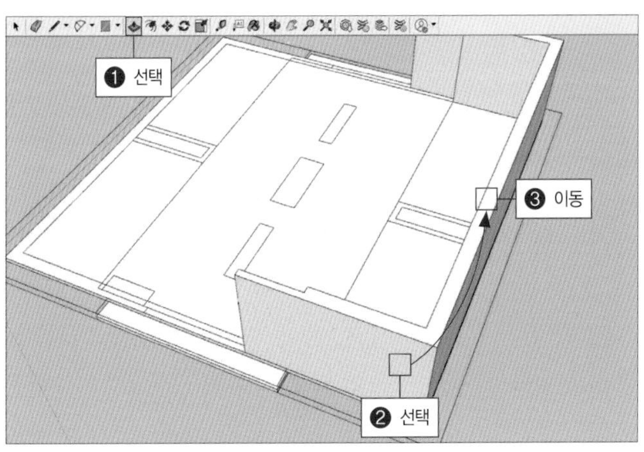

2 Push/Pull 도구()를 선택하고 그려낸 외벽을 선택하여 위로 이동한 다음 오른쪽 수치 입력 상자에 '3200 mm'를 입력합니다.

Distance 3200 mm ❹ 입력

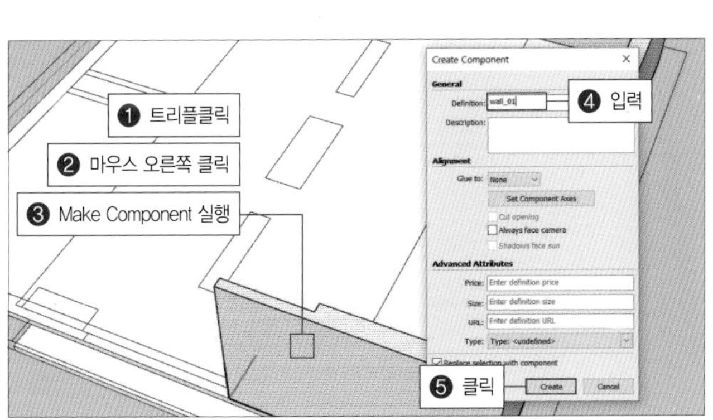

3 외벽을 트리플클릭하여 선택한 다음 마우스 오른쪽 버튼을 클릭하여 **Make Component**를 실행합니다. Create Component 대화상자가 표시되면 Definition에 'wall_01'을 입력한 다음 〈Create〉 버튼을 클릭합니다.

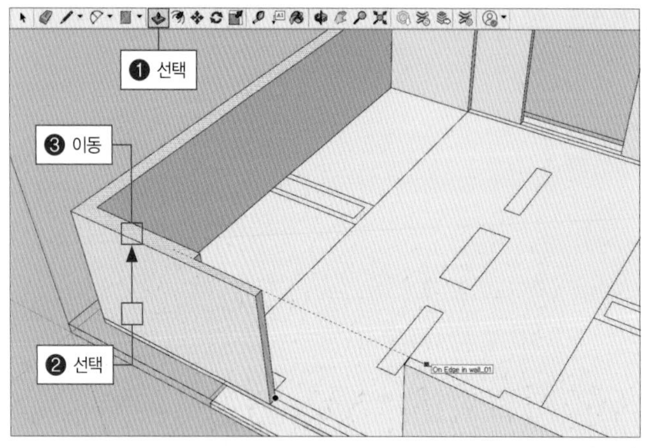

4 같은 방법으로 반대편 외벽 또한 동일하게 그립니다. Push/Pull 도구( )를 선택하고 외벽을 선택하여 위로 이동한 다음 오른쪽 수치 입력 상자에 '3200mm'를 입력하여 만듭니다.

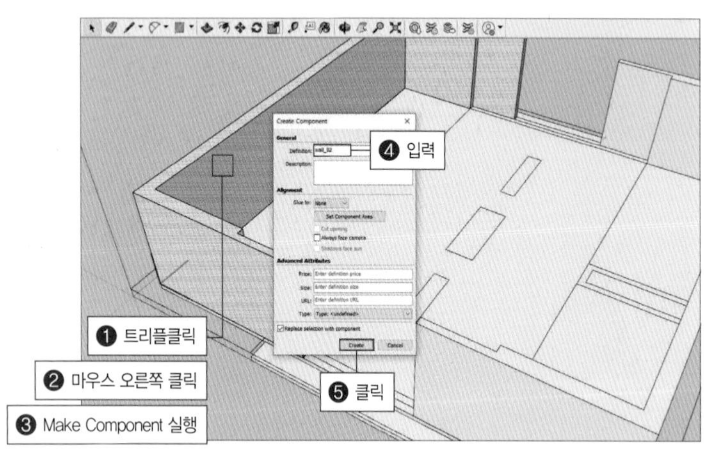

5 외벽을 트리플클릭하여 선택한 다음 마우스 오른쪽 버튼을 클릭하여 **Make Component**를 실행합니다. Create Component 대화상자가 표시되면 Definition에 'wall_02'를 입력한 다음 〈Create〉 버튼을 클릭합니다.

6 디자이너 공간들을 나누는 내벽을 형성하겠습니다. Line 도구( )를 선택하고 내벽을 그립니다. Push/Pull 도구( )를 선택하고 그려낸 벽을 선택하여 위로 이동한 다음 오른쪽 수치 입력 상자에 '3200mm'를 입력하여 만듭니다.

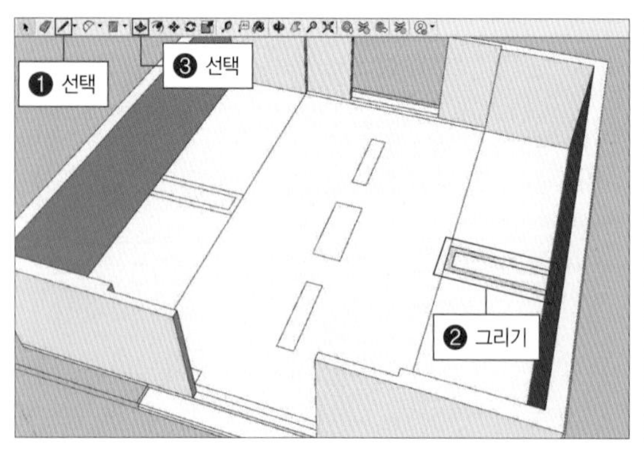

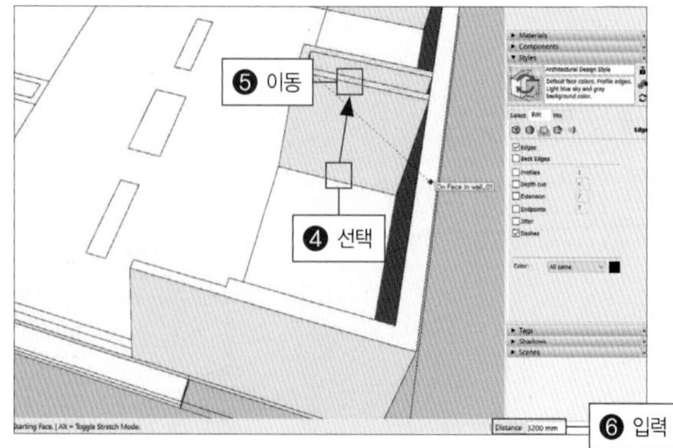

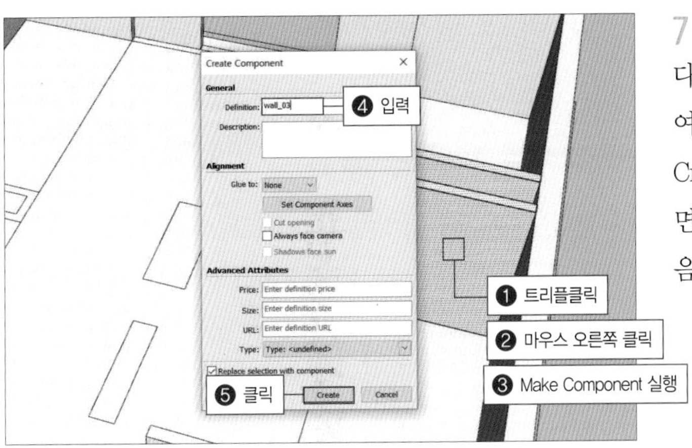

7 내벽을 트리플클릭하여 선택한 다음 마우스 오른쪽 버튼을 클릭하여 **Make Component**를 실행합니다. Create Component 대화상자가 표시되면 Definition에 'wall_03'을 입력한 다음 〈Create〉 버튼을 클릭합니다.

8 반대편 내벽 또한 동일하게 그립니다. Push/Pull 도구(◆)를 선택하고 그려낸 벽을 선택하여 위로 이동한 다음 오른쪽 수치 입력 상자에 동일하게 '3200mm'를 입력하여 만듭니다.

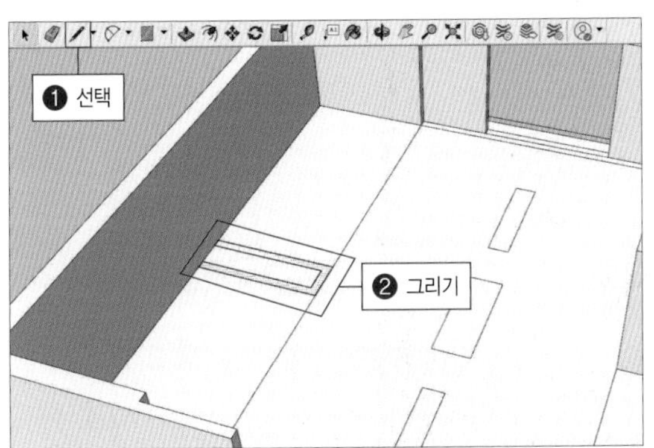

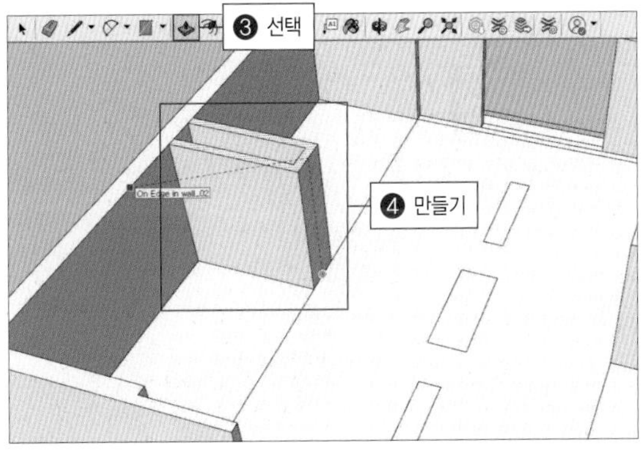

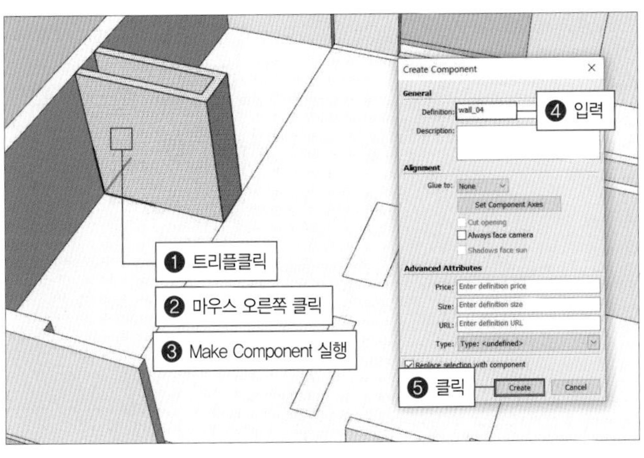

9 내벽을 트리플클릭하여 선택한 다음 마우스 오른쪽 버튼을 클릭하여 **Make Component**를 실행합니다. Create Component 대화상자가 표시되면 Definition에 'wall_04'를 입력한 다음 〈Create〉 버튼을 클릭합니다.

기획관 중심 벽 모델링하기

기획관의 브로셔들이 걸려있을 중심 벽을 모델링합니다.

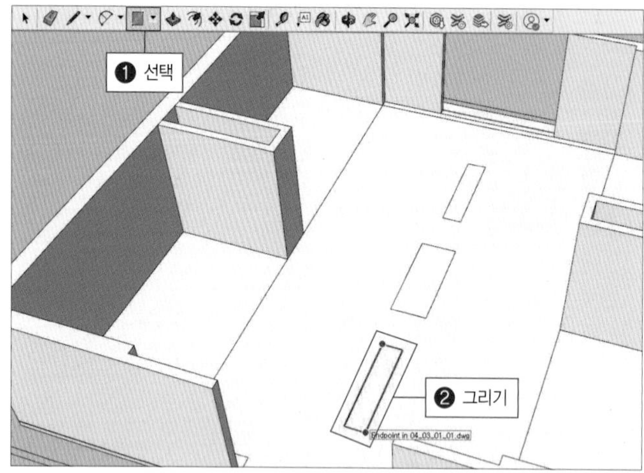

1 Shapes 도구 중 Rectangle 도구( )를 선택하고 중심 벽 밑의 사각형을 그립니다.

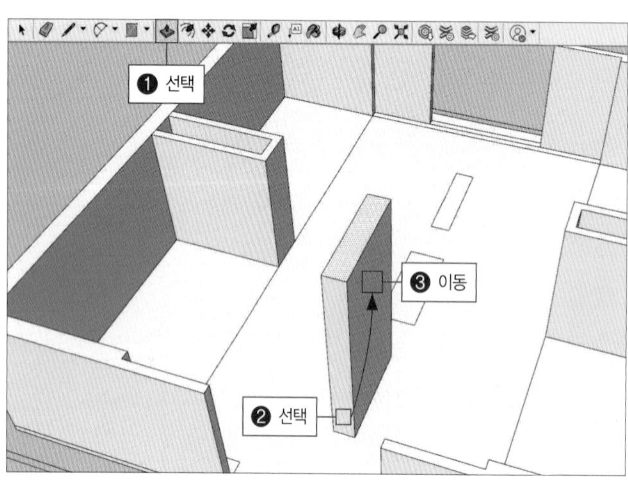

2 Push/Pull 도구( )를 선택하고 그려낸 벽을 선택하여 위로 이동한 다음 오른쪽 수치 입력 상자에 '4500mm'를 입력하여 만듭니다. 중심 벽 높이가 기획관 밖에서도 인지할 수 있게 하기 위해서입니다.

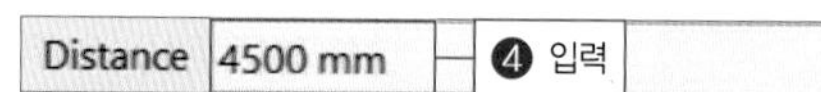

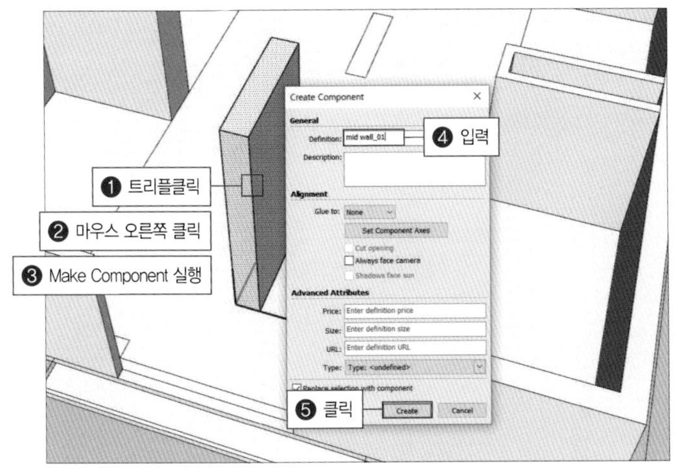

3 중심벽을 트리플클릭하여 선택한 다음 마우스 오른쪽 버튼을 클릭하여 **Make Component**를 실행합니다. Create Component 대화상자가 표시되면 Definition에 'mid wall_01' 컴포넌트를 입력한 다음 〈Create〉 버튼을 클릭합니다.

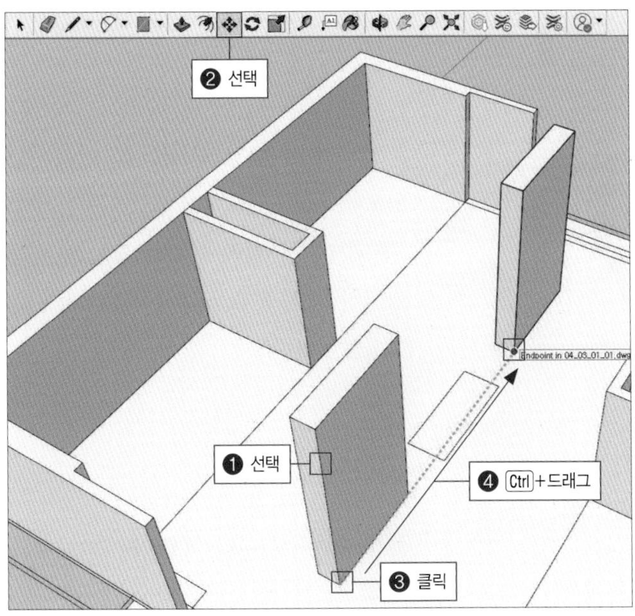

4 반대편 중심 벽을 모델링하기 위해 완성한 한쪽의 벽을 복사하여 이동하겠습니다. 방금 완성한 'mid wall_01' 컴포넌트를 선택하고 Move 도구(✥)를 선택한 다음 Ctrl을 누른 상태로 드래그하여 복사합니다.

인포데스크 모델링하기

방문객들에게 다양한 정보가 담긴 자료들을 배치할 수 있는 인포데스크 모델링을 진행합니다.

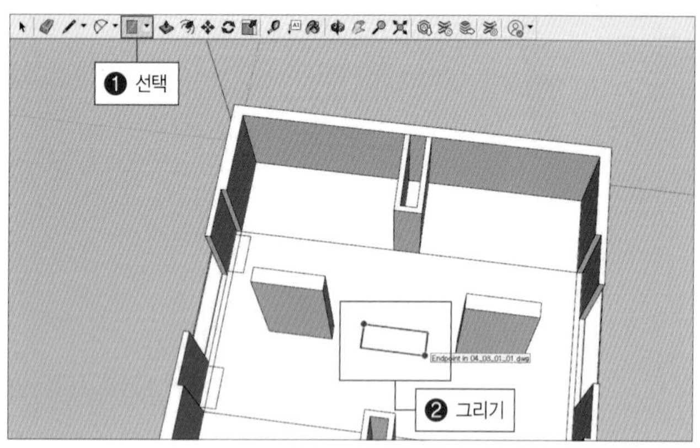

1 Shapes 도구 중 Rectangle 도구(▣)를 선택하고 인포데스크 밑의 사각형을 그립니다.

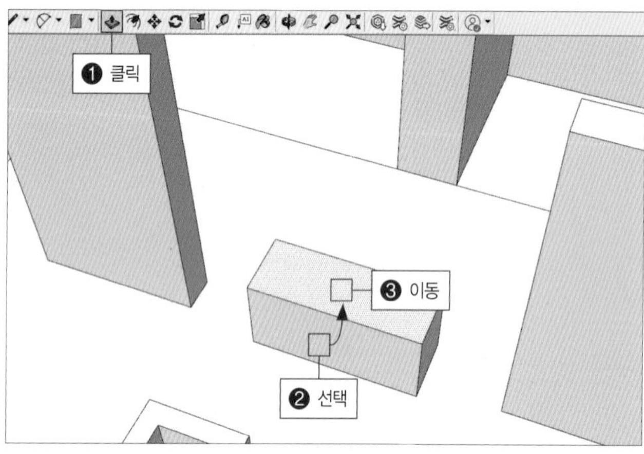

2 Push/Pull 도구(◈)를 선택하고 인포데스크를 선택하여 위로 이동한 다음 오른쪽 수치 입력 상자에 '1100mm'를 입력하여 인포데스크의 적당한 높이를 형성합니다.

Distance | 1100 mm | ❹ 입력

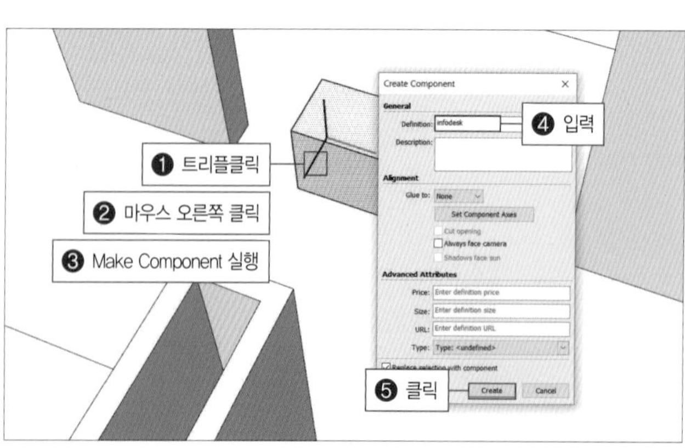

3 인포데스크를 트리플클릭하여 선택한 다음 마우스 오른쪽 버튼을 클릭하여 **Make Component**를 실행합니다. Create Component 대화상자가 표시되면 Definition에 'infodesk'를 입력한 다음 〈Create〉 버튼을 클릭합니다.

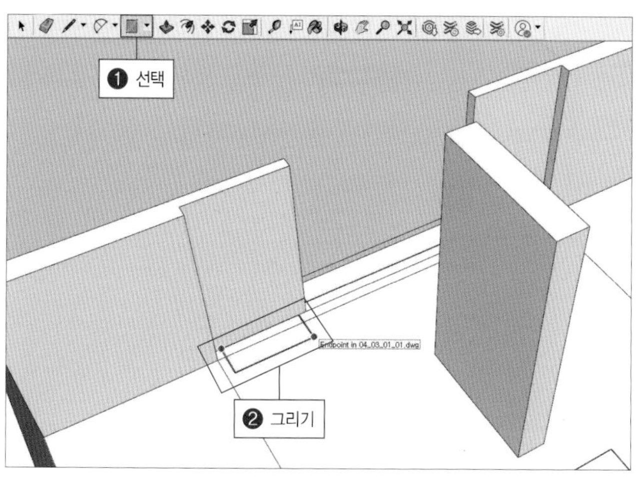

4 각각의 디자이너 부스 공간을 위한 인포데스크를 모델링 합니다. Shapes 도구 중 Rectangle 도구( )를 선택하고 인포데스크 밑의 사각형을 그립니다.

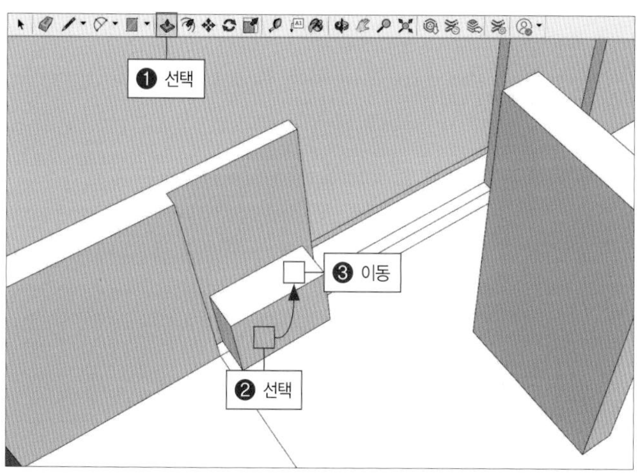

5 Push/Pull 도구( )를 선택하고 그려낸 인포데스크를 선택하여 위로 이동한 다음 오른쪽 수치 입력 상자에 '1100mm'를 입력하여 인포데스크의 뒤쪽 끝 높이를 형성합니다.

Distance 1100 mm ❹ 입력

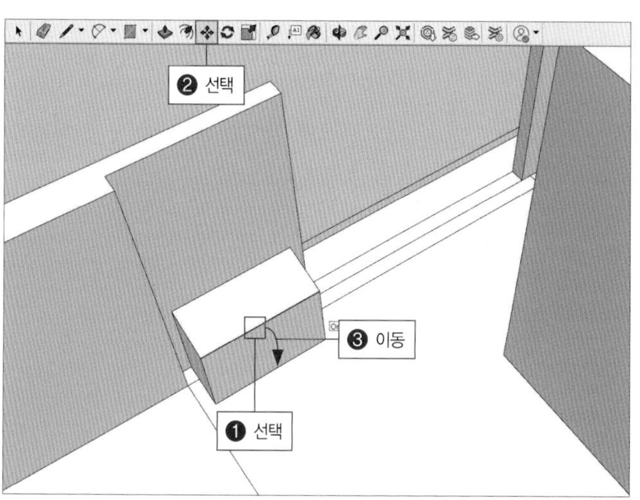

6 인포데스크의 앞쪽 모서리를 선택하고 Move 도구( )를 선택한 다음 Z축(파랑) 아래로 '150mm'만큼 이동합니다.

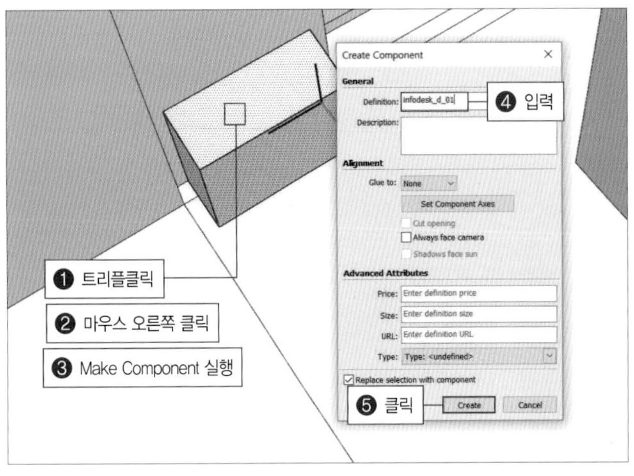

7 인포데스크를 트리플클릭하여 선택한 다음 마우스 오른쪽 버튼을 클릭하여 **Make Component**를 실행합니다. Create Component 대화상자가 표시되면 Definition에 'infodesk_d_01' 컴포넌트를 입력한 다음 〈Create〉 버튼을 클릭합니다.

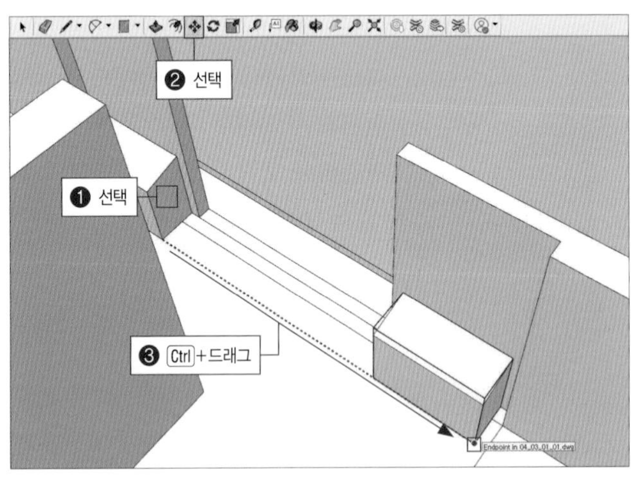

8 반대편 디자이너 인포데스크를 모델링하기 위해 복사하여 이동하겠습니다. 방금 만든 'infodesk_d_01' 컴포넌트를 선택하고 Move 도구(✥)를 선택한 다음 Ctrl을 누른 상태로 드래그하여 복사하고 이동합니다.

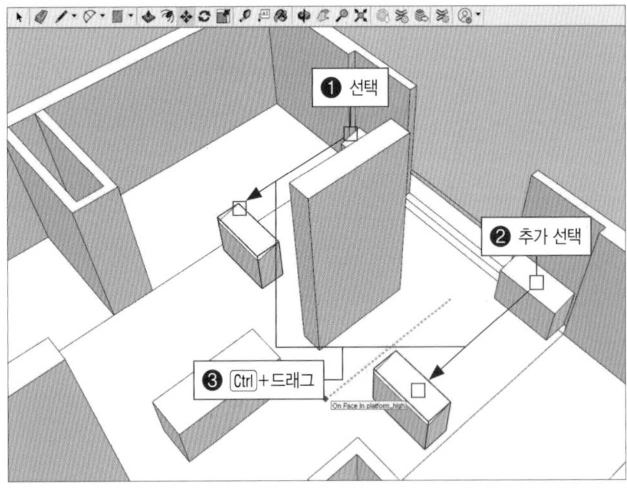

9 모델링 완료한 두 개의 디자이너 인포데스크 'infodesk', 'infodesk_d_01' 컴포넌트를 선택하고 Ctrl을 누른 상태로 Y축(초록)으로 드래그하여 복사합니다.

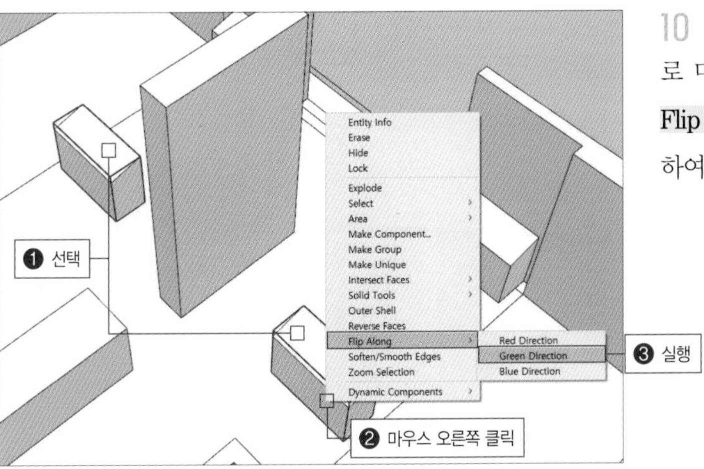

10 두 컴포넌트가 선택되어 있는 상태로 마우스 오른쪽 버튼을 클릭한 다음 Flip Along → Green Direction을 실행하여 대칭시킵니다.

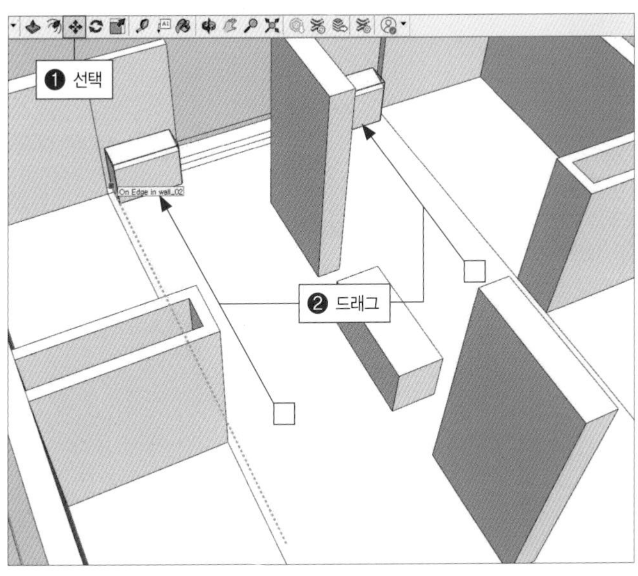

11 다시 Move 도구(✥)가 선택된 상태로 반대편 벽에 맞닿게 드래그하여 배치합니다.

디자이너 부스 바닥 올리기

네 명의 디자이너들이 공간을 꾸밀 수 있도록 단을 조성하여 공간을 구분하였습니다.

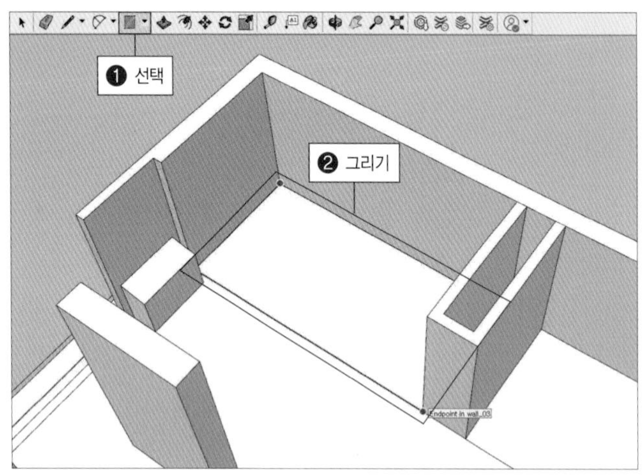

1 Shapes 도구 중 Rectangle 도구( )를 선택하고 각 디자이너 부스의 크기에 맞게 단을 그립니다.

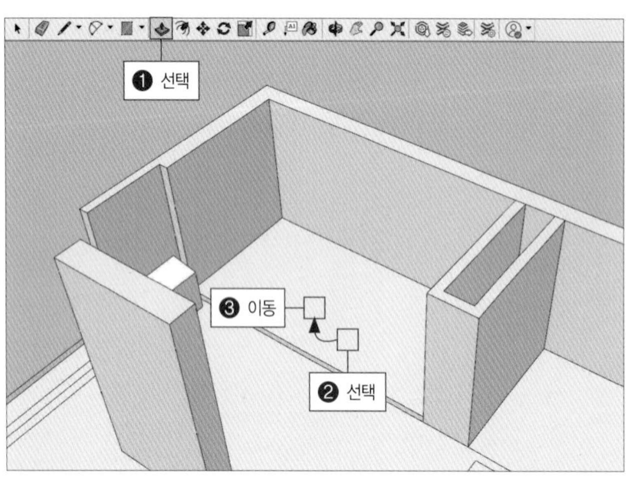

2 Push/Pull 도구( )를 선택하고 단을 선택하여 위로 이동한 다음 오른쪽 수치 입력 상자에 '150mm'를 입력하여 단을 형성합니다.

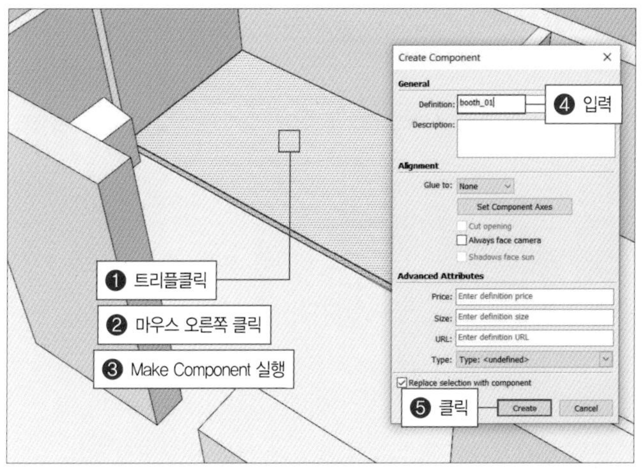

3 단을 트리플클릭하여 선택한 다음 마우스 오른쪽 버튼을 클릭하여 **Make Component**를 실행합니다. Create Component 대화상자가 표시되면 Definition에 'booth_01'을 입력한 다음 〈Create〉 버튼을 클릭합니다.

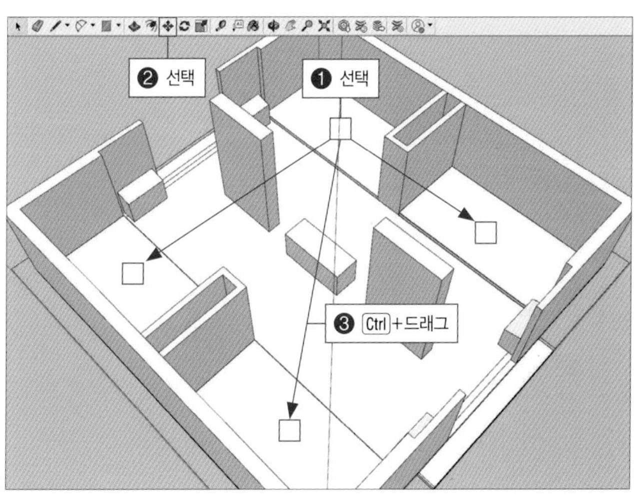

4 'booth_01' 컴포넌트를 선택하고 Move 도구(✥)를 선택한 다음 Ctrl을 누른 상태로 반복적으로 드래그하여 나머지 세 부스의 단을 완성합니다.

마감재 입히기

공간 볼륨에 적절한 마감재를 입힙니다. 공간 외부의 전반적인 벽체는 노란색 스타코(Stucco) 도장인 것에 반해 내부 벽체는 흰색 도장, 높은 벽과 인포데스크는 검은색 도장으로 표현합니다.

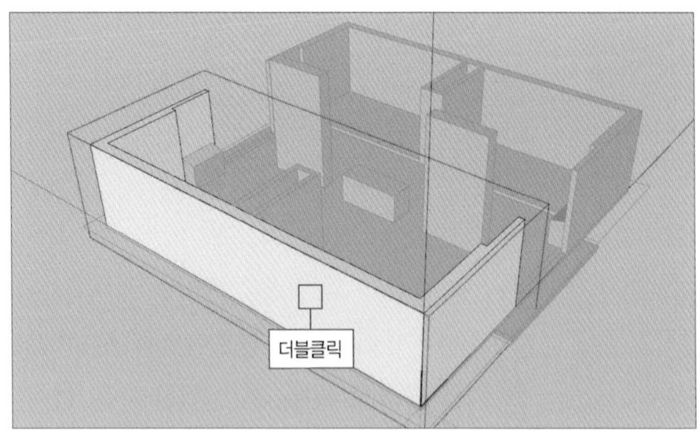

1 기획관 한쪽 외벽 컴포넌트를 더블클릭합니다.

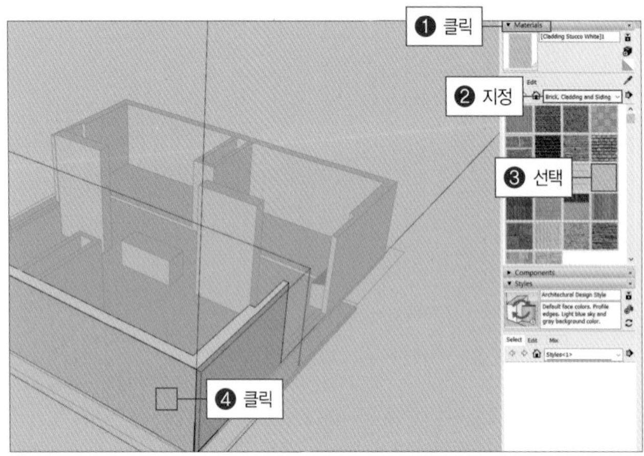

2 Materials 창에서 'Brick', 'Cladding and Siding'으로 지정하고 'Cladding Stucco White'를 선택한 다음 마우스 포인터에 Bucket 모양이 나타나면 바깥쪽 세 면을 클릭하여 마감재를 적용합니다.

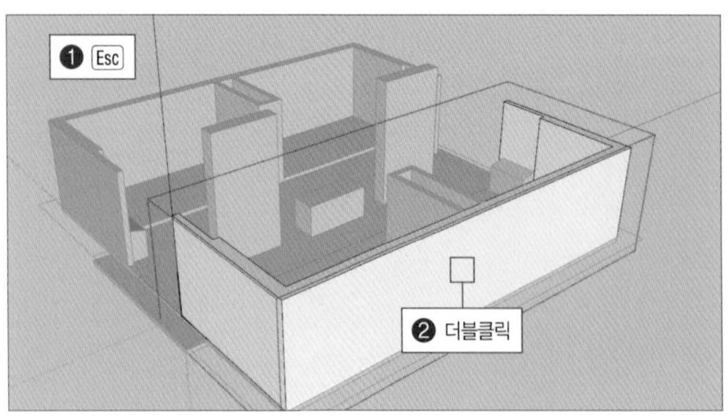

3 Esc를 누른 다음 다른 쪽 기획관 외벽 컴포넌트를 더블클릭합니다.

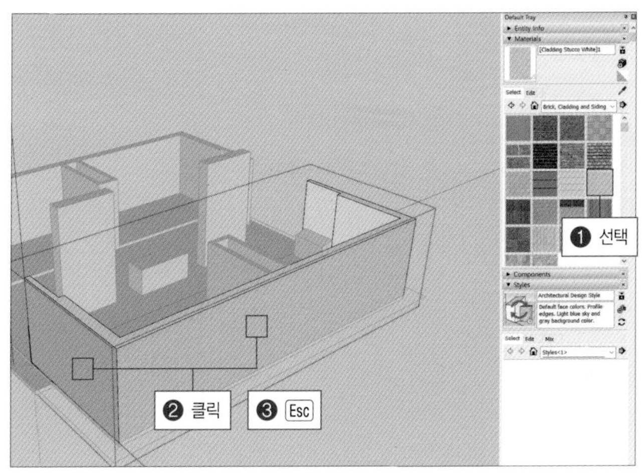

4 같은 방법으로 'Cladding Stucco White'를 선택하고 바깥쪽 세 면을 클릭하여 마감재를 적용합니다. Esc를 눌러 마무리합니다.

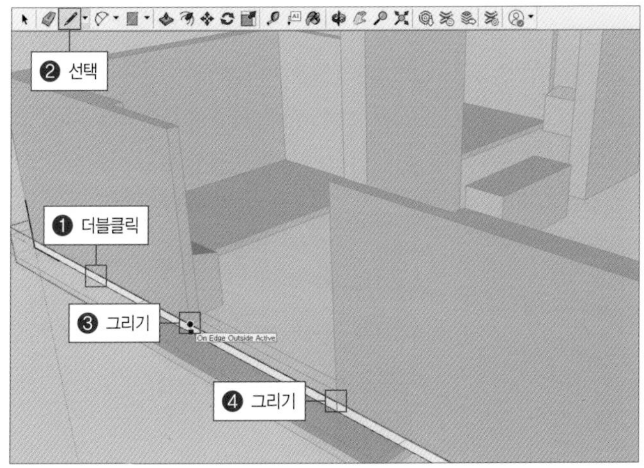

5 'Platform_high' 컴포넌트를 더블클릭하고 Lines 도구(✏)를 선택한 다음 벽의 경계선을 연장하며 그립니다. 같은 방법으로 반대편도 그립니다.

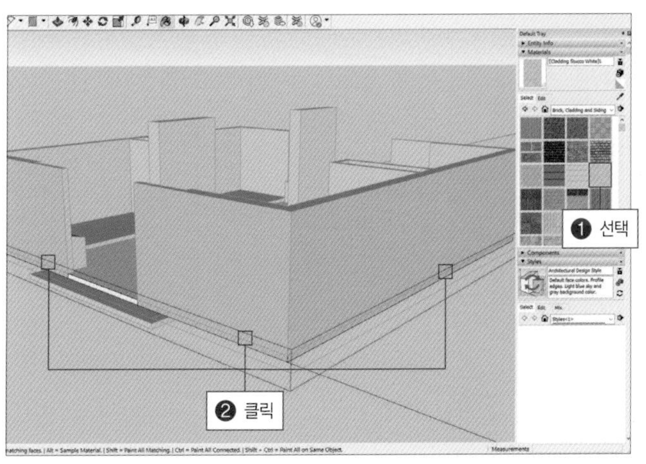

6 돌아가면서 여섯 면에 'Cladding Stucco White'를 적용하여 마치 벽체 마감이 이어진 듯 보이게 합니다.

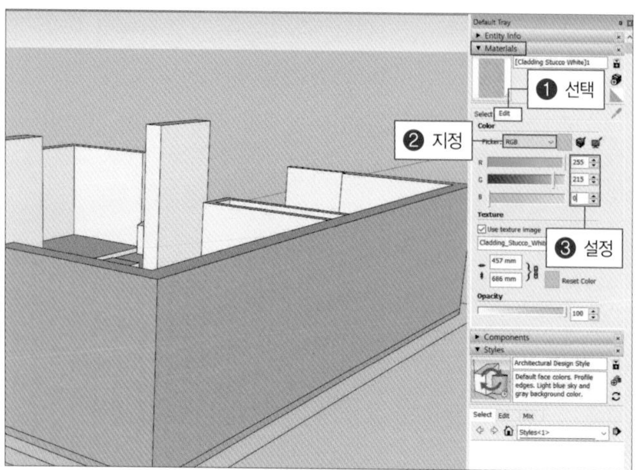

7 Materials 창에서 〔Edit〕을 선택합니다. Color의 Picker를 'RGB'로 지정하고 RGB의 값을 '255, 215, 0'으로 설정합니다. 스타코 마감재가 노란색으로 변경된 것을 확인합니다.

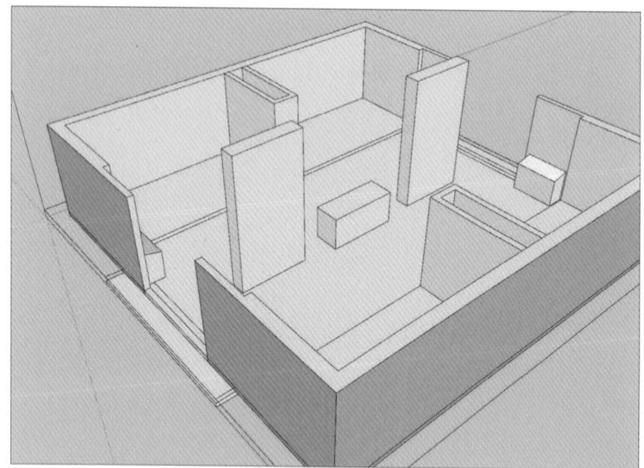

8 기획관 중심 벽과 인포데스크의 마감재를 적용하겠습니다. Materials 창에서 'Colors'로 지정하고 'Color M07'을 선택합니다.

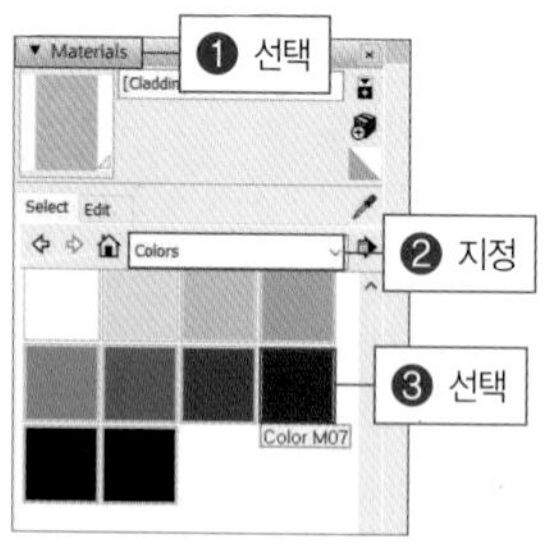

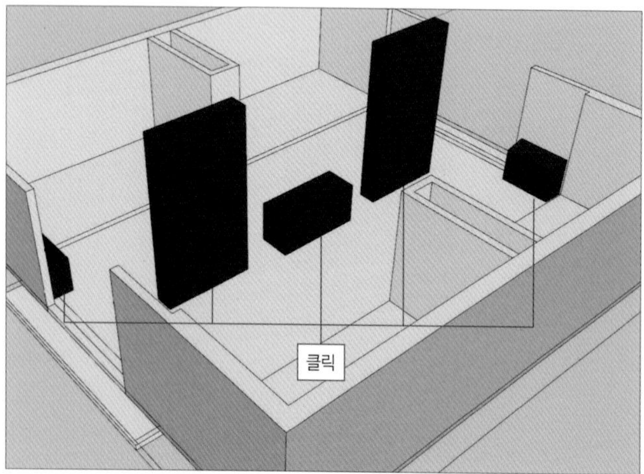

9 두 개의 중심 벽 그리고 인포데스크를 클릭하여 마감재를 적용합니다.

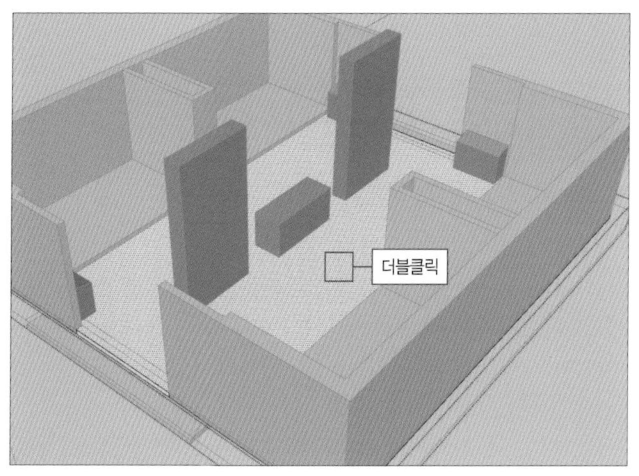

10 다음은 바닥재입니다. 'Platform_high' 컴포넌트를 더블클릭합니다.

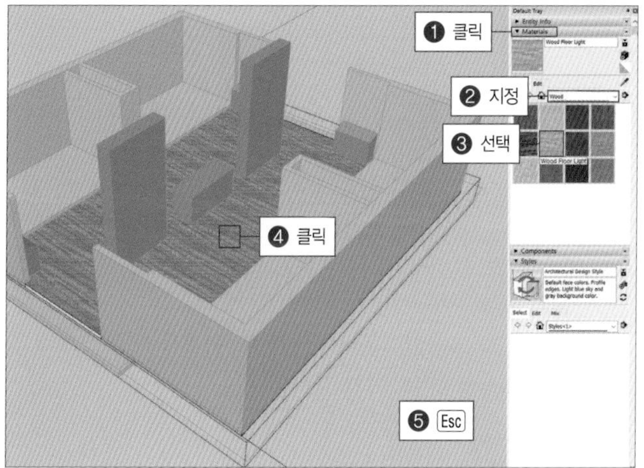

11 Materials 창에서 'Wood'로 지정하고 'Wood Floor Light'를 선택한 다음 바닥 면 위를 클릭하여 적용합니다. Esc를 누릅니다.

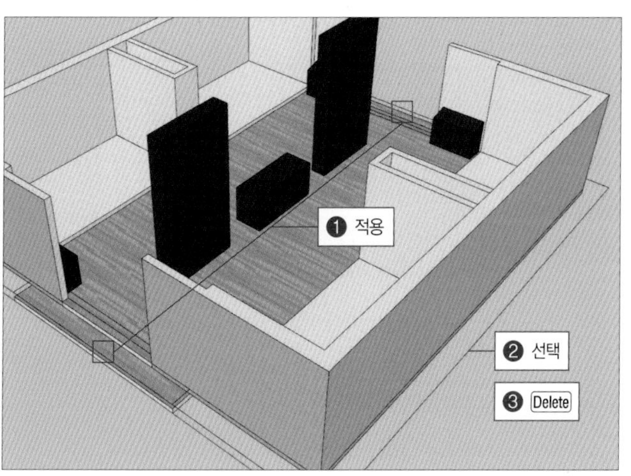

12 두 개의 플랫폼 바닥 컴포넌트도 더블클릭하여 'Wood Floor Light'를 적용합니다. 도면을 선택하고 Delete를 눌러 삭제하여 모델링을 완성합니다.

눈에 띄는 곡선형 파사드로 베이커리 디자인하기

리테일(Retail) 공간은 특정 상품을 판매하는 장소를 의미합니다. 지속적인 상품 구매로 이어져 매출 증대할 수 있는 방향의 공간이 모색이 되어야 하고, 이를 위해 디자이너는 공간적인 고민이 되어야 합니다. 베이커리 공간의 경우 베이커리에서 생산되는 다양한 제과 상품들이 맛있어 보이게끔 진열이 되어 구매로 이어질 수 있게끔 공간이 꾸며져야 합니다.

화이트리에 하남은 식빵만을 전문으로 하는 베이커리 공간입니다. 54 제곱미터 남짓한 공간에 베이킹 주방과 판매 홀을 구성해야 했는데, 주방에 할애되는 공간이 커야 했기 때문에 홀을 효율적으로 계획할 필요가 있었습니다. 식빵만을 판매하는 곳으로 고려하였을 때, 식빵을 더욱 부각시키고, 멋있게 진열하고자 나무로 표현된 쇼케이스 선반을 제작하고 또한 식빵이 갖는 부드러운 이미지를 외부에도 표현하기 위해 곡선형으로 이루어진 흰색 파사드를 기획했습니다.

쉽고 빠른 SketchUp 모델링을 활용하여 베이커리 공간의 컨셉을 잘 나타내어 표현하겠습니다.

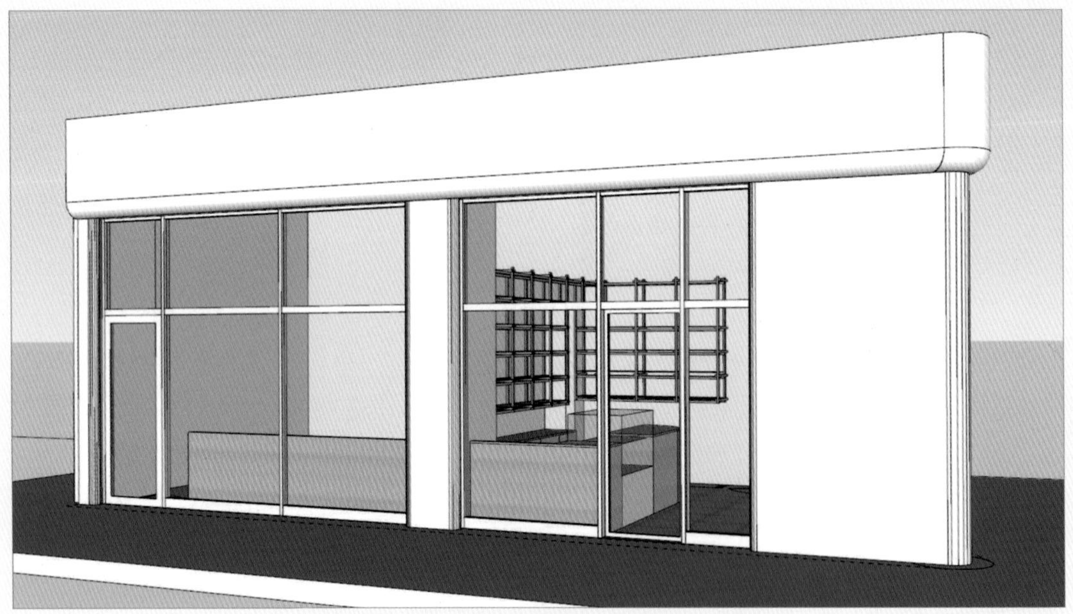

프로젝트 화이트리에 하남 **디자인** 스튜디오익센트릭 **제작 기간** 2021년 8월 (기획 설계/기본 설계) **프로그램** SketchUp

프로젝트 식빵을 전문적으로 판매하는 베이커리 브랜드의 매장으로 식빵의 부드러움을 매장의 외관에 표현되고자 했고, 내부에는 식빵을 진열하고 선보이는 공간을 디자인했습니다.

예제 파일 프로젝트\05\05_02_01.dwg, 05_02_02.dwg, showcase.skp **완성 파일** 프로젝트\05\05_02_final.skp

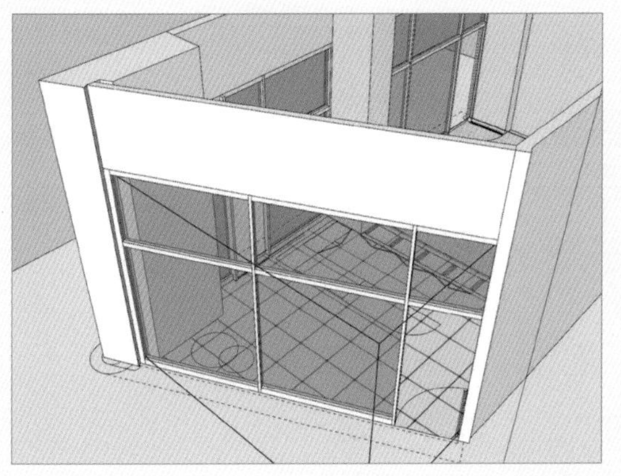

곡선 파사드 모델링하기

베이커리 매장에서 가장 눈에 띄는 곡선형 파사드를 모델링합니다.

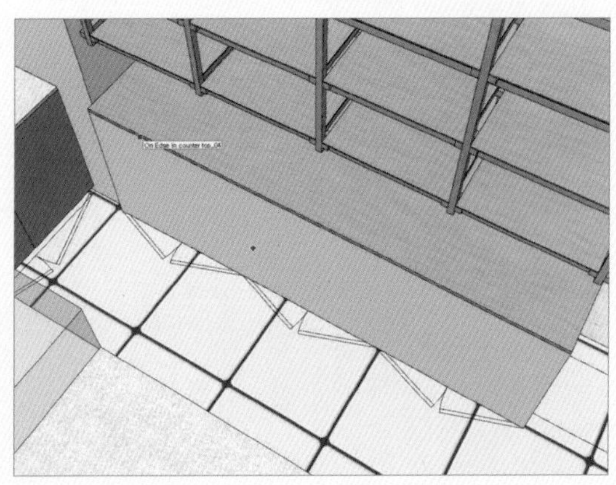

베이커리 매장 내부 디자인하기

베이커리 매장 내부의 홀을 자세히 디자인해 봅시다.

바닥 모델링하기

공간의 구분에 따라 바닥의 마감재를 다르게 조성합니다.

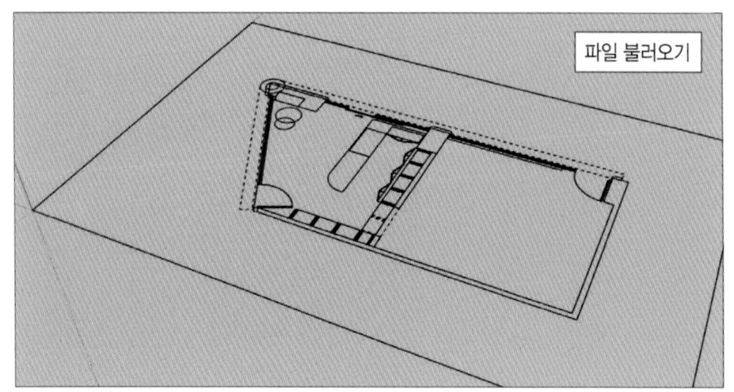

1 SketchUp을 실행합니다. 프로젝트 → 05 폴더에서 '05_02_01.dwg' 파일을 불러옵니다.

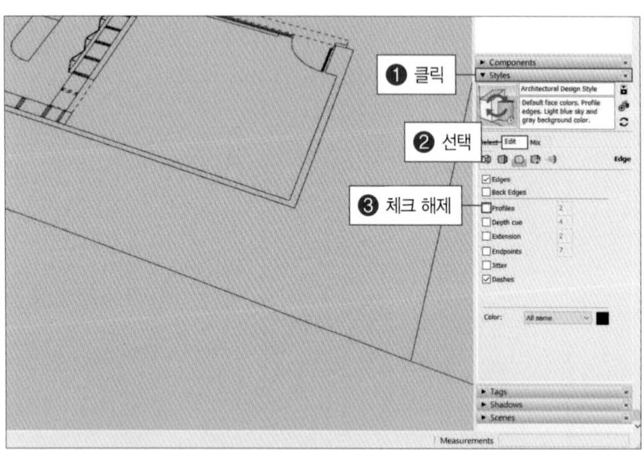

2 현재 선이 매우 굵어 보여 선을 얇게 변경하겠습니다. 우측의 Styles 창에서 〔Edit〕 탭을 선택하고 'Profiles'를 체크 표시 해제하여 비활성화합니다.

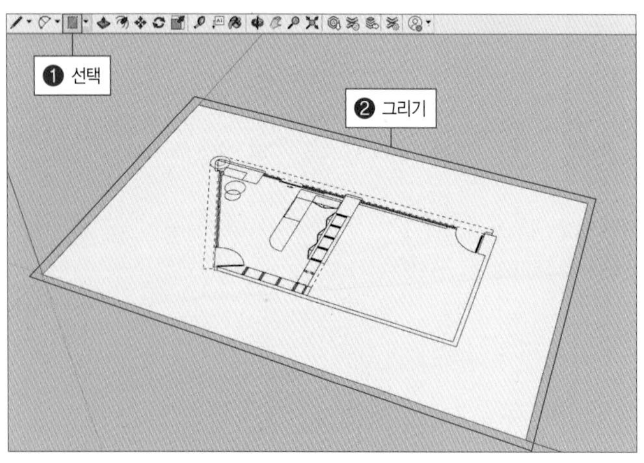

3 Shapes 도구 중 Rectangle 도구(▣)를 선택하고 바닥에 해당하는 도면 부분의 사각형을 그립니다.

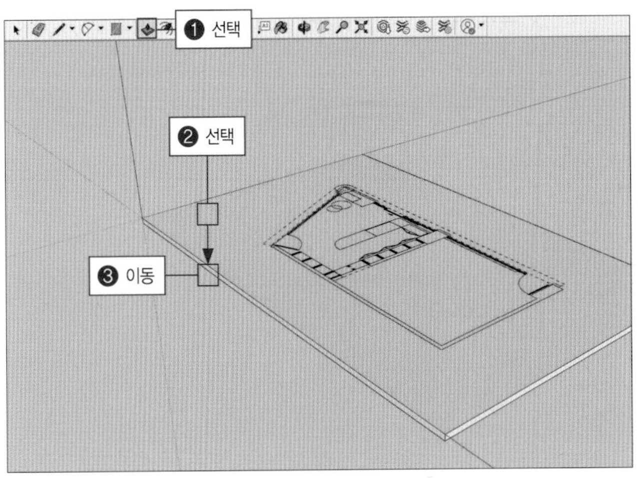

4 Push/Pull 도구( )를 선택하고 바닥을 선택하여 Z축(파랑) 아래로 이동한 다음 오른쪽 수치 입력 상자에 '200mm'를 입력합니다.

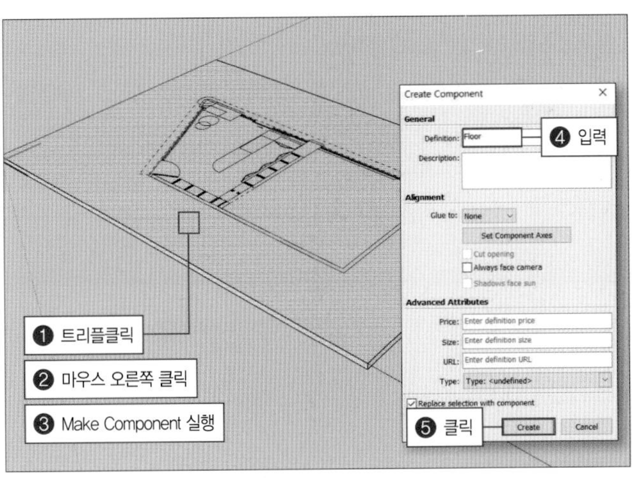

5 바닥을 트리플클릭하여 선택한 다음 마우스 오른쪽 버튼을 클릭하여 **Make Component**를 실행합니다. Create Component 대화상자가 표시되면 Definition에 'Floor'를 입력한 다음 〈Create〉 버튼을 클릭합니다.

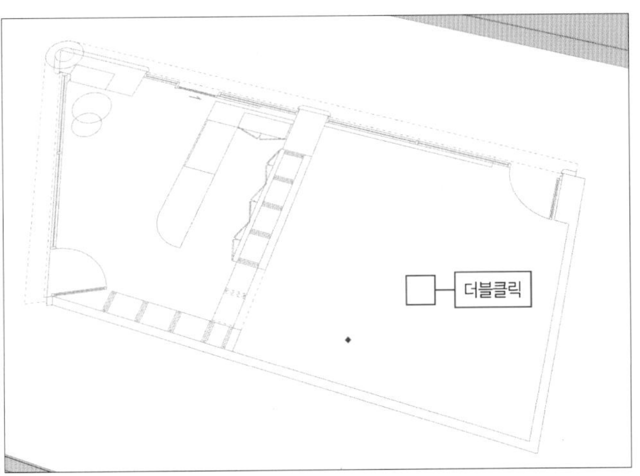

6 'Floor' 컴포넌트를 다시 더블클릭합니다.

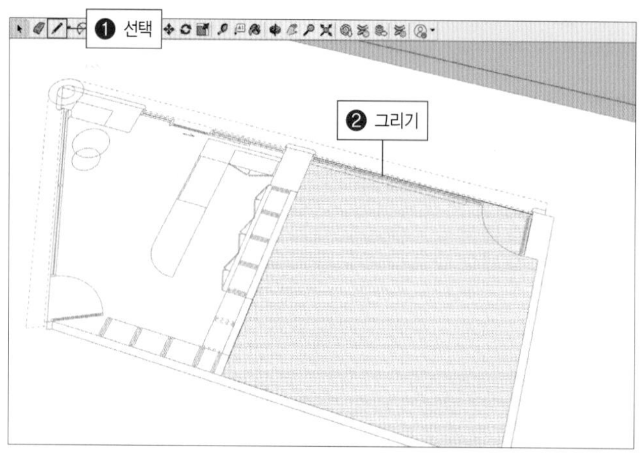

7 주방 공간의 바닥 마감재를 적용하겠습니다. 주방 공간에 해당하는 부분을 따로 선택할 수 있도록 Lines 도구(✏)를 선택하고 그립니다.

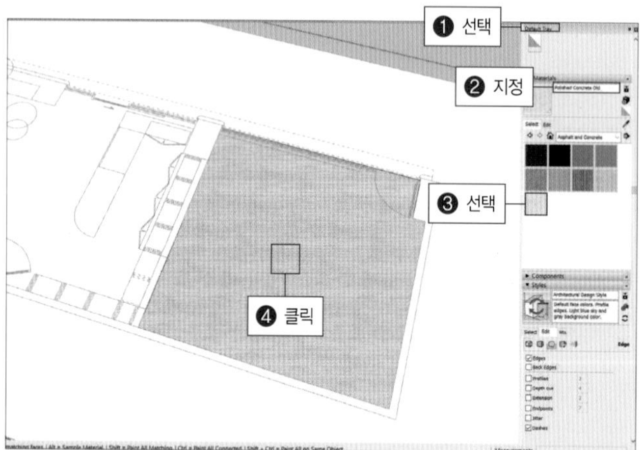

8 Materials 창에서 'Asphalt and Concrete'를 지정하고 'Polished Concrete Old'를 선택한 다음 바닥 면 위를 클릭하여 적용합니다.

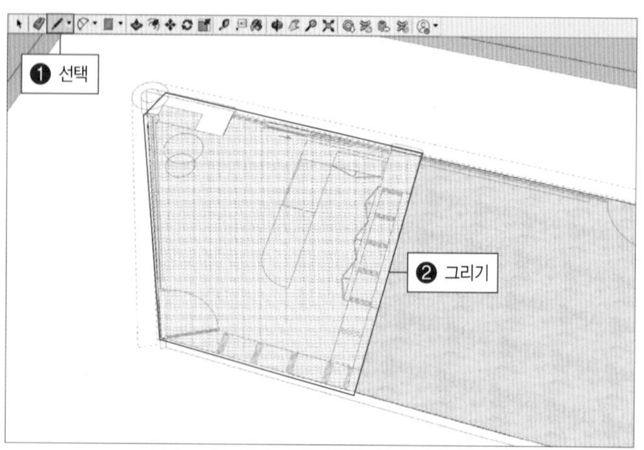

9 이번에는 홀 공간의 바닥 마감재를 적용하겠습니다. Lines 도구(✏)를 선택하고 공간의 가장자리를 그립니다.

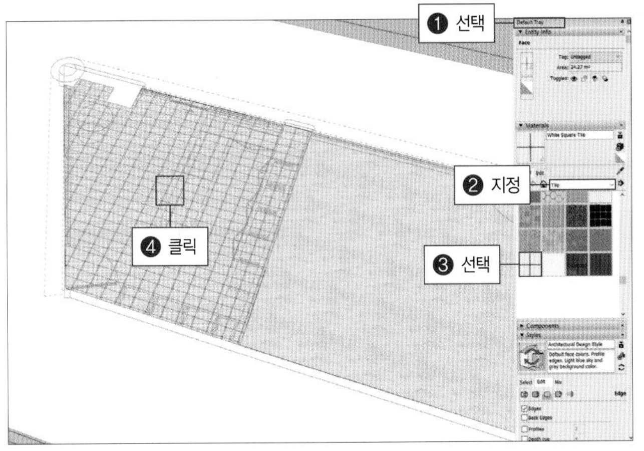

10 Materials 창에서 'Tile'을 지정하고 'White Square Tile'을 선택한 다음 바닥 면 위를 클릭하여 적용합니다.

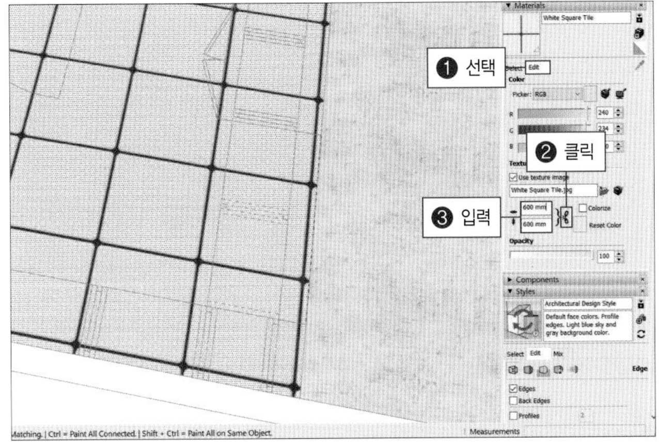

11 입힌 타일 마감재의 사이즈를 조절하겠습니다. 〔Edit〕 탭을 선택하고 Texture에서 '링크' 아이콘(⛓)을 클릭하여 비활성화한 다음 가로 '600mm', 세로 '600mm'를 입력하여 정확한 타일 사이즈를 입력합니다.

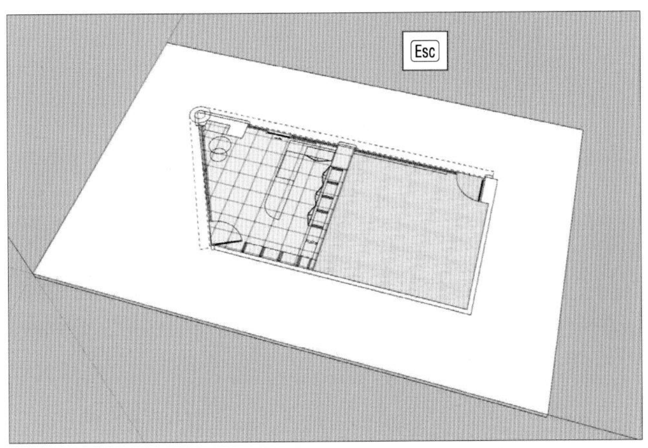

12 Esc를 눌러 바닥 모델링을 마무리합니다.

벽 모델링하기

건물을 구성하는 외벽을 모델링합니다.

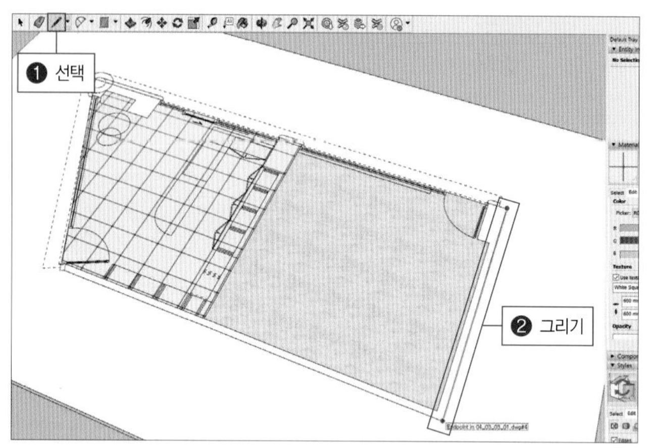

1 먼저 건물 안쪽에 면하는 벽을 모델링하겠습니다. Lines 도구(✏)를 선택하고 도면 위 벽 가장자리를 따라 그립니다.

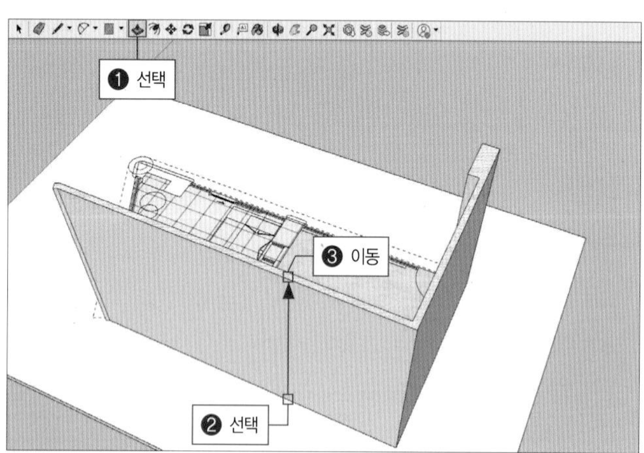

2 Push/Pull 도구(◆)를 선택하고 그려낸 벽을 선택하여 위로 이동한 다음 오른쪽 수치 입력 상자에 '4900mm'를 입력하여 만듭니다.

Distance 4900 mm ❹ 입력

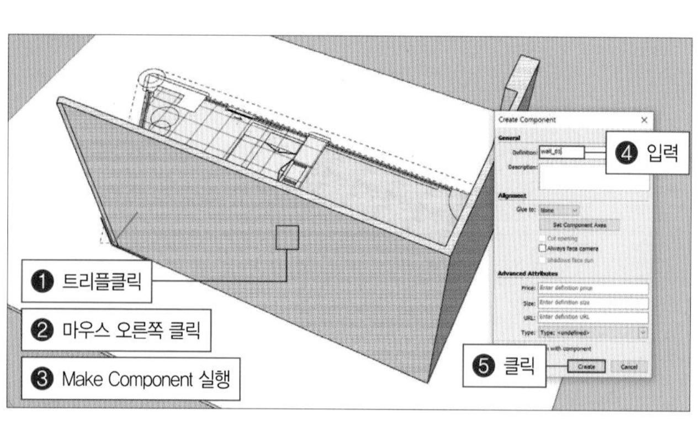

3 벽을 트리플클릭하여 선택한 다음 마우스 오른쪽 버튼을 클릭하여 **Make Component**를 실행합니다. Create Component 대화상자가 표시되면 Definition에 'wall_01'을 입력한 다음 〈Create〉 버튼을 클릭합니다.

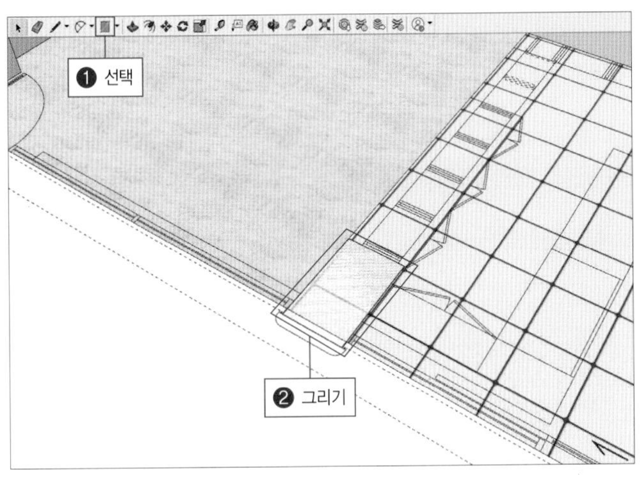

4 바깥 면 기둥을 모델링하겠습니다. Rectangle 도구(▦)를 선택하고 도면 위 기둥의 경계를 그립니다.

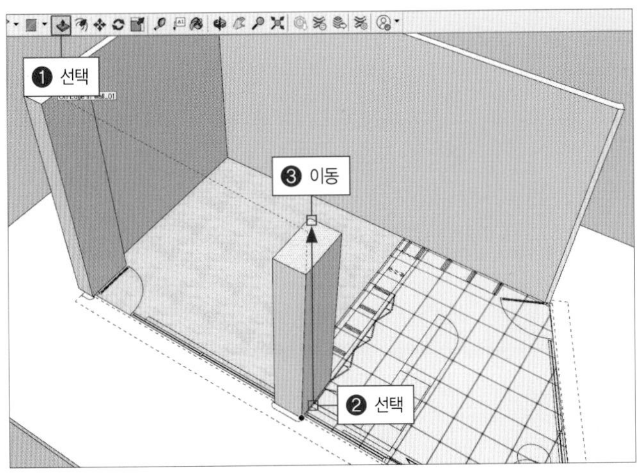

5 Push/Pull 도구(◆)를 선택하고 그려낸 벽을 선택하여 위로 이동한 다음 오른쪽 수치 입력 상자에 '4900mm'를 입력하여 만듭니다.

Distance	4900 mm	❹ 입력

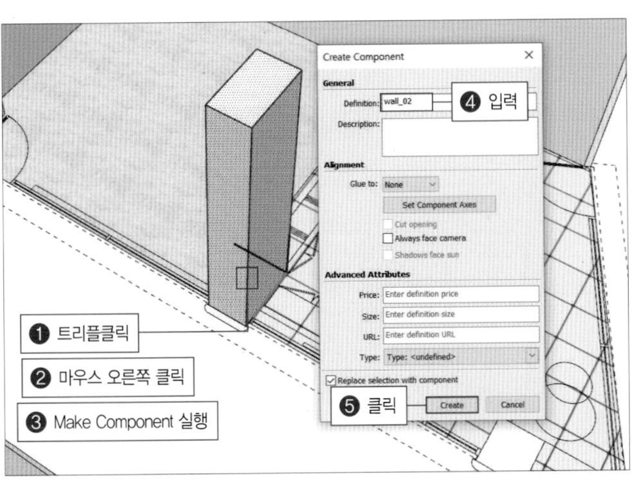

6 기둥을 트리플클릭하여 선택한 다음 마우스 오른쪽 버튼을 클릭하여 **Make Component**를 실행합니다. Create Component 대화상자가 표시되면 Definition에 'wall_02'를 입력한 다음 〈Create〉 버튼을 클릭합니다.

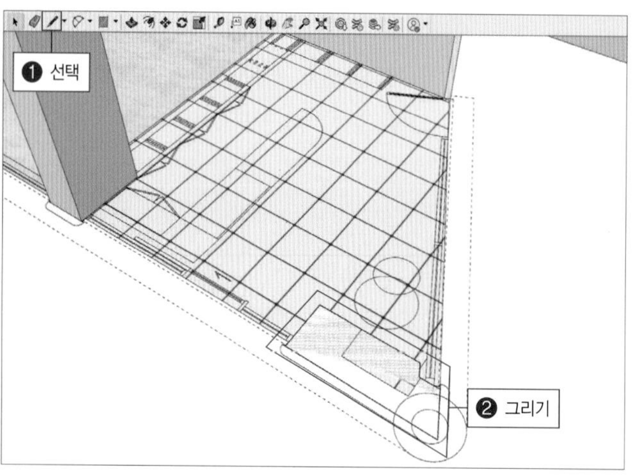

7 모퉁이 벽을 모델링하겠습니다. Lines 도구( )를 선택하고 도면 위 벽 경계에 따라 그립니다.

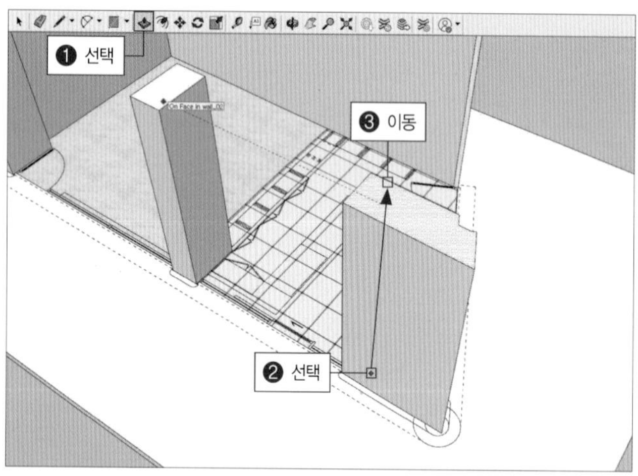

8 Push/Pull 도구( )를 선택하고 그려낸 벽을 선택하여 위로 이동한 다음 오른쪽 수치 입력 상자에 '4900mm'를 입력하여 만듭니다.

Distance 4900 mm ❹ 입력

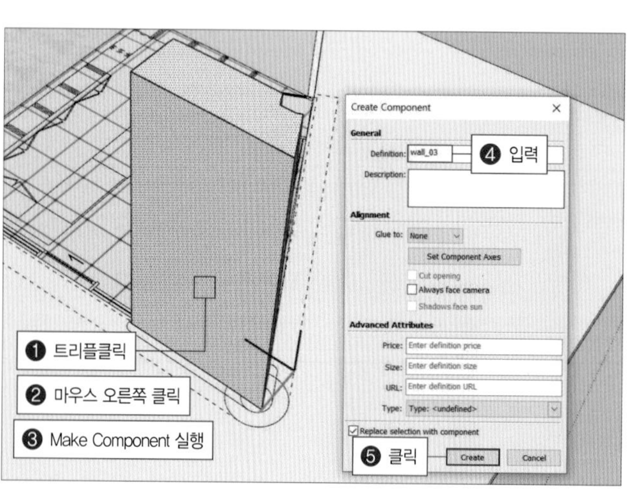

9 모퉁이 벽을 트리플클릭하여 선택한 다음 마우스 오른쪽 버튼을 클릭하여 **Make Component**를 실행합니다. Create Component 대화상자가 표시되면 Definition에 'wall_03'을 입력한 다음 〈Create〉 버튼을 클릭합니다.

창문 모델링하기

건물을 구성하는 두 면의 창문을 모델링합니다.

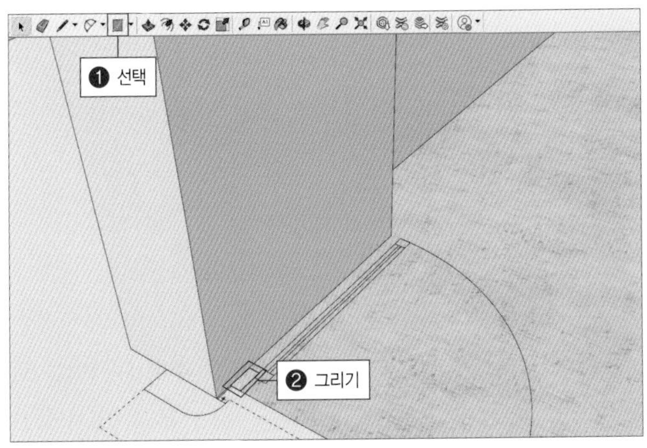

1 베이킹 주방 쪽 문과 창문을 모델링하겠습니다. 먼저 수직 프레임을 모델링하기 위해 Rectangle 도구(■)를 선택하고 도면 위 창호 틀에 맞게 그립니다.

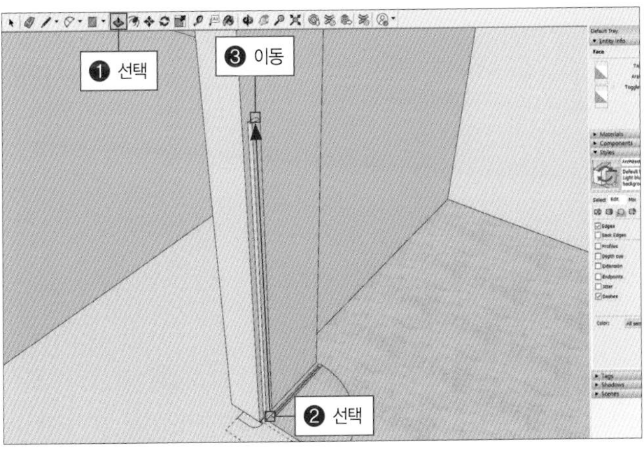

2 Push/Pull 도구(◆)를 선택하고 그려낸 벽을 선택하여 위로 이동한 다음 오른쪽 수치 입력 상자에 '3700mm'를 입력하여 만듭니다.

Distance 3700 mm ❹ 입력

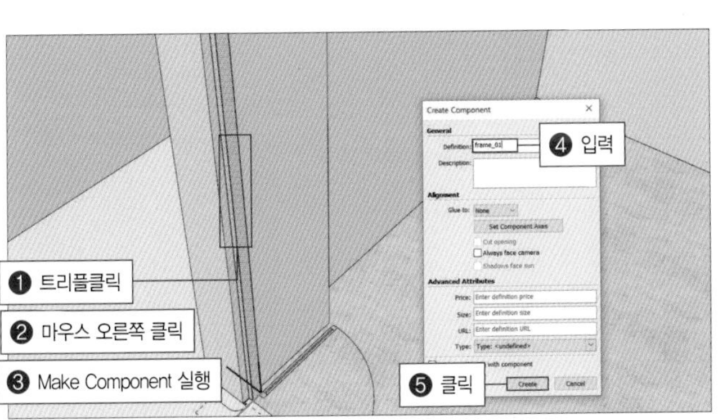

3 벽 컴포넌트를 트리플클릭하여 선택한 다음 마우스 오른쪽 버튼을 클릭하여 **Make Component**를 실행합니다. Create Component 대화상자가 표시되면 Definition에 'frame_01'을 입력한 다음 〈Create〉 버튼을 클릭합니다.

4 'frame_01' 컴포넌트를 더블클릭하여 컴포넌트 안에서 올린 수직 창문 프레임과 동일하게 반복하여 모델링합니다. Esc를 눌러 컴포넌트를 마무리합니다.

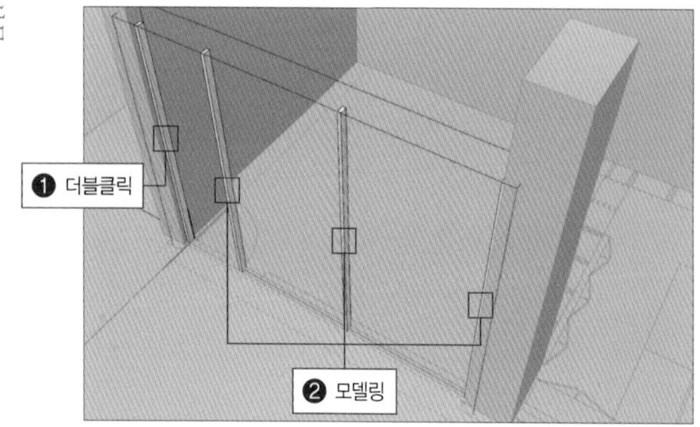

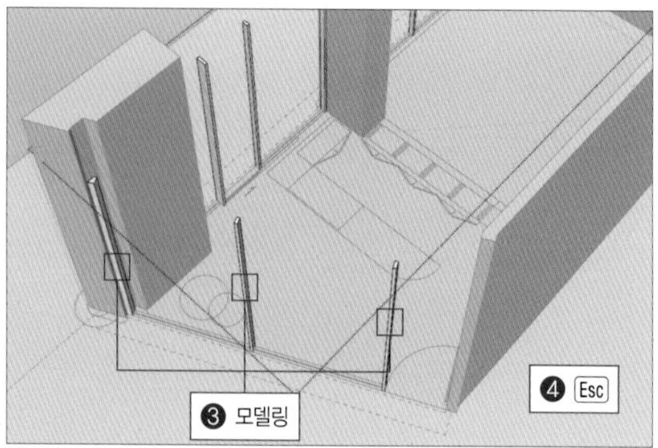

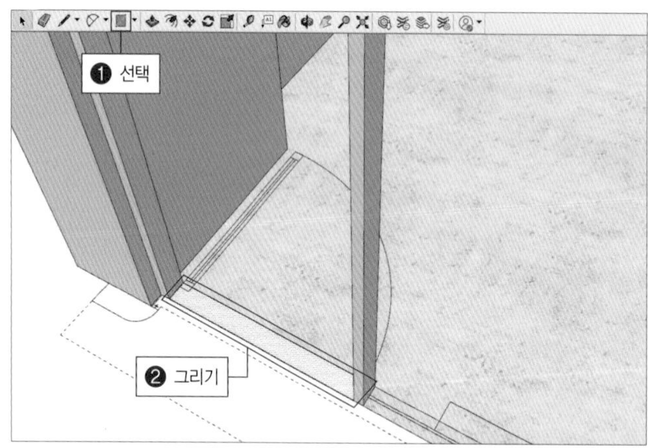

5 이번에는 창문의 수평 프레임을 모델링하겠습니다. 주방 문 쪽 위치의 프레임에 맞게 Rectangle 도구( )를 선택하고 그립니다.

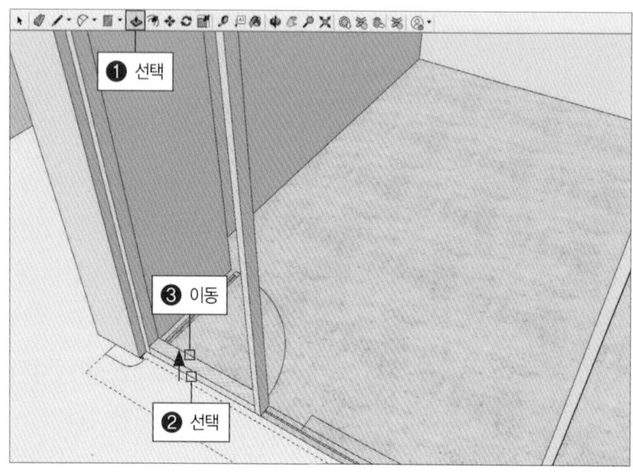

6 Push/Pull 도구( )를 선택하고 그려낸 벽을 선택하여 위로 이동한 다음 오른쪽 수치 입력 상자에 '80mm'를 입력하여 만듭니다.

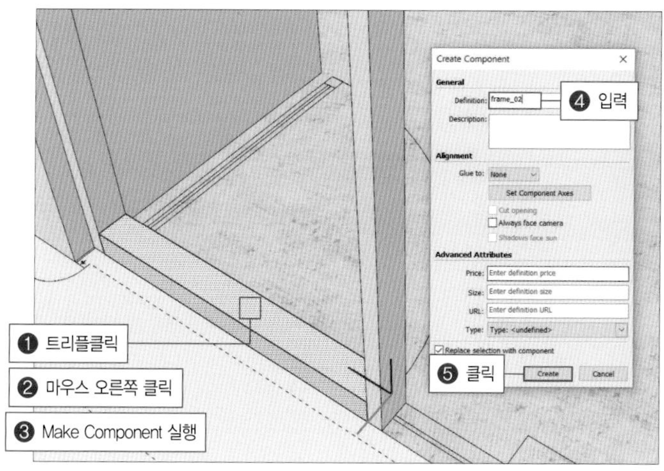

7 수평 프레임을 트리플클릭하여 선택한 다음 마우스 오른쪽 버튼을 클릭하여 **Make Component**를 실행합니다. Create Component 대화상자가 표시되면 Definition에 'frame_02'를 입력한 다음 〈Create〉 버튼을 클릭합니다.

8 'frame_02' 컴포넌트를 더블클릭합니다. 컴포넌트 내 모델링을 모두 선택하고 Move 도구( )를 선택한 다음 Z축(파랑) 위로 '3620mm'만큼 이동합니다.

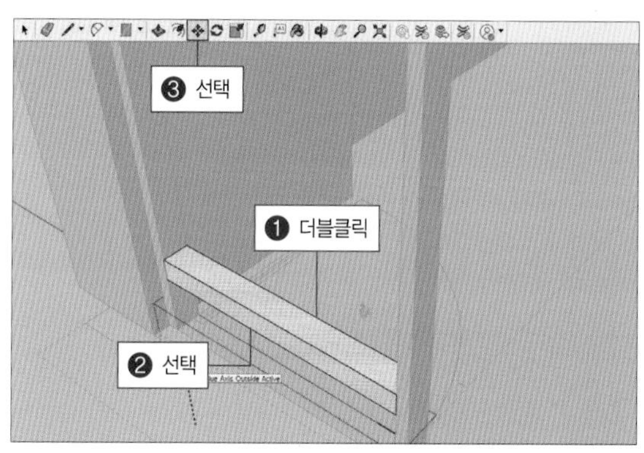

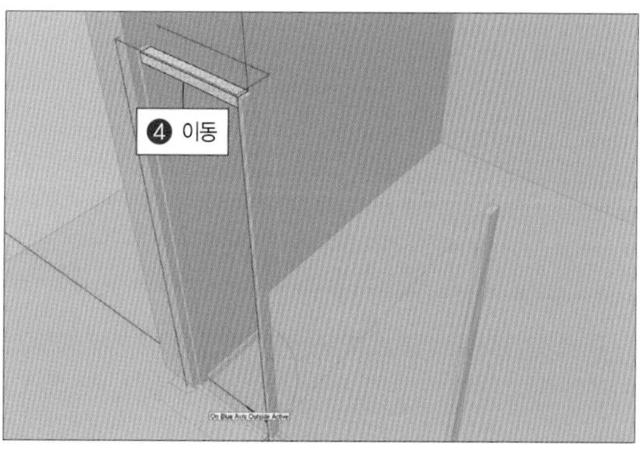

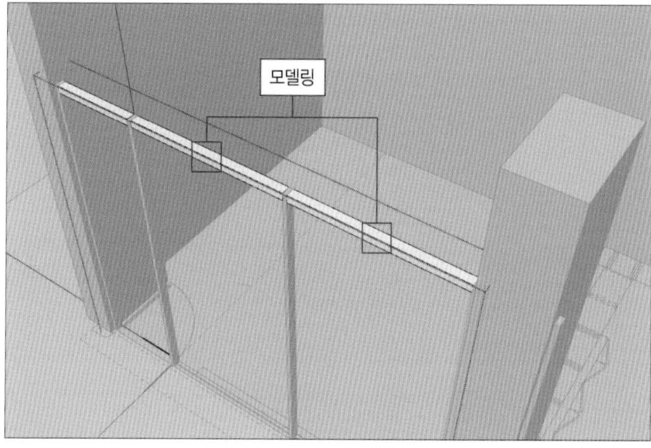

9 반복하여 같은 높이의 수평 프레임을 모델링합니다.

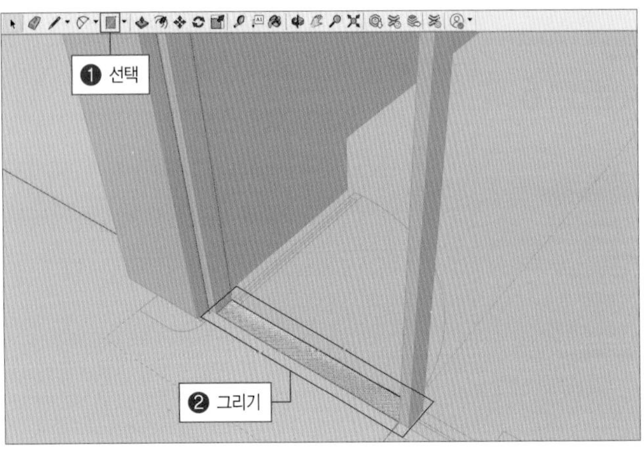

10 문 높이를 가로지르는 수평 프레임을 모델링하겠습니다. 'frame_02' 컴포넌트 안에 있는 상태에서 동일하게 문 쪽 위치의 프레임에 맞게 Rectangle 도구(▣)를 선택하고 그립니다.

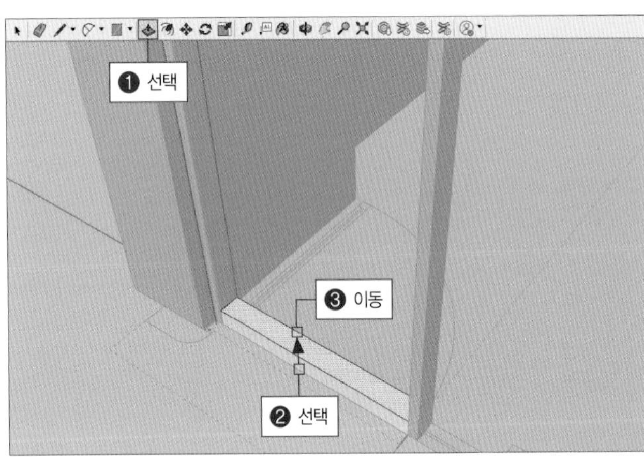

11 Push/Pull 도구(◈)를 선택하고 그려낸 벽을 선택하여 위로 이동한 다음 오른쪽 수치 입력 상자에 '80mm'를 입력하여 만듭니다.

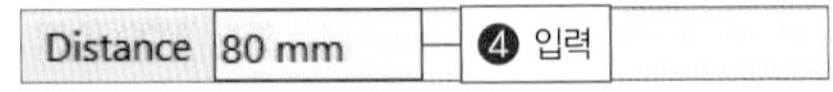

12 트리플클릭하여 선택하고 Move 도구(✥)를 선택한 다음 Z축(파랑) 위로 '2420mm'만큼 이동합니다.

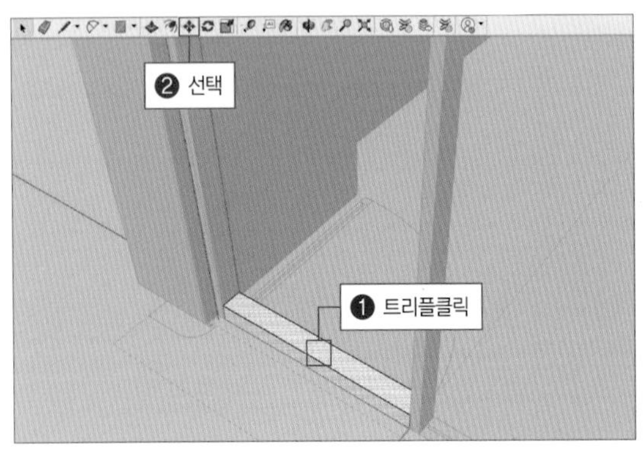

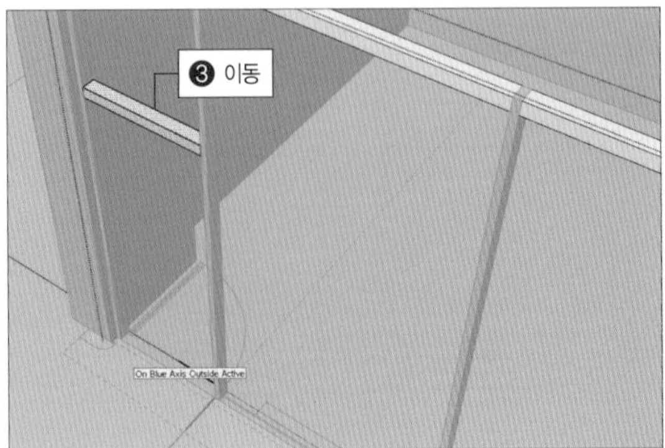

13 같은 방법으로 같은 높이의 수평 프레임을 그림과 같이 모델링합니다.

14 같은 방법으로 바닥에 수평 프레임을 모델링합니다.

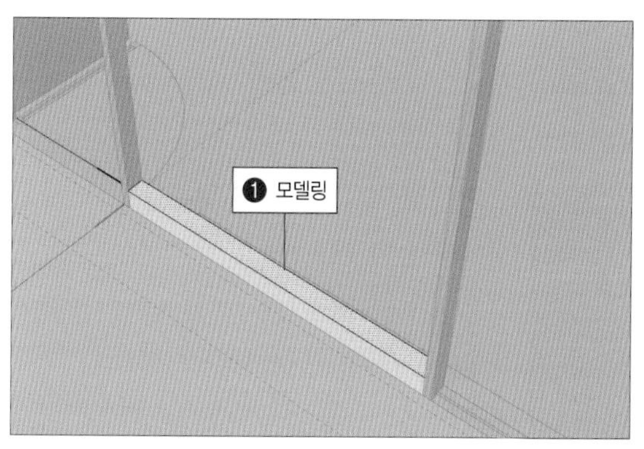

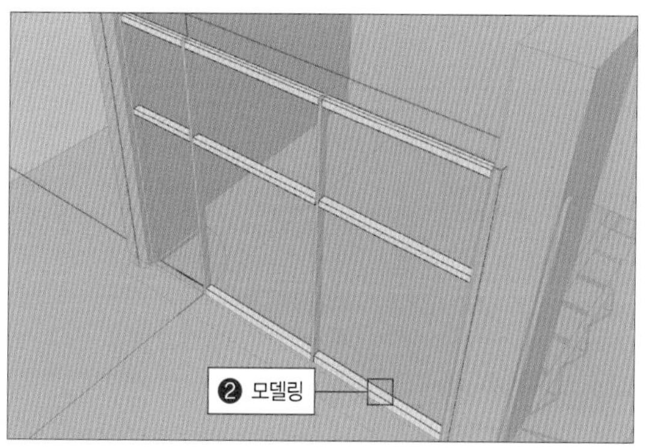

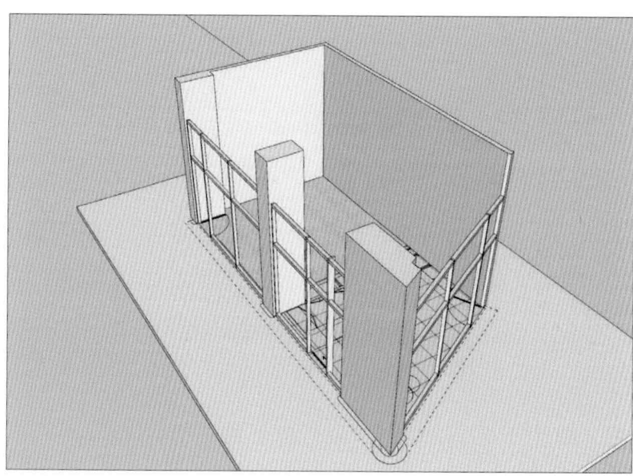

15 앞과 같은 방법으로 나머지 창문들을 완성합니다.

외부 인방 벽 모델링하기

창문 프레임 위 인방 벽을 모델링합니다.

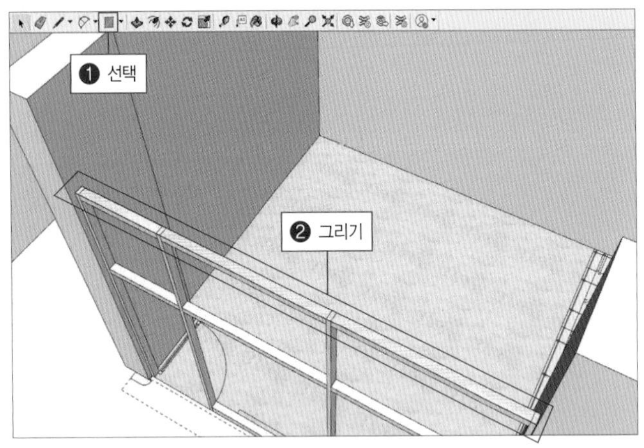

1 Rectangle 도구(▣)를 선택하고 주방 쪽 창문 프레임 위에 인방 벽을 그립니다.

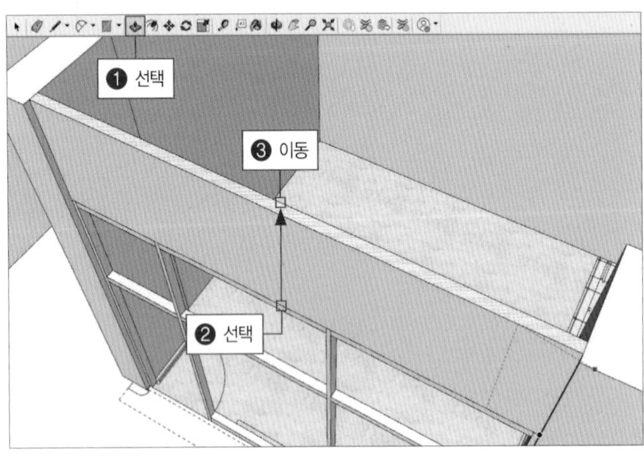

2 Push/Pull 도구(◆)를 선택하고 그려낸 벽 컴포넌트를 선택하여 위로 이동한 다음 오른쪽 수치 입력 상자에 '1200mm'를 입력하여 만듭니다.

Distance	1200 mm	❹ 입력

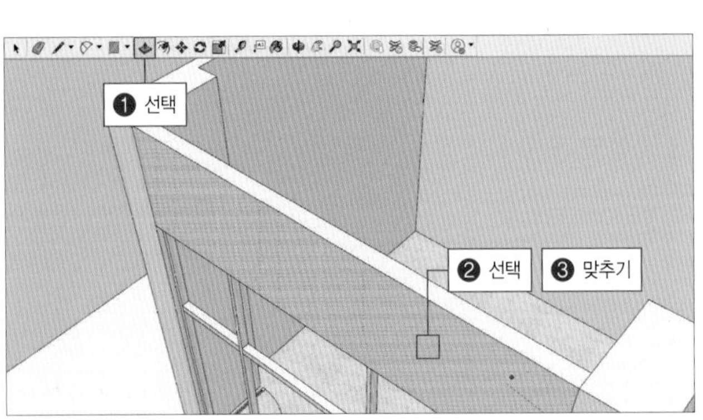

3 같은 방법으로 Push/Pull 도구(◆)를 선택하고 인방 벽 앞면이 기둥과 맞물리게 끌어 맞춥니다.

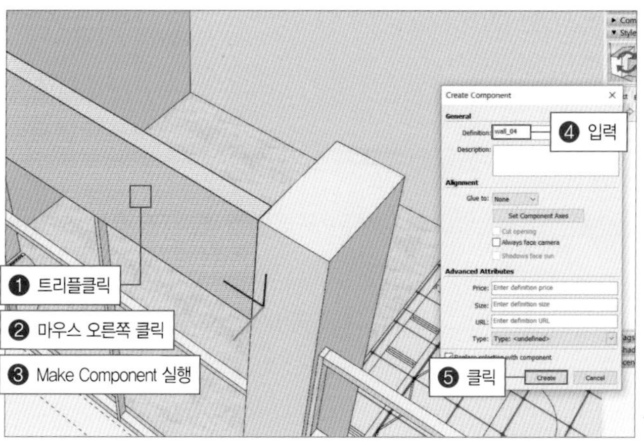

4 안방 벽을 트리플클릭하여 선택한 다음 마우스 오른쪽 버튼을 클릭하여 **Make Component**를 실행합니다. Create Component 대화상자가 표시되면 Definition에 'wall_04'를 입력한 다음 〈Create〉 버튼을 클릭합니다.

5 같은 방법으로 'wall_04' 컴포넌트 안에서 홀 쪽 인방 벽도 동일하게 모델링합니다.

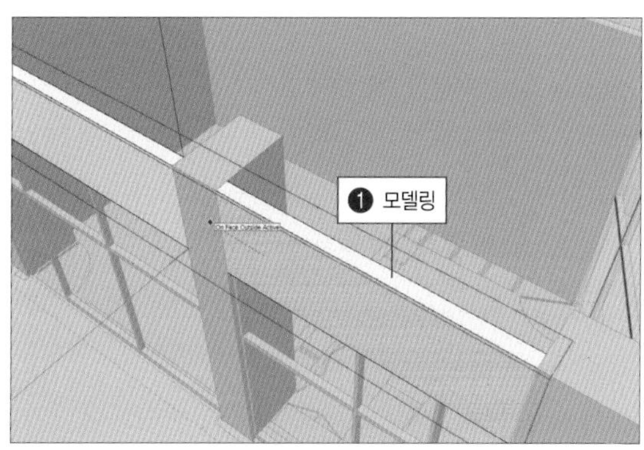

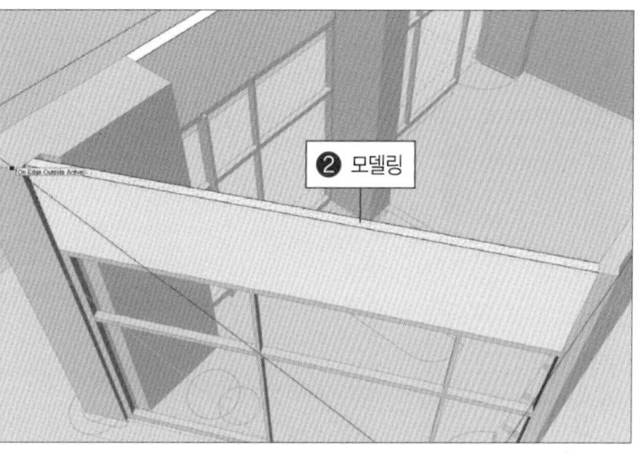

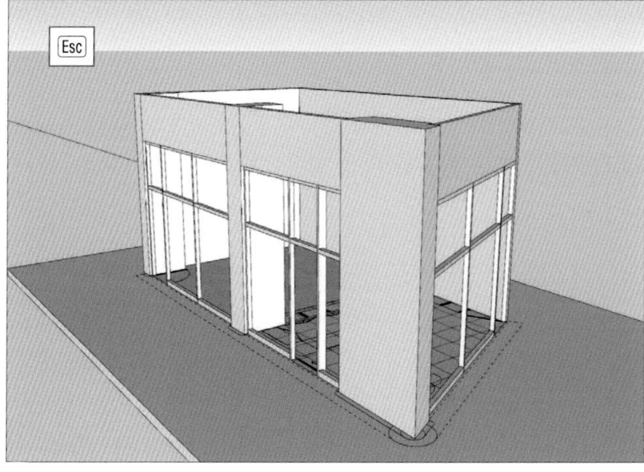

6 Esc를 눌러 컴포넌트를 마무리하며 인방 벽 모델링을 완성합니다.

창문 유리 모델링하기

창문 프레임 맞게 유리를 모델링합니다.

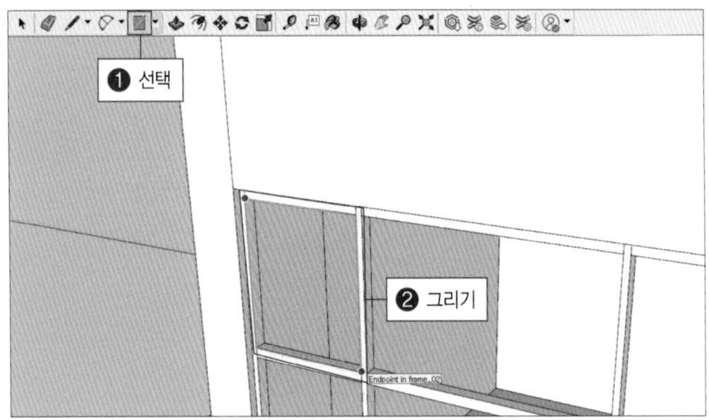

1 창문 프레임에 따라 유리를 모델링하겠습니다. Rectangle 도구(▣)를 선택하고 프레임 기장자리를 그립니다.

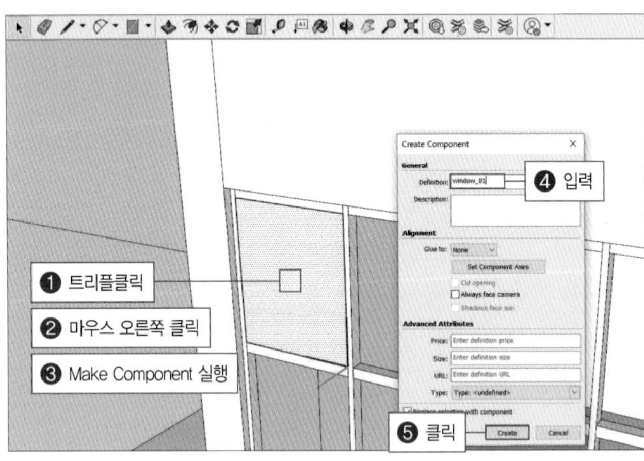

2 창문을 트리플클릭하여 선택한 다음 마우스 오른쪽 버튼을 클릭하여 **Make Component**를 실행합니다. Create Component 대화상자가 표시되면 Definition에 'window_01'을 입력한 다음 〈Create〉 버튼을 클릭합니다.

3 'window_01' 컴포넌트를 더블클릭하여 컴포넌트 안으로 설정한 다음 같은 방법으로 Rectangle 도구(▣)를 선택하고 나머지 창문 프레임에 따라 그립니다.

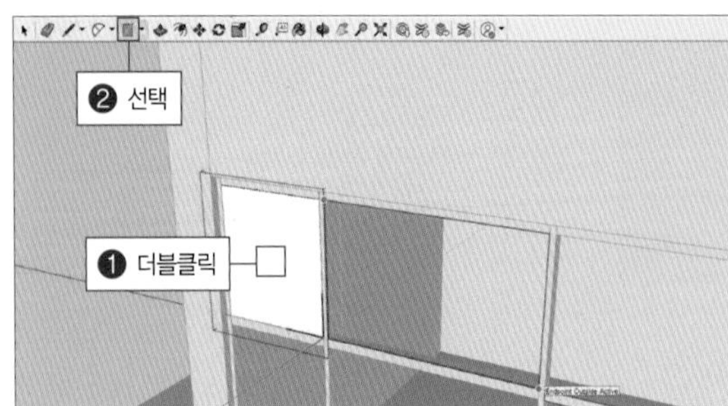

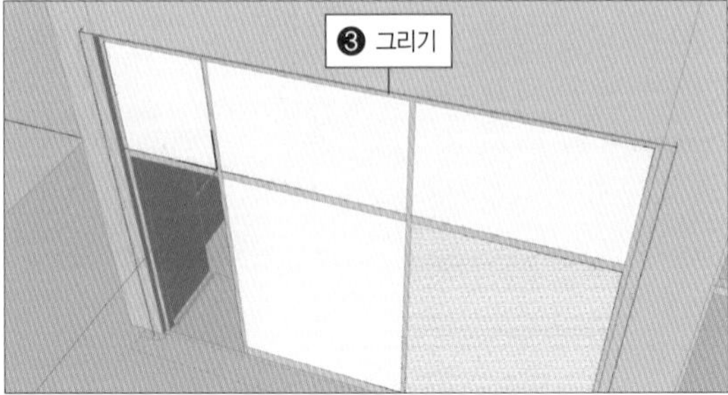

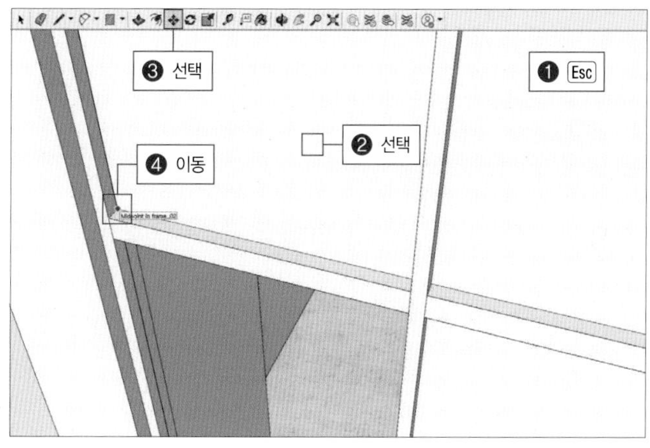

4 Esc를 눌러 컴포넌트 밖으로 설정합니다. 'window_01' 컴포넌트를 선택하고 Move 도구(✥)를 선택한 다음 프레임 중간으로 오게 이동합니다.

5 홀 쪽 창문 프레임 유리도 같은 방법으로 모델링 진행하고 컴포넌트를 마무리합니다.

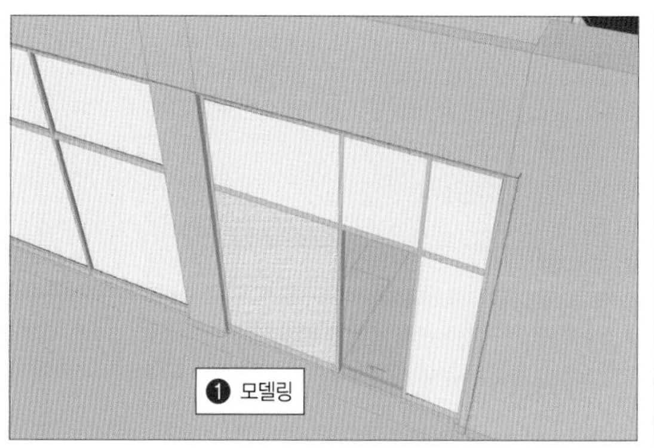

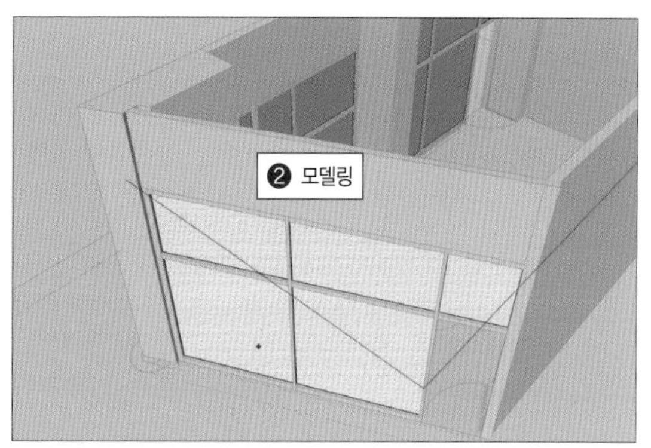

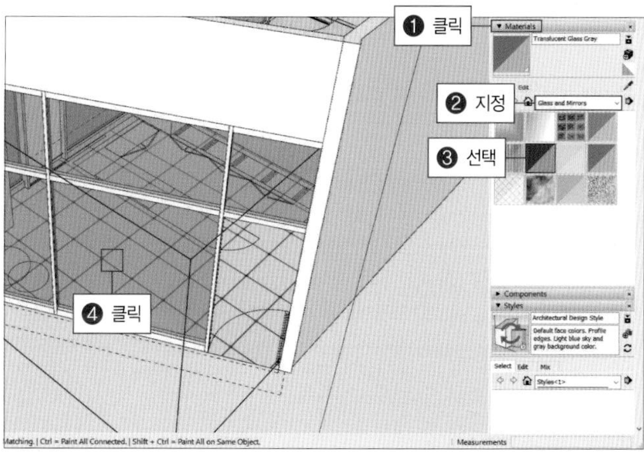

6 Materials 창에서 'Glass and Mirrors'로 지정하고 'Translucent Glass Gray'를 선택한 다음 유리를 클릭하여 적용합니다.

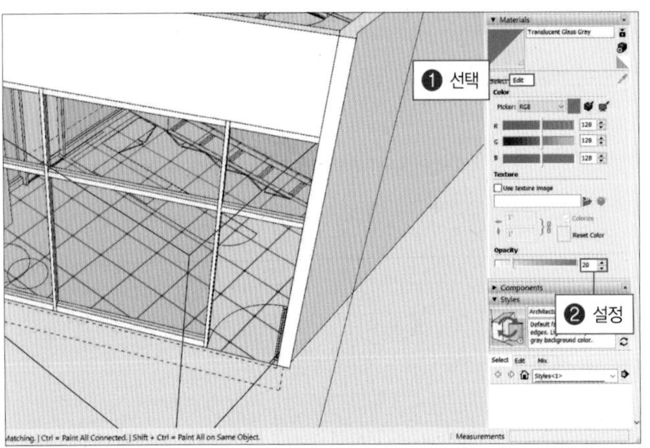

7 〔Edit〕 탭을 선택하고 Opacity를 '20'으로 설정하여 안이 더 잘 보일 수 있게 투명도를 조절합니다.

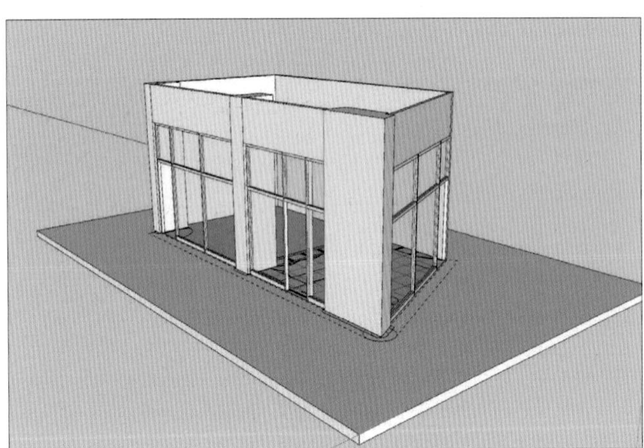

8 창문 유리를 마무리하였습니다.

문 모델링하기

홀 공간의 자동문 및 여닫이 문, 주방 쪽 여닫이 문을 모델링합니다.

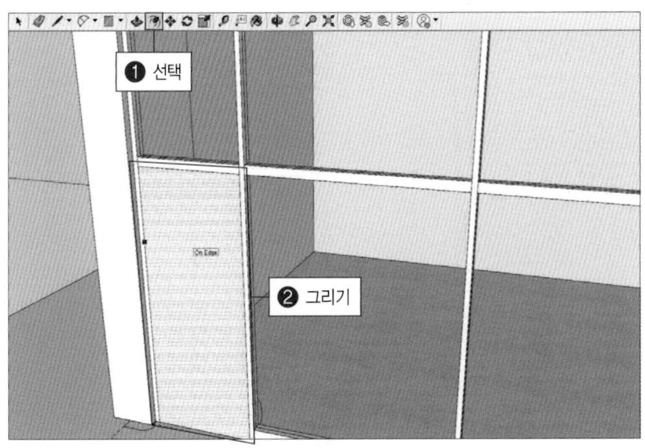

1 우선 주방 쪽 여닫이 문을 모델링하겠습니다. Rectangle 도구(▩)를 선택하고 문이 위치할 프레임 가장자리를 따라 직사각형을 그립니다.

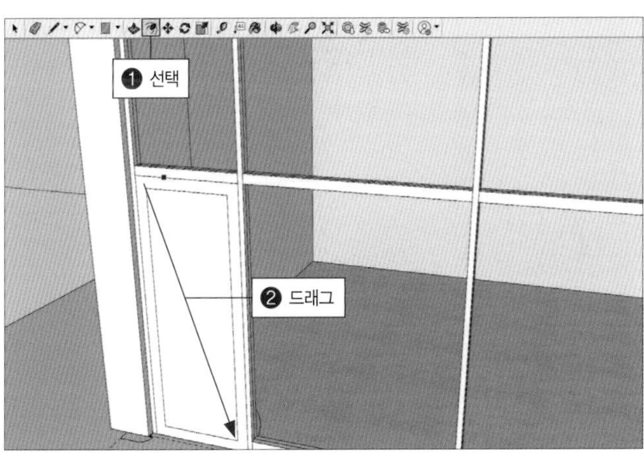

2 Offset 도구(◉)를 선택하고 직사각형의 가장자리를 안쪽으로 드래그한 다음 오른쪽 수치 입력 상자에 '100mm'를 입력합니다. 100mm 안쪽으로 또 다른 직사각형이 형성됩니다.

Measurements 100 ❸ 입력

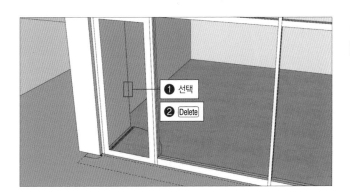

3 안쪽의 직사각형 면을 선택하고 Delete를 눌러 삭제합니다.

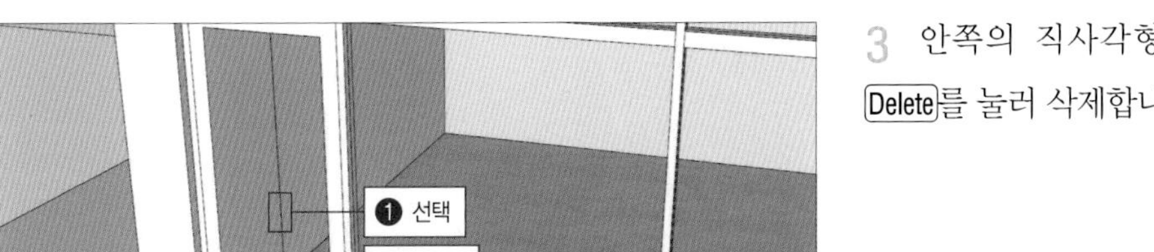

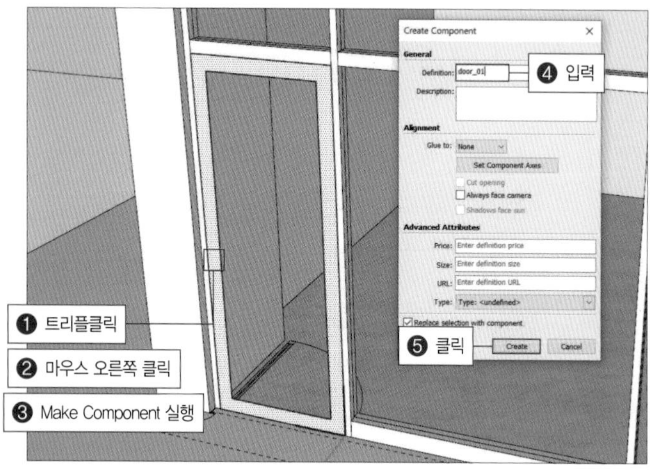

4 문틀을 트리플클릭하여 선택한 다음 마우스 오른쪽 버튼을 클릭하여 **Make Component**를 실행합니다. Create Component 대화상자가 표시되면 Definition에 'door_01'을 입력한 다음 〈Create〉 버튼을 클릭합니다.

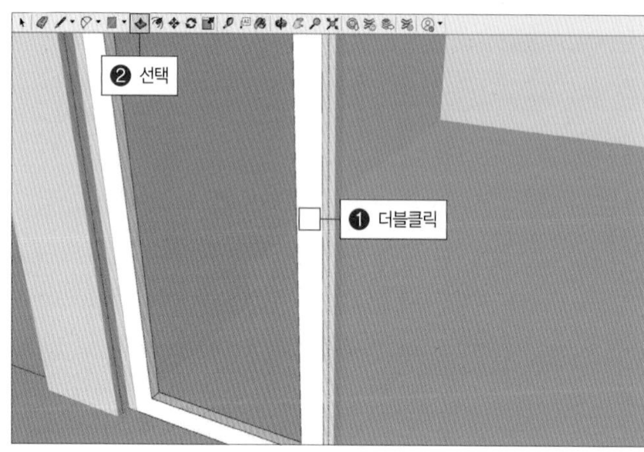

5 'door_01' 컴포넌트를 더블클릭하여 컴포넌트 안으로 설정합니다. 문 프레임 두께를 주기 위해 Push/Pull 도구(◆)를 선택하고 오른쪽 수치 입력 상자에 '50mm'를 입력합니다.

Distance | 50 mm — ❸ 입력

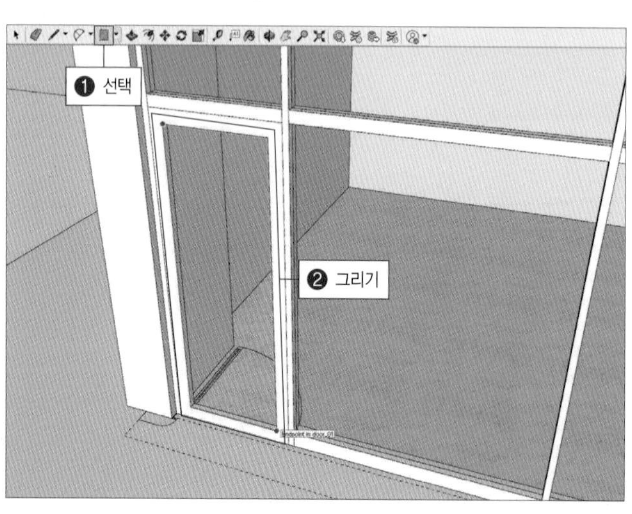

6 Rectangle 도구(▩)를 선택하고 다시 안쪽 가장자리에 직사각형을 그립니다.

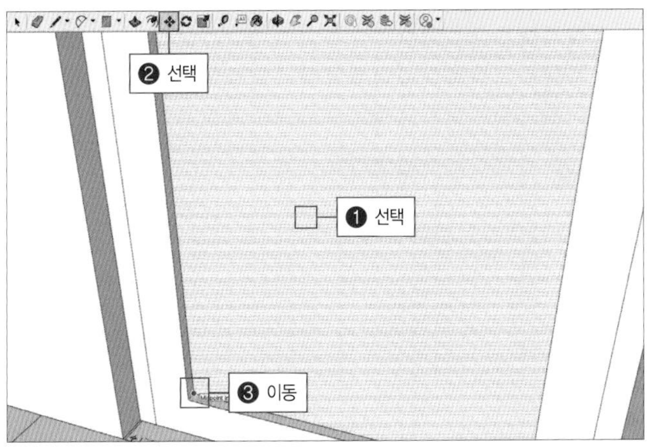

7 직사각형 면을 선택하고 Move 도구( )를 선택한 다음 프레임 중앙으로 이동합니다.

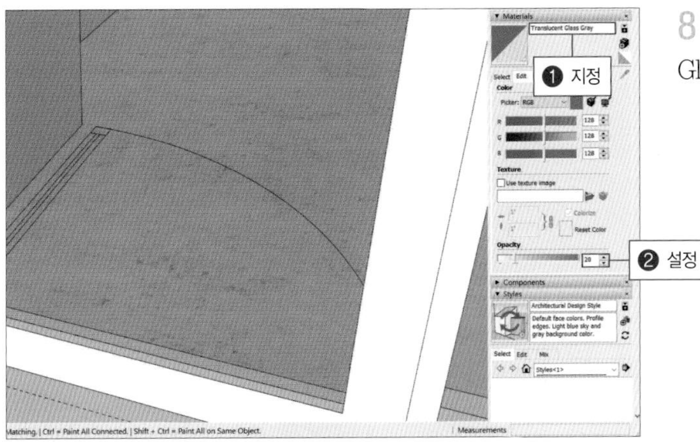

8 앞서 유리에 적용했던 'Translucent Glass Gray'를 같은 방법으로 적용합니다.

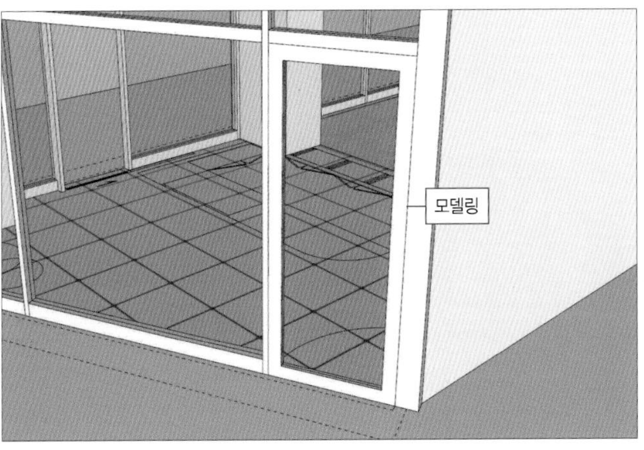

9 같은 방법으로 홀 쪽 여닫이 문도 모델링합니다.

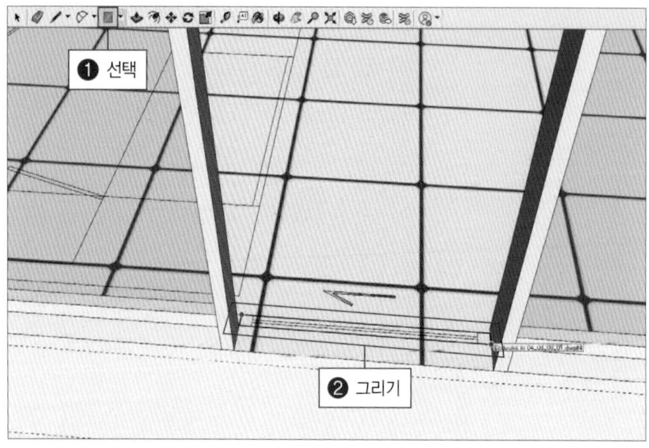

10 이번에는 홀 공간의 자동문을 모델링하겠습니다. 창문 프레임 안쪽 자동문 위치에 Rectangle 도구(▨)를 선택하고 직사각형을 그립니다.

11 Push/Pull 도구(◆)를 선택하고 Z축(파랑) 위로 '2420mm'만큼 이동합니다.

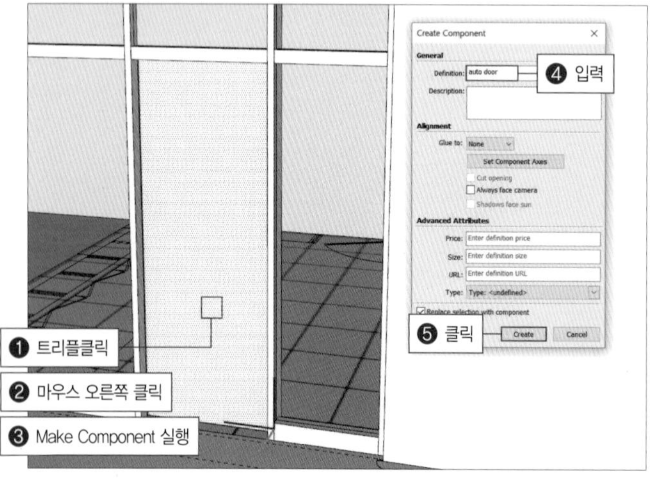

12 자동문을 트리플클릭하여 선택한 다음 마우스 오른쪽 버튼을 클릭하여 **Make Component**를 실행합니다. Create Component 대화상자가 표시되면 Definition에 'auto door'를 입력한 다음 〈Create〉 버튼을 클릭합니다.

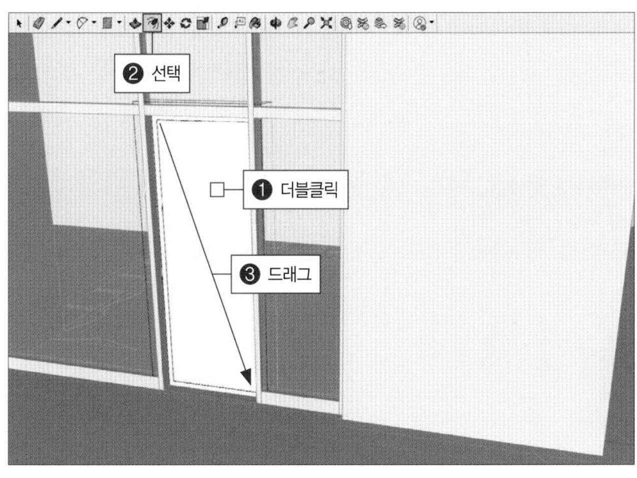

13 'auto door' 컴포넌트를 더블클릭하여 컴포넌트 안으로 설정하고 Offset 도구( )를 선택한 다음 가장자리를 안쪽으로 드래그한 다음 오른쪽 수치 입력 상자에 '45mm'를 입력합니다.

14 Push/Pull 도구( )를 선택하고 안쪽 면을 선택합니다. 자동문 프레임을 반대편인 '50mm'까지 드래그하여 뚫리게 만듭니다. Esc를 눌러 컴포넌트를 마무리합니다.

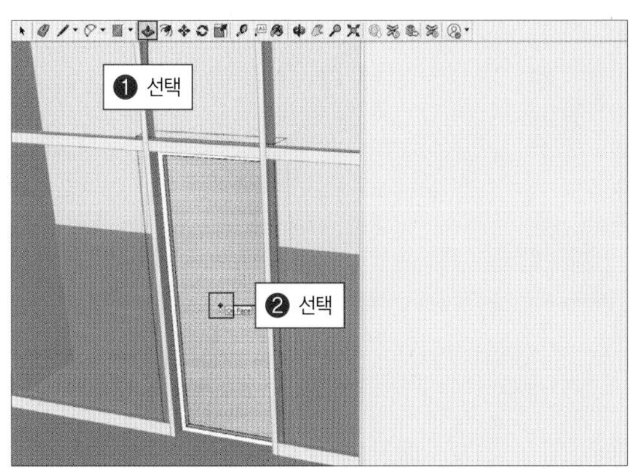

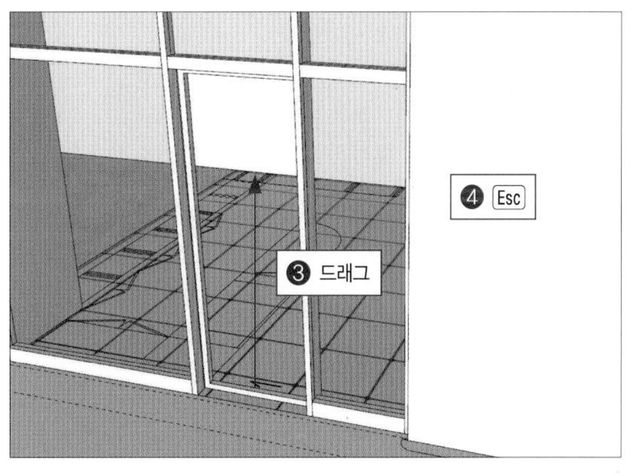

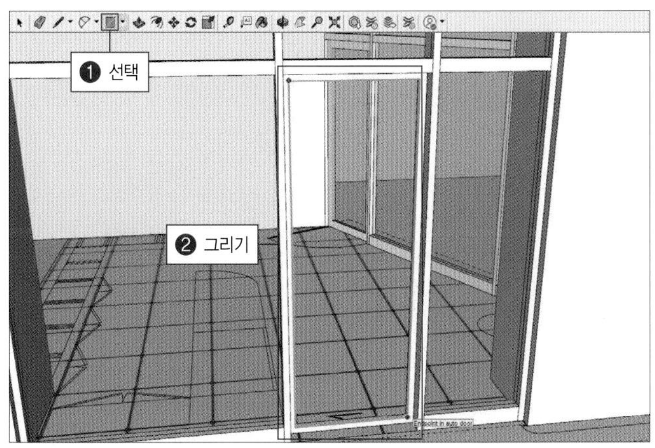

15 이제 자동문의 유리 부분을 모델링하겠습니다. Rectangle 도구( )를 선택하고 자동문 프레임 안쪽 가장자리를 따라 직사각형을 그립니다.

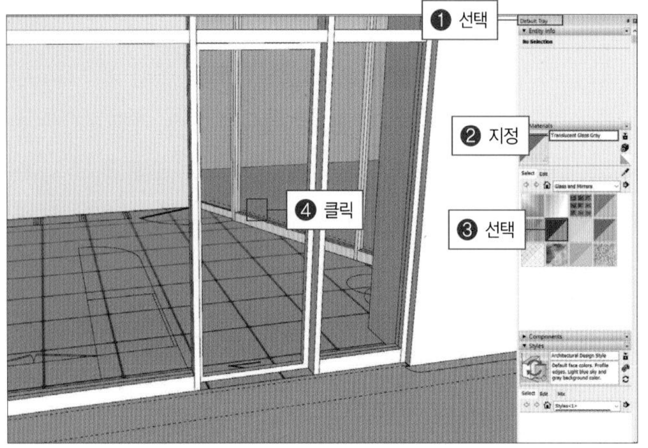

16 Materials 창에서 'Translucent Glass Gray'를 선택하고 자동문의 유리를 선택하여 적용합니다.

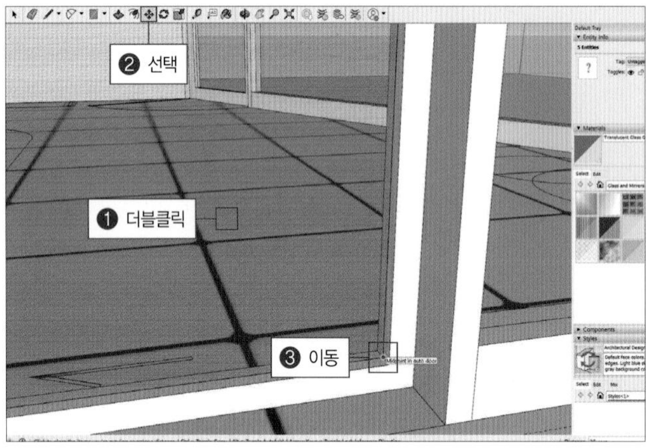

17 적용한 유리 면을 더블클릭하여 컴포넌트 안으로 설정하고 Move 도구(✥)를 선택한 다음 프레임 중간으로 이동합니다.

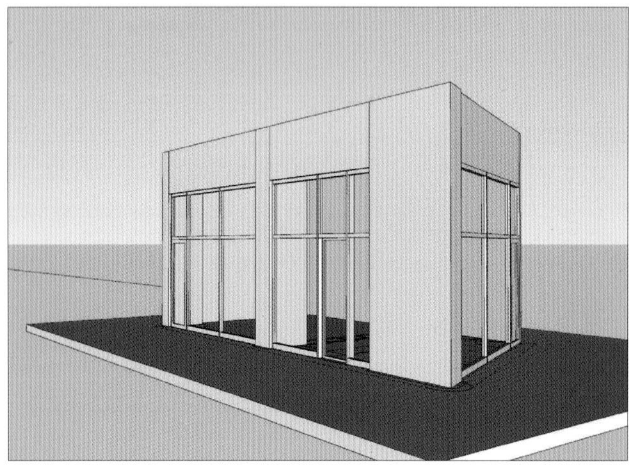

18 매장의 문 모델링을 마무리합니다.

곡선 파사드 모델링하기

매장의 가장 포인트가 되는 곡선형 파사드를 모델링하여 외관에 대입하겠습니다.

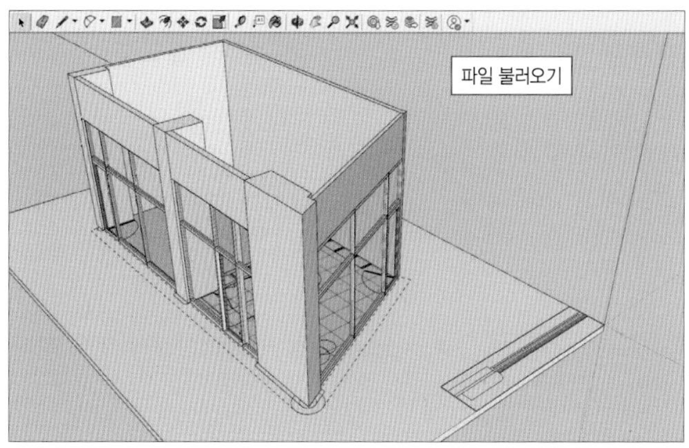

1 곡선 파사드를 구성할 섹션 도면을 준비합니다. 프로젝트 → 05 폴더에서 '05_02_02.dwg' 파일을 불러옵니다.

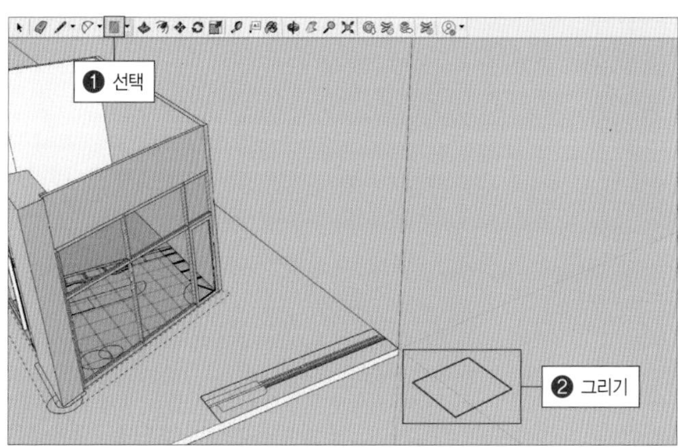

2 불러온 섹션 도면을 Z축(파랑)에 맞게 세우기 위해 기준이 될 가상의 상자를 모델링하겠습니다. Rectangle 도구( )를 선택하고 임의의 사각형을 그립니다.

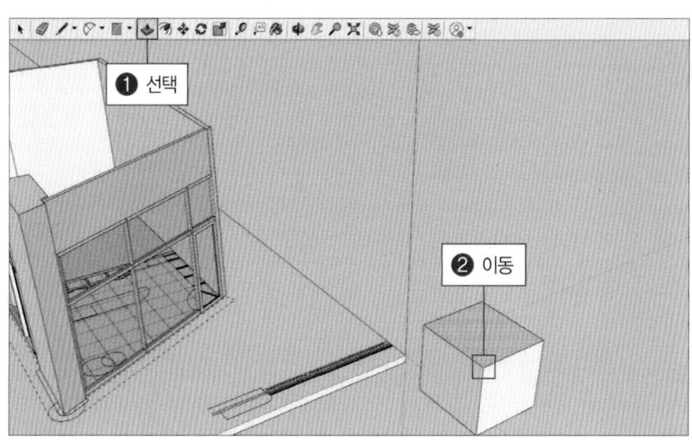

3 Push/Pull 도구( )를 선택하고 Z축(파랑) 위로 적당하게 이동합니다.

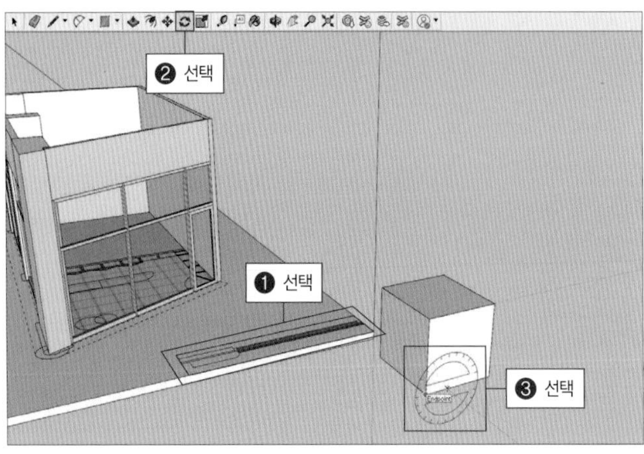

4 섹션 도면을 선택하고 Rotate 도구( )를 선택한 다음 오른쪽 수치 입력 상자에 '90'을 입력하여 90°로 돌려 세웁니다.

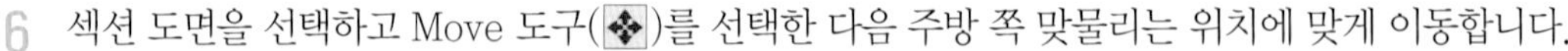

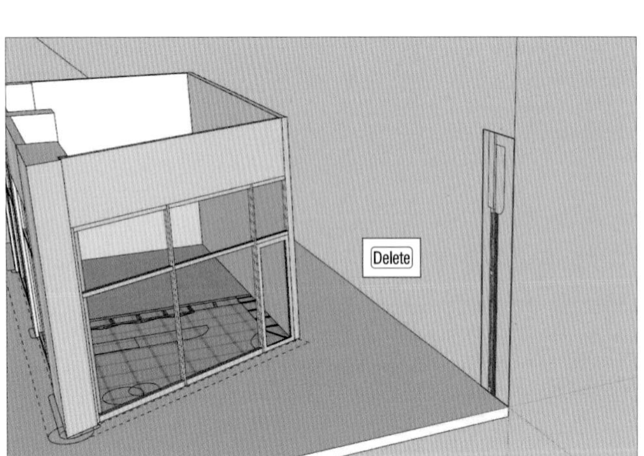

5 Delete를 눌러 임의의 사각형을 삭제합니다.

6 섹션 도면을 선택하고 Move 도구( )를 선택한 다음 주방 쪽 맞물리는 위치에 맞게 이동합니다.

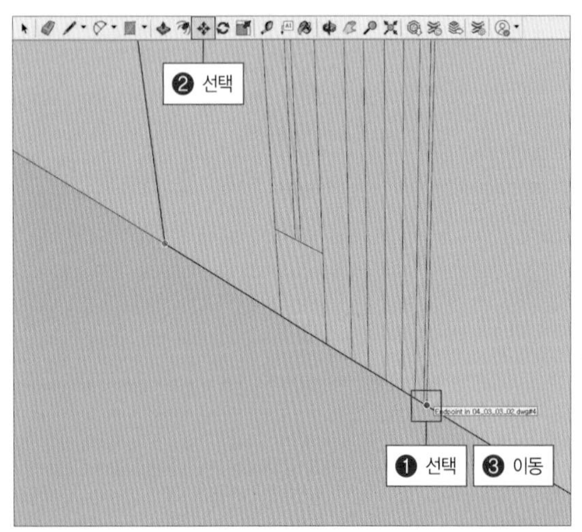

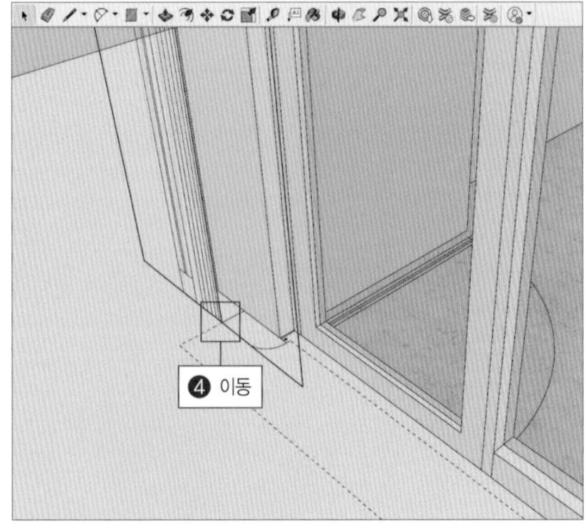

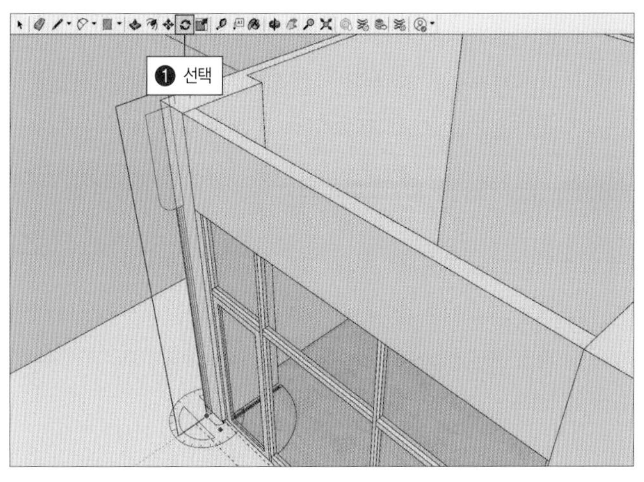

7 Rotate 도구( )를 선택하고 오른쪽 수치 입력 상자에 '90'을 입력하여 90°로 돌려 섹션 위치에 맞게 맞춥니다.

Angle 90.0 ❷ 입력

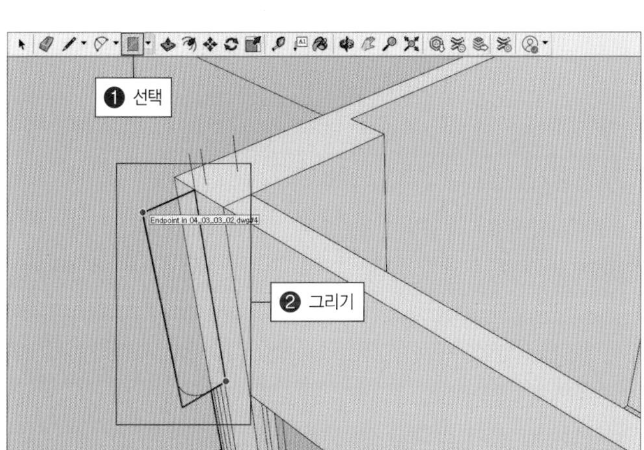

8 Rectangle 도구( )를 선택하고 상부 파사드 섹션 부분을 그립니다.

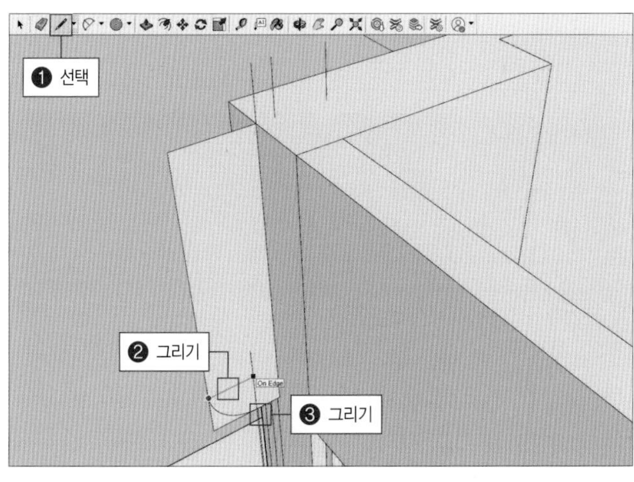

9 곡선 부분에 맞게 직사각형을 잘라내기 전에 원의 경계를 그리겠습니다. 원의 중심 위치를 잡을 수 있게 Lines 도구( )를 선택하고 중심을 가리키는 임의의 두 선을 그립니다.

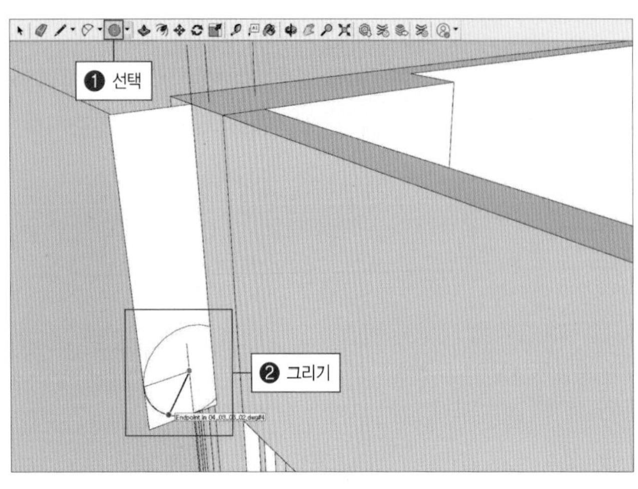

10 Circle 도구( )를 선택하고 섹션 곡선에 맞게 원을 그립니다.

11 직사각형 부분 중 곡선 바깥을 삭제합니다. 나머지 불필요한 선들도 삭제합니다.

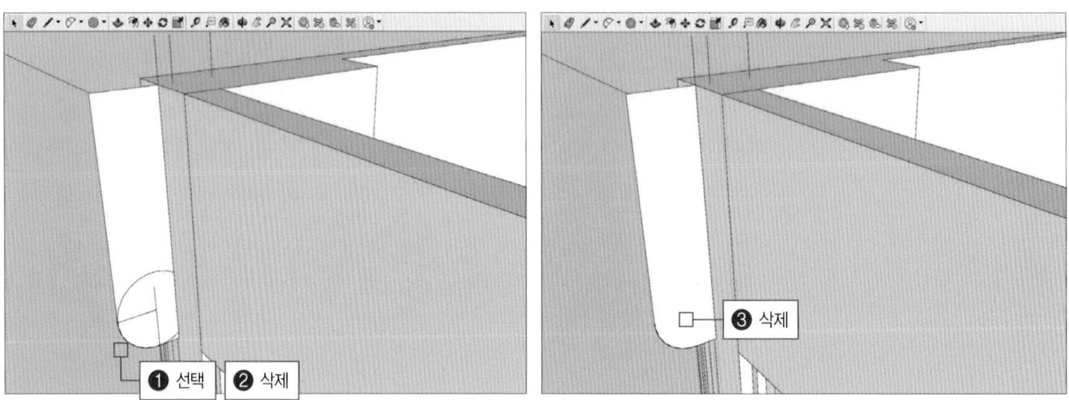

12 섹션이 따라갈 궤도를 위해 평면 도면을 선택하고 Move 도구( )를 선택한 다음 Ctrl을 누른 상태로 드래그하여 복사합니다.

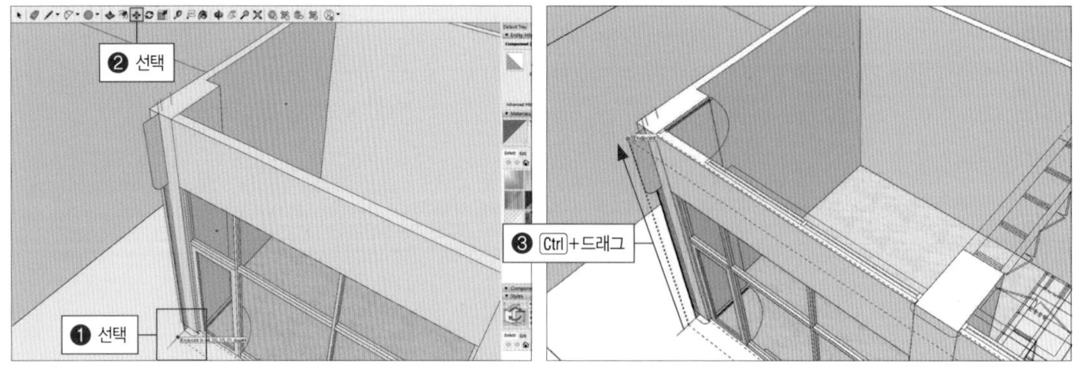

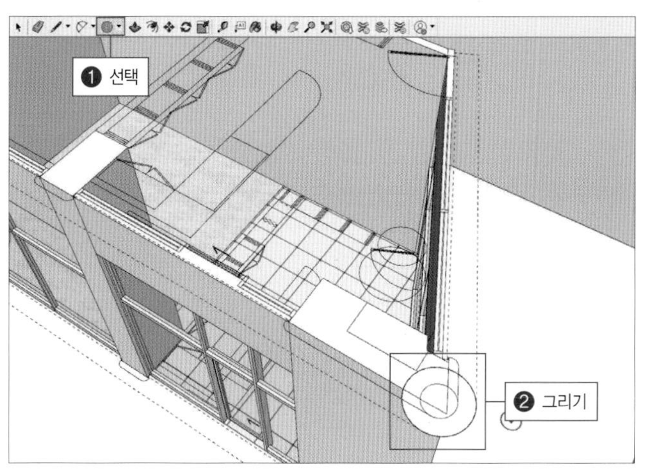

13 궤도에 따라 선을 그리기에 앞서 모서리의 곡선 부분을 그리겠습니다. Circle 도구(●)를 선택하고 그림과 같이 그립니다.

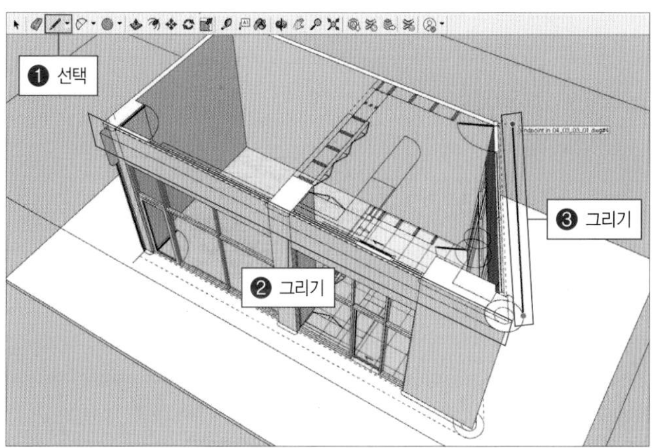

14 접점에 맞물리게 Lines 도구(✏)를 선택하고 선을 그립니다.

15 불필요한 선을 삭제합니다.

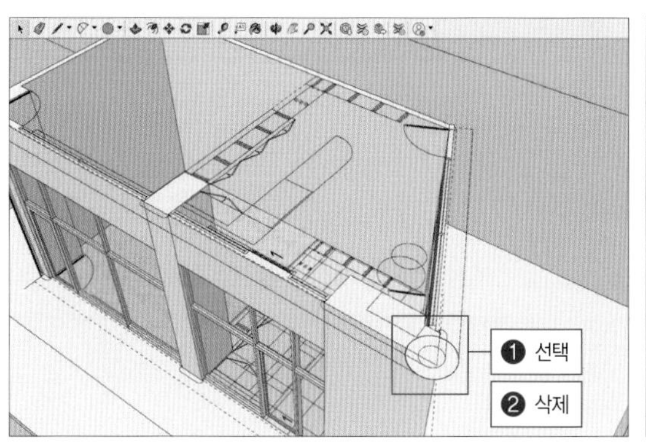

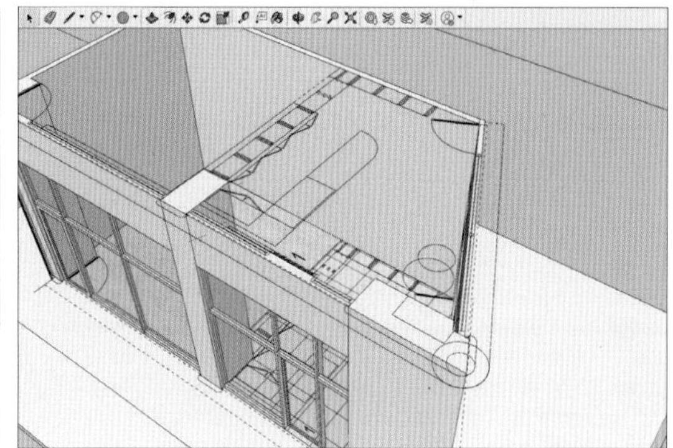

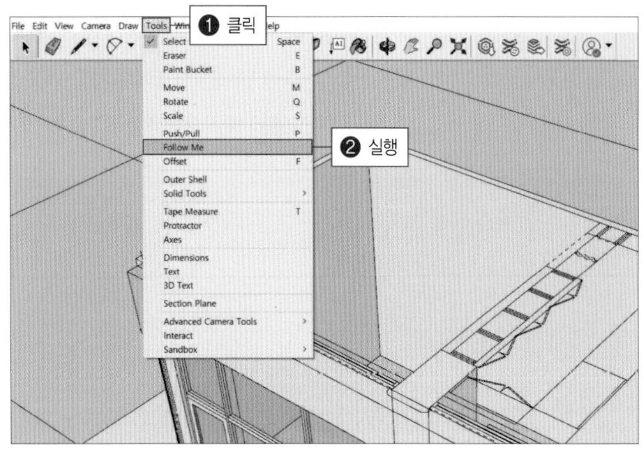

16 메뉴에서 [Tools] → Follow Me를 실행합니다.

17 섹션 면을 선택하고 궤도를 따라갑니다. 곡선 파사드가 만들어집니다.

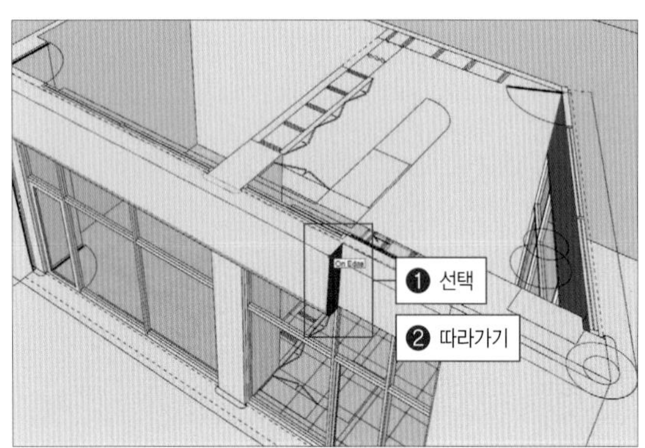

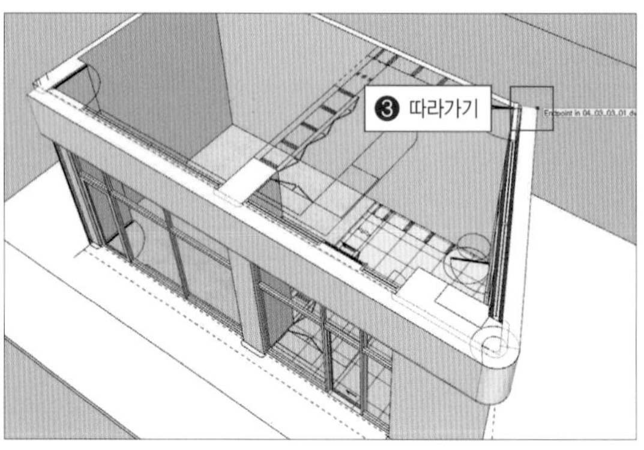

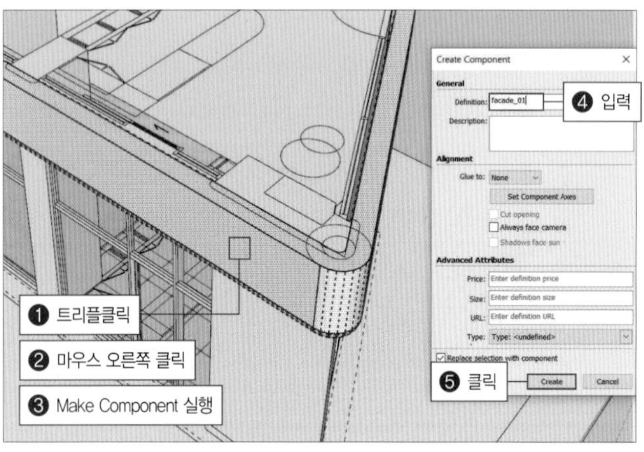

18 곡선 파사드를 트리플클릭하여 선택하고 마우스 오른쪽 버튼을 클릭하여 Make Component를 실행합니다. Create Component 대화상자가 표시되면 Definition에 'facade_01'을 입력한 다음 〈Create〉 버튼을 클릭합니다. 상부의 곡선 파사드를 마무리합니다.

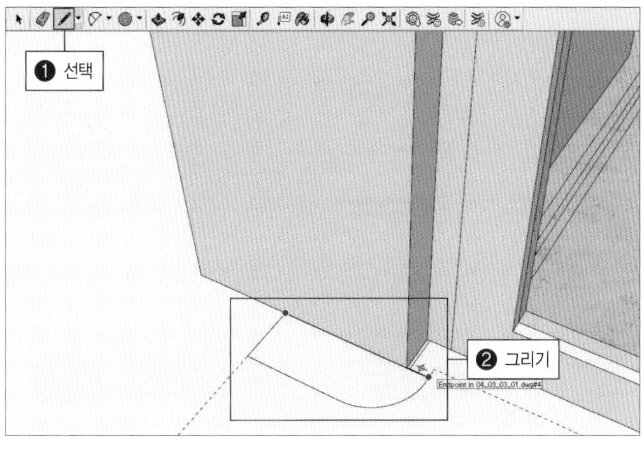

19 이번에는 곡선 파사드 벽을 모델링하겠습니다. 우선 주방 쪽 파사드 벽을 모델링하기 위해 평면을 따라 Lines 도구( )를 선택하고 그립니다.

20 그려진 면을 선택하고 Push/Pull 도구( )를 선택한 다음 Z축(파랑) 위로 상부 곡선 파사드 밑 부분까지 이동합니다.

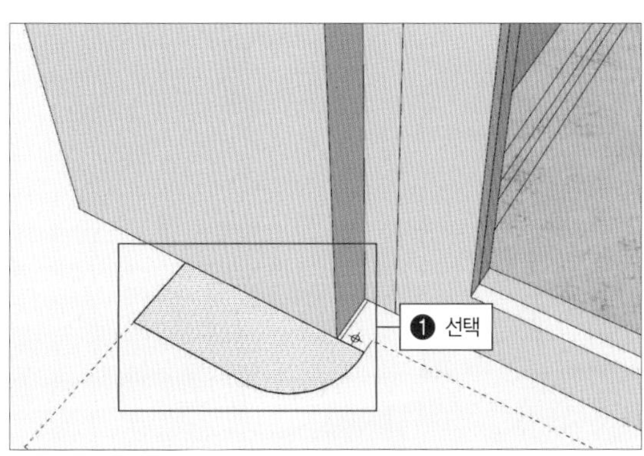

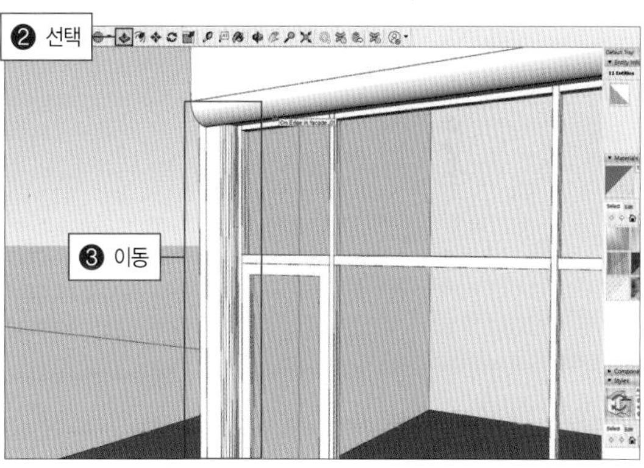

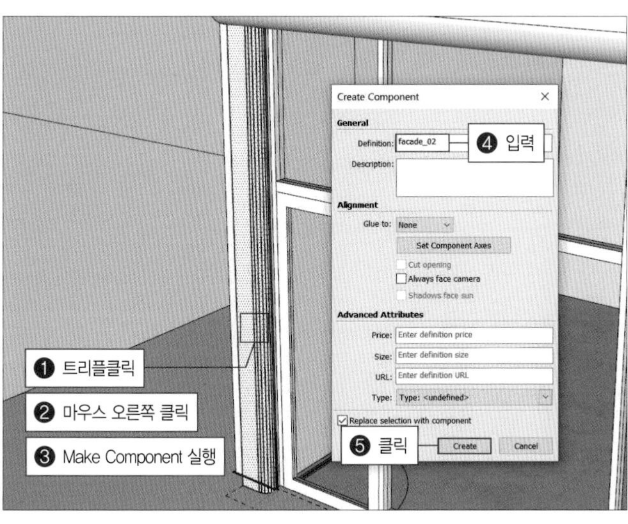

21 그림과 같이 트리플클릭하여 선택하고 마우스 오른쪽 버튼을 클릭하여 **Make Component**를 실행합니다. Create Component 대화상자가 표시되면 Definition에 'facade_02'를 입력한 다음 〈Create〉 버튼을 클릭합니다.

22 'facade_02' 컴포넌트를 더블클릭하여 컴포넌트 안으로 설정하고 모델링을 이어 나갑니다.

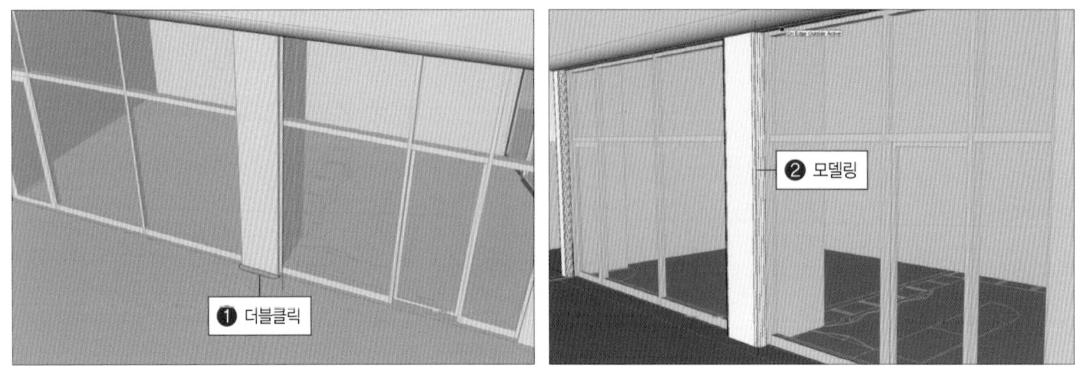

23 같은 방법으로 Lines 도구( )와 Push/Pull 도구( )를 이용하여 추가적으로 모델링을 마무리합니다.

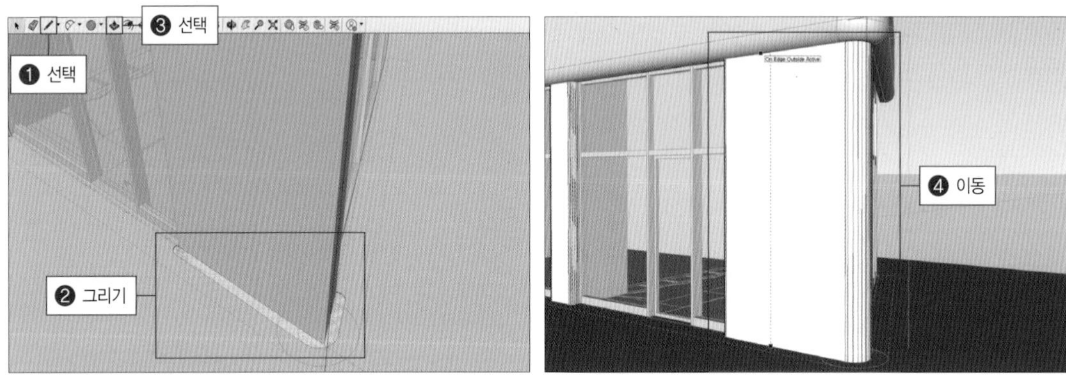

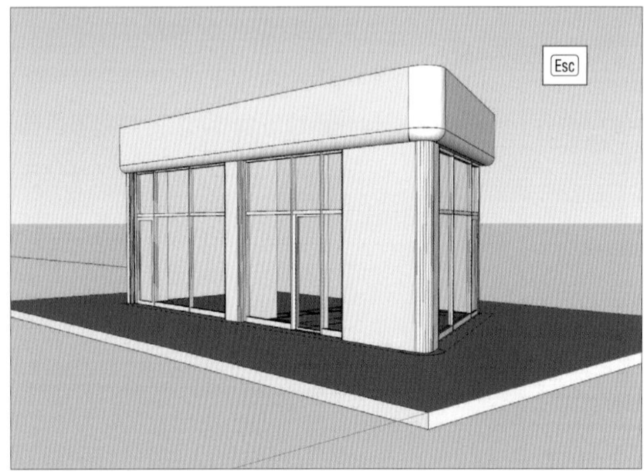

24 Esc를 눌러 컴포넌트를 마무리하고 곡선 파사드 모델링을 마무리합니다.

실내 벽 모델링하기

홀과 주방을 나누는 실내 벽을 모델링합니다.

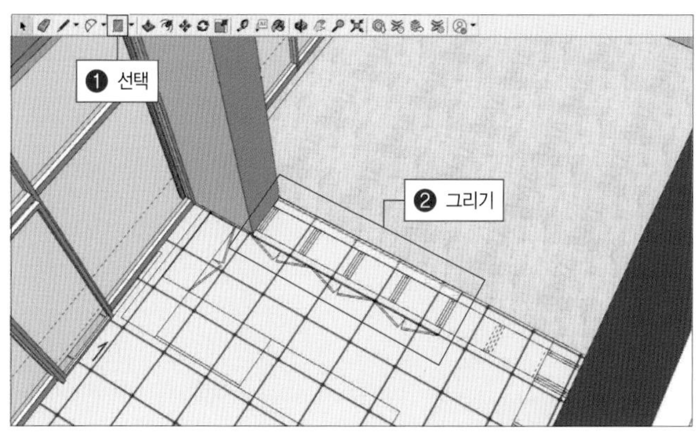

1 Rectangle 도구( )를 선택하고 기둥에 면한 부분에 따라 도면에 맞게 벽의 가장자리를 그립니다.

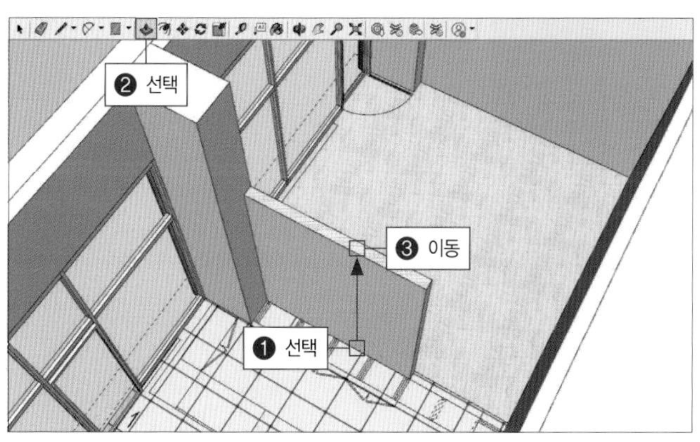

2 면을 선택하고 Push/Pull 도구( )를 선택한 다음 위로 이동합니다. 오른쪽 수치 입력 상자에 '3000mm'를 입력하여 그림과 같이 만듭니다.

Distance 3000 mm ❹ 입력

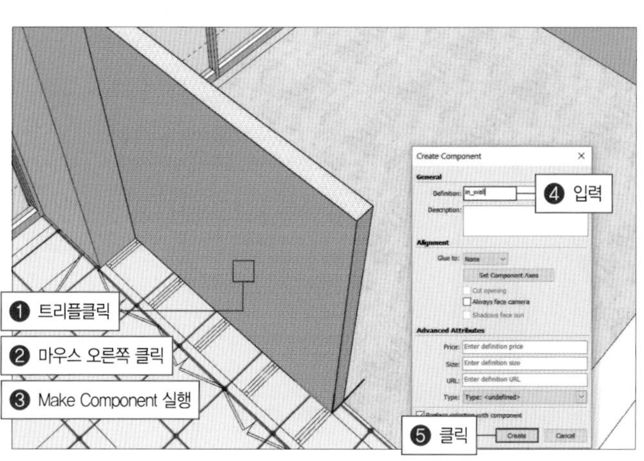

3 벽을 트리플클릭하여 선택하고 마우스 오른쪽 버튼을 클릭하여 **Make Component**를 실행합니다. Create Component 대화상자가 표시되면 Definition에 'in_wall'를 입력한 다음 〈Create〉 버튼을 클릭합니다.

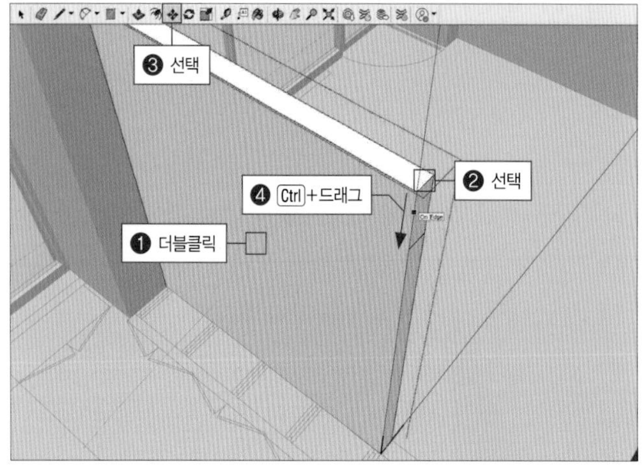

4 다시 더블클릭하여 컴포넌트 안으로 설정하고 위쪽 끝 모서리를 선택합니다. Move 도구( )를 선택하고 Ctrl을 누른 상태로 Z축(파랑) 아래로 '432mm'만큼 드래그하여 복사합니다. 인방을 만들고자 미리 그립니다.

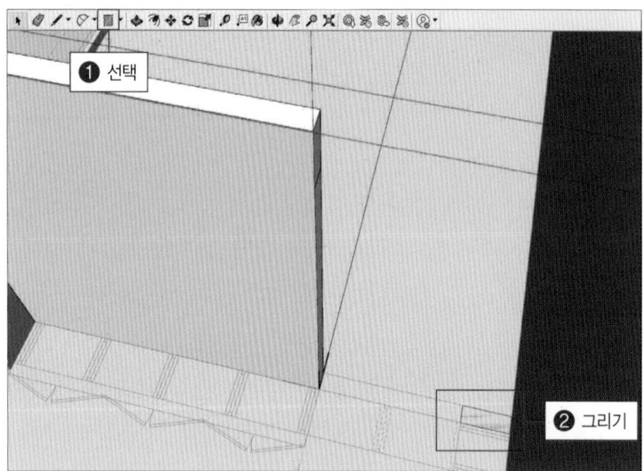

5 Rectangle 도구( )를 선택하고 나머지 벽도 그립니다.

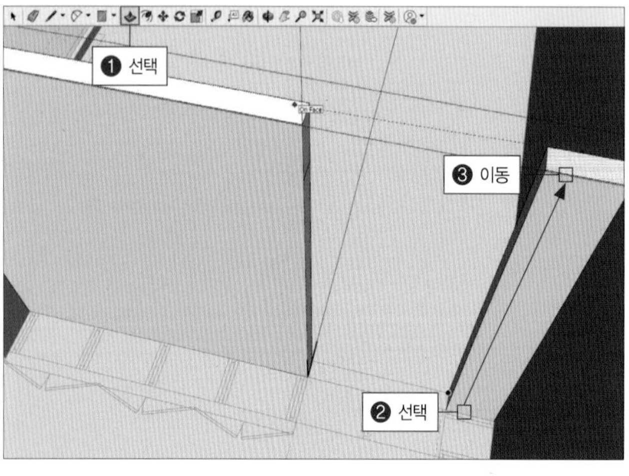

6 Push/Pull 도구( )를 선택하고 벽을 선택하여 Z축(파랑) 위로 이동한 다음 오른쪽 수치 입력 상자에 '3000 mm'를 입력합니다.

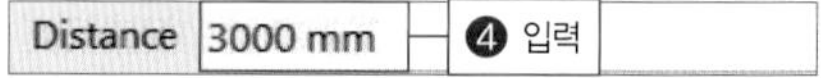

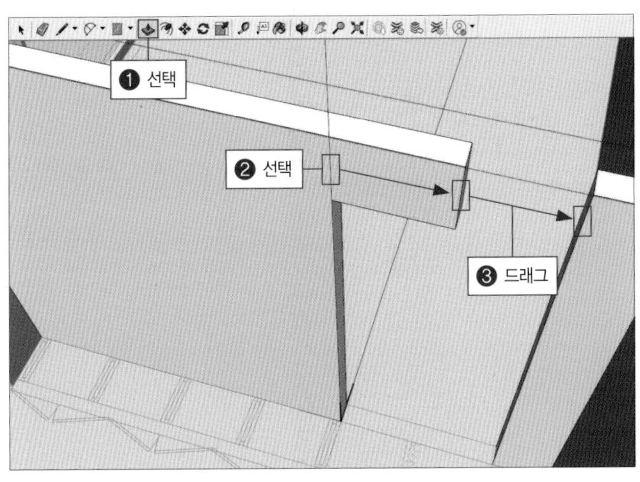

7 인방 벽을 연장하고자 미리 구분해 두었던 면을 선택하고 Push/Pull 도구( )를 선택한 다음 드래그하여 연장합니다.

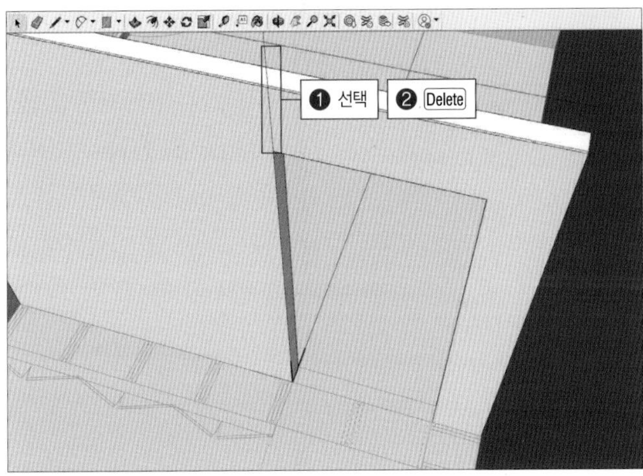

8 불필요한 선들을 선택하고 Delete를 눌러 삭제합니다.

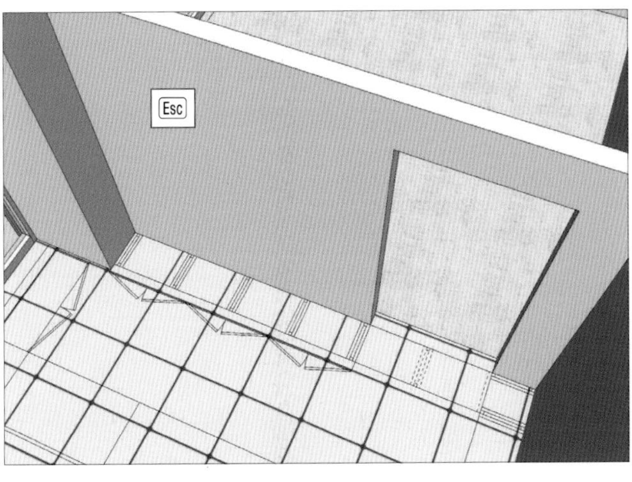

9 Esc를 눌러 컴포넌트를 바깥으로 설정하고 실내 벽 모델링을 마무리합니다.

수직 구조 틀 모델링하기

식빵 진열 선반을 모델링하기 위해 가장 먼저 수직 구조 틀을 모델링하여 기초 틀을 잡겠습니다.

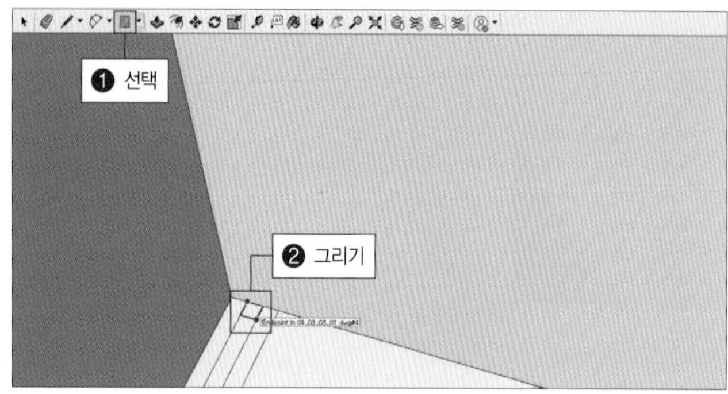

1 수직 구조 틀을 모델링하겠습니다. Rectangle 도구(▩)를 선택하고 평면 도면에 따라 안쪽 사각형을 그립니다.

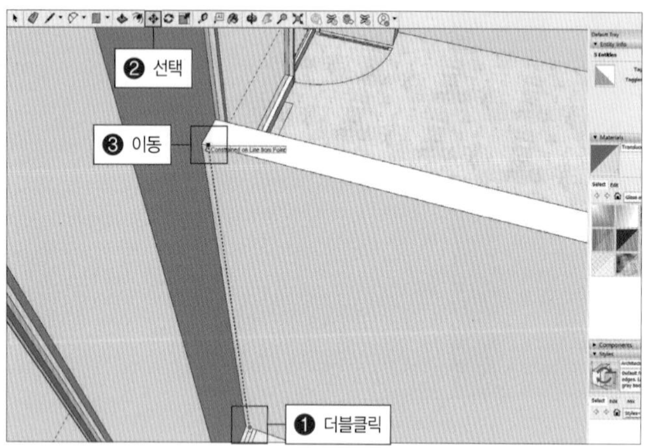

2 사각형을 더블클릭하여 컴포넌트안으로 설정하고 Move 도구(✥)를 선택한 다음 위로 이동합니다. 오른쪽 수치 입력 상자에 '3000mm'를 입력하여 벽의 윗면에 맞물리게 합니다.

Distance 3000 mm ❹ 입력

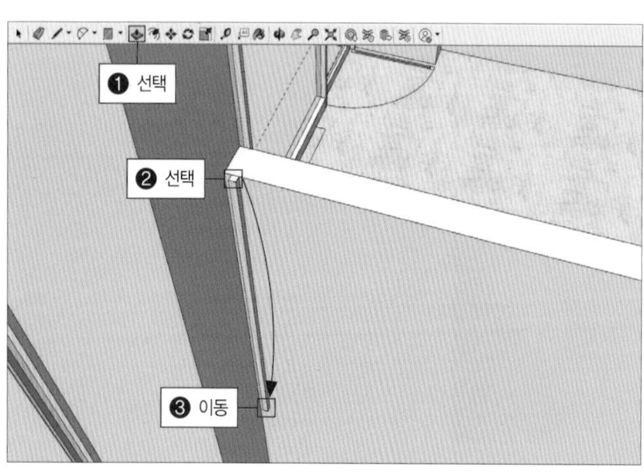

3 Push/Pull 도구(◆)를 선택하고 사각형을 선택하여 아래로 이동한 다음 오른쪽 수치 입력 상자에 '1800m'를 입력합니다.

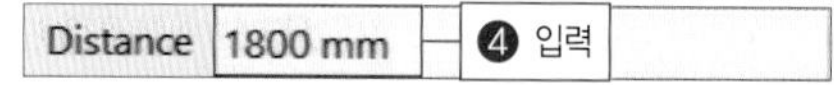

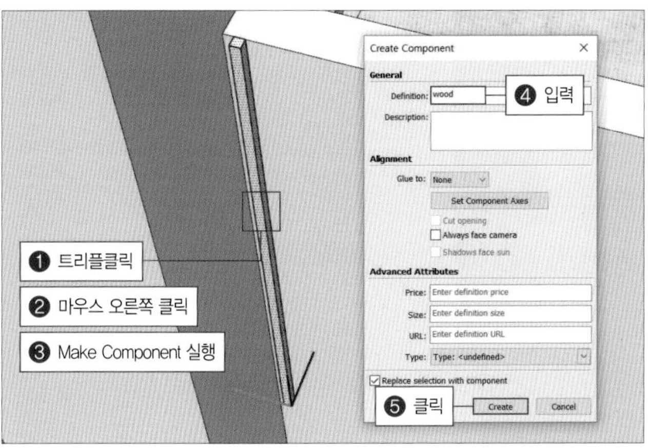

4 막대를 트리플클릭하여 선택하고 마우스 오른쪽 버튼을 클릭하여 **Make Component**를 실행합니다. Create Component 대화상자가 표시되면 Definition에 'wood'를 입력한 다음 〈Create〉 버튼을 클릭합니다.

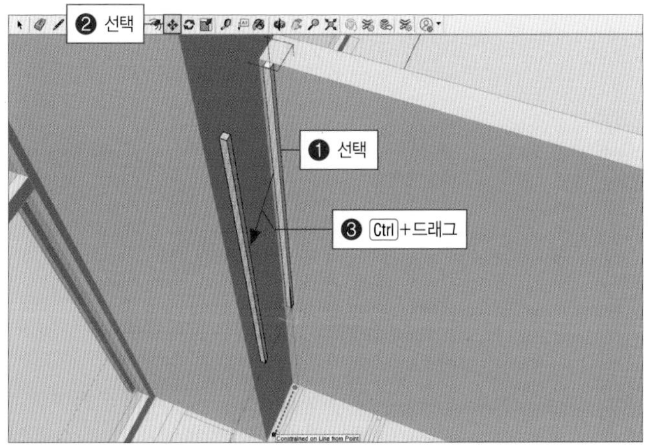

5 컴포넌트 안에 설정되어 있는 상태로 만든 'wood' 컴포넌트를 선택합니다. Move 도구(✥)를 선택하고 Ctrl을 누른 상태로 앞쪽 '370mm'만큼 드래그하여 복사합니다.

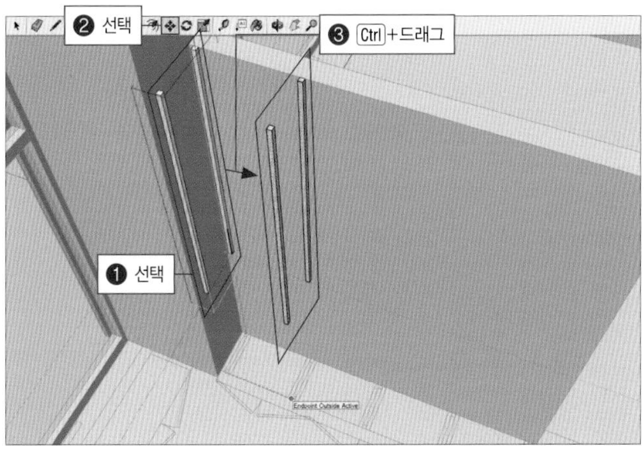

6 두 개의 막대 컴포넌트를 선택합니다. Move 도구(✥)를 선택한 다음 Ctrl을 누른 상태로 드래그하여 평면 도면에 맞게 보이는 간격에 따라 일정하게 복사합니다.

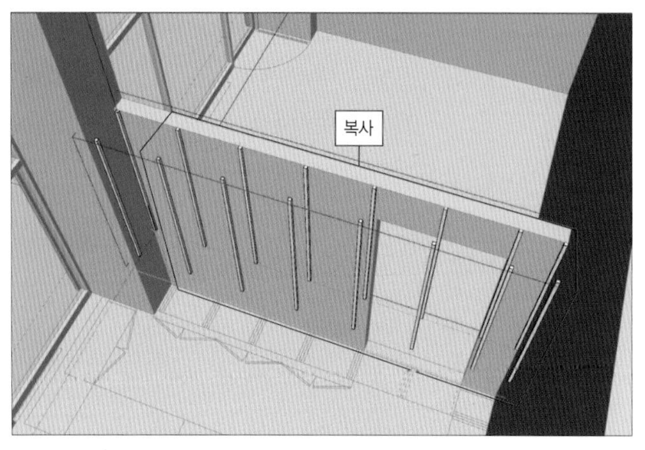

7 같은 방법으로 컴포넌트 안에 설정을 유지한 채로 그림과 같이 수직 구조 틀을 복사합니다.

8 개구부에 가려지면 안되므로 Push/Pull 도구( )를 선택하고 인방 벽 아래 면까지 드래그하여 위로 이동합니다.

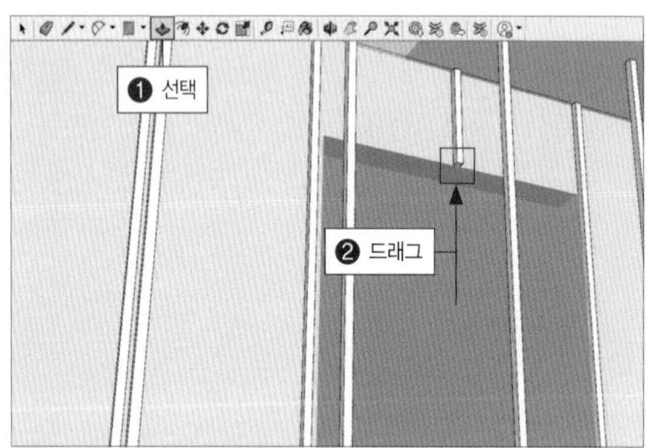

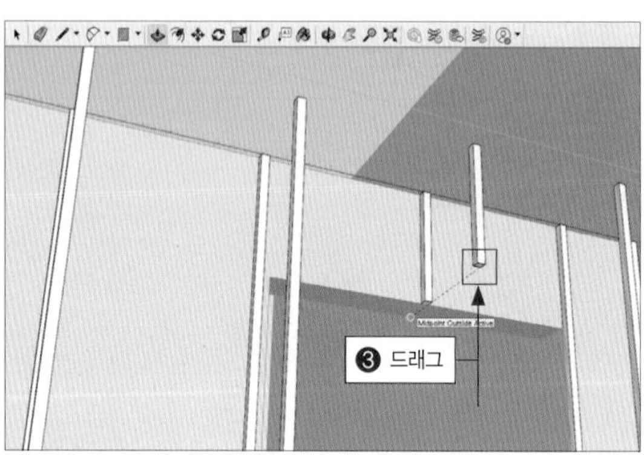

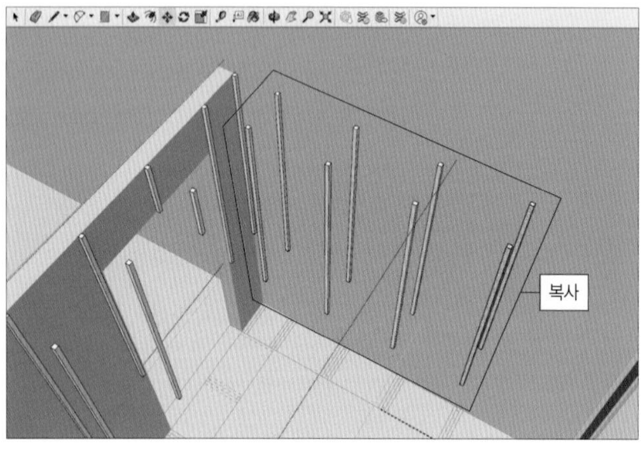

9 같은 방법으로 컴포넌트 안에 설정을 유지한 채로 수직 구조 틀을 복사하여 만듭니다.

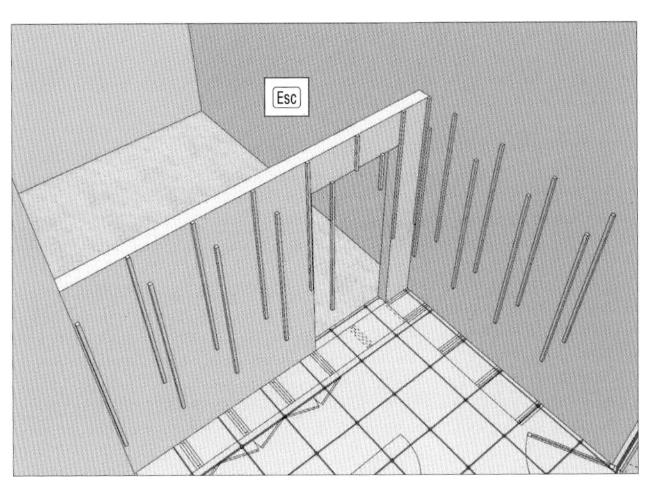

10 Esc를 눌러 수직 구조 틀 모델링을 마무리합니다.

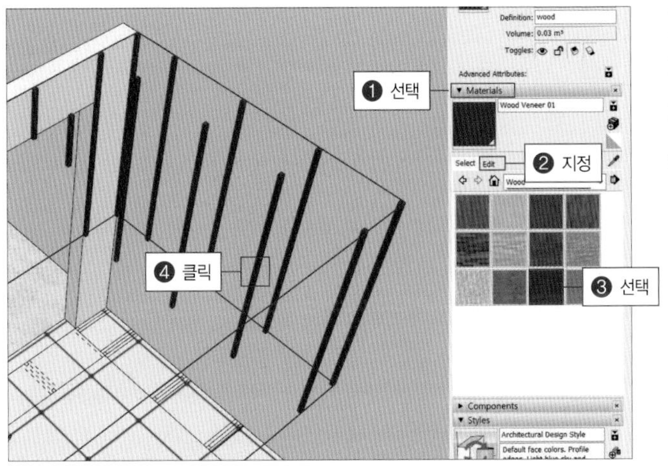

11 Materials 창에서 'Wood'를 지정하고 'Wood Veneer 01'을 선택한 다음 수직 구조 틀 컴포넌트를 클릭하여 적용합니다.

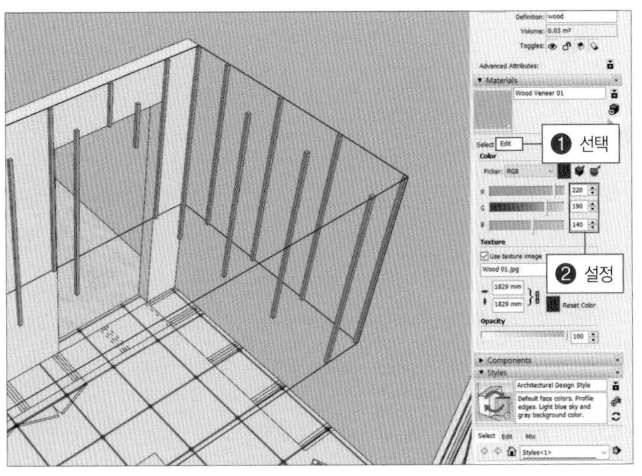

12 기존 'Wood Veneer 01'의 색상을 밝고 따뜻하게 변경하겠습니다. 〔Edit〕 탭을 선택하고 R을 '220', G를 '190', B를 '140'으로 설정합니다.

수평 구조 틀 모델링하기

수직 구조 틀 모델링이 마무리되면 같은 방법으로 수평 구조 틀을 만들어야 합니다.

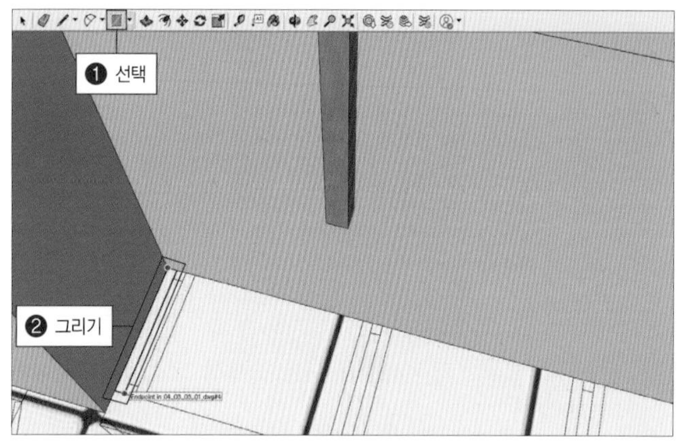

1 이번에는 수평 구조 틀을 모델링을 하겠습니다. Rectangle 도구( )를 선택하고 평면 도면을 따라 안쪽에 사각형을 그립니다.

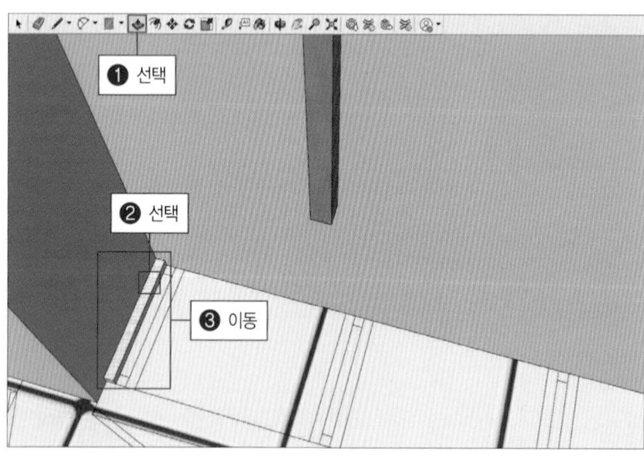

2 Push/Pull 도구( )를 선택하고 사각형를 선택하여 위로 이동한 다음 오른쪽 수치 입력 상자에 '30mm'를 입력합니다.

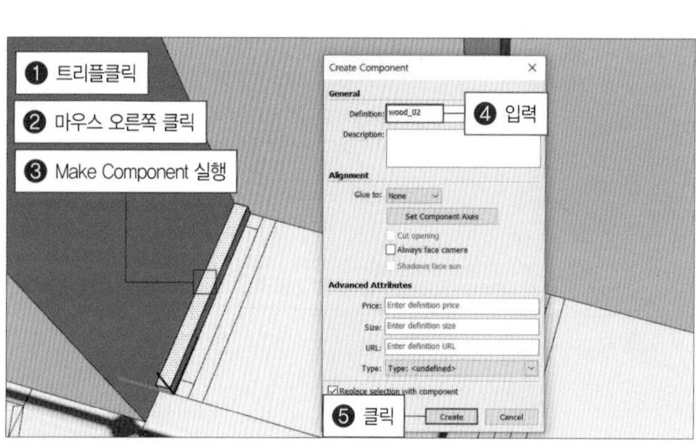

3 이를 트리플클릭하여 마우스 오른쪽 버튼을 클릭하여 **Make Component**를 실행합니다. Create Component 대화상자가 표시되면 Definition에 'wood_02'를 입력한 다음 〈Create〉 버튼을 클릭합니다.

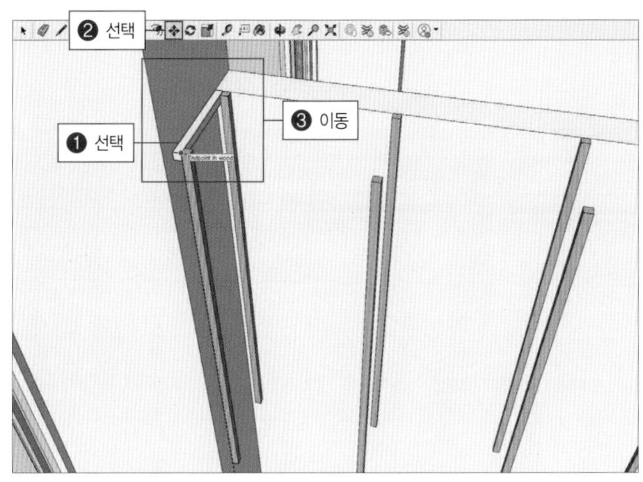

4 'wood_02' 컴포넌트를 선택하고 Move 도구(✥)를 선택한 다음 실내 벽 윗면과 수직 구조 막대 윗면에 맞물리게 위로 이동합니다.

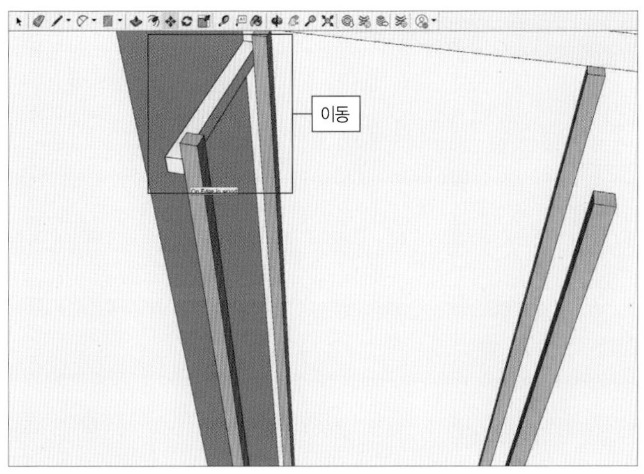

5 Move 도구(✥)로 '30mm'만큼 아래로 이동합니다.

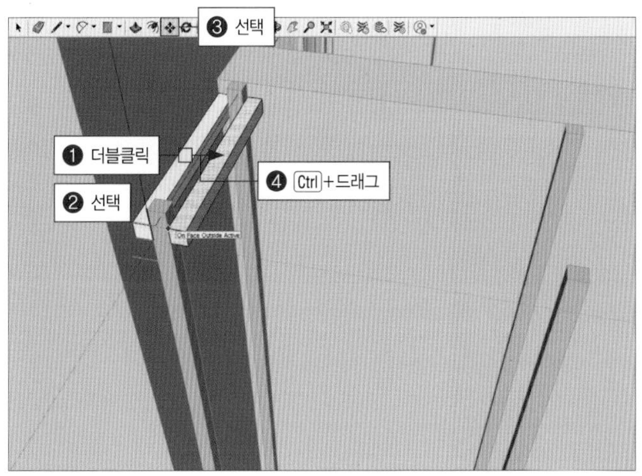

6 'wood_02' 컴포넌트를 더블클릭하여 안으로 설정하고 선택합니다. Move 도구(✥)를 선택하고 Ctrl을 누른 상태로 오른쪽으로 드래그하여 '60mm'만큼 이동합니다.

7 같은 방법으로 나무 막대 컴포넌트를 모두 선택하고 각각의 수직 구조 틀 위치마다 일정하게 복사합니다.

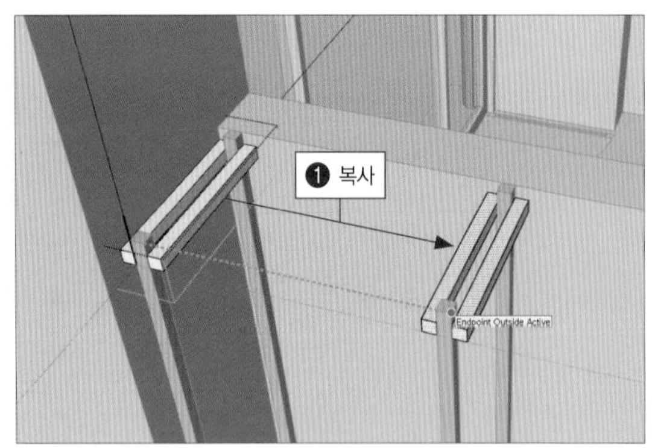

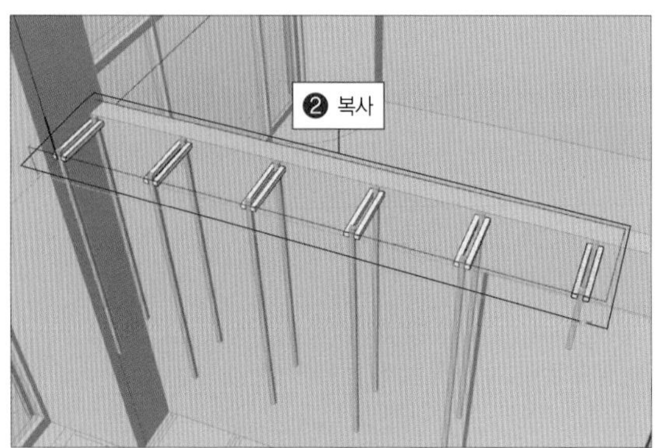

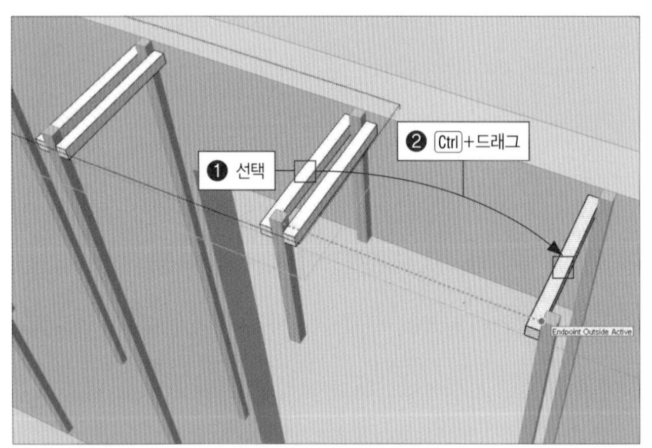

8 나무 막대 컴포넌트를 하나 선택하고 Ctrl을 누른 상태로 드래그하여 모서리 부분에 복사합니다.

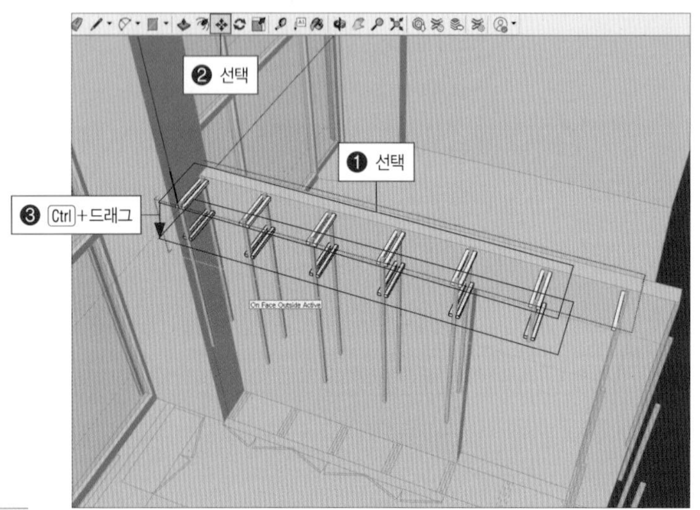

9 하나만 복사한 나무 막대 컴포넌트를 제외하고 나머지 나무 막대 컴포넌트를 모두 선택합니다. Move 도구( )를 선택하고 Ctrl을 누른 상태로 아래로 '342mm'만큼 복사합니다.

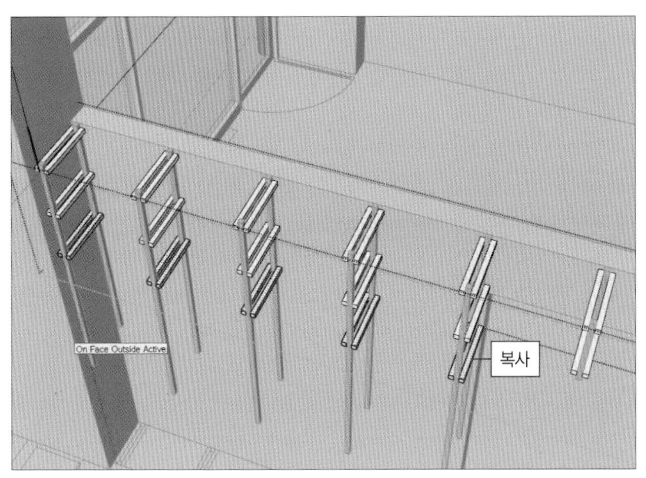

10 같은 방법으로 인방 벽 쪽 부분을 제외하고 나머지를 선택하고 그림과 같이 아래로 '342mm'만큼 복사합니다.

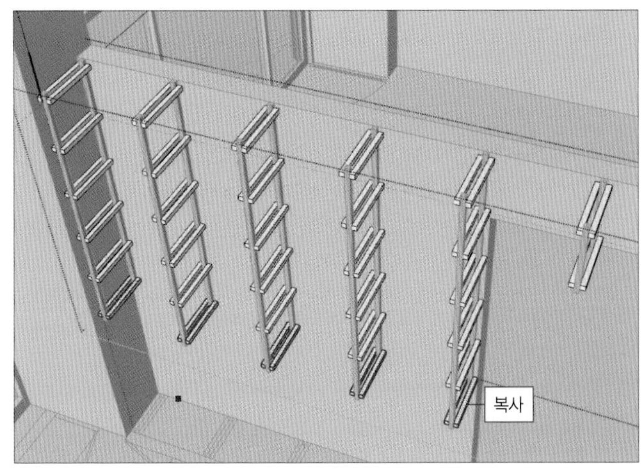

11 같은 방법으로 수직 구조 틀 아래 끝 부분까지 복사를 이어 나갑니다.

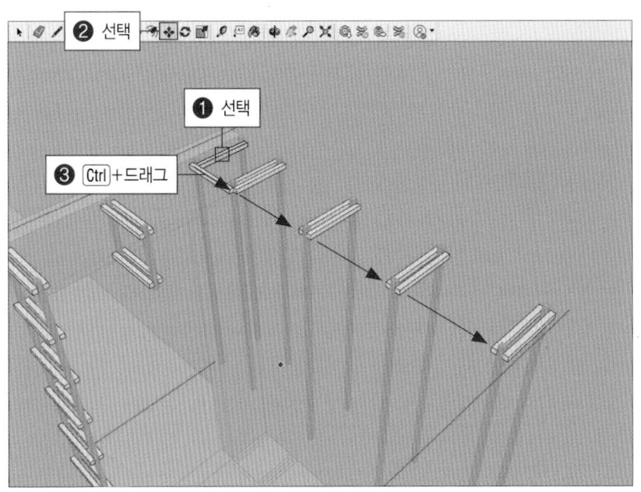

12 이번에는 옆 벽 구조 틀에 맞춰 나무 막대 컴포넌트를 선택합니다. Move 도구(✥)를 선택하고 Ctrl을 누른 상태로 드래그하여 이어 복사합니다.

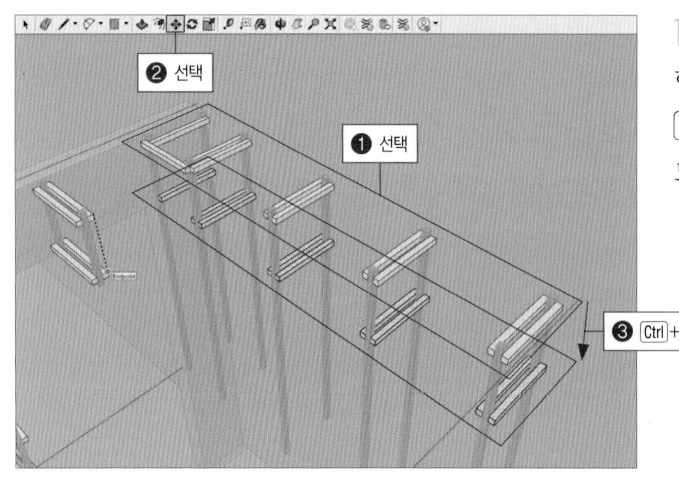

13 나무 막대 컴포넌트를 모두 선택하고 Move 도구(✥)를 선택한 다음 Ctrl을 누른 상태로 Z축(파랑) 아래로 드래그하여 '342mm'만큼 복사합니다.

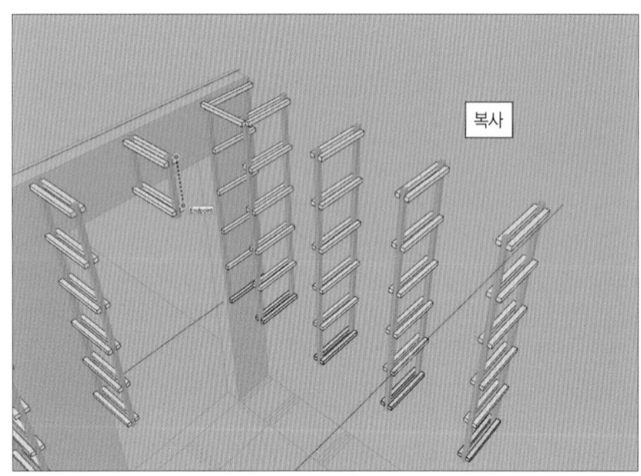

14 같은 방법으로 수직 구조 틀 아래 끝 부분까지 복사를 이어 나갑니다.

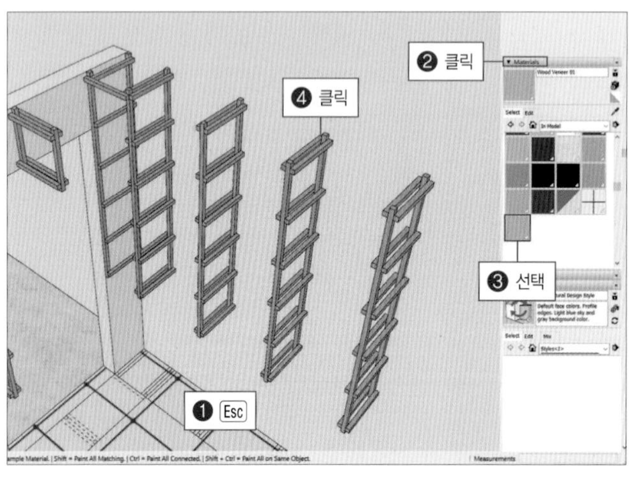

15 Esc를 눌러 컴포넌트 밖으로 설정합니다. Materials 창에서 'Wood Veneer 01'를 선택하고 나무 막대 컴포넌트를 클릭하여 적용합니다.

기다란 틀 모델링하여 구조 틀 완성하기

기다란 틀은 식빵 판을 올릴 수 있는 받침대 역할을 합니다. 기다란 수평 구조 틀을 모델링하여 식빵 진열 선반 틀을 완성하겠습니다.

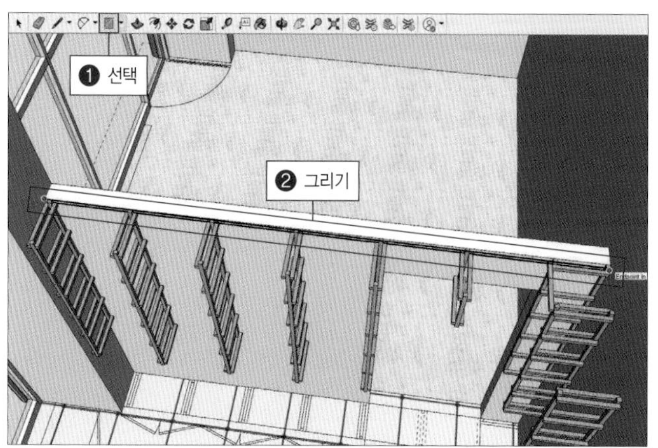

1 Rectangle 도구( )를 선택하고 벽 끝 모서리에서부터 '30mm' 두께의 사각형을 그립니다.

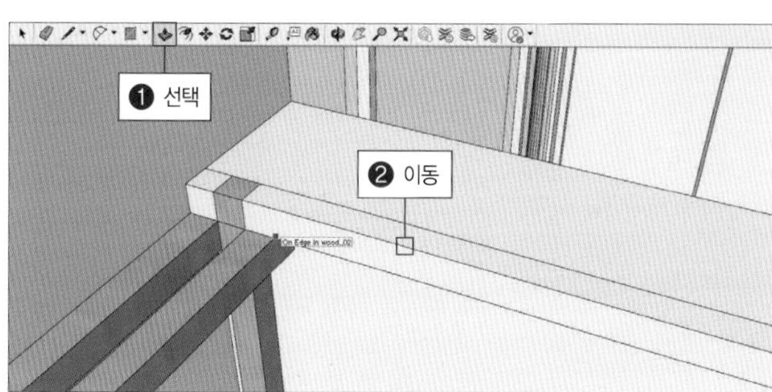

2 Push/Pull 도구( )를 선택하고 Z축(파랑) 아래로 '30mm'만큼 이동합니다.

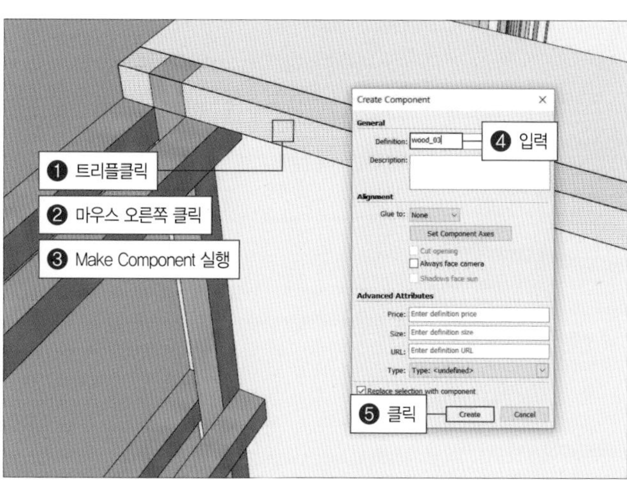

3 이를 트리플클릭하여 선택하고 마우스 오른쪽 버튼을 클릭하여 **Make Component**를 실행합니다. Create Component 대화상자가 표시되면 Definition에 'wood_03'을 입력한 다음 〈Create〉 버튼을 클릭합니다.

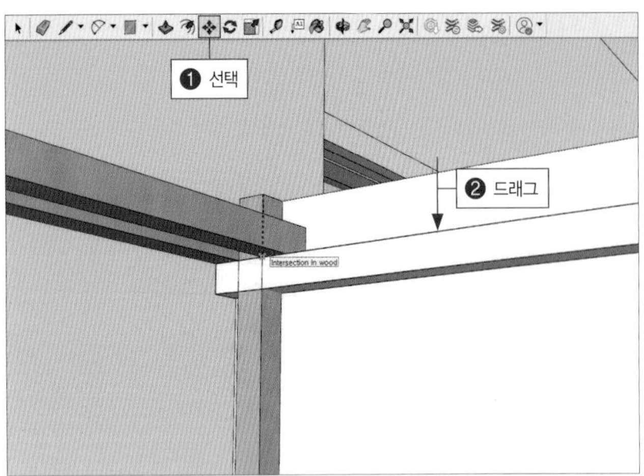

4 'wood_03' 컴포넌트를 선택한 상태로 Move 도구( )를 선택하고 Z축(파랑) 아래로 드래그하여 '60mm'만큼 이동합니다.

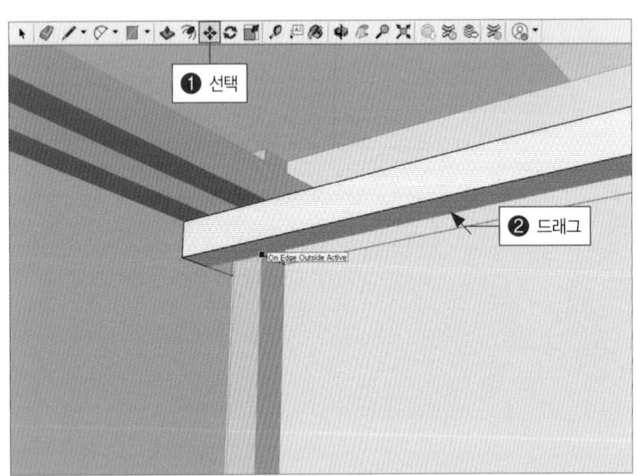

5 Move 도구( )를 선택한 상태로 앞으로 드래그하여 '30mm'만큼 벽으로부터 이동합니다.

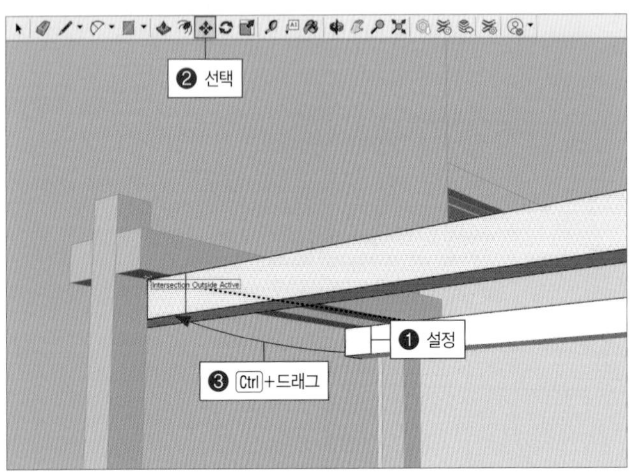

6 기준점을 설정하고 Move 도구( )를 선택한 다음 Ctrl을 누른 상태로 드래그하여 나무 막대 컴포넌트를 복사합니다.

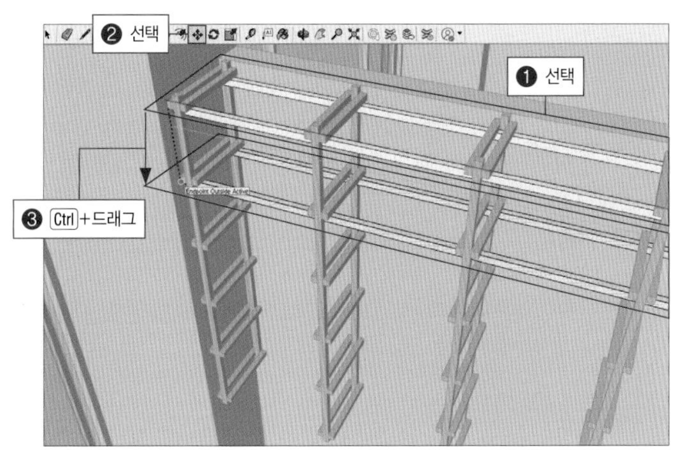

7 두 수평 나무 막대를 모두 선택합니다. Move 도구(✥)를 선택하고 Ctrl을 누른 상태로 Z축(파랑) 아래로 드래그하여 '342mm'만큼 복사합니다.

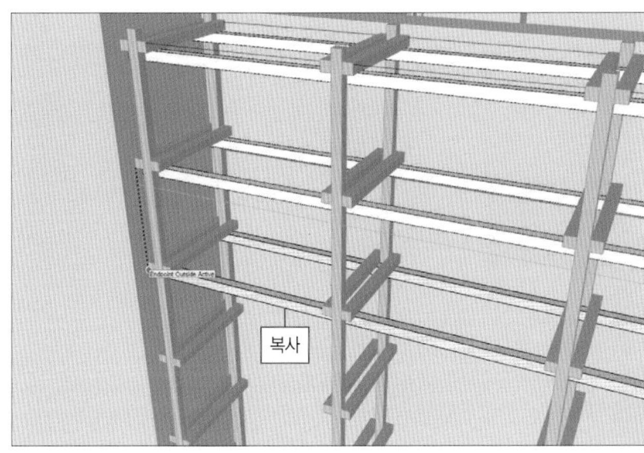

8 같은 방법으로 '342mm'만큼 아래로 복사합니다.

9 Scale 도구( )를 선택하고 줄이고자 하는 부분의 중앙을 클릭한 다음 개구부를 가리지 않는 부분까지 크기를 줄입니다.

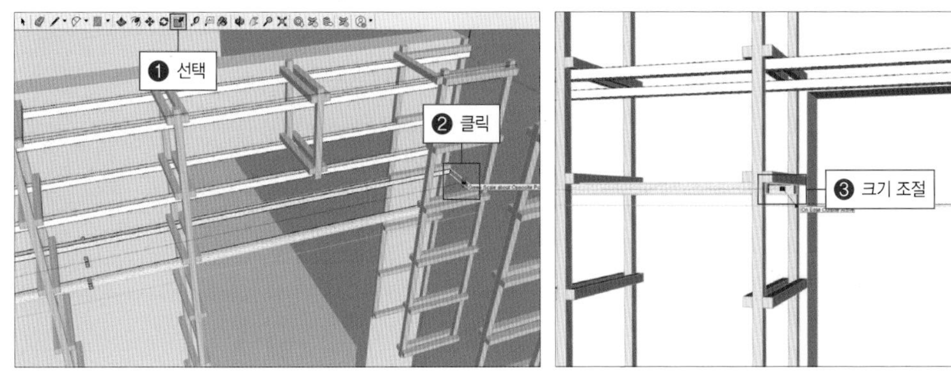

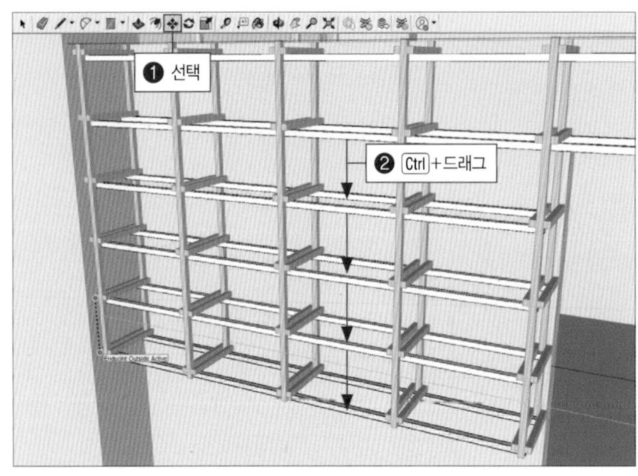

10 다시 'Move' 도구(✥)를 선택하고 Ctrl을 누른 상태로 수직 구조 틀 아래 끝 부분까지 드래그하여 복사를 이어 나갑니다.

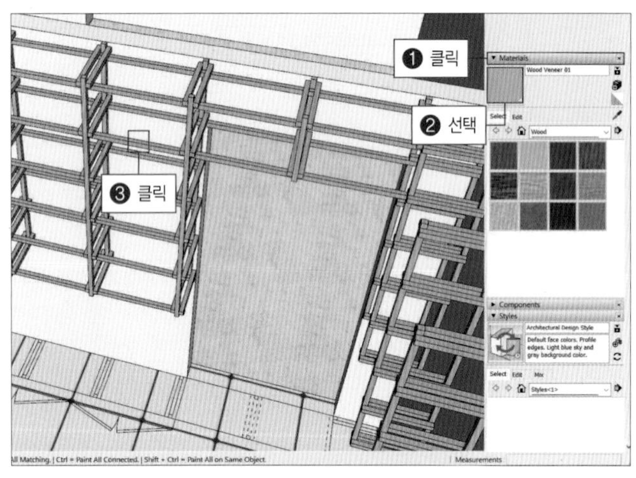

11 컴포넌트를 밖으로 설정합니다. Materials 창의 'Wood Veneer 01'을 선택하여 적용합니다.

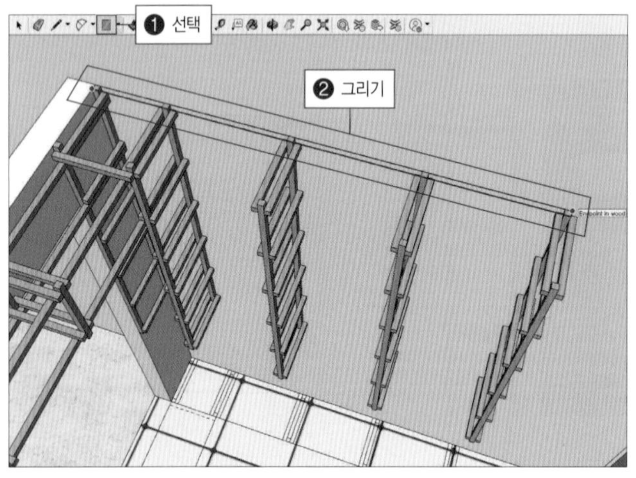

12 Rectangle 도구(▣)를 선택하고 벽 끝 모서리에서부터 '30mm' 두께의 사각형을 그립니다.

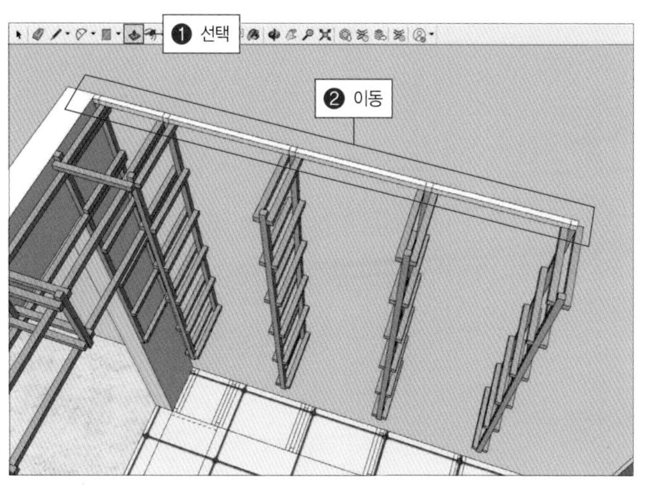

13 Push/Pull 도구( )를 선택하고 '30mm'만큼 Z축(파랑) 아래로 이동합니다.

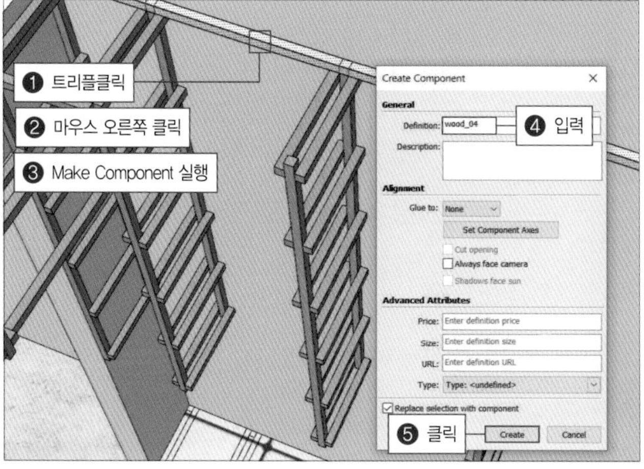

14 이를 트리플클릭하여 선택하고 마우스 오른쪽 버튼을 클릭하여 **Make Component**를 실행합니다. Create Component 대화상자가 표시되면 Definition에 'wood_04'를 입력한 다음 〈Create〉 버튼을 클릭합니다.

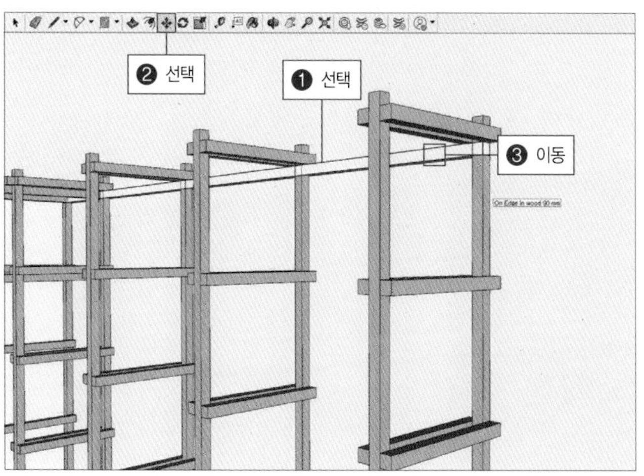

15 'wood_04' 컴포넌트를 선택하고 Move 도구( )를 선택한 다음 Z축(파랑) 아래로 '60mm'만큼 이동합니다.

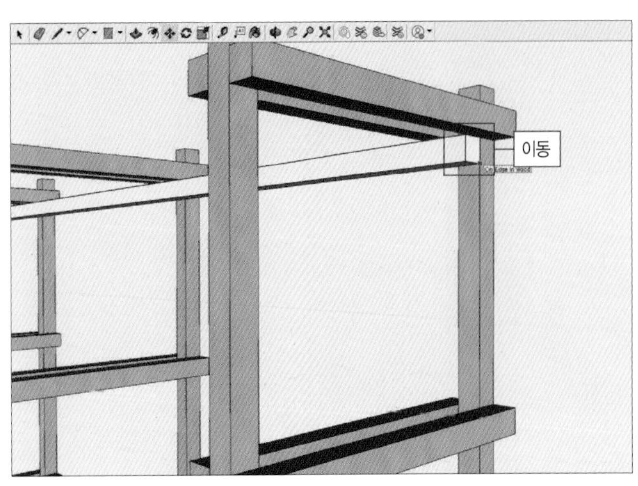

16 Move 도구(✥)로 Y축(초록) 앞으로 '30mm'만큼 이동합니다.

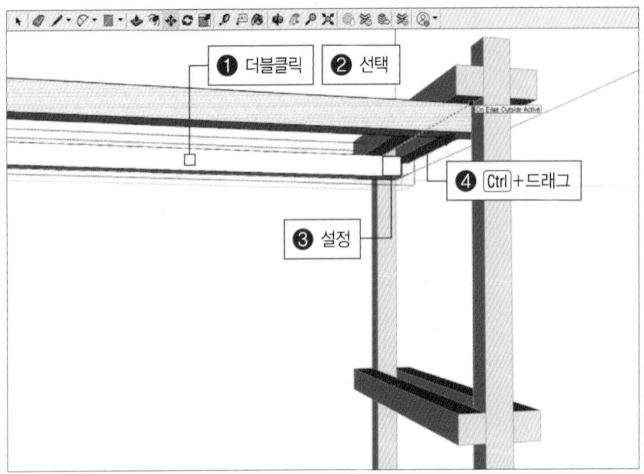

17 'wood_04' 컴포넌트를 더블클릭하여 안으로 설정하고 나무 막대를 선택합니다. Move 도구(✥)로 기준점을 설정하고 Ctrl을 누른 상태로 Y축(초록) 앞으로 '310mm'만큼 이동합니다.

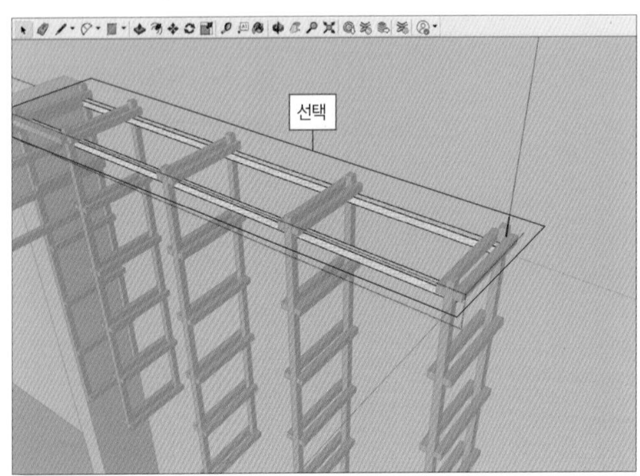

18 그림과 같이 틀을 모두 선택합니다.

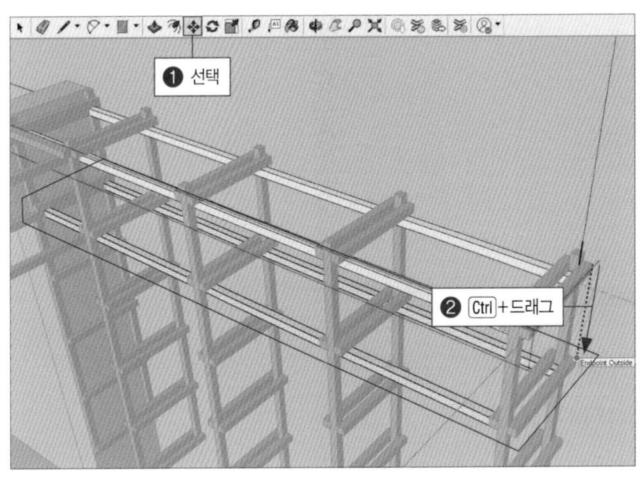

19 Move 도구( )를 선택하고 Ctrl을 누른 상태로 Z축(파랑) 아래로 드래그하여 '342mm'만큼 복사합니다.

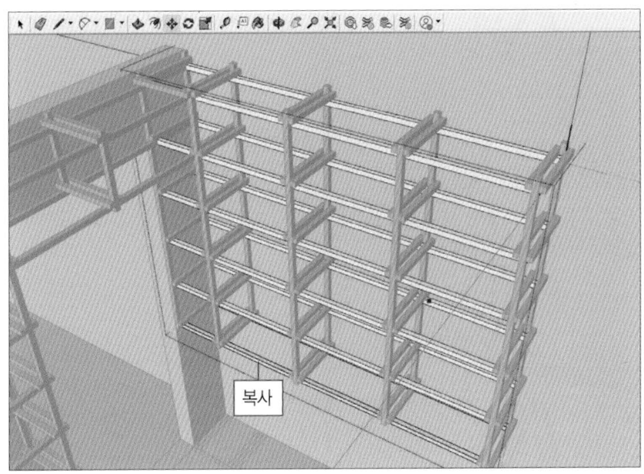

20 같은 방법으로 수직 구조 틀 아래 끝 부분까지 복사를 이어 나갑니다.

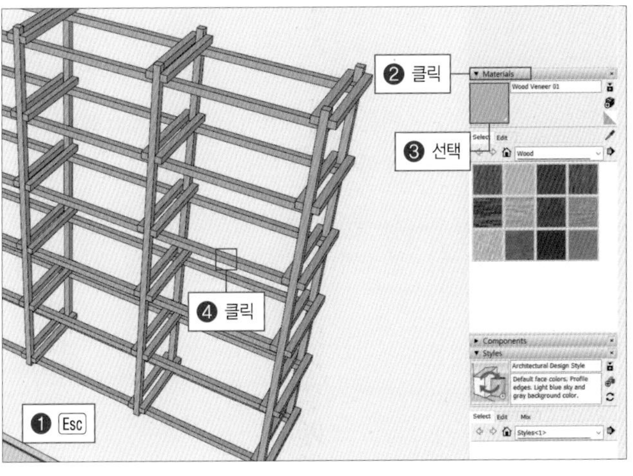

21 Esc를 눌러 컴포넌트를 바깥으로 설정하고 Materials 창에서 'Wood Veneer 01'을 선택한 다음 컴포넌트를 클릭하여 마감재를 적용합니다.

홀 식빵 선반 완성하기

공간의 가장 포인트라 할 수 있는 식빵 진열 선반 틀이 완성되었습니다. 마지막으로 식빵 판을 모델링하여 구조미가 돋보이는 디자인을 통해 사람들에게 신선한 경험을 선사합니다.

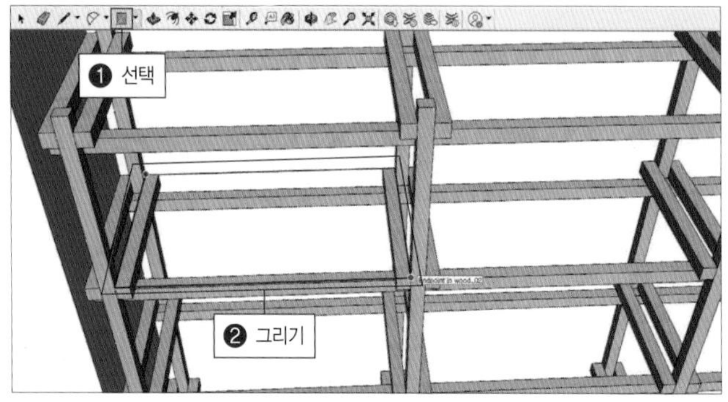

1 식빵을 올려놓을 수 있는 판을 모델링하겠습니다. 구조 틀 한 공간 기준이 되는 위치에 Rectangle 도구(▨)를 선택하고 사각형을 그립니다.

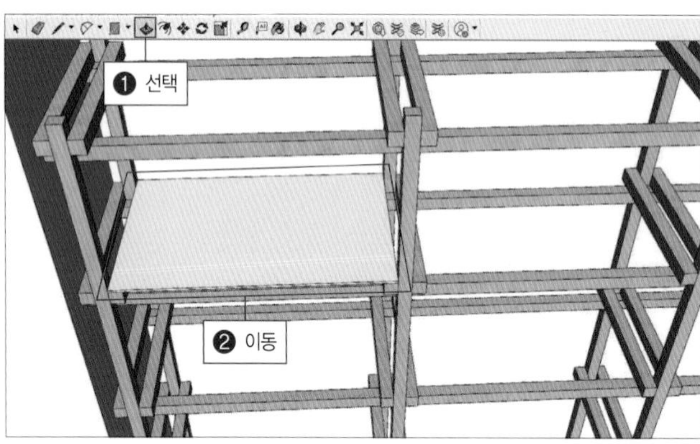

2 Push/Pull 도구(◆)를 선택하고 '5mm'만큼 위로 이동합니다.

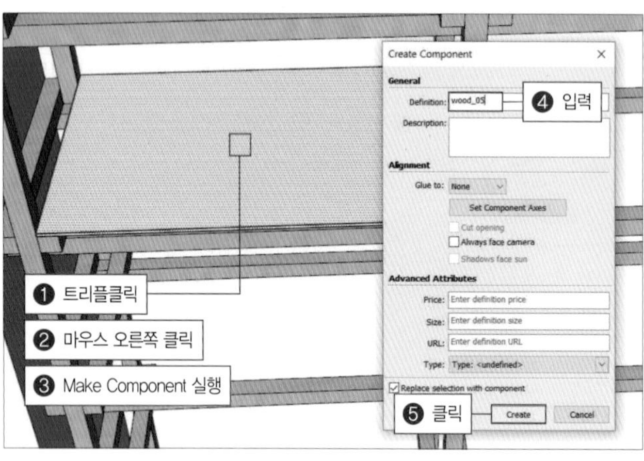

3 판을 트리플클릭하여 마우스 오른쪽 버튼을 클릭하여 **Make Component**를 실행합니다. Create Component 대화상자가 표시되면 Definition에 'wood_05'를 입력한 다음 〈Create〉 버튼을 클릭합니다.

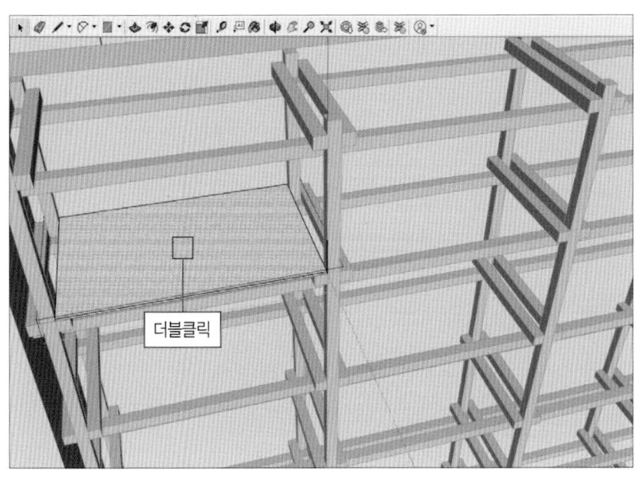

4 'wood_05' 컴포넌트를 더블클릭하여 컴포넌트 안으로 설정합니다.

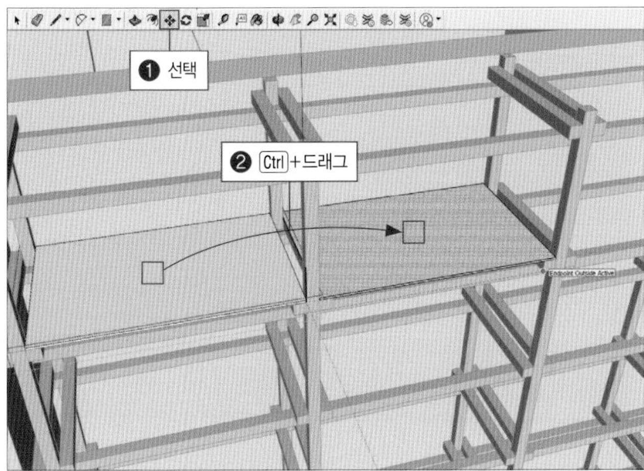

5 Move 도구(✥)를 선택하고 Ctrl을 누른 상태로 Y축(초록) 오른쪽으로 드래그하여 복사합니다.

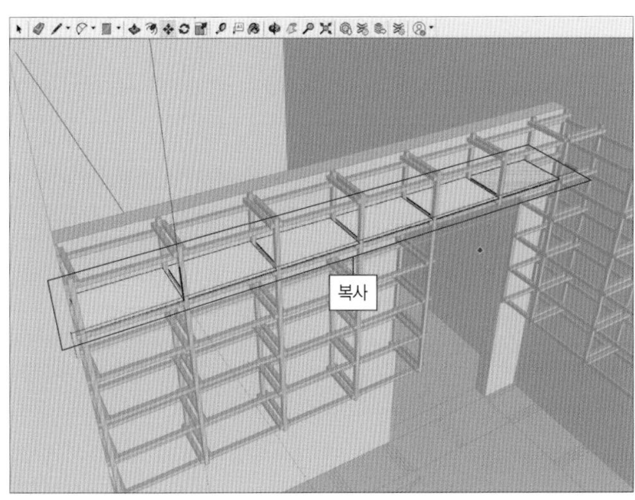

6 같은 방법으로 같은 줄의 판들을 복사하여 만듭니다.

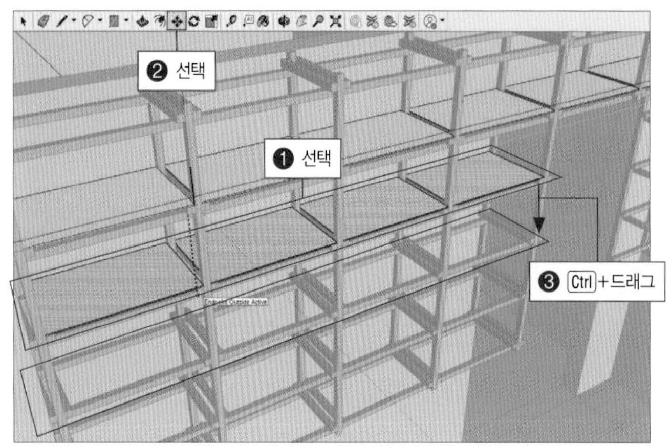

7 왼쪽부터 네 번째 판 컴포넌트까지 선택합니다. Move 도구(✥)를 선택하고 Ctrl을 누른 상태로 Z축(파랑) 아래로 드래그하여 '342mm'만큼 복사합니다.

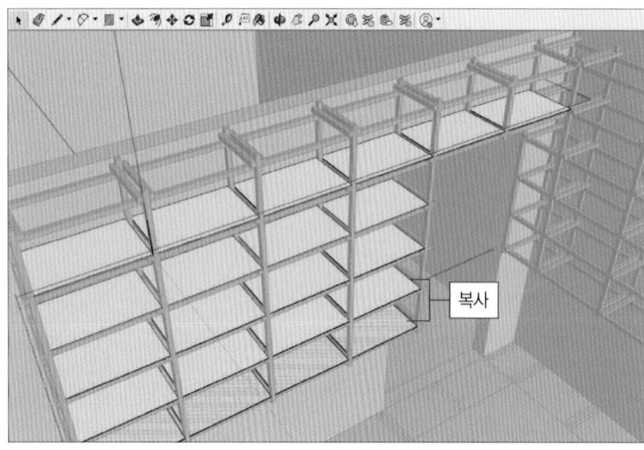

8 같은 방법으로 복사하고 아래로 이동합니다.

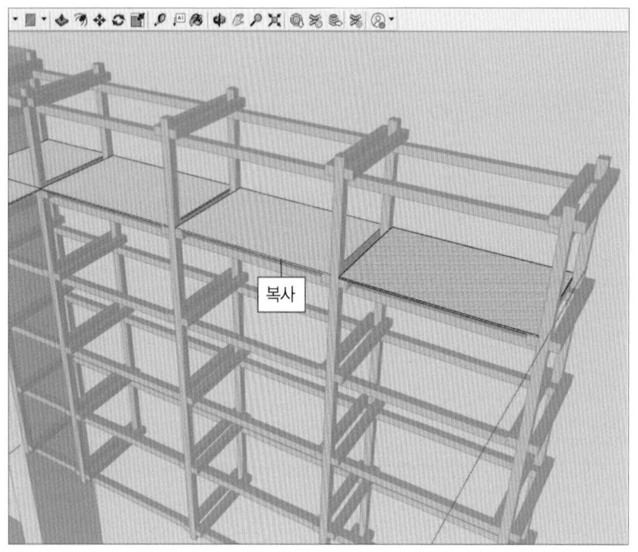

9 같은 방법으로 오른쪽에도 판 컴포넌트를 복사하고 이동합니다.

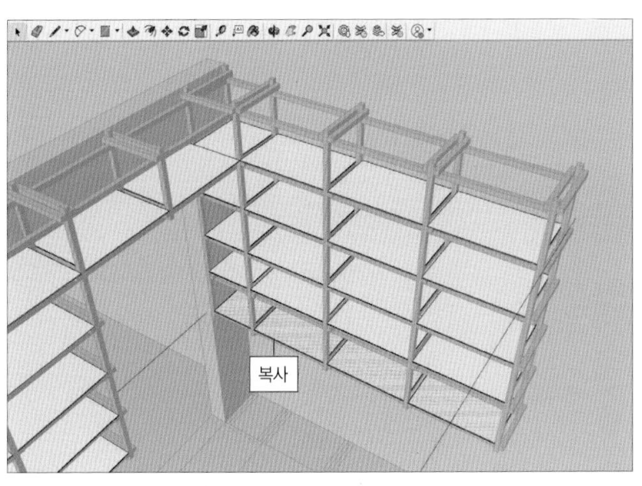

10 같은 방법으로 구조 틀 아래 쪽까지 동일한 방식으로 복사하고 이동합니다.

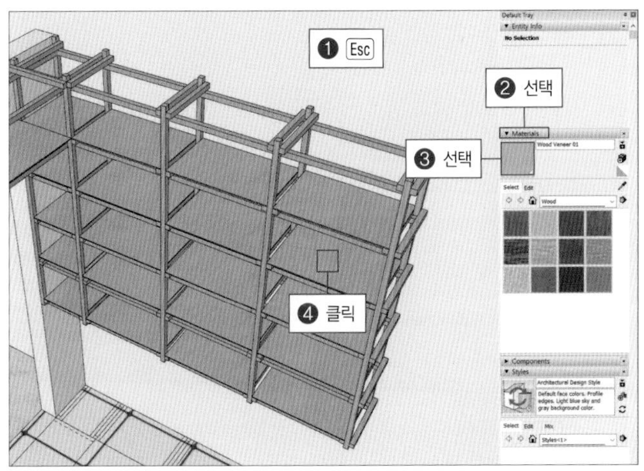

11 Esc를 눌러 컴포넌트 바깥으로 설정합니다. Materials 창에서 'Wood Veneer 01'을 선택하고 판 컴포넌트를 클릭하여 마감재를 적용합니다.

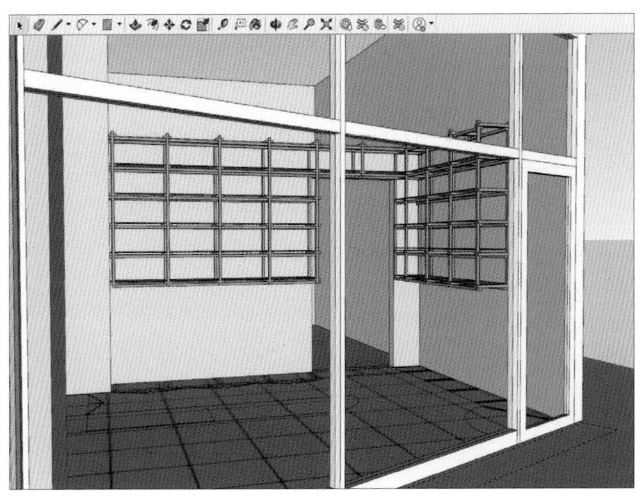

12 홀 식빵 선반 모델링이 완성되었습니다.

곡선 모양의 홀 카운터 모델링하기

매장을 방문하는 손님을 맞이하기 위한 카운터입니다. 카운터에서 식빵을 포장하여 건네고 계산을 할 수 있도록 적절한 높이로 모델링하는 것이 중요하게 작용됩니다.

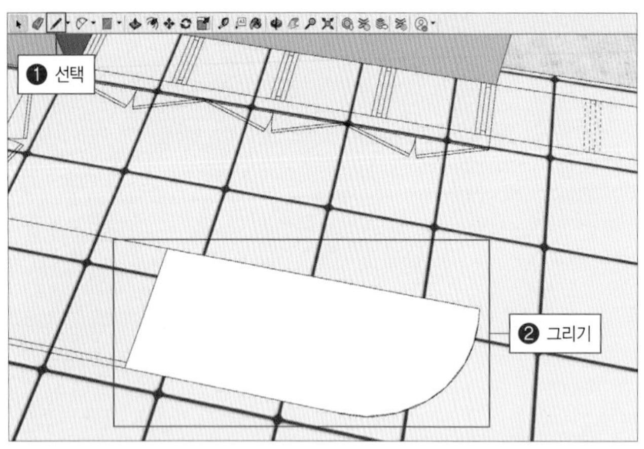

1 Lines 도구(✏)를 선택하고 도면의 카운터 부분을 그립니다.

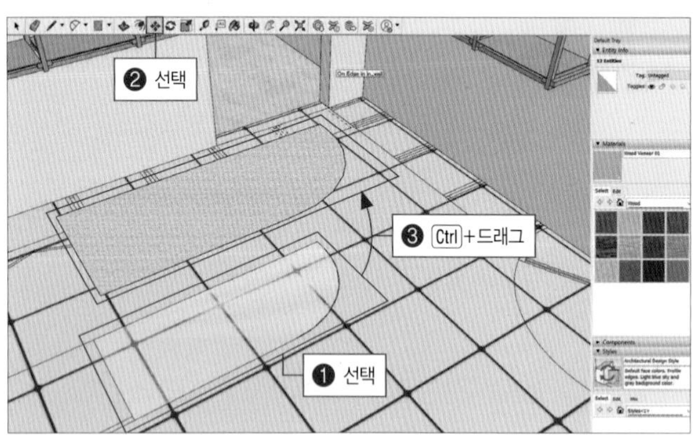

2 면 컴포넌트를 선택하고 Move 도구(✥)를 선택한 다음 Ctrl을 누른 상태로 Z축(파랑) 위로 드래그하여 '950mm'만큼 복사합니다.

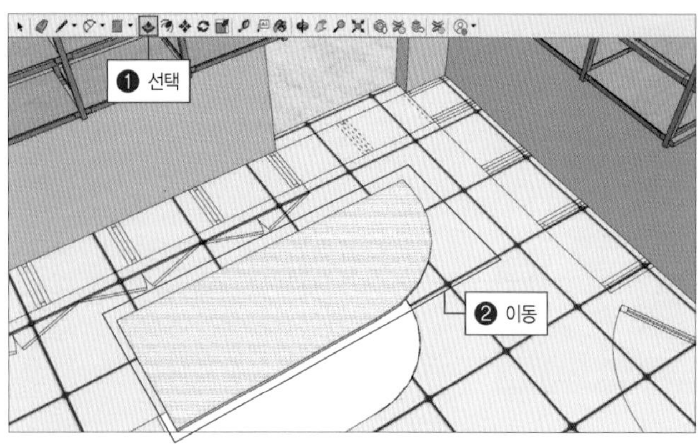

3 Push/Pull 도구(◆)를 선택하고 복사한 면을 Z축(파랑) 아래로 '20mm' 이동하여 상판의 두께를 만듭니다.

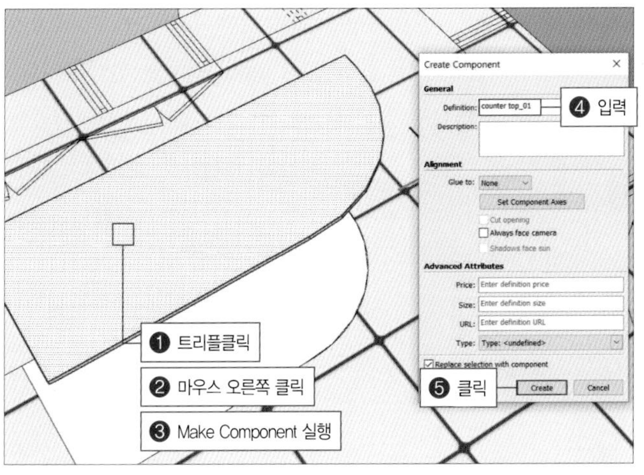

4 상판을 트리플클릭하여 선택하고 마우스 오른쪽 버튼을 클릭하여 **Make Component**를 실행합니다. Create Component 대화상자가 표시되면 Definition에 'counter top_01'을 입력한 다음 〈Create〉 버튼을 클릭합니다.

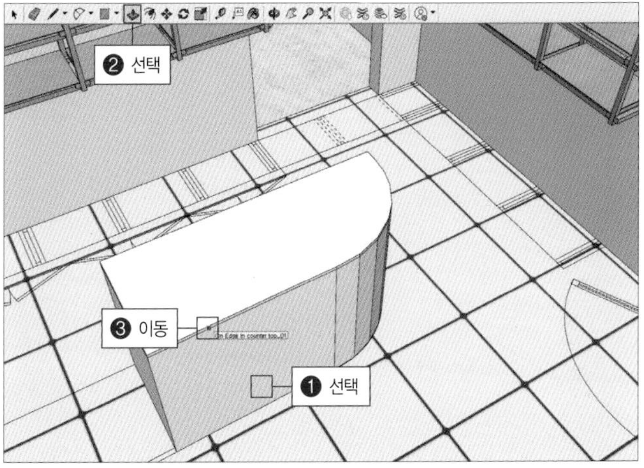

5 'counter top_01' 컴포넌트를 선택하고 Push/Pull 도구( )를 선택한 다음 Z축(파랑) 위로 이동하여 상판 밑 선까지 맞춥니다.

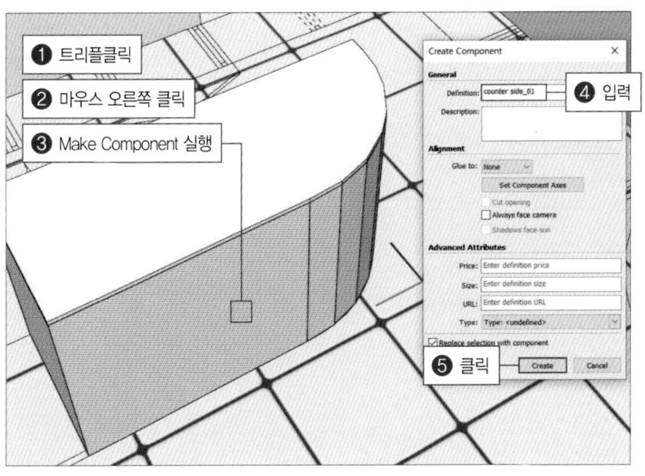

6 옆면을 트리플클릭하여 선택하고 마우스 오른쪽 버튼을 클릭하여 **Make Component**를 실행합니다. Create Component 대화상자가 표시되면 Definition에 'counter side_01'을 입력한 다음 〈Create〉 버튼을 클릭합니다.

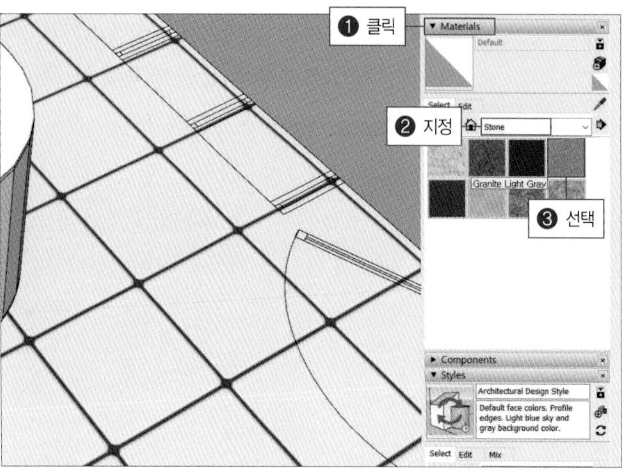

7 Materials 창에서 'Stone'로 지정하고 'Granite Light Gray'를 선택합니다.

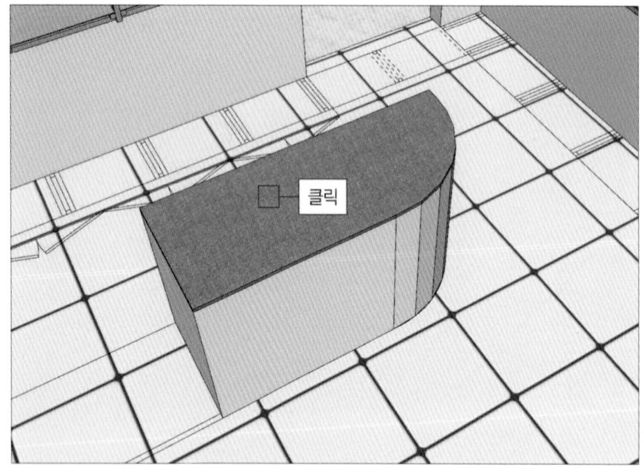

8 상판을 클릭하여 마감재를 적용합니다.

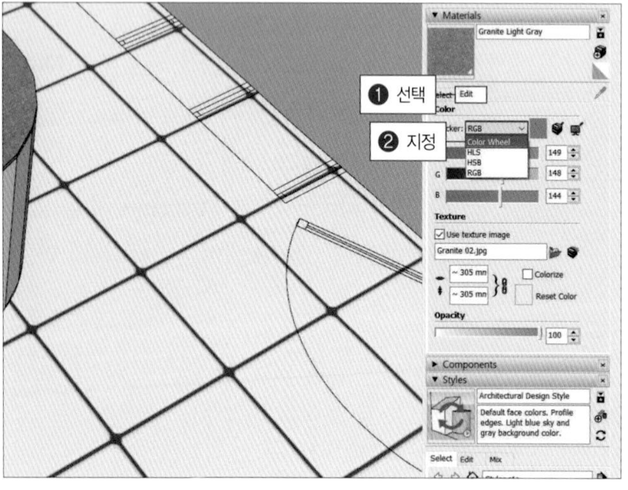

9 색상을 더 밝게 조절하겠습니다. [Edit] 탭에서 Picker를 'Color Wheel'로 지정합니다.

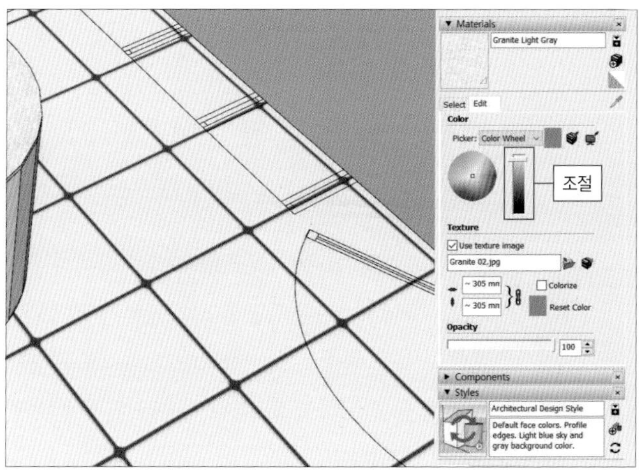

10 명도를 더 밝게 조절하여 상판의 마감재가 더 밝게 보이게 합니다.

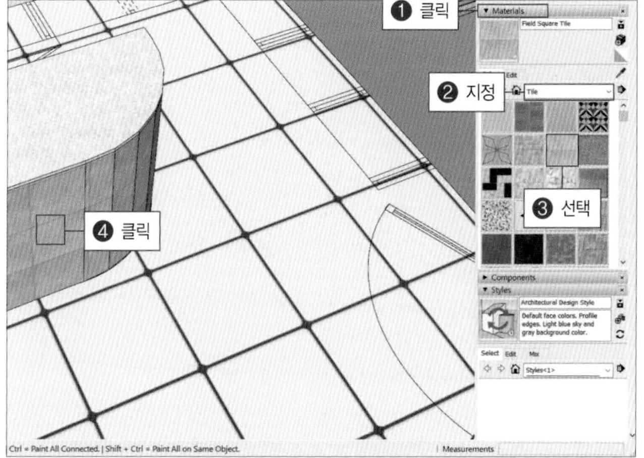

11 이번에는 카운터 옆면에 마감재를 입히겠습니다. Materials 창에서 'Tile'로 지정하고 'Field Square Tile'을 선택하고 옆면을 클릭하여 마감재를 적용합니다.

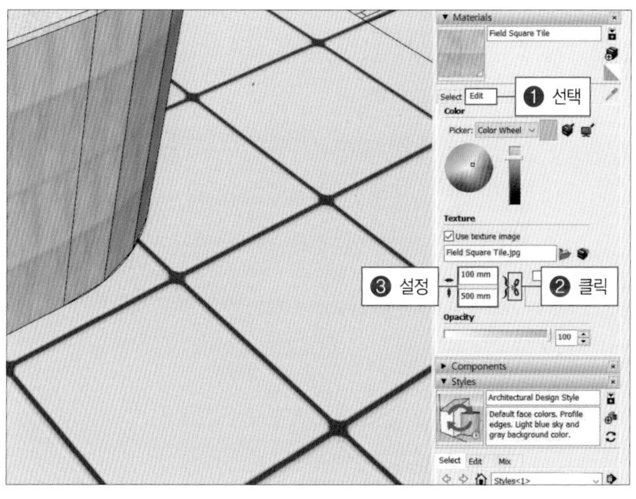

12 정사각형 타일이 아닌 직사각형으로 조절하기 위해 〔Edit〕 탭에서 Texture의 '링크' 아이콘(⛓)을 클릭하여 비활성화합니다. 그리고 가로를 '100mm', 세로를 '500mm'로 입력하여 타일 사이즈를 설정합니다.

각진 모양의 창가 카운터 모델링하기

창가 쪽 카운터를 만들겠습니다. 창가 카운터는 다른 모양으로 각진 모양으로 만들고, 식빵 또는 디저트를 보관할 수 있는 쇼케이스도 추가하겠습니다.

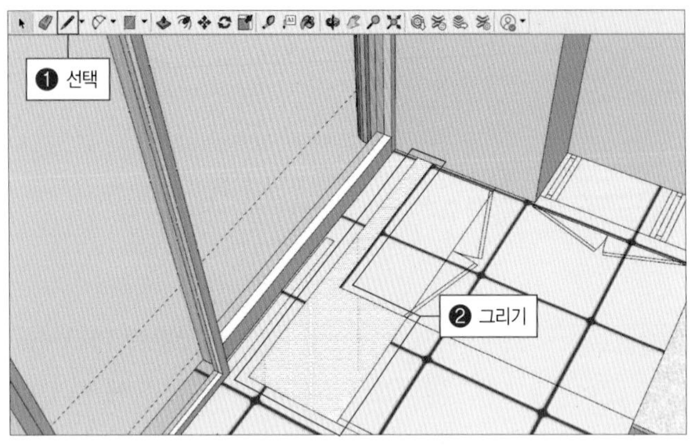

1 창가 쪽 카운터를 모델링합니다. 여기서는 카운터면서도 간단하게 작업 가능한 높이로 고려합니다. Lines 도구(✏)를 선택하고 도면 위 카운터 위치에 맞게 그립니다.

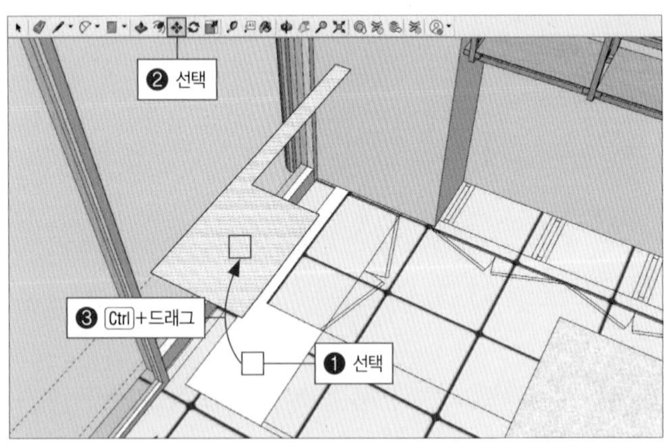

2 면을 선택하고 Move 도구(✥)를 선택한 다음 Ctrl을 누른 상태로 드래그하여 Z축(파랑) 위로 '950mm'만큼 복사합니다.

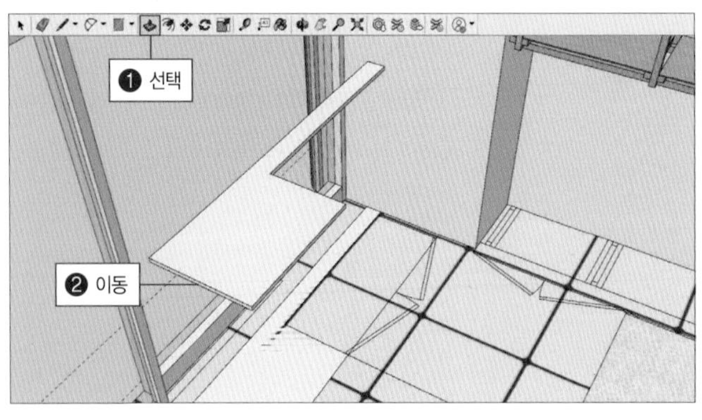

3 Push/Pull 도구(◆)를 선택하고 복사한 면을 Z축(파랑) 아래로 '20mm' 이동하여 상판의 두께를 만듭니다.

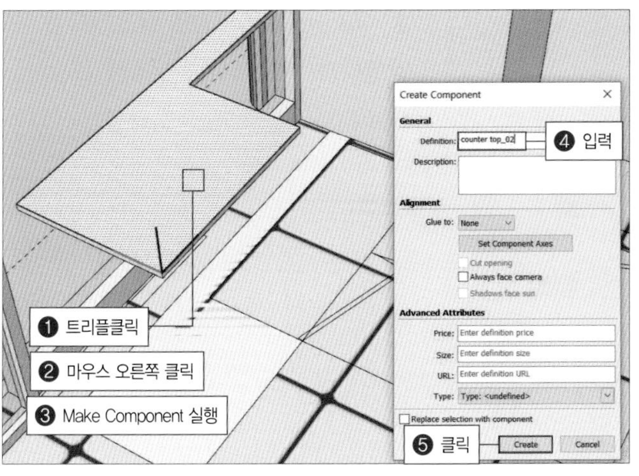

4 상판을 트리플클릭하여 선택하고 마우스 오른쪽 버튼을 클릭하여 **Make Component**를 실행합니다. Create Component 대화상자가 표시되면 Definition에 'counter top_02'를 입력한 다음 〈Create〉 버튼을 클릭합니다.

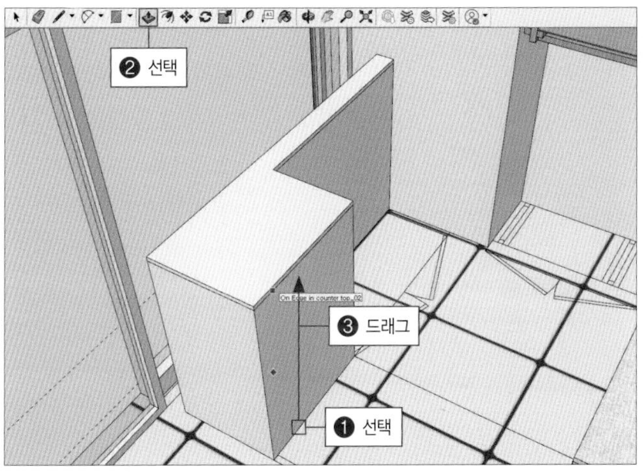

5 하단면을 선택하고 Push/Pull 도구()를 선택한 다음 Z축(파랑) 위로 드래그하여 상판 밑 선까지 맞춥니다.

6 옆면을 트리플클릭하여 선택하고 마우스 오른쪽 버튼을 클릭하여 **Make Component**를 실행합니다. Create Component 대화상자가 표시되면 Definition에 'counter side_02'를 입력한 다음 〈Create〉 버튼을 클릭합니다.

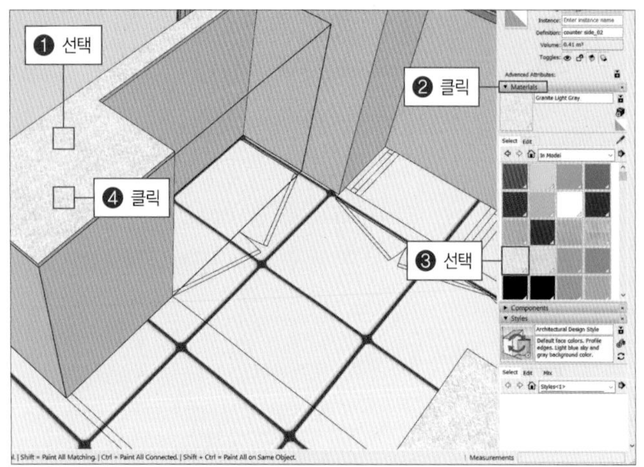

7 'counter top_02' 컴포넌트를 선택합니다. Materials 창에서 'Granite Light Gray'를 선택하고 상판을 클릭하여 적용합니다.

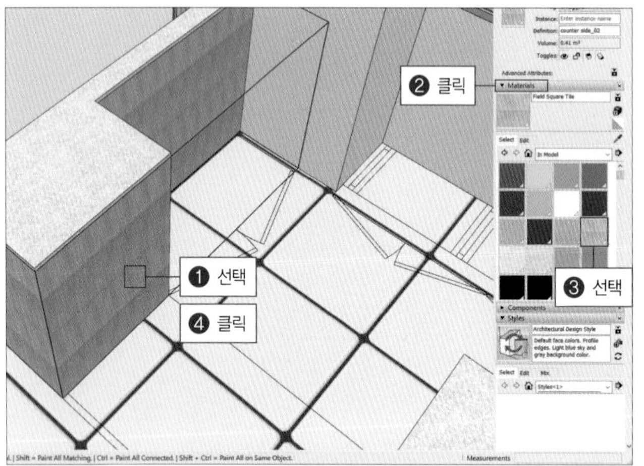

8 이번에는 'counter side_02' 컴포넌트를 선택하고 Materials 창에서 'Field Square Tile'을 선택하고 옆면을 클릭하여 적용합니다.

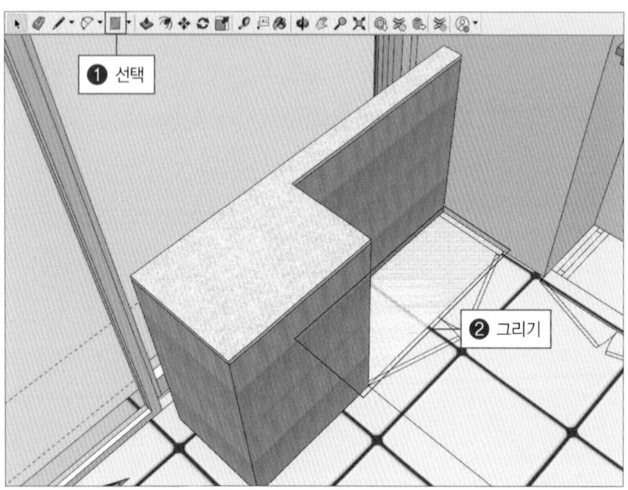

9 작업대 높이의 부분을 모델링하겠습니다. Rectangle 도구(▦)를 선택하고 밑면을 그립니다.

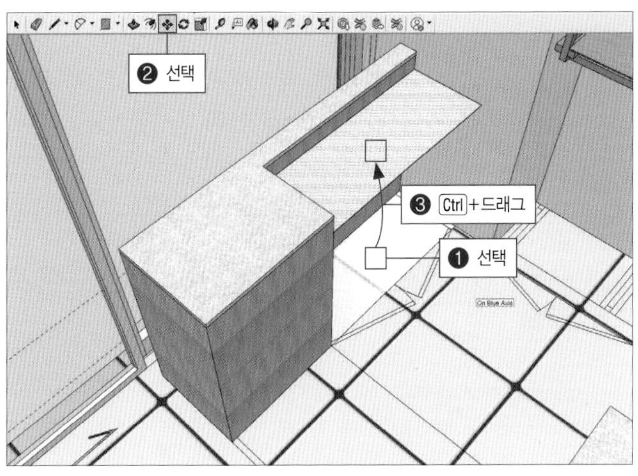

10 면을 선택합니다. Move 도구( )를 선택하고 Ctrl를 누른 상태로 드래그하여 Z축(파랑) 위로 '850mm'만큼 복사합니다.

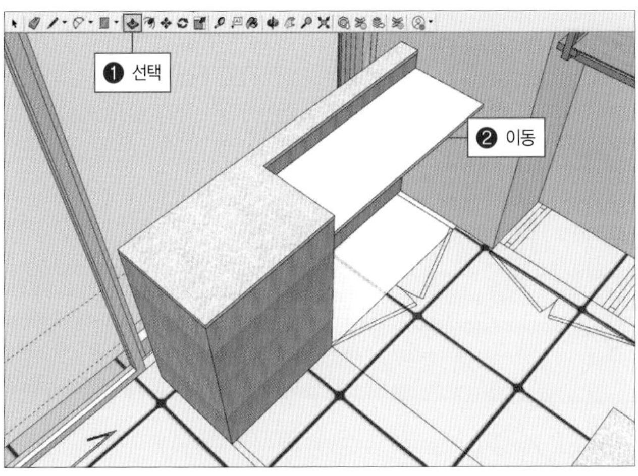

11 Push/Pull 도구( )를 선택하고 상판 컴포넌트를 Z축(파랑) 아래로 '20mm'만큼 이동하여 상판의 두께를 만듭니다.

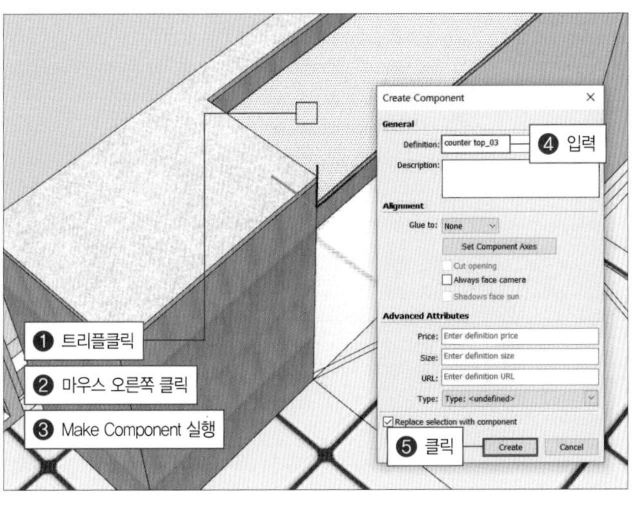

12 상판을 트리플클릭하여 선택하고 마우스 오른쪽 버튼을 클릭하여 **Make Component**를 실행합니다. Create Component 대화상자가 표시되면 Definition에 'counter top_03'을 입력한 다음 〈Create〉 버튼을 클릭합니다.

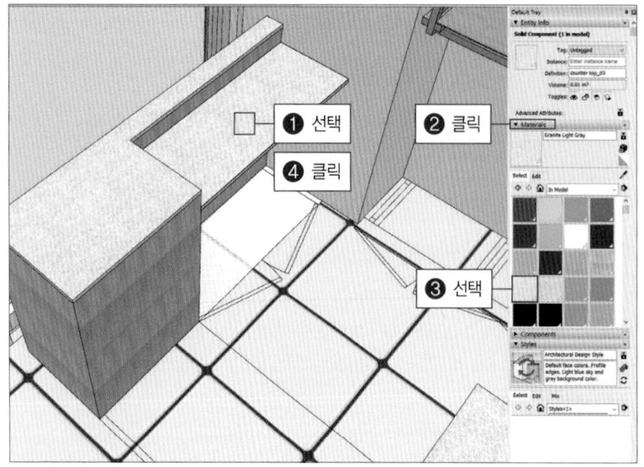

13 'counter top_03' 컴포넌트를 선택합니다. Materials 창에서 'Granite Light Gray'를 선택하고 상판을 클릭하여 적용합니다.

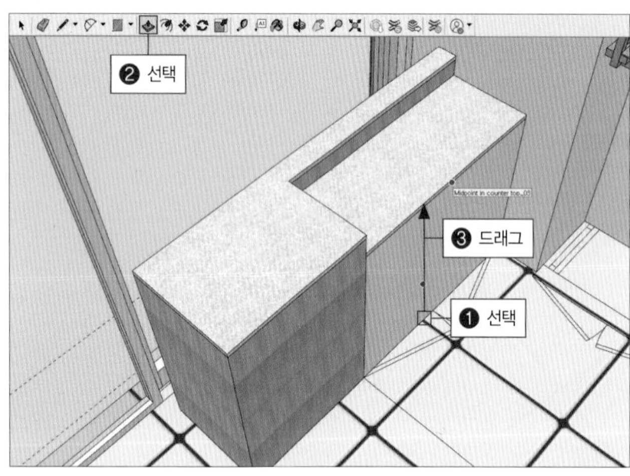

14 기존의 면을 선택하고 Push/Pull 도구( )를 선택한 다음 Z축(파랑) 위로 드래그하여 상판 밑 선까지 맞춥니다.

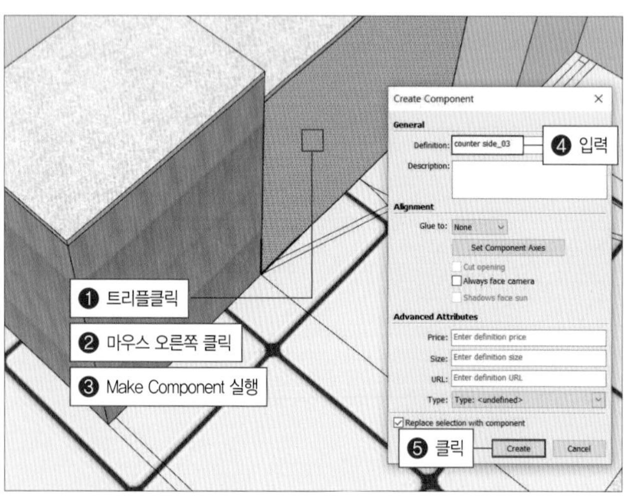

15 옆면을 트리플클릭하여 선택하고 마우스 오른쪽 버튼을 클릭하여 **Make Component**를 실행합니다. Create Component 대화상자가 표시되면 Definition에 'counter side_03'을 입력한 다음 〈Create〉 버튼을 클릭합니다.

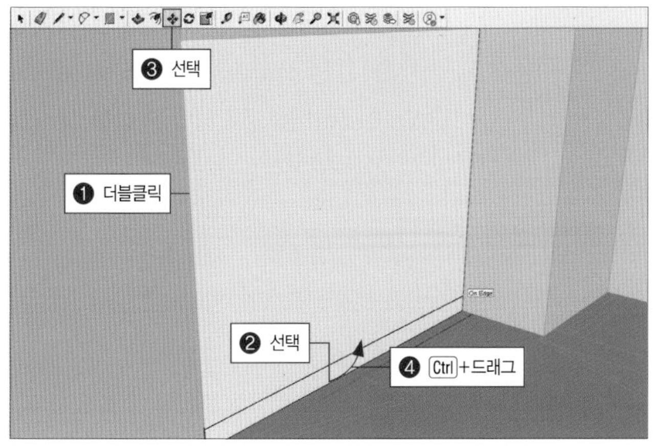

16 'counter side_03' 컴포넌트를 더블클릭하여 컴포넌트 안으로 설정하고 다음 맨 밑 모서리를 선택합니다. Move 도구( )를 선택하고 Ctrl을 누른 상태로 Z축(파랑) 위로 드래그하여 '50mm' 만큼 복사해서 선을 그립니다.

17 Rectangle 도구( )를 선택하고 새로 그려진 선의 중심을 기준으로 사각형을 그립니다. Push/Pull 도구( )를 선택하고 앞으로 드래그하여 '40mm'만큼 두께를 만듭니다.

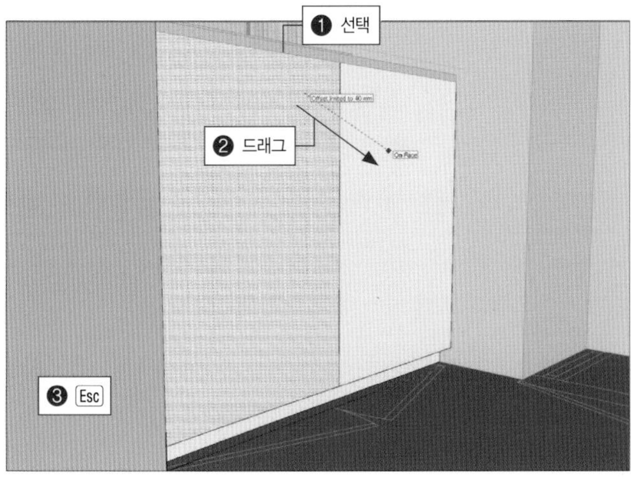

18 같은 방법으로 옆면도 동일하게 만듭니다. Esc를 눌러 컴포넌트 밖으로 설정합니다.

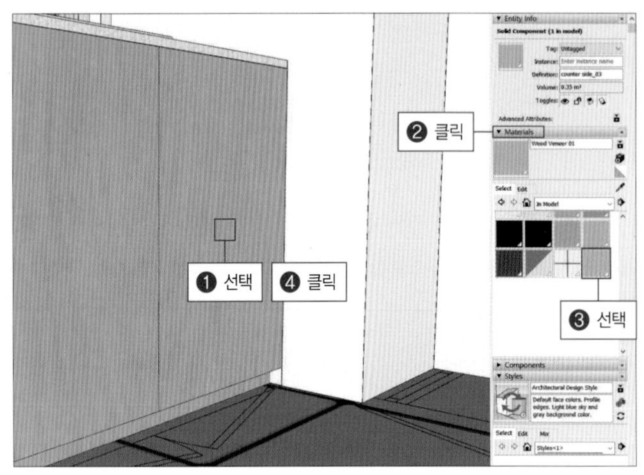

19 'counter side_03' 컴포넌트를 선택합니다. Materials 창에서 'Wood Veneer 01'을 선택하고 옆면을 클릭하여 마감재를 적용합니다.

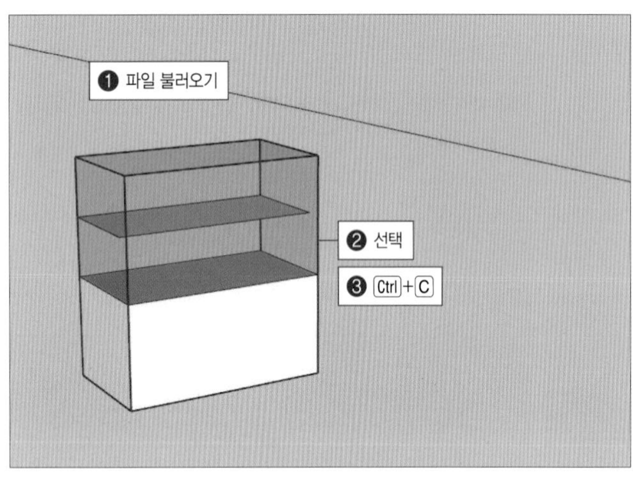

20 프로젝트 → 05 폴더에서 'show case.skp' 파일을 불러옵니다. 쇼케이스 모델링을 선택하고 Ctrl+C를 눌러 복사합니다.

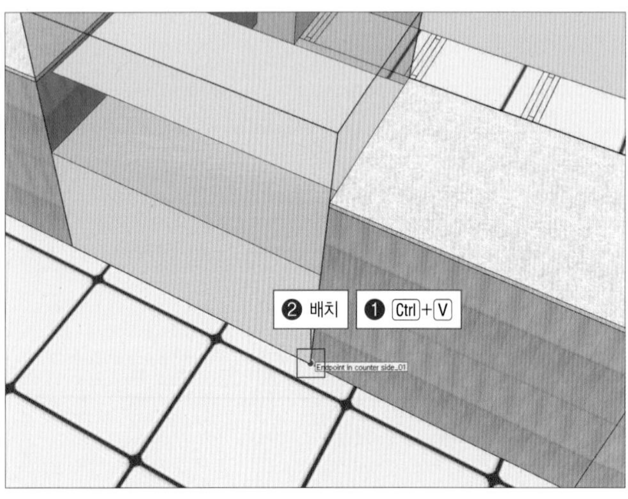

21 이를 앞서 모델링하던 파일에 Ctrl+V를 눌러 붙여 넣습니다. 이때 기준점이 되는 위치를 확인하고 맞는 위치에 배치하여 홀 앞쪽 카운터를 완성합니다.

작업대 모델링하기

홀의 카운터 뒤 작업대를 모델링합니다. 여기서 여러 작업 및 하단의 장을 이용해 포장 용품 등 여러 물품을 보관해 둘 수 있습니다.

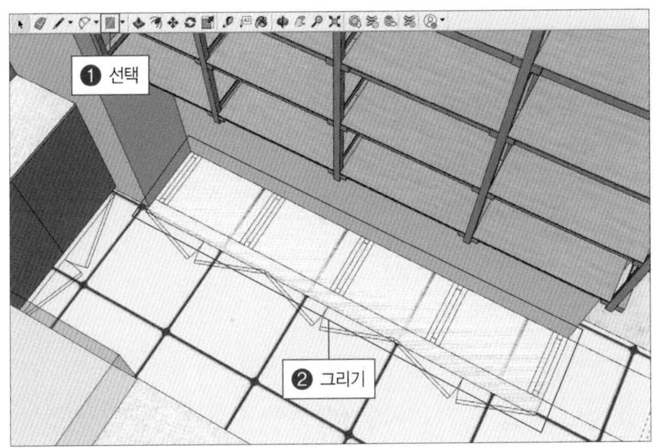

1 Rectangle 도구( )를 선택하고 사각형을 그립니다.

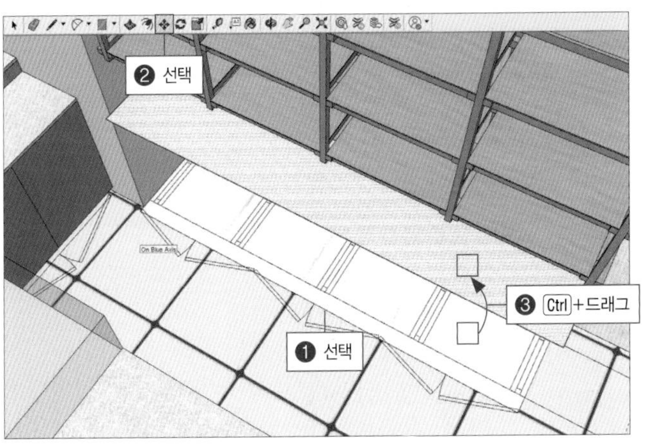

2 면을 선택하고 Move 도구( )를 선택한 다음 Ctrl을 누른 상태로 Z축(파랑) 위로 드래그하여 '850mm'만큼 복사합니다.

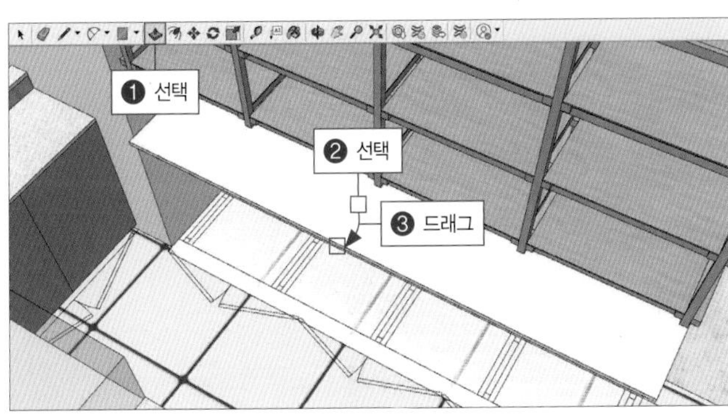

3 Push/Pull 도구( )를 선택하고 복사한 면을 선택한 다음 Z축(파랑) 아래로 드래그하여 '20mm' 상판의 두께를 만듭니다.

4 상판을 트리플클릭하여 선택하고 마우스 오른쪽 버튼을 클릭하여 **Make Component**를 실행합니다. Create Component 대화상자가 표시되면 Definition에 'counter top_04'를 입력한 다음 〈Create〉 버튼을 클릭합니다.

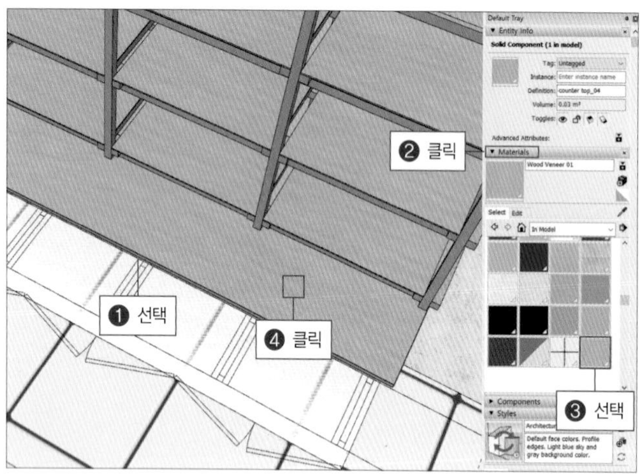

5 'counter top_04' 컴포넌트를 선택하고 Materials 창의 'Wood Veneer 01'을 선택한 다음 상판을 클릭하여 마감재를 적용합니다.

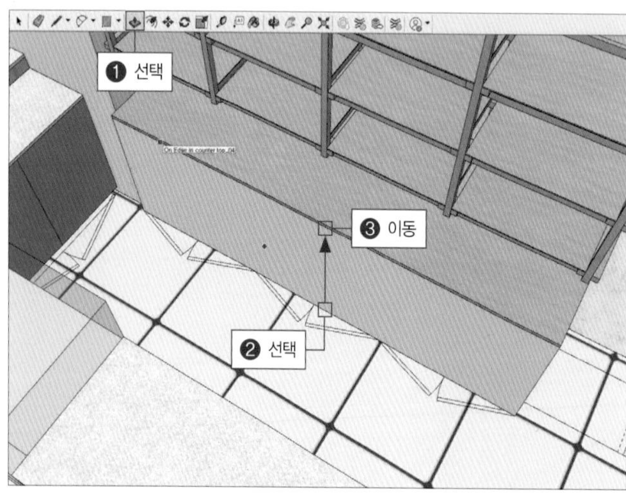

6 Push/Pull 도구()를 선택하고 도면 위의 면을 선택하여 Z축(파랑) 위로 이동한 다음 오른쪽 수치 입력 상자에 '830mm'를 입력하여 높이를 만듭니다.

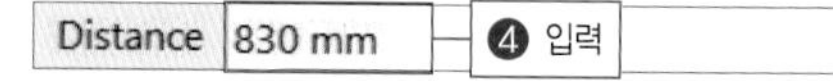

7 이를 트리플클릭하여 선택하고 마우스 오른쪽 버튼을 클릭하여 **Make Component**를 실행합니다. Create Component 대화상자가 표시되면 Definition에 'counter side_04'를 입력한 다음 〈Create〉 버튼을 클릭합니다.

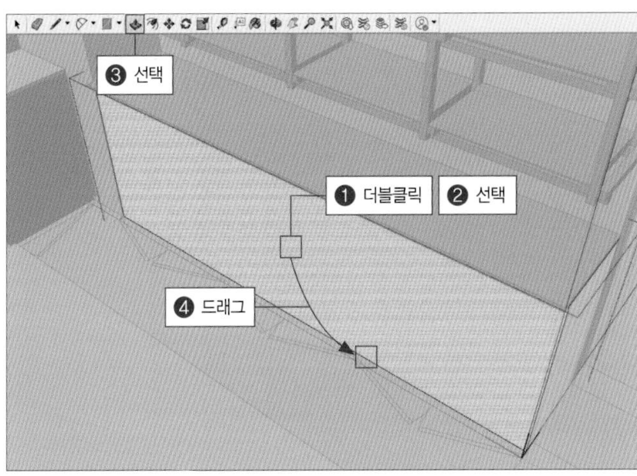

8 'counter side_04' 컴포넌트를 더블클릭하여 안으로 설정하고 앞면을 선택합니다. Push/Pull 도구()를 선택하고 X축(빨강) 뒤로 드래그하여 '40mm' 만큼 이동합니다.

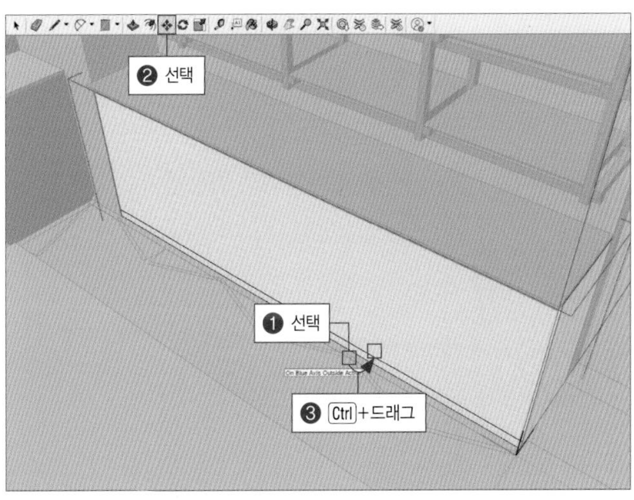

9 아래 모서리를 선택하고 Move 도구()를 선택한 다음 Ctrl을 누른 상태로 Z축(파랑) 위로 드래그하여 '50mm' 만큼 복사하고 이동합니다.

10 Lines 도구(✏)를 선택하고 모서리의 중심을 기준으로 Z축(파랑)을 따라 새로운 선을 그리고 새롭게 나뉜 선의 중심을 기준으로 다시 Z축(파랑)을 따라 새로운 선을 그립니다.

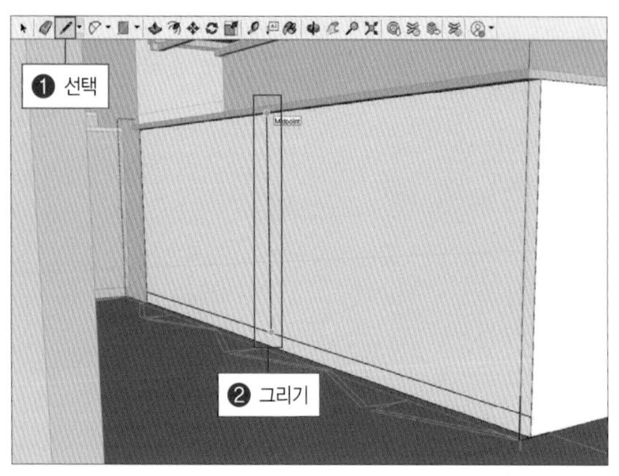

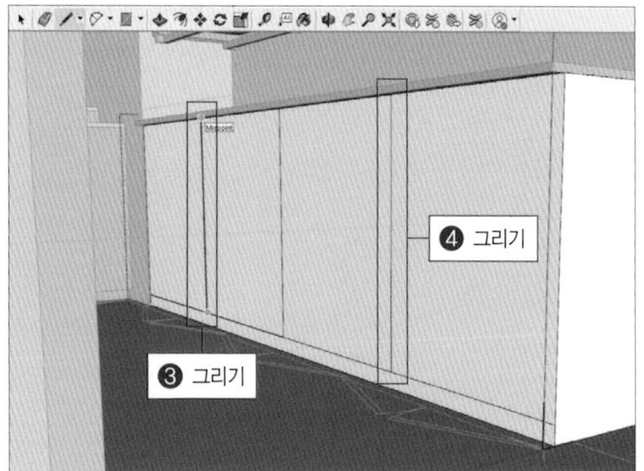

11 면을 선택하고 Push/Pull 도구(◆)를 선택한 다음 '40mm'만큼 앞으로 이동합니다.

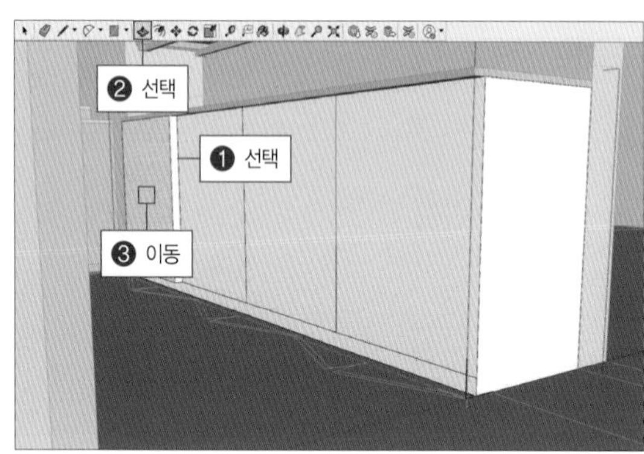

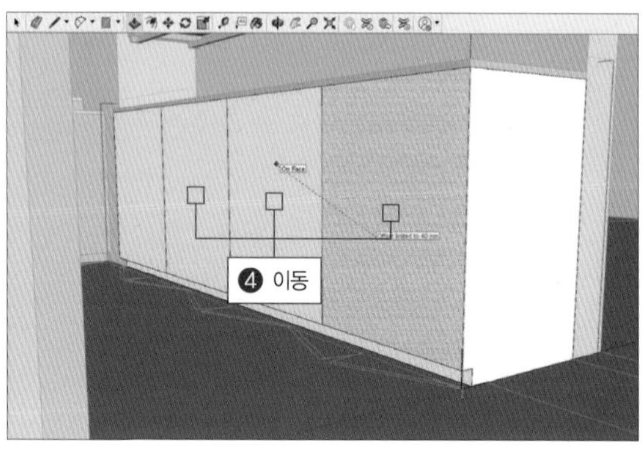

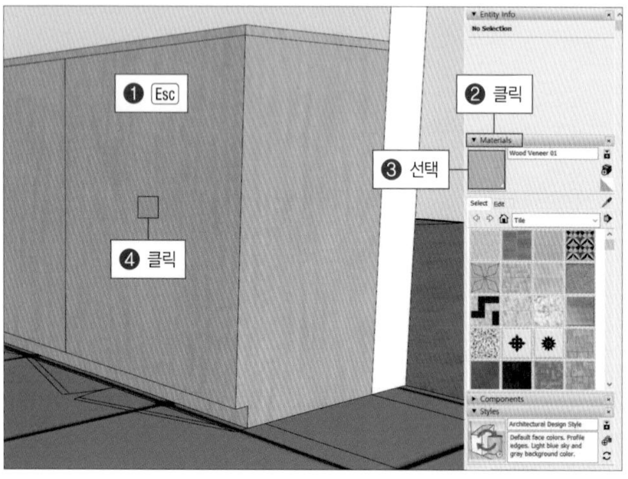

12 Esc를 눌러 컴포넌트 밖으로 설정합니다. Materials 창에서 'Wood Veneer 01'을 선택하고 컴포넌트를 클릭하여 마감재를 적용합니다.

주방 가림벽 모델링하기

주방의 여러 집기들을 외부에서 봤을 때 가리기 위해 홀 쪽 카운터 마감과 동일하게 가림벽을 모델링합니다.

1 Rectangle 도구( )를 선택하고 도면 위 가림벽 경계를 따라 사각형을 그립니다. 형성된 면을 선택하고 Push/Pull 도구( )를 선택한 다음 Z축(파랑) 위로 드래그하여 '950mm'만큼 이동합니다.

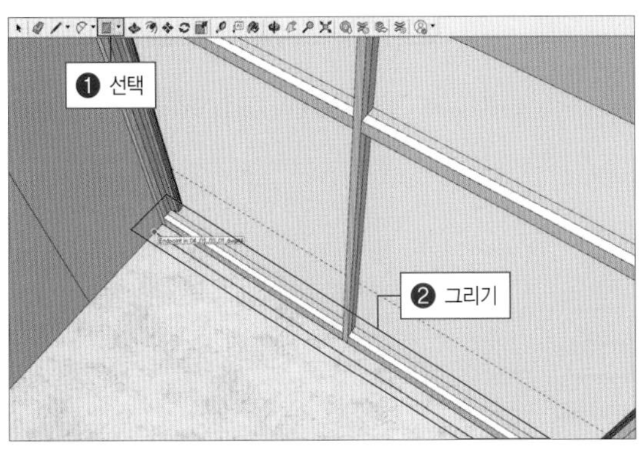

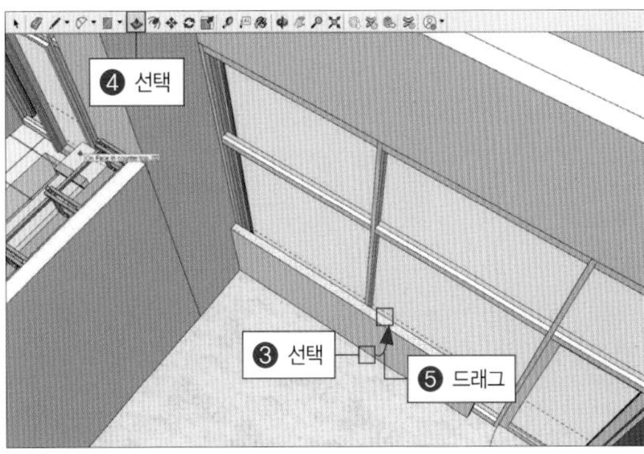

2 이를 트리플클릭하여 선택하고 마우스 오른쪽 버튼을 클릭하여 **Make Component**를 실행합니다. Create Component 대화상자가 표시되면 Definition에 'kitchen side'를 입력한 다음 〈Create〉 버튼을 클릭합니다.

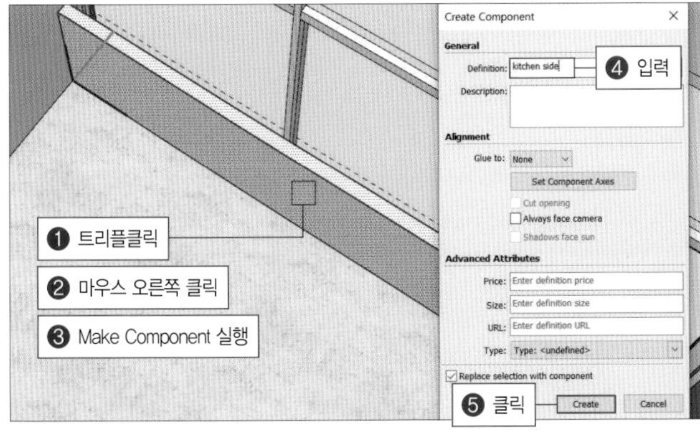

3 'kitchen side' 컴포넌트를 선택하고 Materials 창의 'Field Square Tile'을 선택한 다음 옆면을 클릭하여 마감재를 적용합니다. 이렇게 매장의 모든 모델링을 마무리합니다.

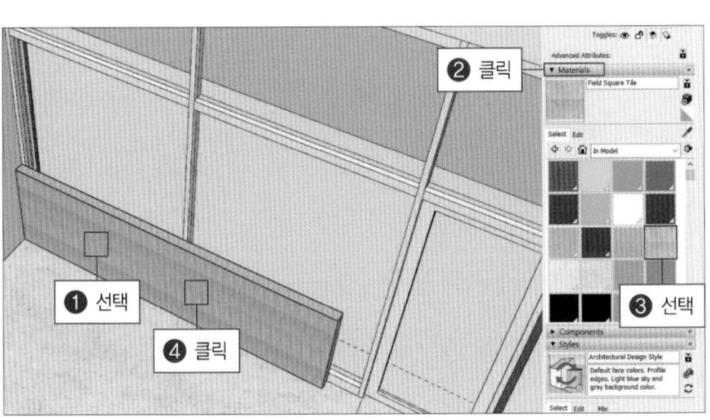

Part 6

건축 3D 모델링을 위한 Blender 실무 프로젝트

3D 작업을 할 때 다양한 기능을 사용할 수 있는 Blender는 새로운 기능이 빠르게 추가, 보완되어 대중적으로 많이 알려지기 시작했습니다. 모델링 외에도 텍스츄어, UV, 조명, 렌더링 등 다양한 작업이 가능하여 사용법을 익힌다면 실무에서도 무리 없이 건축 인테리어 디자인을 진행할 수 있습니다.

Designer's PRO

Practical Architecture Interior

AutoCAD

SketchUp

Blender

프로젝트

모델링 전문 프로그램, Blender

Blender는 모델링 프로그램과 비교해도 기능적으로 떨어지지 않으며, 빠른 개발 속도를 가지고 있습니다.
거의 모든 3D 프로그램들의 주요 기능들을 제공하고 있으며, 일부 기능들은 오히려 다른 모델링 프로그램들을 능가하고 있습니다.

올인원 3D 프로그램 Blender

Blender는 올인원 3D 프로그램으로, 여러분이 3D에서 작업하는 모든 작업이 가능합니다. 모델링, 스컬핑, 렌더링, 캐릭터 애니메이션, 3D를 사용한 VFX 작업, 시뮬레이션을 사용한 특수효과 제작, 심지어 비디오 편집과 이미지 합성까지도 가능합니다. 여타 프로그램처럼 일부 기능을 단순히 흉내 내는 정도가 아닌 독자적인 기술을 사용하는 매우 발전된 프로그램으로 다른 프로그램보다 발전 속도가 빠릅니다. 계속해서 새로운 기능이 추가되며 부족한 기능들은 계속해서 보완되고 있습니다. 오픈 소스로 공개되어 있어 원하는 모든 사람이 개발에 관여할 수 있습니다. 그로 인해 전 세계의 수많은 개발자가 Blender를 더 발전된 프로그램으로 만드는데 참여하고 있습니다.

이제 3D 프로그램의 대명사가 될 것이며, 조만간 3D 아티스트들의 가장 기본적으로 다루어야 할 프로그램이 될 것입니다.

화면 구성

Blender 프로그램의 화면 구성은 다음과 같습니다.

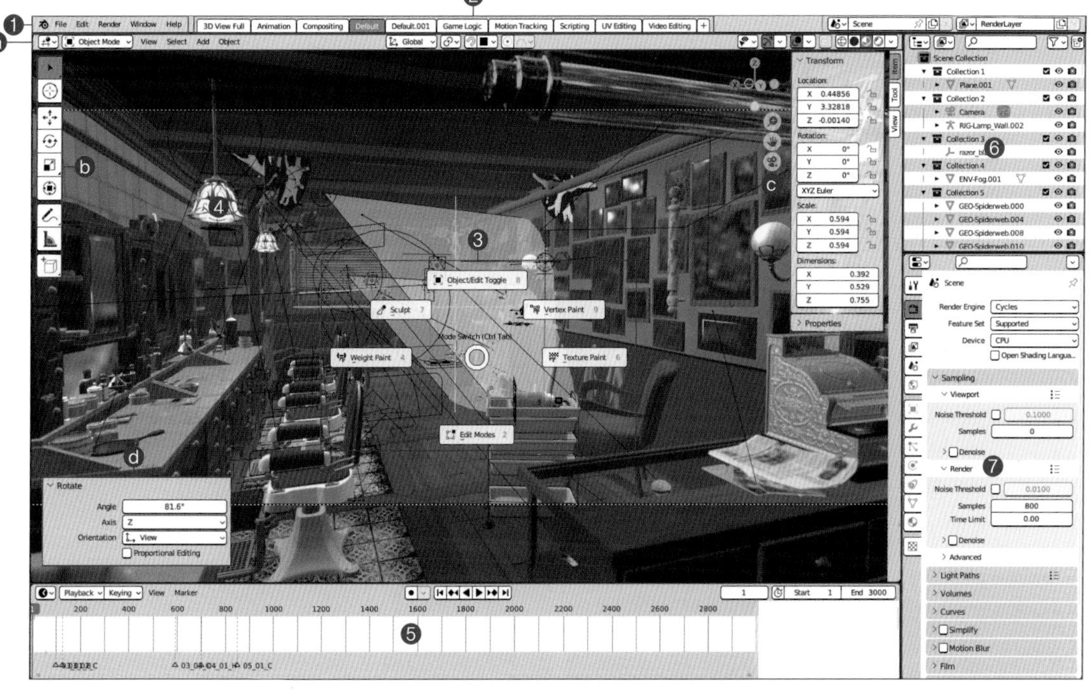

❶ **메뉴** : 다양한 메뉴에서 원하는 작업을 실행하여 설정을 적용할 수 있습니다.

❷ Workspaces : 특정 작업에 특화되어 있는 작업 공간이 미리 구성되어 있어 손쉽게 작업 환경을 변경할 수 있습니다.

❸ **파이 메뉴** : 접근하기 까다로운 메뉴들을 쉽게 배치하여 작업 속도와 능률을 높여 줍니다.

❹ 3D Viewport **패널** : 3D 작업물을 확인하며 작업하는 공간입니다.

ⓐ Header **패널** : 현재 활성화된 도구와 관련된 작업을 편리하게 할 수 있게 구성된 인터페이스

ⓑ Toolbar **패널** : 활성화된 오브젝트에 사용 가능한 도구

ⓒ Sidebar : 활성화된 오브젝트의 정보가 표시되는 창

ⓓ Operation : 각종 실행 가능한 기능을 설정하거나 표시하는 창

❺ Timeline **패널** : 애니메이션 작업에 필요한 작업 패널입니다.

❻ Outliner **패널** : 현재 신을 구성하는 모든 오브젝트를 구조적으로 보여 주는 패널입니다.

❼ Properties **패널** : 작업하는 신의 구성, 혹은 활성화된 오브젝트의 속성을 보여 주며 변경할 수 있는 패널입니다.

Blender 설치하고 기본 설정하기

Blneder 공식 사이트에서 프로그램을 다운로드하고,
설치하는 방법과 프로젝트에 들어가기 전 적용할 기본 설정을 알아보겠습니다.

Blender 설치하기

Blender 홈페이지(blender.org)에 접속하고 메뉴에서 'Download'를 클릭합니다. 설치 화면이 표시되면 〈Download Blender 3.3.1LTS〉 버튼을 클릭합니다. 현 기준으로 가장 최신 버전입니다.

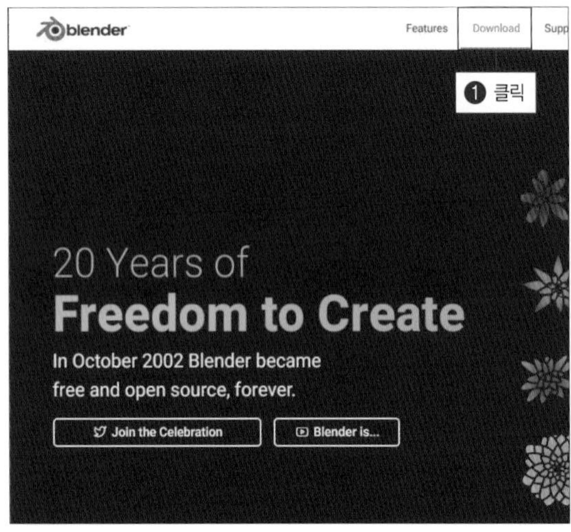

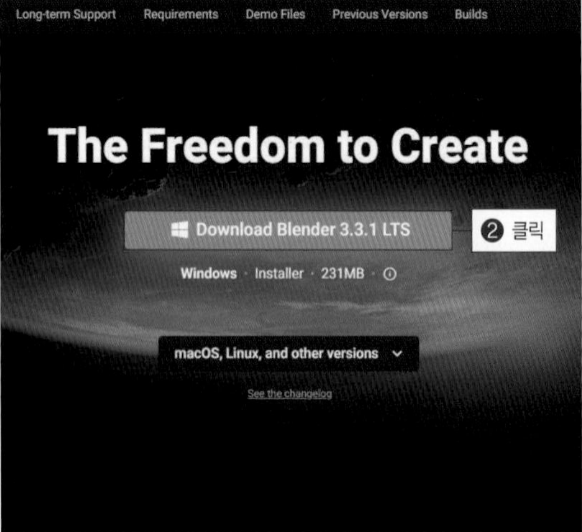

TIP
맥이나 리눅스 혹은 다른 버전을 다운로드하고 싶다면 'macOS, Linux, and other versions'를 클릭하여 관련 옵션을 확인하여 설치하면 됩니다.

원하는 위치를 지정하여 파일을 다운로드하고 더블클릭하여 파일을 실행합니다. blender Setup 대화상자가 표시되면 내용을 확인하고 계속해서 〈Next〉 버튼을 클릭하여 설치합니다. 설치가 끝나면 바탕 화면에 Blender 아이콘이 생성됩니다.

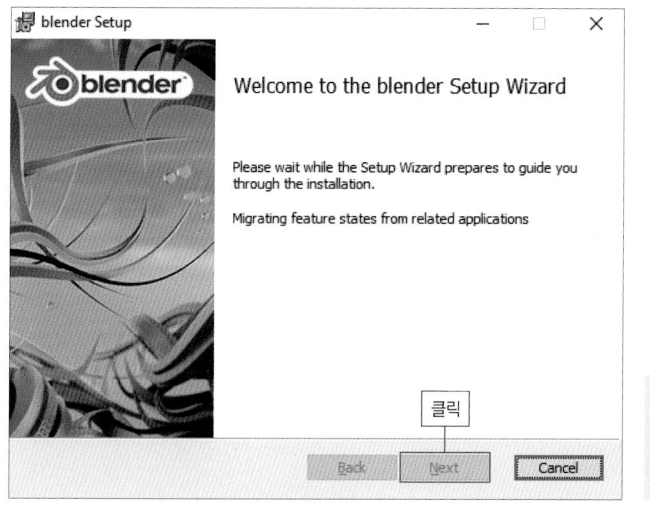

TIP
다른 창이 표시되어 물어 보는 옵션이 나타났을 때, 〈OK〉 버튼을 클릭하면 문제없이 넘어갑니다.

Add-ons 설정하기

처음 실행하면 작업 편의성을 높여주는 Add-ons를 설정하겠습니다. 메뉴에서 [Edit] → Preferences를 실행합니다.

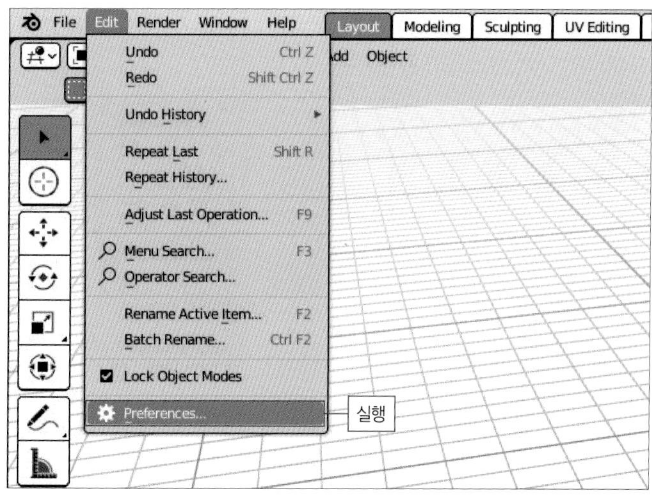

Blender Preferences 대화상자가 표시되면 〔Add-ons〕 탭을 선택하고 검색창에 있는 곳에 원하는 플러그인을 검색하면 관련된 항목이 나타납니다. 검색창에 'Node Wragler', '3D Viewport Pie Menus', 'F2', 'Import Images as Planes'를 검색하고 체크 표시하여 활성화합니다.

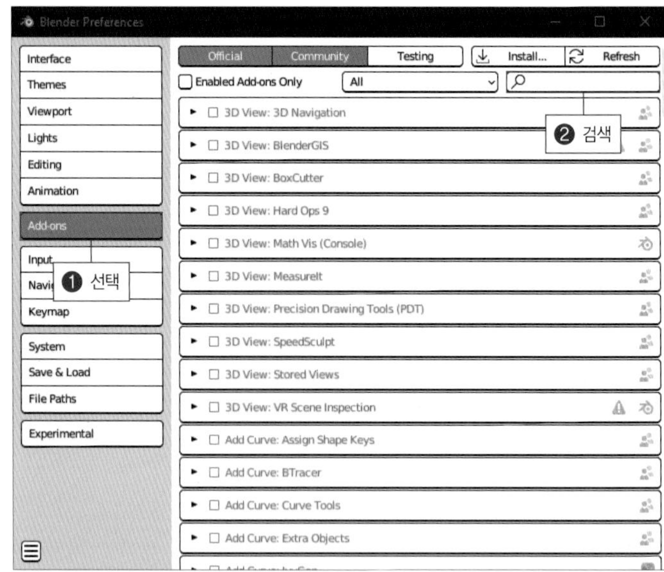

TIP

❶ **Node Wragler** : 노드를 사용하는 모든 작업에서 편의성을 증대시킵니다.
❷ **3D Viewport Pie Menus** : 인터페이스에 파이 메뉴가 표시될 수 있게 변경합니다.
❸ **F2** : 구멍난 폴리곤을 메꾸는 도구를 업그레이드 합니다.
❹ **Import Images as Planes** : 외부에서 이미지를 Blender로 드래그 앤 드롭으로 사용할 수 있게 합니다.

또한 〔KeyMap〕 탭의 Preferences에서 'Tab for Pie Menu'에 체크 표시하면 화면 작업할 때 Tab을 누르면 파이 메뉴가 표시되어 실행할 수 있는 설정들이 표시됩니다. 활성화해 두면 더 편리하게 Blender를 사용할 수 있습니다.

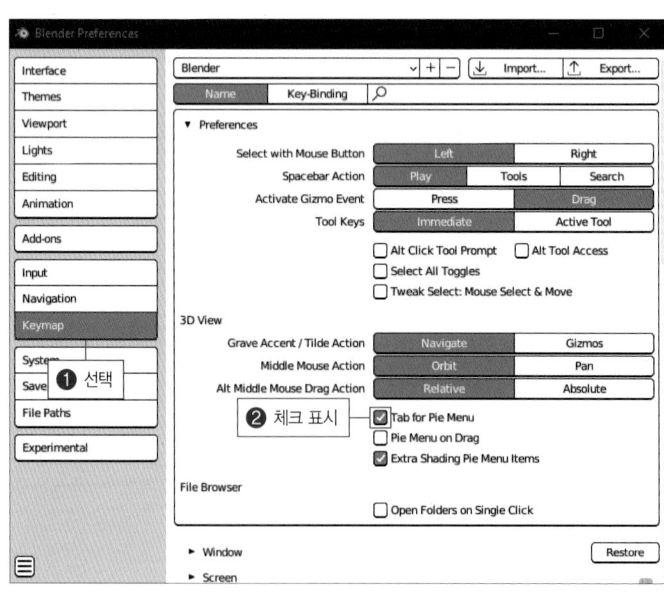

TIP

이 책의 프로젝트에서는 Tab을 눌렀을 때 파이 메뉴를 표시되게 설정했습니다. 프로젝트를 들어가기 전에 해당 설정을 적용하고 진행하기 바랍니다.

System 설정하고 저장하기

〔System〕 탭을 선택합니다. 'Optix'를 선택하고 'NVIDIA GeForce RTX 2060', 'Genuine Intel CPU @ 2.80GHz'를 체크 표시합니다. NVIDIA 그래픽카드 1천 번대 이상의 그래픽카드에서는 OptiX를 지원합니다. 만약 1천 번대 이상의 그래픽카드임에도 옵션이 표시되지 않는다면 그래픽카드 드라이버를 업데이트하시기 바랍니다.

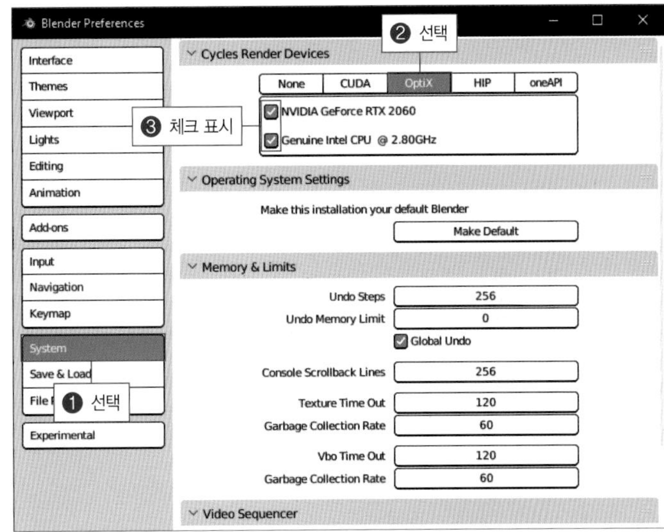

TIP

그 이전의 그래픽카드를 사용하거나 혹은 그래픽카드가 없는 컴퓨터를 사용한다면, 'CUDA', 'oneAPI' 중 원하는 것으로 선택해서 설정하면 됩니다. 사용하는 것에 문제는 없지만, 렌더링 속도에서는 차이가 납니다.

왼쪽 하단의 'Save&Load' 아이콘(☰)을 클릭하고 **Save Preferences**를 실행하여 Blender 기본 설정을 마무리합니다.

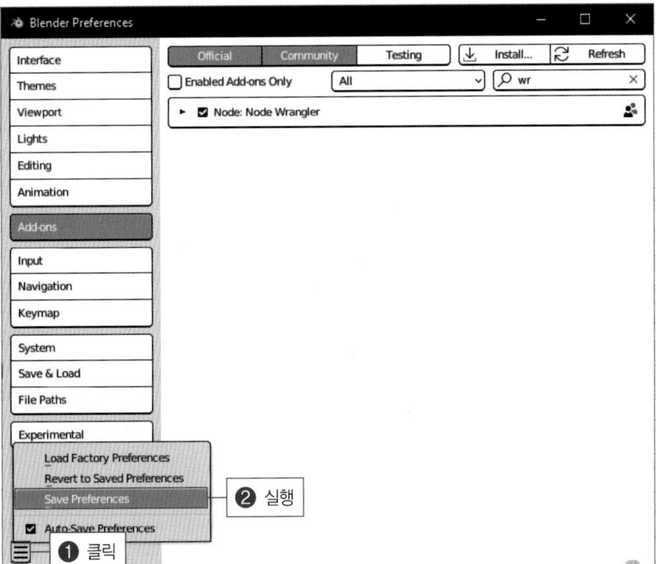

기본 단축키 알아보기

단축키를 이용하면 작업 속도를 빠르게 단축시킬 수 있습니다.
프로젝트를 진행하기 전에 유용한 단축키를 알아보고 설정을 적용하겠습니다.

화면 이동하기

화면을 이동하는 간단한 방법을 알아보겠습니다.

마우스와 단축키로 카메라 이동하기

마우스 휠 클릭 : 화면을 회전합니다.

Shift + **마우스 휠 클릭** : 화면을 이동합니다.

마우스 휠 돌리기 : 화면을 확대/축소합니다.

넘버 패드를 이용한 카메라 이동하기

0 : 카메라 뷰로 변경합니다.

1 : 정면 뷰로 변경합니다.

Ctrl + 1 : 뒷면 뷰로 변경합니다.

3 : 우측면 뷰로 변경합니다.

Ctrl + 3 : 좌측면 뷰로 변경합니다.

7 : 윗면 뷰로 변경합니다.

Ctrl + 7 : 바닥면 뷰로 변경합니다.

5 : 카메라의 Perspective 활성화/비활성화할 수 있습니다.

. : 선택된 오브젝트로 카메라를 움직일 수 있습니다.

+, - : 화면을 확대/축소할 수 있습니다.

/ : 선택된 오브젝트를 제외한 모든 오브젝트를 화면에서 보이지 않게 만듭니다.

단축키 환경 설정 알아보기

키보드 오른쪽에 넘버 패드가 없는 분들을 위한 설정을 알아보고, 단축키 설정이 되지 않고 번거롭게 접근해야만 하는 기능들을 사용자 단축키 또는 Quick Favorite로 설정해서 사용하는 방법을 알아보겠습니다.

넘버 패드가 없을 때

메뉴에서 〔Edit〕 → **Preferences**를 실행하고 표시되는 Blender Preferences 대화상자에서 〔Input〕 탭을 선택하고 'Emulate Numpad'를 체크 표시합니다. 기존 넘버 패드 단축키가 키보드 상단에 위치한 숫자 키로 대체되어 기능이 실행됩니다. 또한 키보드 하단의 /도 넘버 패드의 /와 동일한 역할을 합니다.

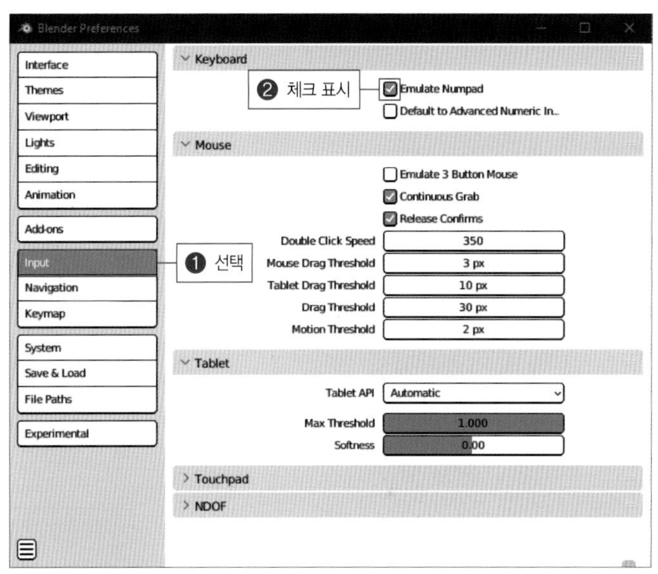

넘버 패드를 숫자 키로 변경해도 해결되지 않는 단축키로 많이 사용하는 단축키 중에 .가 있습니다. 이 기능은 Header 패널에서 〔View〕 → **Frame Selected**를 실행하여 적용하면 됩니다.

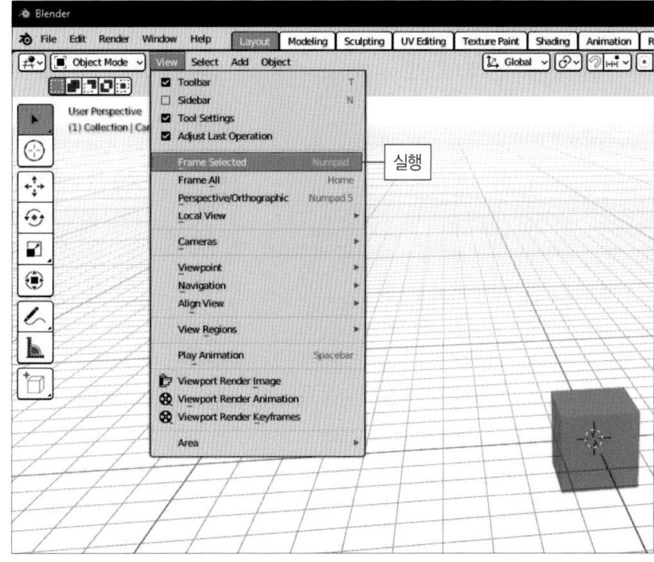

단축키, Quick Favorite 지정하기

메뉴 또는 Header 패널에서 원하는 기능을 표시한 상태로 해당 기능에서 마우스 오른쪽 버튼을 클릭하여 **Change Shortcut**을 실행합니다.

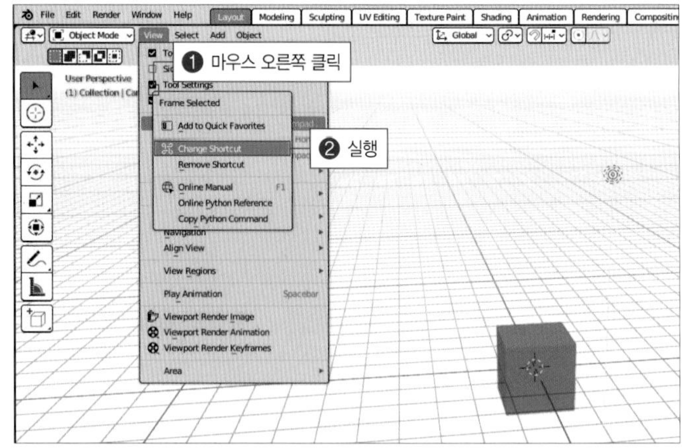

Change Shortcut이라는 창이 표시되면 Press a key라는 명령이 나타납니다. 이때 단축키로 설정할 키를 누르면 단축키로 등록됩니다.

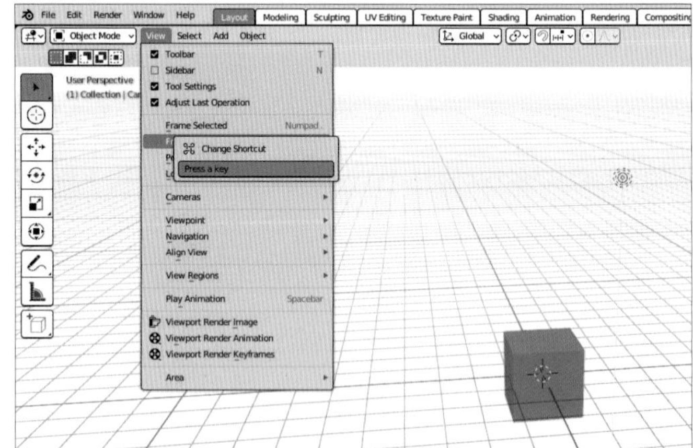

같은 방법으로 메뉴 또는 Header 패널에서 원하는 기능을 표시한 상태로 **Add to Quick Favorites**를 실행하면 빠른 접근에 등록됩니다. 원하는 기능을 등록하고 Q를 눌러 표시되는 창을 확인하면 빠르게 기능을 확인할 수 있습니다.

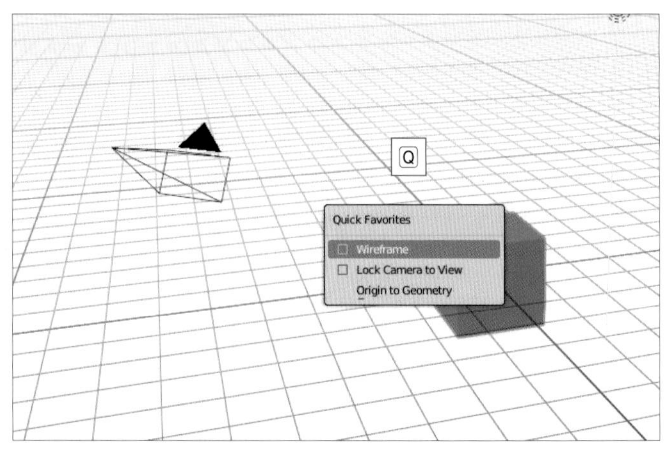

선택과 변형하기

오브젝트를 선택하는 다양한 방법과 오브젝트를 변형할 수 있는 기본 단축키를 알아보겠습니다.

선택

마우스 클릭 : 오브젝트를 선택합니다.

Shift + **클릭** : 오브젝트를 추가 선택합니다.

Ctrl + **드래그** : 마우스로 클릭하면 추가 선택되고, 드래그로 선택하면 선택 취소됩니다.

추가 단축키

X/Y/Z: 위 단축키를 누르고 X, Y, Z 중 하나를 누르면 선택한 방향으로 이동 또는 크기를 조절할 수 있습니다.

Shift+X: 위 단축키를 누르고 Shift+X를 입력하면 X축을 제외한 방향으로 이동 또는 크기를 조절할 수 있습니다.

G+X/Y/Z: 이동 단축키 G를 누르고 X, Y, Z 중 하나를 연속으로 두 번 누르면, 글로벌 방향과 로컬 방향으로 손쉽게 변경하면서 이동할 수 있습니다.

Tab: 편집 모드를 변경할 수 있습니다.

변형

G : 선택한 오브젝트를 이동합니다.

R : 선택한 오브젝트를 회전합니다.

S : 선택한 오브젝트의 크기를 조절합니다.

실사 예측을 위한 베이커리 디자인 렌더링하기

Blender에서 작업한 작업물은 도면이나 간단한 스케치 정도가 아닌 완성된 건축물 실제에 매우 근접한 이미지를 제공함으로써 공사에 참여하는 인원들에게 오해 없이 소통하여 도울 수도 있습니다.

조명이나 채광 재질 등은 실사처럼 렌더링 된 이미지로 확인해야 정확하게 결과를 판단하는 것이 가능하며, AutoCAD에서 도면을 만들고, SkecthUp에서 모델링한 데이터를 블렌더로 불러와서 시각적으로 더 완성도 있는 이미지를 만드는 것이 가능합니다. 이번 프로젝트에서는 건축물이 완성되었을 때의 모습을 현실감 있게 구현하기 위해 SketchUp 파트에서 만든 베이커리 디자인 프로젝트의 모델링을 Blender로 불러와 좀 더 디테일있는 베이커리 공간을 표현하겠습니다.

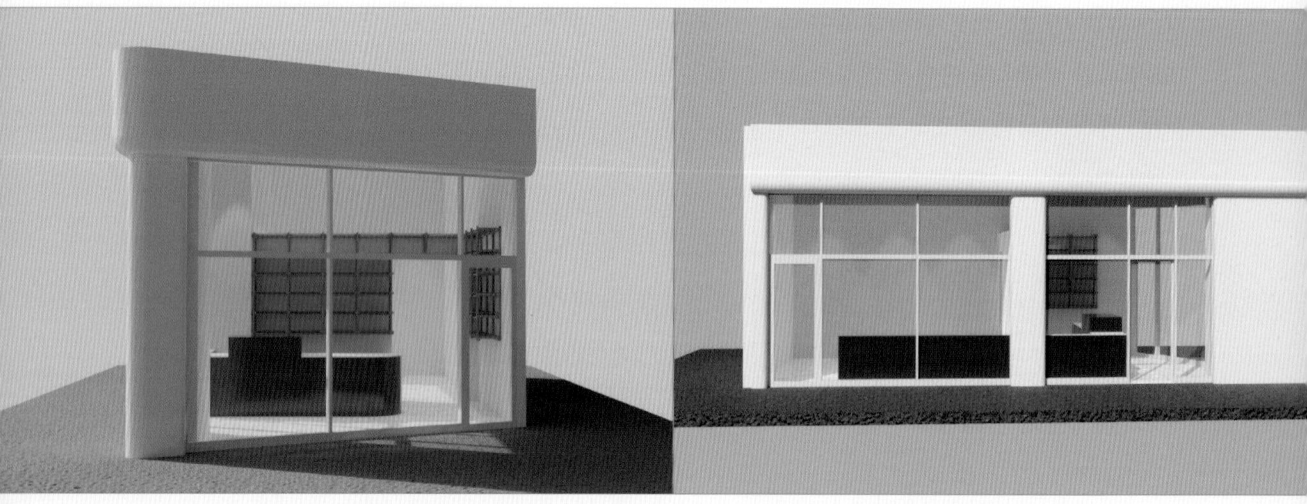

프로그램 Blender

제작 컨셉 SketchUp에서 작업한 모델링을 Blender의 텍스츄어, 조명, 카메라 등을 사용하여 실사 예측을 위한 렌더링 이미지를 완성했습니다.

예제 파일 프로젝트\06\05_02_final.skp

완성 파일 프로젝트\06\06_01_final.blend

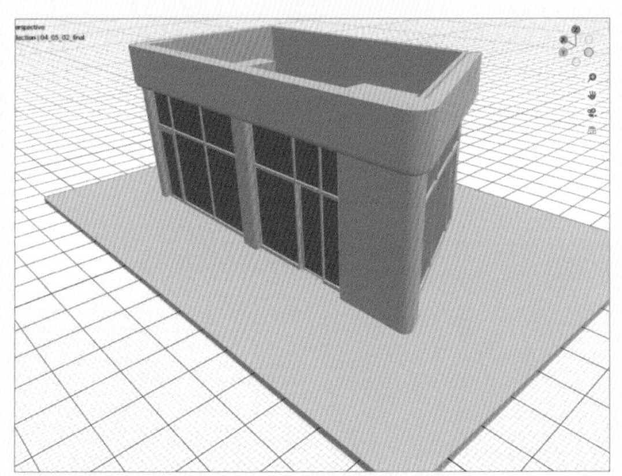

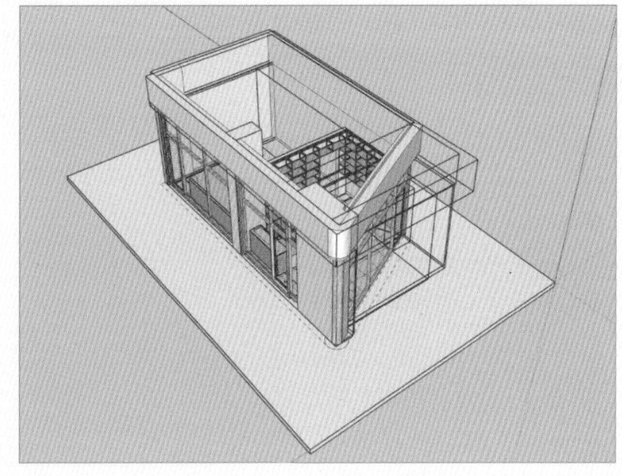

SketchUp에서 Blender로 파일 보내기

제작했거나 전달받은 SketchUp 파일을 Blender에서 작업하기 위해 옮기는 작업을 합니다.
SketchUp에서 파일을 Obj 형식으로 저장하고, Blender에서 이를 불러온 다음 Blender 파일로 저장하는 과정입니다.

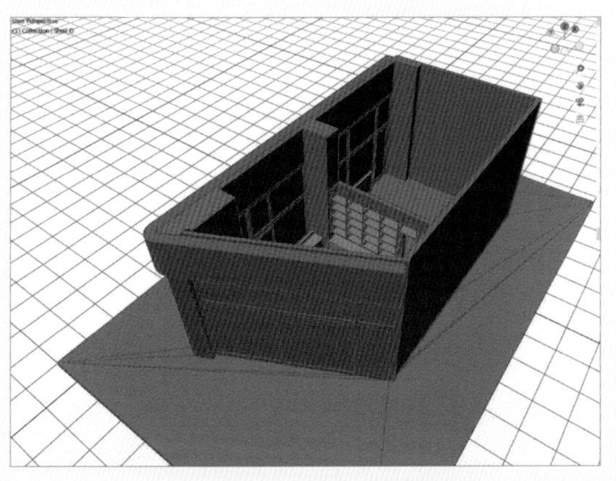

모델링 최적화하고 렌더링하기

프로그램 간에 데이터를 처리하는 방식이 다르므로 여러 가지 툴을 거치면서 사용하면 어쩔 수 없이 모델링에 문제가 생깁니다. 그래서 Blender로 파일을 불러오면 항상 정리하는 과정을 거쳐야 합니다. 모델링을 정리하여 가장 최적화된 상태에서 부가적인 작업을 마치고 렌더링하여 완성하겠습니다.

SketchUp에서 Blender에 연동되는 파일 저장하기

SketchUp에서 작업이 끝난 파일들을 Blender로 넘기기 위해 파일을 저장하는 방법을 알아보겠습니다.

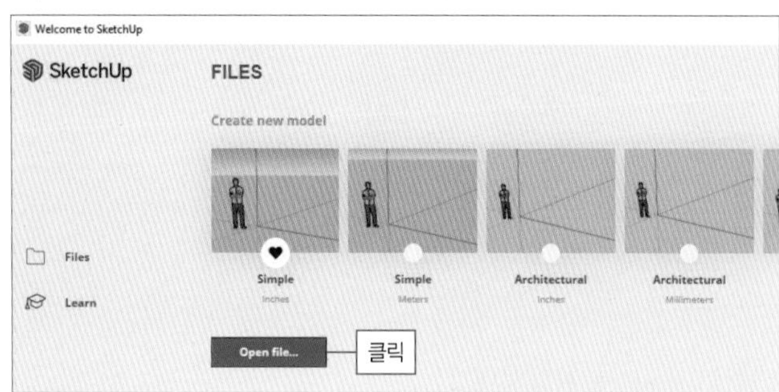

1 SketchUp을 실행한 다음 〈Open File〉 버튼을 클릭합니다.

2 대화상자가 표시되면 프로젝트 → 06 폴더에서 '05_02_fanal.skp' 파일을 선택하고 〈Open〉 버튼을 클릭합니다.

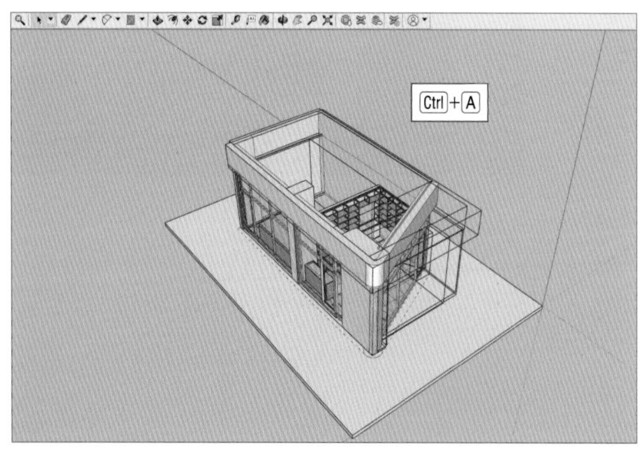

3 불러온 파일을 확인하고 Blender로 이동할 부분을 선택하겠습니다. 오브젝트 전체를 사용할 예정으로 Ctrl+A를 눌러 전체 선택합니다.

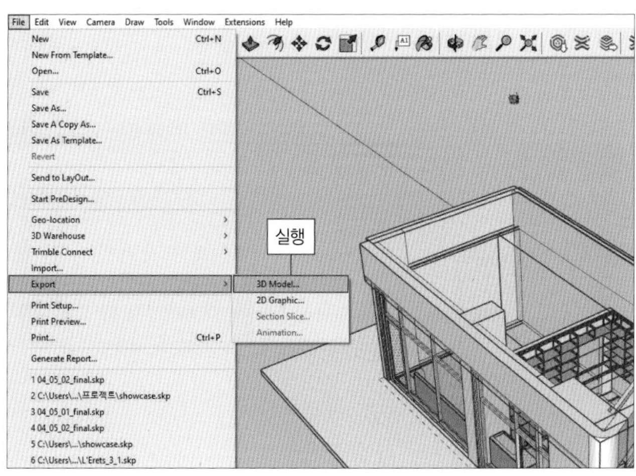

4 오브젝트 전체를 선택한 상태로 메뉴에서 [File] → Export → 3D Model을 실행합니다.

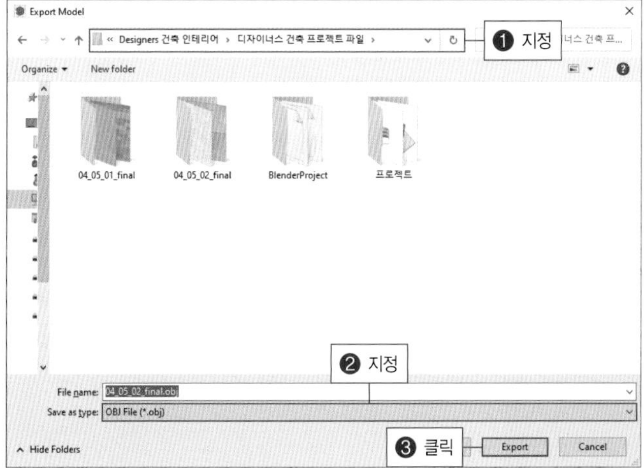

5 Export Model 대화상자가 표시되면 저장할 위치를 지정하고 Save as Type을 'OBJ File(*obj)'로 지정한 다음 〈Export〉 버튼을 클릭합니다.

TIP

Obj는 대부분의 3D 프로그램에서 활용이 가능한 파일 형식입니다.

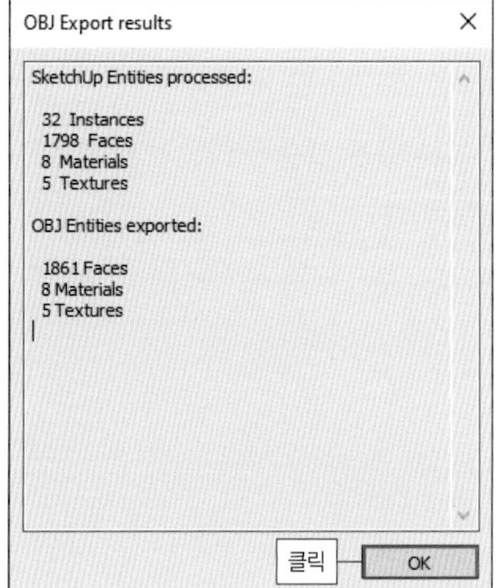

6 정상적으로 파일이 Export되면 OBJ Export results 대화상자가 표시됩니다. 결과를 확인한 다음 〈OK〉 버튼을 클릭합니다.

Blender에서 테마 설정하고 파일 불러오기

먼저 Blender로 작업하기 전 테마를 원하는 스타일로 변경합니다. 테마를 변경한 다음에는 SketchUp에서 Export한 Obj 파일을 Blender에서 작업하기 위해 불러오고 기본 설정을 적용하겠습니다.

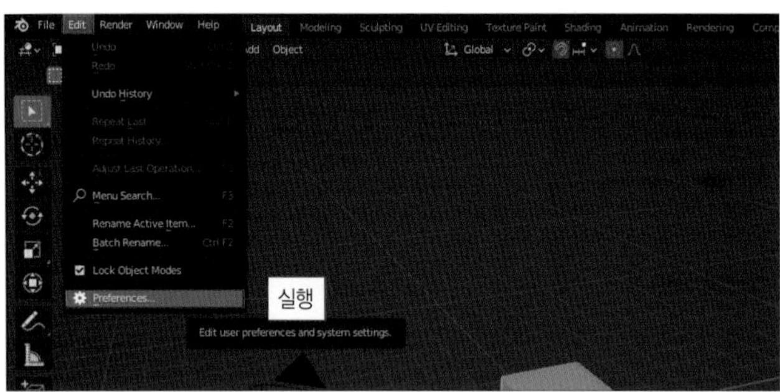

1 Blender를 실행하고 작업하기 전 테마 변경을 하겠습니다. 메뉴에서 〔Edit〕 → Preferences를 실행합니다.

TIP
본 책에서는 Blender 3.2.2 버전을 사용하고 있습니다. 이후 더 높은 버전도 작업에 무리 없이 사용 가능합니다.

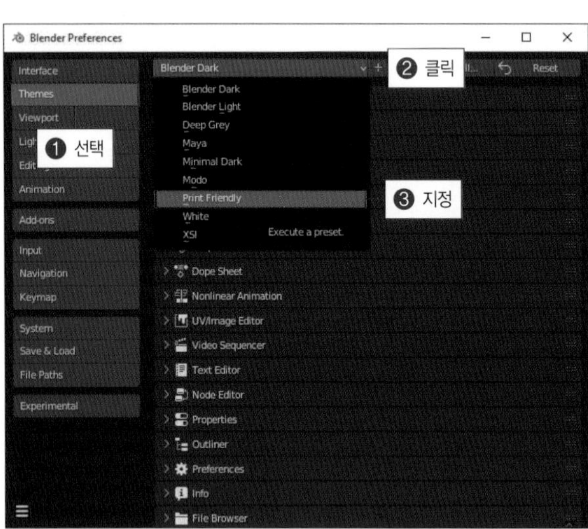

2 Blender Preferences 대화상자가 표시되면 〔Themes〕 탭을 선택합니다. 기본으로 'Blender Dark'로 지정되어 있습니다. 'Blender Dark'를 클릭하여 표시되는 목록 중에서 내게 맞는 테마를 지정하여 사용할 수 있습니다. 'Print Friendly'를 지정하여 테마를 변경한 모습입니다.

TIP
Print Friendly는 배경이 흰색이기 때문에 기본 테마와 색이 많이 다릅니다. 이미지와 그 안의 글자들을 잘 확인하시기 바랍니다.

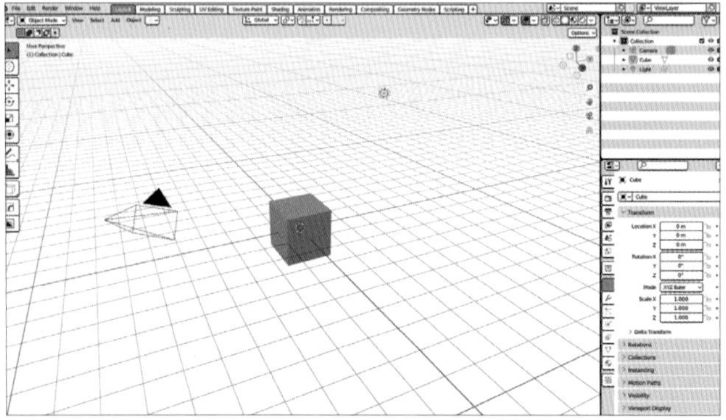

3 기본 환경 모습이 다음과 같이 변경되었습니다.

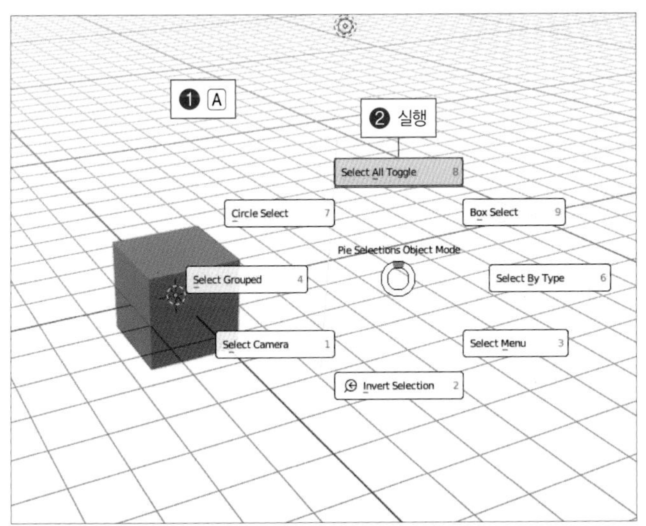

4 SketchUp에서 작업한 모델링 불러오기 위해 먼저 화면에 보이는 모든 오브젝트를 선택하고 지우겠습니다. 3D Viewport 패널에서 A를 눌러 파이 메뉴가 표시되면 **Select All Toggle**을 실행합니다.

> **TIP**
> Select All Toggle은 한 개라도 오브젝트가 선택되어 있으면 모든 선택을 취소해서 아무것도 선택되지 않은 상태를 만듭니다. 그와 반대로 아무것도 선택되지 않은 상태에서는 모든 오브젝트를 선택합니다.

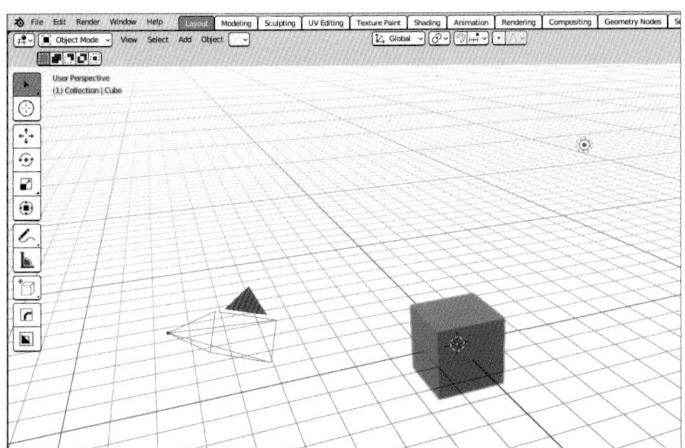

5 모든 오브젝트가 선택되면 오브젝트의 외곽선 색상이 바뀝니다. Outliner 패널에서도 선택 여부를 확인할 수 있습니다.

6 X를 눌러 표시되는 창에서 **Delete**를 실행하여 오브젝트를 삭제합니다.

> **TIP**
> Delete를 눌러 바로 삭제할 수도 있습니다.

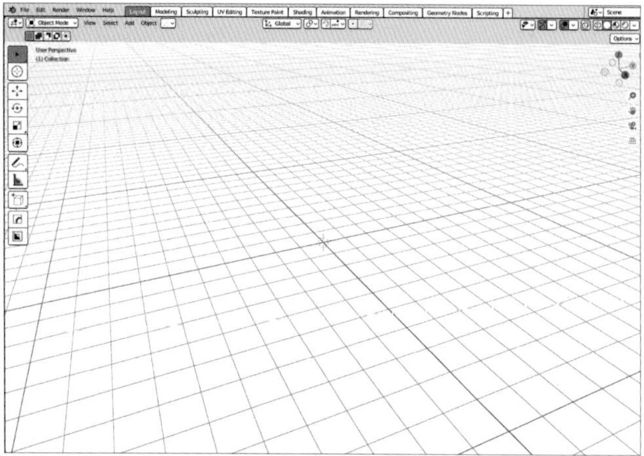

7 아무것도 없는 깨끗한 화면이 되었습니다.

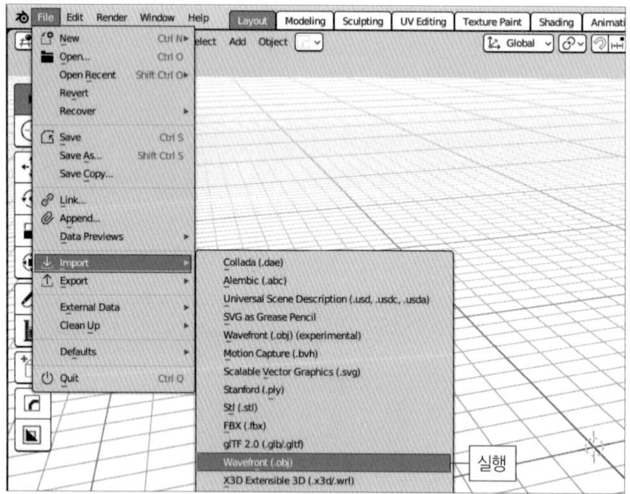

8 SketchUp에서 Export한 Obj 파일을 불러오기 위해 메뉴에서 [File] → Import → Wavefront(.obj)를 실행합니다.

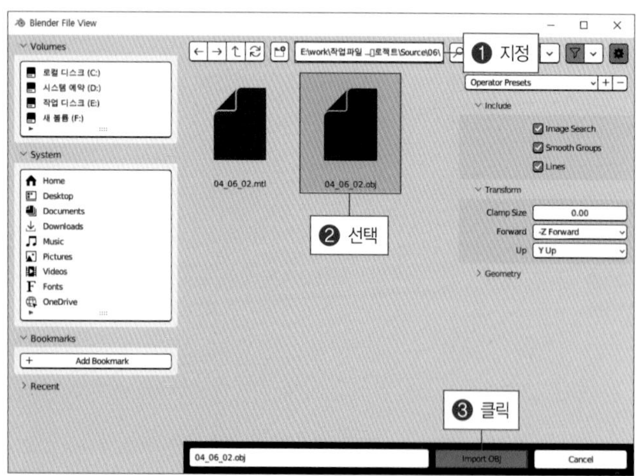

9 Blender File View 대화상자가 표시되면 OBJ 파일을 저장한 폴더에서 파일을 선택하고 〈Import OBJ〉 버튼을 클릭합니다.

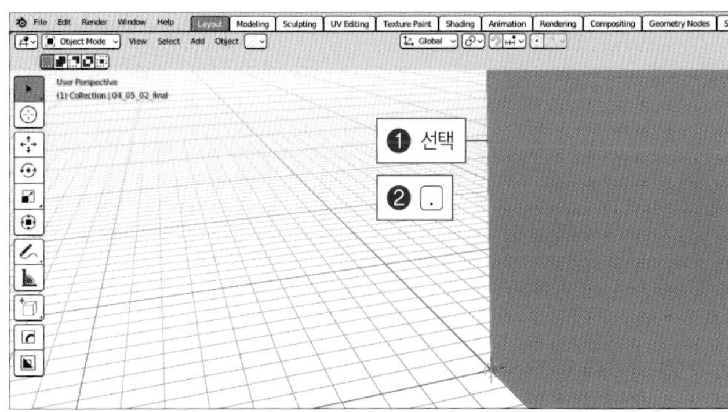

10 불러온 오브젝트를 선택하고 넘버 패드 .를 눌러 화면을 선택된 오브젝트로 이동합니다.

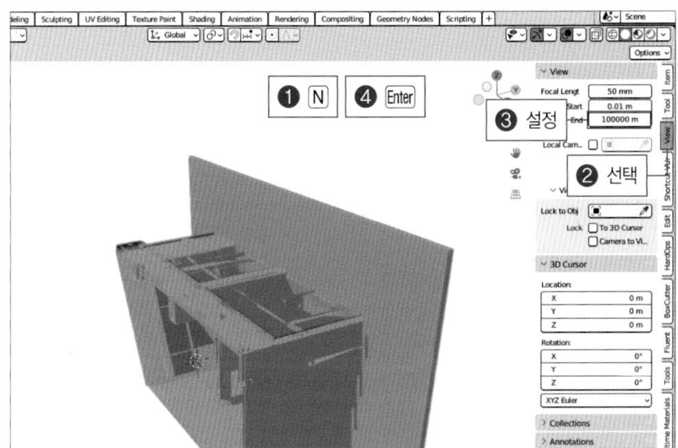

11 화면에 표시되지 않는 오브젝트를 표시하겠습니다. 3D Viewport 패널에서 N을 눌러 Sidebar를 표시하고 〔View〕 탭을 선택합니다. View → End를 '100000m' 정도로 설정하고 Enter를 누르면 그림과 같이 오브젝트가 나타납니다.

디자이너's 노하우

오브젝트가 Outliner 패널에는 표시되지만, 3D Viewport 패널에는 표시되지 않는 이유

오브젝트의 크기가 너무 커서 기본적으로 Blender에서 설정한 작업 화면의 크기를 넘어갔기 때문입니다. Blender는 기본적으로 컴퓨터에 무리가 가는 것을 방지하기 위해서 카메라에 표시되는 오브젝트에 제한을 걸어두기 때문에 보이지 않는 것입니다.

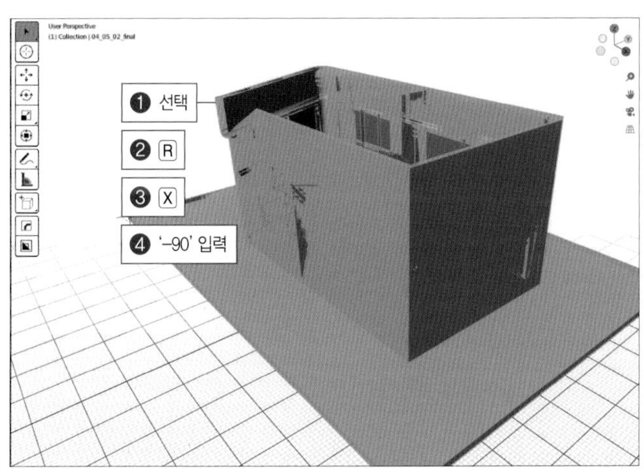

12 프로그램마다 X, Y, Z를 나타내는 방향이 다르기 때문에 오브젝트가 뒤집어져 있습니다. 오브젝트를 선택하고 R과 X를 눌러 Rotate의 X축을 활성화한 다음 키보드로 '-90'을 입력하여 X축으로 -90° 회전합니다.

TIP

R은 회전을 조절할 수 있는 Rotate의 단축키입니다. R을 누르고 X, Y, Z를 눌러 각 축을 활성화하면, 활성화한 축으로만 회전할 수 있습니다.

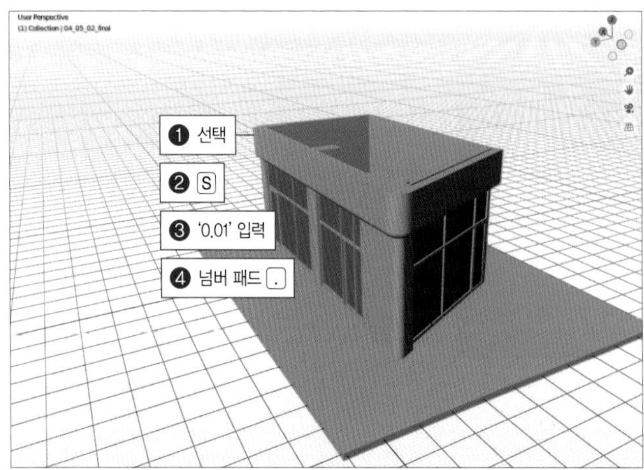

13 이상하게 보이는 면을 조정하기 위해 오브젝트의 크기를 줄이겠습니다. 오브젝트를 선택하고 S를 누른 다음 '0.01'을 입력하여 크기를 줄입니다. 넘버 패드 .를 눌러 오브젝트가 화면 중심에 표시되게 합니다.

TIP

S는 크기를 조절할 수 있는 Scale의 단축키입니다. S를 누르고 연속해서 숫자를 입력하면, 입력한 수치대로 크기가 조절됩니다.

디자이너's 노하우

오브젝트가 정상 방향으로 돌아왔지만, 면이 이상하게 보이는 이유

면이 이상하게 보이는 이유는 현재 오브젝트의 크기가 너무 커서 화면 표시 에러가 나는 것입니다. 프로그램마다 크기를 지정하는 단위가 달라서 발생하는 문제로 크기를 조절하면 해결됩니다.

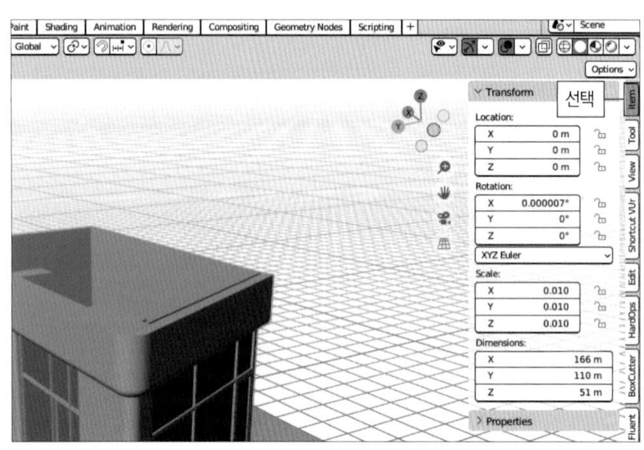

14 Sidebar에서 〔Item〕 탭을 선택하여 확인하면 현재 오브젝트의 상태를 확인할 수 있습니다. 이중 Scale을 '0.01'로 설정했기 때문에 나중에 작업 중 문제가 발생할 수 있습니다. '1'로 만들어 오류를 방지하도록 하겠습니다.

TIP

〔Item〕 탭 알아보기

❶ **Location** : 위치
❷ **Rotation** : 회전
❸ **Scale** : 기본 설정된 오브젝트 크기에 대비한 현재 크기
❹ **Dimensions** : 일반적인 크기 값

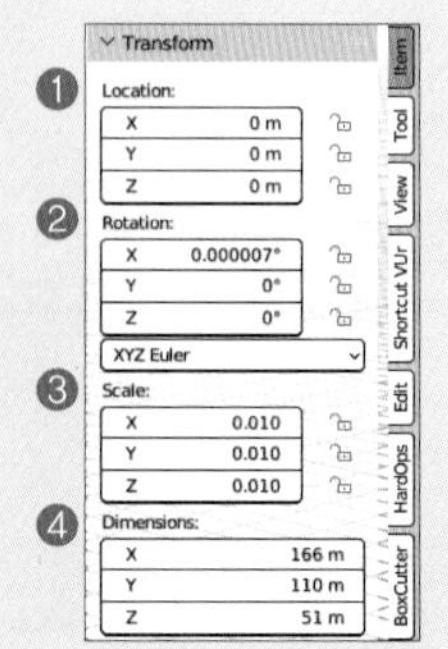

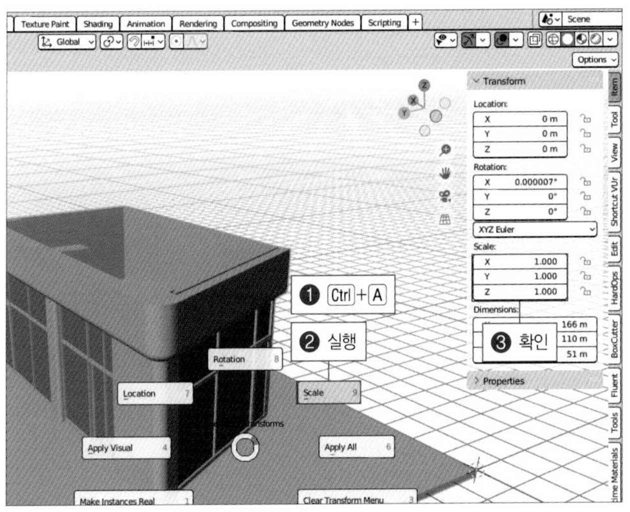

15 오브젝트가 선택된 상태로 3D Viewport 패널에서 Ctrl+A를 눌러 표시되는 파이 메뉴의 **Scale**을 실행합니다. Sidebar에서 Scale이 '1'로 변경된 것을 확인합니다.

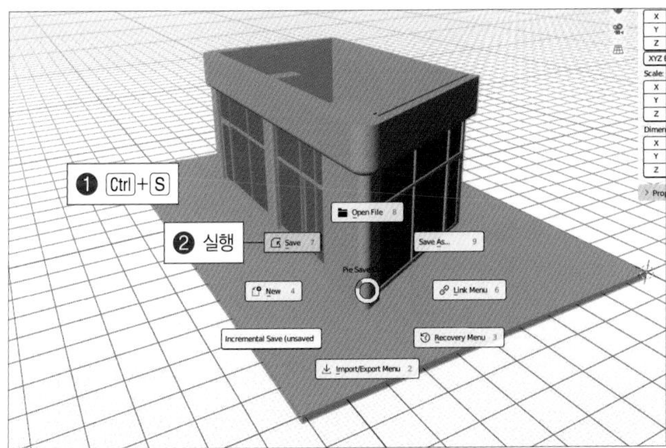

16 파일을 저장하겠습니다. Ctrl+S를 눌러 표시되는 파이 메뉴에서 **Save**를 실행합니다.

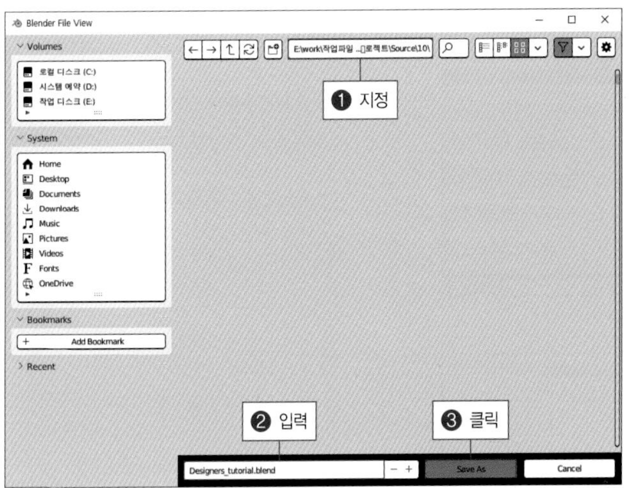

17 Blender File View 대화상자가 표시되면 원하는 위치를 지정하고 파일 이름을 입력한 다음 〈Save as〉 버튼을 클릭하여 저장합니다.

TIP
파일을 자주 저장하여 작업 과정을 잃는 일이 없도록 합니다.

Selection으로 오브젝트 분리하기

SketchUp에서 불러온 파일은 하나로 합쳐져서 들어옵니다. 이들을 필요에 따라 따로 분리하는 작업이 필요합니다.

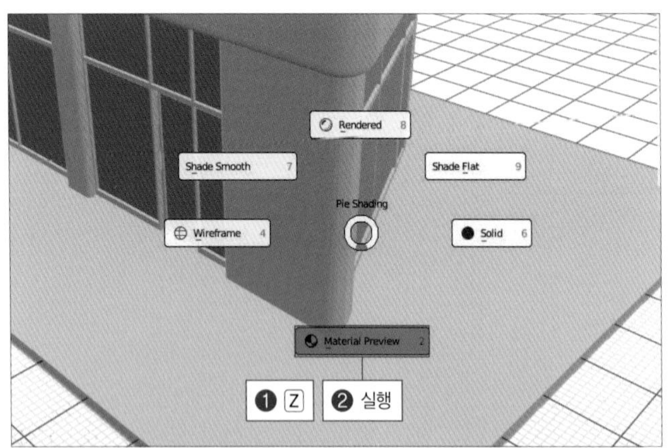

1 Z를 눌러 표시되는 파이 메뉴에서 Material Preview를 실행합니다. 뷰포트가 쉐이더의 색상과 텍스츄어를 실시간으로 표시하는 상태가 됩니다.

TIP

Header 패널 Viewport Shading에서 'Material Preview' 아이콘( )을 클릭해도 됩니다.

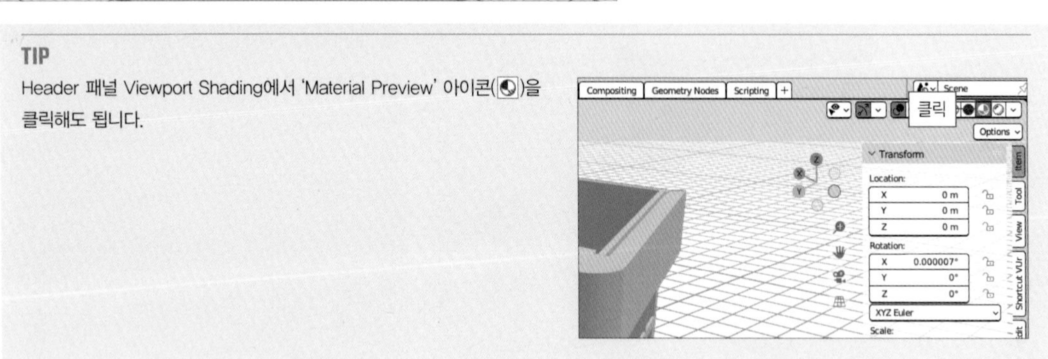

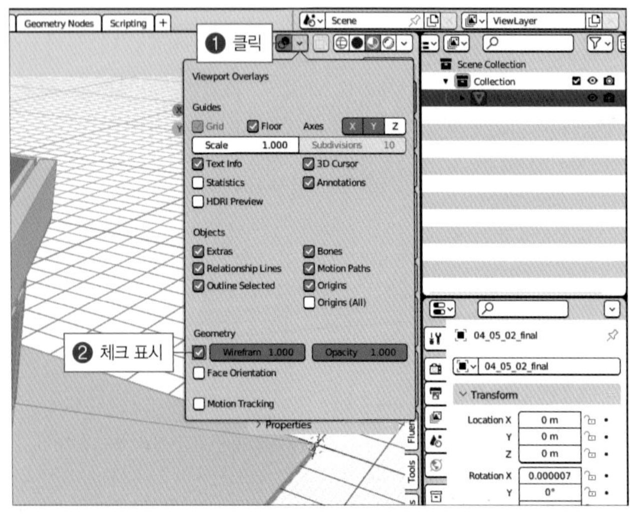

2 폴리곤들의 와이어를 표시하여 구조를 정확히 파악하겠습니다. Header 패널에서 'Overlays' 아이콘( )을 클릭하고 Geometry의 'Wireframe'을 체크 표시하여 모든 오브젝트 와이어를 표시합니다.

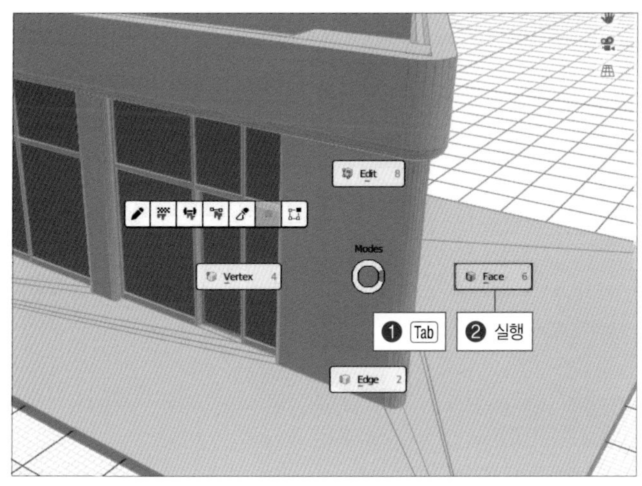

3 Tab을 눌러 표시되는 파이 메뉴에서 **Edit → Face**를 실행합니다.

디자이너's 노하우

인터페이스 유료 Addon 'MeshMachine'을 사용하고 있어 따라했을 때 그림에서와 다르게 Edit → Face가 표시되지 않을 수 있습니다. 그럴 때는 Tab을 눌러 파이 메뉴에서 Edit을 실행하고 3을 눌러 Face 모드로 변경하거나, Header 패널에서 선택 모드를 변경하면 됩니다.

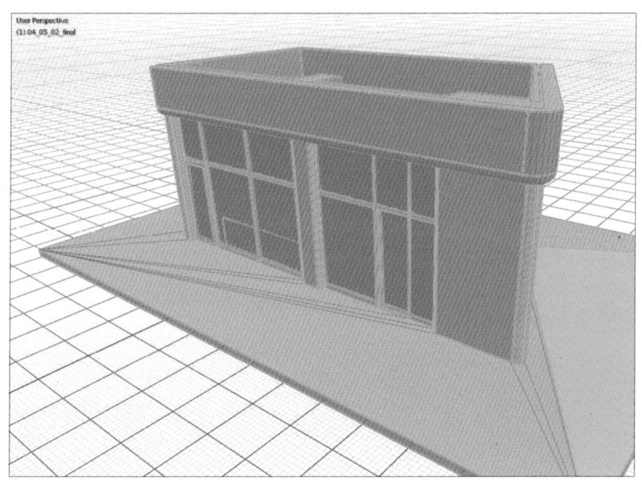

4 모드가 Edit Mode로 변경되고 오브젝트의 모든 면이 선택되어 나타납니다.

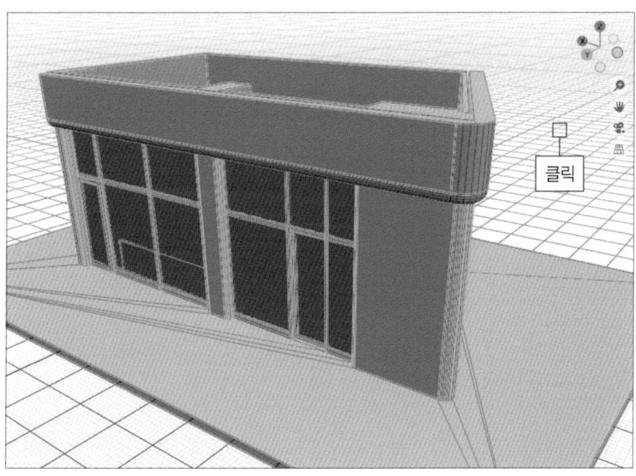

5 3D Viewport 패널에서 빈 공간을 클릭하여 전체 선택을 해제합니다. 면의 색상이 바뀐 것을 볼 수 있습니다.

TIP

선들이 밝은 초록색으로 표시된 부분들은 특별한 기능이 적용된 부분들입니다.

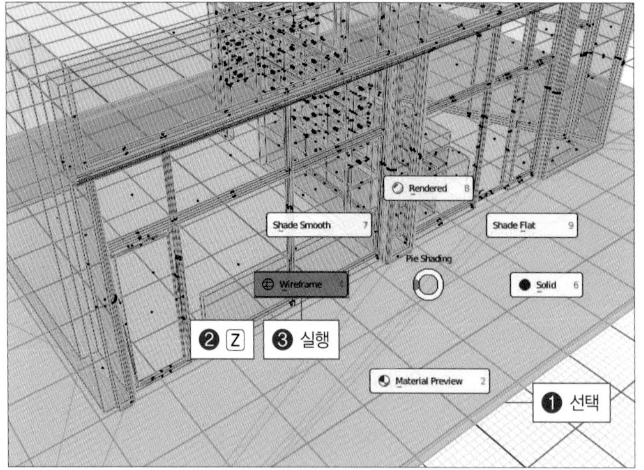

6 오브젝트를 모두 선택하고 Z를 눌러 **Wireframe**을 실행하여 렌더 모드를 변경합니다. 오브젝트가 뒤쪽까지 선택되었는지 확인합니다.

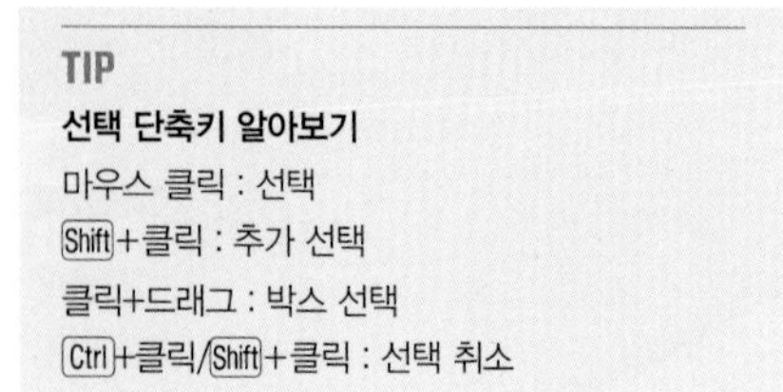
TIP

선택 단축키 알아보기

마우스 클릭 : 선택
Shift+클릭 : 추가 선택
클릭+드래그 : 박스 선택
Ctrl+클릭/Shift+클릭 : 선택 취소

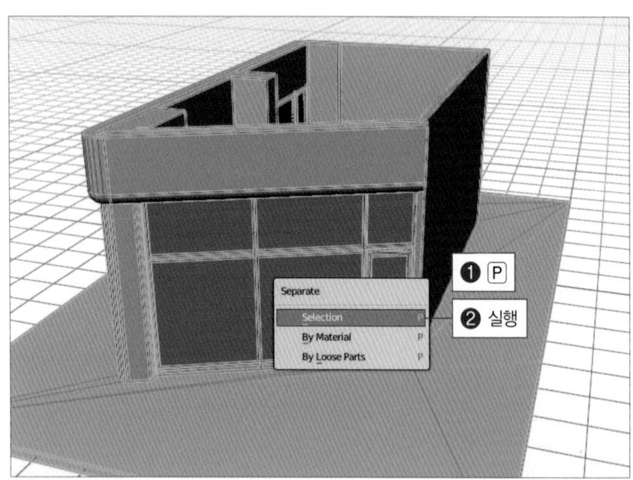

7 모든 오브젝트의 면이 선택된 상태로 P를 눌러 표시되는 창에서 **Selection**을 실행합니다. 선택된 부분이 별개의 오브젝트로 분리가 됩니다.

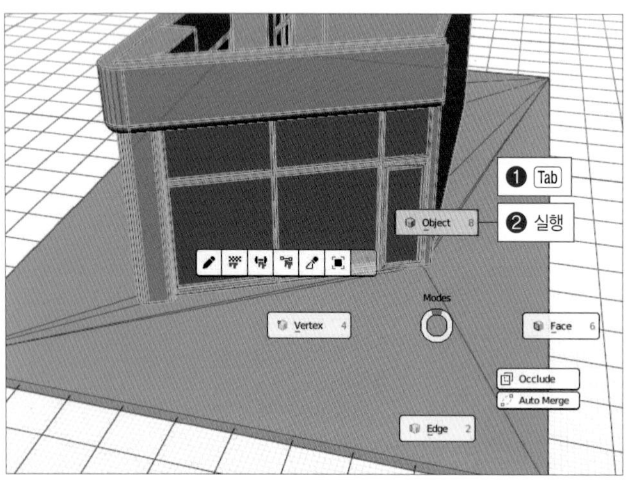

8 Tab을 눌러 표시되는 파이 메뉴에서 **Object**를 실행하여 모드를 변경합니다. Outliner 패널을 확인하여 오브젝트가 분리된 것을 확인합니다.

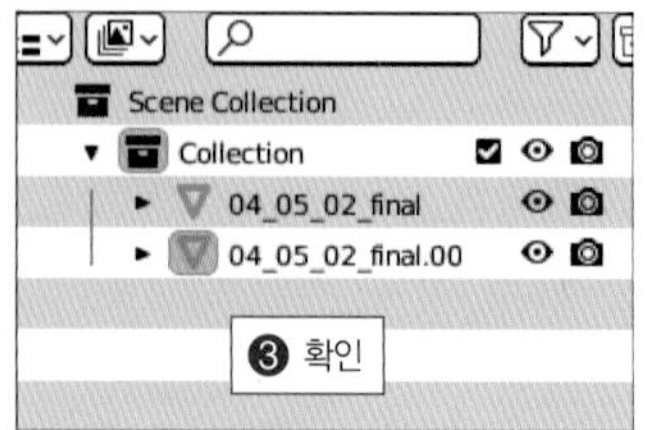

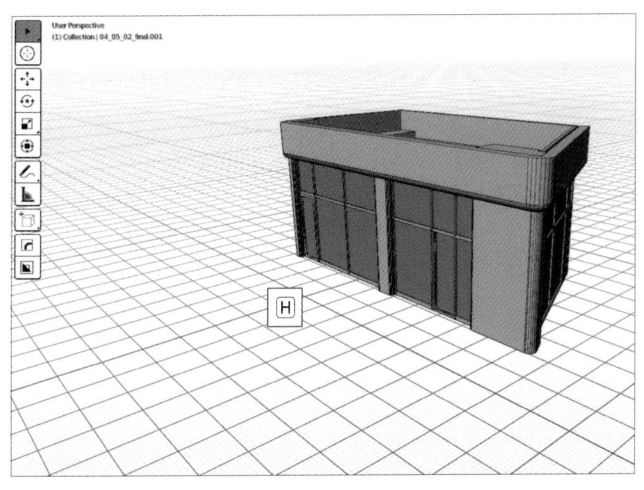

9 같은 방법으로 매테리얼이 다른 오브젝트들을 모두 분리합니다. 분리된 오브젝트는 H를 눌러 숨깁니다.

TIP
Outliner 패널에서 숨기고 싶은 오브젝트의 '눈' 아이콘(👁)을 클릭하여 숨겨줄 수도 있습니다.

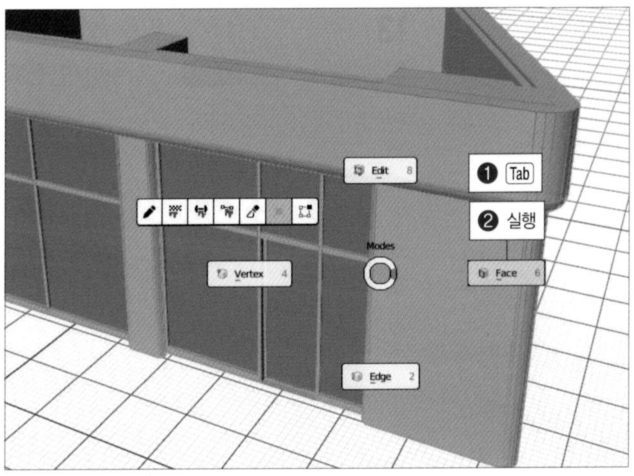

10 외부 벽면을 선택 후 분리하겠습니다. Tab을 눌러 표시되는 파이 메뉴에서 **Edit → Face**를 실행합니다.

TIP
그림과 같이 Edit → Face가 표시되지 않는다면 Tab을 눌러 파이 메뉴에서 Edit을 실행하고 3을 눌러 Face 모드로 변경하거나, Header 패널에서 선택 모드를 변경합니다.

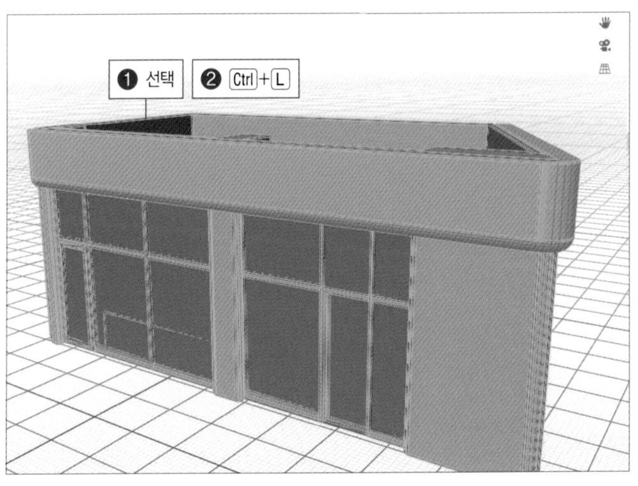

11 분리할 부분을 선택하겠습니다. 그림과 같이 오브젝트의 한 면을 선택하고 Ctrl+L를 눌러 연결된 모든 면을 루프 선택합니다.

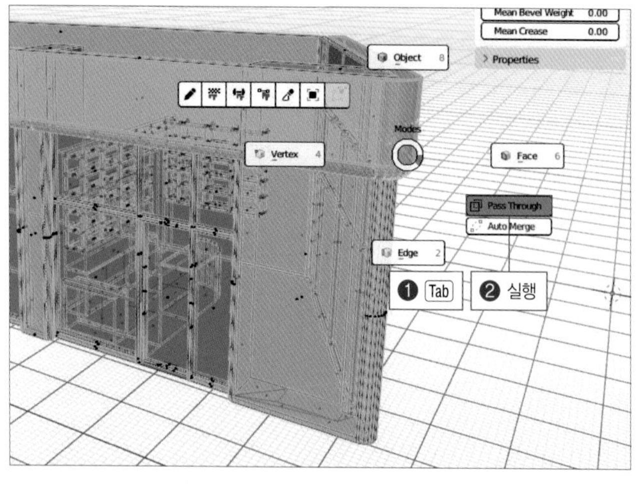

12 Tab을 눌러 표시되는 파이 메뉴에서 Pass Through를 실행하면 면으로 가려져 있는 부분까지 전부 보이게 됩니다. 잘 보이지 않는 부분까지 확인할 때 더 편하게 작업할 수 있습니다.

TIP

그림과 같이 파이 메뉴가 표시되지 않는다면 Header 패널의 우측에서 'Toggle X-Ray' 아이콘(, Alt+Z)을 클릭하여 기능을 실행하면 됩니다.

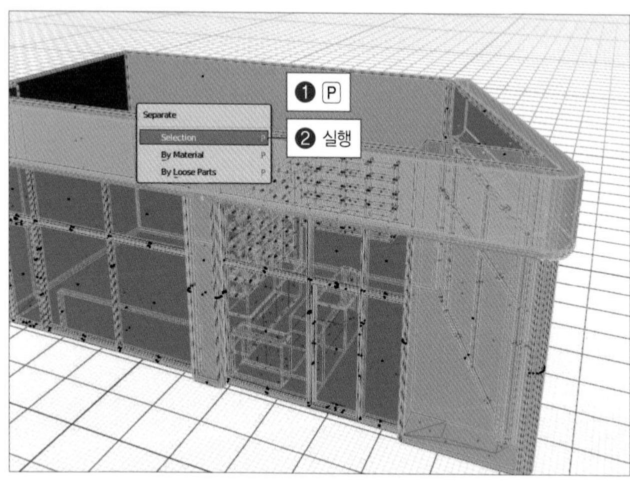

13 확인이 끝났으면 P를 눌러 표시되는 창에서 Selection을 실행하여 선택된 부분을 분리합니다.

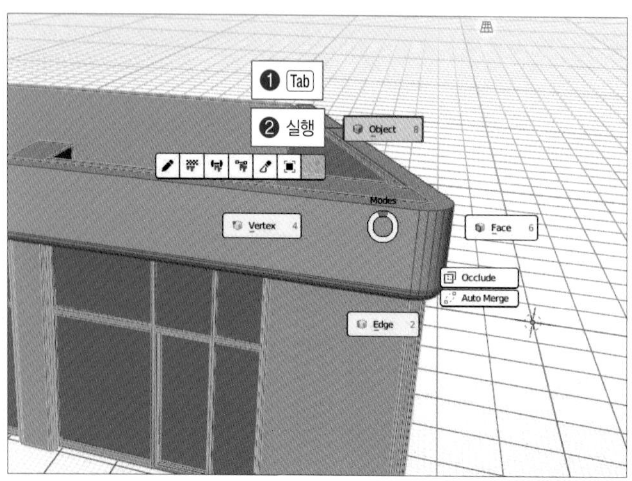

14 분리가 적용되면 Tab을 눌러 표시되는 파이 메뉴에서 Object를 실행하여 모드를 변경합니다.

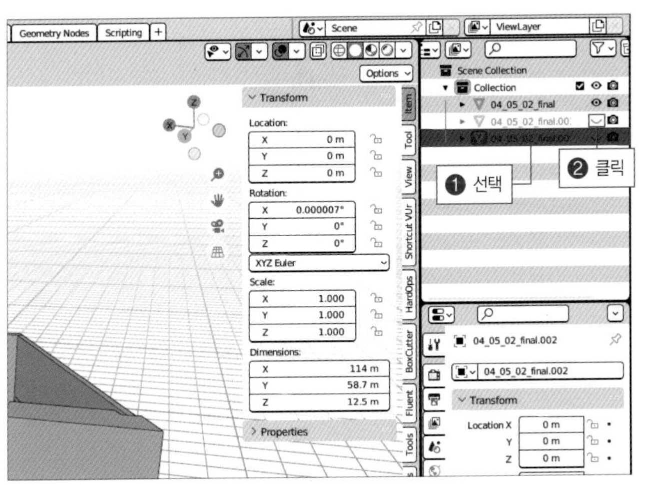

15 Outliner 패널에서 분리한 오브젝트를 선택하고 '눈' 아이콘(👁 , H)을 클릭하여 숨깁니다.

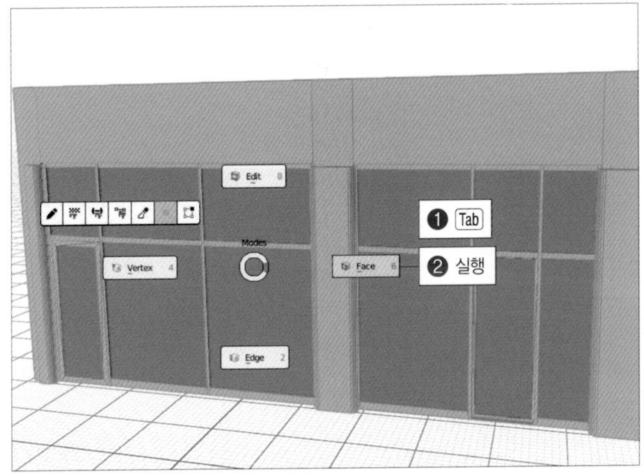

16 Tab을 눌러 표시되는 파이 메뉴에서 **Edit → Face**를 실행하여 모드를 변경합니다.

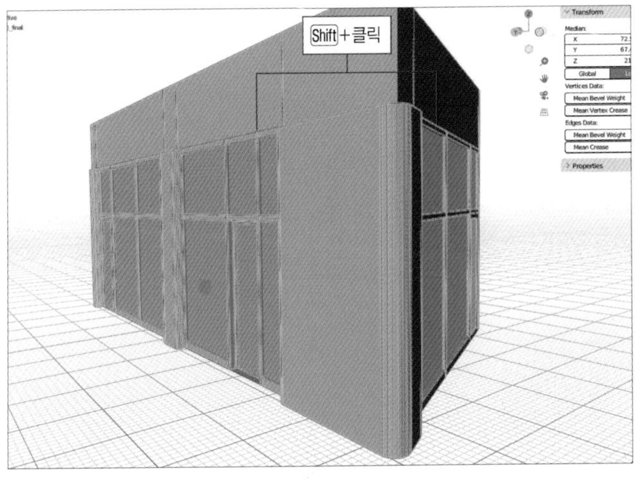

17 Shift를 누른 상태로 창문을 클릭하여 모두 선택하고 모든 면에서 선택이 잘 되는지 View 시점을 변경하며 확인합니다.

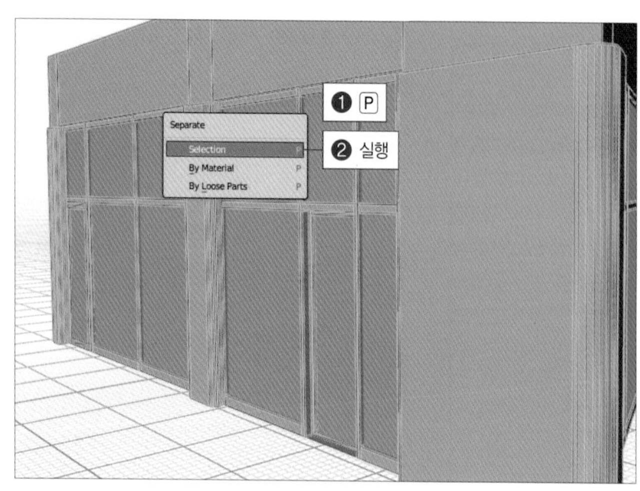

18 P를 눌러 표시되는 창에서 **Selection**을 실행하여 오브젝트로 분리합니다.

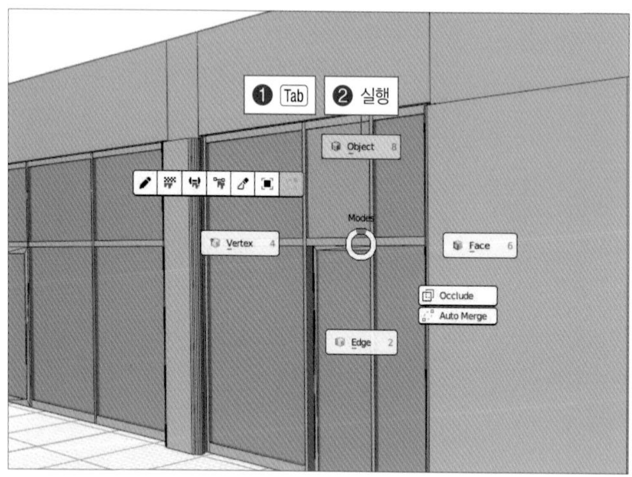

19 Tab을 눌러 표시되는 파이 메뉴에서 **Object**를 실행하여 오브젝트 모드로 변경합니다.

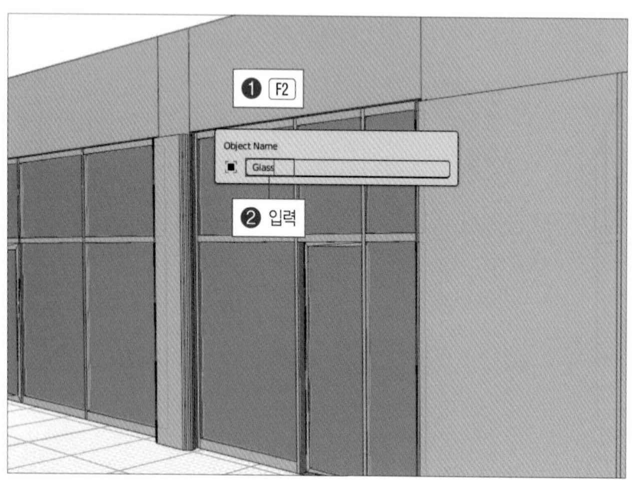

20 분리한 유리 오브젝트가 선택된 상태로 F2를 눌러 표시되는 Object Name 창에 'Glass'를 입력하여 이름을 변경합니다.

TIP

오브젝트 이름 변경하는 방법

이름을 변경하는 것은 크게 두 가지 방법이 있습니다.

❶ 3D Viewport 패널에서 이름을 변경할 오브젝트를 선택하고 F2를 누르면 이름을 입력할 수 있는 Object Name 창에 변경할 이름을 입력합니다.

❷ Outliner 패널에서 이름을 변경할 오브젝트의 이름 부분을 더블클릭하면 이름을 변경할 수 있습니다. Outliner 패널에서도 오브젝트 선택하고 F2를 누르면 이름을 변경할 수 있습니다.

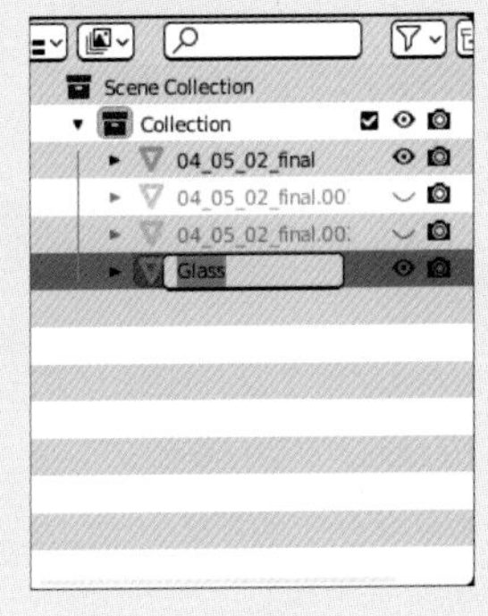

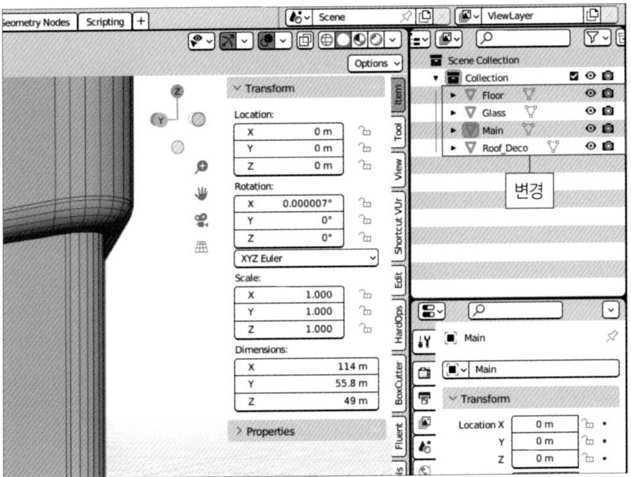

21 같은 방법으로 Outliner 패널에서 분리된 오브젝트를 선택하고 이름을 각각 'Main', 'Floor', 'Glass', 'Roof_Deco'로 입력하여 변경합니다.

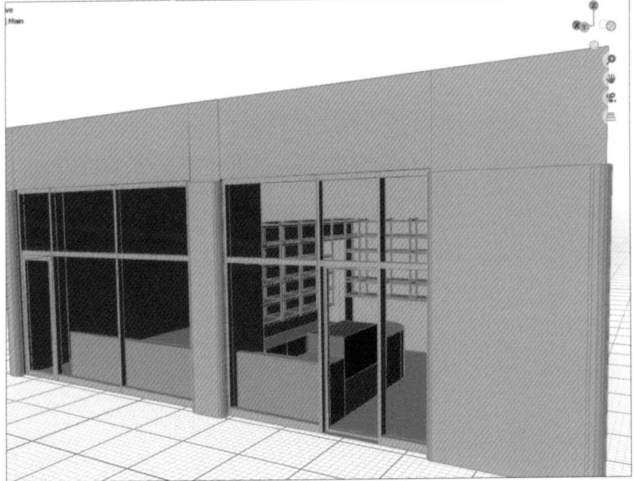

22 'Main' 오브젝트를 제외한 나머지 오브젝트를 선택하고 '눈' 아이콘(👁, H)을 클릭하여 오브젝트를 숨깁니다.

건물 외부 분리하기

건물 외부의 구조물들을 분리하여 별도의 오브젝트를 만들겠습니다.

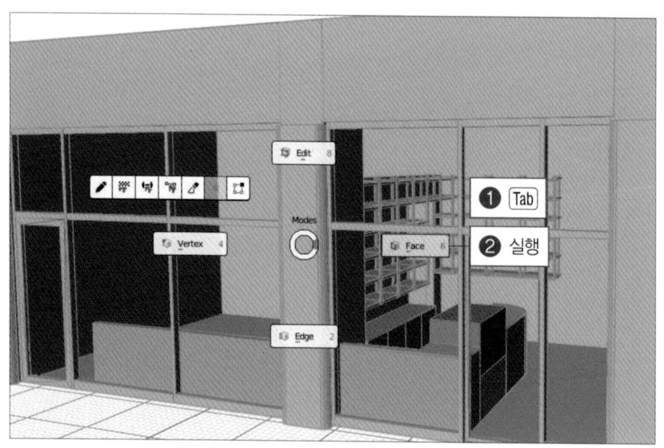

1 벽 외부 장식이 되는 부분을 선택하여 분리하겠습니다. Tab을 눌러 표시되는 파이 메뉴에서 **Edit → Face**를 실행합니다.

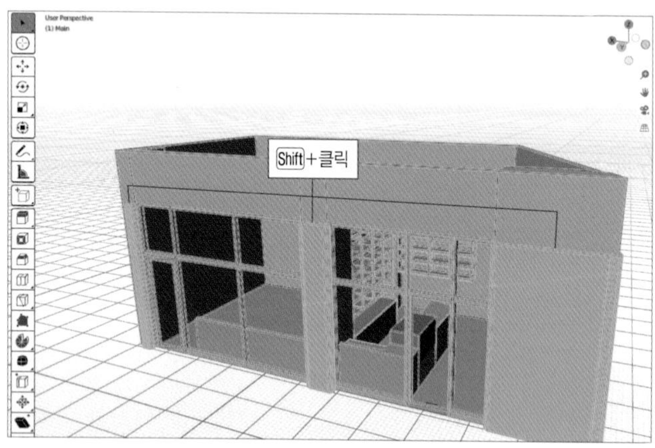

2 Shift를 누른 상태로 그림과 같이 분리할 외벽 면을 클릭하여 선택합니다.

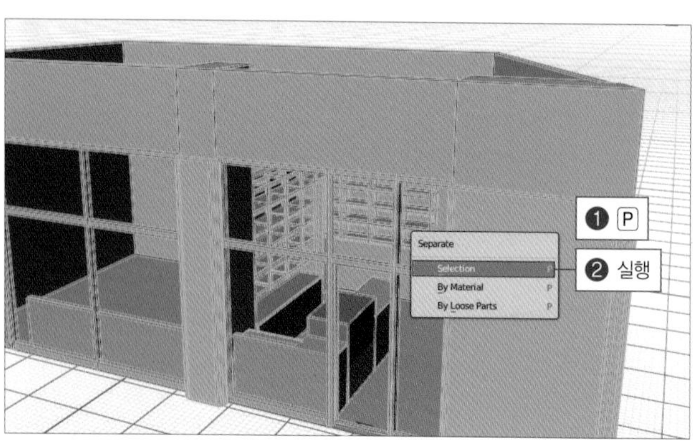

3 P를 눌러 표시되는 창에서 **Selection**을 실행하여 선택된 부분을 독립된 오브젝트로 분리합니다.

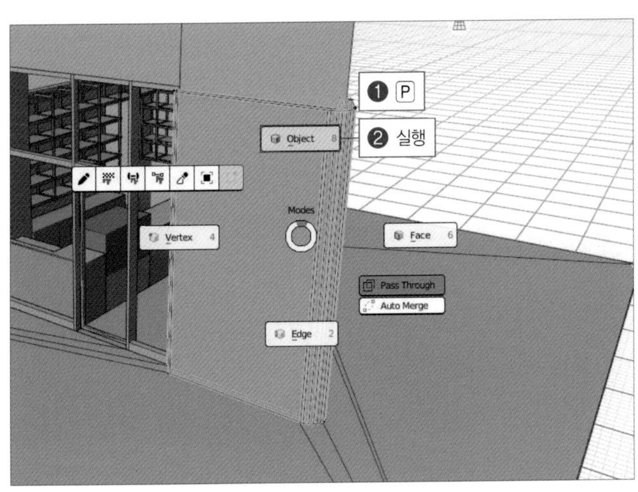

4 Tab을 눌러 표시되는 파이 메뉴에서 Object를 실행하여 모드를 변경합니다.

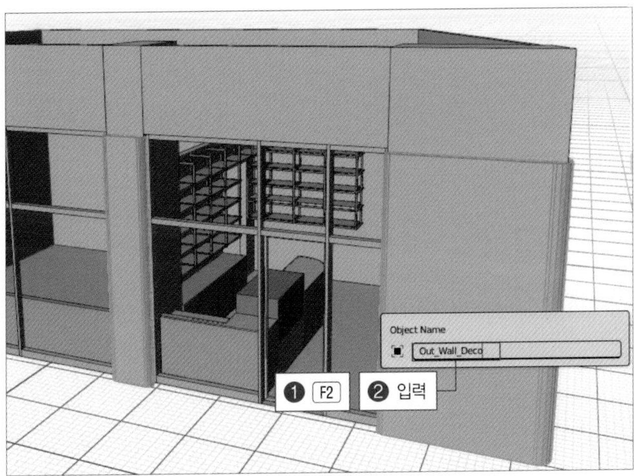

5 분리한 오브젝트가 선택된 상태로 F2를 눌러 Object Name 창이 표시되면 'Out_Wall_Deco'를 입력하여 이름으로 변경합니다.

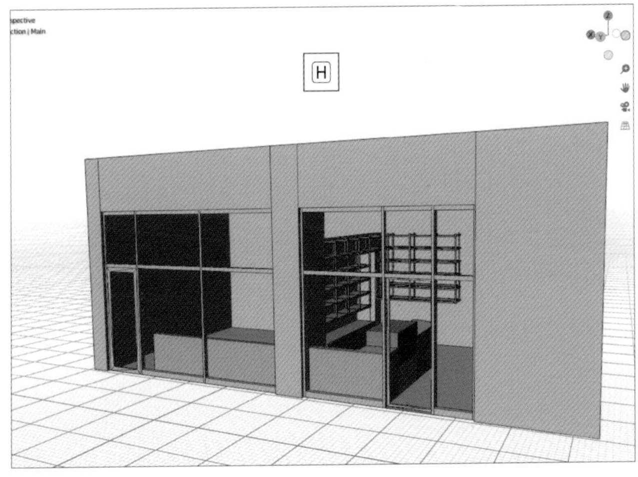

6 H를 눌러 'Out_Wall_Deco' 오브젝트를 숨깁니다.

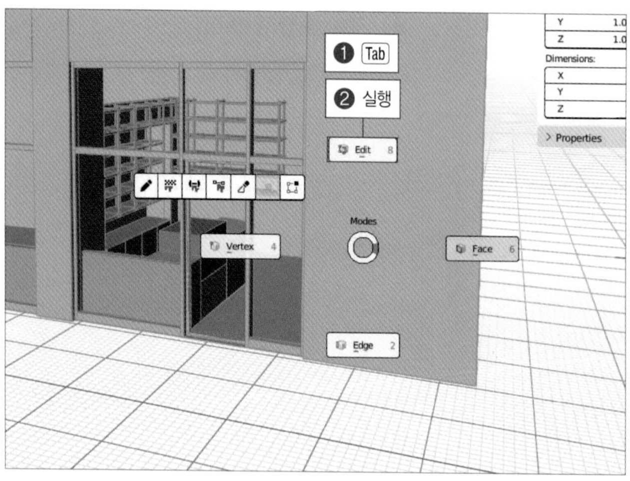

7 이번에는 창틀과 문들을 선택해서 분리하겠습니다. Tab을 눌러 표시되는 파이 메뉴에서 Edit → Face를 실행합니다.

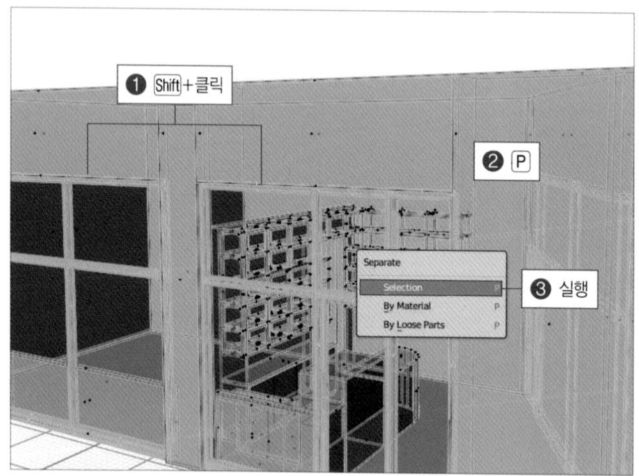

8 Shift를 누른 상태로 창틀이 될 모든 면을 클릭하여 선택합니다. P를 눌러 표시되는 창에서 Selection을 실행하여 별도의 오브젝트로 분리합니다.

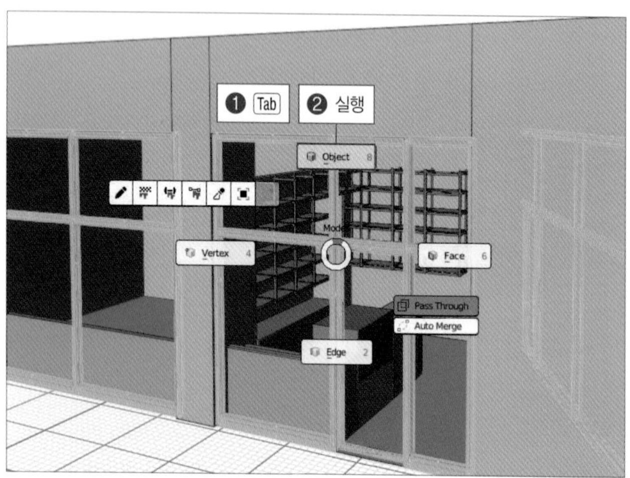

9 Tab을 눌러 표시되는 파이 메뉴에서 Object를 실행하여 모드를 변경합니다.

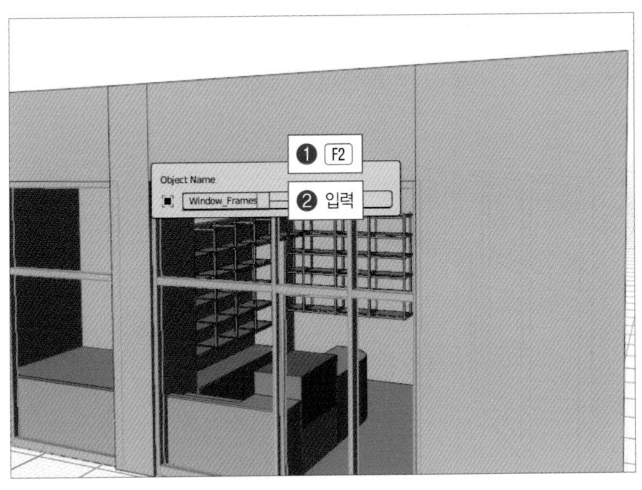

10 F2를 눌러 Object Name 창이 표시되면 'Window_Frames'를 입력하여 이름을 변경합니다.

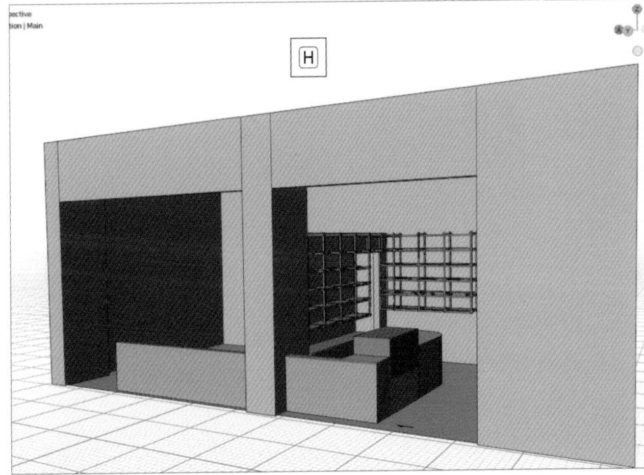

11 H를 눌러 'Window_Frames' 오브젝트를 숨깁니다.

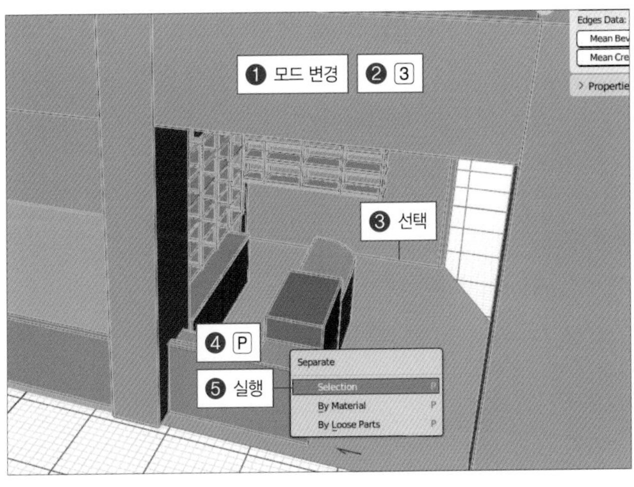

12 바닥면 오브젝트를 분리하겠습니다. Header 패널에서 'Edit Mode'로 변경하고 3을 눌러 모드를 Face로 변경합니다. 그림과 같이 바닥면을 선택하고 P를 눌러 표시되는 창에서 Selection을 실행하여 오브젝트를 분리합니다.

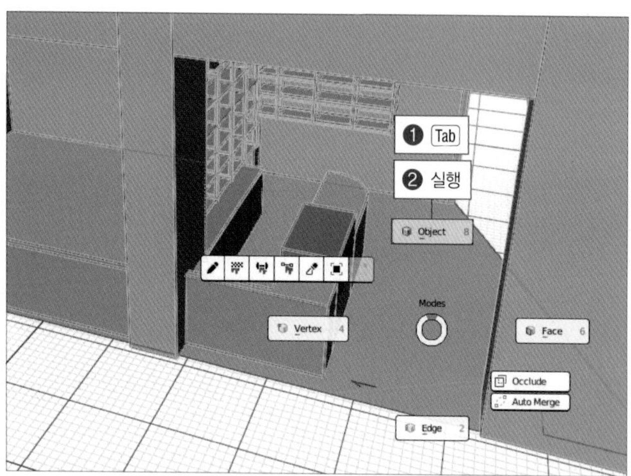

13 Tab을 눌러 표시되는 파이 메뉴에서 **Object**를 실행합니다.

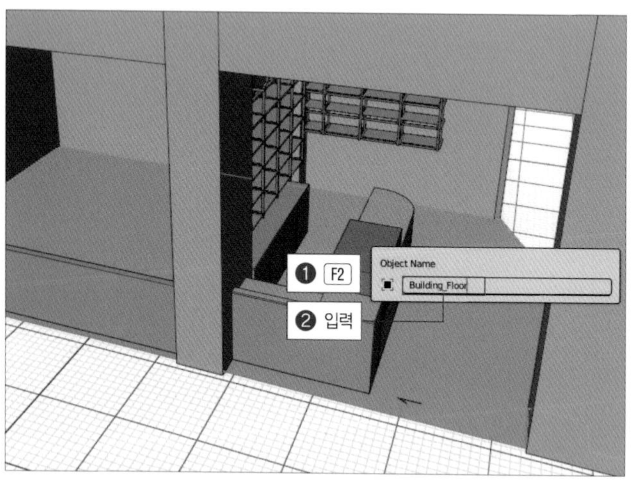

14 바닥 오브젝트가 선택된 상태로 F2를 눌러 표시되는 Object Name 창에서 'Building_Floor'를 입력하여 이름을 변경합니다.

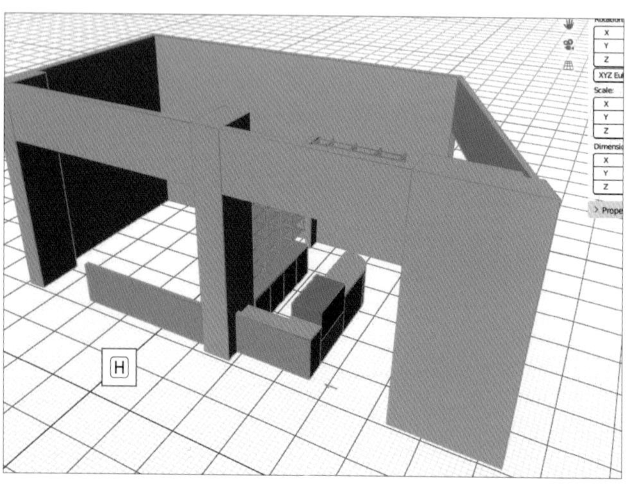

15 H를 눌러 'Building_Floor' 오브젝트를 숨기면 그림과 같이 오브젝트가 남습니다.

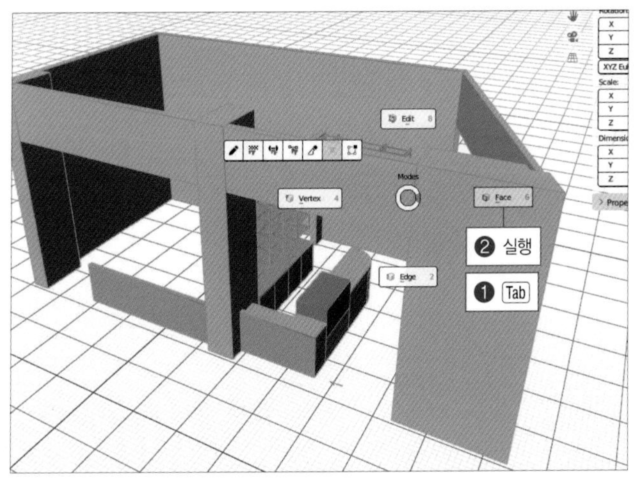

16 이제 벽 부분을 다른 오브젝트로 분리하겠습니다. Tab을 눌러 표시되는 파이 메뉴에서 Edit → Face를 실행합니다.

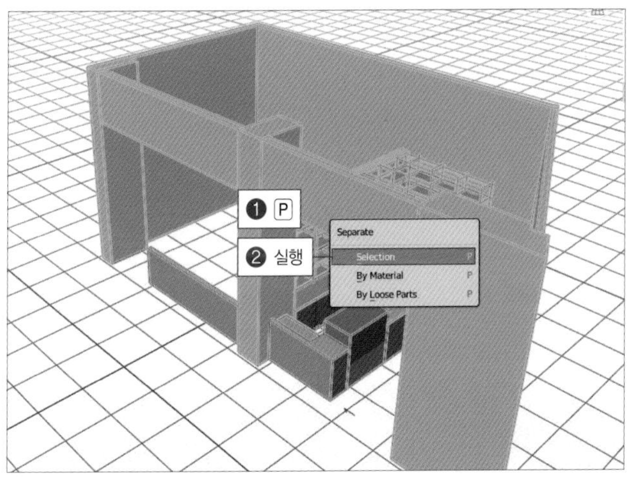

17 그림과 같이 벽을 모두 선택합니다. P를 눌러 표시되는 창에서 Selection을 실행하여 독립된 오브젝트로 분리합니다.

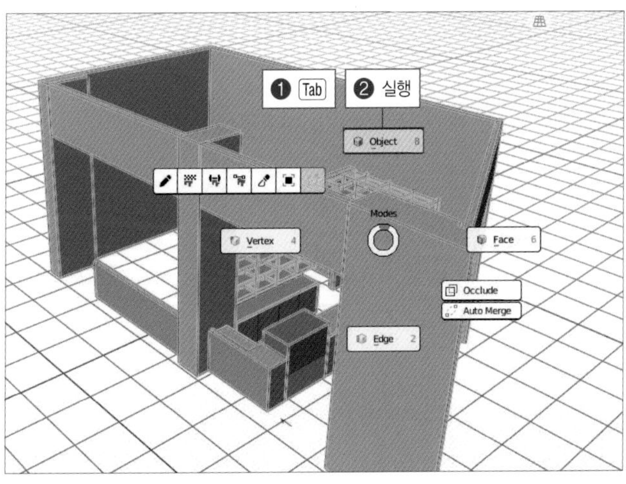

18 Tab을 눌러 표시되는 파이 메뉴에서 Object를 실행하여 모드를 변경합니다.

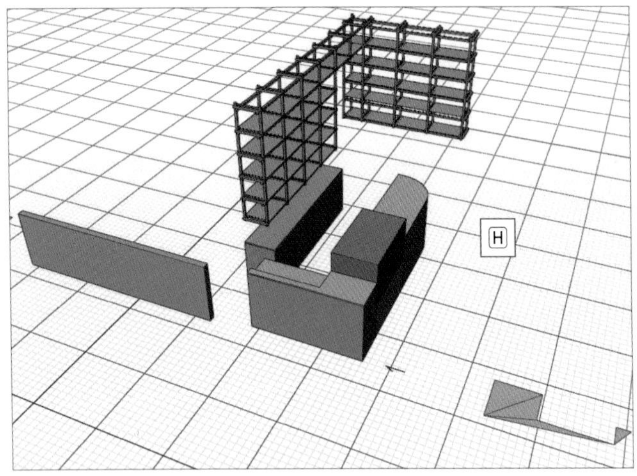

19 H를 눌러 벽 오브젝트를 숨깁니다. 벽 오브젝트를 숨기면 그림과 같이 아래 쓸모없는 작은 폴리곤들이 보입니다.

TIP
보통 다른 프로그램에서 불러온 모델링에서 많이 나타나는 문제입니다.

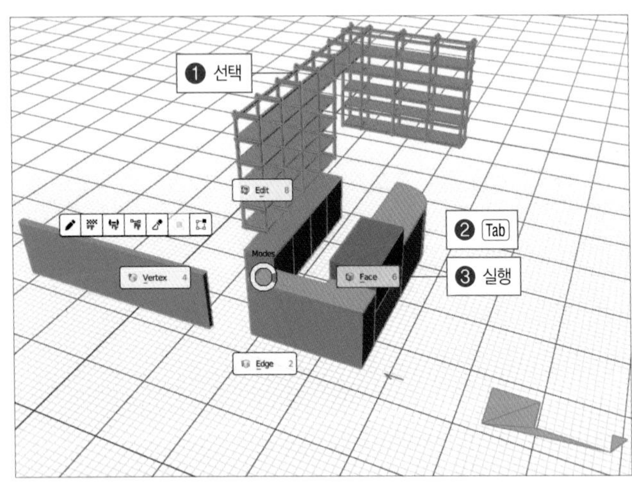

20 오브젝트를 선택한 상태로 Tab을 눌러 표시되는 파이 메뉴에서 **Edit → Face**를 실행합니다.

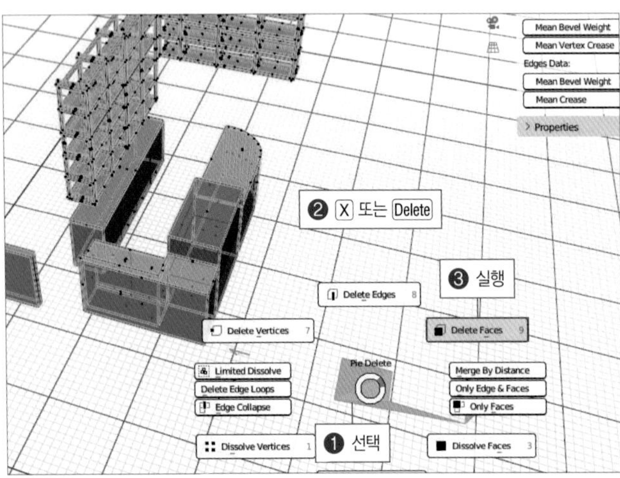

21 쓸모없는 오브젝트 면을 선택하고 X 또는 Delete를 눌러 표시되는 파이 메뉴에서 **Delete Faces**를 실행합니다.

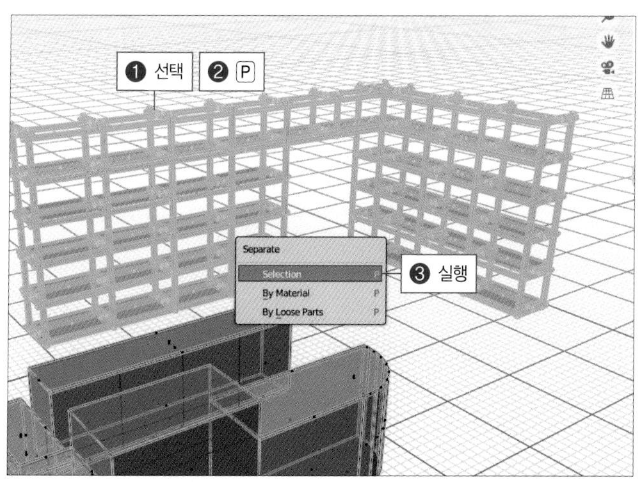

22 깨끗하게 정리된 모습을 확인할 수 있습니다. 위쪽 선반 오브젝트를 선택하고 P를 눌러 표시되는 창에서 Selection을 실행하여 오브젝트를 분리합니다.

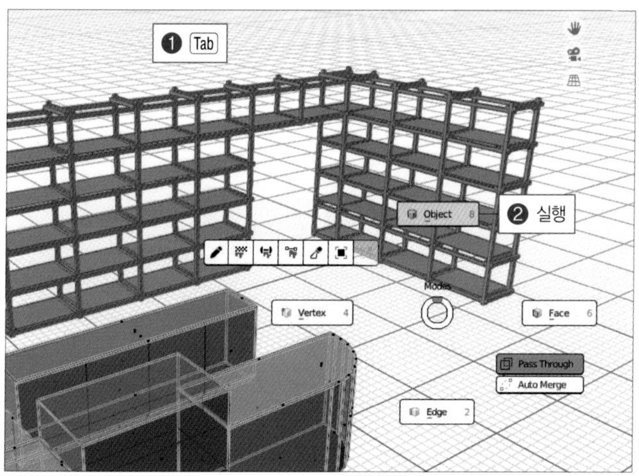

23 Tab을 눌러 표시되는 파이 메뉴에서 Object를 실행하여 모드를 변경합니다.

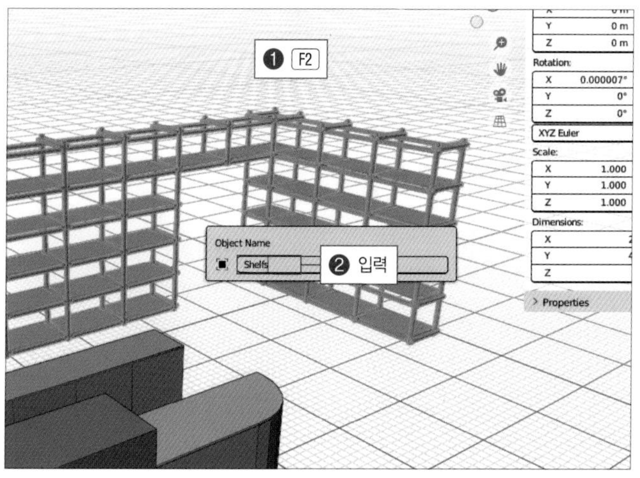

24 분리된 오브젝트가 선택된 상태로 F2를 눌러 Object Name 창이 표시되면 'Shelfs'를 입력하여 이름을 변경합니다.

남아있는 소품 분리하기

남아있는 구조물과 가구들을 하나씩 분리합니다.

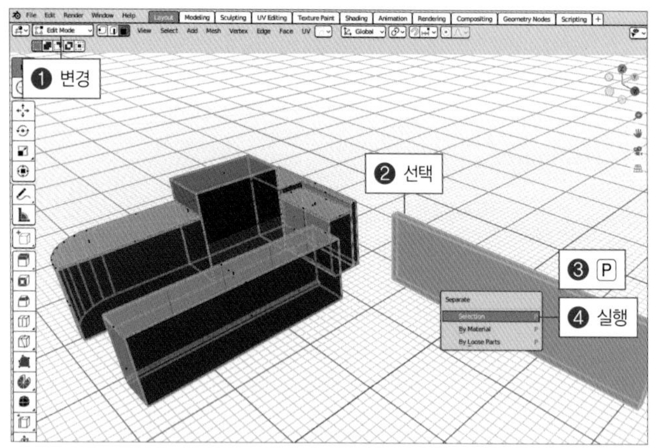

1 Header 패널에서 'Edit Mode'로 변경하고 남은 벽 오브젝트를 선택합니다. P를 눌러 표시되는 창에서 Selection을 실행하여 오브젝트를 따로 분리합니다.

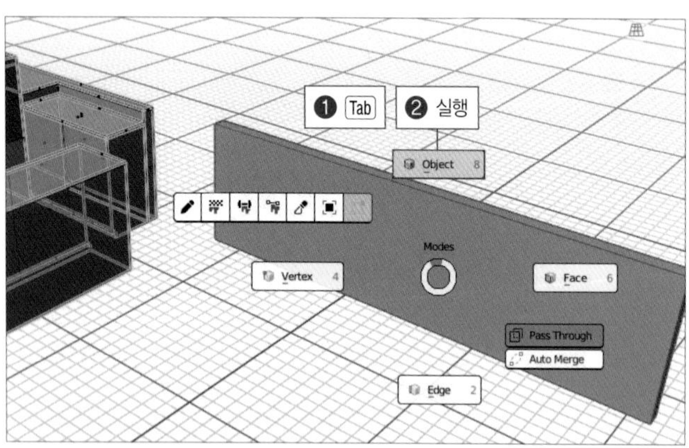

2 Tab을 눌러 표시되는 파이 메뉴에서 Object를 실행하여 모드를 변경합니다.

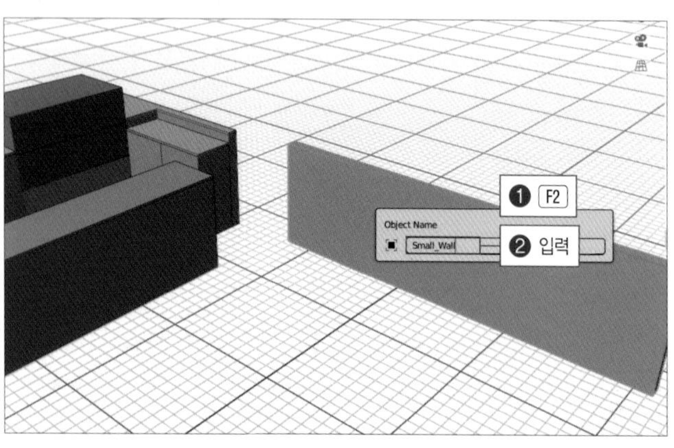

3 분리한 벽 오브젝트가 선택되어 있는 상태로 F2를 눌러 Object Name 창이 표시되면 'Small_Wall'을 입력하여 이름을 변경합니다.

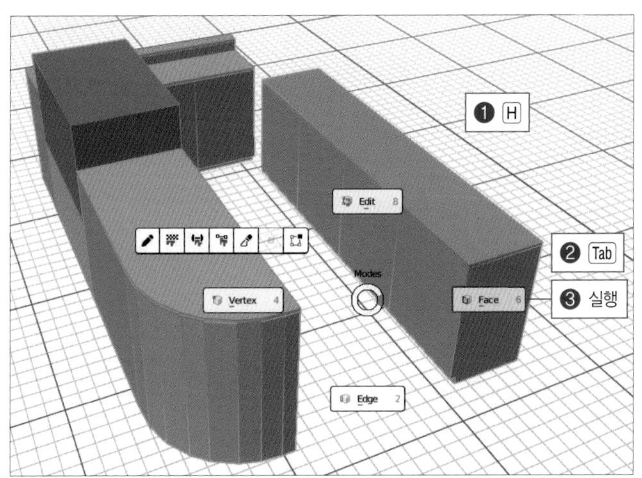

4 H를 눌러 'Small_Wall' 오브젝트를 숨깁니다. 다시 Tab을 눌러 표시되는 파이 메뉴에서 **Edit → Face**를 실행하여 모드를 변경합니다.

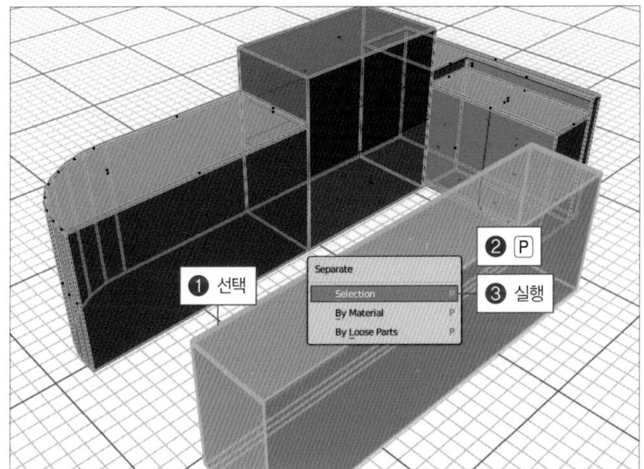

5 앞쪽 선반의 면을 모두 선택하고 P를 눌러 표시되는 창에서 Selection을 실행합니다.

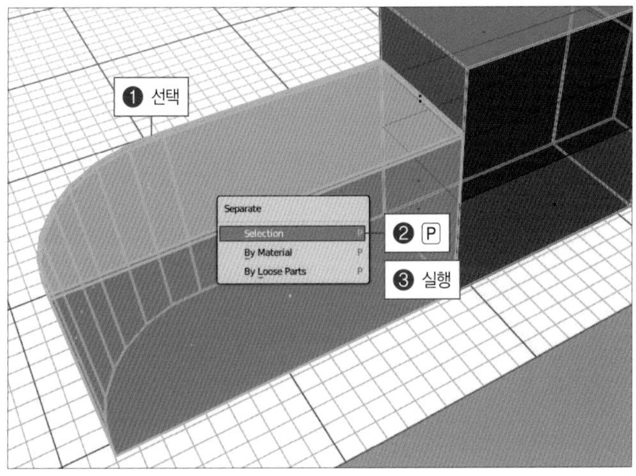

6 같은 방법으로 그림과 같이 면을 선택하고 P를 눌러 표시되는 창에서 Selection을 실행하여 분리합니다.

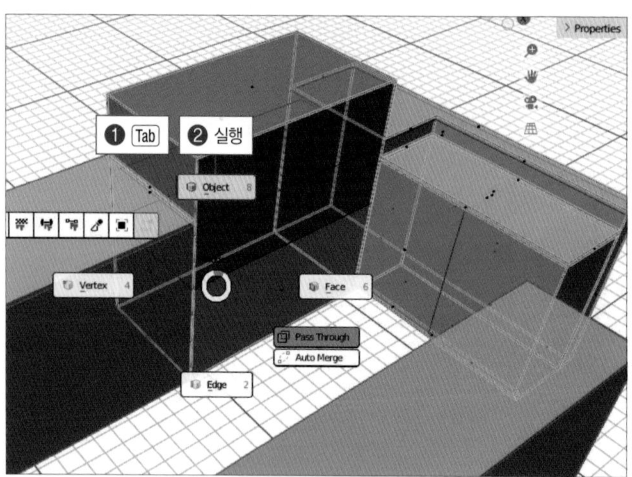

7 Tab을 눌러 표시되는 파이 메뉴에서 Object를 실행하여 모드를 변경합니다.

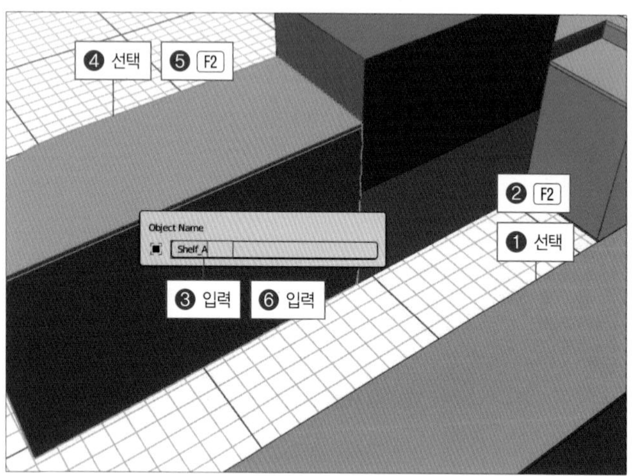

8 분리한 두 개의 오브젝트 이름을 변경하겠습니다. 각 오브젝트를 선택하고 F2를 눌러 Object Name 창이 표시되면 'Shelf_A'와 'Shelf_B'를 입력하여 이름을 변경합니다.

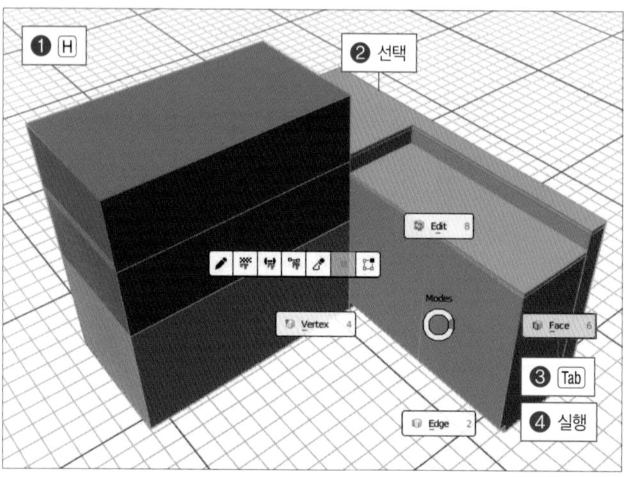

9 H를 눌러 'Shelf_A', 'Shelf_B' 오브젝트를 숨깁니다. 남은 오브젝트를 선택하고 Tab를 눌러 표시되는 파이 메뉴에서 **Edit → Face**를 실행하여 모드를 변경합니다.

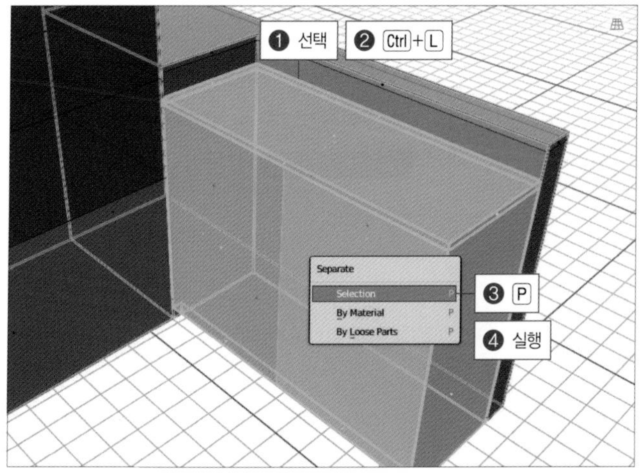

10 오른쪽 선반 한 면을 선택하고 Ctrl+L을 눌러 연결된 면을 루프 선택합니다. P를 눌러 표시되는 창에서 Selection을 실행하여 분리합니다.

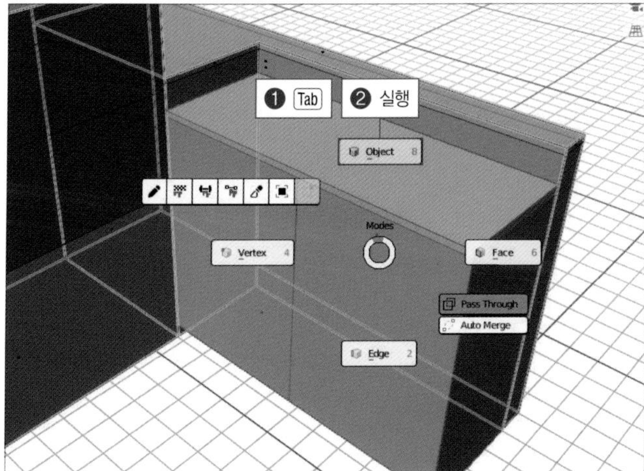

11 Tab을 눌러 표시되는 파이 메뉴에서 Object를 실행하여 모드를 변경합니다.

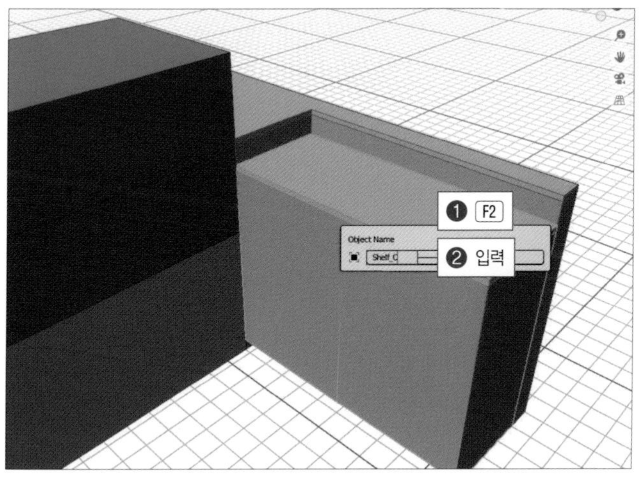

12 F2를 눌러 Object Name 창이 표시되면 'Shelf_C'를 입력하여 이름을 변경합니다.

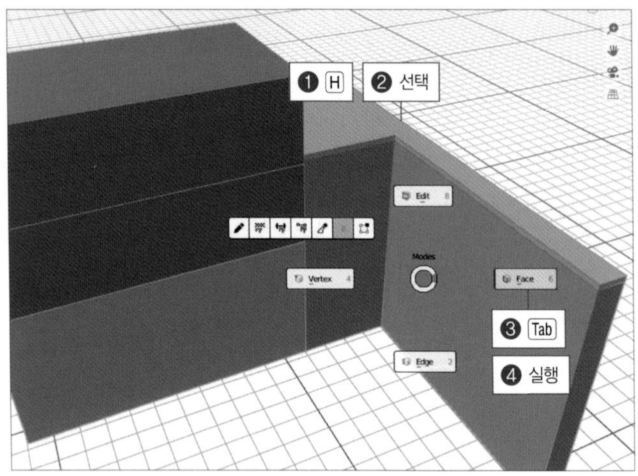

13 H를 눌러 'Shelf_C' 오브젝트를 숨깁니다. 남아있는 오브젝트를 선택하고 Tab을 눌러 표시되는 파이 메뉴에서 **Edit → Face**를 실행합니다.

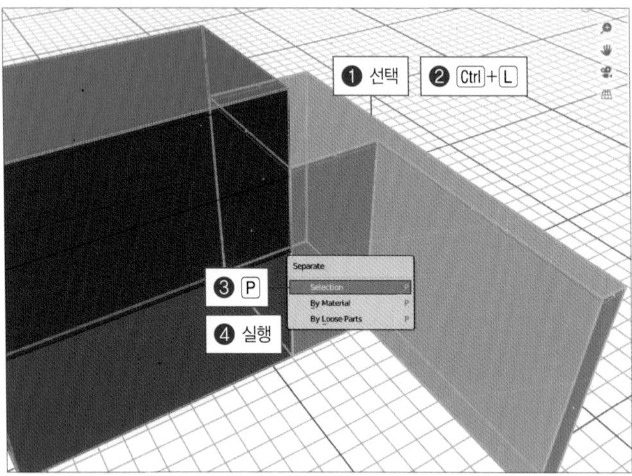

14 남은 오브젝트 중 오른쪽에 있는 오브젝트 한 면을 선택하고 Ctrl+L을 눌러 연결된 오브젝트의 면을 모두 루프 선택합니다. P를 눌러 표시되는 창에서 **Selection**을 실행하여 분리합니다.

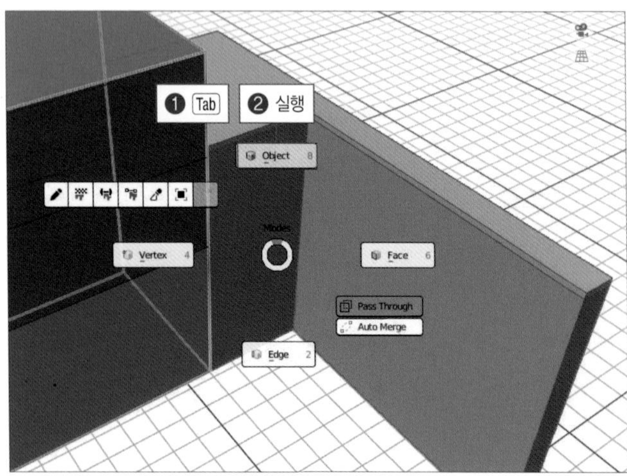

15 Tab을 눌러 표시되는 파이 메뉴에서 **Object**를 실행하여 모드를 변경합니다.

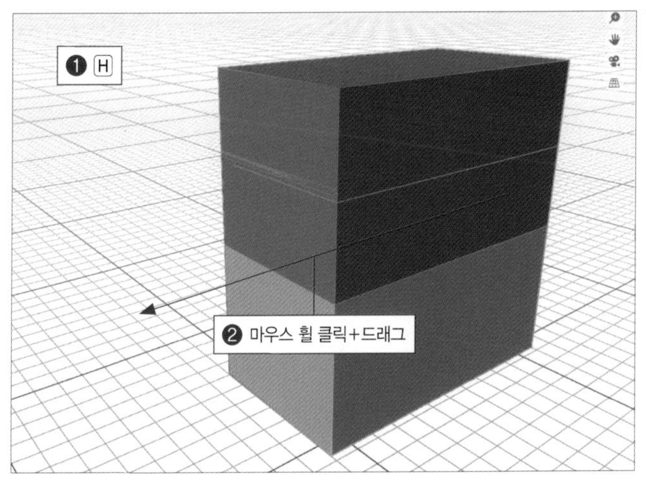

16 H를 눌러 분리한 오브젝트를 숨깁니다. 마우스 휠을 클릭한 상태로 드래그하여 오브젝트를 다양한 View 시점으로 확인합니다.

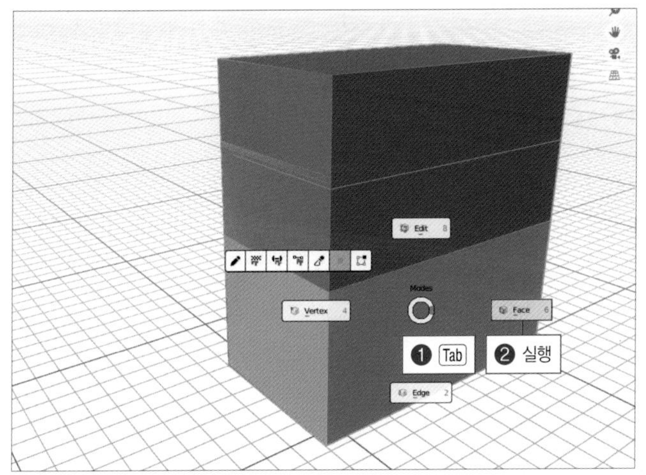

17 오브젝트를 확인하면 한쪽 면이 이상하게 보이는 것을 확인할 수 있습니다. 이것은 똑같은 위치에 면이 겹쳐있는 것으로, 이 면들만 선택하여 지우겠습니다. Tab을 눌러 표시되는 파이 메뉴에서 Edit → Face를 실행합니다.

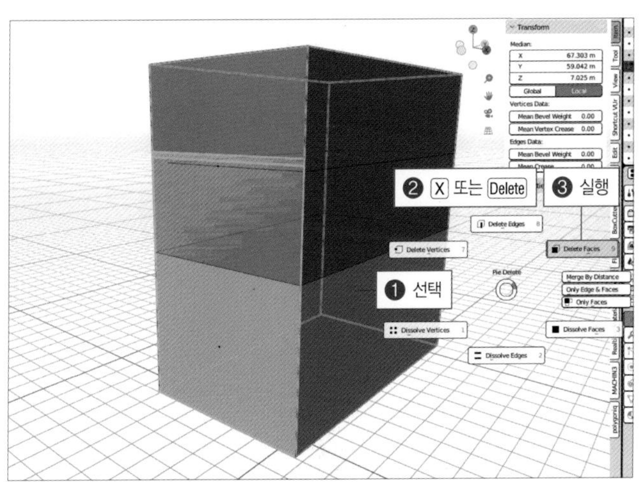

18 그림과 같이 쓸모없는 면을 선택하고 X 또는 Delete를 눌러 표시되는 파이 메뉴에서 Delete Faces를 실행하여 지웁니다.

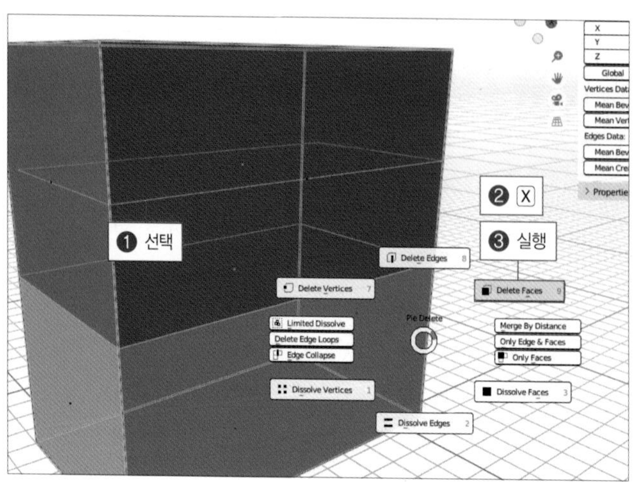

19 다른 면을 지웠을 경우 Ctrl+Z를 눌러 실행을 취소하고, 같은 방법으로 모양과 상관없는 모델링 내부도 선택하여 지웁니다.

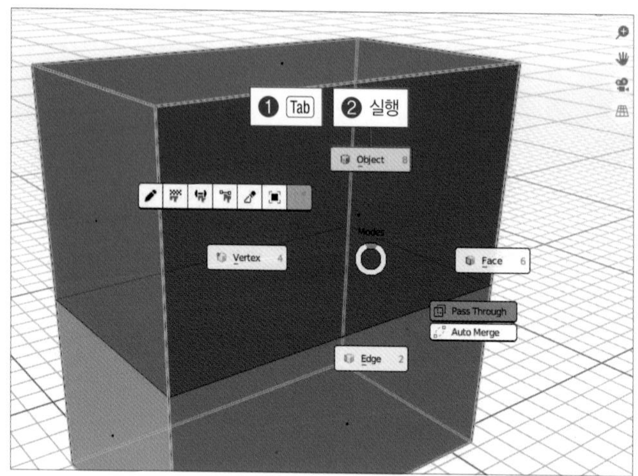

20 Tab을 눌러 표시되는 파이 메뉴에서 Object를 실행하여 모드를 변경합니다.

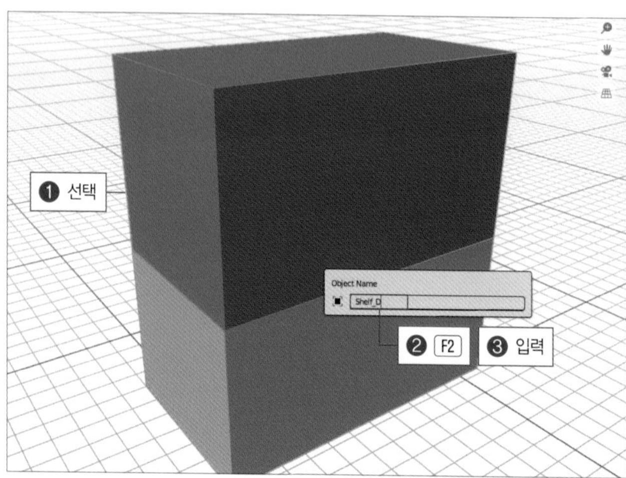

21 남은 오브젝트를 선택하고 F2를 눌러 표시되는 Object Name 창에서 'Shelf_D'를 입력하여 이름을 변경합니다.

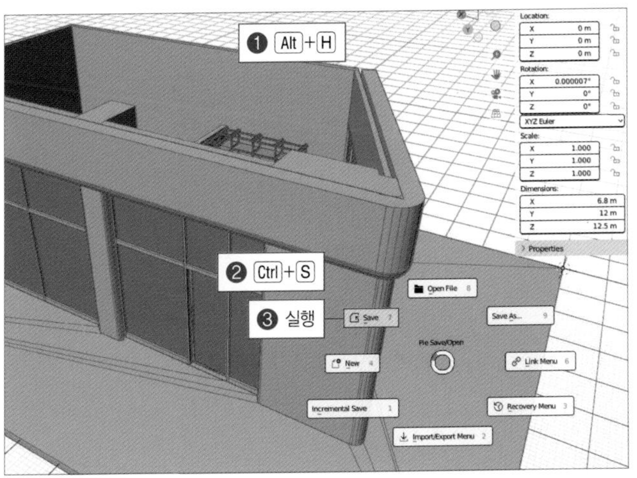

22 Alt+H를 눌러 모든 오브젝트가 보이게 만듭니다. 카메라를 이동하여 모든 오브젝트가 보이도록 조절하고 Ctrl+S를 눌러 표시되는 파이 메뉴에서 **Save**를 실행하여 작업 과정을 저장합니다.

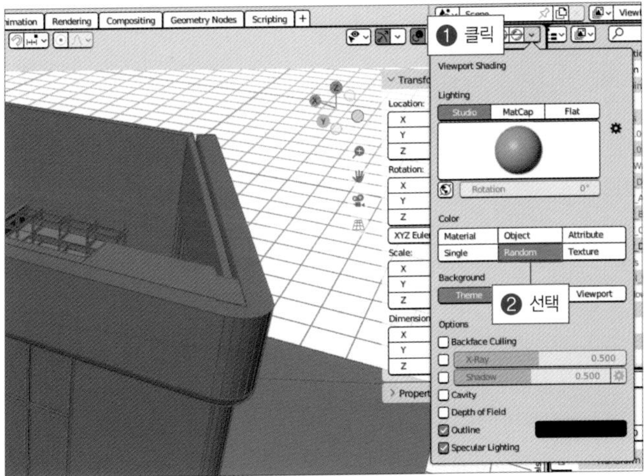

23 Header 패널에서 Viewport Shading의 'Shading' 아이콘(⌄)을 클릭하여 Viewport Shading 옵션이 표시되면 Color를 'Random'으로 선택합니다. 분리된 오브젝트에 색상이 랜덤하게 부여되어 확인하기 쉬워졌습니다.

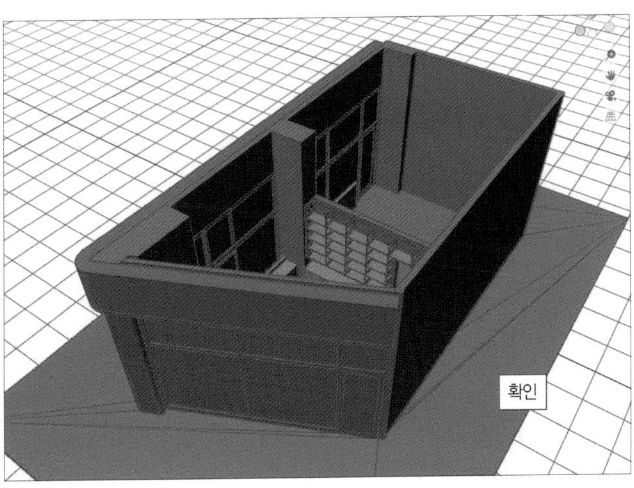

24 마우스 휠을 클릭한 상태로 드래그하여 다양한 시점에서 모델링을 확인합니다.

건축 구성물 매테리얼 작업하기

매테리얼이란 기본 재질을 입히는 작업입니다. 특징이 각기 다른 오브젝트를 특성에 맞는 쉐이딩을 지정합니다.

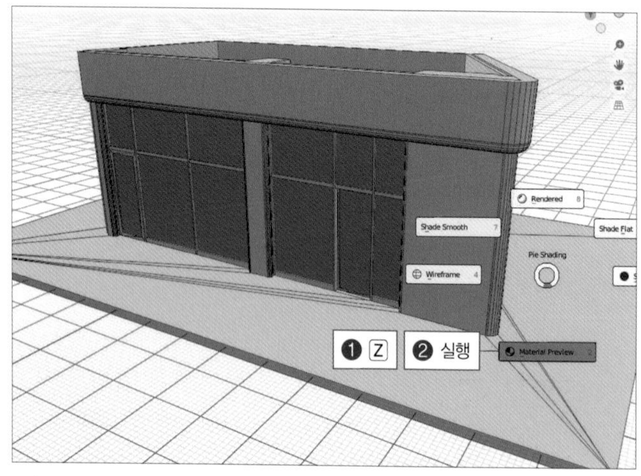

1 Z를 눌러 표시되는 파이 메뉴에서 **Material Preview**를 실행합니다. 또는 화면 우측 상단에 3D Viewport Shading에서 'Material Preview' 아이콘( )을 클릭합니다.

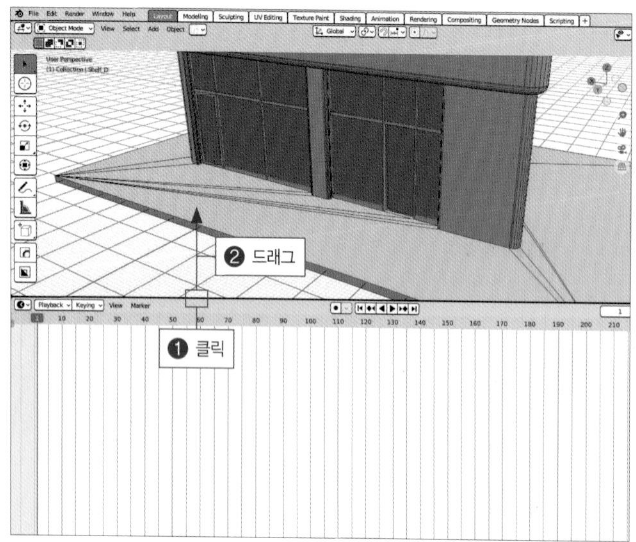

2 Shader Editor 패널을 사용하기 위해 3D Viewport 패널과 Timeline 패널 사이 경계선을 클릭한 상태로 위로 드래그하여 Timeline 패널 공간 크기를 키웁니다.

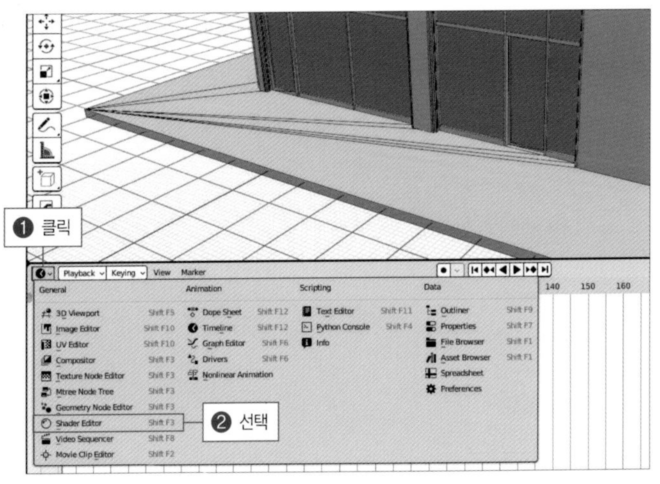

3 Timeline 패널 왼쪽 상단의 'Editor Type' 아이콘( )을 클릭하여 표시되는 창에서 'Shader Editor'를 선택합니다.

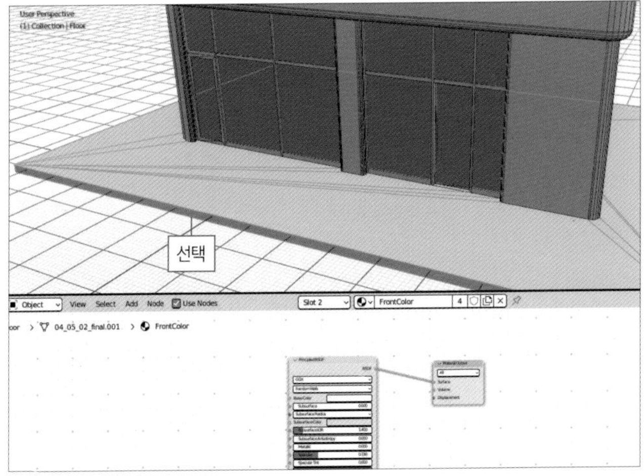

4 Timeline 패널이 Shader Editor 패널로 변경되었습니다. 어떤 오브젝트를 선택했는지에 따라서 Shader Editor 패널에 표기되는 내용이 다릅니다. 'Floor' 오브젝트를 선택합니다.

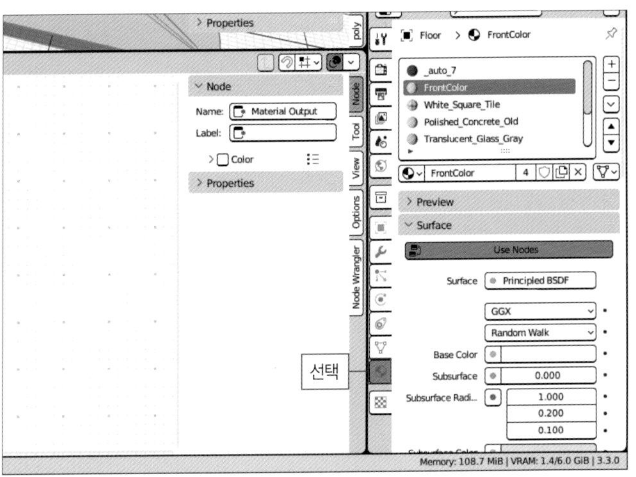

5 Properties 패널에서 〔Material( )〕 탭을 선택합니다. 현재 선택한 오브젝트에 많은 쉐이더가 연결된 것을 알 수 있습니다.

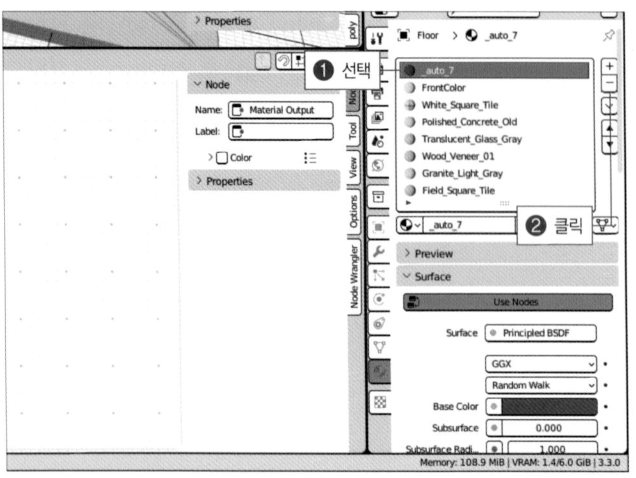

6 오브젝트 하나당 하나의 쉐이더만 사용할 것이기 때문에 필요 없는 쉐이더들을 삭제하겠습니다. Properties 패널에서 쉐이더를 하나 선택하고 '–' 아이콘을 클릭하면 쉐이더가 삭제됩니다. 같은 방법으로 모든 쉐이더를 삭제합니다.

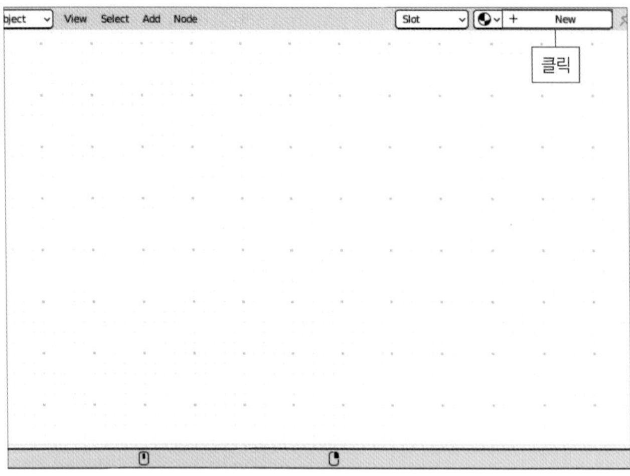

7 그림과 같이 'Floor' 오브젝트에는 할당된 쉐이더가 하나도 없는 상태가 됩니다. 쉐이더가 없는 상태에서 Shader Editor 패널의 〈New〉 버튼을 클릭합니다.

TIP

Properties 패널의 〈New〉 버튼을 클릭해도 동일하게 적용됩니다.

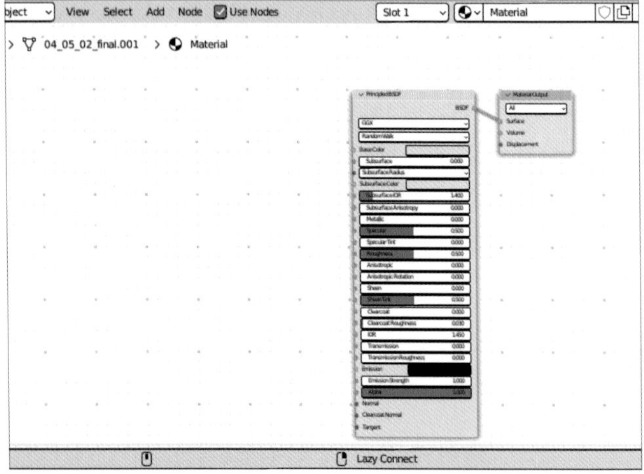

8 Shader Editor 패널에 새로운 메테리얼이 생성되고 새로운 노드들이 생성됩니다.

TIP

Shader Editor 패널에서 화면을 움직이는 방법

마우스 왼쪽 버튼 클릭 : 선택
마우스 휠 클릭 드래그 : 화면 이동
마우스 오른쪽 버튼 클릭 : 각종 메뉴 창
Shift+A : 새로운 노드 추가
HOME : 화면 가운데로 이동
. : 선택한 노드를 화면 가운데로 이동

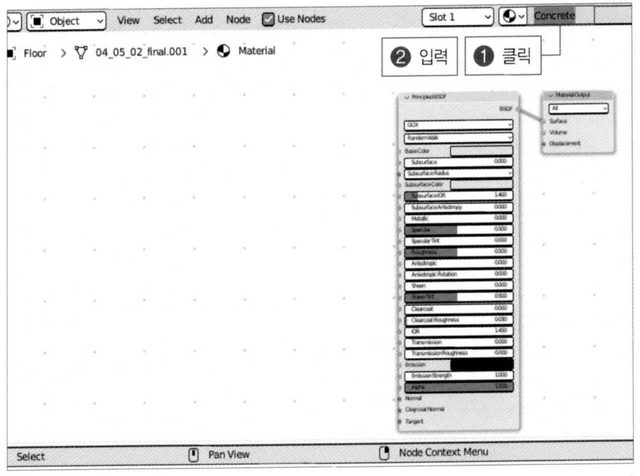

9 동일한 매테리얼을 다른 곳에 사용할 때 편리하게 선택하기 위해 Shader Editor 패널 상단에 'Material'을 클릭하고 'Concrete'로 입력하여 매테리얼 이름을 변경합니다.

TIP

Properties 패널에서도 [Material(◐)] 탭을 선택하고 매테리얼 이름을 더블클릭하면 이름을 변경할 수 있습니다. 어느 쪽에서 변경하든 자동으로 다른 곳도 적용되니 편리한 방법을 선택하여 사용하세요.

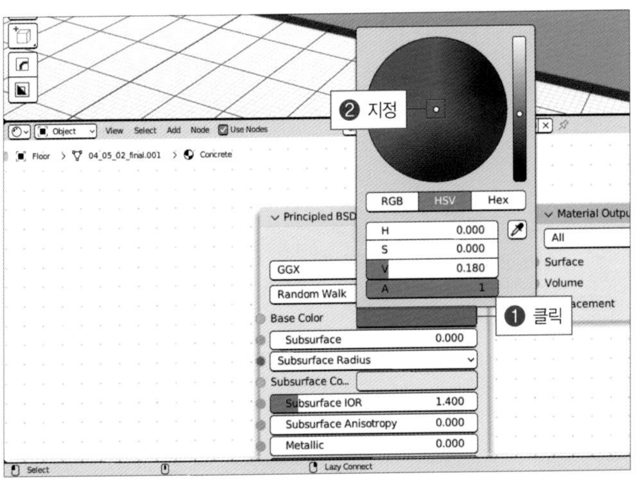

10 콘크리트 색상을 변경하겠습니다. Shader Editor 패널에서 Principled BSDF 노드 → Base Color의 색상 상자를 클릭하고 표시되는 창에서 색상을 '어두운 회색'으로 지정하여 콘크리트의 색상과 유사하게 만듭니다.

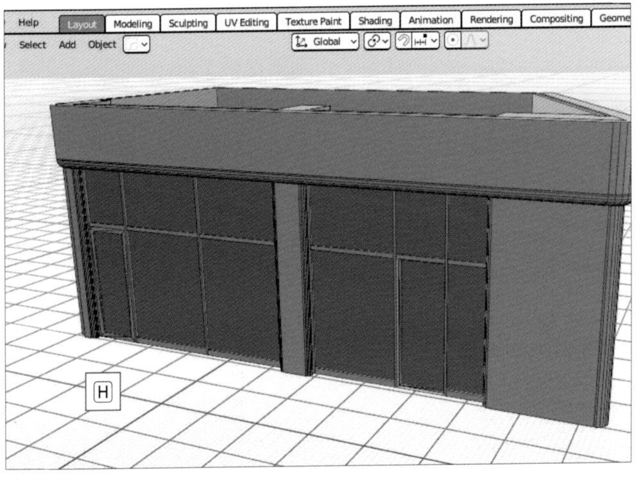

11 3D Viewport 패널에 마우스 포인터를 위치하고 H를 눌러 채색된 'Floor' 오브젝트를 화면에서 숨깁니다.

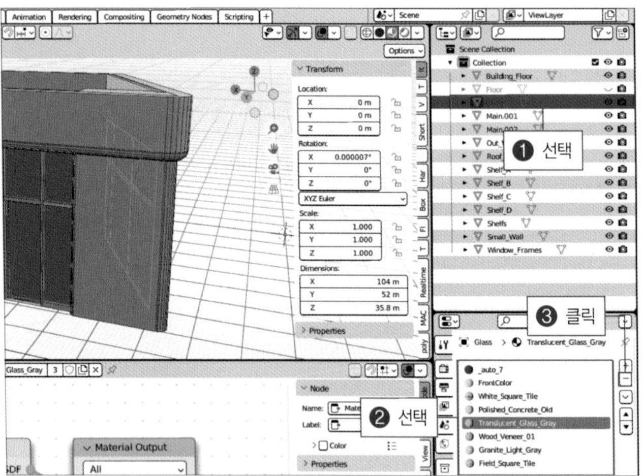

12 Outliner 패널에서 'Glass' 오브젝트를 선택합니다. 'Glass' 오브젝트의 매테리얼도 하나만 적용하기 위해 Properties 패널에서 매테리얼을 선택하고 '–' 아이콘을 클릭하여 전부 삭제합니다.

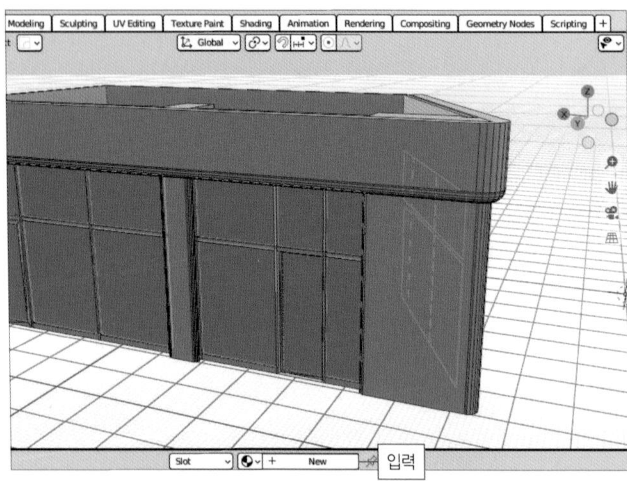

13 Shader Editor 패널에서 〈New〉 버튼을 클릭하여 새로운 매테리얼을 만듭니다.

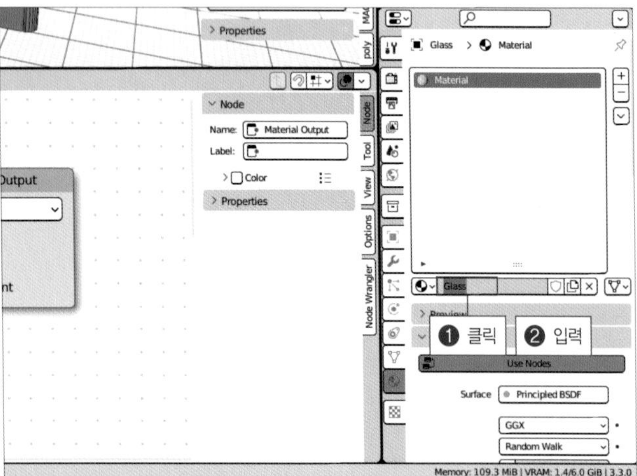

14 새로 만들어진 매테리얼을 클릭하고 'Glass'로 입력하여 이름을 변경합니다.

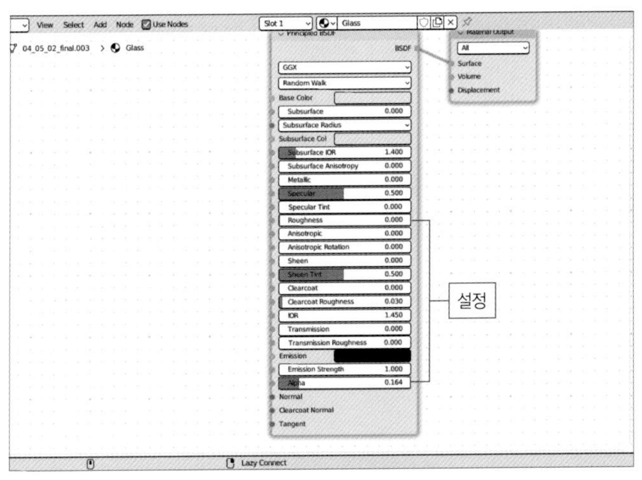

15 기본 매테리얼인 Principled BSDF를 사용하여 유리 질감을 만들겠습니다. Shader Editor 패널의 Principled BSDF 노드에서 Roughness를 '0', Alpha를 '0.164'로 설정합니다.

16 N을 눌러 Sidebar가 표시되면 〔Options〕 탭을 선택합니다. Blend Mode와 Shadow Mode를 'Alpha Hashed'로 지정하면 3D Viewport 패널에서 'Glass' 오브젝트가 투명하게 설정되는 것을 볼 수 있습니다. 'Glass' 오브젝트가 선택된 상태로 H를 눌러 숨깁니다.

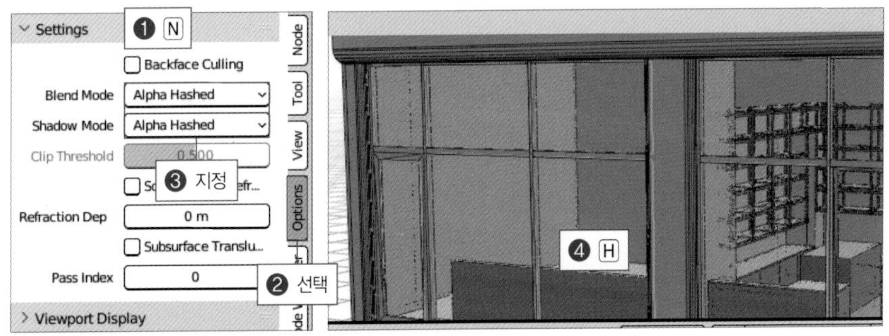

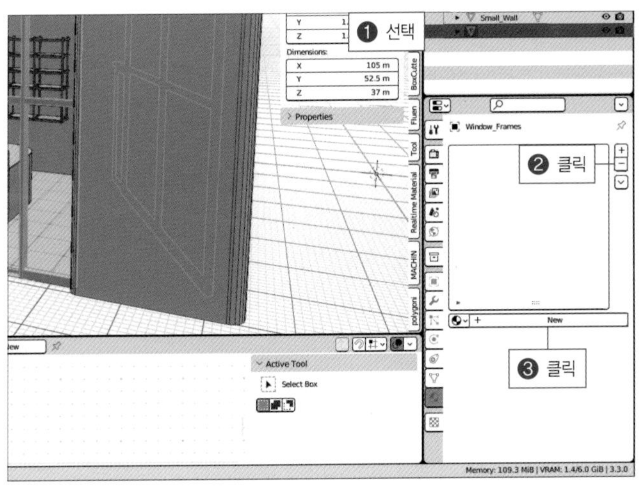

17 같은 방법으로 매테리얼을 적용하겠습니다. Outliner 패널에서 'Window Frame' 오브젝트를 선택하고 Properties 패널의 〔Material(◐)〕 탭에서 '–' 아이콘을 클릭하여 모든 매테리얼을 삭제한 다음 〈New〉 버튼을 클릭합니다.

18 새로운 매테리얼이 만들어지면 'Window Frame'으로 입력하여 이름을 변경합니다.

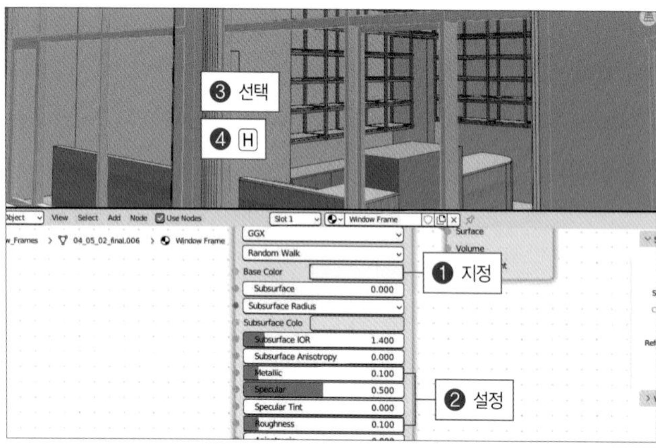

19 창틀은 광택이 있는 금속 느낌을 만들겠습니다. Shader Editor 패널의 Principled BSDF 노드에서 Base Color를 '흰색'으로 지정하고 Metallic을 '0.1', Roughness를 '0.1'로 설정합니다. 설정이 완료되면 3D Viewport 패널에서 'Window Frame' 오브젝트를 선택하고 H를 눌러 숨깁니다.

TIP

현재 3D Viewport 패널에서 보이는 색상과 렌더링 색상은 차이가 있습니다. Base Color 색상을 변경하면서 화면에 어떻게 표시되는지 확인해 보시기 바랍니다.

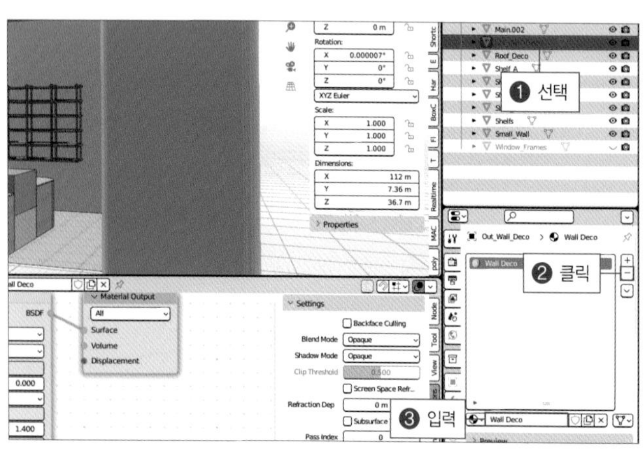

20 이번에는 'Wall Deco' 오브젝트를 선택하고 〔Material( )〕 탭에서 '–' 아이콘을 클릭하여 기존 매테리얼을 모두 삭제합니다. 〈New〉 버튼을 클릭하여 새로운 매테리얼을 생성하고 이름을 'Wall Deco'로 입력합니다.

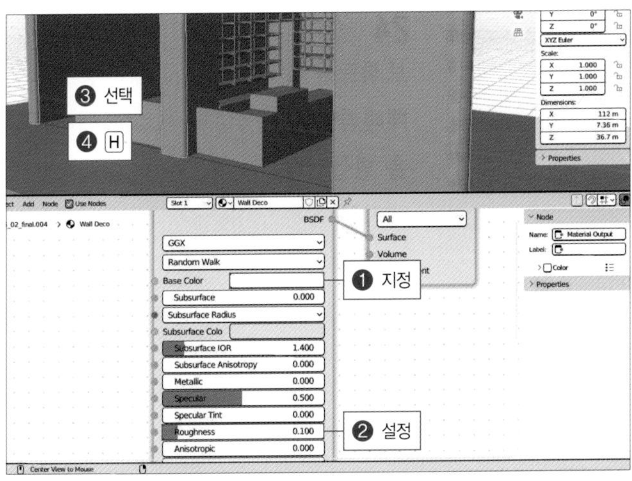

21 벽면을 광택 있는 재질로 설정하겠습니다. Shader Editor 패널의 Principled BSDF 노드에서 Base Color를 '흰색'으로 지정하고 Roughness를 '0.1'로 설정합니다. 3D Viewport 패널에서 'Wall Deco' 오브젝트를 선택하고 H를 눌러 화면에서 숨깁니다.

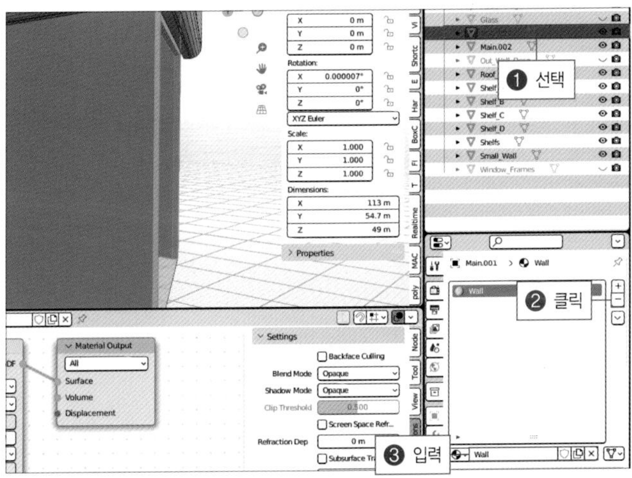

22 내부에 나타나는 'Main001' 오브젝트를 선택합니다. 같은 방법으로 매테리얼을 삭제하고 새로운 매테리얼을 만듭니다. 'Main001' 오브젝트 매테리얼 이름을 'Wall'로 입력하여 변경합니다.

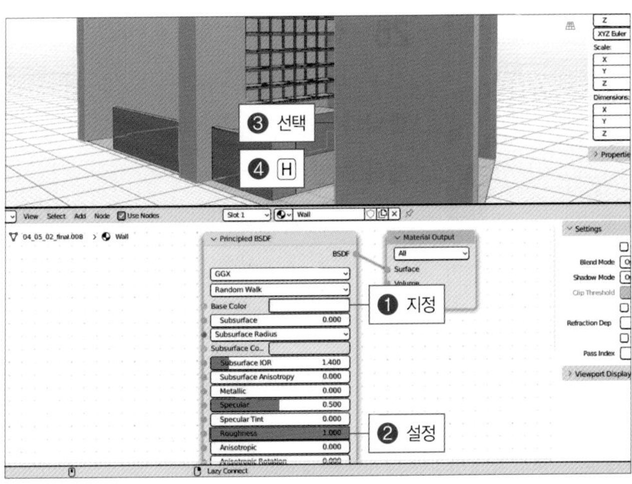

23 이 벽면은 흰색에 광택 없는 질감으로 설정하겠습니다. Shader Editor 패널의 Principled BSDF 노드에서 Base Color를 '흰색'으로 지정하고 Roughness를 '1'로 설정합니다. 3D Viewport 패널에서 'Main001' 오브젝트를 선택하고 H를 눌러 화면에서 숨깁니다.

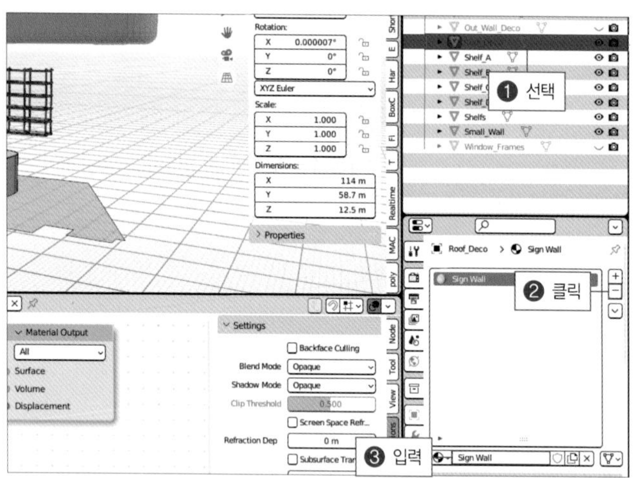

24 건물 위쪽 간판부 'Roof Deco' 오브젝트를 선택합니다. 같은 방법으로 매테리얼을 삭제하고 새로운 매테리얼을 만듭니다. 'Roof Deco' 오브젝트 매테리얼 이름을 'Sign Wall'로 입력하여 변경합니다.

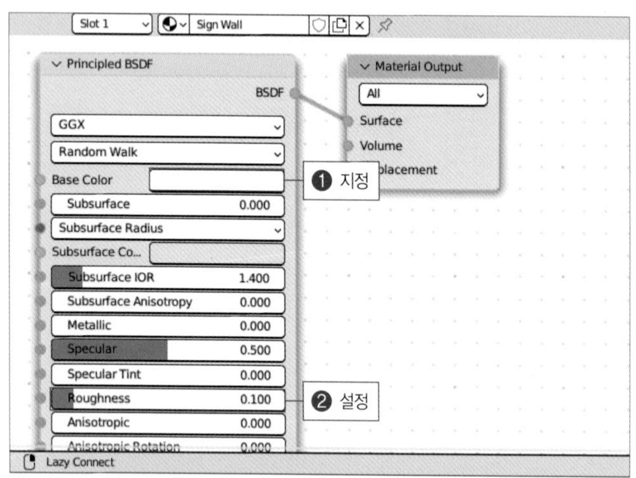

25 Shader Editor 패널의 Principled BSDF 노드에서 Base Color를 '흰색'으로 지정하고 Roughness를 '0.1'로 설정하여 약간 광택 있는 흰색을 만듭니다.

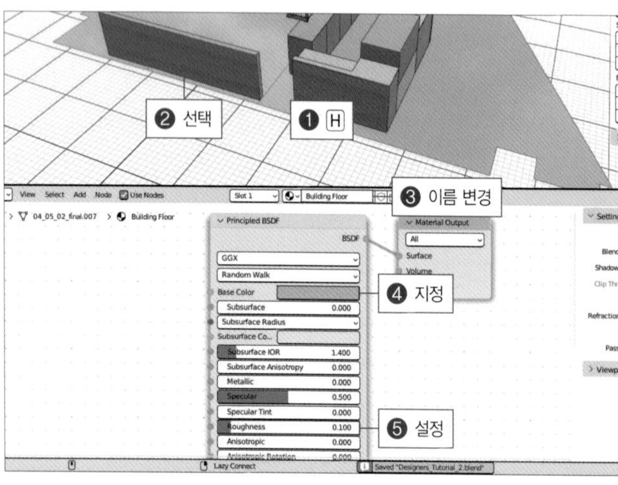

26 완성된 오브젝트를 H를 눌러 숨기고 'Building Floor' 오브젝트를 선택합니다. 같은 방법으로 매테리얼을 삭제하고 만든 다음 'Building Floor'로 이름을 변경합니다. Base Color를 '밝은 회색'으로 지정하고 Roughness를 '0.1'로 설정하여 건축 구성물의 대략적인 매테리얼 지정을 마무리합니다.

가구 매테리얼과 UV 작업하기

매테리얼은 기본적인 질감을 정하는 것이고, UV는 모델링에 이미지를 입히는 방식을 정하는 과정입니다. Blender의 강력한 UV 기능인 Smart UV를 사용하여 쉽고 빠르게 UV 작업을 진행하겠습니다.

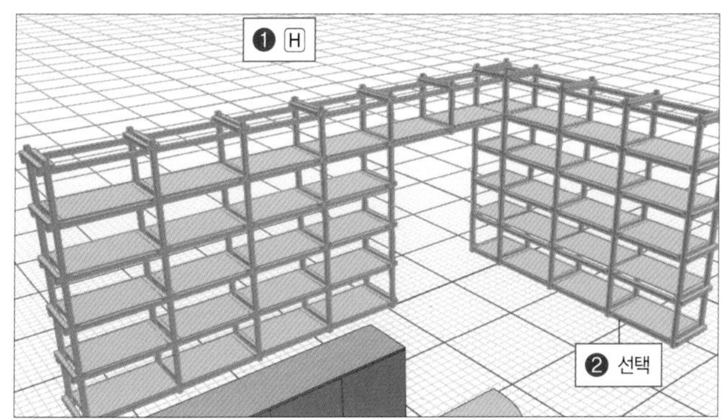

1 'Building Floor' 오브젝트가 선택된 상태로 H를 눌러 숨기고 'Shelfs' 오브젝트를 선택합니다.

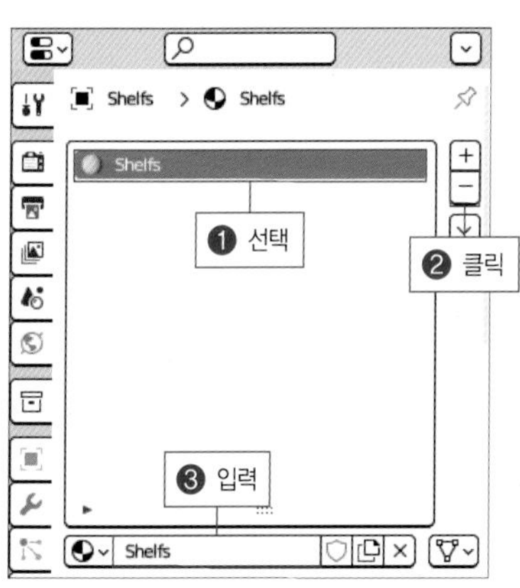

2 Properties 패널에서 매테리얼을 선택하고 '–' 아이콘을 클릭하여 전부 삭제하고 〈New〉 버튼을 클릭하여 새로운 매테리얼을 만듭니다. 매테리얼 이름은 'Shelfs'로 입력하여 변경합니다.

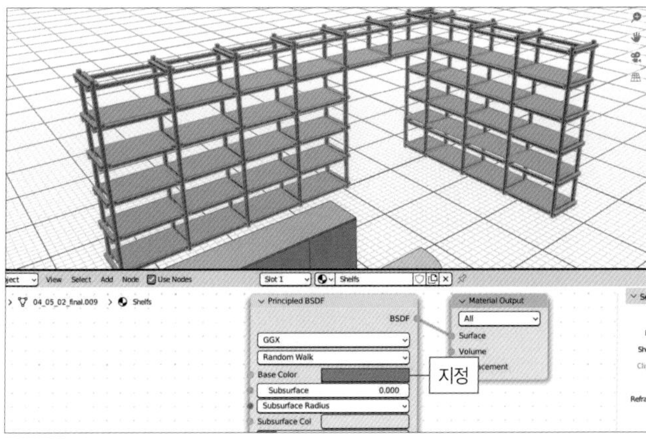

3 Principled BSDF 노드에서 Base Color를 '밝은 갈색'으로 지정합니다. 화면에 보이는 오브젝트가 별로 없으니 숨기지 않습니다.

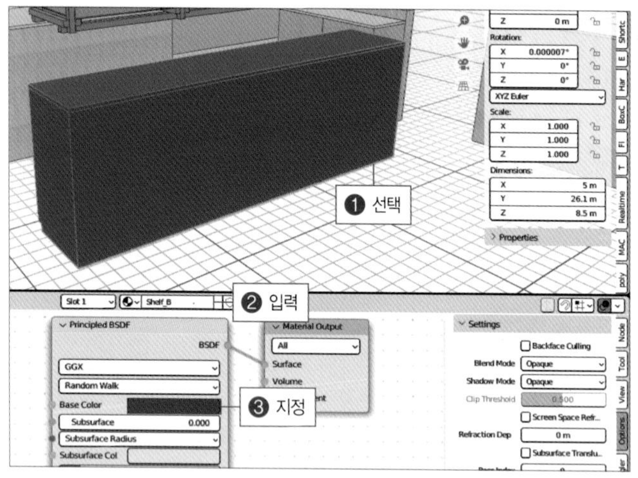

4 'Shelf_B' 오브젝트를 선택합니다. 같은 방법으로 매테리얼을 전부 삭제하고 만듭니다. 매테리얼 이름을 'Shelf_B'로 입력하여 변경하고 Base Color를 '어두운 갈색'으로 지정합니다.

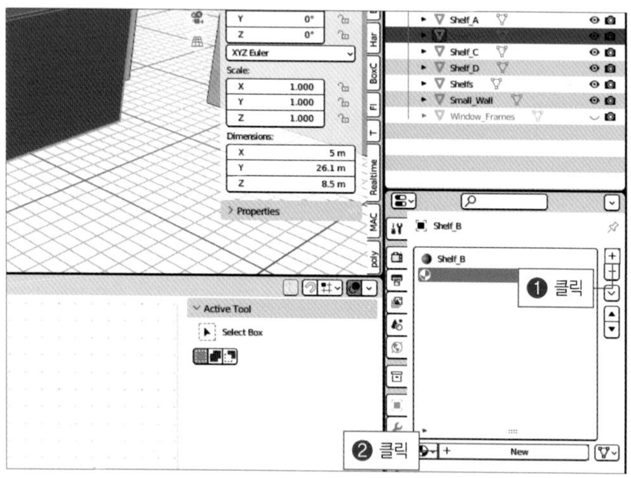

5 'Shelf_B' 오브젝트는 윗부분이 다른 매테리얼로 되어있습니다. 윗부분만 다른 매테리얼로 지정하기 위해 Properties 패널의 〔Material(◉)〕 탭에서 '+' 아이콘을 클릭하여 빈 슬롯을 하나 만들고 〈New〉 버튼을 클릭합니다.

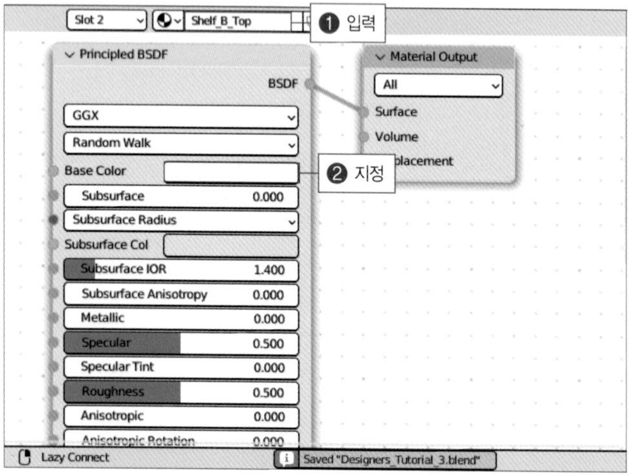

6 매테리얼이 생성되면 'Shelf_B_Top'으로 입력하여 이름을 변경합니다. Principled BSDF 노드에서 Base Color를 '흰색'으로 지정합니다.

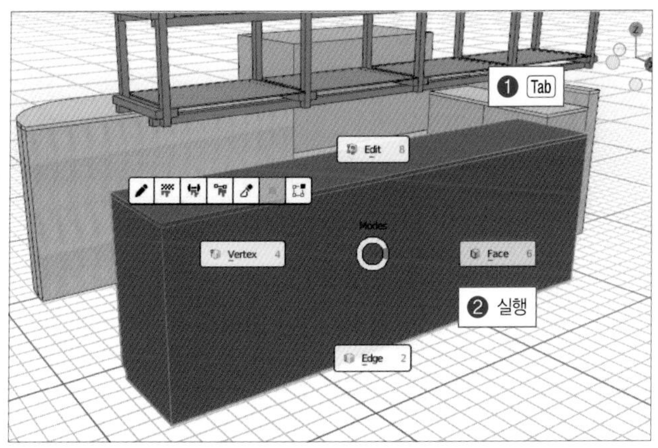

7 이제 새로 만든 매테리얼을 오브젝트 일부분에 적용하겠습니다. Tab을 눌러 표시되는 파이 메뉴에서 **Edit → Face**를 실행합니다.

8 'Shelf_B' 오브젝트의 윗부분 면을 선택하고 Properties 패널의 'Shelf_B_Top' 매테리얼을 선택한 다음 〈Assign〉 버튼을 클릭합니다.

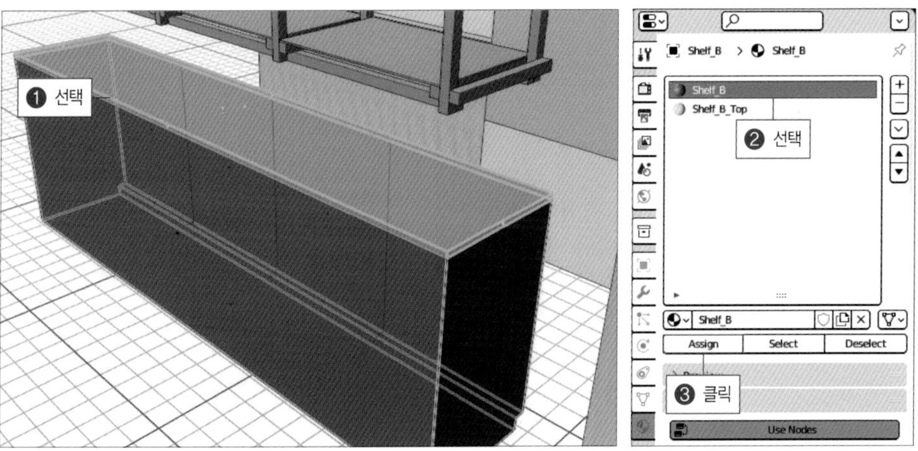

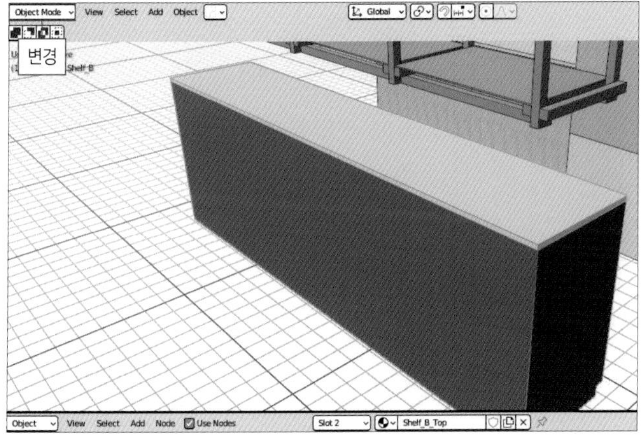

9 Object Mode로 변경하면 'Shelf_B' 오브젝트 윗부분에만 다른 매테리얼이 적용된 것을 알 수 있습니다.

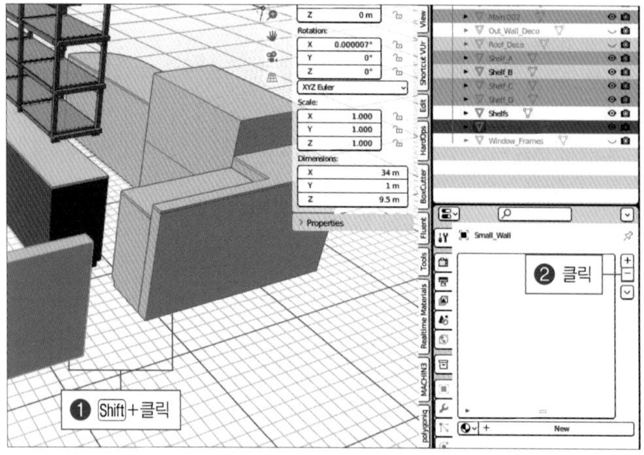

10 Shift를 누른 상태로 매테리얼 작업하지 않은 오브젝트를 모두 클릭하여 선택하고 Properties 패널에서 '–' 아이콘을 클릭하여 모든 매테리얼을 삭제합니다. 이 오브젝트들은 한 번에 매테리얼 작업할 것이기 때문에 전부 깨끗하게 지워주기만 합니다.

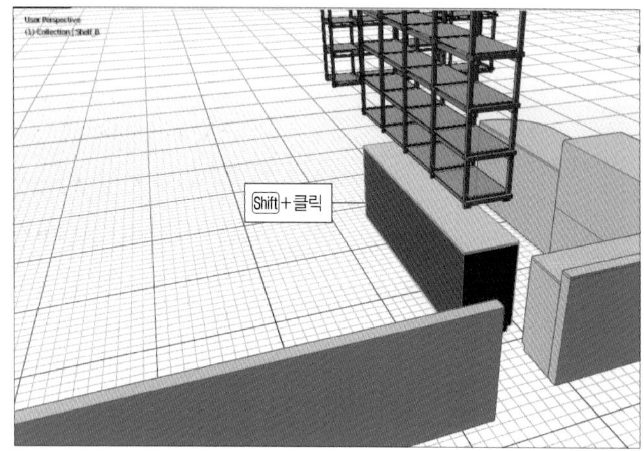

11 나머지 남아있는 오브젝트에는 마지막에 제작한 매테리얼을 적용시키겠습니다. 작업되지 않은 오브젝트들이 선택된 상태로 Shift를 누르고 'Shelf_B' 오브젝트를 클릭하여 선택합니다.

> **TIP**
>
> Blender에서 마지막에 선택된 오브젝트는 특별 취급되며, 'Active Element'라고 구분하여 부르고 선택된 색상도 약간 다릅니다. 만약 선택 순서가 잘못되어 다른 오브젝트가 'Active Element'로 선택되었다면, Shift를 누르고 마지막에 선택해야 할 오브젝트를 다시 클릭하면 됩니다.

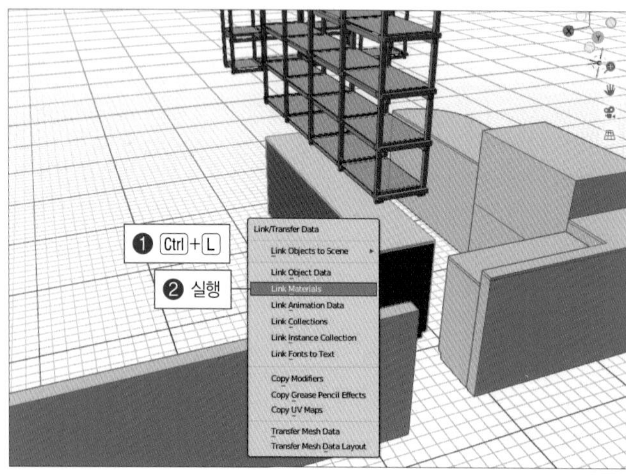

12 Ctrl+L을 눌러 표시되는 창에서 **Link Materials**를 실행하여 기존 선택한 모든 오브젝트에 마지막으로 선택한 오브젝트의 매테리얼을 복사해서 적용합니다.

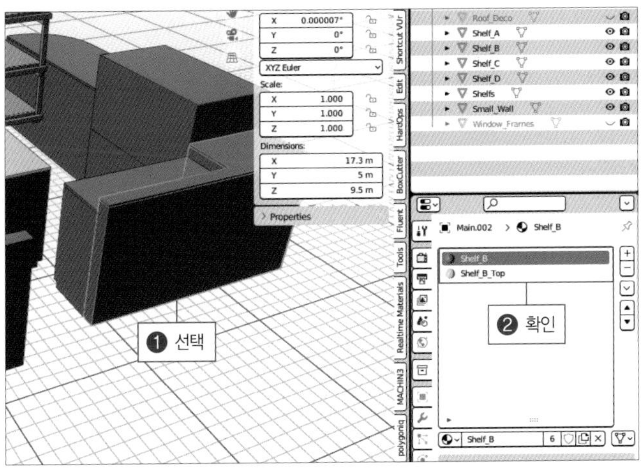

13 하나하나 오브젝트를 선택하면서 확인합니다. 마지막에 제작한 오브젝트의 매테리얼 구조를 그대로 가지고 온 것을 확인할 수 있습니다.

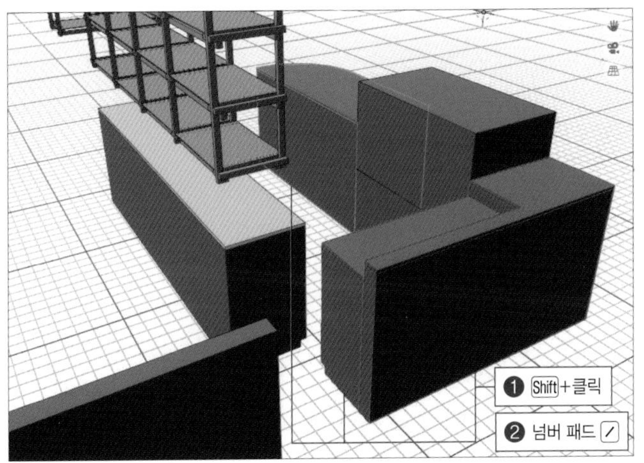

14 그림과 같이 세 개의 오브젝트를 선택합니다. 이 오브젝트들은 윗부분 색상이 다른 오브젝트들입니다. 임시적으로 화면에 이 오브젝트들만 보이도록 넘버 패드에서 /를 누릅니다.

TIP

만약 키보드에 넘버 패드가 없다면, Header 패널에서 [View] → Local View → Toggle Local View를 실행하면 됩니다.

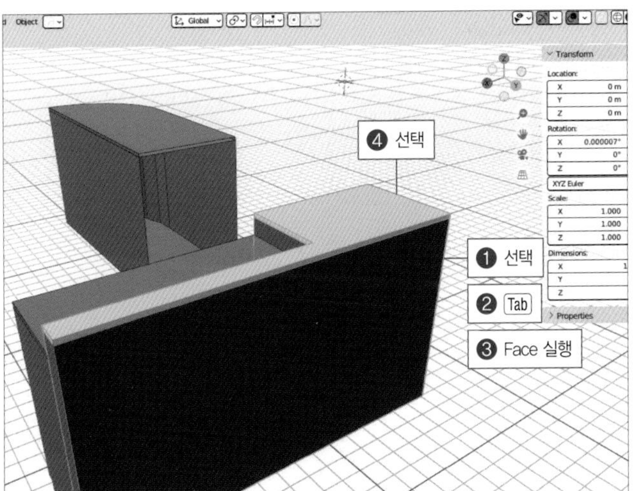

15 선택한 오브젝트들 중 한 개의 오브젝트를 선택하고 Tab을 눌러 표시되는 파이 메뉴에서 **Face**를 실행하여 윗부분 면을 선택합니다.

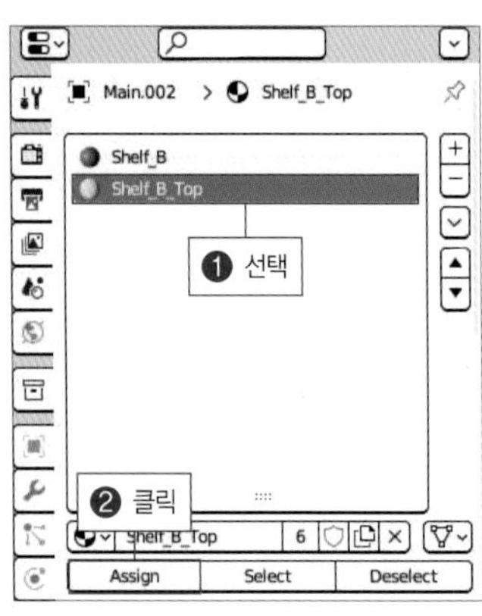

16 Properties 패널에서 'Shelf_B_Top' 매테리얼을 선택하고 〈Assign〉 버튼을 클릭합니다. Header 패널에서 'Object Mode'를 선택하여 변경합니다.

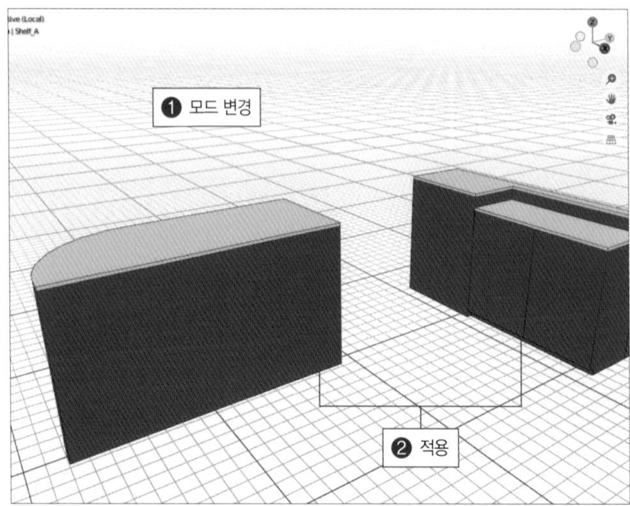

17 모드를 Object Mode로 변경하고 나머지 두 개의 오브젝트도 매테리얼을 적용합니다.

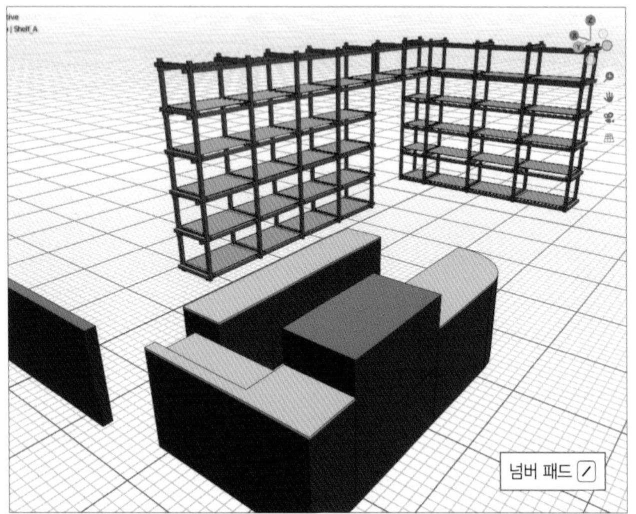

18 넘버 패드 /을 눌러 숨긴 오브젝트를 표시합니다. 모든 오브젝트에 매테리얼이 적용되었습니다.

이미지 텍스츄어 적용과 UV 작업하기

이미지 텍스츄어링은 사진 이미지를 오브젝트에 적용하는 것이고, UV는 모델링에 이미지를 입히는 방식을 정하는 과정입니다. 이번에도 Smart UV를 사용하여 쉽고 빠르게 UV 작업을 진행하겠습니다.

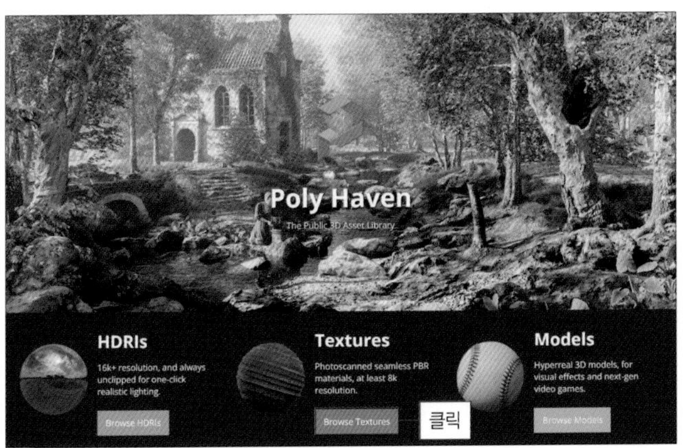

1 무료 이미지를 얻기 위해 Poly Haven 홈페이지(www.polyhaven.com)에 접속합니다. Textures의 〈Browse Textures〉 버튼을 클릭합니다.

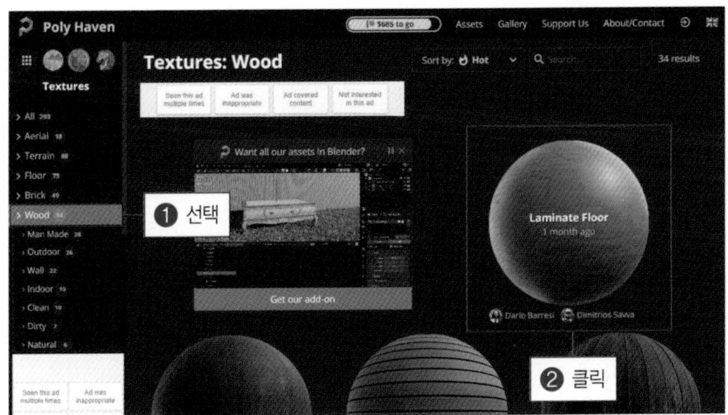

2 왼쪽 메뉴에서 'Wood'를 선택하고 표시되는 항목들 중에 원하는 텍스츄어를 클릭합니다. 예제에서는 밝은 색상의 'Laminate Floor'를 클릭했습니다.

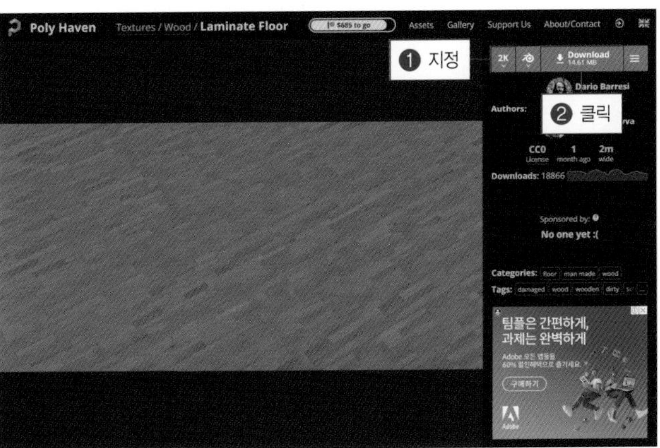

3 이미지 사이즈를 '2K'로 지정하고 〈Download〉 버튼을 클릭하여 현재 프로젝트 파일이 있는 곳, 또는 원하는 곳에 파일을 다운로드 받습니다.

TIP

2K라고 적힌 것은 이미지 사이즈입니다. 파일이 커질수록 선명한 이미지를 얻을 수 있지만 의도치 않게 프로젝트가 커져 렌더링이 오래 걸리는 문제 등을 유발할 수 있습니다. 현재 프로젝트에서는 2K가 적당합니다.

4 다운로드 받은 zip 파일의 압축을 풀면 다음 한 개의 Blender 파일과 'textures'라는 폴더가 있습니다. 그리고 폴더 안에 4개의 이미지 파일이 들어 있습니다. 이 이미지들은 각각 색상, 디스플레이스먼트, 노멀맵, 러프니스맵입니다.

TIP

파일 이름을 보면 앞쪽은 이미지 이름이고 뒤쪽에 어떤 정보인지를 나타내는지 그리고 마지막으로 이미지 사이즈를 표시하는 방식으로 표기되어 있습니다.

❶ **laminate_floor_diff_2k.jpg :** '라미네이트 된 바닥_색상_2K.jpg'라는 뜻으로 jpg는 가장 널리 사용되는 이미지 파일입니다.
❷ **laminate_floor_disp_2k.png :** png 파일은 jpg보다 조금 더 발전된 이미지 파일입니다. 하지만 파일 사이즈가 조금 더 크기 때문에 상황에 맞게 사용해야 합니다.
❸ **EXR :** EXR 파일 포맷은 가장 많은 정보를 포함할 수 있는 파일입니다. HDR 이미지나 노멀맵 이미지를 저장할 때 보통 사용합니다.

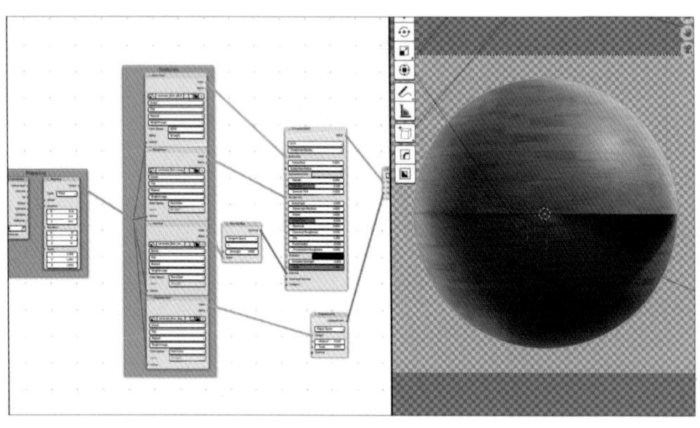

5 폴더에 들어 있는 Blender 파일을 더블클릭하여 실행합니다. 오른쪽 3D Viewport 패널을 Render View로 변경하면 그림처럼 기본 쉐이더와 기본 신 구성을 완료했을 때 어떻게 보이는지 알 수 있습니다. 이 Blender 파일은 구성을 알아보기 위한 것으로 다시 닫습니다.

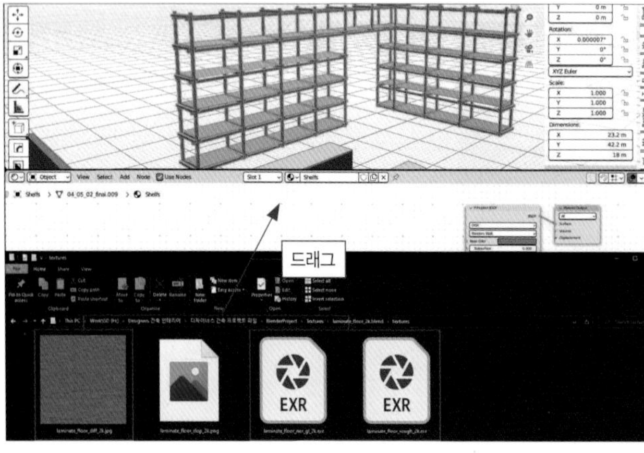

6 다시 작업으로 돌아와서 작업 화면을 그림과 같이 만듭니다. 폴더에서 색상(laminate_floor_diff_2k.jpg), 노멀맵(laminate_floor_rough_2k.exr), 러프니스맵(laminate_floor_nor_gl_2k.exr) 파일을 하나씩 Shader Editor 패널의 빈 공간으로 드래그하여 불러옵니다.

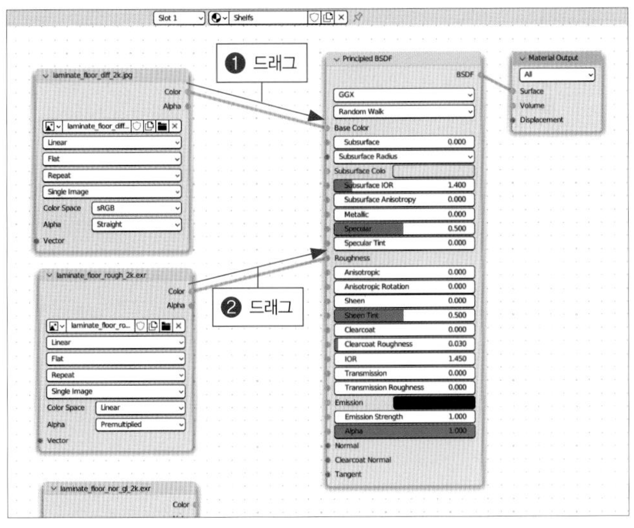

7 소켓을 연결하겠습니다. laminate_floor_diff_2k.jpg 노드의 Color를 Principled BSDF 노드 Base Color, laminate_floor_rough_2k.exr 노드의 Color를 Roughness로 드래그하여 소켓을 연결합니다.

TIP

화면이 작아서 잘 보이지 않는다면 화면 위에 마우스 포인터를 위치하고 Ctrl+Spacebar를 누르면 다음 화면처럼 커진 화면에서 작업할 수 있습니다. 다시 Ctrl+Spacebar를 누르면 원래 작업 화면으로 돌아갑니다.

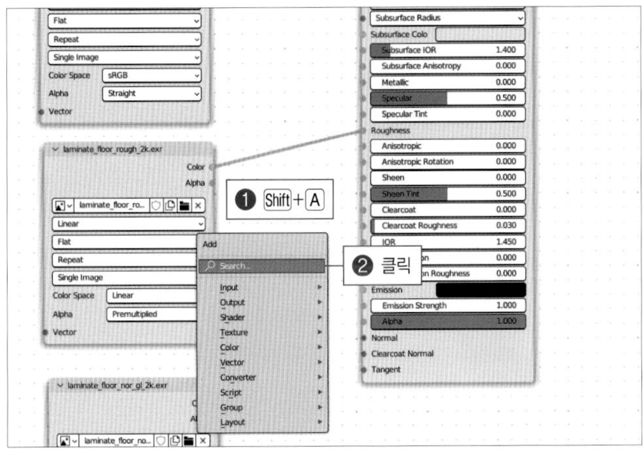

8 새 노드를 만들기 위해 Shader Editor 패널에서 Shift+A를 눌러 표시되는 창에서 'Search'를 클릭합니다.

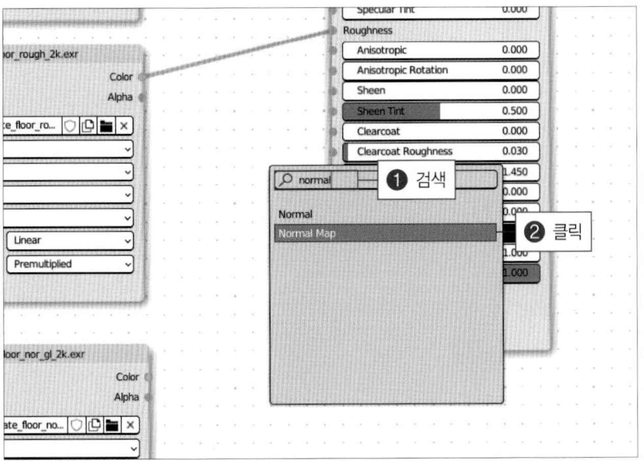

9 Search 검색 창에서 'Normal Map'을 검색하고 클릭하여 실행합니다.

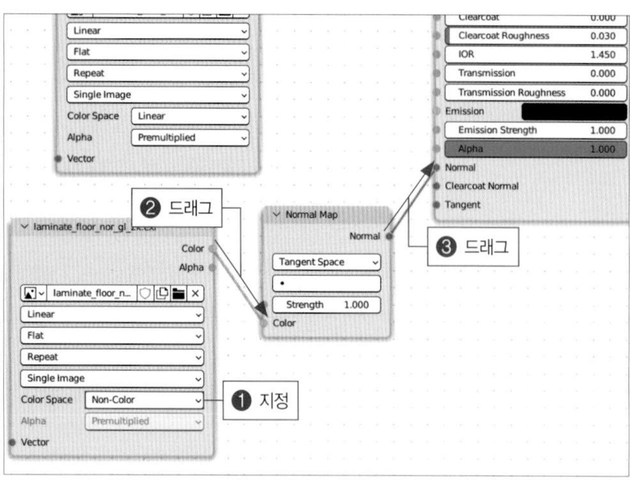

10 생성된 Normal Map 노드를 그림과 같이 배치합니다. laminate_floor_nor_gl_2k.exr 노드의 Color Space를 'Non-Color'로 지정하고 Color를 Normal Map 노드의 Color, Normal Map 노드의 Normal을 Principled BSDF 노드의 Normal에 드래그하여 소켓을 연결합니다.

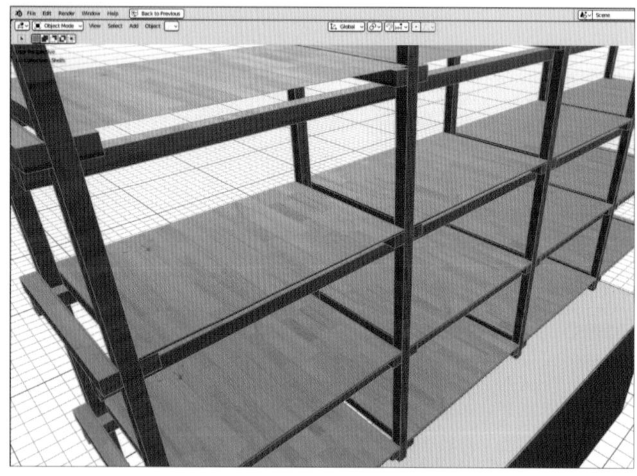

11 제대로 연결되면 그림과 같이 보입니다. 색상과 반사 값, 그리고 표면의 질감을 표현하는 노멀맵이 잘 들어갔지만, 나무의 방향이 잘못 들어갔습니다.

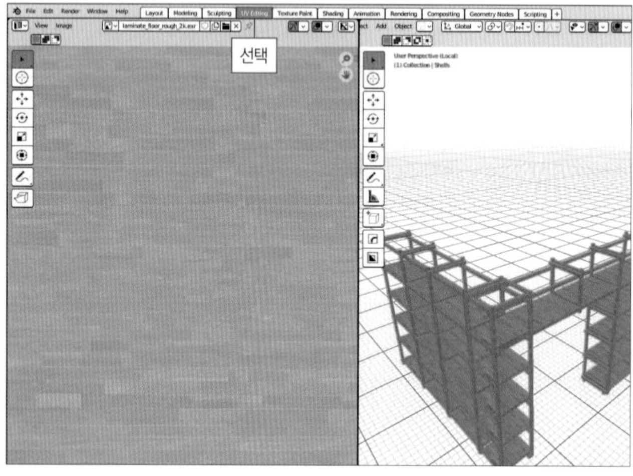

12 UV 맵을 작업하기 위해 Work-spaces에서 〔UV Editing〕 탭을 선택합니다. 왼쪽은 UV Editor 패널이 표시되고 오른쪽은 3D Viewport 패널이 표시됩니다.

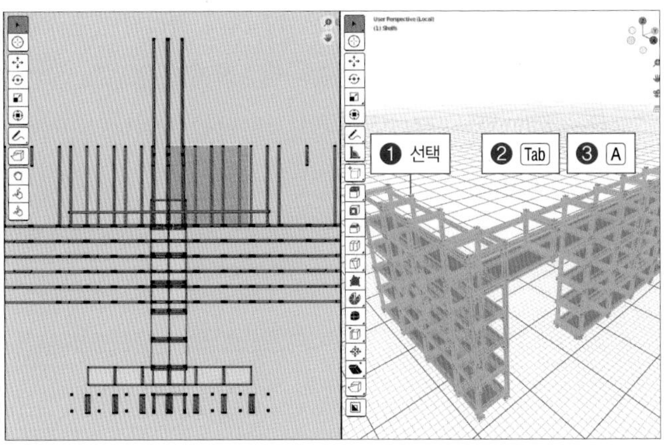

13 선반을 선택하고 Tab을 눌러 표시되는 파이 메뉴에서 **Vertex**를 실행합니다. A를 눌러 표시되는 메뉴에서 **Select All Toggle**을 실행하면 전체 선택되거나, 전체 선택 취소됩니다. 전체 선택될 때까지 반복하면 오른쪽 화면에 현재 UV 맵이 표시됩니다.

TIP
UV Editor 패널에서 화면을 움직이는 방법은 3D Viewport 패널과 매우 유사합니다. 마우스 휠을 클릭한 채로 드래그하면 화면을 움직이는 것이고, 마우스 휠을 돌리면 화면이 확대, 축소됩니다.

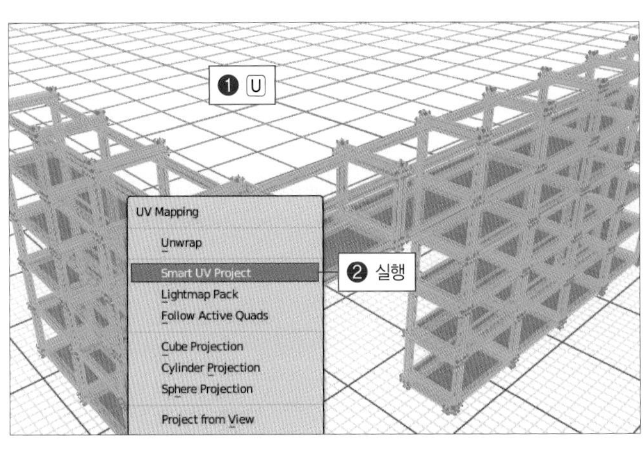

14 3D Viewport 패널에서 오브젝트 위에 마우스 포인터를 위치하고 U를 눌러 표시되는 창에서 **Smart UV Project**를 실행합니다.

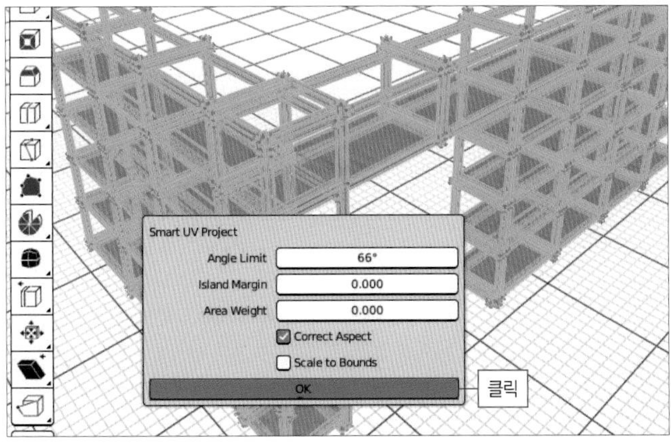

15 다음 표시되는 Operation에서 〈OK〉 버튼을 클릭합니다.

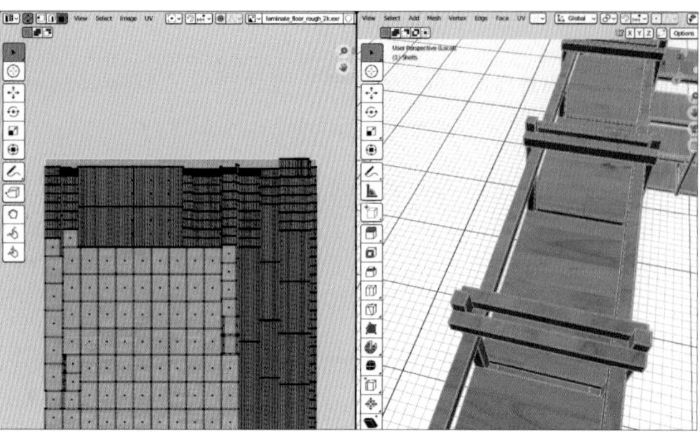

16 UV가 깔끔하게 정리된 것을 확인할 수 있습니다. 하지만 3D Viewport 패널로 확인하면 나무결 방향이 마음에 들지 않습니다.

디자이너's 노하우

UV Editor 패널에서는 선택된 오브젝트가 Edit Mode며, 선택된 부분만 표시됩니다. 선택된 부분만 UV 작업할 때는 편리하지만 지금처럼 전체를 확인할 때는 불편합니다. UV Editor 패널의 Header 패널에서 'UV Sync Selection' 아이콘()을 클릭하여 활성화하면 선택한 면만을 보여 주지 않고 Edit Mode에 들어간 오브젝트의 모든 UV를 표시하여 좀 더 깔끔한 화면을 볼 수 있습니다.

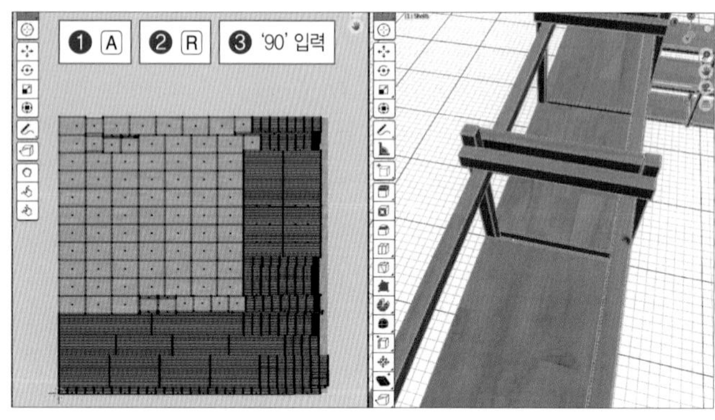

17 이번에는 UV Editor 패널에서 A를 눌러 전체 선택하고 R을 누른 다음 '90'을 입력합니다.

UV가 전체적으로 90° 회전하면서 나무결 방향이 원하는 방향으로 바뀌었습니다.

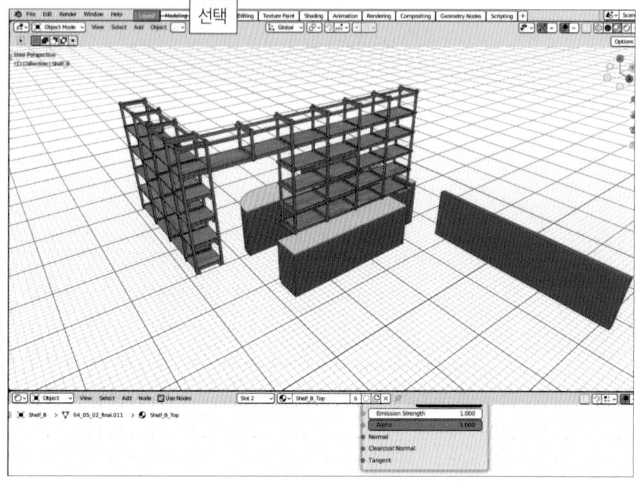

18 선반 UV 작업과 매테리얼 작업까지 모두 완료되었습니다. Workspaces에서 〔Layout〕 탭을 선택하여 기본 작업 환경으로 돌아옵니다.

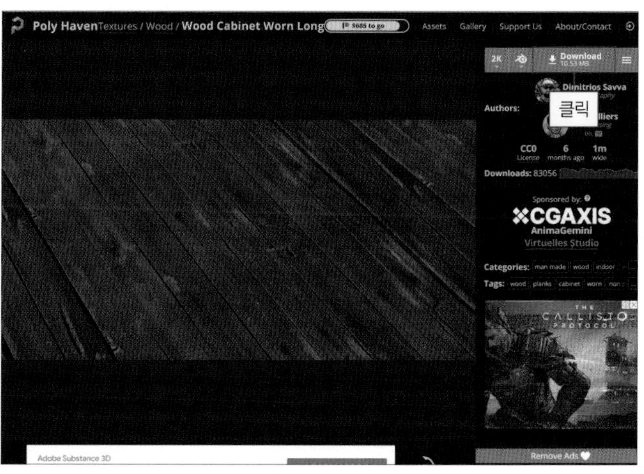

19 아래쪽 선반 UV 작업을 하기 위해 어울리는 색상 텍스츄어를 다운로드합니다. 1번~3번과 같은 방법으로 'Wood Cabinet Worn Long'를 다운로드했습니다.

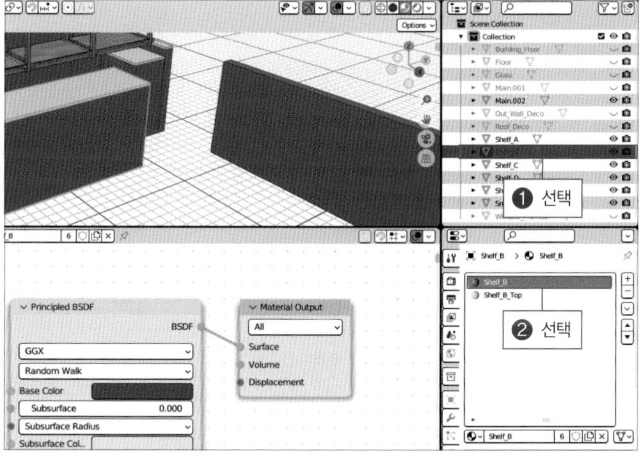

20 Blender에서 작업할 오브젝트를 선택하고 Properties 패널에서 'Shelf_B' 매테리얼을 선택합니다.

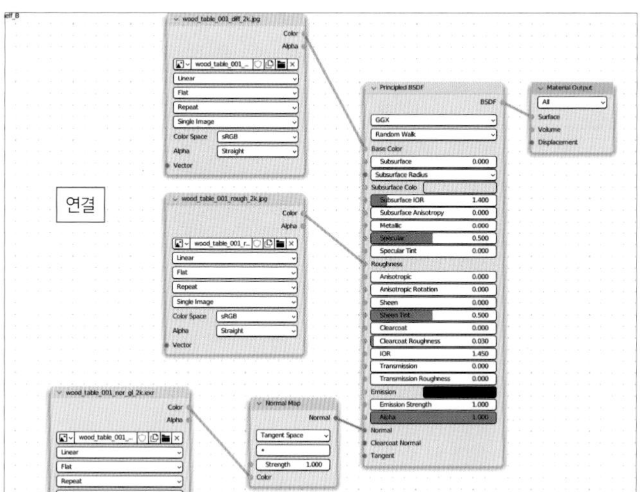

21 Shader Editor 패널의 빈 공간으로 'wood_table_001_dff_2k.jpg', 'wood_table_001_rough_2k.jpg', 'wood_table_001_nor_gl_2k.exr' 파일을 드래그하여 불러옵니다. 7번~10번과 같은 방법으로 Normal Map 노드를 만들고 각 소켓을 드래그하여 연결합니다.

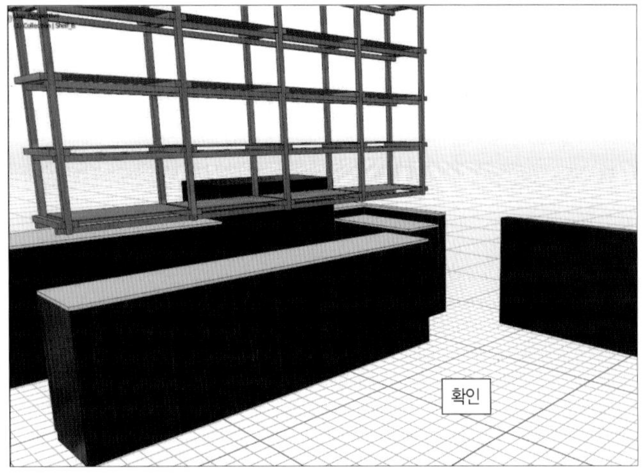

22 3D Viewport 패널에서 확인하면 동일한 매테리얼을 적용한 모든 오브젝트에 같은 이미지가 적용된 것을 확인할 수 있습니다. 하지만 왼쪽과 오른쪽에 있는 오브젝트에 이미지 사이즈가 다르게 들어가 있어 UV를 하나하나 선택해서 작업하겠습니다.

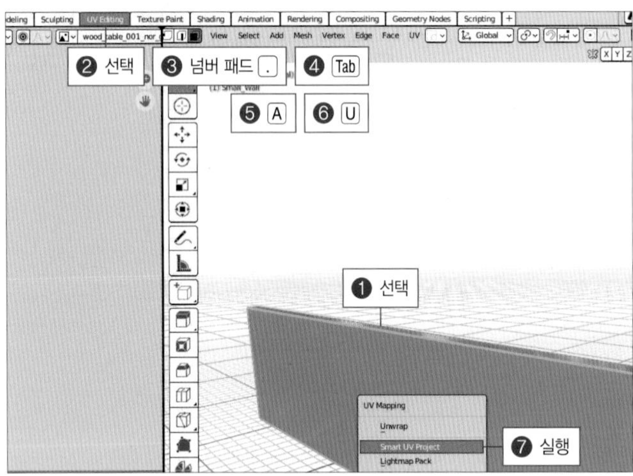

23 작업할 오브젝트를 선택하고 Workspaces에서 〔UV Editing〕 탭을 선택하여 작업 환경을 변경합니다. 넘버 패드 .을 눌러 오브젝트를 화면 중앙으로 배치합니다. Tab을 눌러 Edit Mode로 변경하고 A를 눌러 전체 선택한 다음 U를 눌러 표시되는 창에서 **Smart UV Project**를 실행합니다.

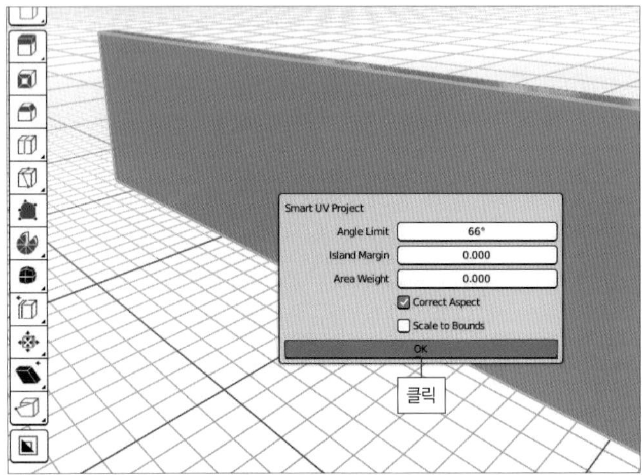

24 표시되는 창에서 〈OK〉 버튼을 클릭합니다.

25 이번에도 UV 방향이 90° 돌아가 있습니다. UV Editor 패널에서 [A]를 눌러 전체 선택을 합니다. [R]을 누르고 '90'을 입력하여 UV를 90° 회전합니다.

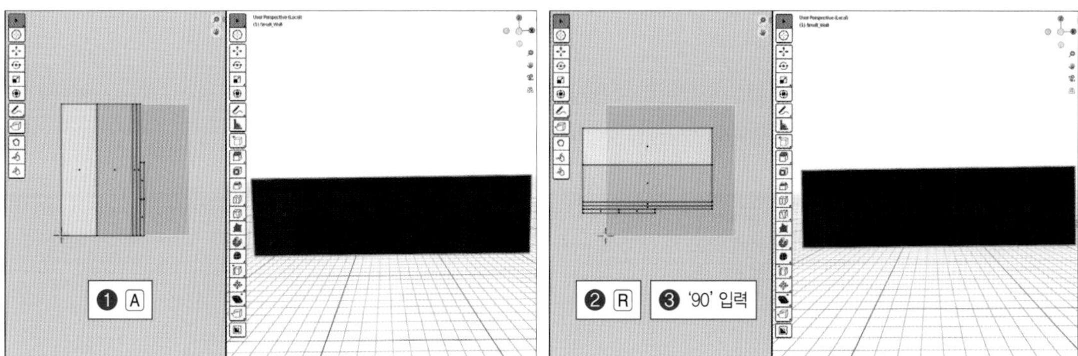

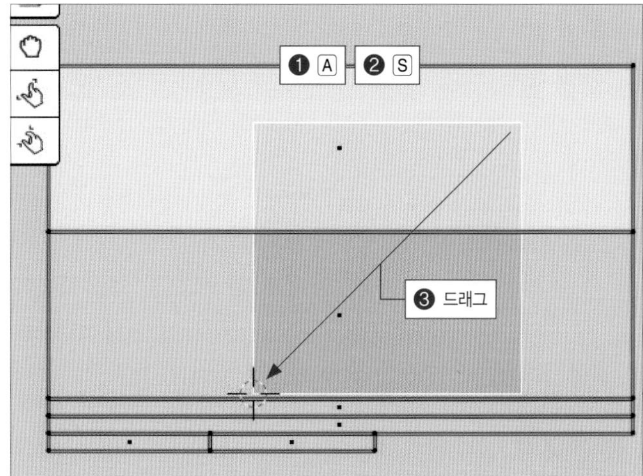

26 방향은 맞지만 오브젝트의 크기에 비해 이미지가 너무 거대한 느낌이 듭니다. UV Editor 패널에서 [A]를 눌러 전체 선택하고 [S]를 누릅니다. 그 상태로 마우스를 드래그하여 원하는 크기의 이미지가 적용될 때까지 조절합니다.

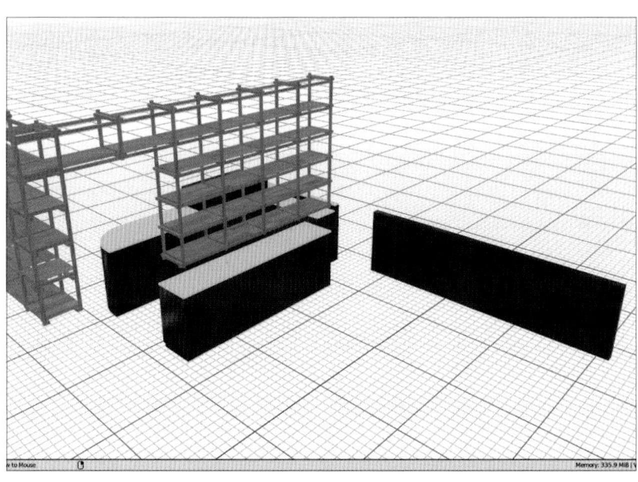

27 같은 방법을 반복하여 나머지 오브젝트들에 적용된 이미지들도 적당한 사이즈와 방향이 되도록 조절합니다.

건축 구조물 텍스츄어링하기

지금까지 익힌 내용을 바탕으로 건축물에 필요한 UV 작업과 텍스츄어 작업을 합니다.

1 앞서 과정에서 다운로드한 것과 같은 방법으로 Poly Haven 홈페이지(www.polyhaven.com)에서 콘크리트와 세라믹 타일 이미지를 다운로드합니다.

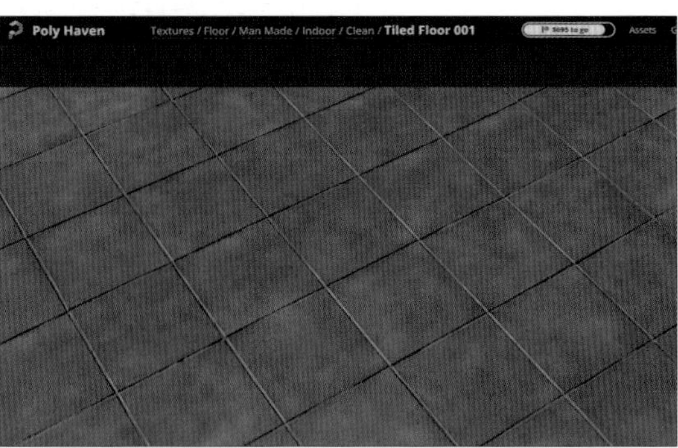

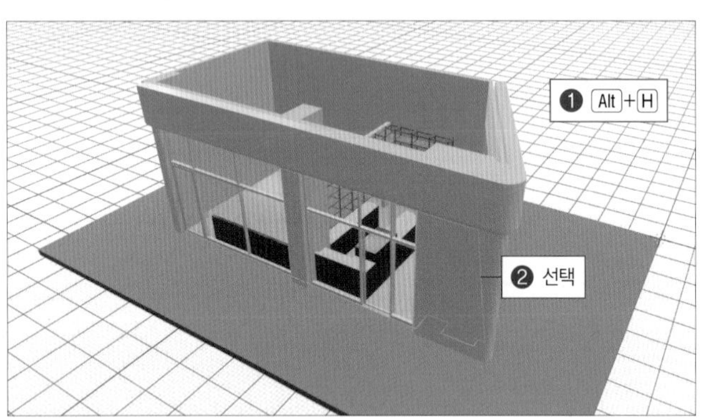

2 Workspaces에서 〔Layout〕 탭을 선택하여 작업 환경을 변경합니다. Alt+H를 눌러 모든 오브젝트를 화면에 표시합니다. 그림과 같이 건물 아래 타일이 깔릴 부분을 선택합니다.

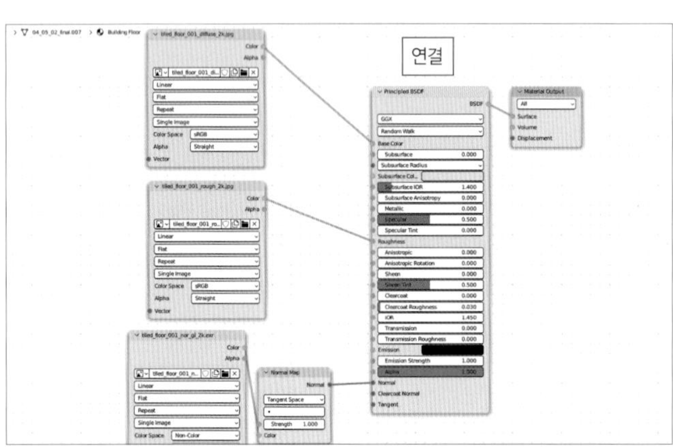

3 Shader Editor 패널을 표시하고 빈 공간에 다운로드한 'tired_floor_001_diffuse_2k.jpg', 'tired_floor_001_rough_2k.jpg', 'tired_floor_001_nor_gl_2k.jpg' 파일을 드래그하여 불러온 다음 그림과 같이 소켓을 연결합니다.

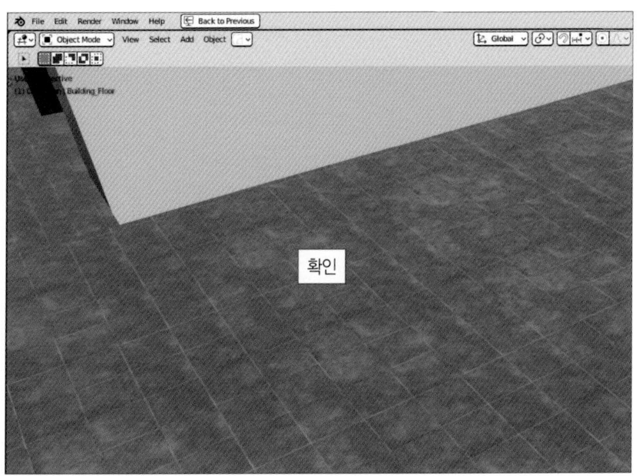

4 화면을 확대해서 확인합니다. 적용됐지만 흰색 타일이 아니기 때문에 이미지를 수정하겠습니다. Photoshop 등의 이미지 에디터 프로그램에서 수정해도 되지만 간단한 색상 등은 Blender에서 빠르게 수정하는 것이 가능합니다.

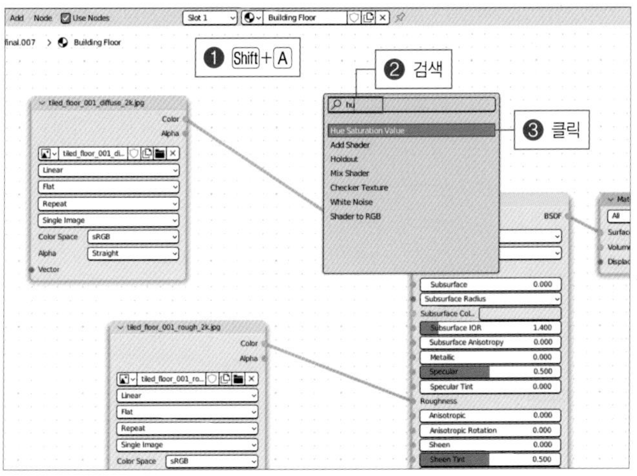

5 Shader Editor 패널에서 노드를 생성하기 위해 Shift+A를 눌러 'Search'를 클릭합니다. Search 검색 창에 'Hue'를 검색하고 'Hue Saturation Value'를 클릭하여 노드를 생성합니다.

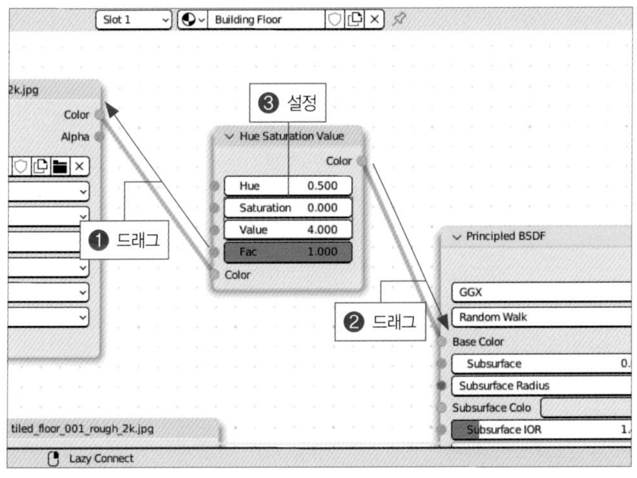

6 그림과 같이 소켓을 드래그하여 연결하고 Saturation을 '0', Value를 '4'로 설정합니다.

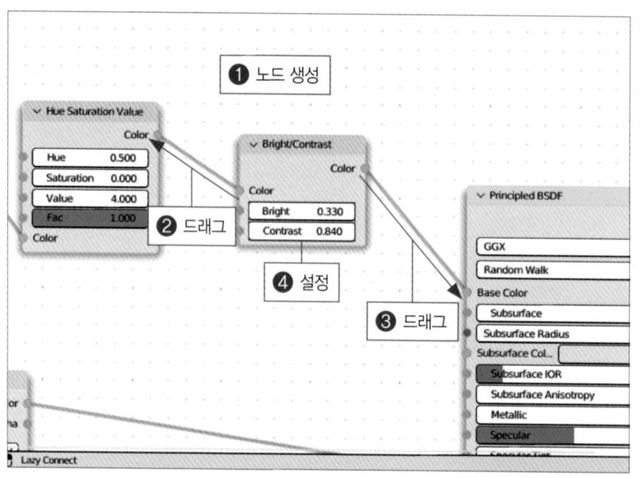

7 5번과 같은 방법으로 'Bright/Contrast'를 검색하여 노드를 생성하고 드래그하여 그림과 같이 소켓을 연결합니다. Bright를 '0.33', Contrast를 '0.84'로 설정합니다.

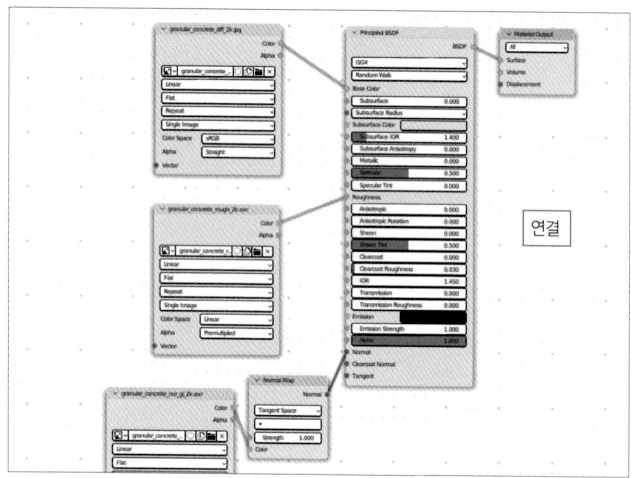

8 건물 밖 콘크리트를 선택하고 3번과 같은 방법으로 다운로드 받은 이미지를 아래와 같이 배치, 연결합니다.

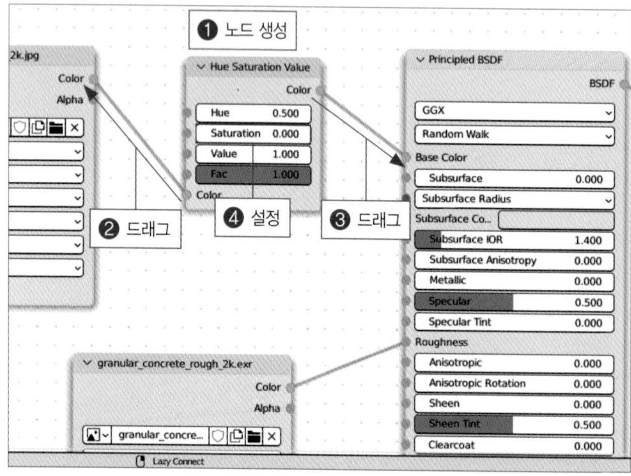

9 콘크리트를 회색으로 만들겠습니다. 5번과 같은 방법으로 'Hue Saturation Value'를 검색하여 노드를 생성하고 드래그하여 그림과 같이 소켓을 연결한 다음 Saturation을 '0'으로 설정합니다.

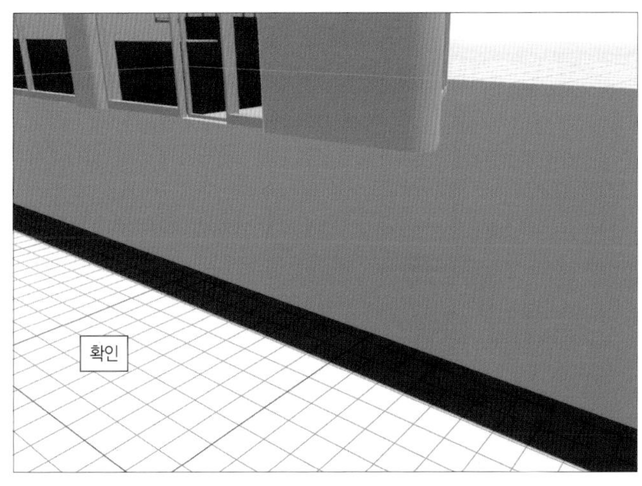

10 확대해서 확인하면 건물 밖 콘크리트 이미지가 전혀 보이지 않습니다. UV 작업이 필요합니다.

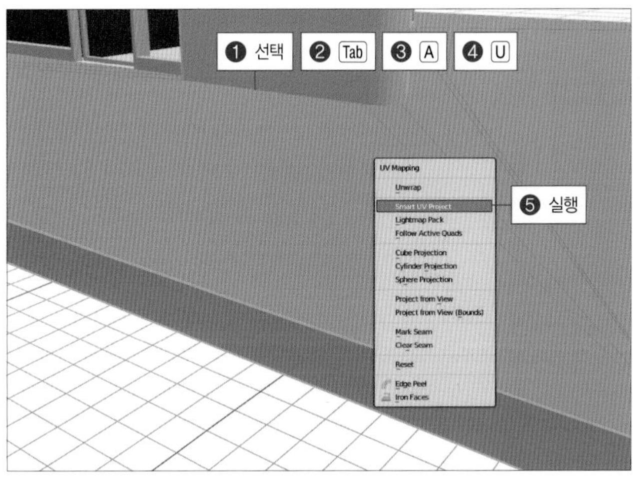

11 바닥 오브젝트를 선택하고 Tab을 눌러 Edit Mode로 변경합니다. A를 눌러 표시되는 창에서 **Select All Toggle**을 실행하여 전체 선택하고 U를 눌러 **Smart UV Project**를 실행합니다.

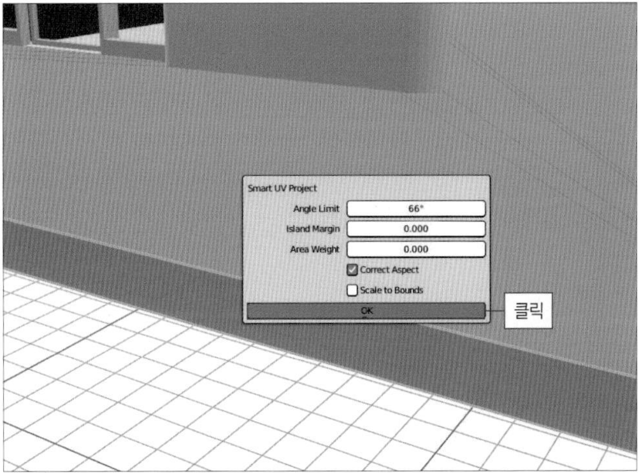

12 팝업 창이 표시되면 〈OK〉 버튼을 클릭합니다.

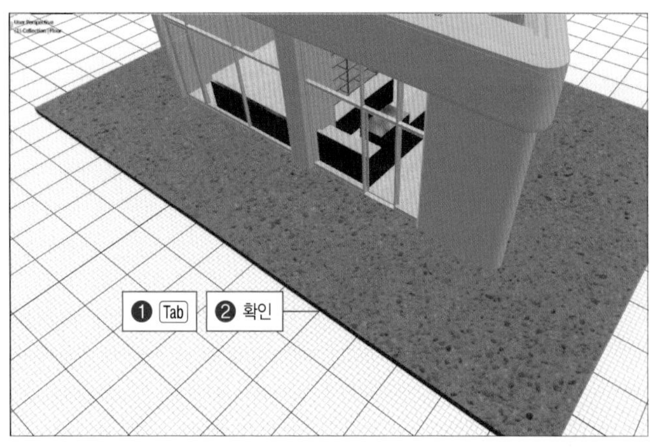

13 Tab을 눌러 Object Mode로 변경합니다. 이미지를 확인하면 자갈이 너무 커보입니다.

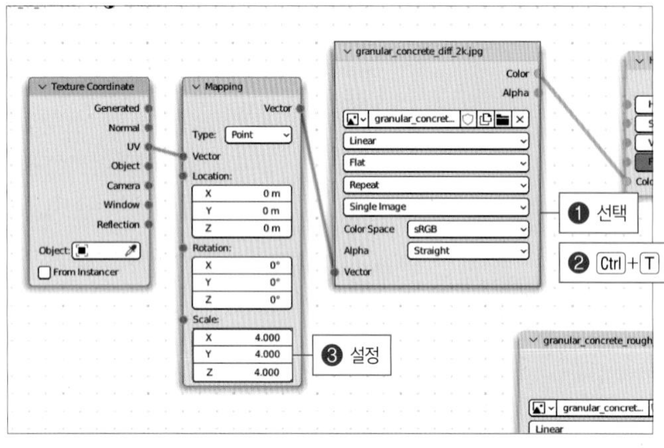

14 Shader Editor 패널에서 이미지 노드를 선택하고 Ctrl+T를 누르면 그림과 같이 Texture Coordinate 노드와 Mapping 노드가 연결됩니다. Mapping 노드에 Scale을 '4'로 설정합니다. UV나 이미지 자체를 수정하지 않고도 이렇게 이미지 크기를 수정하는 것이 가능합니다.

TIP

Texture Wrangler add-on이 설치되어 있어야 Ctrl+T를 눌렀을 때 노드가 자동 연결됩니다.

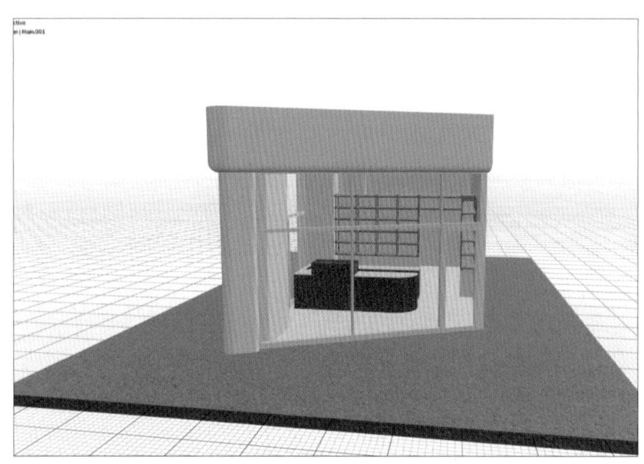

15 텍스츄어와 쉐이딩을 마무리했습니다. 원하는 이미지 텍스츄어가 있거나 디테일한 작업이 필요하다고 생각하면 자신만의 스타일로 작업해도 좋습니다.

렌더러 설정과 HDRI 설치하기

Cycle 렌더 엔진을 설정하고 HDRI를 설치하여 기본 환경을 구성합니다.

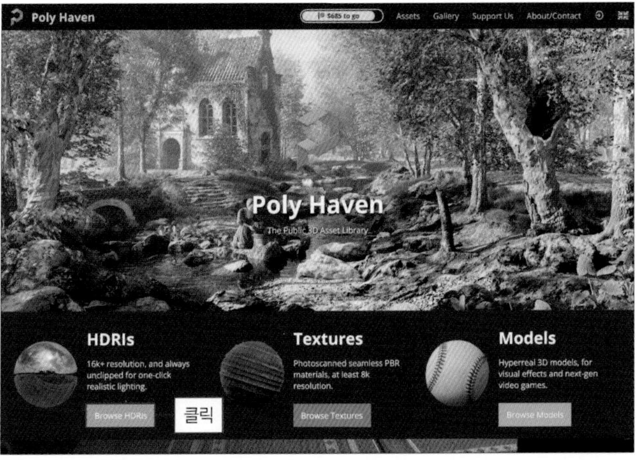

1 기본이 되는 배경 조명을 HDRI 이미지를 사용하여 설치하겠습니다. Poly Haven 홈페이지(www.polyhaven.com)에서 HDRIs의 〈Browse HDRIs〉 버튼을 클릭합니다.

2 왼쪽 메뉴에서 'Outdoor'를 클릭하고 'Urban'을 선택한 다음 도심지 건물로 사용할 이미지를 클릭합니다. 프로젝트에서는 'Modern Buildings2' 이미지를 다운로드했습니다.

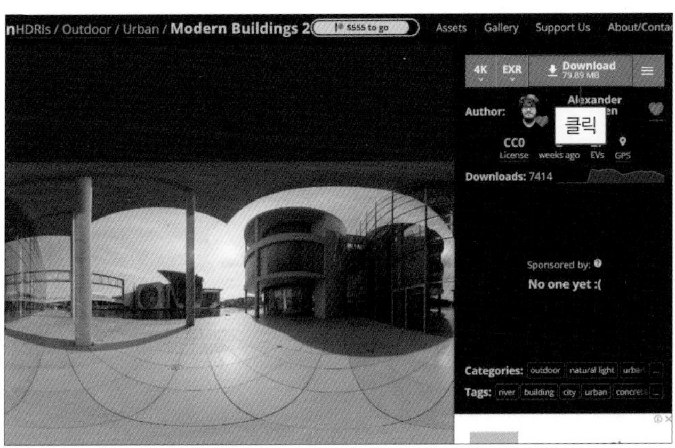

3 〈Download〉 버튼을 클릭하여 현재 프로젝트 파일이 있는 곳, 또는 원하는 곳에 파일을 다운로드합니다.

디자이너's 노하우

HDR 이미지는 여러 프로젝트들에 많이 사용됩니다. 한 곳에 모아놓고 필요할 때 사용하면 편리합니다.

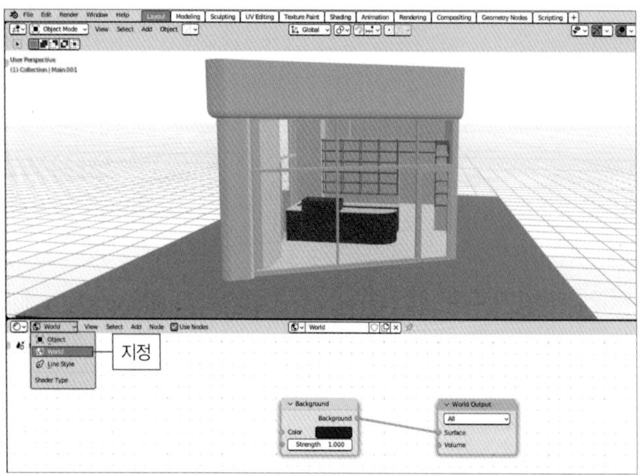

4 Blender로 돌아옵니다. 위쪽은 3D Viewport 패널, 아래쪽은 Shader Editor 패널로 설정하여 그림과 같이 작업 환경을 만듭니다. Shader Editor 패널에서 Object를 'World'로 지정하여 변경합니다. 배경 이미지를 편집할 수 있는 노드로 변경됩니다.

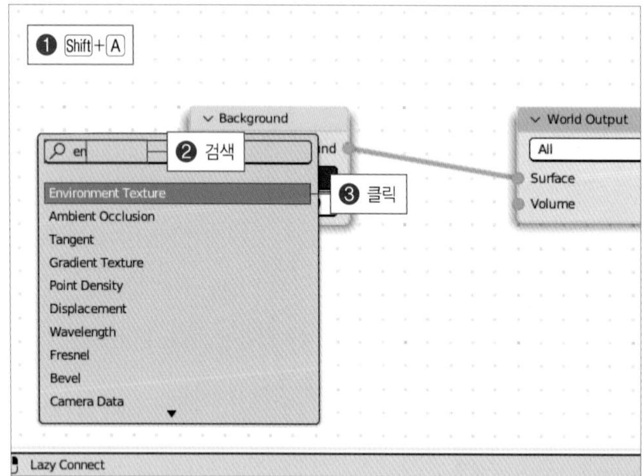

5 새 노드를 추가하기 위해 Shift+A를 눌러 표시되는 창에서 'Search'를 클릭합니다. 검색창에서 'Environment Texture'를 검색하고 클릭합니다.

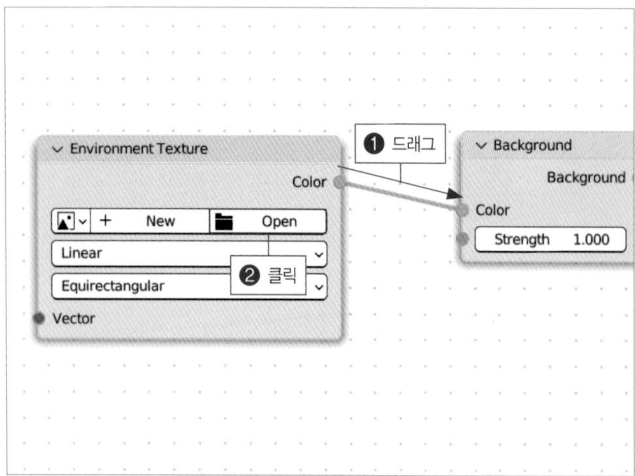

6 생성한 Environment Texture 노드의 Color를 Background 노드의 Color로 드래그하여 소켓을 연결하고 Environment Texture 노드의 〈Open〉 버튼을 클릭합니다.

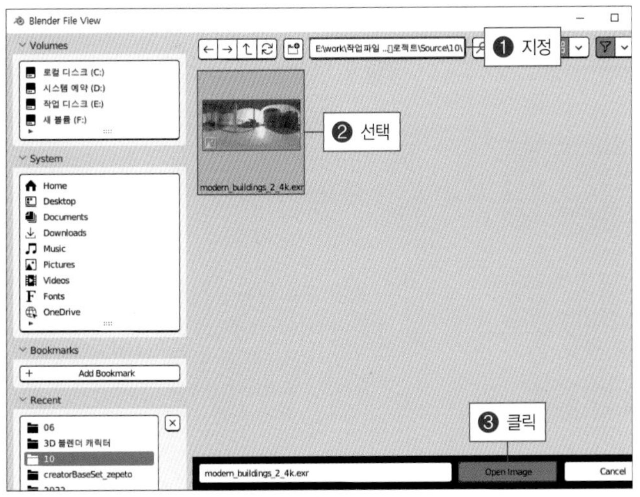

7 Blender File View 대화상자가 표시되면 다운로드 받은 폴더에서 'modern_buildings_2_4k.exr' 파일을 선택하고 〈Open Image〉 버튼을 클릭하여 불러옵니다.

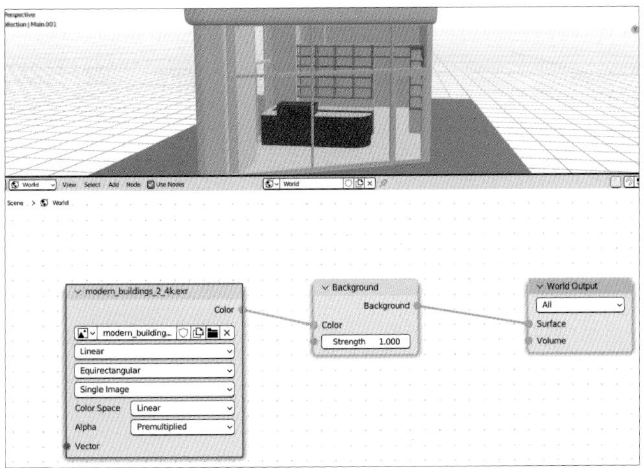

8 Shader Editor 패널의 Environ-mment Texture 노드가 modern_buildings_2_4k.exr 노드로 변경되었지만, 3D Viewport 패널에는 아무런 변화가 없습니다.

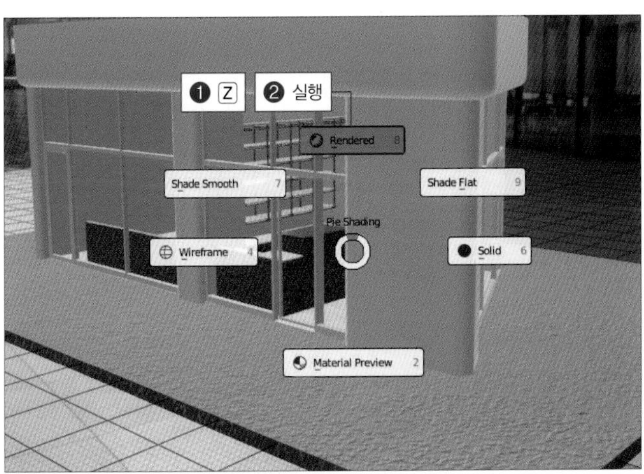

9 결과를 보기 위해 3D Viewport 패널에 마우스 포인터를 위치하고 Z를 눌러 표시되는 파이 메뉴에서 **Rendered**를 실행합니다. 그림처럼 배경에 이미지가 나타나면 제대로 적용된 것입니다.

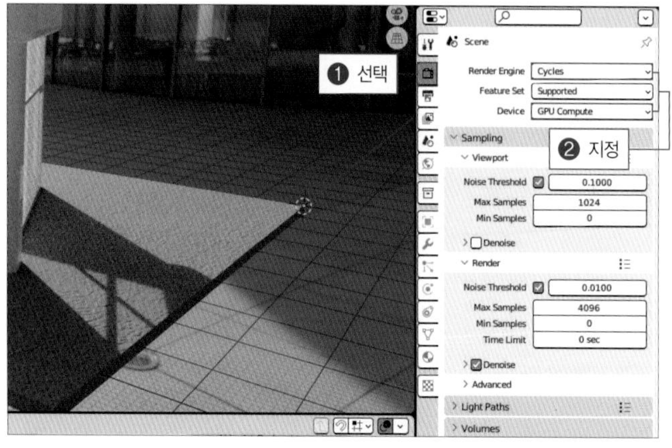

10 Properties 패널에서 〔Render( )〕 탭을 선택하고 Render Engine을 'Cycle', Device를 'GPU Compute'로 지정합니다. HDRI에 찍혀있는 태양의 위치대로 그림자가 생성되었습니다.

디자이너's 노하우

외부 그래픽카드가 없는 경우에는 이 옵션이 없을 수도 있습니다. 작업에 문제는 없지만, 실시간 렌더링과 컴퓨터 연산이 느려질 수 있습니다.

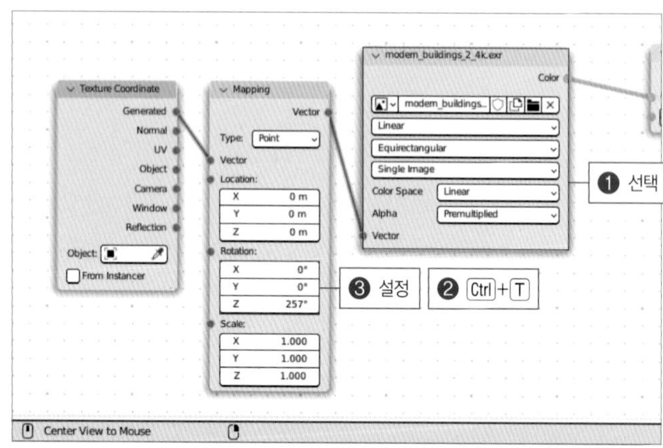

11 마음에 드는 방향으로 HDR 이미지를 회전하여 그림자 위치를 변경하겠습니다. Shader Editor 패널에서 modern_buildings_2_4k.exr 노드를 선택하고 Ctrl+T를 눌러 Texture Coordinate 노드와 Mapping 노드를 생성합니다. Mapping 노드에서 Rotation Z를 설정하여 원하는 위치로 만듭니다.

TIP

예제에서는 Rotation Z를 '257°'로 설정했습니다.

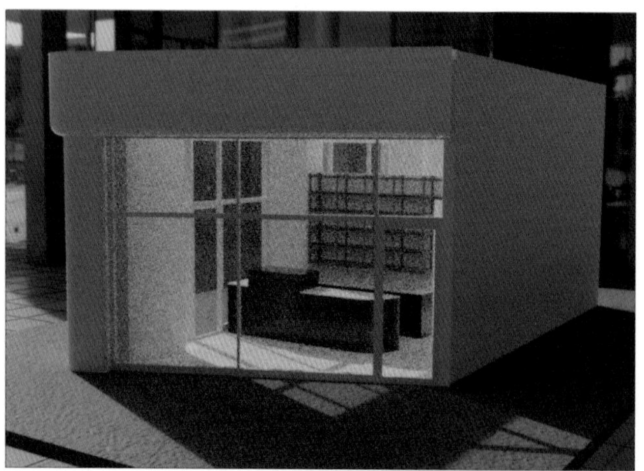

12 Shader Editor 패널에서 Background 노드의 Strength를 '0.5'로 설정하여 빛의 세기를 줄입니다.

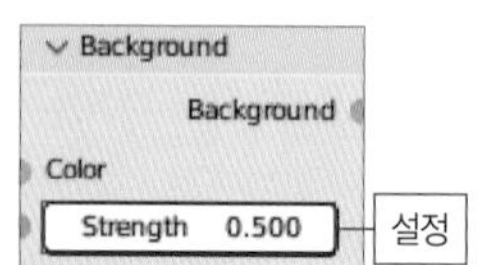

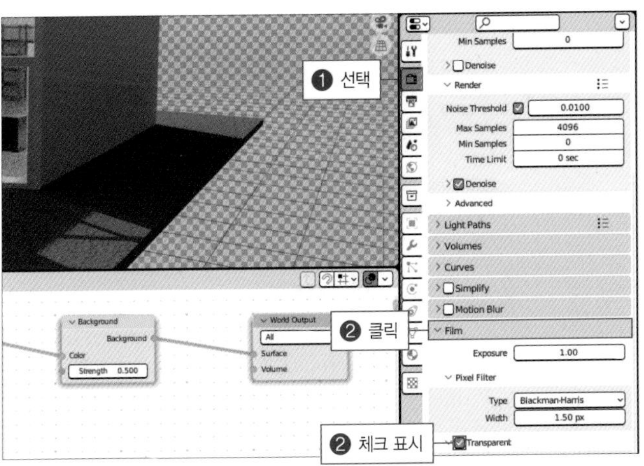

13 배경을 투명하게 만들겠습니다. Properties 패널에서 [Render( )] 탭을 선택하고 'Film'을 클릭하여 속성을 표시한 다음 'Transparent'를 체크 표시합니다. 그림과 같이 배경 이미지가 체크 무늬로 표시됩니다.

14 체크 무늬 배경을 단색으로 지정하겠습니다. 하지만 HDR 이미지는 계속 적용해야 하므로 약간의 쉐이더 노드를 작업합니다. 12번에서 체크 표시했던 'Transparent'를 체크 표시 해제합니다.

Pixel Filter
Type Blackman-Harris
Width 1.50 px
체크 해제 Transparent

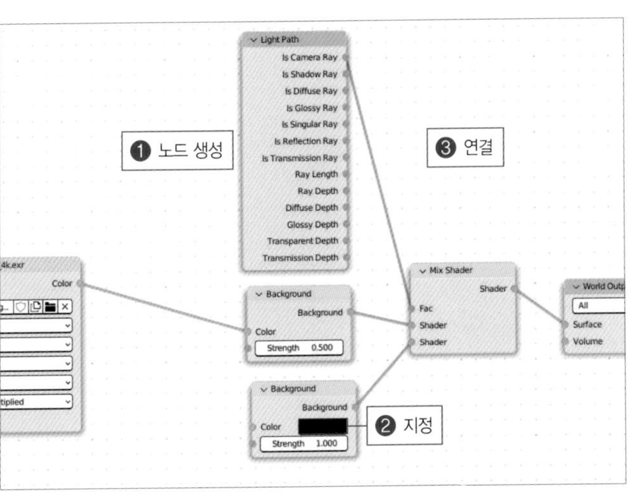

15 Shader Editor 패널에서 Ctrl+A를 눌러 'Mix Shader', 'Background', 'Light Path' 노드를 생성하고 Back-ground 노드에 Color를 원하는 색상으로 지정합니다. 그림과 같이 소켓을 연결하면 HDR 이미지는 적용되고 배경만 원하는 색으로 바꿀 수 있습니다.

TIP

Light Path의 Is Camera Ray → Mix Shader의 Fac

기존에 있던 Background 노드 → Mix Shader의 첫 번째 Shader

새로 만든 Background 노드 → Mix Shader의 두 번째 Shader

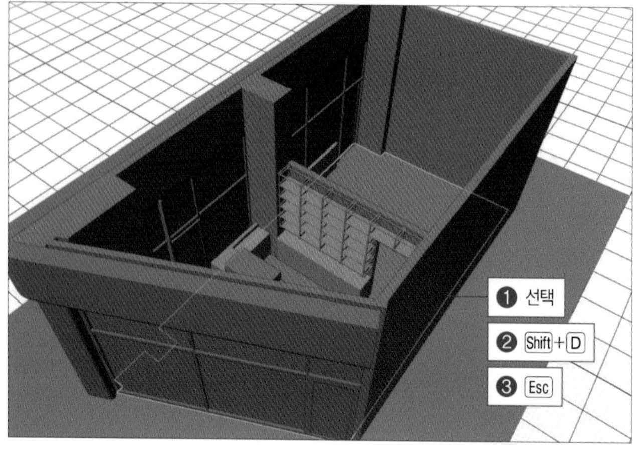

16 기본 자연광은 완료되었으나, 지붕이 없어서 지붕을 뚫고 햇빛이 들어옵니다. 바닥을 선택하고 Shift+D를 눌러 복제한 다음 복제된 위치에서 움직이지 않게 하기 위해 Esc를 누릅니다.

TIP
Solid View에서 보면 더 쉽게 확인할 수 있습니다.

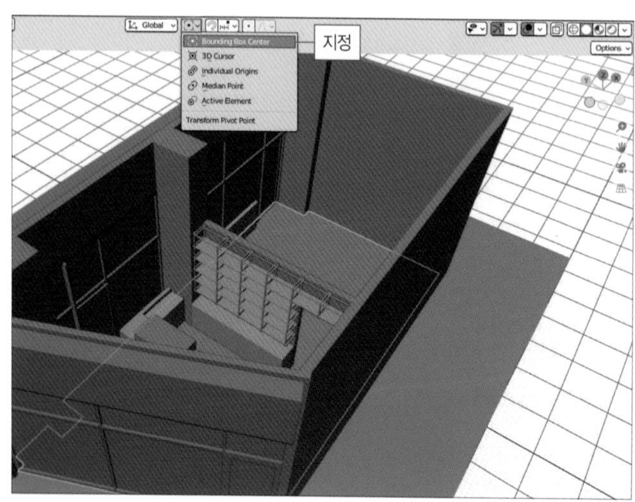

17 Header 패널에서 Transform Pivot Point를 'Bounding Box Center'로 지정합니다. 다른 것으로 지정되어 있다면 원하는 대로 움직이지 않습니다.

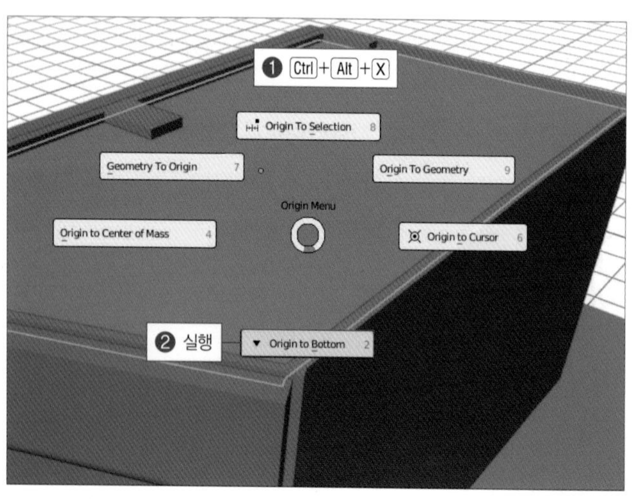

18 오브젝트 피봇 포인트를 중심으로 이동하겠습니다. Ctrl+Alt+X를 눌러 표시되는 파이 메뉴에서 **Origin to Bottom**을 실행하여 움직임을 자연스럽게 만듭니다.

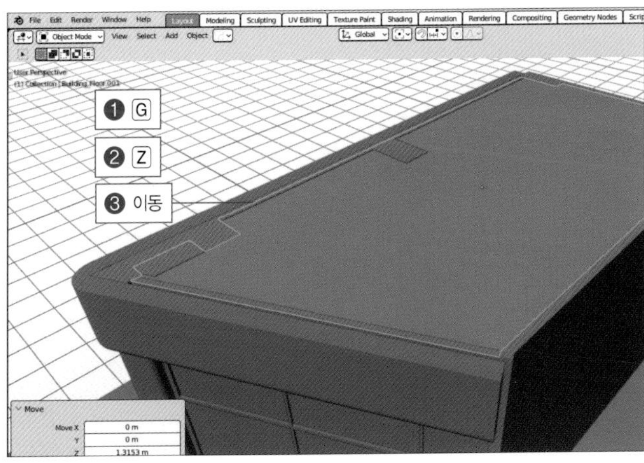

19 G를 눌러 이동 도구를 활성화하고 Z를 눌러 Z축으로만 움직이게 만든 다음 복제된 오브젝트가 지붕에 위치하도록 이동합니다.

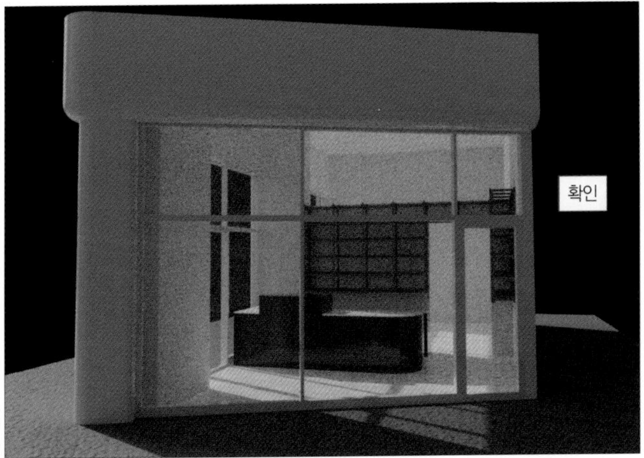

20 Render View로 확인하면 직사광선이 지붕을 통해 들어오지 않는 것을 확인할 수 있습니다.

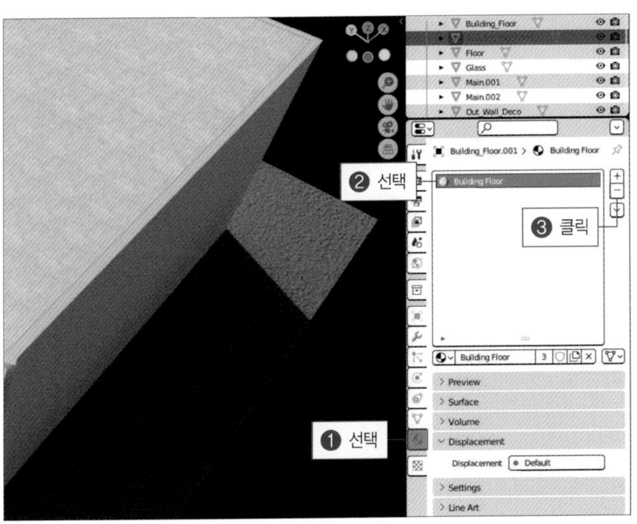

21 지붕에 바닥에 사용된 타일 이미지가 적용되어 있어 새로 흰색 매테리얼을 적용하겠습니다. 지붕 오브젝트를 선택하고 Properties 패널에서 〔Material( )〕 탭을 선택합니다. 'Building Floor' 매테리얼을 선택하고 '–' 아이콘을 클릭하여 적용된 오브젝트를 지웁니다.

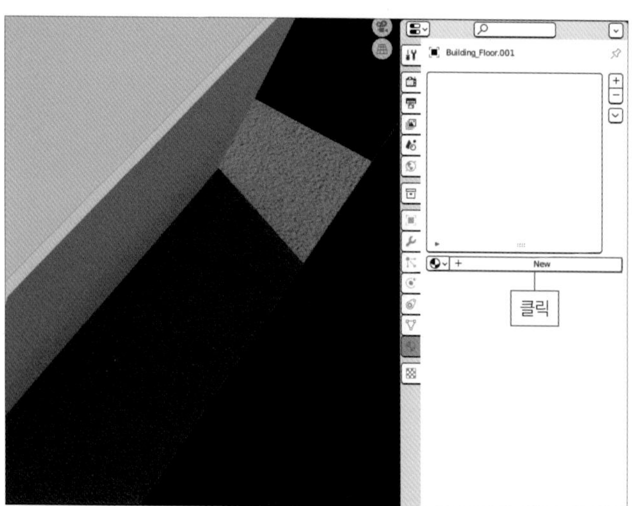

22 적용된 매테리얼이 없는 상태에서 〈New〉 버튼을 클릭하여 새로운 매테리얼을 만듭니다.

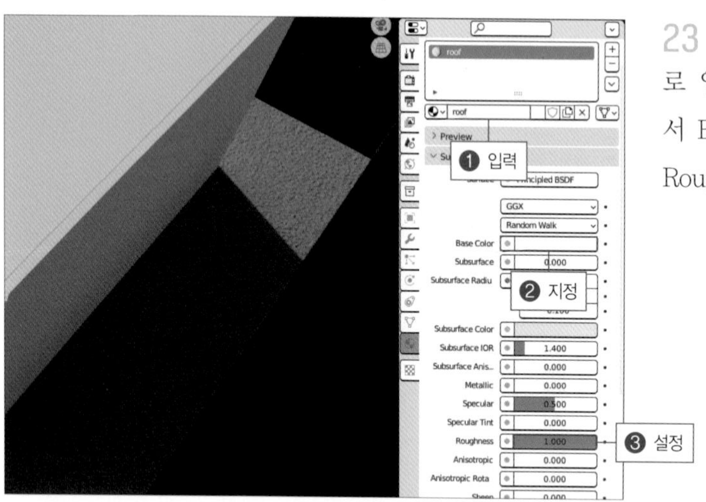

23 새로 만든 매테리얼 이름을 'roof'로 입력하여 변경합니다. Surface에서 Base Color를 '흰색'으로 지정하고 Roughness를 '1'로 설정합니다.

24 렌더러와 HDRI를 적용하여 실내 공간이 완성되었습니다.

실내 조명 설치하기

실내에 구성될 조명을 가상으로 설치합니다.

1 실내 조명으로 Spot Light를 설치하겠습니다. Shift+A를 눌러 표시되는 창에서 Light → Spot을 실행합니다.

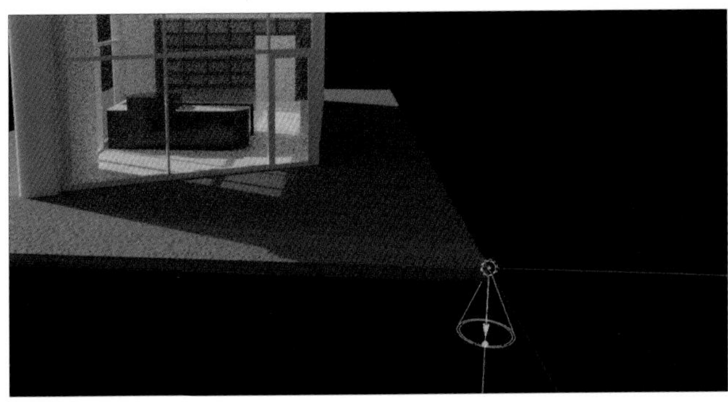

2 조명이 신의 중심부에 생성되었습니다.

TIP
새로운 오브젝트는 3D 커서가 위치한 곳에 생성됩니다.

3 Outliner 패널에서 조명 이름을 'Interior Light 1'로 변경합니다. Toolbar 패널에서 이동 도구( )를 선택하고 화살표를 드래그하여 원하는 위치로 이동합니다.

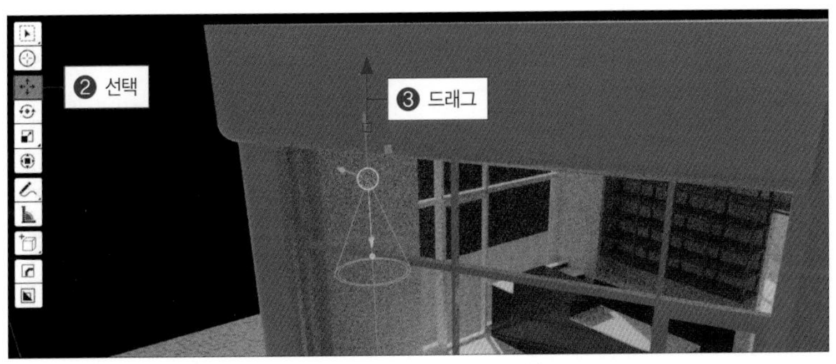

TIP
Toolbar 패널에 보이지 않을 때 T를 누르면 Toolbar 패널이 활성화되어 도구들이 표시됩니다.

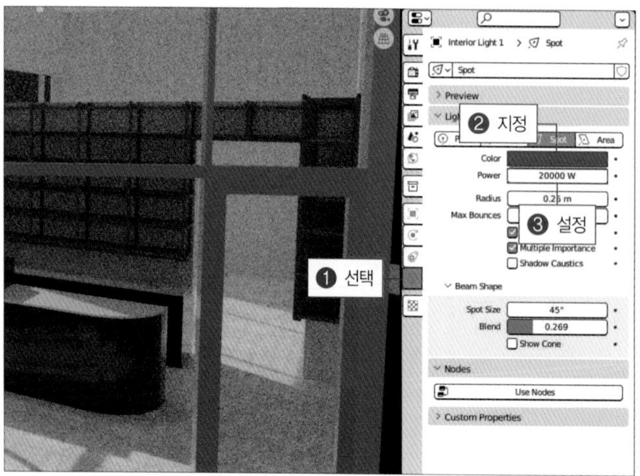

4 현재 HDR 이미지를 사용하고 있어 기본 조명은 화면에 잘 나타나지 않습니다. 쉽게 확인하기 위해 조명 오브젝트가 선택된 상태로 Properties 패널의 〔Object Data(💡)〕 탭을 선택합니다. Light의 Color를 '빨간색'으로 지정하고 Power를 '20000W'로 설정합니다.

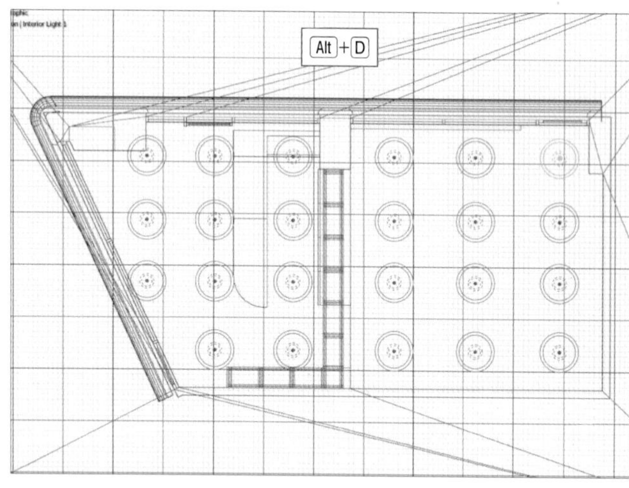

5 화면을 회전하면서 원하는 위치에 조명을 배치하겠습니다. Alt+D를 눌러 그림과 같이 조명을 복제합니다. Wireframe으로 변경하고 Top View 시점으로 본 모습입니다.

TIP

하나의 조명 값을 수정하면 다른 조명도 동일하게 수치가 적용되기 때문에 조명을 복제할 때는 꼭 Alt+D 단축키를 이용합니다.

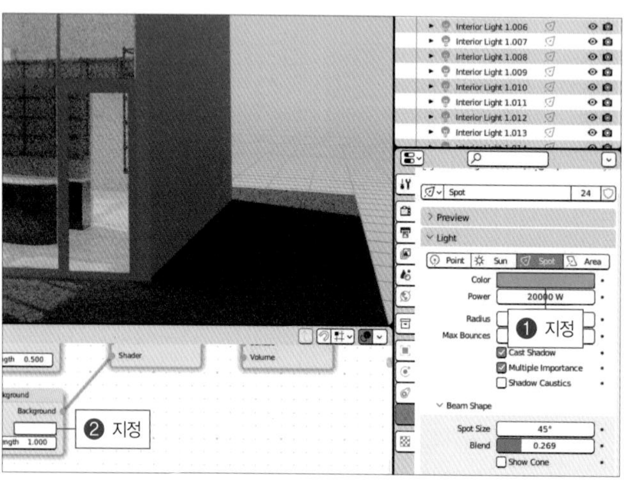

6 〔Object Data(💡)〕 탭에서 Light의 Color를 원하는 색으로 지정합니다. 분위기를 확인하기 위해 Shader Editor 패널에서 Background 노드의 Color를 '흰색'으로 지정하여 변경하여 조명 작업을 마무리합니다.

디자이너's 노하우

조명 색상과 종류는 시공사 혹은 디자이너와 계속 상의해서 맞춰야 하는 부분입니다.

카메라 설치 및 렌더링하기

카메라를 설치하고 이미지를 렌더링합니다.

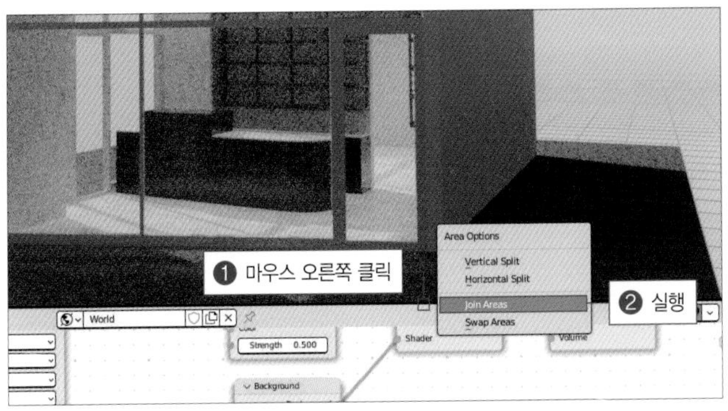

1 화면을 더 넓게 사용하기 위해 작업 환경을 변경하겠습니다. Shader Editor 패널과 3D Viewport 패널 사이에서 마우스 오른쪽 버튼을 클릭하여 **Join Area**를 실행합니다.

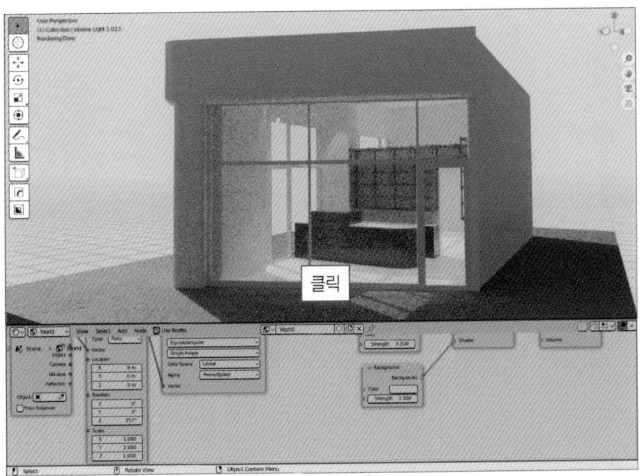

2 마우스 포인터를 위치했을 때 어두워지는 패널을 클릭하면 삭제됩니다. Shader Editor 패널을 클릭하여 삭제합니다.

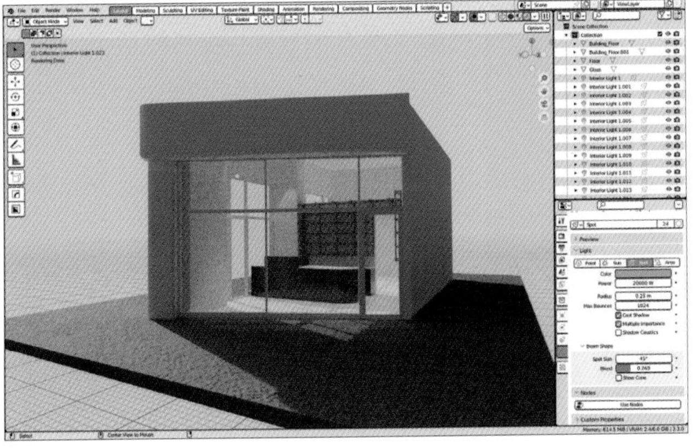

3 이제 화면을 더 넓게 사용할 수 있습니다.

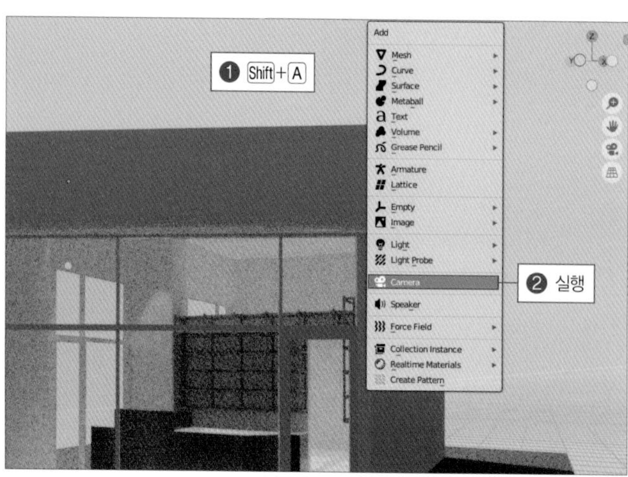

4 3D Viewport 패널에서 Shift+A를 눌러 표시되는 창에서 Camera를 실행하여 카메라를 생성합니다.

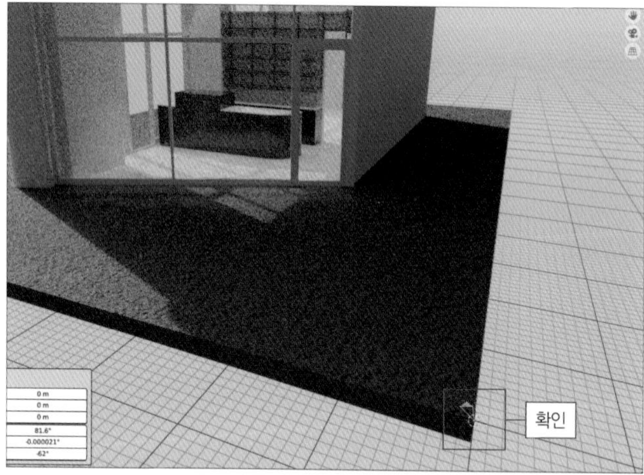

5 3D 커서가 있는 위치에 카메라가 설치된 것을 확인합니다.

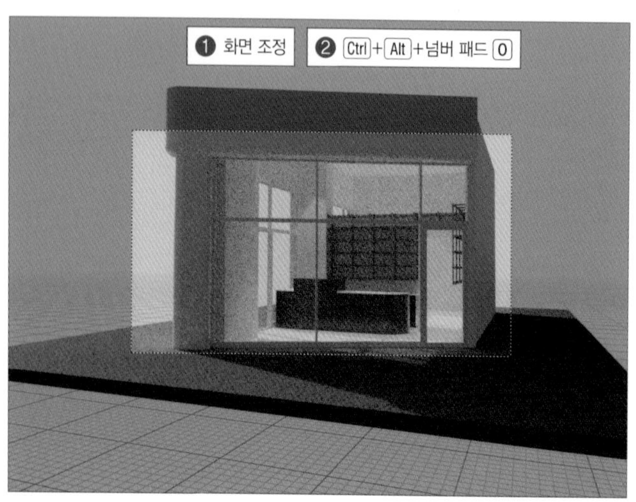

6 화면을 이동, 회전하여 렌더링하고 싶은 구도로 위치를 조절합니다. 화면 조정이 끝나면 Ctrl+Alt+넘버 패드 0을 눌러 Camera Perspective View를 활성화합니다.

7 카메라를 이동하여 원하는 위치로 이동하겠습니다. Shift+마우스 휠을 클릭한 상태로 드래그하여 그림과 같이 화면을 중심으로 이동합니다.

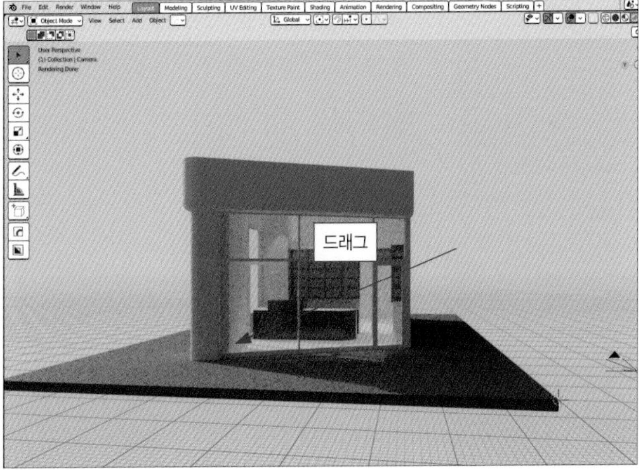

8 3D Viewport 패널에서 이동 또는 회전하여 Camera Perspective View에서 나옵니다.

TIP

넘버 패드 0을 누르면 Camera Perspective를 다시 활성화할 수 있습니다.

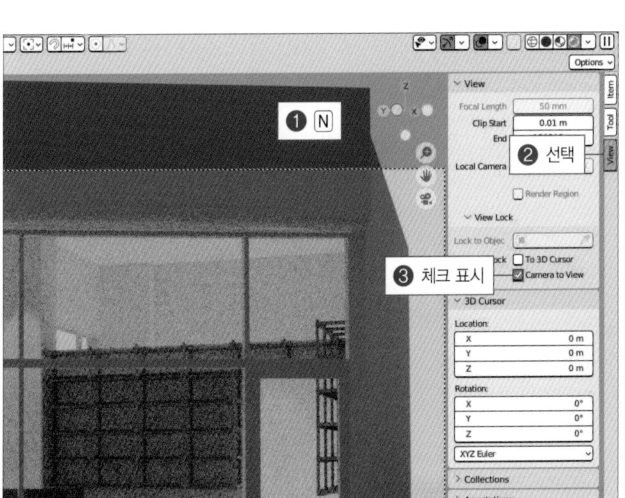

9 N을 눌러 Sidebar를 표시합니다. [View] 탭을 선택하고 'Camera to View'를 체크 표시하여 Camera Perspective View를 고정합니다. 일반적인 Viewport를 움직이는 방식으로 카메라를 조정할 수 있게 되었습니다.

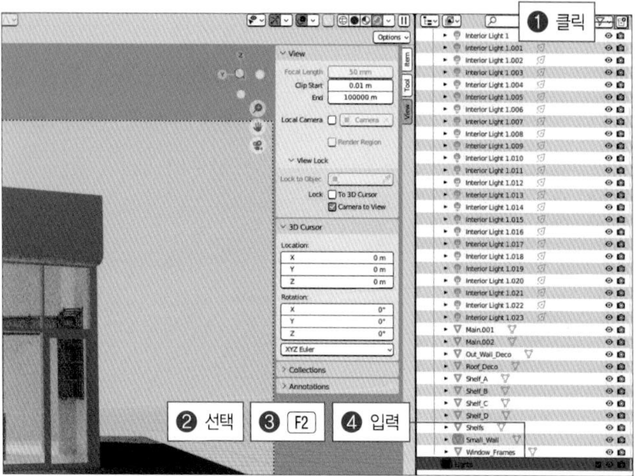

10 Outliner 패널의 쌓여있는 오브젝트를 정리하겠습니다. Outliner 패널에서 'New Collection' 아이콘()을 클릭하여 콜렉션을 만듭니다. 리스트 가장 하단에 생성된 'Collection 2'를 선택하고 F2를 누른 다음 'Lights'를 입력하여 이름을 변경합니다.

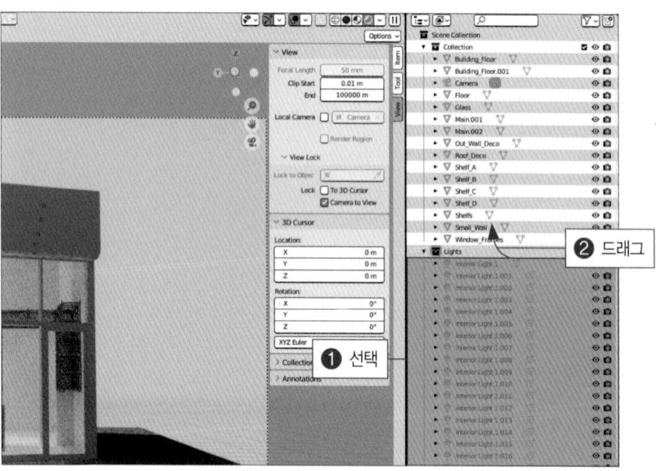

11 모든 조명을 선택하고 'Lights' 콜렉션으로 드래그하여 하위에 속하게 만듭니다.

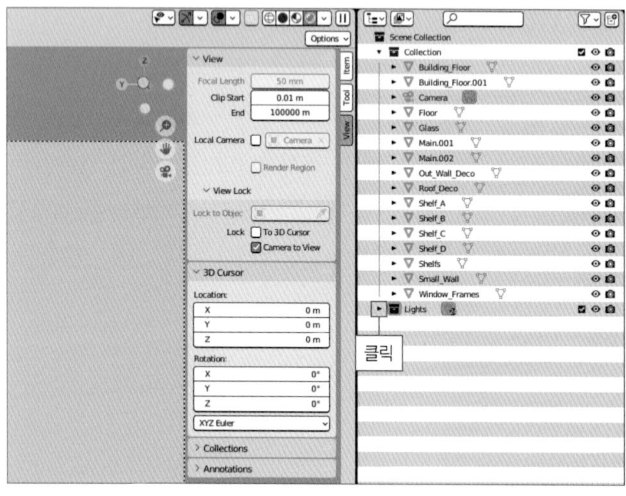

12 'Light' 콜렉션의 '▶' 아이콘을 클릭하여 속성을 보이지 않게 만들어 조명 오브젝트 정리를 마무리합니다.

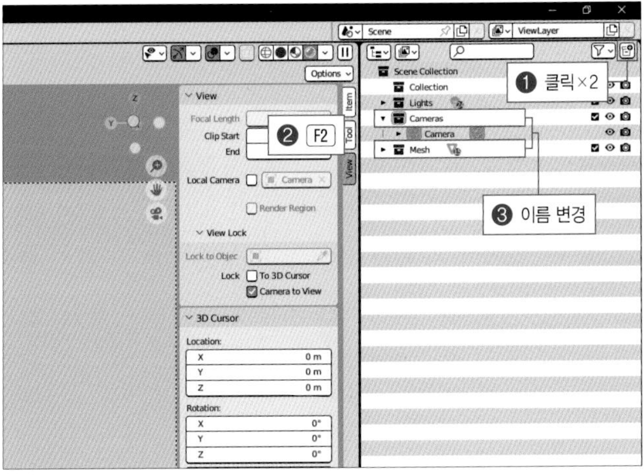

13 같은 방법으로 'New Collection' 아이콘( )을 두 번 클릭하여 2개의 콜렉션을 만듭니다. 각 콜렉션을 선택하고 F2를 누른 다음 'Mesh', 'Cameras'로 입력하여 이름을 변경합니다. 모델링 오브젝트들은 'Mesh' 콜렉션, 카메라 오브젝트들은 'Cameras' 콜렉션으로 드래그하여 정리합니다.

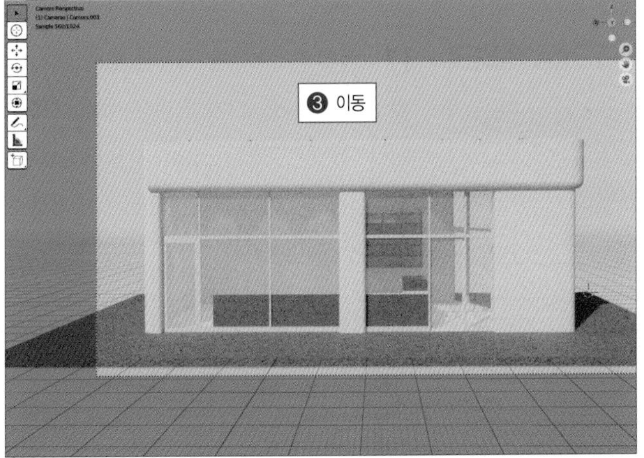

14 'Camera' 오브젝트를 선택하고 Shift+D를 눌러 복제합니다. 'Camera.001'이라는 이름의 카메라 오브젝트가 생성되었습니다. 현재 3D Viewport를 다른 곳으로 이동합니다.

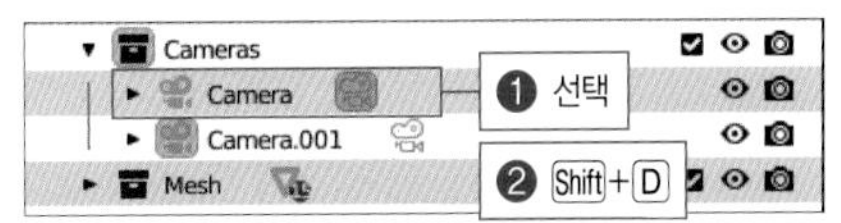

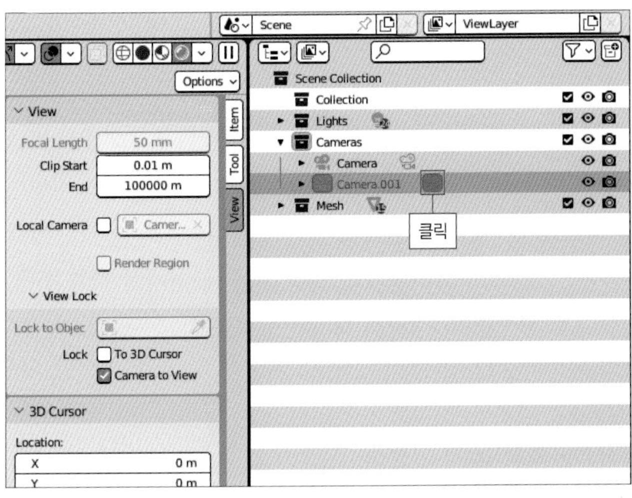

15 2개의 카메라를 생성하고 위치도 변경하였습니다. Outliner 패널의 카메라 이름 오른쪽에 'Camera' 아이콘( )이 있습니다. 어떤 카메라로 렌더링할 것인지 정하는 아이콘입니다. 이런 식으로 여러 개의 카메라를 준비할 수 있습니다.

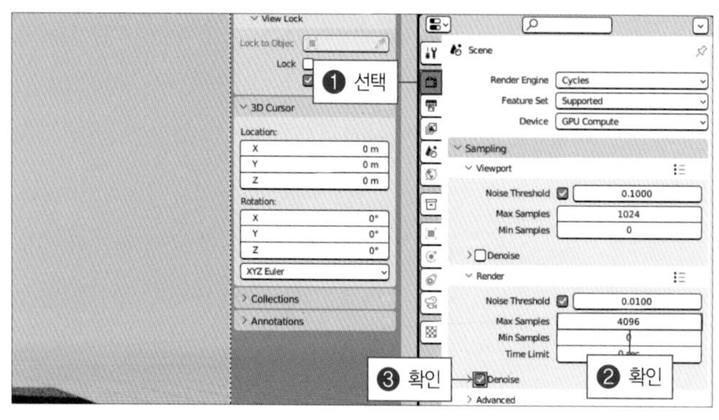

16 렌더링하기 위해 Properties 패널의 〔Render( )〕 탭을 선택합니다. Sampling → Render에서 Max Samples이 '4096'으로 설정되어 있는 것과 'Denoise'가 체크 표시되어 있는 것을 확인합니다. 이 정도 수치면 거의 모든 프로젝트에서 사용 가능한 높은 수치입니다.

디자이너's 노하우

Denoise는 AI 기술을 사용한 노이즈 제거 기술입니다. 낮은 샘플링 상태에서 노이즈를 제거하는 성능이 매우 탁월하여 보통 켜놓고 사용하지만, Denoise를 활성화한 이미지와 비활성화한 이미지의 차이를 확인하고 본인의 취향에 맞는 것으로 작업하면 됩니다.

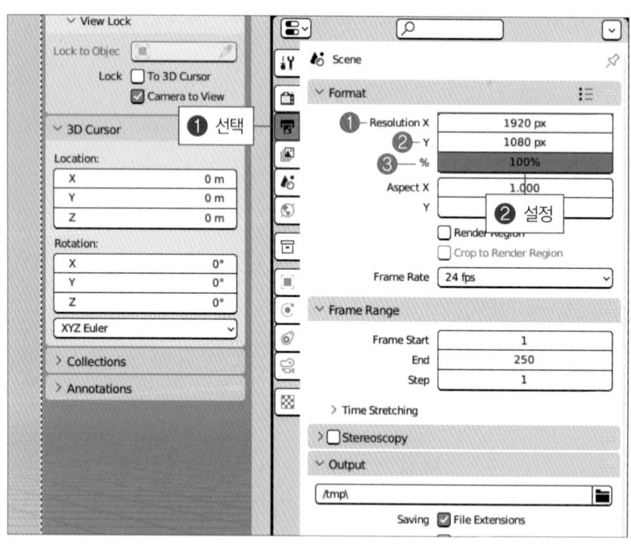

17 렌더링 이미지 사이즈를 변경하기 위해 Properties 패널의 〔Output( )〕 탭을 선택하고 Format의 Resolution X, Y, %를 설정하여 원하는 설정으로 변경합니다.

TIP

Format의 Resolution 알아보기

❶ **Resolution X :** 이미지 가로 크기를 설정합니다.
❷ **Resolution Y :** 이미지 세로 크기를 설정합니다.
❸ **Resolution % :** 몇 퍼센트로 이미지를 렌더링할지 결정합니다. 샘플로 렌더링할 때 '50%' 정도의 수치를 입력하면 작은 이미지로 쉽게 렌더링할 수 있습니다.

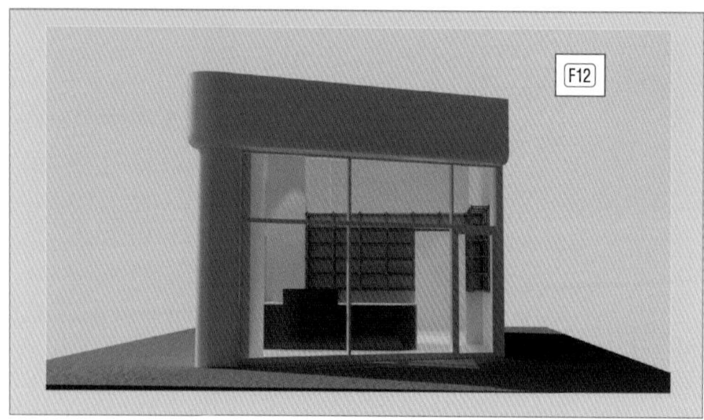

18 모든 설정이 끝나면 F12를 누르면 Blender Render 대화상자가 표시되며 렌더링이 진행됩니다. 화면 상단에서 샘플링 진행 상황, 렌더링의 현재 상태, 남은 시간 등을 확인할 수 있습니다.

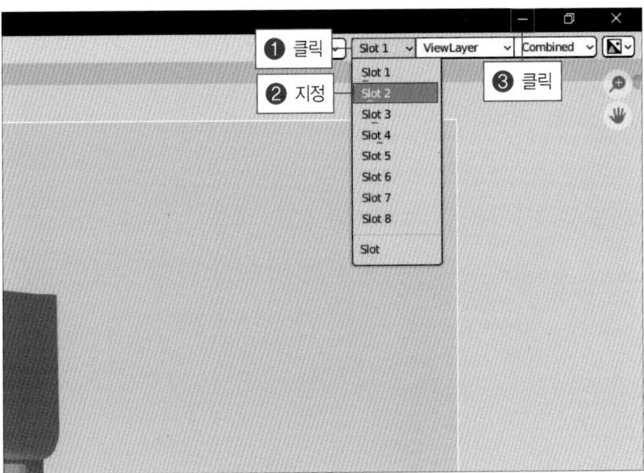

19 한 장의 렌더링을 마쳤습니다. 메뉴에서 'Slot 1'을 클릭하고 'Slot 2'로 지정합니다. 여러 장의 이미지를 테스트하고 비교할 때 사용하면 편리합니다. Blender Render 대화상자를 닫지 않고 '최소화' 아이콘(–)을 클릭하여 최소화합니다.

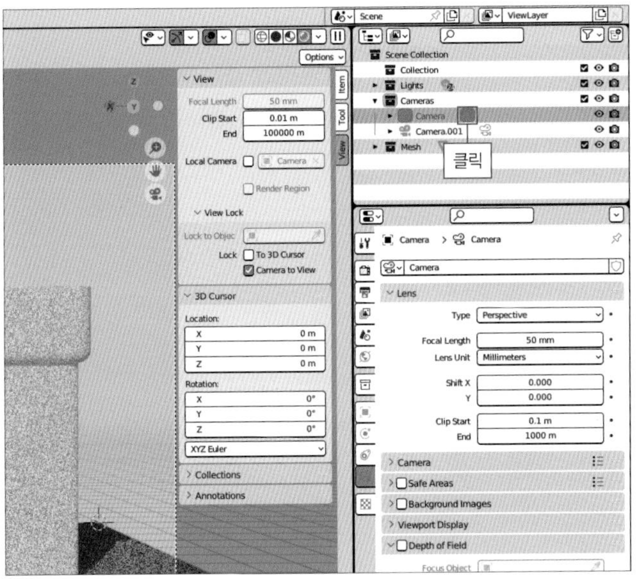

20 Blender 화면으로 돌아옵니다. Outliner 패널에서 'Camera' 오브젝트의 'Camera' 아이콘(📷)을 클릭하여 Active Camera를 변경합니다.

21 F12를 눌러 렌더링합니다. 이번 이미지는 배경이 어두운 색이 어울릴 것 같아서 검은색으로 지정하여 렌더링했습니다.

TIP
렌더를 멈추고 싶다면 Esc를 누르면 됩니다.

22 같은 방법으로 'Slot 3'을 지정하고 Blender로 돌아옵니다. Properties 패널의 [Render( )] 탭에서 Film의 'Transparent'를 체크 표시합니다. 다시 F12를 눌러 Blender Render 대화상자에서 배경이 투명한 이미지를 렌더링합니다.

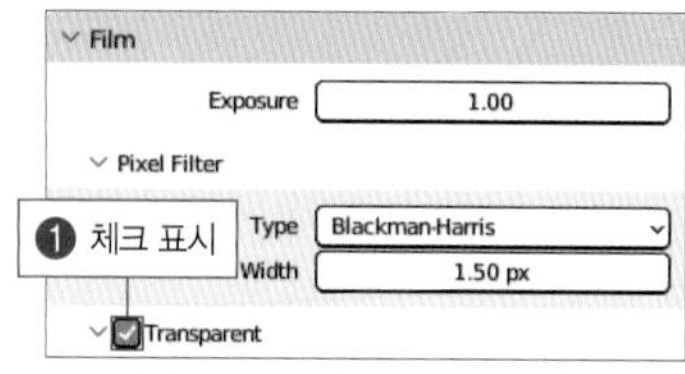

23 이미지를 저장하겠습니다. 메뉴에서 [Image] → Save를 실행합니다.

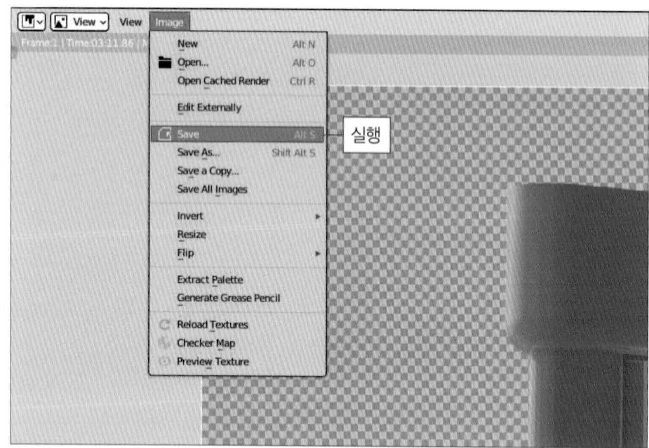

24 Blender File View 대화상자가 표시되면 Color를 'RGBA'로 선택하고 〈Save As Image〉 버튼을 클릭하여 Blender 모델링을 완성합니다.

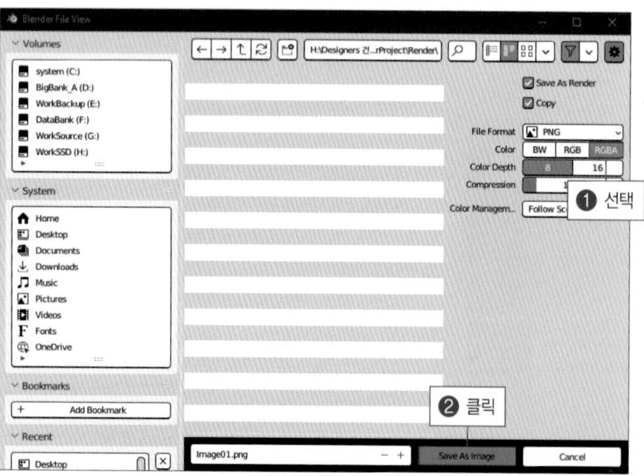